全編解説　浄土論註

――社会環境による苦悩解決への道

＊目次

凡　例

一、本文は原則として新字、現代仮名遣いで統一したが、固有名詞や引用文について、一部旧字、異体字を使用した。引用文は原則として原文通りにした。

旃陀羅・栴陀羅の表記は、引用文については原典のまま表記した。それ以外は旃陀羅とした。

二、引用文中の傍点、傍線は筆者による。また、引用文中の丸数字は、説明の便宜上、筆者が付した。

三、主な経典や典籍の名称は、適宜、次のような略称にて表記した。

『仏説無量寿経』……………………『大無量寿経』
『仏説観無量寿経』…………………『観無量寿経』
『仏説阿弥陀経』……………………『阿弥陀経』
『妙法蓮華経』………………………『法華経』
『大方広仏華厳経』…………………『華厳経』
『無量寿経優婆提舎願生偈』………『浄土論』『論』
『無量寿経優婆提舎願生偈註』……『浄土論註』『論註』
『選択本願念仏集』…………………『選択集』
『顕浄土真実教行証文類』…………『教行信証』
「正信念仏偈」………………………「正信偈」

四、聖教等の引用文は、（　）内に引用文献名と巻数・頁数を記した。主な引用文献の名称は、適宜、次のような略称にて表記した。

『浄土真宗聖典　七祖篇　註釈版』（本願寺出版社）……………………『七祖篇』
『真宗聖典』初版（東本願寺出版部）………………………………大谷派『聖典』
『真宗聖典』第二版（東本願寺出版）………………………………二版
『真宗聖教全書　一　三経七祖部』（大八木興文堂）………………『聖全一』
なお、『註論講苑』（香月院深励）の引用は、次の文献に拠った。
『浄土論註講義』（法藏館、二〇一二年、第二版第一刷）……………『講苑』
また、高木顕明『余が社会主義』の引用は、次の文献に拠った。
「高木顕明の事績に学ぶ学習資料集」編集委員会編
『高木顕明の事績に学ぶ学習資料集』（一〇四～一〇六頁）……『余が社会主義』

五、『真宗聖典』（東本願寺出版）からの引用は初版に拠ったが、便宜上、第二版の頁数を併記した。また、『浄土真宗聖典　七祖篇　註釈版』（本願寺出版社）から引用した漢文の一部には、読解の便を図り、『浄土真宗聖典　七祖篇　原典版』（本願寺出版社）にある書き下し文を（　）で併記した。

六、本書執筆に際して、主に参考にした文献や引用した資料（収録の全集等）については、巻末に一括掲載した。

七、引用文の中に差別的名称や呼称・表現をそのまま記載している個所がある。歴史事実をあらわす用語としてそのまま掲載した。もとよりいかなる差別も許されることはなく、その根絶が本書の願いでもある。

全編解説　浄土論註

――社会環境による苦悩解決への道

まえがき——近代教学とまったく異なる解読

一、はじめに

私は、本書で『浄土論註』の全解説を試みた。本書の解釈は、現在主流となってきたものとはまったく異なるので、驚く方も多いかもしれない。それが目新しい解釈と見えるとすれば、この百年以上、いわゆる「大谷派近代教学」によってほとんど見捨てられてきた近世真宗大谷派の学僧・香月院深励（一七四九〜一八一七）が著した解説書『註論講苑』[1]に依拠した解説を試みたからである。香月院の解釈を前提とすれば、本書の解読はむしろオーソドックスなものであり、もう百年さかのぼれば、香月院の解釈をきちんと読んだうえでそれを疑う者は大谷派内外を問わずほとんどいなかった。もっとも、『浄土論註』それ自体や親鸞の解釈を無視した勝手な解釈は、香月院の同時代にもかなり存在したし、それらの中には、現在主流となっている大谷派近代教学の解釈とよく似たものも多数ある。

『浄土論註』とは、五世紀のインドの仏教思想家・天親（世親）の著作『浄土論』（の菩提留支〈「正信偈」の表記では流支。本書は留支を用いる〉による六世紀初めの漢訳）の注釈書であり、『論註』と略称されることが多い。著者は、六世紀の中国の仏教思想家・曇鸞である。親鸞がこの書にある「往還二回向」という概念を独自の解釈を通して自身の思想の中心に据えたこともあり、かなり難解とされるこの作品を解説した書は古来かなりの数にのぼる。ただ、親鸞独自の解釈とこの書との関係をすっきり説明したものは、『註論講苑』以外にはあまり見当たらないように思われる。

私は、ここ十年近く学友たちとの共同学習を重ね、ようやく『論註』全体を解読できたのではないかと思っている。その評価は本書を読んでくださる皆様に委ねなければならぬことであるが、近代教学とはまったく異なる解読につながったポイントをあらかじめ簡単に説明してみたい。それは、「難行道と易行道」「本願力回向と衆生の往還」「現生正定聚と他利利他の深義」の三点である。

二、難行道・易行道

全編約二万五千文字の『論註』は、つぎのように始まる。

つつしみて龍樹菩薩の『十住毘婆沙』(意)を案ずるに、いはく、「菩薩、阿毘跋致《あびばっち》を求むるに、二種の道あり。一には難行道、二には易行道なり。

(『七祖篇』四七頁)

ここに登場する「難行道・易行道」という言葉を常識的に理解すれば、「難行道」とは修するに困難な高級な行、「易行道」とは「難行に耐えきれない器質の劣る者に便法として与えられた行」ということになるだろう。そして、浄土教とは、この難行に耐えきれない者に対して「難行ができるに越したことはないが、できなくとも阿弥陀如来の慈悲によって同等の成果が得られる便法」と理解されることが普通だろうと思う。しかし、香月院の「難行道・

「易行道」の解釈はまったくこれとは異なる。彼は、なによりも法然・親鸞の指南によって『論註』を読もうとしているからである。

法然は、主著『選択集』の第一章に道綽（五六二〜六四五）の『安楽集』を掲げてそのタイトルを「道綽禅師、聖道・浄土の二門を立てて、聖道を捨ててまさしく浄土に帰する文」（『七祖篇』一一八三頁）としている。そのうえで『論註』のこの冒頭の文を引用し「このなかの難行道は、すなはちこれ聖道門なり。易行道は、すなはちこれ浄土門なり。難行・易行、聖道・浄土、その言異なりといへども、その意これ同じ」（『七祖篇』一一八九頁）と説明している。だから、法然は、『論註』冒頭のこの文を「曇鸞大師、（龍樹菩薩の建てた難行道・易行道の二道について）難行道を捨てて易行道に帰する文」と読むべきであると指南しているのである。そうすると、法然の示した専修念仏の道を歩む者は、「難行道」とは、できるに越したことはないができなくとも大目に見てもらえる行ではなく、むしろ、捨て去るべき道であるということになる。

何故、法然はそのようなことを言ったか。

法然が、「声に出して「南無阿弥陀仏」と言うという行為」、すなわち、「称名念仏」を弥陀の本願であると言ったことは、よく知られている。声に出す念仏は、誰にでもできる平等な行為だからである。一方、その他の「難行」とされる行為は、できる者とできない者がある特別な行為、つまり、不平等を作り出す行為である。法然は、主著『選択集』でこうした不平等な行の一例として「造像起塔（仏像を鋳造したり、仏塔などを建立すること）」をあげているのだが、きわめてわかりやすい。称名念仏は、貧富を問わず誰でもできる行であるが、造像起塔は少数の富者にしか行えない。これは、人びとを平等に極楽往生させようという弥陀の本願に反している。つまり、法然は、「難行」を、「（その行をできる者とできない者の差があることによって）人びととの間に無用で有害な格差を生む行為であり、阿弥陀如来の本願に背くものであるから捨て去るべきものだ」と主張したのである。

　そうなると、「易行道」とは、「難行に耐えきれない器質の劣る者に便法として与えられた行」などではなく「難行道＝聖道門を捨て去り、人びとに平安と平等をもたらす如来の本願に帰す決意」であるということになる。そこから、「易行道」は、単に易しいというだけでなく、一部の者にしか通用しない（実際は、誰にも通用しない）難行道に比べてはるかに勝れた行為であると言えるだろうし、そこから返って「難行道」とは「雑行（雑でつまらぬ行）」とか「余行」「諸行」とされる劣った行ということになるだろう。称名念仏が選択された理由を、それが「易」であり「勝」であるからだとする法然の説明はまことに論理的で誰もが納得できるものだと思う。

　このことは、主著『教行信証』のあとがき（いわゆる「後序」）に、法然との出会いによって「雑行を棄てて本願に帰す」（大谷派『聖典』三九九頁／二版四七四頁）と記している親鸞においても当然のこととして一致している。ただ、親鸞の説明は棄て去るべき難行（雑行）の説明がいささか丁寧すぎて、棄て去る決意ができていない人たちに対して却《かえ》って「難行」へのあこがれを生じさせかねない危うさを持っている。香月院という人は、こうした難行道・聖道門へのあこがれの傾向に対して、「異安心調理」と言われる異端審問のような厳しい姿勢をとった人としても知られていて、それが「権威主義」だとの誤解も与えてきた。しかし、彼は、こういう傾向を生じさせかねない親鸞自身の文言に対してさえ批判的に解説することを厭わない。[2] 彼を権威主義者とする非難はまったく当たらないのである。

　曇鸞の『論註』は天親の『浄土論』の解釈書であるが、この冒頭の一文は、『浄土論』そのものを一言一句にそって解釈を述べる前の、曇鸞による全体の解釈指針である。この部分をあやまたず読まねば、その後の解釈はすべてあやまってしまうだろう。『論註』冒頭の「難行道・易行道」に関する文言を香月院のようにきっぱり解釈する解説書を私は見たことがない。鍵は「難行道を捨て去る決意」である。ここを明確にしておかないと、『論註』だけでなく、あらゆる浄土教聖典が読めなくなる。

本書は、法友との学習会の講義レジメの集成から成立しているのだが、「難行道・易行道」に関する部分は第3章「『論註』は『浄土論』をどう読もうとしたか——難易二道判の決定的な意味」（五七頁）にある。香月院の解説にそって述べたこの部分をまず読んでいただければ、本書の特徴を知ることができると思う。

三、本願力回向と衆生の往還

既に述べたように、親鸞は「雑行を棄てて本願に帰す」としているが、棄てられるべき「雑行」とは何を指すのだろうか。このことについては、先に述べた「難行道・易行道」についての解釈を前提にしなければならない。

通常、「難行」と言えば、法然・親鸞・香月院が言うように捨て去るべきものではなく、「高級で修することが難しい行」である。それゆえ、仏教者としては尊重すべきもの、到達を目指すべきものと考えられている。その中核は、「瞑想などによって心を静め、姿かたちを超えた真理を観察すること」であるとされる。前者の「心を静めること」を「定《じょう》＝三昧《さんまい》」とか「止《し》＝奢摩他《しゃまた》」といい、後者は「観＝毘婆舎那《びばしゃな》」という。仏教者はこれらの行を修めて自ら目覚めた者（仏陀）と成ってその成果を他者に振り向け他者の目覚めをサポートする。自ら目覚めることを「自利」とか「入空《にっくう》（空の真理に参入する）」といい、他者へのサポートを「利他」とか「出仮《しゅっけ》（言葉やかたちを超えた真理を仮に言葉やかたちで表出する）」という。そしてその過程で「振り向けること」は「回向」という。これらは、『観無量寿経』の文脈では「定善」であり、定善の前提としての一般的な善行としての「散善」も含めれば

「定散二善」ということになる。『観無量寿経』においてはこの「定散二善」が前面に登場するが、善導（六一三〜六八二）がこの「定散二善」を『観無量寿経』のテーマとする見方を退け、『観無量寿経』の最後に突然登場する「名を称すること」こそが仏の本意であるという古今楷定の解釈をしたことはよく知られているし、それを受け継いでさらにその意を研ぎ澄ましたのが法然であることもよく知られているだろうと思う。

実は、善導・法然によって捨て去るべきものとされた「難行」ではなく、この常識的な意味での「難行」は、『浄土論』でも前面に登場してくる。すなわち、「礼拝・讃嘆・作願・観察・回向」の「五念門行」である。『浄土論』は、心を集中して極楽浄土の仏と国土を心にありありと映じてそれを一切衆生に振り向けてともに極楽往生する願いを偈文にして語っているのであるが、五念門行の中の「作願門」が「集中すること」つまり「止（奢摩他）」に相当するし、「観察門」は、もちろん、毘婆舎那である。『観無量寿経』においては、本編の大半が「定散二善」に費やされ、これから読むことになる『浄土論』でもほとんどこのことしか書かれてないように見える。すなわち、『浄土論』前半の偈文・全二十四行中の二十一行が「観察門」に関するものであるし、後半の散文約三〇〇〇文字中約一八〇〇文字が「観察門」の解説に相当するのである。

五念門の前四門は自らの成仏のための自利行で、最後の回向門は他者を利益する利他行である。五念門行は、『論』『論註』の文面では「善男子・善女人」すなわち「衆生」が行ずることになっているが、親鸞独自の解釈によれば、法蔵菩薩が兆歳永劫の修行としてあらかじめ修得したものとみなされる。法蔵＝阿弥陀は、自ら修得した功徳を一切衆生に振り向けて（回向して）衆生を極楽浄土に迎え取り（往生せしめ）、極楽浄土の良好な環境において弥陀と変わらぬ力を具《そな》えた仏と成らしめる。これによって、浄土に往生して仏に成ることが約束された衆生は、普賢菩薩の徳を以て他方国土へ他の衆生を利他するために出かけていく。「他方国土」とはもっぱらもとの娑婆世界を念頭に置いているから、この「他方へ飛び出す」は「娑婆世界に還る」ことを意味する。つまり、法蔵＝阿弥陀の本願力回向によって衆生は浄土を起点として往還するのである。

ただし、この「五念門行法蔵所修」というのは、あくまでも親鸞独自の解釈であり、実際に『論』『論註』にそう書かれているというわけではない。しかし、香月院の『論』『論註』解釈は、このストーリーが、親鸞が言うように『論』『論註』に書かれているのだということを鮮やかに解説するものになっている。このストーリーが『論註』に隠されていることがわかれば、法蔵所修の五念門行のひとつである回向門を修するのは衆生でないことは明瞭にわかる。衆生は確かに未来には娑婆世界に還って他の衆生を利他することになるが、それはあくまでも弥陀回向によるのである。

このことを、『論註』は、「往相・還相」という言葉を登場させて解説しているのだが、「往相・還相」という言葉は『浄土論』にはない。ところが、この「往還」が『論』に登場する「入出」と似ていること、及びそれらが「自利利他」と関係するので、古来、解説者・研究者を混乱させている。しかし、このストーリーに基づいて香月院が打ち立てた「回向は如来にばかりあり、往相還相は衆生にばかりあり」というテーゼを手掛かりとすれば「自利利他・入出・往還」が首尾一貫して説明できて、混乱は解消する。鍵は、五念門行の、とりわけその中の回向門行を修するのは、法蔵＝阿弥陀如来であることを忘れないようにすることである。自利利他円満に入出する弥陀は回向によって衆生を往還させるが、自身が往還することはけっしてない。また、この説明から、如来回向はどの衆生にとっても現在のことであり、自身が往還するのは誰にとっても未来のことであることもはっきりする。したがって、「還相回向は現在のことか未来のことか」とか「往相回向するのは誰か」などという問いは、それ自体がそもそも成り立たないこともわかるだろう。往相についての回向も還相についての回向も、如来がそれぞれの衆生の現生で行い、往相の終点と還相は、如来ではなくそれぞれの衆生が未来に行うからである。
これをはっきりさせたことが、本書を世に問う意義の第二点であると思っている。この第二点は本書全般に頻繁に現れるが特に中心となるのは本書の第24章「如来の回向と衆生の往還——回向門読解」(四五一頁)である。

四、現生正定聚と他利利他の深義

難行道を選び捨て易行道を選び取った専修念仏者は、この現実世界の中で何をしているのだろう。このことがわからなくなる原因は、浄土教というものを漠然と「難行に耐えきれない者に対して、難行ができるに越したことはないが、できなくとも阿弥陀如来の慈悲によって同等の成果が得られる便法」と理解しているからである。そして、ここに言う「成果」とは、極楽往生して末永くおとなしく暮らすことと理解されているだろう。こういう理解は、浄土教を自覚覚他の仏教であるとみなさず、ただの救済宗教だと理解することになり、法然・親鸞・香月院の理解とはまったく異なる。

すでに説明したように、浄土教徒にとっては「難行道」とは捨て去るべきものだし、弥陀如来の回向によって得られる成果とは、極楽往生して阿弥陀如来と同等の能力を得てこの娑婆世界に還来して有縁の衆生を利益することにいとまない身になることであり、けっして、安楽浄土で昼寝し続けることではない。もちろん、極楽往生するのは現在のことではなく未来のことであるし、娑婆世界に還って来て他の衆生を実際に思うがごとく利益するのはもっとあとだから、浄土教徒は、今ここで実際に平和と平等の世界を形成しているわけでもなく差別と殺戮を作り出しそこに生きるひとりの凡夫でしかない。しかし、阿弥陀如来の本願力に促されて(回向されて)「南無阿弥陀仏」と声に出して言うことによって、極楽浄土を起点として自ら往還することは確実になっている。この「（現に今成立しているわけではないが未来には）確実になっている人たち」を「正定聚」と言うが、「未来に確実になる」という約束は当然にも今ここで成立している。これを「現生正定聚」と言い、親鸞独特の説だということになっている。しかし、浄土教を安らかに死ぬことができる教えだと理解すれば、確かに親鸞の説は独特だと言えないこともないが、浄土教は自利利他円満の仏道、大乗の至極なのである。未来（個々人にとっては、死後と言ってもいいが）には必ず他の衆生を利益することになるのは仏道としては当たり前のことであり、「五念門行法蔵所修」のようなまったくの親鸞独自の思想というわけではない。「現生正定聚」にとどまらず「現生往生」のような珍説に傾くのは、未来に他の衆生を利益することになる希望を失っているからではなかろうか。

「回向は如来にばかりあり、往相・還相は衆生にばかりあり」というのは、回向は誰にとっても現在のことであり、往相・還相は誰にとっても未来のことであるということだ。今、如来から利他されて正定聚の位に就くことと、未来に娑婆に還って自身が他の衆生を済度すること、それぞれの行為主体と時点の違いをしっかりと整理して理解しなければならない。現時点における衆生と如来の関係では、衆生は如来から利他されるだけだが、未来には衆生は弥陀と同等の力で他の衆生を済度する。ただ、この未来に「衆生が他の衆生を済度する」ことに関して「衆生が他の衆生を利他する」と表現すると、「（利他の）回向は如来ばかりにあり」の原則に背くような外観を与え混乱が生ずるので注意しておく必要はある。

この「利他」という言葉の特徴的使い方は、本書の第33章から第34章（五九七～六四七頁）で扱う「他利利他の深義」のところで詳しく説明されている。古来、難解とされている「深義」を香月院の解釈を援用しつつ、誰でもわかるように明快に解説したつもりなので、これを第三のポイントとしておきたい。

五、高木顕明『余が社会主義』に導かれて

以上、「難行道と易行道」「本願力回向と衆生の往還」「現生正定聚と他利利他の深義」の三点について簡単に説明してきたが、三点に共通する大切な点について語っておきたい。

『浄土論』の「善巧摂化章」に「菩薩の巧方便回向とは、いはく、説ける礼拝等の五種の修行をもつて集むるところの一切の功徳善根は、自身住持の楽を求めず、一切衆生の苦を抜かんと欲するがゆゑに、一切衆生を摂取してともに同じくかの安楽仏国に生ぜんと作願するなり」（『七祖篇』三九頁）という言葉が出てくる。菩薩は自身が修得した功徳を「自身住持の楽」を求めるために使うのではなく、「一切衆生を摂取」するために使うという意味にとれる。この個所に曇鸞が付けた註には、「もし人、無上菩提心を発さずして、ただかの国土の楽を受くること間《ひま》なきを聞きて、楽のためのゆゑに生ずることを願ずるは、またまさに往生を得ざるべし」（『七祖篇』一四四頁）とある。極楽往生してこの世の苦しみを免れたいと思うだけでは往生できないのかと考えてしまうところである。しかしそんな意味ではまったくないことは、ここまで説明してきた「難行道と易行道」「本願力回向と衆生の往還」「現生正定聚と他利利他の深義」の三点をしっかり了解すればわかることだし、また、説明してきた三点を総合的に理解するにも、この個所を解説した本書の第31章「浄土の大菩提心とは何か——善巧摂化章読解」（五五四頁）を読んでいただければいいと思う。鍵は「自身住持の楽」と「如来善住持の大安楽」との対照である。前者は、「自分であれこれ工夫した個人的・内面的な安楽」という意味で、後者は「阿弥陀如来が設定した浄土の大菩提心」という意味である。阿弥陀如来の浄土とは、平和と平等の環境、すなわち、差別も殺戮もない環境である。つまり、

浄土の大菩提心とは、社会環境の変革による苦悩の解決のことである。もちろん、専修念仏者は、死後にしか往けないことになっている浄土の環境をありありと心に映ずる止観のような、達成できる者が少ない（本当は誰にもできない）「難行」を目指したり目指すふりをするようなことはしないから、「まだ見たことのない阿弥陀さんの平和と平等のくにっていいですね、私もそのくにに賛成です」と、ただ声に出して言うだけである。つまり、浄土教とは、この環境に属するメンバー「極楽の人数《にんじゅ》」になるぞという決意を「南無阿弥陀仏」と声に出して宣言することによって、それを自分にも他人にも聞こえるようにする活動をいつでもどこでも行うことである。この平和と平等のくにに属すると決意した以上は、殺戮と差別には当然賛成することはできないし、それを正当化するようなことは言うわけにはいかない。そのような活動を始終行っていれば、自然・必然的にまだ見ぬ浄土を鏡として、あるいは、むしろ浄土を批判原理として、この現実の、不公平で殺戮を強いるような社会制度をドシドシ変えていくことにつながるだろう。

実は、浄土教とはそのようなものだと明確に書き記し、それを私たちに遺してくれた人がいる。一九一〇年に当時の天皇制国家が捏造《ねつぞう》した思想弾圧事件、いわゆる「大逆事件」に連座して死刑判決を受けた真宗大谷派の僧侶・高木顕明という人である。この人が遺した四〇〇〇字ほどの論説『余が社会主義』は、タイトルである「社会主義」を論じたものなのだが、同時に親鸞の基本思想をコンパクトにまとめたものでもあり、「余が親鸞理解」とか「余が真宗理解」と名づけられていても少しもおかしくない内容になっている。ということは、高木顕明は、法然・親鸞の専修念仏とは反戦平和の「社会主義」なのだと主張していることになるだろう。『余が社会主義』の中で、高木顕明は自身が戦争に反対する理由を、如来の回向によって平和と平等の極楽へ往くことが決まっている自分のような「極楽の人数《にんじゅ》・極楽の分人《ぶんにん》」としては、開戦に賛成することはできないからだと述べている。この一文は、ここまで説明してきた「難行道と易行道」「本願力回向と衆生の往還」「現生正定聚と他利利他の深義」の三点についての理解と一致している（高木顕明と『余が社会主義』自体についてより詳しく知りたい方は、拙著『極楽の人数――高木顕明『余が社会主義』を読む――』〈白澤社、二〇一二年〉を参照されたい）。同時代を生きた清澤満之（一八六三～一九〇三）が「精神主義」を標榜し、その後継者たちとともに香月院的な浄土教理解をほぼ葬り去って「大谷派近代教学」を成立させ、結果的に天皇制国家に追随していったことを考えると、高木顕明の真宗理解の確かさはきわめて重要だと思われる。

往還二回向論を軸として展開される『余が社会主義』に強く惹かれた私は、万が一、親鸞・曇鸞が説いた往還二回向論が『余が社会主義』に反して戦争と差別を黙認したり、ましてやそれらを正当化するようなものに帰結するしかないならば、当然のこととして往還二回向論や親鸞を捨てねばならない。そう覚悟して、私は『論註』を友人たちと読む学習会を始めたのである。本書をお読みいただければ、それは杞憂にすぎず、高木顕明の浄土教理解こそが、法然・親鸞・香月院の理解に一致していることがわかるだろうと思う。

このように、浄土教を、人びとに社会変革の希望を与えるものとして描き出したことが、本書の特徴だと私は思っている。

六、プラグマティズム

「まえがき」としては相当に長い一文になったが、もう一言付け加えさせていただきたい。

本書に、たびたび「プラグマティズム」という言葉が登場する。「効用主義」とか「実践主義」といったような意味である。この思想を簡単に言うと、「神」は実際に存在するのか否かという問いより、神が存在すると思って生きるのと存在しないと思って生きるのではどちらが好ましいか、という問いの方を重視するということである。『論註』の文脈で言うと、姿かたちを超えた法性法身とはどんなものかというような難しい問いよりは、仏教が本当に平和と平等をもたらすものかどうかという問いの方を重視するということである。だから、プラグマティズムは、生真面目な信仰者や哲学者には甚だ評判がよくない。けれども、神の有無とか法性法身の実態などという、どちらにせよ私たち愚かな者にはわかりっこないものの「真摯な」追求よりも、今この世で困っていることの解決としては、「効用」と「実践」のプラグマティズムで十分であり、これしかないと私は考えている。

この立場に明確に立っている人として、私は、真っ先に法然をあげる。法然が、難行や聖道門を捨て去るべきものとしたのは、まさにこの立場からくるのであって、難行・聖道門の内容を真偽のレベルで判定して捨てると言っているのではない。この立場は、香月院の解釈においても明瞭に踏襲されている。そして、私もまた、本書の執筆にあたってこの立場を最大限尊重したつもりである。本書において、それが明瞭に現れているところをひとつあげると、本書の第5章第二節「「願生安楽国」とは、この一句はこれ作願門なり――「無生の生」という概念――」（二〇一頁）の個所だと思う。「無生の生」などという、プラグマティズムの立場からは軽く扱えばいいものを、無理にも理解しようとする真面目さは、かえって『論註』の理解を妨げると思う。浄土門・易行道は、誰にでもわかるからありがたいのである。なんだかよくわからないけれど、奥深い意味があるのではないかと深刻ぶってありがたがる必要はない。これまでの解釈は、この「無生の生」に限らず、上巻最後の「八番問答(3)」、最終の「他利利他の深義」などで不必要に真面目になりすぎて混乱を生じているきらいがあると思う。専修念仏には、「ゆゆしきこと」「奥深きこと」はないのである。『一枚起請文』で法然上人は、「此外におくふかき事を存せば、二尊のあわれみにはずれ、本願にもれ候うべし」（大谷派『聖典』九六二頁／二版一一五三頁）とまで言われておられるではないか。

七、『論註』に残る重大な欠陥

また、もう一言付け加えておきたいことがある。

『論註』には、人間が書いたものである以上、いくつかの欠陥がある。代表的でかつ重要なものとしては、荘厳大義門功徳成就に現れる「女人及根欠二乗種不生」と、冒頭の「世尊我一心」の解釈に現れる「それ菩薩の仏に帰することは、孝子の父母に帰し、忠臣の君后に帰して、動静おのれにあらず、出没かならず由あるがごとし。恩を知りて徳を報ず、理よろしく先づ啓すべし」（『七祖篇』五一頁）のふたつだと思う。前者は女性差別と障害者差別の文言に満ちており、どのように解釈しても正当化できない。後者は、仏道に帰することを現実の権力者に滅私奉公することに喩えている。これも同様に正当化できない。

私は、本書でこれらの欠陥を正当化することをまったく意図していない。浄土教というものが、平和と平等のために社会の制度をドシドシ改革するためにあるのだということを信ずるのなら、言葉を変えれば、弥陀の本願がまことであることを信じているのだったら、これらの欠陥を厳しく糾すことに躊躇するはずがないと思うし、『論註』を本当に大切にするならば、こうした欠陥を中途半端に取り繕ってはならないと思うからである。

荘厳大義門成就に登場する女性と障害者に対する差別については、荘厳大義門を扱う「第11章」（二一五頁）を読んでいただきたい。女性であれ、障害者であれ、その被る不公平の解決は、浄土の大菩提心、すなわち、社会環境の改変によることが原則である。この浄土教の原則を、経典も、天親・曇鸞も、法然・親鸞・香月院も、残念ながら一時的に見失ったという他はない。王と家来というような身分差別がないはずの極楽浄土の喩えに「如来法王と家来の眷属菩薩」というイメージを導入したことによる間違いも、環境の改変という浄土の大菩提心の本義に還って批判的に解釈せねばならない。

註

（1）真宗典籍刊行会『続真宗大系』第二巻（一九三六年）、第三巻（一九三七年）、一九七三年に法藏館から『浄土論註講義』というタイトルでその復刻版が出版されている。

（2）香月院は『浄土文類聚鈔講義二』（護法館、西村九郎右衛門）において、『教行信証』「証巻」の「しかれば弥陀如来は如より来生して、報・応・化種種の身を示し現わしたまうなり」（大谷派『聖典』二八〇頁／二版三二〇頁）という親鸞の言葉に対して「ここは妖物屋敷なり。こう云ふ化け物屋敷は随分掃除してキツネタヌキの来ぬようにするがよひ」（『浄土文類聚鈔講義二』二三丁左）と言う。この一文が親鸞自身の立場に反する「弥陀の往還」という誤解を生じさせかねないからである。詳しくは、拙著『平和と平等の浄土論』（白澤社、二〇二〇年）の一一七〜一一九頁、及びそこに付けた脚注6・7を参照されたい。

（3）本書の第17章「極楽の人数とは誰か――八番問答」（三四三頁）参照。この個所も五逆と誹謗正法を自身のことと考えて深刻ぶる類書とはまったく異なる解釈をしているのでこれもご覧になっていただきたい。

第Ⅰ部　序　編

第1章　『論註』とはどのような書物か

一、はじめに

　これから曇鸞の著作『浄土論註』を読んでいくのであるが、いきなり原文を読むのではなく、あらかじめ読解の展望を示しておきたい。通常、原文（テキスト）の前にそれの成立の経緯や全体の大意について述べておくことを「文前玄義《もんぜんげんぎ》」というが、それをやっておこうということである。ちなみに、実際にテキストの文言を取り上げて論ずることは、「入門解釈《にゅうもんげしゃく》」という。

　本書第1章と第2章はこの「文前玄義」に充てたい。二章に及ぶのは、つぎの理由による。本書は、近世真宗大谷派の学僧・香月院深励（一七四九～一八一七）による論註講義を手掛かりにして進めるつもりなのだが、彼もまた講義を始めるにあたって丁寧な「文前玄義」を行っている。当初は、香月院の文前玄義にそってすぐに解釈を始めようかとも思ったのだが、香月院の講義からすでに二百年の時間が経過しており、私たちには香月院の講義それ自体についての「文前玄義」が必要になっているのではないかと思い、このような形式をとったのである。本書の中で何度も触れることになるだろうが、ほぼ完ぺきな解説書である香月院の解釈を無視している者が、いわゆる

「大谷派近代教学」の流れのなかだけでなく、実は、香月院以前にも、彼の同時代にもかなりあって、『論註』を読んでいるのに、それとは別様の解釈を聞かされていることがしばしばある。そこで第1章は、香月院の解釈の紹介は最小にとどめ、白紙で『浄土論註』とはどのような書物なのかを確認することに充て、香月院の説明は第2章に入ってからやや詳しく行うことにしようと思う。

『浄土論註』とは、五世紀のインドの仏教思想家・天親（世親、vasubandhu）の著作『浄土論』（の菩提留支による六世紀初めの漢訳）の注釈書である。著者は、六世紀の中国の仏教思想家・曇鸞（四七六～五四二）である。天親の生没年には諸説あったが、近年の研究において、紀元四〇〇～四八〇年と推定されている。出身地はインド伝承では富婁沙富羅（プルシャプラ、現在のペシャワール）とされている。菩提留支による翻訳が五〇八年洛陽においてなされたことはかなり信憑性が高いらしいので、『論』の制作と翻訳の時間差は以前の常識より短くなっている。曇鸞の『論註』は、彼の没年が五四二年とはっきりしているので、天親から曇鸞までの時代差もかなり近いということになる。『論註』が日本に伝わったのは、文化史で言うところの白鳳時代（六四五～七一〇）以前であると香月院は推定している（『講苑』四頁）。ただし、実際に注目されはじめるのは、永観（一〇三三～一一一一）の『往生拾因』からなので、主著『教行信証』の骨格として『論註』を用いた親鸞の『論註』着目は突出していると言える。

『浄土論』と『浄土論註』は別の著者の別の著作なので、当然のこととして主旨が一致しているわけではない。たとえば、私がこの書を本気で読んでみようという気にさせられたのは、高木顕明の往還二回向論なのだが、往還二回向という概念（用語）は、『浄土論』にはまったく登場しない。往還二回向は『浄土論註』に出てくる言葉である。しかし、『浄土論』自体には「往相還相」という言葉は登場しないが、浄土への往還と似た概念が「入出」という言葉で表されている。ただし、天親の「入出」は必ずしも浄土を起点として述べられているわけではないし、入出が登場するのは解義分最終の「利行満足章」の五功徳門の個所である。『浄土論』においては、「入」が「自利」を表し「出」が「利他」を表しているが、これも往還とそのまま一致しているのではない。しかし、『論註』に登場する曇鸞の「往還」という概念は明瞭に浄土（彼土）を起点としている。曇鸞は、天親の「入出」という概念がまだ登場していない起観生信章の「五念門を出す」という個所で入出という概念を使った註を施し、その中の、天親ではなく自らが「出」とした回向門の部分の注釈に「往還」を登場させている。だから、入と往相、出と還相がそのまま対応するわけではないのである。また、『論註』では、浄土へ「入る」という術語は登場するが、浄土から「出る」という表現は見当たらない。このこともまた読み進めるうちに次第に明らかになることである。香月院の「文前玄義」には、この「往還と入出の異同」が説明されているが、それが説明されねばならないのは、そもそもふたつの異なった著作の異なった主旨を扱っているからである。

なお、ここに「五功徳門《ごくどくもん》」と記したのは本来「果の五門」あるいは「五果門」と呼ぶべきものである。一般的に用いられる「五功徳門」が近門《ごんもん》・屋門《おくもん》などを指していることは明らかなので、通称となったこの言い方をしてもいいとは思うが、「功徳」とは因または因行のことだからあまりよくないネーミングである。ちなみに『註論講苑』には「五功徳門」という用語は見当たらず、もっぱら「果の五門」が使われているようである。以下、私もまた「五功徳門」という言葉は使わず、「果の五門」「五果門」という語を用いることにする。

さらに問題を複雑にしているのが、親鸞が強調する「本願力回向」という概念である。往相還相するのは私たち普通の凡夫であるが、そうさせる（回向する）のは私たち凡夫ではなく方便法身阿弥陀如来である。だから、浄土真宗の根幹「往還二回向」を統一的に理解するのはかなり大変である。

現段階では「大変である」と言うにとどめておいてもいいが、香月院は、この「回向は如来が行い、往還は衆生が行う」ということを「回向は如来にばかりあり、往相・還相は衆生にばかりあり」というテーゼにまとめている。このテーゼこそが『論』『論註』ならびに親鸞の『教行信証』『入出二門偈』を一貫したかたちで読み解くための鍵である。このテーゼを肯定するにせよ否定するにせよ明確な論拠が必要となる。このテーゼを全否定して、すべては如来の行為で衆生は何もしないとするか、反対に仏教は自覚教なのだから阿弥陀や本願など必要ないと言い切れば筋は通るが、それでは『論』『論註』は読めない。とはいっても、このテーゼを肯定してもある種の二律背反は起こる。しかし、このテーゼに反発するだけでは、二律背反どころかただの混乱しか起きない。だから、このテーゼを認めたうえで、それでも残る矛盾を整理することだけは必要となる。

この複雑さをどうすればいいか。まずは発端の『浄土論』から読むしかないのであるが、全体についての概略を知らないと、いきなり原文を読んでも何のことだかわからない。しかし、原文を読まずして概略がわかるはずもない。全体を知らずして細部を理解することはできず、細部を見ずに全体がわかるということもあり得ない。これは古典を読む時に必ずある二律背反であるが、この困難を乗り越えるには、古典を学ぶ者が昔から常にやってきた方法たる「会読」「輪読」、すなわち、よき学友との互いの共同学習である。With a Little Help from My Friend というわけである。

二、『浄土論』の構造と大意

まず、『論註』はわきに置いて『浄土論』自体を読んでみよう。

『浄土論』は五字四句を一行として二十四行連ねた偈文《げもん》（いわゆる「願生偈《がんしょうげ》」）と、それについての天親自身の解釈（解義）を述べた散文（これを解義分《げぎぶん》、あるいは、長行《じょうごう》と言う）とのふたつの部分からなっている。

「願生偈」の大意は以下のごとくである。最初の二行「世尊我一心　帰命尽十方　無礙光如来　願生安楽国　我依修多羅　真実功徳相　説願偈総持　与仏教相応」は、「お釈迦さま、私は一心に阿弥陀仏に帰依して極楽に往生することを願うというかたちをとって、お釈迦様の教えの真実功徳に依拠し、願偈を制作してお釈迦様の教えに相応したいと思います」という意味で、偈文の本編は始まっていない。そのあと「観彼世界相　勝過三界道」から二十一行にわたって「彼の世界の相《すがた》」が、社会環境（器世間）と住人の様子（衆生世間）の両面から説かれる。そして最後の一行「我作論説偈　願見弥陀仏　普共諸衆生　往生安楽国」は、「私はこのように論を作り偈を説いて阿弥陀仏を目の当たりにすることを示しました。皆さんも一緒にこの国に往こうではありませんか」という意味である。だから、この最後の一行も厳密に言えば偈の本編ではない。

そして解義分は「この願偈はなんの義をか明かす。かの安楽世界を観じて阿弥陀仏を見たてまつることを示現す。かの国に生ぜんと願ずるがゆゑなり（偈文を書いた意味は、彼土に往生を願う意図を示すために彼土の様子を観じ阿弥陀仏を見たてまつることを示したのである）」（『七祖篇』三三頁）と偈文の大意をざっと述べたあと、「云何観云何生信心　若善男子善女人修五念門行成就畢竟得生安楽国土見彼阿弥陀仏」と始まるが、その意味はつぎのようなことになるだろう。「どのように観じどのように信心を生ずべきか。善男子善女人は五念門の行を成就すれば必ず極楽に往生することができて阿弥陀仏を目の当たりにすることができる」。このあと、五念門の行とは「礼拝・讃嘆・作願・観察・回向」の五種の行であることと、それぞれの行為様態、すなわち、「どのように礼拝するか」「どのように讃嘆するか」「どのように作願するか」「どのように観察するか」「どのように回向するか」がざっと述べられ、そのうえで改めて、「どのように（彼の仏国土の荘厳功徳を）観察するか」が詳しく説明される。説明の仕方は「願生偈」の句を天親が自ら引用して、「荘厳○○功徳とは、偈に△△と言えるが故に」というスタイルになっている（△△の部分が偈の引用である）。だから、解義分を読むと、最初の二行と最後の一行を除く中間の二十一行をもう一度読むことになる。その構造が容易に見て取れるように示したのが、本書巻末に載せた「『浄土論』偈文と長行の関係図」である。

こうしてみると、『浄土論』とは、阿弥陀如来と極楽浄土の様子とを観ずること、すなわち、『論』自体の言葉で言えば、「観察門」中心の書であり、『観経疏』の術語を使うならば、定善十三観の書と理解するのが普通だということになる。ところが、『論註』はそういう解釈をしていないようである。例えば、『論註』は中間の二十一行を観察門を述べたものであるとしているが、初めの二行を単なる序分的なものとはみなさず、この中に「礼拝・讃嘆・作願」の三門を配置したり、最後の「さあ、みんなもこの頌《うた》を唱《うた》って極楽の人数《にんじゅ》になろう」という一行も、単なるエンディングテーマとはせず第五門回向門を説いたものとするいささか強引な解釈をしている。

三、『浄土論』の目次をつくることの難しさ

この『論註』の強引な解釈によって、『浄土論』の目次をつくることは相当難しいことになる。目次は、伝統的に「科文《かもん》」と言われているが、この「願生偈二十四行を五念門行に配当する」という強引な解釈によって『論』に目次をつくると、かなり奇妙なことになる。とりわけ、偈文そのものについての解釈を述べる『論註』の前半部分（上巻）で各章の長さの著しい差が生じて奇妙なことになるし、天親自身の偈文解釈である解義分にしても天親自身には偈文全体を五念門に配当するという意図はないのだから、五念門配当を前提してこれを解釈する『論註』の

後半（下巻）の目次も相当ややこしい。

上巻における目次の「奇妙さ」を具体的に説明してみよう。曇鸞の解釈によれば、偈文の最初の一行の「世尊我一心　帰命尽十方　無礙光如来　願生安楽国」の「帰命」の部分が礼拝門、「尽十方無礙光如来」が讃嘆門だとされる。『論註』は『論』の言葉を引用して（これを「論文《ろんもん》を徴起《ちょうき》する」という）、それの解釈を述べるというスタイルだから、この「偈文五念門配当」という観点から「目次」をつくるとすれば、「世尊」と「我一心」との解釈が「序章」、「帰命」の解釈が「第一章・礼拝門」、「尽十方無礙光如来」とその解釈が「第二章・讃嘆門」、「願生安楽国」とその解釈が「第三章・作願門」ということになる。そのあとの偈文第二行「我依修多羅　真実功徳相　説願偈総持　与仏教相応（お釈迦様の教えの真実功徳に依拠し、願偈を制作してお釈迦様の教えに相応したいと思います）」の部分は、五念門のどの門にも配当させられないので、曇鸞にとっても解釈に困る個所だろうと思うが、これを強引に「成上起下（前三門を成立させてあとの観察・回向の二門を起こす）」ものとし第四章とすれば、そのあと延々と続く二十一行が「第五章・観察門」ということになる。曇鸞が「観察門」だとする部分は、天親が解義分で、極楽国土についての十七種の功徳、極楽の住人である阿弥陀仏自体についての八種の功徳、同じく住人の諸菩薩についての四種の功徳、都合、二十九種の功徳として分類しているので、「第四章・観察門」は、国土・仏・菩薩の三節に分けられ、それぞれの節にそれぞれ十七、八、四の各項が付くことになる。また、『論註』はそれ自体が『論』全体の解釈なので、このように偈文の解釈をする前に曇鸞による『論』の文前玄義に相当する部分がある。ただし、「偈文五念門配当」のせいで、文前玄義と入文解釈との境目がややこしいことになるが、一応、曇鸞の文前玄義とみなせる部分を序章とすれば、以下の曇鸞の入文解釈から第一章、第二章と続いていくということになるだろう。

こうしてみると、偈文第三行「観彼世界相勝過三界道」とその解釈は「第五章・第一節・第一項」ということになる。曇鸞の「ユニークな」解釈がどういう解釈かは実際に読み進めてから確かめることにするしかない。そのため、本書の「目次」は、解読を進めるなかでそれぞれに付けたタイトルを基本として掲げることにとどめ、古来の「科文」に相当するものをそれぞれの章内で適宜説明することにした。このことは解義分（長行）の「註」である下巻にも同様なことが言える。曇鸞は「偈文五念門配当」という強引な解釈に基づいて天親の長行を十章に分けるのだが、古来の「科文」はこの長行十科（十章）に基づいて建てられているので、それなりにわかりにくいものになっている。

四、浄土教とは何か

このようにいろいろ解釈上厄介な問題が起こるのは何故なのかについて、あらかじめつぎのことだけ言っておこう。

浄土教の根底をなす「神話」は、『大無量寿経』やその異訳などをもとにまとめると、つぎのようなことになると思う。

法蔵菩薩という名の菩薩が遥か遠い昔に「一切の衆生を平等に苦しみから解放することができなければ自分が仏に成ることを放棄する」という誓願を立てた。それを実現するために兆載永劫（無限の時間で、「載」は一応「年」、「劫」もとてつもなく長い時間の単位を意味する）の修行を経て、終に阿弥陀如来となって平和と平等の極楽国土を建立し、そこに一切衆生を迎えて自分と同様の証《さと》りを獲得させようと待ち受けている。したがって、一切の衆生は、この阿弥陀仏の本願を信じてその名を称えれば、臨終時に弥陀如来が来迎して浄土に迎えられ、浄土という良好な

環境へ往って（往生して）その中で悟り（成仏）を実現する。

つまり、「（称名）念仏」と「弥陀来迎」を前提して「浄土に往生してから成仏する」のが浄土教だということになると思う[1]。だから、往生が死後であれば当然成仏も死後ということになり、往生も成仏も「死」を意味するよう[2]になってしまったのである。しかし、仏教は本来、自覚覚他（自ら目覚め他をして目覚ましめる）を基本とするものであるから、このような阿弥陀仏という「他者」による救済と「自覚」というには心もとない呪文めいた称名を強調する浄土教は、仏教からの逸脱だとも言い得るのである。

そこで、私は、試論として、つぎのような浄土教の発展の段階を考えてきた。すなわち、

①観念的ではあるが自利利他円満を主張する仏教形而上学の成立。

②救済を求める切望から、ある意味では仏教形而上学に反する実体的な阿弥陀如来や極楽浄土の出現。

③阿弥陀如来や極楽浄土をもとの仏教形而上学に還元する営為。

④阿弥陀如来や極楽浄土を仏教形而上学が本来求めたものとして働くようにプラグマティックに再構築する。

という四段階である。ただし、この四段階が歴史的時間の経緯でこのとおりに推移したわけではない。たとえば、②の段階にあると考えられる浄土経典群の初期のもの（つまり、『大阿弥陀経』『平等覚経』など）の方が①そのものである般若経典より早く成立していると考えられるのだが、思想の流れとしてはこの四段階で考えた方がわかりやすいと思われるので、こうした仮説を立ててみたのである。

第一段階は、奢摩他・毘婆舎那（止・観）と呼ばれる瞑想・観法を中核とする仏教形而上学を行者自身が修得することを目指すというものである。奢摩他は散乱する心を静めて意識を集中することで、いわゆる瞑想のこと。「止」と漢訳される。毘婆舎那は「止」が成就した状態で真理を明らかに見極めることで、その見極めの対象に形

を伴うものと無形のものがあるが、「観」「観察」と漢訳される。「観察」はこのように、本来、仏教の専門用語だったが、近代日本ではobservationやinvestigationの訳語として採用されたのである。奢摩他・毘婆舎那を根本とする仏教においては、超越的に外在する極楽浄土や阿弥陀如来の助けを必要としない。阿弥陀如来というような架空の仏が出てきても、それはいわば奢摩他・毘婆舎那を成就して完全な仏となることを目指す自己の目標として仮に立てられたものであって、救済を希う実体的な対象（高木顕明『余が社会主義』の言葉を借りれば、「救ふから安心せよ護るから心配するなと呼んで呉れたる呼び声」を発する「過境の普善者」）ではない。つまり、修行者にとっては、阿弥陀如来は自分がそれと一体化する目標のようなものにすぎないのである。仏教とは、「諸法無我（あらゆる存在の根底に不変の実体は存在しない）」とか「諸行無常」といったある種の形而上学的真理を証《さと》ることによって苦悩が解決され、それが救いでもあるという宗教だとみなされているが、私が言う第一段階とは、このような仏教を念頭に置いている。瞑想修行が完成することを「自利（または入空《にっくう》＝言葉にならない「諸法無我・一切皆空」の真理に参入すること）」と言い、それを他者にも伝え教化することを「利他（または出仮《しゅっけ》＝言葉の世界に出ること）」とも言うが、こうした、瞑想や観法は現実の社会制度の改良を否定するわけではないにせよ、基本的には社会改造よりは観念的な心の工夫たらざるを得ないものであり、心の工夫が社会改造によってもたらされる苦悩の解決法より上位のものとされる。第一段階を代表するのは『維摩経』に言う「菩薩心浄ければ則ち仏土浄し」(3)がそれを十分に表していると思われる。この「菩薩心淨則佛土淨」というフレーズは、清澤満之の『精神主義講話』にも何度か引用されている。清澤が「精神主義の立場より言えば、この世に不足弊害があっても敢えてこれを正そうとしない。仏の目から見ればこの世には何の不足もない。不足弊害があると見えるのは私共の心が至らないから」（取意）とするのは、清澤の実相念仏主義宣言と言えるかもしれない。『維摩経』で念仏と言えば、いわゆる実相念仏であって、香月院の『選択集講義二』の四種の念仏[4]についての説明によれば、「この実相の念仏と云ふが大乗甚深の念仏なり。心の外の仏を念ずるではない。己が心の実相を念ずるので弥陀も薬師も大日も我法身と同体なりと観念するのが実相の念仏、『維摩経』等に説くが如し」（香月院深励講述、小栗栖香頂校閲『選択集講義二』法藏館、五十二丁）とされているものである。ちなみに、残りの三種は、毘婆舎那たる観想念仏、仏像を鋳造するなど富者にしかできない観像念仏と、誰にでもできる、したがって、すべての衆生を利益する「いっち浅い」（『選択集講義二』五十三丁）称名念仏である。

浄土教発展の第二段階は、超越的な極楽浄土や阿弥陀仏とそれによる救済が前面に登場して、ある意味では仏教がその本質とはかなり異質な単なる救済教に変質しかねないものである。浄土教においては、利他はもっぱら超越者（過境の普善者）阿弥陀如来の専権事項となり衆生は単なる救済の客体に転落し、自覚覚他を本旨とする仏教からの（とりわけ「利他」「覚他」の側面からの）逸脱ともみなされるものになってしまう。初期浄土経典群はこのようなものだった。

それに対して第三段階は、極楽往生のための修行として奢摩他・毘婆舎那をふたたび前面に登場させることによって、極楽や阿弥陀如来を本来の仏教形而上学に還元しようとすることになる。松岡由香子『仏教になぜ浄土教が生まれたか』（「東西霊性文庫五」ノンブル社、二〇一三年）によれば、『浄土論』は、来迎や口称念仏という「迷信」に堕しかねない初期浄土教に対して、本来の仏教修行である奢摩他・毘婆舎那を前面に出した「警告」という意味があるとされている。松岡は、浄土経典群の中では後期に属する「魏訳」無量寿経[5]（インドの成立時期は諸説あるが、「魏訳」とされる漢文訳の成立は天親の時代とあまり変わらない五世紀初めごろ）は天親の警告を受け入れて編集されたものと考えた方がつじつまが合うとさえ言っている。『浄土論』は浄土往生の行として「礼拝・讃嘆・作願・観察・回向」の五種の行を説くが、第五番目の回向門とは、菩薩の利他行の修得を意味している。回向門の修得によって菩薩は「おもうがごとく衆生を利益する」(『歎異抄』第四条。大谷派『聖典』六二八頁／二版七六九頁）ために浄土を出発することになる。これで浄土教は自利と利他を具えたものとして本道に戻るとも言えるが、五念門行が抽象化すると外在的な弥陀や極楽は必要なくなり、仏教は再び「菩薩心浄ければ仏土浄し」の観念的な仏教形而上学に戻ってしまうだろう。というのは、『論』で説かれる毘婆舎那はいわゆる観想念仏で、これも香月院によると「『観想の念仏』。これは絵木の形像でなしに直ちに真仏の相好を観想するを念仏と云ふ。『観仏三昧経』等に説くが如し」(『選択集講義二』五十二丁)[7]とある。この「真仏の相好」にいろやかたちがあるかどうかはかなり微妙である。この問題を親鸞がどう考えていたかを探るには、『教行信証』の「真仏土巻」と「化身土巻」をしっかりと読まねばならないだろう。いろもかたちもないとすると、実相念仏と変わりがなくなるだろうし、いろやかたちがあるとすれば、法然上人によって「造像起塔を以て本願とせば貧窮困乏の類いは定めて往生の望みをたたむ」として否定された観像念仏によるほかはない。そういう意味では「真仏土巻」は大切な書であるが、読みあやまると善導大師・法然上人の古今楷定の骨折りを無駄にしてしまう危険性があると言わねばならないだろう。

第四段階を画するのは法然（一一三三〜一二一二）である。法然は、仏教の自利利他円満とは、要するに平等な救済であると考えて、仏道がそこに有効に働くために、仏教形而上学が目指すもの[8]を称名念仏ひとつに込めてしまい、形而上学的で煩瑣な用語は前面から遠ざけてしまった。そして、親鸞（一一七三〜一二六二）は、法然とともにこの四段階に属するのであるが、法然とは異なり、法性法身だとか無為涅槃だとか諸法実相などといった仏教形而上学的術語も多用している。それは、そうした用語をプラグマティックに働くために多用したのであって、仏教形而上学を復活させるためではない。

私がこの法然・親鸞の浄土教を「仏教プラグマティズム」と呼ぶのは、ウィリアム・ジェイムズ（一八四二〜一九一〇）の「神の仮説（the hypothesis of God）」という考え方を法然・親鸞の浄土教思想の理解に生かそうと思うからである。ジェイムズは、その著『プラグマティズム』（原著一九〇七年、岩波文庫の桝田啓三郎訳は一九五七年）で「神の仮説」についてつぎのように述べている。「プラグマティズム的原理に立つと、神の仮説は、それがその語の最も広い意味で満足に働くならば、真なのである」（岩波文庫版、二九九頁）。また、ジェイムズが「神が働く」と言っている領域は、真偽の領域ではなく善悪や美醜にかかわる生き方の決断の領域である。このふたつの領域について、彼は『宗教的経験の諸相　上・下』（原著一九〇一・一九〇二年、岩波文庫の桝田啓三郎訳は一九六九年）の中で「存在判断、あるいは、存在命題」と「価値命題」と名づけている。前者が哲学的な、あるいは「形而上学的」な領域であり、後者が生き方の決断の領域である。そして「どちらの判断も、一方から他方を直接に演繹してくることはできない。両者はそれぞれ異なる知的活動に由来するものであり、精神は、はじめ両者を分離しておいて、その後で両者を加え合わせるという方法によってはじめて、両者を結合するのである」（岩波文庫版、上巻、一七頁）と述べている。

私は、法然と親鸞の専修念仏とは、仏教が平和と平等のために有効に働く（to work satisfactorily）ために構成されたものだと思う。本書において、それがどのように構成されたかということを、『論』『論註』を法然や親鸞がどのように読んだのかということを探るかたちで説明したいと思うのである。

『論註』は、ある意味で無力で観念的な仏教形而上学に舞い戻った様相を呈する『浄土論』を、ふたたび有効に働く仏教にする最初の試みだったのではないかと思える。前に「願生偈」の「大意」を述べたが、『浄土論』を法然・親鸞が本願正定業とする称名念仏を勧める書だと読むのはとてもできそうにないことである。しかし、曇鸞の

『論註』は確かにそちらへ舵を切っている。『論註』においては、ふたたび称名が如実修行として意義を吹き返し、弥陀来迎は（親鸞の読みを介してのことではあるが）如来の回向と衆生の往還の立体的な構造として説明されている。如来の回向が救済教としての「浄土教」を保証し、衆生の往還が自覚覚他の自覚教「仏教」を保証しているのである。

五、補遺① 四種念仏——なぜ称名念仏が本願正定業なのか——

プラグマティックな専修念仏とはどういうものであるかを非常にわかりやすく説明したものが、香月院による『選択集講義一』にある。香月院はこの中で、『選択集』の冒頭にある「念仏為本」を解釈するかたちで法然の専修念仏をつぎのように説明している。

凡そ諸経論に説く所の念仏、四種にすぎず。（中略）一つに「称名念仏」。ただ心を一仏にかけて口に其の仏名を称へるのを念仏と云ふ。文殊般若経の如し。二つに「観像念仏」。絵像木像の形像を観念する念仏。『大宝積経』に説くが如し。三つに「観想の念仏」。これは絵木の形像でなしに直ちに真仏の相好を観想するを念仏と云ふ。『観仏三昧経』等に説くが如し。四つには「実相の念仏」。この実相の念仏と云ふが大乗甚深の念仏なり。心の外の仏を念ずるではない。己が心の実相を念ずるので弥陀も薬師も大日も我法身と同体なりと観念するのが実相の念仏、『維摩経』等に説くが如し。（中略）此の集の念仏は此の四種の中では「称名念仏」なり。

（『選択集講義一』五十二丁）

簡単に解説すると、四種の念仏の最後の「実相の念仏」が、上にあげた「阿弥陀や極楽を諸法実相とかいろもかたちもない無上涅槃に還元するもの」であることは容易に見て取れよう。香月院は、これを「大乗甚深の念仏」とするが、ほとんど揶揄に近い。

つぎの「観想の念仏」とは、諸法実相というような、特別の宗教的能力がある人にしかわからない（実際は誰にもわからない）真理を象徴する（荘厳する）ものとしての阿弥陀如来の真身をありありと瞑想するというもので、精神集中のトレーニングや千日回峰行のようなことをするとできることになっているが、本当にできたかどうかは本人しかわからない。自ら観想念仏を成就したと思い込んでいる人と成就したと嘘をついている人は、それが果たす社会的な機能としては違いがない。観想の念仏は、それができないことを健康に自覚している凡夫にも（いかがわしく感じつつも）ある程度想像できるので、つまり、いわゆる「霊感」がある人にはできるんじゃないかと思えるので、「アヘン」と批判される宗教の典型とも言い得るだろう。

そして、絵や彫刻で仏を作ってそれを眺めるのが「観像の念仏」だが、これは自分で描いたり彫ったりしてもいいが、供物料・灯明料などと称する年貢を徴収して仏師に作らせ、先の実相の念仏や観想の念仏ができるとされる僧侶に魂を込めてもらうなどの呪術的手法を経ると効果があることになっている。つまり、これは貧しい者にはできない。法然が「造像起塔をもつて本願となさば、貧窮困乏の類はさだめて往生の望みを絶たん」（『選択集』第三、本願章。『七祖篇』一二〇九頁）とする所以である。

そして、香月院は、『選択集』に説く念仏、すなわち、専修念仏者の念仏とは、第四の「称名念仏」であるとして、つぎのように続ける。

此の集の念仏は此の四種の中では「称名念仏」なり。ここを心得損なふものありて元祖の「念仏為本」を吾祖は「信心為本」との玉ふ。しかれば今家は「念仏」と云ふは「仏をおもふ」こと、「仏をおもふ」と云ふは

「信心」のこと、「念仏」とさへあれば三業では意業にあて「信心」にする者あり。これたゞ元祖に違するのみに非ず、大に祖意に違す。

口に称る念仏は浅き念仏なれども、その浅い念仏を弥陀の王本願に誓ひ玉ふ所が尊い所で「浅きは深き也」。（中略）（四種の念仏の中では）

称名念仏はいっち浅い念仏ゆへいっち最初に置き玉ふ。実相の念仏はいっち勝れた大乗甚深の念仏ゆへいっち終いにおき玉ふ。これ一代諸経におし出した所ではこの上のない浅い称名念仏。それを今、弥陀の本願では「解第一義」の行も選び捨て「読誦大乗」の行も選び捨て、其のいっち浅い称名念仏を取りて誓ふた所が「本為凡夫」の誓約なり。これが「万機普益」の所なり。そこが尊い。「浅は深也」（『選択集講義一』五十二丁）

このように、誰でもできる易しい浅い行、すなわち、「南無阿弥陀仏」と声に出して言う行こそがすべての者を利益する（万機普益）最も勝れた行であることを確認するのである。四種念仏の解説は、このように、抽象的で観念的な仏教形而上学を誰でも実践できる称名ひとつに集約した法然の思想をみごとに説明している。

六、補遺② 「いわゆる「絶対他力」について」

初めに述べたように、親鸞の浄土真宗は「往還二回向」を縦糸としている。横糸は善導による二種深信であるが、そのことはしばらく置く。しかし、主として大谷派近代教学の悪しき影響から、親鸞の思想とは「絶対他力」と「自然法爾」だという説明がされている。「自然法爾」を親鸞の中心思想とするのは無理があるが、それでもこの言葉は親鸞の著作に登場する言葉である。しかし「絶対他力」などという言葉は親鸞の著作にはもちろん伝統的な注釈にもまったく登場しない言葉である。

しかるに、インターネット検索で、高校倫理の試験対策サイトにこんなのが見つかった（ベネッセ教育情報 https://benesse.jp/teikitest/kou/social/ethics/k00498.html 参照二〇二三年一〇月一一日）。タイトルは、「【鎌倉時代の仏教】他力と絶対他力について」。まず、受験生が寄せた質問は「法然の他力と親鸞の絶対他力の違いがいまいちわからないので教えてください」。これに対する「進研ゼミからの回答」というのがあって、それにはこうあるのである。

> 法然も親鸞も、救いは阿弥陀仏の本願（阿弥陀仏の慈悲の力）という他力によるとした点は共通である。法然の他力と親鸞の絶対他力の違いについてであるが、法然の説いた他力には、ひたすら念仏を称（とな）える（専修念仏）という自力の要素が残っているといわれています。それに対し、法然の弟子である親鸞の説いた絶対他力は、他力の中の他力で、法然の説いた他力をさらに推し進め、念仏を称えることも自力ではなく、仏の慈悲のはたらきがそうさせるのだと説きました。この点に違いがあるといえます

このような見解は親鸞の著作のどこにもない。「他力の中の自力」という言葉は「他力の中の他力」というような神秘主義を否定するために書かれたものである[9]。「本願を信じて念仏申す」というのは『歎異抄』第二条にはっきりと「面々のおんはからひ」によって決定すると書かれている。それをこのような説明をしたのでは、自覚覚他の仏教ではなくなるし、平和と平等の希望も消えてしまう。また、この説明は「専修念仏」を「法然の自力が残る念仏」とみなしているようである。冗談じゃない。専修念仏とは、「人びととの間に無用で有害な格差を持ち込むにすぎない難しそうに見える行を拒否して、誰にでもできる平等の願いを信じてそれを表現することに徹するという決意」である。親鸞がそうした「決意」を「自力が残っている」として捨てただって!! 冗談じゃない!!

「絶対他力」だとかその根拠とされることの多い「自然法爾」を振り回す近代の親鸞理解者の見解は、検定を受けた教科書に掲載され、もはや親鸞理解として定説化しているのである。この「誤解」を正すのはかなり大変だと感じる。

では、「他力」とは何だろうか。

「正信偈」曇鸞章は親鸞の曇鸞理解をコンパクトにまとめたものであるが、それには「往還回向由他力」とあって往還二回向は他力回向によるのだとされている。だから『論註』は「他力」ということを強調しているという印象があるかもしれないが、実際に「他力」という言葉が出てくるのは、文前玄義に一回だけで、あとの四回はすべて利行満足章の本願力回向に関する個所である。回向は、『論』においての第一義は善男子・善女人の五念門修行のひとつであって他力ではないが、ただ「果の五門」の中の園林遊戯地門について述べたところに「以本願力回向故（本願力の回向を以ての故に）」の言葉があり、ここに曇鸞がいわゆる他利利他の深義と言われる註を付けたために「他力」という言葉が浮かび上がったのである。だから、他力はこの文脈に限定して使う言葉であって、何でもかんでも他力にするような「絶対他力」[10]は『論』『論註』にも親鸞にもないのである。

『論』『論註』を親鸞聖人の導きによってしっかりと読んでいきたいと思う。

註

（1）「称名」を括弧にいれたのは「念仏」が必ずしも称名を意味しないからであるが、原始浄土教ではもっぱら称名を念仏としているが、『浄土論』に示された五念門の中に称名念仏があるのかどうかということに関しては微妙である。本章第五節「補遺①　四種念仏——なぜ称名念仏が本願正定業なのか——」の説明でその問題も多少触れる。

(2) ちなみに、困り果てたことを「往生します」という関西弁は、三段階に意味が変化したものである。まず、極楽へ往って生まれることが死ぬことに変化し、「立ち往生」と言って弁慶の死(弁慶は衣川の合戦において、主君源義経を守り立ったまま何本もの矢を受けて死んでしまったという伝説)にちなんだ言葉ができ、それがさらに転訛して、立ったまま動けなくなる⇒何処にも進めない⇒困り果てる、となったわけである。

(3) このフレーズは、私が仏教形而上学と名づける観念的な哲学の代表的な経典『維摩経』仏国品第一に登場するもので、清澤満之の『精神主義講話』にも何度か引用されている。清澤が「精神主義の立場より言えば、この世に不足弊害があっても敢えてこれを正そうとしない。仏の目から見ればこの世には何の不足もない。不足弊害があると見えるのは私共の心が至らないから」とするのは、彼の実相念仏主義宣言と言えるかもしれない。

(4) 本章第五節「補遺①　四種念仏——なぜ称名念仏が本願正定業なのか——」参照。

(5) 私たちになじみ深い『大無量寿経』のことで、三国時代の魏の康僧鎧によって嘉平年代(二四九〜二五四)に訳されたとされているが、最近の研究(藤田宏達『原始浄土思想の研究』岩波書店、一九七〇年など)によると実際はもっと後の五世紀初頭の翻訳と推定されている。

(6) 「五念門」というのは天親(世親)が『浄土論』において浄土願生者がすべき行としてあげた「礼拝・讃嘆・作願・観察・回向」の五種の行のことである。作願と観察はそれぞれ奢摩他と毘婆舎那である。

(7) 私は、小栗栖香頂校閲、西村七兵衛刊の奥付がある和綴じ本を所有している。奥付によると、一八八六年出版らしい。これを活字化することなく、そのまま復刻したものが一九七六年に法藏館から出版されている。引用にあたりカタカナをひらがなに、旧字を新字体とした。

(8) ここに「目指すもの」としたのは、「あれこれ理論づけようとしたもの」と言うのとは大違いである。「目指すもの」は平等の救い、あるいは、もっと現実的に実践理性の課題として言えば「平和と平等」である。それに対して形而上学が理論づけようとしたものとは、真如だとか法性法身だとか無為涅槃だとか、要するに凡夫には手の届かないもの、純粋理性の範疇外にあるものである。

(9) 「他力のなかには自力ともうすことはそうろうとききそうらいき。他力のなかにまた他力ともうすことはききそうらわず」（『御消息集』広本、十六通。大谷派『聖典』五八〇頁／二版七一〇頁）。ただし、一か所だけ「他力の中の他力」という表現が『末燈鈔』の第一通（大谷派『聖典』六〇〇頁／二版七三五頁）にある。これは、「諸行往生のひと・真実信心の行人」という二項対立で説明すべきことを、「自力・他力」というあいまいな二項対立で説明してしまったせいで起きたことだと思われる。

（10）ここでは、親鸞だけにとどめるが、『論註』を法然上人の指南によって読むということも大切である。本書第3章第二節「『十住毘婆沙論』引用の意味——難行道と易行道——」で詳しく説明する。

第2章

香月院『註論講苑』文前玄義の概要

一、はじめに

前章で、『浄土論註』という書物のおおよその構造とその著者、翻訳者、日本での流行について概略を学んだ。『浄土論』の題号は「無量寿経優婆提舎願生偈」である。「優婆提舎」とは upadesa の音訳で、意訳する時は「論」と翻訳するのが普通である。だから、「無量寿経優婆提舎」は「無量寿経論」ということになる。つまり、『浄土論』は「無量寿経」という経典の論書、注釈書である。無量寿経の注釈を偈文とその解説という形式で解釈した論書だということである。そして、『論註』はそのまた解釈書だから、解釈の流れは、

①無量寿経⇓②天親による「願生偈」↓『長行』⇓③曇鸞による『論註』⇓④親鸞による『教行信証』『入出二門偈』及び『論註・加点本』などの解釈

という流れになる。①②はインド、③は中国、④は日本での成立であるが、『浄土論』は天親の死後せいぜい五、六十年に菩提流支が翻訳したという漢訳しか残っていない。サンスクリット原典もチベット語訳も見つかっていないのである。しかも、それについての注釈である③曇鸞の『論註』は、この「翻訳」直後と言うより、ほぼ同時に

登場する。曇鸞は当然漢文で書いているわけだから②③は漢文作品であるが、①もまた実際にあるのは漢文作品でしかない。実際、『論註』は『浄土論』の全文を逐語引用した注釈書の体裁になっているので、現在の東・西本願寺が出している『聖典』の『浄土論』も底本は『論註』として伝わっているものの抜き書きで成立している。

本書では、高木顕明を意識しながら、江戸時代の真宗大谷派の学僧・香月院深励（一七四八〜一八一七）の注釈書『註論講苑』を基礎にして読んでいこうと思うのだが、香月院の講義も初めの数回は「文前玄義《もんぜんげんぎ》」といって、『論註』全体についての概略・問題点をあらかじめ述べるというかたちになっている。それで、香月院の「文前玄義」の解説から始めようと思う。

二、香月院『註論講苑』文前玄義の概要

『註論講苑』は、香月院深励の全盛期、すなわち、江戸実証教学の全盛期である文化四・五年（一八〇七・一八〇八年）に行われたものである。現在は『続真宗体系』第二・三巻に「註論講苑」として収録され、一九七三年に法藏館から『浄土論註講義』というタイトルでその復刻版が出版されている。『続真宗大系』に収められた時（一九三六年）にそれまでの刊本（どれだけのものがあったのか詳細はわからない）が香月院の自坊の越前金津の永臨寺に残されていた自筆本によって校訂されている。なお、この自筆本は、永臨寺より一九六三年に寄贈された香月院の蔵書類とともに『香月院文庫』として、現在大谷大学図書館に収蔵されている。香月院によって『論註』を読む理由については、「まえがき」に述べたとおりである。

まず、この講義が『註論講苑』と名づけられていることの意味であるが、講義の中で『浄土論』はもっぱら

『論』とか『本論』と呼ばれているのに対して、『論註』は『註論』と呼ばれることも多い。「註論」という言い方は、親鸞が『教行信証』の中で『論註』を引用する際にしばしば用いる呼び名である。一般に「論」というのはインドで制作された「経」についての龍樹・天親・馬鳴らの「菩薩」による論議を指す時に用いる言葉で、『大智度論』だとか『中論』などが代表的である。中国で制作されたものは著者は菩薩の位ではないとみなされ「論」とは呼ばず、「釈」だとか「註」「疏」などと呼ばれることが多いし、著者もそのように自称する。親鸞が『論註』を「註論」と呼ぶのは「論の註」を単に「註」ではなく「(菩薩による)論」の資格があるものとして扱おうとしているからである。

さて、香月院の文前玄義は二門に分けられている。香月院は、『論註』の文前玄義は二門でよいとする。曇鸞は『論』の長行を註するについて願偈大意から利行満足までの十門(十章)に分かつが、香月院はそれを『論註』を講義する際に踏襲する必要はないとしている。それは『論註』の本文の解釈としてやればよいので、『論註』自体の文前玄義としては二門で十分なのであると言う。このことは何でもないことのようだが、『論註』下巻、すなわち天親本人による「願生偈」の解釈(解義)である長行は、章分けされているわけではない。章分け、すなわち「十門に分かつ」というのは曇鸞の解義分解釈なのである。『論註』を読む時に大切なことのひとつは、『論』と『論註』が別人の著作であることを忘れないということである。すでに述べたように、両者がほぼ同時に六世紀の中国に登場したせいで、まるで一人の著者が書いたように扱われることもあるのだが、それはそれとして大切なことであるとしても、別の著者の作品だということを忘れないことも大切である。また、ついでに言うと、『論註』という書物を本格的に自身の思想の骨格として採用したのは親鸞が最初である。ところが親鸞の『論註』理解は、前章で少し述べたように、きわめてユニークなものである。このユニークさをきちんと理解するには、『論』は

『論』、『註』は『註』としてそれぞれの意味をきちんと読み取らねばならない。そのうえで親鸞の読み方を知るべきなのであって、親鸞の読みを安易に『論』『論註』の「真意」なのだとしてはならないと思う。その意味で、香月院が曇鸞の「十門に分かつ」を（もちろん、下巻の解釈では取り上げられるのだが）文前玄義では最初からは取り上げないことに注意してもいい。

さて、香月院の文前玄義の第一門は「本論註論の造由を述べる」、第二門は「本論註論の大意を弁ず」とされる。第一門は『浄土論（すなわち、本論）』の造由（論や釈が造られた経緯・理由）と『浄土論註（すなわち、註論）』の造由がそれぞれ述べられる。註論の造由で重要なのは、曇鸞が菩提留支（「正信偈」の表記では流支）から授かったのは『観無量寿経』なのになぜ『観無量寿経』の注釈ではなく『浄土論』の註を制作したのかという問題などが論じられていることである。この問題は『選択集』第一章の最後にある浄土の法門血脈相承の問題と関係しているが、ここでは詳しくは述べない。

第二門は本論と註論の「大意」をあらかじめ述べるということである。香月院は言う。

経論の文を解するに、最初から文ばかりを解しては一部へ貫通する大理があらはれぬ。また文を釈しながら玄義を談ずる時は、両方が混雑して分りにくいによりて、一部を貫く大意は是非文前に弁ぜねばならぬ（中略）。よつて、たとへば三条通へかゝりてこれから六条へは何う行くぞと云ふとき、白川橋を左へとり、四条通から京極通をさがりて、それから五条六条とうつると云ふ位のことは知らねば、京の町へ這入《〔ママ〕》った所詮はないやうなものなり。今も文前大意の下で更に五門を料簡して一部の綱要を弁ずるなり（『講苑』五頁）

とする。とは言っても、

すべて論部は明かし方のむつかしいものなり。循環研覈（瑜伽の語）と云ふて、たまきのはしなきが如く、ゆきつもどりつして法義を論ずるが論部ぢやによりて述べ方がむつかしい。（中略）今その大意を文前に於いて空談で弁ずること甚だ弁じがたいことによりて、初学の衆はきこへにくからうと案じられる。されどもこれは弁じねばならぬことぢやによって随分きこへやすいやうに弁じたいと存ず
（『講苑』一六頁下段）

というわけで「義門の混雑せぬ様に」五科に分けて説明されることになる。五科はつぎのとおり。

①「本論三分の有無を弁ず」。これは論の大綱を弁ずるに就き、一論の内でどれからが正説分ぢやと云ふことを知らねばならぬゆへ、先づこの本論に序正流通の三分ありやなしやを弁定するなり。
（『講苑』一六頁下段）

②「五念門の正助を料簡す」。これはこの『浄土論』の明かし方、五念門中で観察門を主に明かした様に見へる。そこで『良忠記』(1)以来五念門の中観察門を正定業として、一論の大綱主とする所が観察門ぢやと云ふ。これ大まちがひなり。よりて今第二に五念門の正定業助業の義を弁ず。
（『講苑』一七頁上段）

③「一心五念果を得るを明かす」。これは一論の大綱は一心五念の目によりて果の五門をうることを明かすにありと云ふことを弁ず。
（『講苑』一七頁上段）

④「入出と往還の異を分別す」。これは入出二門と往還二回向との差別を弁ず。
（『講苑』一七頁上段）

⑤「二法身と二身の同異を弁ず」。これは法性方便の二法身と実相為物の二身の同異を弁ず。
（『講苑』一七頁上段）

以下、この五科をもう少し詳しく説明しよう。それで、『論註』という書物がどういうものかがもう少し見えてくると思う。

㈠「本論三分の有無を弁ず」――偈文を五念門に配当する意味――

大意五科の第一は、『本論』すなわち『浄土論』本体に序分・正宗分・流通分があるかどうか、あるとしたら、どこまでが序分でどこからが正宗分、流通分なのか、という問題である。

『浄土論』は二十四行の偈文（願生偈）とそれを天親菩薩が自ら解釈した散文（長行《じょうごう》）からなっているが、『論註』において曇鸞はこの二十四行の偈文を五念門（礼拝・讃嘆・作願・観察・回向）に配当している。(2) すなわち、初めの二行「世尊我一心　帰命尽十方　無礙光如来　願生安楽国　我依修多羅　真実功徳相　説願偈総持　与仏教相応（世尊、我一心に、尽十方無碍光如来に帰命して、安楽国に生まれんと願ず。我れ、修多羅、真実功徳の相に依って願偈を説いて総持して、仏教と相応す）」（大谷派『聖典』一三五頁／二版一四五頁）の中の一行目の「世尊我一心　帰命尽十方　無礙光如来」までの三句に「礼拝・讃嘆」の前二門、つぎの「願生安楽国」の一句が第三門・作願門。二行目の「我依修多羅　真実功徳相　説願偈総持　与仏教相応」の部分が「論」すなわち「優婆提舎」ということを明らかにすることと、初めの「礼拝・讃嘆・作願」の三門が成就して後の「観察・回向」の二門を起してくる意味があるのだと解説している。そして、残りの二十二行のうち、二十一行が「第四・観察門」、最後の一行「我作論説偈　願見弥陀仏　普共諸衆生　往生安楽国（われ論を作り偈を説く。願はくは弥陀仏を見たてまつり、あまねくもろもろの衆生とともに、安楽国に往生せん）」が回向門であるとする。すなわち、願生偈全体を五念門に配当するわけである。そこで香月院は、通常の意味での序分や流通分は存在せず、いきなり正宗分から始まっていると見るのが一応は妥当であるとする。しかし、別の側面から見ると、偈文の初めの二行は序分の意義を持ち、最後の一行の「普共諸衆生　往生安楽国」は流通分の意義を持っており、中の二十一行こそが正宗分とも取れ、むしろそれが自然であり、三分があるともみなせる。だから、三分があると見る、三分がなくて正宗分だけとして見る、という二面から見る方がよいとする。

なぜこのようなことが問題になるかというと、「論」それ自体、あるいは偈文それ自体を見て、これをすべて五念門に配当するのは誰が見ても無理があるからである。すなわち曇鸞は、第一行の「世尊我一心」と「帰命尽十方無礙光如来」とを切り離して、しかも「帰命」が身業礼拝門、「尽十方無礙光如来」が口業讃嘆門とするのだが、香月院はこれは文の「当意」ではなく「文に奄含《えんごう》してある義でつねの者の解されぬ釈」（『講苑』一九頁下段）だと言う。そして、「一心」は安心すなわち「信」、五念門は起行すなわち「行」で、「安心と起行とさっぱり別物」（『講苑』二〇頁上段）にして『浄土論』一部を「一心の華文」と称するのが親鸞の思想だということを強調する。だから、初めの二行が帰敬序的な意味を持つのは誰でもわかるからそのことは略して特に説明することなく、偈文全体を五念門に配当する（常の者には簡単にわからぬ）義は「註」で詳しく説明するのが曇鸞の意図なのだということになる（そして、このことがわかるのは吾祖・親鸞のみということにもなる）。

ところが、そうすると「観彼世界相　勝過三界道　究竟如虚空　広大無辺際」から始まる二十一行は正宗分であり、かつ観察門だということになって、『浄土論』というのは観察門が正所明《しょうしょみょう》（正《まさ》しく明かされる所、すなわち、主題・テーマ）とみえる。だから「この論何のいはれありて観察を主とするや」（『講苑』二三頁下段）という疑問が起こるのも当然ということになる。香月院答えて曰く「この不審尤も以て肝要なり。この処にまどうから、五念門の中、観察門を以て正定業とするあやまりを引き出すなり。よりてこれから第二科へうつりて弁ず」（『講苑』二三頁下段）と。

㈡「五念門の正助を料簡す」――『浄土論』は観察門行のテキストなのか――

この問題は「声に出す念仏」を正定業とする法然・親鸞の専修念仏思想にとってきわめて重大である。したがって、この科は香月院の『選択集講義』と併せ読むことによって理解が深まる。『選択集講義』でもたびたび登場する西山・鎮西の法然無理解がここでも問題になる。

そもそも、『浄土論』にせよ、『観無量寿経』にせよ、普通に読めば、浄土往生の正業は観察門、すなわち、心を静めて浄土の依正を観察すること、言い換えれば、『観無量寿経』の第九、真身観に象徴集約される「定善」である。心を静めることを「止（奢摩他）」と言い、その心にありありと浄土と阿弥陀如来の想を映じることを「観察（毘婆舎那）」と言う。これは瞑想を中心とする仏教の王道であるから、正業とされても何の不思議もない。(3)にもかかわらず、なぜに法然は誰にでもできて明らかに低級に見える「声に出す念仏」を正定業とし他の定散二善を本願ではないとまで言ったのか。このことこそが専修念仏思想の要である。

私の説明は、つぎのごとくである。

そもそも、浄土に往くとか阿弥陀に出会って（回向されて）他の衆生とともに浄土に向かうということは簡単に言えば平和と平等をあきらめずに生きるということである。平等が目的であるのにそこへ向かう手段が不平等では話にならない。だから、「しかればすなはち弥陀如来、法蔵比丘の昔平等の慈悲に催されて、あまねく一切を摂せんがために、造像起塔等の諸行をもつて往生の本願となしたまはず。ただ称名念仏一行をもつてその本願となしたまへり」（『選択集』第三本願章。『七祖篇』一二〇九～一二一〇頁）ということなのである。すなわち、法然は、観察などの高級そうな諸行を「できるに越したことはないができなくてもよい」ものの位置におかず、平和と平等を求める者に要らぬ差を作り出すものとして「弥陀の平等の願いに反するから捨ててしまえ」としたのである。(4)親鸞もまたこの立場をまっすぐに受け継いでいる。ところが、諸行往生を許してしまう鎮西義は、法然があれだけ「ただ（声に出す）念仏」と言ったのに『観無量寿経』や『浄土論』の表面に顕れる高級そうな真身観（『観無量寿経』）や「観彼世界相」「われ論を作り偈を説く。願はくは弥陀仏を見たてまつり」（『論』。『七祖篇』三二頁）などの言葉にあこがれ迷ってしまうのである。『観無量寿経』や『論』の表面に顕れる高級そうな行について、法然は「捨てんがため、廃さんがために説く（廃立の義）」と明快だが、親鸞は丁寧に複雑に説明する（顕彰隠密の義？）。その複雑さの鍵は「行」ではなく「信」である。丁寧な説明は、香月院に言わせれば「すべて聖教を拝見するには、聖教の真面目をあらはすが肝要。尤も我家の宗義はまもらねばならぬ。宗義をまもりて而も聖教のありのまゝを窺ふようにしたいものなり」（『講苑』一一頁上段）ということになるだろう。

香月院の説明は、法然・親鸞の独自の解釈をまもり（宗義をまもり）つつ、それとは明らかに違う観察門重視の外見を持つ『論』を、『論註』を介して「聖教のありのまゝを窺ふ」絶妙のものになっている。第一科で本論に序分・正宗分・流通分の三分があるかないかということを議論したことが、ここで重要な意味を現す。香月院の説明の鍵は、「安心の観（本願力を思ひ浮かべる観＝かかる徒《いたず》ら者を弥陀如来の願力で浄土に往生遂げさしめてくださるぞと思ふ観）」（『講苑』二七頁下段）と「起行観察門の観」との二種の観を分けることにある。前者が「信」、後者が「行」ということになるのだが、これを十全に理解するためには、法然の念仏為本と親鸞の信心為本との同異をよく理解する必要がある。これも、香月院の『選択集講義』やその玄談とも言いうる『選択集二十五箇条異同弁』が必須の前提となる。鍵は「他力回向」である。

(三)「一心五念果を得るを明かす」——「一心」と「五念門」の関係——

一心は安心（信）、五念門は起行（行）と分かれることは、『論』に五念の行（礼拝から回向にいたる五念門）によって五功徳の果（近門から園林遊戯地門にいたる果の五門）を得ると書かれていることによってよく解る。この五念門と五果門が因と果の関係で対応しているのである。つまり、五念門の第一門礼拝門の行によって果の五門の第一近門が獲得され、第二讃嘆門の行によって大会衆門が獲得されるという関係である。ここで長行の章が十に分かれることが説明され、「他利利他の深義」がおおむね説明される。第三科は安心・起行をきっぱり分ける親鸞の教学とそれをただ念仏の一行で説明する法然との両者の特質をよくわきまえていれば、二科と続けて理解できる。

香月院の説明は文献実証主義的な理詰めのもの（宗義をまもりて而も聖教のありのま丶を窺ふ）で、丁寧に読めば誰にでもわかるというようになっている。これによってわれわれは、親鸞の独創的な思想がけっして単なる宗教的直観といった説明不能なもの（説明する気もないし、自分でもよく解らないもの）によったのではなく、親鸞の主張とは異なった外見を持つ先行のテキスト（たとえば、五念門の法蔵所修を前面に出すことのない『論』『論註』や信心が強調されていないかに見える『選択集』）についての親鸞自身の丁寧で複雑な説明によってそれらテキストの「真意」が文献実証主義的に明らかにされるというスタイルになっていることが理解できるのである。香月院の説明は、ある意味では親鸞その人以上に文献実証主義的でさえある。このような、誰でも丁寧に時間をかければ理解できる説明をする人によることがなければ、「人に依らず法に依れ」とされた釈迦の遺訓は遵《まも》りようがないのではなかろうか。

(四)「入出と往還の異を分別す」——「入出」と「往還」は一致しない——

このことについては、すでにある程度説明しているので重複するところもあるが、以下に簡単にまとめておこう。

①「入出」は『論』の解義分の終盤、曇鸞が「利行満足章」と名づけたところ、すなわち、五念門の「因」に対して述べられる「果の五門」(5)のところに登場する概念で、「入」は「入空《にっくう》」すなわち、空のさとりに達する智慧のことで菩薩の自利を意味するのに対し、「出」は「出仮《しゅっけ》」すなわち、いろもかたちもない空の真理をかたちとして説く慈悲のことで菩薩の利他を意味する。したがって、「入出」は『論』において必ずしも浄土を起点として言われるわけではない。また、「入出」は五果門について述べられているので、「入の前四門」とされるのは、近門・大会衆門・屋門・宅門のこと、「出第五門」とは園林遊戯地門のことになるが、五果門は五念門と一々対応するので、礼拝・讃嘆・作願・観察が同様に「入四門」、回向門が「出第五門」となる。

②「往還」は『論註』が『論』の長行の始めのところ、曇鸞が「起観生信章」と名づけた部分の後半「五念門を出す」の中の最後の第五門・回向門につけた注釈に登場する概念で、これは明瞭に浄土を起点とする往還である。しかし、往も還も出第五門の注釈に登場するのであるから、往＝入にならないことはもちろん、還＝出もあり得ないことになる。往還という概念は『論註』独自のもので『論』には登場しないのである。

③とはいうものの、「往」すなわち浄土へ往くことが「入」や「自利」の意味をはらみ、「還」すなわち浄土からこの世界に還ることが「出」や「利他」の意味をはらむのは当然であり、これを統一的に理解することは難しいけれどきわめて大切なことになる。

④この統一的理解が「往相還相は衆生ばかりにあり、回向は如来ばかりにあり」という香月院のテーゼである。このテーゼは、『論』はもちろん『論註』においても五念門の行の行為主体は善男子・善女人、すなわち衆生であることは明らかなのに、親鸞がそれを法蔵＝阿弥陀に変換してしまったことを説明するために建てられているもの

である。親鸞がこうした変換を白日の下に明らかにしたのは『入出二門偈』なので、二門偈を見ながらこの変換を考える必要がある。

㈤「二法身と二身の同異を弁ず」――「法性法身・方便法身」と「実相身・為物身」――

二法身とは法性法身と方便法身、二身とは実相身と為物身のこと。

この問題は、方便法身とは何かという問題である。おそらく、カント『実践理性批判』（岩波文庫、一九七九年）に現れる「実践理性の要請としての神」の問題とリンクさせて議論するのがいいと思う。「要請」というのは、神は純粋理性が扱えない問題ではあるが、実践理性としてはぜひとも必要なものということ。為物身というのがこの「要請」という概念に近い。香月院は、「法性法身＝実相身、方便法身＝為物身」という通常の理解に異を唱え、法性法身を知るなどということは凡夫の境涯ではないとして議論の外に置き、方便法身において実相・為物の二身が分かれるとする。法性法身を凡夫（つまり通常の人間理性）が扱えないとすることと、神の存在証明は純粋理性の埒外のこと（越権行為）とするカントとは近い。ここにも香月院の近代性が現れている。すなわち、平和と平等を目指す人間の主体性を信じ、しかもそれには阿弥陀如来の本願と本願酬報の浄土が要請されねばならぬというように、「真」の領域と「善」の領域を分けるカント風の近代性である。私は、これをカントの影響を受けて成立したプラグマティズムの観点から説明しようと試みたが、ここに「美」や「冒険」の領域を加えると神や方便法身はどのようになるか、ホワイトヘッドを絡めていつかは説明できるようになりたいと思っている。

なお、本章で「香月院の文前玄義」として説明した『浄土論』『浄土論註』及び『教行信証』と『入出二門偈』

における五念門・五果門、往還二回向の関係、また、それと、入の前四門と出の第五門との関係の【図9】は、第24章第三節「入出と往還の関係の図示」の個所に掲載してあるので、参照されたい（四六一頁）。

註

（1）香月院の講義にたびたび登場する『良忠記』は良忠の『浄土論註記』のことだと思われる。良忠は、鎮西派の第三祖・記主《きしゅ》良忠《りょうちゅう》（一一九九～一二八七）のこと。然阿弥陀仏といい、然阿と略称し、記主禅師と尊称される。『往生論註記』は『論註』の注釈書としては最も成立が早い。また鎮西流における『論註』の注釈書の代表ともいえ、他宗の多くの学者からも援用されている。首題、撰号、釈文と順次に解説するなかで、釈文を明教相、述論大意、釈論文と細分して解釈する。道光『論註略鈔』によると、弘長三年（一二六三）起稿、文永九年（一二七二）一二月添削をし、また同『料簡鈔』によるとその後再治調巻ののち、弘安九年（一二八六）に再度再治したことが知られる。写本が大正大学図書館に所蔵されるほか、版本に寛永四年（一六二七）版、正保三年（一六四六）版、慶安元年（一六四八）版、同二年版、同三年版、貞享三年（一六八六）版、正徳二年（一七一二）版の各版がある（『ｗｅｂ版　新纂浄土宗大辞典』ＷＥＢ版　JodoshuTop3.jpg〈浄土宗。二〇一六年三月一四日刊をインターネット上で提供〉より）。

（2）『論註』のその個所を引用するとつぎのとおり。

偈のなかを分ちて五念門となす。下の長行に釈するところのごとし。第一行の四句にあひ含みて三念門あり。上の三句はこれ礼拝・讃嘆門なり。下の一句はこれ作願門なり。第二行は論主（天親）みづから、「われ仏経（浄土三部経）によりて『論』を造りて仏教と相応す、服するところ宗ある」ことを述ぶ。なんがゆゑぞいふとならば、これ優婆提舎の名を成ぜんがためのゆゑなり。またこれ上の三門を成じて下の二門を起す。ゆゑにこれに次いで説けり。第三行より二十一行尽くるまで、これ観察門なり。末後の一行はこれ回向門なり。偈の章門を分ちをはりぬ。

（『七祖篇』五〇～五一頁）

（3）「定善」は心を静めて行う瞑想中心の善行、「散善」は瞑想以外の通常の善行であるが、「（声に出して唱える）称名念仏」は散善なのかそれ以外（定散二善以外）なのかということについては、浄土宗と真宗では解釈が微妙に異なる。

（4）法然が捨てるべきとしたものの代表は、「造像起塔」すなわち寄進地系荘園での搾取イデオロギーである。これを明確に指摘することによって、死後の往生・死後の還相利他にすぎないかに見える浄土教思想が現実変革思想となり得たのである。詳しくは拙著『ただ念仏して――親鸞・法然からの励まし――』（白澤社、二〇〇九年）参照。

（5）「果の五門」あるいは「五果門」のことを「五功徳門」ということが一般的なのでこの言葉を使ったが、適切でないかもしれない。「五功徳門」が近門・屋門などを指していることは明らかなので、通称となったこの「五功徳門」という言い方をしてもいいとは思うが、「功徳」とは因または因行のことだからあまりよくないネーミングだとは思う。五念門という五種の功徳、すなわち、五種の因行によって、五種の果門が得られるのである。ちなみにデータ化されていないため検索できていないが『註論講苑』には「五功徳門」という用語は見当たらず、もっぱら「果の五門」が使われているように思える。

第II部　本編〈上〉

——偈文の註

第3章

『論註』は『浄土論』をどう読もうとしたか

――難易二道判の決定的な意味

一、はじめに

前章で香月院の『註論講苑』にある『浄土論註』の文前玄義を終えた。本章からはいよいよ「入文《にゅうもん》解釈《げしゃく》」といって、実際の文に即して検討する。『論註』は『論』の逐語引文形式の註であるが、『論』の冒頭の一句（同時に「願生偈」の冒頭の一句）である「世尊我一心……」の引文から始まるのではない。『論註』はそれ自身で『論』についての文前玄義を有している。それは、つぎのような五部門に分かれているように見える。

①龍樹の『十住毘婆沙論』から「易行」の意義を述べ、『浄土論』を基礎づける。

②『浄土論』の正式名称『無量寿経優婆提舎願生偈』を「無量寿」「経」「優婆提舎」「願・生」「偈」の五語に区切って、前半三語「無量寿」「経」「優婆提舎」の意味を説明する。

③『論』が偈文（願生偈）とその解説（解義）の二部分から成り立っていることを説明する。

④題号、すなわち『無量寿経優婆提舎願生偈』を五語に区切ったうち、前半三語「無量寿」「経」「優婆提舎」の意味を再度簡略に説明し、後半「願・生」「偈」の二語の意味、及び天親が著者であること、すなわち「婆藪

槃頭菩薩造」を「婆藪」「槃頭」「菩薩」「造」の四語に分けて説明する。

⑤偈文全体を「五念門」に配当して説明する。

一読して奇妙に見えるのは、②と④は『論』のタイトルと著者の説明として連なっているのに、間に③の『論』の構造説明が挿入されていることである。この五部門は、香月院『註論講苑』の科文によれば、「相承を挙げて教の分斎を判ず」（『講苑』解題、二頁）と「題号を釈し、並びに大綱を述べる」のふたつに大別され、前者がさらに「二道の教相を明かす」と「正しく教の分斎を判ず」のふたつに分けられるのだが、①と香月院の科文の「二道の教相を明かす」は一致している。ところが、一連の文とみなせる②については、初めの「無量寿」の解釈だけが「正しく教の分斎を判ず」と科文され、それ以下の「経」「優婆提舎」の解釈は複雑な科文となっている。曇鸞自身による大綱（『論』の構造）の説明（要は、『論』が偈文と長行から成り立っているということ）とタイトルの説明が混ざり合って、すんなりと分けられていないからである。香月院も「無量寿とは是れ安楽浄土如来の別号なり」のところからは「この下の文段甚だ分かちにくいところなり」（『講苑』九一頁下段）と記している。そして、また、最後⑤の偈文全体の五念門配当というのもすぐには何のことかはわかりにくいと思うが、これについては前章の香月院の「文前玄義」五科の第一と第二でおよそのことは理解できたと思う。私が思うに、この複雑さの主な原因は、偈文に、「三分あり」という義と、三分とは関係なくそれを五念門に配当する義の、両義があるからである。

ともあれ、『論註』は、この五項目の説明が終わると、ようやく『論』の第一行（それは「願生偈」の第一行でもある）を引用して逐語的な解釈が加えられていく。以下、偈文二十四行がほぼ逐語的に注釈が加えられて『論註』の上巻が終わる。『論註』下巻は、同じように『論』の長行、すなわち、「解義分」とされる散文を逐語引用して注釈が加えられる。ただし、先に『論』の構造で説明したように、解義分において偈文の最初の二行と最後の一行を除いたあいだの二十一行については、『論』自体が偈文を引用して解釈（解義）を加えているので、そこでは天親の解釈と曇鸞の註が二重になっている。これも前章で述べたとおりである。

二、『十住毘婆沙論』引用の意味――難行道と易行道――

曇鸞の「文前玄義」の②から⑤までの四項目は『論』の内容や構造自体についての説明であるが、①は『論』それ自体の仏教における意義を龍樹（Nagarjuna、一五〇～二五〇年ごろ）の著作によって説明するものになっている。すなわち、自覚覚他を旨とする仏教に「他力」による救済という一見異質なものが登場する所以を説明しようというものである。文は、以下のとおりである。

つつしみて龍樹菩薩の『十住毘婆沙』（意）を案ずるに、いはく、「菩薩、阿毘跋致《あびばっち》を求むるに、二種の道あり。一には難行道、二には易行道なり。難行道とは、いはく、五濁の世、無仏の時において阿毘跋致を求むるを難となす。この難にすなはち多途あり。ほぼ五三をいひて、もつて義の意を示さん。一には外道の相善は菩薩の法を乱る。二には声聞は自利にして大慈悲を障《さ》ふ。三には無顧の悪人は他の勝徳を破る。四には顛倒の善果はよく梵行を壊《こぼ》つ。五にはただこれ自力にして他力の持つなし。かくのごとき等の事、目に触るるにみなこれなり。たとへば陸路の歩行はすなはち苦しきがごとし。易行道とは、いはく、ただ信仏の因縁をもつて浄土に生ぜんと願ずれば、仏願力に乗じて、すなはちかの清浄の土に往生を得、仏力住持して、すなはち大乗正定の聚に入る。正定はすなはちこれ阿毘跋致なり。たとへば水路に船に乗ずればすなはち楽しきがごとし」と。この『無量寿経優婆提舎』（浄土論）は、けだし上衍《じょうえん》の極致、不退の風航なるものなり。（『七祖篇』四七～四八頁）

『十住毘婆沙論』というのは、大乗仏教の理論家・龍樹の著作であるとされている。龍樹の生没年については明確なことはわからないらしいが、一、二世紀の人であること、南インド出身であることは疑いないらしい。「南天竺龍樹大士出於世」というわけである。『十住毘婆沙論』は『華厳経』十地品の注釈ということになっているが、この『華厳経』が何を指すか、また『十地経』という言い方もあるので、よくわからない。いずれゆっくり研究してみたい気はあるが、大変そうな気がする。『論』同様、サンスクリット原典もチベット語訳も見つからない(存在しない?)ということで、鳩摩羅什訳の漢文があるだけなのである。いずれにしても、「願生偈」(『浄土論』)の著者天親よりも二、三百年以前、曇鸞にとっては、さらにその前の人なので、『論註』の冒頭にこの『十住毘婆沙論』が引用されている理由はもうひとつよくわからない気がする。(1)

『選択集』第一「二門章」では、この論を「傍明往生浄土の論」つまり「傍らに往生浄土を明かすの論」とされている。『華厳経』の菩薩十地を説明する傍らに往生浄土についても説明しているからである(ちなみに、「正明往生浄土の教」とされるのが、「三経一論」すなわち『大無量寿経』『観無量寿経』『阿弥陀教』と『浄土論』。「浄土三部経」という言い方は法然が嚆矢《こうし》である)。『論註』が龍樹を最初に掲げる所以は、一般には、「難易二道判」と(それ故の「自力=難」「他力=易」を示すためだとされている。また、曇鸞は「『十住毘婆沙』を案ずるに、いはく……」としているが、『毘婆沙論』を直接引用しているのではなく、「取意」でしかない。そのため、通常は『毘婆沙論』の第五「易行品」のテーマが引用されているのだとみなされている。実際、東・西本願寺の「七祖聖教」においては、「易行品」だけが掲載されている。ところが、香月院の『註論講苑』では、わざわざ「『易行品』を案ずるに」とは書いていない、「『十住毘婆沙』を案ずるに」とあるではないか、として「易行品」の前の第八「阿惟越致相品」にある「敗懐の菩薩」と「漸々転進の菩薩」という概念を積極的に使用している。

それがどういうことを意味するかを説明するために、私の手元にあるシリーズ『浄土仏教の思想』三（講談社、一九九三年）所収の武内紹晃「龍樹」の解説を紹介しようと思う。これを取り上げたのは、多くの浄土教解説者が専修念仏へと結実する浄土教の積極的意義をほとんど理解していないことを示すためである。

武内は、法然が『十住毘婆沙論』を「傍明往生浄土の論（往生浄土の教えを傍らに説明する論）」としたことを紹介しつつ、親鸞は『教行信証』「行巻」においてこれを「傍明」から「正明（正面から説明する）」に転換させたと説明している（『浄土仏教の思想』三、五九頁）。何によってそう言うのかは明らかにされていないが、おそらく、正信偈で龍樹が七祖の第一にあげられているからだとか、「行巻」のはじめの諸経の引用の後におかれた「論」が『十住毘婆沙論』だからだということだと思う。こういうところが、法然と親鸞の違いをことさらに強調する真宗教学の狭さだと思う。武内の説明は、易行を信仏の因縁による称名と押さえて親鸞の意図を説明するものになっており、それだけならさほど問題ではないが、さらにこのあと「不退」の説明をする時に微妙な困難が生じてくる。

武内は、『十住毘婆沙論』の第七「調伏品」に登場する「失菩提心の法」を引用して「菩薩の退転とは「敗懐の菩薩」を指しており、菩薩の不退転とは「漸々転進の菩薩」をさす」（『浄土仏教の思想』三、七三頁）とし、「だが、漸々に精進することのできない、ただ菩薩の名のみあって実なきものは、敗懐の菩薩として捨てさるべきなのであろうか」と自問している。もちろん、武内は「捨てさるべき」だと思っているのではなく、易行道において不退転に到ることを考えているのであろう。「易行品」において、利他の心を失う「菩薩の死」ということが述べられているのはよく知られているのだが、それを第八「阿惟越致相品」や同じく龍樹作とされる『大智度論』『菩提資糧論』に登場する「敗懐の菩薩」と関連させて説明しているのである。関連させたのは香月院に倣ったのか、興味深いところである。しかし、関連させたのはよいのだが、肝心な点をかえって読み間違っている。

さて、ではこの個所を香月院はどう解釈しているだろうか。

先に紹介したように、この個所についての香月院の科文は「二道の教相を明かす」となっている。「二道」とは易行道と難行道のことであるから、『選択集』の第一「二門章」によれば、つぎのようなことになる。「二門章」は、最初に道綽『安楽集』の文をあげて「聖道門・浄土門」の二門判釈を掲げている。章のタイトルは「道綽禅師、聖道・浄土の二門を立てて、聖道を捨ててまさしく浄土に帰する文」であり、この「聖道を捨ててまさしく浄土に帰する」という主旨で『安楽集』が掲げられるわけである。法然は、『安楽集』を掲げたうえで、「私に曰く」として曇鸞の『論註』をあげている。『論註』のどこを引用しているのかといえば、まさしくこの個所「つつしみて龍樹菩薩の『十住毘婆沙』を案ずるに、いはく……」の文である。そして法然は言う。

このなかの難行道は、すなはちこれ聖道門なり。易行道は、すなはちこれ浄土門なり。難行・易行、聖道・浄土、その言異なりといへども、その意これ同じ

（『七祖篇』一一八九頁）

大切な個所なので現代語訳もしておこう。

『論註』の冒頭に出てくる「難行道」というのは「（『安楽集』が捨てよと主張している）聖道門」のことである。また「易行道」とは「（同じく『安楽集』が帰すべしとしている）浄土門」のことである。「難行・易行」と「聖道・浄土」は言葉は違うが同じ意味である。

法然はこう述べているのだから、この「つつしみて龍樹菩薩の『十住毘婆沙』を案ずるに、いはく……」の文は、『選択集』の章のタイトルに合わせて言えば、「曇鸞大師、難行・易行の二道を立てて、難行を捨ててまさしく易行に帰するの文」と言わねばならないのである。だから、親鸞はこれを正しく相承して、『教行信証』「後序」において「建仁辛の酉の暦、雑行を棄てて本願に帰す」（大谷派『聖典』三九九頁／二版四七四頁）と記しているのである。

ここで親鸞が「雑行」と言ったのは、「難行・聖道門」のことであり、帰すべき「本願」と言ったのは、「ただ念仏」の本願正定業であることは明らかである。また、この法然の「難行・易行、聖道・浄土、その言異なりといへども、その意これ同じ」をより明確にするために、『教行信証』「化身土巻」で「おおよそ一代の教について、この界の中にして入聖得果するを「聖道門」と名づく、「難行道」と云えり。この門の中について、大小、漸頓、一乗・二乗・三乗、権実、顕密、竪出・竪超あり。すなわちこれ自力、利他教化地、方便権門の道路なり。安養浄刹にして入聖証果するを「浄土門」と名づく、「易行道」と云えり。この門の中について、横出・横超、仮・真、漸・頓、助・正・雑行、雑修・専修あるなり」(大谷派『聖典』三四一頁／二版三九九頁) と説明しているのである。

だから、龍樹に始まるこの七祖相承の伝統に立てば、この「漸々転進の菩薩」とは「「此界入聖得果＝聖道門＝難行」を目指す者 (あるいは目指すふりをする者)」であり、「敗懐の菩薩」とは「「於安養浄刹入聖証果＝浄土門＝易行」に立つことを決意した者」ということになる。したがって、「菩薩、阿毘跋致を求むるに、二種の道あり」という文言は、「阿毘跋致」すなわち「不退」の成立の仕方には二種類のものがあるという意味になる。これが香月院の最初の確認である。だから、武内の言う「菩薩の退転とは「敗懐の菩薩」を指しており、菩薩の不退転とは「漸々転進の菩薩」をさす」という理解は、この確認に根本的に反するものと言わねばならない。香月院の理解では、不退転に「敗懐の菩薩の不退転」と「漸々転進の菩薩の不退転」の二種類があるのであり、退転する菩薩と退転しない菩薩の二種類があるのではないからである。そして、この『論註』の文は明らかに二種類の不退転があることを示している。前者の不退転、すなわち、敗懐の菩薩の不退転、末代濁世のわれら煩悩成就の凡夫の不退転は、「安養浄刹にして入聖証果する」ことを基礎とする。そして、後者の不退転、すなわち、漸々転進の菩薩の不退転は「この界の中にして入聖得果する」ことを基礎としている。

ところが、武内をはじめとする（ひょっとすると、法然・親鸞・香月院以外のすべての）浄土教解釈者は、ここで迷うのである。迷いは、「果を得る」ところの違いと「不退転の地位に立つ」ところの違いを混同することによって起こる。親鸞の思想の一大特徴は、「信不退」あるいは「現生不退」を明らかにしたことであるが、それはけっして「現生得果」などではないのである。「得果（証果）」は「於安養浄刹」と明確に書かれている。当たり前である。現生得果ならば、その凡夫は現生で無上涅槃を得て自在に他者を利益していなければならない。『歎異抄』第二条の表現を借りて皮肉を込めて言うならば、親鸞・法然の時代には、現生得果を目指す、あるいは、むしろ目指すふりをした「ゆゆしき学生」がたくさんいたのかもしれないが、最近ではカルト教祖など数人の者しかいない。しかし私は、昔も今も現生得果した者は、単にそう思い込んだか、現生得果したと偽っている者かのどちらかだと思う。現生で無上涅槃を得て空中浮遊など朝飯前になったと思い込んだ凡夫（あるいは、社会に与える効果としては変わりがないが朝飯前になったと偽る凡夫）は、サリンを撒かせたり鉄砲を肩に隣国に攻め入らせること（もっと詳しく言えばサリンを撒かせたり隣国に攻め入らせて、しかもそれが他者を救済したのだと思わせること）ならできる場合があるが、無上涅槃の極果とともに発揮される一切の苦悩の衆生を済度するに暇のない利他円満の妙位を発揮しているはずはないからである。

武内をはじめとする浄土教解説者は、われら末法濁世の敗壊の菩薩が当益として、すなわち、未来に（はっきりしないというなら「死後に」でもいいが）無上涅槃の極果を得、さらには、一人残らず還相の菩薩となることを確信できていないのではなかろうか。しかし、われら敗壊の菩薩は、それを今確信しているから、あるいは、言い方を変えると、現生においてこの確信に不退転であるから、今ここで歓喜にあふれている。高木顕明に言わせれば「弥陀の呼び聲を聞き付て深く我が識心感じられたら、其の時大安心が得られ大慶喜心が起きて精神は頗る活発に成る」（『余が社会主義』第四章「思想の回転」一〇五頁）のである。また、「御佛は我等を護るぞよ救うぞよ力になるぞよと呼びつゝある。此の光明を見つけた者は眞ニ平和と幸福とを得たのである。厭世的の煩悶を去って楽天的の境界ニ到達したのであろーと考へる」（『余が社会主義』第五章「実務行為」一〇五頁）のである。『余が社会主義』は、この「楽天的の境界」を語る前後にそれぞれ「雨に打たるゝ小児・貧のために操を売る女」という苦界濁世の確認をしている。まさに敗懐の菩薩の自覚である。

三、難易二道とは何か

以上述べたように、香月院は、敗懐の菩薩を「難行に耐えられない者だけれども念仏という易しい行でも阿弥陀仏を信ずることによって特別に菩薩の仲間に入れてもらえる者」などとは考えていない。それは、法然・親鸞の専修念仏思想を「念仏以外の高級そうな行ができるに越したことはないが、できなくともお慈悲で仏教者に加えらること」とはまったく考えていないことと同じである。専修念仏思想とは、**「誰でも平等にできる称名念仏を選取して、その他の高級そうに見える行を、単に人びとに無用の格差を生じせしめる雑行《ぞうぎょう》（雑でつまらない行）として選捨する決意に生きること」**である。『選択集』にはそのことが明瞭に書かれているし、親鸞が法然に出会ったことの意義を「愚禿釈の鸞、建仁辛の酉の暦、雑行を棄てて本願に帰す」（大谷派『聖典』三九九頁／二版四七四頁）と記していることからも明らかである。

『論註』を読むうえで、『選択集』が『論註』の冒頭の文を引用して「このなかの難行道は、すなはちこれ聖道門なり。易行道は、すなはちこれ浄土門なり。難行・易行、聖道・浄土、その言異なりといへども、その意これ同じ」と記していることの意義はきわめて重要なのである。そして『論』『論註』を自らの思想の骨格として用いている親鸞が、これを踏襲していることは明らかなのである。ここで迷うと、親鸞独自の説とされる「現生不退（現生正定聚）」も「五念門法蔵所修」も「他利利他の深義」もすべてわからなくなり、神秘主義の闇に消えさる。

では、なぜ先に紹介した武内紹晃のような誤解が生じたのだろうか。それを香月院の指南に依拠してもう少し詳しく説明しようと思う。

曇鸞は『十住毘婆沙論』をあげて難行と易行をそれぞれ次のように定義している。まず、難行について見ていこう。

難行道とは、いはく、五濁の世、無仏の時において阿毘跋致を求むるを難となす。この難にすなはち多途《たず》あり。ほぼ五三をいひて、もつて義の意を示さん。一には外道の相善は菩薩の法を乱る。二には声聞は自利にして大慈悲を障《さ》ふ。三には無顧の悪人は他の勝徳を破る。四には顚倒の善果はよく梵行を壊《こぼ》つ。五にはただこれ自力にして他力の持つなし。かくのごとき等の事、目に触るるにみなこれなり。たとへば陸路の歩行はすなはち苦しきがごとし。（『七祖篇』四七頁）

まず注意すべきことは、曇鸞が「難行」を単に「困難な方法」、つまり、「行体の難」ではなく、五濁の世・無仏の時という時代認識に基づいた「障縁の難」と解釈していることである。行体（行の態様）ということであれば、有仏の時であれ無仏の時であれ、「（戒・定・慧の三学と六波羅蜜の行とされる）難行」は「難行」であるに変わりはない。しかし、曇鸞は「五濁の世、無仏の時において」と言っているのだから、述べているのはすべて「障縁の難」とみなさねばならない。実際、『十住毘婆沙論』の易行品に書かれているような機根の劣ったものには困難な方法としか言えない「不惜身命」(2)のような「行体の難」はあげていないのである。『十住毘婆沙論』全体をどう見るかということでなくて「易行品」だけによるならば「行体の難」のように見えるが、曇鸞があげる五つの難はすべて「障縁の難」なのである。この観点から見た「難行道」は、道綽と法然によって明確に廃されるものなのである。『註論講苑』は、「とき、この論註に難行道は廃すべしの意は述べたれども正しく廃立をしてはいない。これを正しく廃立するものは西河禅師《（道綽）》なり」（『講苑』六二頁上段）と説明している。

以上のことをはっきりさせたうえで曇鸞があげる五難を検討しよう。第一の「外道の相善は菩薩の法を乱る」というのは、「外道が説くかたちばかりの善行は真摯な菩薩の仏道修行と紛らわしいので混乱を招く」ということ、第二の「声聞は自利にして大慈悲を障ふ」とは、「自己の内面のさとりだけを目指す者たちによって利他の大慈悲心を求める者の邪魔になる」という意味である。そして、第三の「無顧の悪人は他の勝徳を破る」とは、「自らの悪を顧みることのない悪人の所行は他の人の勝れた徳を破壊する」という意味である。「無顧の悪人」がいわゆる「悪人の自覚」を欠いた者を指しているのではないことにも注意が必要だろう。「行体の難」に目がいくと、勝れた徳を駄目にする者とは自分のことかなどと要らぬ反省をしてしまう。「障縁の難」であることを意識すれば、この「悪人」とは、念仏者を弾圧する権力者のことと考えた方がいい。「他の勝徳を破る」とは、権力者が安楽・住蓮らの念仏者たち、高木顕明ら平和と平等を願う者を殺した暗黒の時代のこととみなすべきである。第四の「顛倒の善果はよく梵行を壊つ」と第五「ただこれ自力にして他力の持つなし」については、「顛倒の善（ひっくり返った善）」及び「他力」が何を指すかを慎重に考える必要があるので、あとの「易行道」の解釈のところで改めて考えることにする。いずれにしても、これらすべてが、実行することが能力の劣る者にとっては困難であるという意味の「行体の難」ではない。

このことから、『十住毘婆沙論』全体の意図も「障縁の難」なのだと香月院は解説する（『講苑』六一頁下段）。そう解釈しなければ『十住毘婆沙論』は、行体の難に堪えおとなしく修行に励む支配者に好都合な従順なものを生み出すテキストにしかならない。「阿毘跋致」つまり「不退」を求めるに際して、「難行道」を単なる「行体の難」とみなせば、名ばかりの敗壊の菩薩は当然難行に堪えないから不退が得られないことになるが、そういう意味で「菩薩、阿毘跋致を求むるに、二種の道あり」と言われているのではない。二種の菩薩がいて、不退の求め方にも二種あるということだと考えねばならないのである。それが同じく龍樹作とされる『智度論』に説かれた「敗壊の菩薩」ということの意味なのだ、というのが根拠となる。

そして、そもそもこうした読みが可能となるのは、法然の『選択集』の冒頭にあげられた道綽の『安楽集』にある「聖道・浄土の二門判釈」が根拠になっている。それを法然は「道綽禅師、聖道・浄土の二門を立てて、聖道を捨ててまさしく浄土に帰する文」（『七祖篇』一一八三頁）と名づけるわけだから、曇鸞の文も「曇鸞大師、難行・易行の二道を立てて、難行を捨ててまさしく易行に帰するの文」と名づけてもいいということになる。もっと言えば、このような読み方をしなければ、『十住毘婆沙論』は「傍明往生浄土の論」にさえならないのである。およそ法然の指南によらずに読める仏教経典など存在しないとさえ言っていいと私は思っている。もちろん、親鸞の著作もそうである。親鸞は、法然の言うように『十住毘婆沙論』を「傍明往生浄土の論」として読むことによって、それを、往生浄土の教えを説明しているのだと言えないこともないものとして扱うことを、われらに示したのである。けっして師に背いて『十住毘婆沙論』を「正明往生浄土の論」に引き上げたりしてはいない。親鸞の著作を、彼が法然と異なる主張をしているのだと思って読むと、なにもわからなくなる。

以上の説明から、「つつしみて龍樹菩薩の『十住毘婆沙』を案ずるに……」の文が表していることを法然の選択の指南を踏まえて図表にして示せば次頁のようになる。

この図表によって、左側の「易行道・敗壊の菩薩・浄土門」が、死後の極楽往生を待つだけの無力な救済の客体で

法然の選択の指南	選取される本願	選捨される雑行
龍樹の二道判	易行道	難行道
『智度論』	敗懐の菩薩	漸々転進の菩薩
『安楽集』	浄土門	聖道門
「化身土巻」	於安養浄刹入聖証果	此界入聖得果

【図1・法然の選択の指南】

はなく、未来に必ず往還の主体となって自利利他円満の仏道を成就する希望に生きる「現生不退」の極楽の人数だということが言えるのである。また、これに『教行信証』「化身土巻」に説かれる親鸞の教相判釈を当てはめると最下段のかたちになるだろう。

四、他力――差別と殺戮の中での希望――

それを「坂の上の雲」が見える時代だったという人もあるが、「雲の先の修羅」があらわになった時代に、高木顕明はいかにして「楽天的の境界」を得たのか。それが歓喜地不退の問題だと思われる。

「不退」という文言が『経』に現れるのは、『大無量寿経』下巻の冒頭に現れる第十八願成就文である。「諸有衆生聞其名号信心歓喜乃至一念至心廻向願生彼国即得往生住不退転唯除五逆誹謗正法」で、これを大谷派『真宗聖典』は「あらゆる衆生、その名号を聞きて、信心歓喜せんこと、乃至一念せん。心を至し回向したまえり。かの国に生まれんと願ずれば、すなわち往生を得て不退転に住す。唯五逆と誹謗正法とを除く」（大谷派『聖典』四四頁／二版四七頁）というように、『教行信証』「信巻」の訓点に合わせている。この訓点は親鸞の大切な主張であるところの「現生不退」と密接に関係している。そして、この「（現生）不退」と「他力」が関係しているらしいことが、難易二道判に表れている。それは、難行における不退（阿毘跋致）の不可能性ついて述べられた五つの難の最後「ただこれ自力にして他力の持つなし」と、易行における不退について述べられた「仏願力に乗じて、すなはちかの清浄の土に往生を得、仏力住持して、すなはち大乗正定の聚に入る。正定はすなはちこれ阿毘跋致なり」である。また、ここでは「正定はすなはちこれ阿毘跋致なり」とあるから、「現生不退」と「現生正定聚」が同義であることもわかるのである。正定聚とは「仏に成ることが正しく定まった人たち」という意味で、別の言葉で言えば「極楽の人数《にんじゅ》」「極楽の分人《ぶんにん》」である。難行道の第五の難である「ただこれ自力にして他力の持つなし」と易行道の「仏願力に乗じて、すなはちかの清浄の土に往生を得、仏力住持して、すなはち大乗正定の聚に入る」は表裏一体の関係だから、「他力」が鍵になることは予想できるわけである。

この事情を語ったものとしてすぐに思い浮かぶのは、『歎異抄』の「弥陀の誓願不思議にたすけられまいらせて、往生をばとぐるなりと信じて念仏もうさんとおもいたつこころのおこるとき、すなわち摂取不捨の利益にあずけしめたまうなり」（大谷派『聖典』六二六頁／二版七六七頁）と、「証巻」の「煩悩成就の凡夫、生死罪濁の群萌、往相回向の心行を獲れば、即の時に大乗正定聚の数に入るなり」（大谷派『聖典』二八〇頁／二版三二〇頁）のふたつだろう。

先にも述べたように、このことで多くの解説者が「迷い」を生じている。ひとつは、正定聚、すなわち、不退の位を得る時と、「利他円満の妙位、無上涅槃の極果」（大谷派『聖典』二八〇頁／二版三一九頁）を得る時の混同による迷いである。これはある程度は上に述べたが、親鸞教学理解の最大の迷いなので、おいおい触れていこうと思う。もうひとつの迷いは、「易行道」における不退を述べた「仏願力に乗じて」の前に書かれた「ただ信仏の因縁をもつて浄土に生ぜんと願ずれば」にかかわる迷いである。法然は『選択集』においてもっぱら『観無量寿経』真身観の「念仏衆生摂取不捨」の文によって「念仏往生」「念仏為本」をとなえるが、『論註』それ自体には「信仏の因縁をもつて浄土に生ぜんと願ずれば」とあって、往生の正因は信心であるかのような表現となっている。つまり「信心為本」

である。実際、「証巻」は「往相回向の心行」と「心（信）」と「行」をあげるが、『歎異抄』には「念仏もうさんとおもいたつこころ」とあって実際に声に出して念仏する前に「摂取不捨」なのである。これをどう考えればよいか。『註論講苑』は第一の迷いについてはほとんど触れず、第二の迷いについて詳しい。第一の迷いは、現当二益という法然・親鸞に相違のないことを、親鸞は現在の救い（一益？）、法然は死後の救いを言っているという誤解から生じたものだと思われる。これはこれで特に近代教学や相伝教学との関係で問題になるが、ここでは深入りしていない。しかし、第二の迷いは香月院『選択集二十五個異同弁』の第八「摂取行信両益（念仏摂取か信心摂取か、すなわち、往生浄土を可能にするのは念仏なのか信心なのかという問題）」で「此の異同を弁ずること容易にあらず」（『続真宗大系』方丈堂出版、三三五頁）としているように、法然・親鸞の相承ということに関してきわめて重要なことなのである。結論だけ言えば、親鸞と法然は異ならないということになるのだが、それは今後ともじっくり考えていきたい。現時点でヒントになることを言うと、「念仏申さんとおもいたつこころ」について、法然は「南無阿弥陀仏と申して、疑なく往生するぞと思とりて」（『一枚起請文』。大谷派『聖典』九六二頁／二版一一五三頁）と遺言しているということに注意すべきだ。申さんと思い立つこころが生じた、往生するぞと思いとったのは、後で考えればそれも本願力回向によるのだが、起こったのは例えば祖父母の念仏という「冥衆護持の利益」に支えられて生じた現生での自分の決意なのである。だから、われら敗壊の菩薩の不退は今成立した、言い換えれば、回向は今あったのだが、本当に還相の菩薩となるのは未来（死後）としか言いようがないのである。それが未来の希望に今生きるということなのであり、それを「現当二益」と言うのである。

これらのことを踏まえて、難行道における不退の五難について詳しい解釈を保留していた第四難の「顛倒の善」と第五難の「他力」について改めて考えてみようと思う。

『論註』は、難行道の説明の後、易行道の説明としてつぎのように言う。

易行道とは、いはく、ただ信仏の因縁をもつて浄土に生ぜんと願ずれば、仏願力に乗じて、すなはちかの清浄の土に往生を得、仏力住持して、すなはち大乗正定の聚に入る。正定はすなはちこれ阿毘跋致なり。たとへば水路に船に乗ずればすなはち楽しきがごとし」と。この『無量寿経優婆提舎』（浄土論）は、けだし上衍の極致、不退の風航なるものなり。

（『七祖篇』四七～四八頁）

『註論講苑』は、この「易行道」の解説のはじめに、「信仏の因縁」について「仏の因縁を信ずる」と読めないこともないが、それは間違いであると押さえている。これは何でもないことのようだが実はきわめて重要なことである。仏の因縁、すなわち、仏とはそもそもどのようなものであるかなどということは、われら凡夫には知りようがないのである。このことは香月院の文前玄義に出てきた「二法身二身同異」と関係することであるから、それが登場する『論註』下巻の検討の際に詳しく考えることになるが、今簡略に述べておけば、「仏を信ずる」というのは阿弥陀仏が存在することを特別な能力（奢摩他・毘婆舎那）で見極めるという意味ではないということである。「浄土に生ぜんと願う」とは、平和と平等が成立しているところを目指したいということである。そのためには「仏願力に乗じて、すなはちかの清浄の土に往生を得、仏力住持」という方法が単に易しいということだけではなく、最も勝れているということを、地に足を踏む如く確かに知るということなのである。

この「仏力住持の大安楽（本願力によって保たれる平和と平等）」が「自身住持の楽」と対照されて語られるのは、『論註』下巻の終盤の善巧摂化章であるから楽しみに待とう。このすぐあとに利行満足章があって他利利他の深義が結論的に語られる。難行道不退の不可能性についての、第四の「顛倒の善果はよく梵行を壊つ」と、第五「ただこれ自力にして他力の持つなし」は、最終章まで読み進めれば明瞭に理解できることになる。第四の「顛倒の善果」とは、「自身住持の楽」にほかならず、第五「ただこれ自力にして他力の持つなし」とされる「他力」とは「本願力回向」のことであって、これによってわれら衆生は、絶対他力とかいう魔法のようなものにとらわれる無力な客体なのではなく、現生に極楽の人数となって未来に娑婆世界に還来する自利利他円満の仏道を歩む主体となるのである。これを私は「差別と殺戮の中での変革の希望」と呼びたい。「難行道」すなわち「自身住持の楽」を目指すというのは、苦しみの原因を自身のうちに求めそれを自身のうちで解決しようとする（ふりをする）ことにすぎないが、「易行道」とは、本願力回向によって自身往還して平和と平等を伝道し、互いに励まし合ってそれを目指すという社会的実践のことだからである。

本章においては、その予感を、『論註』冒頭の一文「つつしみて龍樹菩薩の『十住毘婆沙論』を案ずるに、いはく、「菩薩、阿毘跋致を求むるに、二種の道あり。一には難行道、二には易行道なり」と」によって学ぶことができた。その時、この一文の『十住毘婆沙論』のあとにあまたの解釈者が付けた「易行品・意」なる余計な注釈を取り去ることが肝要である。

註

（1）細かいことを言えば、漢訳のみの『十住毘婆沙論』や『大智度論』の「翻訳」時期などから、これらの作品は天親の時代の（ということは、曇鸞の時代ともそう遠くない時代の）制作かもしれないという説もあるらしい。しかも、その成立場所は天親と同じ北西インドであり、これらは南インド出身の龍樹に仮託された作品、あるいは、同一の名前を持つ別人の著作の可能性もあるということになる。

（2）『七祖篇』四頁。「易行品」のこの個所に登場する「儜弱怯劣の者（難行に堪えられないから易行を乞う意志の弱い者）」を「敗懐の菩薩」と誤解する解釈者はかなり多い。

第4章　「我一心」とは何か

一、はじめに

前章では、曇鸞自身による『浄土論』の文前玄義のうち、初めの『十住毘婆沙論』引用の部分だけを終えた。改めて、曇鸞の玄談を列挙すると、一応、つぎのとおりである。

①龍樹の『十住毘婆沙論』から「易行」の意義を述べ『浄土論』を基礎づける。

②『浄土論』の正式名称「無量寿経優婆提舎願生偈」を「無量寿」「経」「優婆提舎」「願・生」「偈」の五語に区切って、前半三語「無量寿」「経」「優婆提舎」の意味を説明する。

③『論』が偈文（願生偈）とその解説（解義）の二部分から成り立っていることを説明する。

④題号、すなわち「無量寿経優婆提舎願生偈」を五語に区切ったうち、前半三語「無量寿」「経」「優婆提舎」の意味を再度簡略に説明し、後半「願・生」「偈」の二語の意味、及び天親が著者であること、すなわち「婆藪槃頭菩薩造」を「婆藪」「槃頭」「菩薩」「造」の四語に分けて説明する。

⑤偈文全体を「五念門」に配当して説明する。

さて、本章は、②から始めようと思う。ただ、②と④は『論』のタイトルと著者の説明として連なっているように見えるのだが、間に③の「偈」と「長行」の関係説明が入っていることでこれらの説明がややこしくなる。②の部分を保留して、先に③の部分を示すと、以下のとおりである。

この『論』（浄土論）の始終におほよそ二重あり。一にはこれ総説分、二にはこれ解義分なり。総説分とは、前の五言の偈尽くるまでこれなり。解義分とは、「論じて曰はく」以下長行尽くるまでこれなり。二重となす所以は二義あり。偈はもつて経を誦す。総摂せんがためのゆゑなり。論はもつて偈を釈す。解義のためのゆゑなり。

（『七祖篇』四九頁）

要するに、『浄土論』全体の構造が「偈文」と「論」の二つの部分からなっているということである。「重」とは、「部分」とか「章」というのと同じことで、曇鸞の時代の言葉遣いらしい。二つの部分は、大谷派『真宗聖典』では前者が漢文と（親鸞独自の訓点に依拠した）書き下しとの二段組み、後者が書き下しのみというかたちになっているので、すぐわかる。「二重となす所以は二義あり」とは、一見すると「二つに分けたことについては二つの意味がある」と読んでしまいそうだが、香月院は「全体が（偈と長行の）二つに大別されるのは、二つにせねばならぬ理由があるのだ」と言い、「二義あり」は、二義、三義と数えるように二つの意義ということではないと解説している。たしかに、そう解釈しなければ、前半の「偈」だけについての解説「偈はもつて経を誦す。総摂せんがためのゆゑなり」が第一義であり、後半の「論」だけについての解説「論はもつて偈を釈す。解義のためのゆゑなり」が第二義ということになり、これでは「二つに分けたことについての二つの意味」ということにはならない。なので、「二つに分けたのは、二つにせねばならぬ理由」すなわち、偈には偈の意味、論には論の意義があるからこそ分けたのだということだ。

そのうえで、②の部分を見てみよう。

「無量寿」はこれ安楽浄土の如来の別号なり。釈迦牟尼仏、王舎城および舎衛国にましまして、大衆のなかにおいて無量寿仏の荘厳功徳を説きたまへり。すなはち仏（阿弥陀仏）の名号をもつて経の体となす。後の聖者婆藪槃頭菩薩（天親）、如来大悲の教を服膺して経に傍へて願生の偈を作れり。また長行を造りてかさねて釈す。梵に「優婆提舎」といふは、この間（中国）に正名あひ訳せるなし。もしは一隅を挙げて名づけて論となすべし。正名訳せることなき所以は、この間に本仏ましまさざるをもつてのゆゑなり。この間の書のごときは、孔子につきて「経」と称す。余人の制作みな名づけて「子」となす。国史・国紀の徒各別の体例なり。しかるに仏の所説の十二部経のなかに論議経あり、「優婆提舎」と名づく。もしまた仏のもろもろの弟子、仏の経教を解して仏義と相応すれば、仏また許して「優婆提舎」と名づく。仏法の相に入るをもつてのゆゑなり。この間に論といふは、ただこれ論議のみ。あにまさしくかの名を訳することを得んや。また女人を、子において母と称し、兄において妹といふがごとし。かくのごとき等の事、みな義に随ひて名別なり。もしただ女の名をもつて汎く母妹を談ずるに、すなはち女の大体を失せざれども、あに尊卑の義を含まんや。ここにいふところの論もまたかくのごとし。ここをもつて仍《よ》りて梵音を存じて優婆提舎といふ。（『七祖篇』四八～四九頁）

なんとなく見ていると、『浄土論』の題号「無量寿経優婆提舎願生偈」を、「無量寿」「経」「優婆提舎」「願・生」「偈」の五語に区切って、前半三語「無量寿」「経」「優婆提舎」の意味を説明しているかのようなのだが、そうでもない。五つの語それ自体の説明は、後の④の部分に出てくる。④の部分では、題号に関して著者を示す「婆藪槃頭菩薩造」まで含めて逐語解説しているのだから、これこそが題号の説明であって、②の部分は別様の解説とみなければならないだろう。②の部分では、「無量寿」がサンスクリット「阿弥陀（amitāyus）」の漢訳であること、サンスクリット「優婆提舎（upadesa）」を仮に漢訳すると「論」ということになることを説明をしつつ、『浄土論』全体がどのようなものかの説明をしているのである。つまり、それは、釈迦が王舎城（『大無量寿経』と『観無量寿経』）と舎衛国（『阿弥陀経』）とで説いた三つの「無量寿経」について、天親菩薩がその釈迦の教えを服膺（従い、順ずること）して経に基づいて「願生偈」を作ったこと、及びかさねて自ら作った偈（韻文）に長行（散文）の解説を加えたことを説明している。また、初めの「無量寿」がサンスクリット「阿弥陀」の漢訳であることの説明には、「名号」という言葉をしっかりと書き込み（これは、かなり重要）、これが三経の「体」であることも説明している。

サンスクリットと漢語が一対一に対応しないことは当たり前なので気にしなくていいが、「優婆提舎」を「論」と翻訳すると、③で説明される「長行＝解義分」だけが「論」であって、「偈文」は「論」ではないような印象を与えることを恐れて説明している、つまり、「優婆提舎」というのは偈文と長行の全体を「優婆提舎」というのですよ、と言っているだけのことだと思われる。そういうわけで、香月院の『註論講苑』の科文では、②と③は合わせて「題号を釈し並びに大綱を述べる」（科文）（『講苑』二頁）とされている。題号を説明しつつ、『浄土論』全体がどのようなものかを説明しているというわけである。それに対して、④は「正《まさ》しく題号を釈す」（『講苑』二頁）ということになる。

そうすると、⑤の部分はどうなるかなのだが、この部分の『註論講苑』の科文では、文前玄義に含まれるのではなく、ここからが「入文解釈」だとされている。「入文解釈」というのは、実際の文章に即して解説を加えることなので、私は『論』の実際の文章の初めである「世尊我一心……」を引用するところからが「入文解釈」の始まりだと思っていたため、この香月院の科文にはハッとさせられた。その他の注釈をすべて確認していないので何とも言えないが、私にとっては意味が大きい。というのは、「世尊我一心帰命尽十方無礙光如来」を引用して、いきなり、「帰命」は礼拝門、「尽十方無礙光如来」は讃嘆門などと言うのは無理があるからだ。そもそも「五念門」なる言葉も各々の礼拝・讃嘆等々の言葉も、偈文それ自体には登場しない。それを曇鸞は偈文の第一行の解説から使おうというのだから、⑤の部分は文前玄義ではなく、入文解釈の一部と考えるべきである。実際、これよりあとの明確に入文解釈である部分においても、必ずしも先に論文《ろんもん》の引用があるとは限らないからである。天親の論文の引用に先立って曇鸞が一言述べる場合もある。⑤はまさにそれなのである。こう見ることによって、曇鸞の『論註』が天親の『論』をどのように料理したのかがより鮮明になると思う。また、④の部分の最後は「『論』の名目を解しをはりぬ」となっており、ここで文前玄義が終わったというにふさわしい。

ということで、④の部分はさほど難しいことはないので解説は省略し、⑤は「入文解釈」に相当するということで次節に譲る。

二、「我一心」とは、天親菩薩の自督の詞なり

では、「入文解釈」の検討に入る。まず、一見すると文前玄義のようにも見える部分の⑤の原文を掲げる。

偈のなかを分ちて五念門となす。下の長行に釈するところのごとし。第一行の四句にあひ含みて三念門あり。上の三句はこれ礼拝・讃嘆門なり。下の一句はこれ作願門なり。第二行は論主（天親）みづから、「われ仏経（浄土三部経）によりて『論』を造りて仏教と相応す、服するところ宗ある」ことを述ぶ。なんがゆゑぞいふとならば、これ優婆提舎の名を成ぜんがためのゆゑなり。またこれ上の三門を成じて下の二門を起す。ゆゑにこれに次いで説けり。第三行より二十一行尽くるまで、これ観察門なり。末後の一行はこれ回向門なり。偈の章

門を分ちをはりぬ。（『七祖篇』五〇～五一頁）

「偈のなかを分ちて五念門となす。下の長行に釈するところのごとし」とあるが、長行の部分には「いかんが観じ、いかんが信心を生ずる。もし善男子・善女人、五念門を修して行成就しぬれば、畢竟じて安楽国土に生じて、かの阿弥陀仏を見たてまつることを得。なんらか五念門。一には礼拝門、二には讃嘆門、三には作願門、四には観察門、五には回向門なり」（『七祖篇』三三頁）とあるだけで、「偈のなかを分ちて五念門となす」というようなことを示すことはどこにも書かれてはいない。しかし、曇鸞は偈文二十四行を強引に五念門に振り分ける。初めの一行（一行とは、五文字一句を四句連ねて一行とする）に礼拝・讃嘆・作願を該当させ、つぎの一行（第二行）を「成上起下（上の三門を成じて下の二門を起す）」、第三行から第二十三行までの二十一行を観念門、最後の一行を回向門に配当する。これがどういう意味を持つかということについては、香月院の『註論講苑』の文前五科でおおよその説明をしたので繰り返さないが、第二行「我依修多羅真実功徳相説願偈総持与仏教相応」の解説「第二行は論主みづから、「われ仏経によりて『論』を造りて仏教と相応す、服するところ宗ある」ことを述ぶ。なんがゆゑぞいふとならば、これ優婆提舎の名を成ぜんがためのゆゑなり」（『七祖篇』五〇頁）について少し触れておく。これは、②の部分で「優婆提舎」を説明するに際して「仏のもろもろの弟子、仏の経教を解して仏義と相応すれば、仏また許して「優婆提舎」と名づく。仏法の相に入るをもつてのゆゑなり」（『七祖篇』四八頁）とあったのを承けて、「相応」を強調しているのである。これが、讃嘆門の説明にある「如彼名義如実修行相応」と対応している。『論』だけを読んでいると、もっぱら観察門の行だけが説かれているように見えるが、経の体である名号を核に口業讃嘆門の重要性が顕れてくるのである。

このあと、具体的に偈文をあげて『論註』が展開する。

曇鸞の『論註』をひとまず無視して偈文を読みだせば、最初の二行は、偈文の「序分」に相当する。なので、私の以下の説明は、曇鸞の『論註』についての解説とそれによらない解説を分けつつ、一緒にするので注意してほしい。曇鸞の『論註』のとおりに読めば、最初の一行に五念門の前三門が含まれていることになる。つまり、第一行の「世尊我一心帰命尽十方無礙光如来願生安楽国」について、『論註』は三段に分かれて、第一段が「世尊我一心」の註、第二段が「帰命尽十方無礙光如来」の註、最後の第三段が「願生安楽国」の註である。本章は、第一段の「我一心」を中心に読解を試みるが、『論註』にこだわらなければ、第二行の「我依修多羅真実功徳相説願偈総持与仏教相応」までは一連の序分であるという意識を捨てずに読まねばならない。そう意識したうえで、曇鸞の言う前三念門を含む第一行の「世尊我一心」の部分の『論註』の文を掲げる。

「世尊」とは諸仏の通号なり。智を論ずればすなはち義として達せざるはなし。断を語ればすなはち習気余りなし。智断具足してよく世間を利し、世のために尊重せらるるゆゑに世尊といふ。ここにいふ意は、釈迦如来に帰したてまつるなり。なにをもつてか知ることを得となれば、下の句に「我依修多羅」といへばなり。天親菩薩、釈迦如来の像法のなかにありて釈迦如来の経教に順ず。ゆゑに生ぜんと願ず。生ぜんと願ずるに宗あり。ゆゑにこの言は釈迦に帰したてまつると知るなり。もしこの意を謂ふに、あまねく諸仏に告ぐることまた嫌ふことなし。それ菩薩の仏に帰することは、孝子の父母に帰し、忠臣の君后に帰して、動静おのれにあらず、出没かならず由あるがごとし。恩を知りて徳を報ず、理よろしく先づ啓すべし。また所願軽からず。もし如来、威神を加したまはずは、まさになにをもつてか達せんとする。神力を加することを乞ふ。ゆゑに仰ぎて告ぐるなり。「我一心」とは、天親菩薩の自督の詞なり。いふこころは、無礙光如来を念じて安楽に生ぜんと願ず。心々相続して他の想間雑することなしとなり。

問ひていはく、仏法のなかには我なし。このなかになにをもつてか我と称する。答へていはく、「我」といふに三の根本あり。一にはこれ邪見語、二にはこれ自大語、三にはこれ流布語なり。いま「我」といふは、天親菩薩の自指の言にして、流布語を用ゐる。邪見と自大とにはあらず。（『七祖篇』五一〜五二頁）

曇鸞は「礼拝・讃嘆・作願」に相当する「帰命・尽十方無礙光如来・願生安楽国」の前に置かれた「世尊我一心」について、「世尊」と「我一心」のふたつに分けて説明している。まず、「世尊」と天神菩薩に呼びかけられているのは、歴史上に実在した人物・釈迦のことである。そう決定できる証拠はどこにあるかというと、第二行の「我依修多羅　真実功徳相」にある「修多羅」が釈迦の直説のものを修多羅と言うからだとされている（「なにをもつてか知ることを得となれば、下の句に「我依修多羅」といへばなり。天親菩薩、釈迦如来の像法のなかにありて釈迦如来の経教に順ず。ゆゑに生ぜんと願ず。生ぜんと願ずるに宗あり。ゆゑにこの言は釈迦に帰したてまつると知るなり」）。つまり、先の②の部分で「無量寿経優婆提舎」という言葉の解釈をする時にも登場した「十二部経（すべての仏教経典）」という概念を用いて、「修多羅」というのは釈迦が直接説いた経典だけを指し、第二行にある「我依修多羅」という句をその証拠とする、という説明である。また、「世尊」をその他あらゆる仏に通じて呼びかけていると解釈してもよいと言っている（「もしこの意を謂ふに、あまねく諸仏に告ぐることまた嫌ふことなし」）。そして、「我一心」とは「天親菩薩の自督の詞」である、と。

この『論註』についての具体的解説の前に、『論註』とは無関係に偈文の初めの二行のだいたいの（つまり、曇鸞の解説にこだわらずに読んだ場合の）意味を示すと、つぎのようなことになるだろう。

先生、私は先生から教えていただいたこと（修多羅の内容）をコンパクトに詩のかたちでまとめて表現し（説願偈総持）、それを阿弥陀仏（尽十方無礙光如来）に南無する（帰命する）というかたちで実現しよう（与仏教相応）と思います。

ここで問題になるのは、「先生から教えていただいたこと（修多羅の内容）」である。それはいったい何か。先生（釈迦）は「自己こそ自分の主である」（「ダンマパダ」第一六〇偈・自律の智慧）と弟子を励ました人なのか、「「仏法のなかには我なし」なのだから自分のいたらなさを自覚しておおいなるものを畏れ敬え」と教えた人なのか。天親菩薩が説く「願偈総持」には阿弥陀如来という現実の人ではない「大いなるもの」が登場するので、後者の香りが芬々と漂う。阿弥陀如来やその国土たる極楽浄土は特別の能力を具えていなければ見ることができない。そう思えてしまうのだが……。また、曇鸞は天神菩薩が「修多羅」というのは、「自己こそ自分の主である」が出てくるダンマパダなどの阿含ではなく大乗の経典のことだと念を押している（「このなかに「依修多羅」といふは、これ三蔵のほかの大乗の修多羅なり。阿含等の経にはあらず」〈『聖全一』二八四頁〉）。香月院はさらに、この修多羅は法然が確定した「浄土三部経」を言うのだとしている。偈頌は阿弥陀仏と極楽浄土のことを述べているわけで優婆提舎は経に対する論議という意味だから、これは当然のことである。三部経のいずれにも阿弥陀仏と極楽の様子が詳しく説かれており、これは、釈迦が阿弥陀仏も極楽も見たことのないわれわれにそれを見せてくれるというスタイルになっているわけである。つまり、しつこいようだが、三部経は、釈迦から阿弥陀仏と極楽の様子をよく聞いて自分もそれをありありと観想できるようになるためのテキストだとしか見えないのである。とりわけ『観無量寿経』では、阿難の「先生、今聞いたこの教えを何と名づけたらいいでしょう」という問いに対して、釈迦は「この経を、『観極楽国土・無量寿仏・観世音菩薩・大勢至菩薩』と名づく。また『浄除業障生諸仏前』と名づく。汝当に受持すべし」（大谷派『聖典』一二二頁／二版一三二頁）、などと言うのである。どう見たって、大切なのは「極楽国土と無量寿仏を観ずる」こと、「見仏」とか「観仏」としか見えない。三部経を読んで「自己こそ自分の主である」と読み取るのは難しいのである。

なのに善導・法然・親鸞は「観」ではなく「声に出す念仏」が正定業だと言う（「観」ではなく、とはっきり言うのは『選択集』の法然だけかもしれないが）。私は『選択集』は、日本はもちろん世界的にみても最も明快な論理が貫かれている宗教書だと思っている。あまりに明快なので、法然という思想家は、ある意味「宗教」（超越的なものとのかかわり）の範囲を逸脱して（つまり、超越的な要素をほとんど含まず）、誤解を与える思想家だとも思う。彼は、釈迦やイエスと同じように、現実の中で呻吟する人びとに「宗教」というアヘンを与えたのではなく、「宗教」に苦しむ老若男女を宗教から解放した人なのである。彼自身が、見仏などのいわゆる「宗教」体験を重視したなどということはあり得ないことだが、それを重視して（重視というよりは、実際には、それに苦しめられて）いる人の解放を願うために、そうした体験（迷い）に使用される用語（例えば、「三昧発得」など）を軽視しなかったことは確かだ。イエスはユダヤ教の律法重視などに悩まされている人に対して、時に厳しく、時にやさしく励ました。法然もしかりである。「定散二善は本願（の行）に非ず」と明快に述べる一方で、それに憑りつかれている人を見捨てはしなかった。超越的なもの・おおいなるものに憑りつかれ悩まされている人に対して、そのものの正体を丁寧にいろんな手立て（方便）を用いて説明もする。この説明がないと、声に出す念仏という教えは本当の無味乾燥になってしまう。しかし、「（超越的なものに対する）説明」をどんなに重ねても、声に出す念仏が正定業だとうなづくことにはつながらない。このことを法然は「廃するために説く」と言ったのかもしれない。

観仏・見仏が廃するために説かれたものだと気づく鍵は『観無量寿経』の場合「汝好くこの語を持て。この語を持てというは、すなわちこれ無量寿仏の名を持てとなり」（大谷派『聖典』一二二頁／二版一三三頁）という一句だった。この一句についての「善導の御釈（『歎異抄』第二条の言葉遣いを借用）」は「上来定散二善を説いてきたが仏の本願に望むれば、衆生をして阿弥陀仏のみ名を称えさせることだ」というものである。そしてそれに対する「法然の仰せ」は「仏の本願というのは（釈迦仏が定散二善を説いてきたこの『観無量寿経』ではなく）『大無量寿経』に説かれている阿弥陀仏の第十八願のことだ[1]」という『選択集』第十二念仏付属章にある渾身の断定である。そして、第十八願において声に出す念仏をとって他の諸行を捨てる理由は、本願がそのために建てられた【平等】ということにある。つまり、すべての人に「自己こそ自分の主である」が成り立つことにある。すべての人が誰かの家来ではない世界、「面々の御はからい」が尊重される世界が目指されるからである。このことを『歎異抄』第二条はつぎのように伝えている。

弥陀の本願まことにおわしまさば、釈尊の説教、虚言なるべからず。仏説まことにおわしまさば、善導の御釈、虚言したまうべからず。善導の御釈まことならば、法然のおおせそらごとならんや。法然のおおせまことならば、親鸞がもうすむね、またもって、むなしかるべからずそうろうか。詮ずるところ、愚身の信心におきてはかくのごとし。このうえは、念仏をとりて信じたてまつらんとも、またすてんとも、面々の御はからいなりと云々

（『歎異抄』第二条。大谷派『聖典』六二七頁／二版七六八頁）

では、同じく定善たる観察門が中心に見える願生偈が、「自己こそ自分の主である」という仏教と相応するものだと見える鍵は何だろうか。それが、

「我一心」

なのである。曇鸞はこの一句を解釈して「「我一心」とは、天親菩薩の自督の詞なり」（『七祖篇』五一頁）と言う。そして、この後、「我」ということについて「問ひていはく、仏法のなかには我なし。このなかになにをもつてか我と称する」（『七祖篇』五二頁）という問いを立てる。「答て曰く」として示すのは、「我」という言葉には邪見語

と自大語と流布語の三つの意味があるが、ここで使われているのは「流布語」だということである。邪見語というのは、仏法は「我（アートマン）がない」という存在論・認識論を持っているから、「我」があると思っているのは邪見だということになる。天親菩薩はこの邪見に沿って「我」と述べているのではない。また、自大語というのは一人称としての「俺様（ジャイアン）」とか「朕（天皇）」の類である。もちろん、それでもない。単に普通の会話に用いる一人称としての自分のことにすぎない流布語だというわけである。釈迦が日常的に語っていた「自己こそ自分の主である」の「自己」とか「自分」もこの日常語にすぎない。ちなみに、ダンマパダのパーリ原文において、この「自己」及び「自分」と翻訳されている語は、いずれも「アートマン（ātman）」である。

しかし、この「答て曰く」は「我」という言葉だけの解釈であって「我一心」の解釈ではない。「我一心」の解釈はあくまでも「自督の言葉」というところにある。香月院は、「自督の詞」というのは「我」の解釈ではなく「我一心」の解釈と考えるべきだと念を押している。そして、親鸞が『論註』のこの個所の引用を「行巻」（大谷派『聖典』一六八頁／二版一八二頁）で行った時に付けられた注（大谷派『聖典』一〇三二頁）に注目を促している。それは「督」とは「勧（ススムル）」であり「率（ヒキイル）」であり「正（タダス）」であるというものである。この注は香月院によると『廣韻』という辞書からの引用で、しかも「勧」と「率」の順序を逆にして使用したものだと、香月院らしい細かいことを言っている。そして「勧」（ススムル）を先にしたのには意味があるのだと、『蓮如上人御一代記聞書』九四条の「信もなくて、人に、「信をとられよ、とられよ」と申すは、わが物もたずして、人に物をとらすべき、という心なり」（大谷派『聖典』八七二頁／二版一〇四五頁）を引用して、つぎのように力強く言いきっている。

まづ我身をすゝめ我が安心を領解するが第一なり。今天親論主我一心と宣ふは御自身の安心を述べ給ふ。出離の大事にのぞんでは人のせんさくはならぬ、たゞ我れ一心にと宣ふ、これ自分とわが手にすゝむる意がある。それを初に勧也と宣ふなり。とき、そのみづから勧むる処に、これは一大事じゃがと自らひきたてる心がある、それを率也と云ふ。そのひきたてる所に、即ちこれにとりちがへはないかしらぬと自らたゞすこゝろがあると云ふ事で、正也の訓をあげ給ふ。これは今日の我々がまこと後生一大事とおもふ心で自分の安心をのべるにも、おぼへはなふてもこの勧也率也の意がある。天親論主の一心は即ち煩悩成就のわれらが他力の信となにもかはった事はない、そこを鸞師「我一心者天親菩薩自督之詞」と釈し給ふなりと云ふ我祖の御字訓也。

（『講苑』一二三頁）

こうして「我一心」については、それなりに納得できたのであるが、なお疑問は残る。それは、「我一心」の前後にある二人の仏のことである。前者は釈迦仏、後者は阿弥陀仏である。高木顕明『余が社会主義』によれば、前者は「人師」、後者は「過境の普善者」とされる。「人師」とは人間の師匠のことで、人間である以上、たとえ「師」と「弟子」という関係を持ったとしても、互いに「自己こそ自分の主である」という原則から外れることはない。

「我一心」の前に掲げられている「世尊」が釈迦如来を指すと曇鸞は言う。紀元前四、五世紀に古代インドに生きた釈迦という男は、「自灯明・法灯明」と遺言し、四六時中「自己こそ自分の主である。他人がどうして自分の主であろうか」と言っていたので、誕生に際してまで「天上天下唯我独尊」と言ったという伝説を持つ。そんな男が「過境の普善者」による保護や救済を説くだろうか。たとえ、阿弥陀如来のような超越的な存在を説いたとしても、それは智慧と慈悲（あるいは、自利利他）の完成を象徴的に表すものであって、実体化された救済者ではないはずだ。確かに、この男が説いたものとして「浄土三部経」なるものが存在する。曇鸞は『論』に言う「修多羅」

とはこれのことだとする。今のわれらが「自己こそ自分の主である」を実際に読むことができるダンマパダ、法句経などの「阿含等」ではないと、わざわざことわっている。『論註』にかかわらずに『論』を見た場合、すなわち、偈文の二行を単純に序文として読んだ場合に、「修多羅」を「浄土三部経」だと言いきれるだろうか。

なので、私は、最初の二行のおおよその意味は「先生、私は先生から教えていただいたこと（修多羅の内容）をコンパクトに詩のかたちでまとめて表現し（説願偈総持）、それを阿弥陀仏（尽十方無礙光如来）に南無する（帰命する）というかたちで実現しよう（与仏教相応）と思います」だとしておいた。だから、「世尊」が釈迦如来を指すということについての曇鸞の解説の中で「ここにいふ意は、釈迦如来に帰したてまつるなり」として、その喩えとして「それ菩薩の仏に帰することは、孝子の父母に帰し、忠臣の君后に帰して、動静おのれにあらず、出没かならず由あるがごとし。恩を知りて徳を報ず、理よろしく先づ啓すべし」というひっかかりのある部分については保留してある。この喩えは、「自灯明・法灯明」の釈迦の「経教に順ず」と言えるだろうか。おそらく、曇鸞にこれを問い質したなら、「天親菩薩、釈迦如来の像法のなかにありて」と言っているではないか、と応えるだろうとは思う。「自己こそ自分の主である」が成立するのは釈迦在世の正法の時だと。像末においては「もし如来、威神を加したまはずは、まさになにをもつてか達せんとする。神力を加することを乞ふ」しかないのである、と。しかし……。

三、超越的存在が実在する思想と実在しない思想

前節で述べたことに関して、本書第一章では「救済教」と「自覚教」という観点から「如来の回向が救済教としての「浄土教」を保証し、衆生の往還が自覚覚他の自覚教「仏教」を保証する」と説明した。この説明は、『論註』

あるいは親鸞の『教行信証』がなによりも往還二回向を説いたものだということを念頭に置いている。そのことに関しては次章以降に譲るとして、本章は、「それ菩薩の仏に帰することは、孝子の父母に帰し、忠臣の君后に帰して、動静おのれにあらず、出没かならず由あるがごとし。恩を知りて徳を報ず、理よろしく先づ啓すべし」という、「朝家のため国民のため……」と並んで天皇制イデオロギーを支えた句について、若干の考察をしておこうと思う。結論から言えば、「女人及根欠二乗種不生」（大谷派『聖典』一三六頁／二版一四六頁）の大義門功徳につぐ『論註』の欠点であると思う。

「自己こそ自分の主である。他人がどうして自分の主であろうか」（「ダンマパダ」）と瓜ふたつの表現が、十七世紀のイングランドの思想家・ジョン・ロックの言葉にある。

大地と人間以下のすべての被造物はすべての人々の共有物であるが、しかしすべての人間は、自分自身の身体に対する所有権をもっている。これに対しては、本人以外のだれもどんな権利ももっていない。彼の身体の労働とその手の働きは、まさしく彼のものであるといってよい。そこで、自然が準備し、そのままに放置しておいた状態から、彼が取り去るものは何であれ、彼はこれに自分の労働を混合し、またこれに自分自身のものをつけ加え、それによってそれを自分の所有物とするのである。そのものは、自然によって置かれた共有の状態から、彼によって取り去られたものだから、この労働によって他人の共有物を排除する何かがそれにつけ加えられたことになる。というのは、この労働は労働した人の疑いもない所有物なのであるから、少なくとも（自然の恵みが）共有物として他人にも十分に、そして同じようにたっぷりと残されている場合には、ひとたび（彼の）労働がつけ加えられたものに対しては、彼以外のだれも権利をもつことができないのである。

（ジョン・ロック『統治論』〈一六八九年〉第二編第五章27節、宮川透訳、中央公論社、世界の名著32、一九八〇年）

傍線を施した部分が、釈迦が「他人がどうして自分の主であろうか」と述べた部分を疑問の余地なく限定して述べている。すなわち、「自己こそ自分の主である」というのは「自分が自分の主だという気分」とか「（たとえ自分が奴隷の身分でいても）主人が自分の心まで支配することはできないという気持ち」とは明確に異なり、「自分の労働生産物が自分以外の人のものにならないこと」であると述べている。自分の労働の成果が自分以外の人のものになるということは、その労働の主である私自体がそうした自分以外の人のものになったことだからである。今日、基本的人権として明確に定義されている「生命・財産・自由の権利」とはこのことである。忠臣や奴隷所有者に対して自分の身体の動静が自分に属さず主人に属していることを、「他人が自分の主である」ことなのだと明確にしたわけである。私の身体、私のいのちがどうして「お国」や「天皇」のものであろうか。

孝子・忠臣と父母・君后との関係は「菩薩の仏に帰すること」に喩えられているのであるが、これは、実は非常に興味深いことでもある。というのは、ここにあげたロックやホッブズ、あるいはルソーやモンテスキューらに、「国家・社会は、自然のような、神仏に与えられたとか運命的なものではなく、それの解体と再構成の「能力」と「責任」が人間にそなわっているという意味で、人為的な構成物である」と自覚するきっかけを与えたニコロ・マキァベリ（一四六九～一五二七）がつぎのように述べているからである。

したがって、君主たるものに必要なのは、先に列挙した資質（慈悲ぶかい、信義を守る、人間的、誠実、信心ぶかい）のすべてを現実に備えていることではなくて、それらを身につけているかのように見せかけることだ。いや、私としてはあえて言っておこう。すなわち、それらを身につけてつねに実践するのは有害だが、身につけているようなふりをするのは有益だ、と。たとえば、見るからに慈悲ぶかく、信義を守り、人間的で、誠実で、信心ぶかく、しかも実際にそうであることは、有益である。だが、そうでないことが必要になったときには、あなたはその逆になる方法を心得ていて、なおかつそれが実行できるような心構えを、あらかじめ整えておかねばならない。(中略)(君主たる者は)可能なかぎり善から離れることなく、しかも必要とあれば、断固として悪の中へも入っていくすべを知らねばならない。

君主たる者は、したがって、先に記した五つの資質が身に備わっていないことを暴露してしまう言葉は、決して口から出さぬよう、充分に気をつけねばならない。そして外見上、聞くにつけ見るにつけ、いかにも慈悲ぶかく、いかにも信義を守り、いかにも人間的で、いかにも誠実で、いかにも宗教心に満ちているかのように、振舞わねばならない。またとりわけ、この最後に挙げた資質を、身に備えていると見せかけること以上に、必要なことはない。

(『君主論』〈執筆は一五一三年、公刊一五三二年〉河島英昭訳、岩波文庫、一九九八年)

君主の統治は、もちろん、人による人の支配である。ところが、君主が神や仏に敬虔な態度をとる(ように見せかける)ことによって、人びとはあたかも王国に暮らすすべてのものが神や仏の慈愛に守られているかのような錯覚に陥り、支配されることに感謝さえしてしまう。また、災いが生じた時も、それを天罰・天譴と受けとめる思考回路ができていれば、君主にとってこれほどありがたいことはない。

だから、支配者の意に沿った宗教者は、津波が起これば、「日ごろの我欲にまみれた自分を津波で洗い流せ」と言い、原発という、それ自体が「安全」と「電力不足」というふたつの嘘によって運営されている差別と殺戮の制度に故障が生じると、「科学による人知の闇に思い至らず、便利で幸福な生活を望んできた自己を問い直せ」という、責任転嫁を行うのである。こうした宗教者の存在は、原発で、日常的に被爆労働者を生み続け、事故が起きれば想定外だと言って補償を逃れ、大儲けをしてきた金持ち連中にとって、本当にありがたいだろう。また、このような仕組みを作ってその権力を維持してきた政治的支配者にとっても、このような宗教の存在は、まことにありがたい。

社会制度は、自然や神仏が作ったのではない。社会制度を問うことのない宗教は、こうして、支配者に都合のよい隠れ蓑を与えるだけのものになるのである。「自己こそ自分の主である」ことを基本とする仏教が、神や仏に生かされていることを感謝せよというような、マキァベリが、支配者の資質として「(宗教心に満ちていると)見せかけること以上に、必要なことはない」(『君主論』)と皮肉っぽく語った「宗教」に陥っていないか、厳しく問わねばならないだろう。

『君主論』は、フィレンツェの支配者であったメディチ家の当主、ロレンツォ・デ・メディチに捧げたもので、執筆は一五一三年だが、公刊されて人びとが読めるようになったのは、マキァベリの死後の一五三二年である。君主が君主であり続けるためにはどのような技術を身に付けていなければならないかを述べたもので、当然、君主制の維持を目的に書かれた外見を有している。ところが、その内容は、君主が備えるべき資質を、それまでの類書(いわゆる「帝王学」のたぐい)のように自然や神に基礎づけて述べるのではなく、純粋な技術、冷徹な技術として述べているところに特色がある。自然や神に基礎づけるというのは、たとえばバラモン階級は梵天の頭から生まれて「智慧と慈悲」を体現し、クシャトリアは心臓から生まれ「勇気」を体現するという類である。マキァベリの説明はこのような建前的なものとはまったく異なる。

この書を「君主制を擁護する書物という外見を持つが、共和制の教科書として読む」と喝破したのは、王政を倒して共和制を実現したフランス大革命に多大な影響を与えたジャン・ジャック・ルソーである。

それは、この書からつぎのようなふたつの問いが生ずるからである。

①（君主の）統治、すなわち、政治的権力の根拠が自然や神に基礎づけられないとするると、何に基づくのか。②統治の技術を身に付けねば君主であることができないとすると、統治の技術を身に付ける以前の君主、あるいは、社会的な地位が定まる以前の「人」とはどのようなものか。

このふたつの問いが人びとの前に出現したのである。①の問いは、必然的に「それは神や自然から独立した人間自体に基づく」ということに帰結するであろうし、②の問いは、「単なる人（man, merely as such）」、すなわち、自然状態の人ということになろう。

なので、これ以後、近代人権思想は「超越的存在が実在しない思想」として展開していった。その極みが戦闘的プロレタリアート無神論かもしれない。大逆事件において権力の標的とされた幸徳秋水の思想もそうであるかもしれない。そして、仏教は、おそらく基本的には「超越的存在が実在しない思想」だと思われる。「大逆事件」との関係で言えば、曹洞宗僧侶の内山愚童がそうだったかもしれない。しかし、「超越的実在」と分類されそうな「過境の普善者」阿弥陀仏を掲げる専修念仏者の高木顕明もまた「大逆事件」にかかわったのである。

次章は、偈文第一行の後半「礼拝・讃嘆・作願」の三門が込められているという「帰命尽十方無礙光如来」と「願生安楽国」からである。今度は実体化された（すなわち迷信と言われるようなものであり、マキァベリが支配者の道具にすぎぬと警告したような）極楽世界や過境の普善者阿弥陀如来というようなものが登場する。これと本来的な仏教はどう折り合いをつけるのか。いよいよ難しく、かつ、面白くなってくる。

註

（1）善導『観経疏』「散善義」に「「仏告阿難汝好持是語」より以下は、まさしく弥陀の名号を付属して、遐代に流通せしめたまふことを明かす。上来定散両門の益を説くといへども、仏の本願に望むるに、意、衆生をして一向にもつぱら弥陀仏の名を称せしむるにあり」（『七祖篇』五〇〇頁）とある。この文にある「定散二善を説いてきた」のは、もちろん釈迦なので「仏の本願に望むるに」の「仏」も釈迦を指していると読むことができるが、法然は『選択集』において「「仏の本願に望むるに、意、衆生をして一向にもつぱら弥陀仏の名を称せしむるにあり」（散善義）といふ。定散の諸行は本願にあらず。ゆゑにこれを付属せず。またそのなかにおいて、観仏三昧は殊勝の行といへども、仏の本願にあらず。ゆゑに付属せず。念仏三昧はこれ仏の本願なるがゆゑに、もつてこれを付属す。「仏の本願に望む」といふは、『双巻経』（『大無量寿経』）の四十八願のなかの第十八の願を指す」（『七祖篇』一二七〇～一二七一頁）と断定している。すなわち、この「仏」は釈迦ではなく阿弥陀だと断定している。

第5章

はじめの一行に、礼拝・讃嘆・作願の前三念門が込められている

一、「帰命」はすなはちこれ礼拝門なり、「尽十方無礙光如来」はすなはちこれ讃嘆門なり

前章は、「願生偈」の第一行「世尊我一心　帰命尽十方　無礙光如来　願生安楽国」の「我一心」の註を中心に検討した。本章は、「帰命尽十方無礙光如来願生安楽国」を「帰命」「尽十方無礙光如来」「願生安楽国」の三つに分割し、それぞれ、「礼拝門」「讃嘆門」「作願門」に配当するといういささか無理な註の検討に入る。

そもそもこの一行とつぎの「我依修多羅……」の行のおおよその意味は、前章にも述べたように「先生、私は一心に阿弥陀如来に帰命して阿弥陀の国に生まれることを願うというかたちで先生の修多羅に説かれた先生の教えに相応しようと思います」ということである。つまり「一心に」と「帰命する」とが連なっているのであって、「我一心」と「帰命」を切り離して説明するというのは無理がある。むしろこの二行は「一心帰命の文」と言うべきなのであり、親鸞も『論』全体を「一心の華文」（大谷派『聖典』二一〇頁／二版二三六頁）と称するくらいである。

言い換えれば、この二行は偈文に序・正・流の三分ありと見れば、序分と見るべきなのである。したがって、「一心に帰命する」と続けて読めば（普通の読み方をすれば）「帰命」とは「安心決定」のことと言っていいし、む

しろそうとしか読めないにもかかわらず、曇鸞は「帰命とは（身体表現・身業である）礼拝のことだ」というのである。もっとも、いきなり「「帰命」はすなはちこれ礼拝門なり」（『七祖篇』五二頁）と始めるのは、そんなところで区切っていいのかという感じがするからだろう。曇鸞も、まず「「帰命尽十方無礙光如来」とは（帰命尽十方無礙光如来者）」（『七祖篇』五二頁）としたうえで「「帰命」はすなはちこれ礼拝門なり（帰命即是礼拝門）」「「尽十方無礙光如来」はすなはちこれ讃嘆門なり（尽十方無礙光如来即是讃嘆門）」としている。その部分を掲げるとつぎのとおりである。始めに、なぜ「帰命」一言で礼拝門と言えるのかについて述べた部分までを検討する。

「帰命尽十方無礙光如来」とは、「帰命」はすなはちこれ礼拝門なり。「尽十方無礙光如来」はすなはちこれ讃嘆門なり。なにをもつてか「帰命」はこれ礼拝なりと知るとなれば、龍樹菩薩の、阿弥陀如来の讃を造れるなかに、あるいは「稽首礼」といひ、あるいは「我帰命」といひ、あるいは「帰命礼」といへり。この『論』の長行のなかにまた「五念門を修す」といへり。五念門のなかに礼拝はこれ一なり。天親菩薩すでに往生を願ず。あに礼せざるべけんや。ゆゑに知りぬ、帰命はすなはちこれ礼拝なり。しかるに礼拝はただこれ恭敬にして、かならずしも帰命にあらず。帰命はかならずこれ礼拝なり。もしこれをもつて推せば、帰命を重しとなす。偈は己心《こしん》を申《の》ぶ。よろしく帰命といふべし。論は偈の義を解す。汎く礼拝を談ず。彼此あひ成じて義においていよいよ顕れたり。（『七祖篇』五二～五三頁）

この前三念門配当の中心はおそらくつぎの讃嘆門にあると思われる。また、作願門のところで登場する「無生の生」(1)と「穢土の仮名人と浄土の仮名人」という議論もそれなりに重要だと言えよう。しかし、讃嘆門を際立たせなければ『浄土論』は浄土教にならない。礼拝門においては、「礼拝はただこれ恭敬にして、かならずしも帰命にあらず。帰命はかならずこれ礼拝なり」（『七祖篇』五二頁）が重要である。つまり、礼拝というのは身体表現なのだが、「表現」とくれば、必ず問題になるのは、それがかたちだけのものでなく本気かどうかということである。曇鸞は「帰命」を内心（「己心」）の問題、「礼拝」をその表現と考えているのだと思う。このことはつぎの讃嘆門とも関係するので、あとでまとめて論じようと思う。

そこでつぎに讃嘆門の部分の問答に入る前までの註を掲げる。

なにをもつてか「尽十方無礙光如来」はこれ讃嘆門なりと知るとならば、下の長行のなかに、「いかんが讃嘆門。いはく、かの如来の名を称するに、かの如来の光明智相のごとく、かの名義のごとく、如実に修行して相応せんと欲するがゆゑなり」といへり。舎衛国所説の『無量寿経』によらば、仏、阿弥陀如来の名号を解したまはく、「なんがゆゑぞ阿弥陀と号する。かの仏の光明無量にして、十方国を照らしたまふに障礙するところなし。このゆゑに阿弥陀と号す。またかの仏の寿命およびその人民も、無量無辺阿僧祇なり。ゆゑに阿弥陀と名づく」と。（『七祖篇』五三頁）

この部分で曇鸞は、「尽十方無礙光如来」という仏の名前だけでどうして讃嘆門という「行」になるのかを説明している。そこで曇鸞が行っていることは、天親の五念門行についての説明の中の讃嘆門の部分（「下の長行のなかに、「いかんが讃嘆門。いはく、かの如来の名を称するに、かの如来の光明智相のごとく、かの名義のごとく、如実に修行して相応せんと欲するがゆゑなり」といへり」）の引用である。[2]これは考えてみれば、ある意味奇妙なことだとも言える。というのは、『論』は長行の部分で「観彼世界相……」からは偈文の解釈を行うが、今取り上げている最初の二行「世尊我一心……」「我依修多羅真実功徳相……」については解釈を加えていないのである。だから曇鸞は、天親が偈文第一行の中の如来の名号が讃嘆門行だと述べていないところの、すなわち、讃嘆とは口業で行うのだというだけの部分をもって、名号が讃嘆門行だと述べていることになる。[3]この「奇妙さ」は十分に意識しておく必要がある。そこで、曇鸞がある意味で都合よく引用している天親の五念門についての長行を、今の議論に必要な前三念門の部分だけだが、確認しておこう。

なんらか五念門。一には礼拝門、二には讃嘆門、三には作願門、四には観察門、五には回向門なり。いかんが礼拝する。身業をもつて阿弥陀如来・応・正遍知を礼拝したてまつる。かの国に生ずる意をなすがゆゑなり。いかんが讃嘆する。口業をもつて讃嘆したてまつる。かの如来の名を称するに、かの如来の光明智相のごとく、かの名義のごとく、如実に修行して相応せんと欲するがゆゑなり。いかんが作願する。心につねに願を作し、一心にもつぱら畢竟じて安楽国土に往生せんと念ず。如実に奢摩他を修行せんと欲するがゆゑなり。

（『七祖篇』〈一〇一～一〇五頁参照〉の訓読による。大谷派『聖典』との訓点の違いにも注意。詳しくは、本書第Ⅲ部本編〈下〉に入ってから説明する）

ここに書かれていることは、礼拝・讃嘆・作願の三種の行がそれぞれ身体・声・意志によってなされるものであることと、それぞれがなされる理由である。礼拝は彼の国に生まれようとする気持ちがあるから、讃嘆は彼の国の如来、すなわち、阿弥陀さんの名前を称えてその名前に相応したいと思うから、作願は精神を統一して彼の世界に意識を集中しようとするからだ、と。

詳しいことは下巻に入ってから検討せざるを得ないが、このあと天親の議論は、観察門と回向門についても、それがどのようになされるかとそれを行ずる理由が説かれる。そして、初めの三念門行についての具体相は詳述されることなく、観察門の行体（観察門行の態様）が「観彼世界相……」以下の偈文を順に示しながら具体的に示されていく。ということは、「願生偈」とはどう見ても観察門行のマニュアルなのであって、前三門行はそのための準備にすぎない。つまり、『論』だけを読んでいると、五念門という「行」を修しながらだんだん信心が深まる（本気になっていく?）という感じなのである。

しかし、曇鸞は、名前（を称える）だけで「実の如く修行して相応する」ことだと言うのである。だから、偈文の第一行の中の一部分でしかない「尽十方無礙光如来」という仏の名前だけで讃嘆門を表すのだと。何故そんなことが言えるのか。それは名前の意味が『阿弥陀経』に説かれているように「何のゆえぞ阿弥陀と号する。舎利弗、かの仏の光明、無量にして、十方の国を照らすに、障碍するところなし。このゆえに号して阿弥陀とす。また舎利弗、かの仏の寿命およびその人民も、無量無辺阿僧祇劫なりかるがゆえに阿弥陀と名づく（何故号阿弥陀舎利弗彼仏光明無量照十方国無所障礙是故号阿弥陀又舎利弗彼仏寿命及其人民無量無辺阿僧祇故名阿弥陀）」（大谷派『聖典』一二八頁／二版一三八頁）だからだというのである。名前が障礙なくすべての世界を照らす智慧と限りない命の相を示しているのだ、というわけである。しかし、「示している」「照らしている」と言っても、多くの煩悩成就の衆生にとっては、光明に預《あず》かっているなどという実感はないではないか、というわけで問答が始まる。

問ひていはく、もし無礙光如来の光明無量にして、十方国土を照らしたまふに障礙するところなしといはば、この間の衆生、なにをもつてか光照を蒙らざる。光の照らさざるところあらば、あに礙あるにあらずや。答へていはく、礙は衆生に属す。光の礙にはあらず。たとへば日光は四天下にあまねけれども、盲者は見ざるがごとし。日光のあまねからざるにはあらず。また密雲の洪《おお》きに霔《そそ》灌《かん》なり　げども、頑石《がんせき》の潤はざるがごとし。雨の洽《うるお》霔《しゅ》なり　さざるにはあらず。

もし一仏、三千大千世界を主領すといはば、これ声聞論のなかの説なり。もし諸仏あまねく十方無量無辺世界を領すといはば、これ大乗論のなかの説なり。天親菩薩、いま、「尽十方無礙光如来」といふは、すなはちこれかの如来の名により、かの如来の光明智相のごとく讃嘆するなり。ゆゑに知りぬ、この句はこれ讃嘆門なり。

(『七祖篇』五三～五四頁)

光明が照らしているけれど、頑迷な石のように心を閉ざしている者にはそれが感得できないのだというわけである。この喩えは、前章に登場した「孝子の父母に帰し、忠臣の君后に帰して、動静おのれにあらず、出没かならず由あるがごとし」ほどではないにしても、あまりよろしくない。「この間の衆生」つまり、差別と殺戮の渦巻くこの穢土に呻吟する衆生に光照が蒙らないのは、確かに照らしている方のせいではないが、(頑《かたく》なな)衆生のせいでもない。光明無量と寿命無量、すなわち、彼の土を荘厳する平和と自立・平等の智相(理念)が届くというのは、此の土が、「(軍事同盟の)備えあれば患いなし」だとか「年金百年の安心の設計」だとかいう嘘によって、差別と殺戮と欠乏の実態が見えなくさせられていたのを見抜く目が開かれたということである。だから光明は、「彼の土の平和と平等っていいですね、私もそのくにに往きたいです」と声に出して、それが自分と友人に聞こえた時に、届いたのである。われら凡夫の、この世界に対して批判的に対峙するという「動静」がわれらの主体に奪還された時に、届いたのである。それが弥陀と変わらぬ通力を得たということである。このことを別の言い方にすれば、「それっていいですね」と申さんと思い立つこころが起こる時、すなわち、光明に照らされたので、その後礼拝讃嘆するのは信後の報謝の念仏だとわかることだと言ってもいい。礼拝讃嘆等の五念門の行を修めてからでないと信心決定が得られないというようなことではけっしてない。信心、起行と次第するのであって、このあとに出てくる作願観察、すなわち、奢摩他・毘婆舎那を修してから浄土に往くというのでは、凡夫はだれ一人往生できない。これについては、『論』を読みだす前に曇鸞が龍樹の『十住毘婆沙論』をあげて、敗壊の菩薩こそが不退（阿毘跋致）に到ることとして確認ずみである。

光明に照らされたということは、いかにも慈悲深くいかにも信心に篤いかのように振る舞う国王の支配搾取テクニックを見破ったということである。「一仏、三千大千世界を主領す」で、みんながその一仏の家来というようなけち臭い世界ではなく、「諸仏あまねく十方無量無辺世界を領す」という広大な世界が見出されたということはそういうことだ。「国土の名字、仏事をなす(4)」（『七祖篇』一一九頁）というように、平和と平等の環境こそが弥陀の通力の本体である。国土の名字とは例えば「〇〇人民共和国」というような国家の基本体制を示す国名のことだと思う。「共和国（republic）」という名前が国王不礼を実現しているのである。すなわち、名字がそこに暮らす人びとに仏事をなすのである。曽我量深の言葉「浄土の荘厳功徳とは、今日の言葉で言えば「権利」のことである」（『大無量寿経聴書』一九四八年夏安居の講録）とはそういう意味だ。同様に、帝国憲法の名残が色濃く残る環境が差別と殺戮をなさしめる。国の基本構造がそこに暮らす人びとに差別と殺戮の悪を犯すことをなさしめる。たとえば、終生・絶対・強制隔離という政策がハンセン病に対する差別偏見の犯人なのである。政策が「不治の病」「強烈な伝染病」「遺伝」という偏見を生んだのである。そこに暮らしている衆生は、（らい予防法という名の）悪魔の体制のために本性が奪われたのである。衆生の頑迷な心が犯人ではない。「礙は衆生に属す」というよりは、極楽の国土の名字が仏事をなすのと同様に、穢土の体制が魔事をなさしめたのである。らい予防法体制という魔事を計画した輩は、病を得て見捨てられた人びとを皇恩に依って保護するのだと説明した。何が皇恩だ。そこに生を享けた人びとに差別と殺戮を強いる魔国ではないか。

『論註』はこのあと「観彼世界相……」以降、「仏本なんがゆゑぞこの願を興したまへる」と徴起して浄土の環境こそが穢土の環境の批判原理となっていることを十七回繰り返す。「礙は衆生に属す」という曇鸞の解釈はそれに反するのではなかろうか。浄土教の浄土教たるゆえんは、個としての如来と個としての凡夫との関係しか見ないオーソドックスな仏教に対し、如来の環境としての浄土と煩悩成就の凡夫の環境としての穢土との関係を重視するところにある。浄土教的世界観においては、徳も礙もともに環境に属するのである。

二、「願生安楽国」とは、この一句はこれ作願門なり
――「無生の生」という概念――

では、つぎの「作願門」に入る。「願生安楽国」の一句が作願門行を顕すというのだが、その後にふたつの問答がある。とりあえず全文を示す。

「願生安楽国」とは、この一句はこれ作願門なり。天親菩薩の帰命の意なり。それ「安楽」の義は、つぶさに下の観察門のなかにあり。

問ひていはく、大乗経論のなかに、処々に「衆生は畢竟無生にして虚空のごとし」と説けり。いかんが天親菩薩「願生」といふや。答へていはく、「衆生は無生にして虚空のごとし」と説くに二種あり。一には、凡夫の謂ふところのごとき実の衆生、凡夫の見るところのごとき実の生死は、この所見の事、畢竟じて所有なきこと、亀毛のごとく、虚空のごとし。二には、いはく、諸法は因縁生のゆゑにすなはちこれ不生なり。所有なきこと虚空のごとし。天親菩薩の願ずるところの生は、これ因縁の義なり。因縁の義のゆゑに仮に生と名づく。凡夫の、実の衆生、実の生死ありと謂ふがごときにはあらず。

問ひていはく、なんの義によりてか往生と説く。答へていはく、この間の仮名人のなかにおいて五念門を修

するに、前念は後念のために因となる。穢土の仮名人と浄土の仮名人と、決定して一なるを得ず、決定して異なるを得ず。前心後心またかくのごとし。なにをもつてのゆゑに。もし一ならばすなはち因果なく、もし異ならばすなはち相続にあらざればなり。この義は一異の門を観ずる論のなかに委曲《いきょく》なり。第一行の三念門を釈しをはりぬ。（『七祖篇』五四～五五頁）

作願門とは何であるかということについては、天親が長行において「いかんが作願する。心につねに願を作し、一心にもつぱら畢竟じて安楽国土に往生せんと念ず。如実に奢摩他を修行せんと欲するがゆゑなり」と説明しているように、「奢摩他」であるというのが第一義である。「奢摩他」とは「止」と翻訳されるように乱れる心を静めてなされる精神集中のことである。この精神集中によって有相や無相の観察、すなわち、「毘婆舎那」が可能になるのである。したがってこのふたつは「止観」「奢摩他・毘婆舎那」というようにひとつの熟語として使用されることも多い。しかし、曇鸞はここではそんなこととは関係なく、「願生安楽国」という句にある「願生」をクローズアップして「作願門」だとするのである。「止」と「観」との連関は「願生安楽国」の「安楽」を取り上げて「それ「安楽」の義は、つぶさに下の観察門のなかにあり」というかたちでそれとなく述べられているが、もっぱら問題になるのは「願生」及び「往生」の「生」という言葉である。

奢摩他・毘婆舎那という仏教の王道とも言うべき行法が、天親と曇鸞においてどのように位置づけられているかということに関しては、次章の「我依修多羅真実功徳相……」についての註を検討する時に合わせて問題にすることにして、本章は「無生の生」という『論註』のひとつの眼目に注意を集中しようと思う。「無生の生」は、曇鸞が作願門を表すという「願生安楽国」という一句にある「生」という言葉をめぐるふたつの論難に応えるというかたちで展開されている。

願生安楽国（＝作願門）に関する論難とは、「問ひていはく、大乗経論のなかに、処々に「衆生は畢竟無生にして虚空のごとし」と説けり。いかんが天親菩薩「願生」といふや」という問いと、「問ひていはく、なんの義によりてか往生と説く」という問いのふたつである。前者は願往生の「生（及びそれに対する「滅」）」を、後者は「往（または「去」及びそれに対する「来」）」を問う疑難である。疑難の応答として「無生の生」や「穢土の仮名人・浄土の仮名人」が登場し、いかにも仏教形而上学らしい議論が展開されているかのように見える。しかし、こうした議論はそれ自体に深くかかわる必要はないと思われる。専修念仏者は、平和と平等のためにある仏教というものをそのように満足に働くものとするために、仏教を「ただ念仏」という一点に集中させている。ただ念仏して平和と平等の根拠地の極楽浄土に往生して、再び生死輪転の家に還相して自他ともに励まし合って平和と平等に向かう生き方をすることに決めたので、仏教をそのようなものとして活用していない仏教形而上学マニアに対しては、「あなたたちの好きな仏教形而上学を使っても「願生」や「往生」という概念を説明することはできますよ」という態度で臨めばいいと思う。「無生の生」とか「無義をもって義とす」などという、ちょっとかっこいいけれど何を言っているのかわからない表現は、それくらいに肩の力を抜いて楽しめばいいのである。(5) そのうえで、香月院の示唆を受けながら「無生の生」について説明したいと思う。

仏教形而上学の定型句は「色即是空」や「八不中道」であるが、「願生安楽国＝作願門」で扱われているのは香月院によると「八不中道」の方だそうだ。「八不中道」とは、不生・不滅、不断・不常、不一・不異、不去・不来の八つの「不」を重ねる議論で、龍樹に由来する中観派の基本的立場のことである。八つの否定がこの順序にきちんと並んでいるのは『大智度論』巻五十一丁左だそうで、香月院は「この「智度論」の文で八不を暗ずるがよきなり」（『講苑』一四九頁下段）と親切に解説している。

自然界に起きるさまざまな運動や変化を説明する時、連続と不連続や増減などを統一的に説明するのは実に困難なのだが、西洋の哲学はプラトン、アリストテレス以来、これを生真面目に議論してきたと思われる。しかし、連続でも不連続でもない（不断不常）だとか同一でも差異でもない（不一不異）だとか言うのは、こういう議論をやめて平和と平等のためにともに知恵を絞ろうという呼びかけがあれば別だが、それなしでは真面目な議論に対するならず者の茶化しにしかならない。例えば、或る存在が持続して変化することを、生じては滅すの繰り返しと説明したのでは同じものが持続していることの説明とはならず、かといって生滅を否定しては持続を説明したとしても変化を説明できない。アリストテレスの『形而上学』は岩波文庫で読めるが、これらの困難を克服しようとした苦闘の跡である。説明の鍵は「それ自体によって存在するもの＝実体（substance）」と「付随して存在するもの＝属性（attribute）」という存在論的差異（ontological difference）の発見である。ハイデッガーの「存在するもの（Seiendes）は存在するが存在（Sein）は存在するといえるだろうか？」という問いは、二〇世紀になってもこの苦闘が終わらないことを示している。それに対して仏教形而上学の態度はいささか不真面目と言わざるを得ないと思う。連続でも不連続でもないと言っておけば、連続から説明しようという苦闘も不連続から説明しようという苦闘もあざ笑うことはできるからである。「無生の生」の議論に登場する「因縁生」という概念は、「依他起生」という言葉もあるように他によって在るものという意味で「付随して存在するもの＝属性（attribute）」に近いのであるが、もしそのような存在を認めるとすれば、それ（因縁生であるもの）を存在せしめる「それ自体によって存在するもの＝実体（substance）」に言及せざるを得ない。ところが、仏教形而上学は「諸法無我」と言って実体を認めない。そうすると、因縁生は「無いものによって在るもの」ということになり矛盾律を侵犯する。『形而上学』の第四巻（ギリシア語原典としてはΓ《がんま》巻、岩波文庫和訳本では上巻一二〇頁付近）では、この「ありかつあらぬものはない」という矛盾律と、実体属性の議論がきわめて真面目に展開されている。もっとも、真面目でも不真面目でも平和と平等のために満足に働かなければ（役に立たなければ）意味はない。

さて、無生の生が登場する問答を具体的に検討する。

第一の問いは、極楽に生まれる（生ずる）ことを願う浄土教徒に対して、大乗仏教の原則は「諸法無我（あらゆる存在にそれ自体として存在するような実体はない）」であって「衆生は無生」である。なのに、浄土論の「願生安楽国」で言う「生」はおかしいのではないかという問いである。これに対する答えはつぎのようなものである。

浄土教も仏教だから「**凡夫の見るところのごとき実の生死は、この所見の事、畢竟じて所有なきこと、亀毛のごとく、虚空のごとし**」ということはわかっている、私たち浄土教徒の言う「生」とは「因縁生」という中観派でも言うけれど、唯識派がよく使う〈因縁によって仮に「有」仮に「生」〉というものだ、ということである。「無自性＝空（存在するのに他の何物も必要しないというようなものはない）」だけど、ものが存在するように見えるのはさまざまな条件（縁）と原因（因）によってあたかも持続した存在があるかのように見えるのだ、つまり無だけれども仮に有とも言えるのだ、無有だけれど有、無生の生とも言うべきものだというような説明で、「極楽に生まれる（生ずる）」ということを正当化するものである。これは、「生」があるとかないとかにこだわるものに対して八不の第一「不生不滅」で答えたことになると香月院は説明している。また、これは存在の連続と不連続の矛盾についての説明でもあるから、ここで「不断不常」をも語っているのだと。[6]

第二の問答は、同じく大乗仏教の原則として往くとか還るということがそもそもないのではないか、それなのになぜ浄土教徒は「極楽に往く」とか「還る」とか言うのかという問いである。答えは「**穢土の仮名人と浄土の仮名人と、決定して一なるを得ず、決定して異なるを得ず。前心後心またかくのごとし。なにをもつてのゆゑに。もし**

一ならばすなはち因果なく、もし異ならばすなはち相続にあらざればなり」というものである。「往（または去）」があるとかないとかにこだわる者に対して、同じく「不去不来」の義で答えたことになると香月院は説明している。もっとも、第二問の応答は、連続推移する事物がひとつ（同一）であれば推移したことにならないし、推移の初めと推移の後で異なっているのであれば連続とは言えないという、「不一不異」とされる当たり前のことを言っているにすぎない。しかし、だからこそ、これをまじめに説明しようとすれば、アリストテレスを準拠とするしかないと思うが、仏教形而上学はただ「不一不異」と言うだけで、説明しようという苦闘が感じられない。

実際、ここに出てくる「仮名人」という概念など『維摩経』では「幻師が自らが作り出した幻像を見る如く（菩薩は、本来無いものとわかって見ているという意味、凡夫はこの幻像を実際にあるものとして見ているということ）」（『講苑』一四四頁下段）などと喩えられていて話にならない。再び言うが、哲学や宗教は人びとの幸福のためにあるのであってこうした不毛の議論にふけるためにあるのではない。そういうことを言うために「不一不異」などとぶっきらぼうに言うのならわからないでもないが、そういうわけではないのなら無視していい議論である。

「浄土の仮名人」だけならともかく「穢土の仮名人」などと言ってしまえば、雨に打たるる小児も貧のために操を売ることを強いられる娘も気にせずともいいという話につながりかねない。極楽に往くのは死んでからのことであって、そこにこそ意義がある。つまり、極楽往生の真の意義は、差別と抑圧暴力のこの世に生きていることの意味は何か？　そこで死んでいくことにどんな意味があるのか、さらに死後に望みを託すとは何か、こうしたことが極楽往生の、浄土教の意義である。そのためには、極楽や阿弥陀さんはなくてはならないものなのだ。極楽の真の意味は、「他方国土へ飛び出して有縁々々の衆生を済度するにいとまなき身となる」（『余が社会主義』一〇五頁）ことに尽きるのだが、それがありがたいとわかるのは「或一派の人物の名誉とか爵位とか勲賞とかの為に一般の平民が犠牲となる国ニ棲息して居る我々であるもの。或は投機事業を事とする少数の人物の利害の為めに一般の平民が苦しめられねばならん社会であるもの。富豪の為めには貧者は獣類視せられて居るではないか。飢に叫ぶ人もあり貧の為めに操を売る女もあり雨に打る丶小児もある。富者や官吏は此を翫弄物視し是を迫害し此を苦役して自ら快として居るではないか」（『余が社会主義』一〇五頁）という、自己と自己が暮らすこの世についての批判的な自覚が生じた時である。その時、極楽を往還するとか極楽があるとか、そこに生まれることが意味を持つのである。

意味を持った時に、それが幻像であるか実に在るものか、あるいは、因縁生かなどはどうでもいい。在るか無いか（生か無生か）に関してだけならば、西洋哲学の伝統なら、実体と属性だとか実在（reality）と現象（appearance）だとかで議論できるし、仏教形而上学の伝統なら、因縁生＝仮有などでそれなりの議論はできる（アリストテレスのまじめな伝統においては、無生の生とか般若即非の論理だとか絶対矛盾的自己同一などといった「ならず者の議論」はしないが、容易にわからないという意味では五十歩百歩である）。

香月院はこれらふたつの問答について「三論八不の法門で書いた一問答じゃとさへ気がつけば、問も答もなんの事もなく解せる処なり」（『講苑』一四九頁上段）と解説している。これは、「三論八不の法門」なるものを仰々しく押し戴いているのではない。形而上学的説明はやろうと思えばできるが、それ自体はどうということもないと言っているのである。香月院の『註論講苑』で、曇鸞が第二の問答において「往」があるとかないとかこだわる者に対して、「不去不来」を説明すると同時に「不一不異」をも説明していると解説しているところを引用しよう。第一の問答、すなわち、「生」があるとかないとかにこだわる者に対して「不生不滅」と「不断不常」が出てくるのはほぼ同様なので省略する。いずれも「問も答もなんの事もなく解せる処なり」なのである。これを読んで「ただ念仏のともがらの中でも香月院ほどの学者となれば、難しい議論を鮮やかにこなすものだ」などと感心してはいけない。ほとんど揶揄に近いかたちで軽く説明しているところが大切なのである。

（第二の問答で）衆生の体が一物体ありて娑婆から浄土へゆくといはば、八不の中の不去不来の義にそむくといふにあらずやといふゆえ、それを八不中の不一不異の義で答へるなり。今浄土へ往生するのは、凡夫の思ふやうな往くのではない、凡夫の心では、臨終に黄金造りの弘誓の船がむかひにござつて、それにのりて浄土へゆく。丁度伏見の夜船で大阪へゆくやうに思ふてをれども左様ではない。今命終る臨終の一念からすぐに浄土に生れる後念は早や浄土の仮名人、これ穢土仮名人の因は前念に娑婆で滅して後念には浄土の仮名人の果が生ずる。因果一ならず別なものじやによって、娑婆から浄土へゆくのではない、不往なり。この下に五念門の前念後念相続をのべ給ふは、こゝを合点させふ為なり。娑婆にをりて五念門を修めをるに、どこへもゆきはせぬ、こゝにすはりて居ながらも前念が因となり後念が果となりて相続する、命終りて浄土に生ずる時の前念後念もそれとかはったことはない。しからば穢土の仮名人と浄土の仮名人とたゞ別なものかといへば不爾《しからず》。浄土へ往生する一人のうへで前念後念相続して往生するにちがひはない。よりて異ならぬなり。しかれば不一の方では不往なり、不異の方では往生なり。よりて不往の往なりと宣ふ御通釈なり。これ三論宗にむねと談ずる八不の中の不一不異の義を以て不往の往を成立し給ふ。これで見よ、天親菩薩の往生と説き給ふが道理にそむいたことではあるまいがとある御答なり。

（『講苑』一五三頁下段～一五四頁上段）

ところが、この穢土の仮名人と浄土の仮名人と一なる事を得ず異なる事を得ずという仏教形而上学に幻惑されて、はしゃぐ者がいる。これに対しては香月院は厳しく戒めて言う。

（穢土の仮名人と浄土の仮名人との不一不異の義を）古来あやまり解して、他力信心の行者は正定聚の位に住して、この世から浄土の聖衆荘厳の仲間入りして、娑婆の人かと思へば浄土の人、浄土の人かと思へば娑婆の人、

「年のうちに春は来にけり一とせを去年とや云はんことしとや云はん」の意で解する処なり。とき、まだ斯様云ふまでは害にはならぬが、異解者はこゝで一益法門をいひたてるなり。穢土の仮名人と浄土の仮名人とは一つじや量光明土に往生して浄土の菩薩になりておるゆへ、穢土の仮名人と浄土の仮名人とは異なる事を得ず一つじやと言ふ。これ法体円融門では正定即滅度の一益を言ふ。又我身をふりかへりては欲もおほく怒りはらだつ凡夫じやによりて、その方では穢土の仮名人と浄土の仮名人とは一なる事を得ず別じやと言ふ。これ穢体差別門では正定聚は穢土の益滅度は浄土の益と分れる事じやと云ふものあり。近来蔵法門の奴原までが、どこから聞いたやら、この論註の文を據として一益を骨張するやうになりたり。まことにあらう事ではなし。この論註に説く処は、前後の文を読んでみれば知れた事で、聖道門の人師から通大乗をおしたてゝ願往生の義を難ずる故、曇鸞大師その難を通釈し給ふに就いて、かの敵馬に乗りて敵を逐ふの風情で、向ふの相手の三論四論の法門を以て反って往生浄土門を成立し給ふ所、その趣文にあらはれてあり。然るに穢土の仮名人浄土の仮名人の文ばかりが蓮の実のとびでたやうに、今家の平生業成の安心を述べ給ふべき筈はないけれども、漢和の聖教の御指南でもあらば、それに随ふて窺ふまいものでもなけれども、御聖教の御指南もない所を我身の字ちからを以て妄解をなし異安心を申立てる、それこそ相伝もなき僻法門なりと知るべし。（中略）三論八不の法門で書いた一問答じやとさへ気がつけば、問も答もなんの事もなく解せる処なり。（『講苑』一四八頁上段～一四九頁上段）

香月院が何に厳しいかというと、「一益法門」、つまり「現生往生」あるいは「正定聚即滅度」に対してである。往生や滅度の益は死後だということを強調しているように見えるが、この世で悟ったような気分になることを戒めることに集中しているのだと思う。極楽浄土はこの世の批判原理として働いてこそ意味があるのである。一益法門とは、批判精神を失った浄土教の堕落なのである。浄土教は、死後の生などを問題にしないオーソドックスな仏教からの逸脱・堕落のように見えるが、現世で有効に働かなくなった仏教を満足に働くように（死後のイメージを持つことを通して）現世を批判的に生きることを可能にした仏教革新運動である。それを現世だけでの単なる「救われた気分」にしたのでは、現世中心主義のオーソドックスな仏教以下になり下がってしまう。オーソドックスな仏教にあふれている八不中道のような、ちょっとかっこいい論理をもてあそんで「現生正定聚というのは、この「浄土の仮名人・穢土の仮名人」のことか」などと、仲間内の議論で盛り上がり、頭でっかちの哲学少年の観念の混乱を指して「あなたの苦悩の原因は生が実に存在するという妄念にすぎない。すべては無生の生、仮名人ということです」などというくだらない説教は、近代教学者ばかりではなく、香月院の時代にもあったのだ。もし、彼らが「飢に叫ぶ人」「貧の為めに操を売る女」「雨に打る、小児」を「穢土の仮名人」などと言ってしまえば、「此を翫弄物視し是を迫害し此を苦役して自ら快として居る」（『余が社会主義』一〇五頁）のと変わりがない。現生正定聚とは、現生においてけっして往生・成仏するのではないということ、あるいは、自分が生きているこの世界は、闇夜であり苦界であるということを自覚して、だからこそ未来には必ず思うがごとく衆生済度にいとまなき身となる道、すなわち、専修念仏の道を往くことに決断したことを言うのである。この現実社会での揺るがぬ立脚地を求める真面目さから「今家の平生業成の安心」すなわち「現生正定聚の益」の意義を考察するならともかく、「穢土の仮名人浄土の仮名人の文ばかりが蓮の実のとびでたやうに」はしゃぎ「御聖教の御指南もない所を我身の字ちからを以て妄解をなし異安心を申立てる、それこそ相伝もなき僻法門なりと知るべし」とあるのが、香月院らの高倉教学を、五箇寺相伝とかいう秘密権威主義によって「相伝がない」と貶めた相伝教学者らへの厳しい反論だったことを確認して、本章を終わる。

なお、この「無生の生」という概念は本章註(6)にも記したように、『論註』下巻で再び登場する。その際には、仏身論・仏体論ともかかわりを持ちさらに厄介になるが、基本は「問も答もなんの事もなく解せる処なり」である。わかったからといってどうということもないし、わからぬからといって気にすることもない。肝心なことは、「往生極楽のためには、南無阿弥陀仏と申して、疑なく往生するぞと思とりて申す」こと以外にないのである。

註

（1）この「無生の生」という言葉自体は『論註』下巻の観察体相章の「第一義諦に入る」で登場する。

（2）正確に引用すると「いかんが讃嘆門」ではなく「いかんが讃歎する」と「門」という一字がないかたちでなければならないが、こう記されている。

（3）ここで註としては長くなるが述べておかねばならないことがある。
というのは、そもそも『浄土論』の全体は天親自身の偈文と天親自身の解釈（長行）からなっている。ところが、いま扱っている偈文の最初の二行については長行は何も語らない。それを承知で曇鸞は初めの一行について五念門の前三念門を込めるという解説をしているのである。そして、「尽十方無碍光如来」という名前だけで讃嘆門行を顕すという説明をする際に根拠としているのが、長行にある天親の「かの如来の名を称するに、かの如来の光明智相のごとく、かの名義のごとく、如実に修行して相応せんと欲するがゆゑなり」なのである。もちろん、「帰命」の一言だけで礼拝門の行を顕すという説明の際の根拠も長行の五念門からではあるが、それは単に礼拝が五念門の第一であるからというにすぎない。しかし、天親の讃嘆門の説明に出てくる「如実修行」という言葉について曇鸞はこれを相当重要視している。ただ、そのことがはっきりわかるのは、『論註』が下巻に入ってから、すなわち、偈文の解釈ではなく（天親の）長行の曇鸞による解釈が展開されてからなのである。なので、私たちが『論註』の上巻を読む時に注意せざるを得ないのは、やっかいなことだが、まだ読んでいない下巻を頭の片隅に置く必要があるということである。具体的に言うと、下巻における讃嘆門の註には「実相身・為物身」の二身の概念が登場するのだが、これは香月院の文前五科にあったように二法身との相違が大きな問題となる概念である。上巻を読む時にこれを意識の外に置くわけにはいかない。かといって、一度にいっしょくたに説明したのでは、『論』と『論註』との微妙な緊張関係が伝わらない。実に悩ましいのである。

（4）とりあえず、この個所で讃嘆門が重要だというのは下巻も関係しているということを示唆するにとどめたい。文前五科には「五念門の正助を論ず」というのがあって、讃嘆門が本願正定業となるという面白い説明（関所【上巻の喩え】での義経【讃嘆門の喩え】と家来【作願・観察等の喩え】が同じ山伏姿でも、宿【下巻の喩え】に到着すれば主従は明確に分かれる）もあるのだが、その紹介は残念ながら割愛する。

（5）このあと「荘厳妙声功徳」（梵声悟深遠微妙聞十方）についての下巻の註に登場する。

（6）本書第一章で強調したように、私は、浄土教とは「仏教プラグマティズム」だと思っている。この態度が完全にできている思想家は法然上人を措いてほかにはいない。龍樹・天親の二菩薩は、そもそも仏教形而上学の創始者とも言うべき人である。この人たちは平和と平等のためにある仏教を説明しきろうという意欲が濃厚で、それがために、その教えを聞く人たちをして仏教が平和と平等のためにあることを忘れさせ、仏教とはマニアックな学問だと錯覚させてしまいがちでさえある。また、戦争と差別抑圧にあふれるこの現実の中で平和と平等をあきらめないためには、阿弥陀如来とその極楽浄土を願う以外に道はないのだから、そこに覚悟を定めなければ、まじないやお守りなどの「呪符」に頼る（権力に近い党のパーティー券を買うこと。そうしておけば地域で浮き上がることもない）しかなくなる。「無生の生」などというわかったようなわからない概念は、実践的な領域では呪符と変わらぬ働きしか持たないことが多い。

（6）ちなみに、「無生の生」というフレーズが実際に登場するのは、下巻の観察体相章にある「入第一義諦」についての「註」に、「かの浄土はこれ阿弥陀如来の清浄本願の無生の生なり。三有虚妄の生のごときにはあらざることを明かすなり。なにをもつてこれをいふとならば、それ法性は清浄にして畢竟無生なり（明彼浄土是阿弥陀如来清浄本願無生之生非如三有虚妄生也）」（『七祖篇』一二三頁）とある個所である。

第6章

仏教の功徳と浄土の相
――我依修多羅真実功徳相説願偈総持与仏教相応

一、「優婆提舎」の名を成じ、また上を成じて下を起す

普通に読めば、あるいは偈文に三分ありの義から言えば、序分の第二行と見るべきところの解釈に入る。偈文をあげる前に、曇鸞は「次は「優婆提舎」の名を成じ、また上を成じて下を起す偈なり」（『七祖篇』五五頁）とあらかじめ断りを入れてから「我依修多羅　真実功徳相　説願偈総持　与仏教相応」の偈文を牒している。釈は以下のとおりである。〇数字は説明の便宜に付した。

①この一行、いかんが「優婆提舎」の名を成じ、いかんが上の三門を成じ下の二門を起す。偈に「我依修多羅与仏教相応」といふ。「修多羅」はこれ仏経の名なり。われ仏経の義を論じて、経と相応す。仏法の相に入るをもつてのゆゑに優婆提舎と名づく。名、成じをはりぬ。②上の三門を成じて下の二門を起すとは、いづれのところにか依り、なんのゆゑにか依り、いかんが依る。いづれのところにか依るとは、修多羅に依る。なんのゆゑにか依るとは、如来はすなはち真実功徳の相なるをもつてのゆゑなり。いかんが依るとは、五念門を修して相応するがゆゑなり。上を成じ下を起しをはりぬ。「修多羅」とは、十二部経のなかの直説のものを修多羅

と名づく。いはく、四阿含・三蔵等、三蔵のほかの大乗の諸経もまた修多羅と名づく。このなかに「依修多羅」といふは、これ三蔵のほかの大乗の修多羅なり。阿含等の経にはあらず。「真実功徳相」とは、二種の功徳あり。一には有漏の心より生じて法性に順ぜず。いはゆる凡夫人天の諸善、人天の果報、もしは因もしは果、みなこれ顛倒、みなこれ虚偽なり。このゆゑに不実の功徳と名づく。二には菩薩の智慧清浄の業より起りて仏事を荘厳す。法性によりて清浄の相に入る。この法顛倒せず、虚偽ならず。名づけて真実功徳となす。いかんが顛倒せざる。法性によりて二諦に順ずるがゆゑなり。いかんが虚偽ならざる。衆生を摂して畢竟浄に入らしむるがゆゑなり。③「説願偈総持　与仏教相応」とは、「持」は不散不失に名づく。「総」は少をもつて多を摂するに名づく。「偈」の言は五言の句数なり。「願」は往生を欲楽するに名づく。「説」はいはく、もろもろの偈と論を説くなり。総じてこれをいふに、願生するところの偈を説きて、仏経を総持し、仏教と相応するなり。「相応」とは、たとへば函と蓋とあひ称へるがごとし。

（『七祖篇』五五～五七頁）

この一行「我依修多羅……」についての『論註』の解釈は、『浄土論』という天親の著作が「優婆提舎」と称されていることの確認と、前の一行に五念門の前三門が込められているといういささか無理な解釈を押し通すために、この行を挟んで、残りの偈文二十一行が「観察門」で、最後の一行が「回向門」に配当されるという意義を述べるというかたちになっている。すなわち、前の一行で前三門を成立してつぎの「観彼世界相勝過三界道」からは第四門「観察門」、最後が「回向門」であることを「起こす」というわけである。再三言うように、『論』の解義分（長行）自体にはそうしたこと（偈文が五念門に配当されるということ）は述べられてはいない。曇鸞がこのような解釈を行った理由は、彼が「仏教が満足に働くためには（称名念仏中心の）浄土教としてでなければならない」と考えたからだと思う。解釈のポイントは「我依修多羅」の「修多羅」が「三蔵のほかの大乗の修多羅」であること、すなわち、阿弥陀如来や極楽浄土が出てこない「阿含等の経」ではなく、前の曇鸞による文前玄義に登場した「釈迦牟尼仏、王舎城および舎衛国にましまして、大衆のなかにおいて無量寿仏の荘厳功徳を説きたまへり。すなはち仏（阿弥陀仏）の名号をもつて経の体となす」（『七祖篇』四八頁）と示されたいわゆる浄土三部経であることと、「真実功徳（相）」と「不実の功徳」との対比である。[1]

これも繰り返しだが、『論註』を離れて『論』だけを読むと、「修多羅」が阿含などの経典ではないにしてもただちに浄土三部経であるとはとても思えない。松岡由香子『仏教になぜ浄土教が生まれたか』[2]は、「願生偈」（松岡は『浄土論』をもっぱら「願生偈」と呼んでいる）には、初期無量寿経には登場しないが後期無量寿経に属する魏訳（私たちがもっぱら使っている『大経』のこと）などに登場する概念が出てくることを、十四箇条の項目をあげて指摘している。これらの項目は、この世で自利利他円満な人格を形成しようというオーソドックスな仏教としては必然的なものであるが、称名念仏と弥陀来迎を中核とする初期無量寿経にはなじまないものである。修多羅によって作られたはずの優婆提舎が「（少なくとも初期の）無量寿経」などの修多羅にそぐわないわけである。つまり、簡単に言えば、「願生偈」には来迎や（称名）念仏が出てこないということである。なぜそのようなことになっているか。松岡は、「天親菩薩はどのような経典（修多羅）に基づいて『浄土論』を作ったのか」という古来からの難問にこたえるかたちでつぎのように推測している。

すなわち「恐らくかれ（世親）は特定の無量寿経によらず独自の「願生偈」を作ったのであり、そこに初期無量寿経に対する、ある批判が込められていると思う。後期無量寿経は世親の批判を吸収してさらに願文を増やし、三十六願あるいは四十八願に作られたとみれば、世親の言葉に説明がつく」（『仏教になぜ浄土教が生まれたか』一四七頁）と指摘している。十四箇条の中には、第4章でも触れたように奢摩他（止）と毘婆舎那（観）のような「いっち浅い」称名念仏(3)とはかけ離れた「弥陀も薬師も大日も我法身と同体なりと観念する」ことを指す時に使う言葉が登場することなどが含まれているのである。それ（奢摩他・毘婆舎那＝止観）は、二十四願系の初期浄土経典には登場しないのだそうだ。

実際、『論』だけを素直に読むと、声に出す念仏だけを選取して他の高級そうに見える行、すなわち『一枚起請文』で明快に否定されている「実相の念仏」や「観想の念仏」を選捨する法然・親鸞の専修念仏など、まったく見えない。だから、法然・親鸞の思想を持ち出さないで『論』を読めば、偈文の初めの二行に「讃嘆」、つまり、「称名念仏」が本願正定業であることを読み込むのは、かなり強引な解釈と言わざるを得ない。

そこでそのことを際立たせるために、もう一度初めの二行の大意を『論註』から離れて示そう。

「先生（世尊）、私は一心に阿弥陀如来に帰依するという（我一心帰命尽十方無礙光如来）形式をとって（あるいは、むしろ、「自己こそ自分の主」と教示くださった先生の教えに反するような形式をとりますが）、先生の教えに沿って（仏の教えに相応して）生きていこうと思います」。

こういうことになるだろう。そして、もう少し詳しく言うと、つぎのようになるはずだ。

「先生の教えとは、言うまでもなく、誕生の始め（天上天下唯我独尊）から御遺言（自灯明・法灯明）まで一貫していた「自己こそ自分の主である。他人がどうして主であろうか」です。阿弥陀如来という「他者」に帰依するかたちだからといって、他者の家来になって何でも言いなりになるのではありません。そのことは今から教えに沿った（修多羅に依拠した）偈文を説いて肝に銘じて（説願偈総持）おきます」。

さらに、その後（「観彼世界相　勝過三界道」に始まる第三行以下）も続けるとしたら、つぎのようなことになるだろうと思う。

「阿弥陀如来や菩薩と極楽国土の様子を観察するのは、仏やその清浄な環境の本質、すなわち、奢摩他・毘婆舎那（止・観）によって私自身の心の中に見出すべき法性＝無上涅槃の達成の象徴的表現にすぎません。けっして実際の具体的な姿を見るのではありません。だって、そんなものを見るのは自分の心が至らないからです。私はそんなものは手品師（幻師）が見せる幻のようなものだということはわかっているつもりです。そのことは、偈文の後に付けた解説（論じて曰くの後の長行）で「第一義諦」「清浄句」「一法句」「無為法身」などの概念を使って説明します。私がこのように偈文を作って阿弥陀仏を「見る」ことを願う（我作論説偈願見弥陀仏）のは、自分が無上涅槃を得ようという「自利」のためだけではなく、いや、というよりは私は大乗の菩薩道を歩む者として自利は差し措いても諸々の衆生の苦を除かんがためです。衆生の中には幻師が見せる幻にすぎないものを実際にあると思って迷い苦しむ者が多いのです。だからまず象徴的な世界を偈文で示して、その後にその意義を論じる文をつくります。安楽国に往生するというのはそういう意味です（普共諸衆生往生安楽国）」。

これが実際に『論』に書かれていることであろう。しかし、法然のプラグマティックな態度を継承した親鸞はそうは読まなかった。それはなぜか。このままでは平和と平等のためにある仏教が満足に働かないからである。いや、満足に働かないどころか、逆にプラグマティックな仏教を弾圧することにさえなるからである。実際、一二〇七年の事件（承元の法難）はそういうものだった。

では、親鸞は『論』をどう読んだのであろう。

まず、全体的に言えば、親鸞は、仏教を「ただ念仏」にプラグマティックに統一した法然の立場をまっすぐ引き継いで、仏教の伝統を七祖の教学として組織的に説明しようとした。法然はプラグマティックな統一をもっぱら『観経』と善導の釈で行った（これを「偏依善導」という）が、親鸞はそれを七祖の論釈に広げたわけである。そして、いま私たちが挑んでいる『論』『論註』においては行者所修の外観に隠された五念門を「(他利利他の)深義」によって法蔵所修に読み替えるという方法でこの課題に応えようとしたのである。[4]このことは、回向門の解釈に曇鸞が往還二回向という概念を持ち込んだことにも深くかかわっている。つまり、親鸞は法然によって仏教をプラグマティックに再構成する道を選び取ったのであるが、そこから見ると、法然の前には善導があり、善導の前には道綽・曇鸞がある。その視点から『論註』を窺えば、『論註』にもプラグマティックな仏教が十分に存在するし、そう読むべきだとしたのだと思う。ただ、それを詳細に検討するのはまだ少し先のことになる。今はまだ「我依修多羅真実功徳相」について「修多羅」が(天親はもちろん、曇鸞からも直ちにそうは読み取れないところの)浄土三部経になるという読みについて考えている段階である。

天親という思想家はなんといってもオーソドックスな仏教者の代表である。すなわち、釈迦仏であれ阿弥陀仏であれ、それによる救済を求めるのではなく自ら目覚め自他の解放者となることを目指す人である。だから、『論』にわれら衆生の修するところの五念門を説いたのであって、阿弥陀であれ釈迦であれ、他人にこれを修してもらってそれを回施していただくことによって極楽浄土へ連れて行ってもらうなどと考えてはいない。声に出す念仏によって聖衆来迎を待つなどということは、批判こそすれ毛頭考えていなかったはずである。だから、『論』だけを読んで「依修多羅」が念仏や来迎をテーマにする浄土経典と考えるのは無理なのである。第一、六世紀ごろの成立ではないかと推定される『観経』はもちろん、後期無量寿経に属する魏訳の『大経』も、天親は読んでいない可能性が高いのである。いや、松岡『仏教になぜ浄土教が生まれたか』によれば、天親の浄土教批判によって『大経』の方が整えられたのかもしれないのである。仏教は自らを解放の主体として自覚する宗教である。それに対して、浄土教の思想家たちは阿弥陀であれ釈迦であれ他人に救済を求めているだけで、積極的に平和と平等を目指していないようにさえ見える。つまり、浄土教は衆生を無力な救済の客体とみなす救済教の外観を持っているわけである。真宗や浄土宗の学校で仏教の話を聞いたり、学者・学生の論文を見たりすると、「救い」が主題になることが非常に多い。これは、誕生の始めから死に至るまで一貫して「自己こそ自分の主」を説いた釈迦の姿勢と一致しているとは言い難いと思う。だから、浄土教徒は龍樹にも天親にも叱責批判されるのである。ただ、彼ら（龍樹や天親）の自他の解放（自利利他の成就）の方法は『維摩経』に説く実相の念仏と似たもので、「菩薩、心浄ければ仏土浄し」という平和と平等のために満足に働かない方法だった。

この流れを完全に変えたのが法然上人である。法然上人は、けっして衆生を無力な救済の客体とみなしたりはしない。しかし同時に、衆生が単に観念的に主体を確立するというそれまでの仏教にも満足しなかったのである。法然上人は、仏教を衆生が自他の解放の主体となる方向に実際に働くように変革したのである。そして、この変革を、当然の変革であった、すなわち、龍樹も天親も本当はそう思っていたのだというふうに、仏教の思想の歴史を書き変えてしまったのが親鸞聖人である。天親菩薩は阿弥陀も極楽も不必要であるかのような言い方をしているように見えるけど、真意は一心帰命なんだ、五念門を善男子・善女人の所修として説いているように見えるけれど、曇鸞大師の指摘を承ければ、法蔵が兆載永劫の修行を経て成就してそれをわれら煩悩成就の凡夫に名号ひとつで回施してくださるのだという「真意」を、幽かに顕しておられるのだ、という具合である。龍樹や天親の著作を、通常浄土教思想家が取り上げないところの彼らの「代表作」である論書を中心として全体を見たなら、彼らが浄土願生者であるとはとても思えないだろう。にもかかわらず、「天親菩薩のみことをも鸞師ときのべたまわずは他力広大威徳の心行いかでかさとらまし」（『高僧和讃・曇鸞章』。大谷派『聖典』四九二頁／二版五九三頁）とあるように、阿弥陀の本願力回向という観点から全仏教を見直せば、すべての人は本来、浄土願生者ということになるはずである。

この意味では、親鸞という人は師・法然が選捨したものを再び拾い上げたかのような印象がある人とも言える。しかし、よく読めばわかるように、親鸞は法然が捨てたものを何故捨てたのかがわかるかたちで説明したにすぎない。法然が捨てたものは「大乗甚深の念仏」である。説明のために拾い上げられたものであっても魅力・魔力はそれこそ「甚深」なので、大谷派近代教学者のようにすぐ虜にされてしまう代物である。注意が必要なのだ。「此土入聖得果」は仏教形而上学に適っているが実際には満足に働かず、「於安養浄刹入聖証果」の浄土門は仏教形而上学に反する実体化の迷信に見えるが、これによってしか仏教は満足に働かないのである。親鸞の説明をよく読めば、『観経』で釈迦が説く定善観や「願生偈」で天親が華麗に説くかに見える浄土の荘厳は、専修念仏の観点から見れば、兆載永劫の修行によって法蔵菩薩が成就してわれらに回向されるだけであって、われらにとってはそれら高級そうに見える行は、法然・親鸞の指南を受ければ、実は誰もできはしないつまらぬ行、すなわち、雑行として棄てられ、余行として廃さんがために説かれたのだとわかるのである。

二、真実功徳相

このことを受けて、いよいよ「依修多羅」が浄土経典になるという根拠を示す個所に入る。香月院はそれを『論』の「我依修多羅真実功徳相」の「真実功徳相」についての曇鸞の註、「如来はすなはち真実功徳の相」という不思議な文が鍵だと説明している。その部分を再確認する。

上の三門を成じて下の二門を起すとは、いづれのところにか依り、なんのゆゑにか依り、いかんが依る。いづれのところにか依るとは、修多羅に依る。なんのゆゑにか依るとは、如来はすなはち真実功徳の相なるをもつ

てのゆゑなり。いかんが依るとは、五念門を修して相応するがゆゑなり。上を成じ下を起しをはりぬ。（『七祖篇』五五〜五六頁）

これは、「我依修多羅真実功徳相説願偈総持与仏教相応」という一行が、前の一行に込められた「礼拝・讃嘆・作願」の三門を成じて下の「観察・回向」の二門を起すという曇鸞の説明の中に出てくる「我依修多羅」の「依」についての解釈である。ここで、「いづれのところにか依り、なんのゆゑにか依り、いかんが依る」というように「依」が三回出てくる。「依る」と言うが、何に依るのか、また、どういう理由で依るのか、さらに、どのように依るのかというわけである。その応えが「いづれのところにか依るとは、修多羅に依る。なんのゆゑにか依るとは、如来はすなはち真実功徳の相なるをもつてのゆゑなり。いかんが依るとは、五念門を修して相応するがゆゑなり」とある。始めの「いづれのところにか依るとは、修多羅に依る」は、そもそも「修多羅に依る」という偈文を解釈しているのだから一応当たり前のこととしていいだろう。つぎの「なんのゆゑにか依るとは、如来はすなはち真実功徳の相なるをもつてのゆゑなり（何故依者以如来即真実功徳相故）」という個所は、すぐには何のことだかわからない。香月院は、「この文解し難し。よほど考へねば解せぬ所なり」（『講苑』一五八頁下段）としている。つまり、「極楽浄土が真実功徳の相である」ならわかるが「如来が真実功徳の相である」とは何なのか、ということである。そこで香月院は「これ無碍光如来の仏体を真実功徳相と名づくるといふ御釈と相見へるなり」（『講苑』一五八頁下段）とする。ただし、この中の「真実功徳相」についての曇鸞の解釈は、このすぐあとに出てくる、つぎの部分である。

「真実功徳相」とは、二種の功徳あり。一には有漏の心より生じて法性に順ぜず。いはゆる凡夫人天の諸善、人天の果報、もしは因もしは果、みなこれ顚倒、みなこれ虚偽なり。このゆゑに不実の功徳と名づく。二には菩薩の智慧清浄の業より起りて仏事を荘厳す。法性によりて清浄の相に入る。この法顚倒せず、虚偽ならず。名づけて真実功徳となす。いかんが顚倒せざる。法性によりて二諦に順ずるがゆゑなり。いかんが虚偽ならざる。衆生を摂して畢竟浄に入らしむるがゆゑなり。

（『七祖篇』五六頁）

ちょっとわかりにくい文なので解説を加える。最初の一文「「真実功徳相」とは、二種の功徳あり」がそもそもわかりにくいかもしれない。これはつぎのような意味である。「偈文第二行に出てくる「真実功徳相」という言葉を説明しよう。功徳とは効果というような意味だが、効果には虚偽で不実な効果と真実の効果の二種類がある」、そしてつぎの「一には有漏の心より生じて法性に順ぜず。いはゆる凡夫人天の諸善、人天の果報、もしは因もしは果、みなこれ顚倒、みなこれ虚偽なり。このゆゑに不実の功徳と名づく。二には菩薩の智慧清浄の業より起りて仏事を荘厳す。法性によりて清浄の相に入る。この法顚倒せず、虚偽ならず。名づけて真実功徳となす」というのは、「二種類というのは、ひとつには、煩悩が抜けきらない心から生じるところの、凡夫人や（凡夫ではないにしても仏菩薩ではない七福神のような）「天」による功徳であり、これは、その動機が顚倒しているから得られる結果も顚倒していて、不実な功徳というべきものである。(5) ふたつには、菩薩の清浄な智慧による仏事を形成していくような、法性真如に根ざすところの顚倒や虚偽のない功徳があり、真実の功徳である。この功徳に顚倒がないのは法性真如から生じて真俗二諦に順じているからである。また、虚偽でないことは、この功徳が他の衆生を究極的な清浄に導くからである」。おおよそこのような意味だと思う。しかし、これでは「真実功徳」と「不実功徳」の違いの説明になっていても「真実功徳相」の説明にはなっていない。つまり、「なんのゆゑにか依るとは、如来はすなはち真実功徳の相なるをもつてのゆゑなり」という文は相変わらず不可解なのである。だから香月院は「この文解し難し。よほど考へねば解せぬ所なり」と言うのである。そこで、単に「真実功徳」の説明ではなく「真実功徳相」の説明になっていると思われるところを探すと、「菩薩の智慧清浄の業より起りて仏事を荘厳す」の部分であろう。相《すがた》を示唆する「荘厳」という言葉があるからだ。そこで香月院は「真実功徳相」という言葉に三義をあげて説明を施している。いずれも、このあとの「観察門」に出てくる二十九種の荘厳功徳ということを意識している。荘厳と功徳がセットで出てくるからだ。三義とはつぎの三つである。

①安楽浄土の三種の荘厳を真実功徳相とする。

これは、この註の文の最後の「智慧清浄の業より起りて仏事を荘厳す」「衆生を摂して畢竟浄に入らしむる」などの文言が、五念門を法蔵菩薩の所修と解釈する親鸞の立場から言って、「安楽浄土の三種の荘厳を真実功徳相とする」ことになるのだという解釈である。この解釈の難点は、「如来はすなはち真実功徳の相（如来即真実功徳相）」という不思議な文言にそのままには合致しないことである。すなわち、この文言は「如来が荘厳成就した浄土が真実功徳の相である」と書かれているのではなく「如来がそのまま真実功徳の相だ」としか読めないからである。

②自利利他円満の無礙光如来を真実功徳相と名づける。

これは、長行にある十七種の仏国土荘厳功徳の解説のあとの「略して、かの阿弥陀仏国土の十七種の荘厳功徳成就を説きて、如来の自身利益大功徳力成就と利益他功徳成就とを示現するがゆえなり」（曇鸞が「自利利他を示現する」と科文している部分。大谷派『聖典』一四〇頁／二版一五一頁）と、同じく八種の仏の荘厳功徳の解説のあとの「略して八句を説きて、如来の自利利他の功徳荘厳次第に成就したまえることを示現す」[6]（大谷派『聖典』一四一頁／二版一五二頁）を根拠とする解釈である。これらの文言を根拠にすれば「如来がそのまま真実功徳の相だ」と言えることになる。その場合、この「如来」とは当然阿弥陀如来のことだというのが浄土教徒の解釈であるが、天親がそのように考えていたかどうかは難しいところである。十七種の極楽浄土の自然・社会環境を説いているのは、「願生偈」の著者・天親である。「私（天親）が阿弥陀仏の国の環境を簡略に十七種の象徴的表現を以て説いたのは、五念門行を成就して如来となった者の自利利他円満を示し現すためである」と読むのが自然だろう。「如来」を阿弥陀如来だとするのは、五念門を修するのは善男子・善女人ではなく法蔵なのだということが成立してこそ言えることである。つまり、この「如来」が阿弥陀であるかどうかは、「他利利他の深義」を認めるかどうかに帰着する。

③名号を真実功徳相とする。

これは、我祖（親鸞聖人）の『尊号真像銘文』にある「真実功徳相というは、真実功徳は誓願の尊号なり」（大谷派『聖典』五一八頁／二版六三五頁）を根拠とするものである。②のように、「如来がそのまま真実功徳の相だ」というのとは異なり、「名号が真実功徳相である」という。香月院の説明によると、これは、親鸞が論主天親と宗師曇鸞の説を一緒にしてわかるようにした説明（「跨節の説相」ともいう）だという。②によって（阿弥陀）如来の本願酬報の浄土の三種荘厳が真実功徳相であると知れたからは、「本願を説きて経の宗致とし、仏の名号を以て経の体とする」（大谷派『聖典』一五二頁／二版一六三頁）浄土経典においては、「真実功徳相といふは誓願の尊号なり」ということになるのだという解説である。

これで「真実功徳相」を、①浄土の荘厳、②阿弥陀如来の仏体そのもの、③名号のそれぞれとみなすことが、天親と曇鸞の双方によって語られているということになるのだと思う。順に、環境、主体、名前ということだが、平和と平等を形成する、すなわち、仏事をなすのは、このどれもであると言える。前章に紹介した「国土の名字仏事をなす」を思い起こしてほしい。平和と平等はそれを担う人間主体が作り出すに違いはないが、社会環境が作り出すものだとも言えるし、「共和国（王のいない国）」というような名字も、それを維持しようとする人びとを励ます。ただ、天親は、どちらかと言えば、阿弥陀如来やその仏国土を、虚空の如しとか不虚作などというオーソドックスな仏教形而上学に還元しようとしただけかもしれない。それを曇鸞に始まる浄土教徒は、その中に出てくる「如来浄花衆正覚花化生」とか「仏の本願力を見る」という言葉を見逃さなかったのである。②で言うように、「如来の自利利他の功徳」という言葉が『論』にあるが、香月院が言う如く（親鸞がそう見た如く）この如来は阿弥陀如来だと言えるかどうか。天親らのオーソドックスな仏教においては、「弥陀も薬師も大日も我法身と同体なりと観念する」実相の念仏が原則である。自分も五念門などの行を修して如来に成る、仏に成るというのが原則である。凡夫ときっぱり分けられた、言い換えれば、ある意味で「実体化」された、救主弥陀如来のことかどうかはわからない。しかし、浄土教徒にとっては、この世は不足弊害に満ちた穢土であり、自分はあくまでもわが身可愛いだけの愚人悪人でしかない。だからこそ、不足弊害のない満足功徳大宝海が、不足弊害のあるこの世の批判原理として立ち現れるのである。だからこそ、阿弥陀如来とその浄土が真実功徳の相《すがた》でなければならないし、依修多羅は「本願を説きて経の宗致とし、仏の名号を以て経の体とする」浄土経典でなければならないのだろう。「天親菩薩、あなたは気づいておられぬかもしれませんが、あなたがおっしゃったことはそんな意味なんですよ、そうしなければ釈尊が生涯かけて説かれた平和と平等が満足に働きません」。親鸞・香月院の解釈というのは実はこういうことかもしれない。

ここまでで「いづれのところにか依り、なんのゆゑにか依り、いかんが依る」の前ふたつは解釈を終えて、最後の「いかんが依る」が残っている。これについての『論註』は「いかんが依るとは、五念門を修して相応するがゆゑなり」である。この段階では、五念門を修するのは善男子・善女人とされる行者であり、法蔵所修は幽玄の彼方にあるが、いずれ、このことは問題とならざるを得ない。

三、説願偈総持　与仏教相応

偈文第二行についての『論註』の残りの部分は以下のとおりである。

「説願偈総持　与仏教相応」とは、「持」は不散不失に名づく。「総」は少をもつて多を摂するに名づく。「偈」の言は五言の句数なり。「願」は往生を欲楽《よくぎょう》するに名づく。「説」はいはく、もろもろの偈と論を説くなり。総じてこれをいふに、願生するところの偈を説きて、仏経を総持し、仏教と相応するなり。「相応」とは、たとへば函《かん》と蓋《がい》とあひ称へるがごとし。（『七祖篇』五六～五七頁）

この文章の意味はさほど難しいことはないだろう。「総持」とは、ダラーニ（dhāraṇī、音写は「陀羅尼」）の漢訳で、もともとの意味は、仏の説くところをよく記憶して忘れないことだから「自己こそ自分の主である」などの『ダンマパダ』の言葉もそれを記憶して忘れないためになされたわけである。よく知られているように、パーリ語経典が紀元前三世紀にスリランカに伝えられたというのも、それを記憶している比丘たちがスリランカに移動したからであったという。その時には、そもそも「文字」がなかったという説もある。暗記にはリズミカルでメロディアスなかたちに整えられる方が有効なので、偈文を節をつけて暗記するのが一般的だったようである。だから、「自己こそ自分の主である」も「ダンマパダ第一六〇偈」と呼ばれる。なので、これを「多義をコンパクトにまとめた（少をもつて多を摂する）」という「総」と「忘れない（不散不失）」という「持」と翻訳したことは適切だったと言える。ところが、暗記して繰り返し唱えることで次第に「雑念を払い、無念無想の境地に至ること」を目的とするようになり、記憶される言葉に無意味なものが増えていった。あまり具体的な意味のある言葉だと日常的な連想が働いてかえって雑念を呼び起こしてしまうとされたのである。そのため、陀羅尼の翻訳として「能遮」、すなわち、雑念妄想を「能《よ》く遮《さえぎ》る」という言葉が用いられることもある。『般若心経』の末尾にある「羯諦《ぎゃてい》　羯諦《ぎゃてい》　波《は》羅《ら》羯諦《ぎゃてい》　波羅《はら》僧羯諦《そうぎゃてい》　菩提《ぼじ》薩婆訶《そわか》」などが代表的なものである。そのため、意味がないからこそ「おく深い意味がある」とされる神秘性が付加され、やがてこれを唱えたり書写したり、また暗記することで、様々な霊験が現れるという神秘主義を生み出すことになってしまったということもある。つまりは「呪文」である。声に出す念仏もこれに陥ってしまう危険をはらんでいるので要注意である。(7) 曇鸞が「総持」を単純に仏語の記憶と解釈していることは意外に重要かもしれない。偈文の「仏教と相応する（与仏教相応）」が『論註』の「仏の教えに凾《はこ》と蓋《ふた》とがぴったり合うように相応する」ということになるためには、「南無阿弥陀仏」と唱えると同じくらいに、人びとの「平和と平等っていいですね」「戦争と差別に反対です」という声を聴き取らねばならないだろう。『論註』は「仏経を総持し」と付け加え、神秘的な呪文ではなく、「仏の教えの意味」が重要なのだと印象づけていると思われる。

註

（1）曇鸞がこの「修多羅」が三部経だと明確に言っているわけではない。浄土三部経なる命名は遥か後代の法然によってなされたものである。また、天親はもっと明らかに浄土教以外の修多羅も念頭に置いていると思われる。法然によって「三部経」と呼ばれる後期浄土経典群の成立は、曇鸞以前であることは確かだが、天親以前かどうかは微妙なのである。そのことについては、このあと具体的に論ずる。

（2）本書第1章参照。松岡由香子『仏教になぜ浄土教が生まれたか』（ノンブル社「東西霊性文庫5」二〇一三年）。

（3）香月院『選択集講義』（小栗栖香頂校閲、西村七兵衛刊の奥付がある和綴じ本によった。奥付によると、一八八六年出版らしい。これを活字化することなくそのままコピーしたものが、一九七六年に法藏館から出版されている）。ここで香月院は『選択集』の冒頭にある「念仏為本」を解釈するかたちで、法然の専修念仏を「大乗甚深の実相念仏」「観想念仏」「観像念仏」の最後に位置づけられる「最も浅い念仏（いっち浅い念仏）」として解説している。浅いがゆえに普く一切の衆生を利益する最も尊い念仏だと。ちなみに、「実相の念仏」とは「弥陀も薬師も大日も我法身と同体なりと観念する」念仏のことである。

（4）五念門行は、『論』を普通に読めば、仏道修行者が阿弥陀如来とその極楽浄土を観察することによって、阿弥陀如来と変わらぬ能力を得て他の衆生を教化するために修するもの（行者所修）であるが、親鸞が「他利利他の深義」と呼ぶ独特の見方を通すと、浄土経典に説かれる法蔵菩薩の兆載永劫の修行として成就されるもの（法蔵所修）であり、それが一切の衆生に回向されるものとなる。詳しくは、このあと『論註』全体を通して考えていくことになる。

（5）例えて言えば、弁財天に願をかけて演奏の腕が上がるという功徳が得られたとしても、そもそもの動機が単にもてたいということだったから、真に人を感動させ高見に導くというような演奏はできない、というようなことではなかろうかと思う。

（6）「示現如来自利利他功徳荘厳次第成就」。この部分の「成就」を「成就したまえる」と訓読するのは主語が「如来」であるからそれでいいのだが、そこからただちにこの如来が阿弥陀如来と結論してもいいかどうかは微妙であろう。はたして天親の意図もまたそうであったのか。

（7）この点で、戸次公正『意味不明でありがたいのか――お経は日本語で――』（祥伝社新書、二〇一〇年）の指摘が貴重である。

第7章

「観」とは何か

——専修念仏者にとっての観仏・観国土

一、「観察門」か、偈文の「本編（正宗分）」か

『論』の長行は偈文の作者天親菩薩本人による解説であるが、「観彼世界相勝過三界道」という偈文からは、偈文を直接解説するスタイルになっている。別の言い方をすれば、偈文の最初の二行については、長行は特に何の説明もしない。一方、『論註』は『論』全体を解説するものだから、ここまでで『論』全体に対する文前玄義と偈文の最初の二行までの解説を終えて、これから偈文「観彼世界相勝過三界道」以降を解説するわけである。だから、『論註』における「偈文を五念門に配当する義」を前提にすれば、ここからが「観察門」の説明ということになるが、『論』からすればその前の偈文二行に礼拝・讃嘆・作願の三門があったというわけでもない。一方、『論註』は下巻になると『論』の長行部分を解説することになる。つまり、偈文の三行目以降は、偈文そのものについて天親菩薩の解説（長行）と曇鸞大師の解説が重なる[1]のである。偈文の最初の二行「世尊我一心帰命尽十方無礙光如来願生安楽国」と「我依修多羅真実功徳相説願偈総持与仏教相応」については『論』には直接の解説はなく、この二行が偈文全体の「序分」に相当するのだということと、最後の一行が「普く諸々の衆生と共に」という言葉で人びと

に論の意義をいきわたらせようとする意図を持っているのだから流通分に相当するということが、なんとなくわかることになっている。

　ところが、『論註』は最初の二行を「礼拝・讃嘆・作願」の前三門と「上の三門を成じ下の二門を起す」ものとして解説し、最後の一行を第五門の回向門に配当し、残りの中間二十一行を観察門に配当することによって二十四行すべての偈文を五念門に配当していくと解説をする。これが、香月院によって文前玄義の五科の第一として「本論三分有無」、つまり『論』に序文・正宗分・流通分があるのかないのかという問題として論じられていることである。答えは「有る」という義と「無い」という義の両方があるということだった。つまり、『論』の偈文（及びその解説である長行）だけを見ていると、最初の二行が序文に相当し、最後の一行が流通分に相当することはすぐわかるのに、曇鸞は二十四行すべての偈文を、やや強引に五念門に配当してしまう解説をしている、ということである。

　このようなやや強引な解説をした理由は、五念門の行の中で中心となる行は何なのかという課題があるからだ。すべてを五念門に配当するとなると、中間の二十行半はすべて「観察門」ということになるが、これを『論』には序分・正宗分・流通分の三分があるという観点と重ねて見れば、『論』の正宗分（経論の中心テーマ）は「観察」を説くことだという理解につながる。しかし、そうなると声に出す念仏が正行だという観点と齟齬が生まれる。

　実際、天親菩薩は長行の最初に「この願偈はなんの義をか明かす。かの安楽世界を観じて阿弥陀仏を見たてまつることを示現す。かの国に生ぜんと願ずるがゆゑなり」（『七祖篇』三二頁）として、偈文の意義は「極楽国土に往生しようと思うなら極楽と阿弥陀さんを観念し見ることだということを示し現そうということなのだ」と述べている。そのあとすぐに「いかんが観じ、いかんが信心を生ずる。もし善男子・善女人、五念門を修して行成就しぬれば、畢竟じて安楽国土に生じて、かの阿弥陀仏を見たてまつることを得。なんらか五念門。一には礼拝門、二には讃歎門、三には作願門、四には観察門、五には回向門なり」（『七祖篇』三二頁）として、「観念の仕方（いかんが観ずる）は全体として五念門の行ですよ」と教えてくれている。そしてさらに、五念門それぞれの意義をさっと解説している。「礼拝とは、お辞儀したり合掌したり要するに身体ですることですよ、阿弥陀さんの国に往きたい（かの国に生ずる意をなす）と思うなら」という類である。讃嘆門の説明は「いかんが讃歎する。口業をもつて讃歎したてまつる」（『七祖篇』三三頁）、すなわち「声を出すことですよ」と。声に出すのはただ言えばいいというようなものじゃなくて、「かの如来の名を称するに、かの如来の光明智相のごとく、かの名義のごとく、如実に修行して相応せんと欲するがゆゑなり」（『七祖篇』三三頁）というように、「阿弥陀仏の名前（名号）の意義、つまり無限の光に例えられる智慧に相応したいと思って称えるんですよ」と説明している。「名号」という言葉が出てきて礼拝の説明よりは若干長いが、さっとした説明と言っていいだろう。ただし、この讃嘆門に登場する「如実修行」というのはかなり重要な概念である。

作願門と観察門の説明は奢摩他（止）と毘婆舎那（観）となっているが、その説明は前二門の礼拝・讃歎よりかなり詳しい。この部分は止・観とはそもそも何なのか、また、その関係をどう考えるかについてよく考えてみないとわからないことがある。止観を実践する場所と時の問題がはっきりしないということもある。大まかに言えることは、仏道修行の基本である止観は当然のことながら、この世で行うことになるが、浄土教においては、極楽国土という「修行にふさわしい清浄な環境」で行うことになる。しかし、この修行は全体として何のために行うかといえば、自利利他円満な人格の完成のためである。単に、静かな環境で上品な趣味にふけるというような自利だけではない。利他ということがなければならないだろう。だとすると、止観を得て利他に出ることのすべては当然「今ここ」でなければならないことになるが、これらの問題は、結局「還相とは何か、それはいつどこで実行されるのか」ということに帰着するだろうと思う。そうなると、作願・観察だけではなく礼拝・讃嘆も、いつどこで行う修行なのだということが問題になるだろうし、回向門となればなおさらだ。というのは、あとに「果の五門」が出てくる。これは「近門・大会衆門・宅門・屋門・園林遊戯地門」の五つだが、それぞれ、礼拝門の修行が成就して近門の果が、讃嘆によって大会衆門が得られる、という具合になっている。この大会衆門という言葉が「正定聚の数に入る」とみなされるから、親鸞の言う現生正定聚とは「今ここで」礼拝門・讃嘆門の前二門が修せられ、その果として近門・大会衆門が（今ただちに?）得られるということなのかなど、微妙な問題がいくつも出てくる。

また、それにもまして五念門修習の主体は誰なのかということが問題になる。初めは「善男子・善女人」が修することになっているが、五果門のところでは「菩薩」となっている。また、前章にも指摘したように十七種の仏国土の荘厳を説くのは「如来の」自身利益と利益他の功徳だとも説明されている。この「如来」がすなわち阿弥陀如来であるとすれば、仏国土の荘厳がそこに迎えられる衆生を「利益他」するというのはすぐわかるが、これが自身利益だというのはどういうことか。衆生が（自分が形成したのではなく、法蔵＝阿弥陀が準備してくれた）国土の荘厳を観察して自身の利益にするというならわかるが、阿弥陀如来が自分が荘厳した国土や菩薩を自ら観察するのだろうか。いずれにしても、これらは先の課題としておこう。

しかし、『論』の長行における観察門については（それがいつどこで修せられどのように成就するかはともかく、また、修習の主体が誰であるかはともかく）その説明はさっとは終わらない。「いかんが観察する。智慧をもつて観察し、正念にかしこを観ず。如実に毘婆舎那を修行せんと欲するがゆゑなり」（『七祖篇』三三頁）という観察ということの意義についての説明のあとに「かの観察に三種あり。なんらか三種。一にはかの仏国土の荘厳功徳を観察す。

二には阿弥陀仏の荘厳功徳を観察す。三にはかの諸菩薩の荘厳功徳を観察す」（『七祖篇』三三頁）というふうに三種の観察が説明されている。つまり、極楽の依報（仏国土）の荘厳と正報（仏・菩薩）の荘厳の二種についての観察の説明である。

さらに回向門についての「いかんが回向する。一切苦悩の衆生を捨てずして、心につねに願を作し、回向を首となす。大悲心を成就することを得んとするがゆゑなり」（『七祖篇』三三頁）という説明で五念門全体の概略を説明し終わったあとに、「いかんがかの仏国土の荘厳功徳を観察する」（『七祖篇』三三頁）云々として、二十九種の荘厳功徳のうちの仏国土十七種の荘厳の概要を説明する。そのうえで、偈文三行目以降を具体的にあげて十七項目の解釈が始まるわけである。明らかに観察門重視であるように見え、声に出す念仏とみなされる讃嘆門の解説にかける文言の分量とは比べものにならない。第一、偈文そのものには「帰命」とか「尽十方無碍光如来」などの言葉はあっても「礼拝」だとか「讃嘆」などの言葉は見当たらないのだ。だから、偈文の中に臨終来迎と深いかかわりがある礼拝や（基本的には声に出す）称名念仏とみなされる讃嘆に相当するものを無理やりでも配当しておかなければ、『論』は観察門のためのテキストとしか見えないわけである。しかも、ここで述べられる観察は、香月院の念仏四分類の中の観想念仏、つまり、観経定善観に近いものである。原始浄土経典の核である臨終来迎と称名念仏が無視されている感じなのである。それでも香月院は、五念門の正助を論ずれば、正業とされるのは観察門ではなく讃嘆門であり、あとの四門は助業だと言う。

私は、こうしたいささか強引の感がする解釈の根拠は、善導・法然の声に出す念仏が本願正定業だという決定がまずあって、それから浄土教以外のものも含むあらゆる経論を解釈しなおすという方法論的戦術の故だと思っている。何度も述べているので簡略化して言うが、つぎのごとくである。

仏教の目的は平等の救済である。⇓故にそれを実現する方法も平等でなければならない⇓すなわち、声に出す念仏でなければならない。⇓そうだとすると、声に出す念仏以外の行は声に出す念仏の素晴らしさを際立たせるためのわき役にすぎない。わき役の中には悪役もあればハムレットのホレイショーのような魅力的な主人公の友人もある。⇓主役とわき役を間違いなく見定めるためには、法然が示した「念仏為本」の指南と、なぜ称名念仏が主役でなければならぬかの根拠である平等の本願に対する信頼、すなわち親鸞が示した「信心為本」の了知が必要であるということになる。「信心為本」の了知とは、結局のところ、機の深信、すなわち、自己と自己が形成する世界についての批判的自覚のことである。

さらに言っておくべきことがある。すでにある程度お気づきのことと思うが、私たちは、今『論註』の上巻、すなわち、『論』の偈文の部分についての曇鸞による解釈を読んでいる。ところが、その際に曇鸞が、第5章の「礼拝門」の解釈のところにあったように「この『論』の長行のなかにまた「五念門を修す」といへり」（『七祖篇』五二頁）というようなかたちで長行を参照することがよくあるのである。また、ことさらに長行の参照ということを断らない時も、明らかに長行に述べられている事柄を前提にして偈文を解釈していることは多い。

そうなると、私たちは、曇鸞の偈文の解釈を聞きながら天親の偈文の解釈である長行を念頭に置かなくてはならないということになる。ところがである。偈文の解釈に関して、（例えば全体を五念門に配当するかどうかというような点で）二人の観点が一致しているわけではないのである。長行の部分は、天親自身ではなく曇鸞によって十章（十科）に分けられており、東・西本願寺の聖典諸註釈もすべてこの章分けを踏襲している。長行の、今ざっと説明したところは、曇鸞によって「起観生信章」と命名されているところであり、天親自身の偈文解釈が登場するところは同じく曇鸞によって「観察体相章」と名づけられている。「いかんが観じ、いかんが信心を生ずる」（『七祖篇』一〇一頁）という問いが登場するのは「起観生信章」であるが、この章分けに束縛されると「答」もまたその章の中にあると思ってしまう。しかし、答はこの章の中では半分しか答えられていない（つまり、「いかんが信心を生ずる」の答が見当たらない）のであって、もっとあとまで読まなくてはならない。そして、この半分「いかんが観じ」の答えが「五念門」なのであるとは一応言えても、五念門の観察門以外の四門まで「いかんが観じ」の答えと言うわけにもいかない。あぁ。如何にすべきや。これを本気で説明しだすと、『論註』上下巻を一度に読むしかないのである。そんなことができるわけがない。香月院の文前五科もこのためにあったのだが、それにも限りはある。とりあえずは、こっそりと下巻を意識しつつ説明するしかないことになる。

二、荘厳清浄功徳成就（極楽は清浄な世界）

こういうわけで、とりあえず「観彼世界相勝過三界道」という偈文についての『論註』本文をあげる。まず、これからが「観察門」になるのだという、曇鸞独自の解説を述べる部分である。しつこいようだが、天親はそういうことを言っているわけではない。

観彼世界相　勝過三界道

これより以下は、これ第四の観察門なり。この門のなかを分ちて二の別となす。一には器世間荘厳成就を観察す。二には衆生世間荘厳成就を観察す。この句より以下「願生彼阿弥陀仏国」に至るまでは、これ器世間荘厳成就を観ずるなり。器世間を観ずるなかに、また分ちて十七の別となす。文に至りてまさに目《なづ》くべし。

（『七祖篇』五七頁）

初めに偈文が徴表されているがその解釈はこのあとに回されて、これからあとの偈文が「観察門」だということを述べ、それが器世間の十七種と衆生世間の十二種に大別され、全部で二十九種になることを述べている。そして、最初に十七種の器世間荘厳成就を順に解説するとしているわけである。この「器世間」「衆生世間」という文言は『論』の長行自体の言葉で、これも曇鸞は長行の言葉を偈文の解説に使ってしまっているわけである。この概念についての『論』の解説は長行の「浄入願心章」（と曇鸞が名づけた）部分にあるので、その時まで保留しておくことにする。このあと、「この二句はすなはちこれ第一の事なり。名づけて観察荘厳清浄功徳成就となす。この清浄はこれ総相なり」（『七祖篇』五七頁）として具体的な解説が始まる。

「観彼世界相勝過三界道」という偈文に対する『論』それ自体の解説（長行部分）は、「荘厳清浄功徳成就とは、偈に「観彼世界相　勝過三界道」といへるがゆゑなり」（『七祖篇』三四頁）だけである。「第一」だとか「総相」だとかの説明はない。「〇〇功徳成就とは、偈に「△△……」と言えるがゆえに」というフレーズは、十七種の仏国土荘厳と八種の仏荘厳とに共通する言い方である。四種の菩薩荘厳においては「〇〇功徳成就とは」という言い方をせず「一つには……」「二つには……」と始めて「偈に「△△……」と言えるがゆえに」と締めくくる言い方をしている。「△△……」の部分に、二十四行の偈文から初めの二行（曇鸞によって礼拝・讃嘆・作願に配当される第一行と成上起下とされる第二行）と最後の一行（回向門）を除いた二十二行の偈文が器世間（仏国土荘厳の十七種）、衆生世間（仏荘厳の八種と菩薩荘厳の四種）の清浄の全二十九種の荘厳とされている。「〇〇功徳成就とは、偈に「△△……」と言えるがゆえに」という定型のフレーズ以上のことが述べられているのは、仏国土荘厳の中では十六番目の荘厳大義門功徳成就すなわち「大乗善根界　等無譏嫌名　女人及根欠　二乗種不生」だけである。八種の仏荘厳の中では、心業功徳成就すなわち「同地水火風　虚空無分別」の「無分別」についてのみ一言あり、最後の不虚作住持功徳成就すなわち「観仏本願力　遇無空過者　能令速満足　功徳大宝海」のところに例の「未証浄心の菩薩云々」の解説がある。菩薩四種では「一つには……」の「……」の部分でいろいろ述べるかたちになっている。

十七種の仏国土荘厳は、最初の「観彼世界相勝過三界道」が、無三悪趣の願が極楽浄土は差別と殺戮がない世界だと述べる四十八願全体の総論となっているように、浄土（器世間）の総相となり、以下の十七種目の「衆生所願楽一切能満足」までがその各論、最後の「是故願生彼阿弥陀仏国」は十七種の器世間清浄を観察する所以が阿弥陀仏の国に願生することだと述べることを結成する句だと曇鸞は解説している。「この清浄はこれ総相なり」及び「この二句はすなはちこれ第一の事なり」という言葉がそれを示している。ただし、この「総相」「別相」という言い方は、曇鸞の解釈によるのであって、天親の長行では十七種の国土荘厳については「かの無量寿仏国土の荘厳は第一義諦妙境界相なり。十六句および一句次第して説けり、知るべし」（『七祖篇』三六頁）と述べられているのであり、総相たる初めの一句と別相たる残りの十六句となっていない（つまり、「一句と十六句」ではなく「十六句と一句」となっている）。この『論』と『論註』の齟齬とも見える問題はかなりややこしい説明が必要なのだが、これも下巻の解釈まで保留しておくことにする。

つぎに「観彼世界相　勝過三界道」についての『論註』の残りの部分をあげる。初めの「この二句は」の「二句」とは、もちろん「観彼世界相　勝過三界道」のことである。

この二句はすなはちこれ第一の事なり。名づけて観察荘厳清浄功徳成就となす。この清浄はこれ総相なり。仏本この荘厳清浄功徳を起したまへる所以は、三界を見そなはすに、これ虚偽の相、これ輪転の相、これ無窮の相にして、蚇蠖《しゃっかく》　屈まり伸ぶる虫なり　の循環するがごとく、蚕繭《さんけん》　蚕衣《さんえ》なり　の自縛するがごとし。あはれなるかな衆生、この三界に締《しば》　結びて解けず　られて、顛倒・不浄なり。衆生を不虚偽の処、不輪転の処、不無窮の処に置きて、畢竟安楽の大清浄処を得しめんと欲しめす。このゆゑにこの清浄荘厳功徳を起したまへり。「成就」とは、いふこころは、この清浄は破壊すべからず、汚染すべからず。三界の、これ汚染の相、これ破壊の相なるがごときにはあらず。「観」とは観察なり。「彼」とはかの安楽国なり。「世界相」とはかの安楽世界の清浄の相なり。その相、別に下にあり。「勝過三界道」の「道」とは通なり。かくのごとき因をもつて、かくのごとき果を得。かくのごとき果をもつて、かくのごとき因に酬《む》ゆ。因に通じて果に至る。果に通じて因に酬ゆ。ゆゑに名づけて道となす。「三界」とは、一にはこれ欲界、いはゆる六欲天・四天下の人・畜生・餓鬼・地獄等これなり。二にはこれ色界、いはゆる初禅・二禅・三禅・四禅の天等これなり。三にはこれ無色界、いはゆる空処・識処・無所有処・非想非非想処の天等これなり。この三界はけだしこれ生死の凡夫の流転の闇宅なり。また苦楽小《すこ》しき殊《こと》なり、修短しばらく異なりといへども、統べてこれを観ずるに有漏にあらざるはなし。倚伏《いぶく》あひ乗じ、循環無際なり。雑生触受し、四倒長く拘《かか》はる。かつは因、かつは果、虚偽あひ襲ふ。安楽はこれ菩薩（法蔵）の慈悲・正観の由生、如来（阿弥陀仏）の神力本願の所建なり。胎・卵・湿の生、これによりて高く揖《おさ》め、業繫の長き維《つな》、これより永く断つ。続括の権《はかりごと》、勧めを待たずして弓を彎《ひ》く。労謙善譲、普賢に斉しくして徳を同じくす。「勝過三界」とは、そもそもこれ近言《ごんごん》なり。

（『七祖篇』五七～五八頁）

曇鸞による偈文の解釈は、天親が「〇〇功徳成就とは、偈に「△△……」と言えるがゆえに」というフレーズで長行で示した名前を出したあとに、「仏本この荘厳〇〇功徳を起したまへる所以は」、あるいは単に「仏本なんがゆゑぞこの荘厳を起したまへる」と徴起[2]して仏の願心荘厳の理由を述べるかたちで統一されている。これにはつぎの三つの意義がある。①天親が偈文で表現している極楽浄土の荘厳とは、『大経』などで説かれた阿弥陀如来の本願によって構成されたものだということを示す。②その構成は、われら煩悩成就の凡夫が暮らすこの世界には欠けているものであり、それを極楽世界に構成することによって衆生に平和と安慰をもたらすものであること。そして、これが大切なのだが、③そうした極楽浄土の構成が衆生にとっては目指すべき世界のモデルとなって、この世界の批判原理、柄谷行人の言葉を借りるならば、この世界の統制理念となるということである。このあと、器世間十七種、衆生世間十二種、計二十九種の「批判原理」「統制理念」が語られるわけである。

一方、下巻でも、天親によってこれから偈文二十九種が取り上げられ、それに再び曇鸞は解釈を加えるのであるが、その場合は「仏本なんがゆゑぞこの荘厳を起したまへる」ではなく「これいかんが不思議なる」と徴起して、「焉んぞ思議すべきや」というかたちで終わっている。これを香月院は、「論註上巻は因位の本願に約して釈し、下巻は果上の荘厳に約して釈したまへり」（『講苑』一七〇頁上段）と言っている。いわば、上巻は極楽がどんなところであるかというより、どんなところではないかに強調点があり、下巻はどんなところであるかに強調点があると言えるだろう。「どんなところでないか」を一言で言えば「差別と殺戮がないところ」ということになり、差別と殺戮の現実については、われらはよく知っているが、「どんなところであるか」は、そうした差別と殺戮の因が無いために果としても清浄なところということになるが、煩悩成就のわれらとしては、それは「不思議」と言うほかはない。

三、「観」とは何か——観の二義——

そこで、十七種の国土荘厳のそれぞれの検討を始める前に、全般的な問題としてそもそも『論』『論註』において「観」とは何かということについて、ざっと検討しておこうと思う。

「観」についての曇鸞の註は「「観」とは観察なり」だけだが、[3]香月院は「観」に二種類があることを強調している。すなわち、「聞思の観」あるいは「一心の安心上の観」と、「修恵の観」あるいは「起行観察門の観」の二種類である（『講苑』二七頁下段、四四八頁前後）。本章の註（1）（一四八頁）でちょっと触れたが、『論』に三分があるという義で見た観と『論』全体を五念門に配当する義で見た観との違いということでもある。前者の「三分がある」という義では、『論』全体が「一心の華文」ということになり、「観」は「信」と同時に生ずるものとなる。これは『大経』の第十八願成就文の「聞其名号信心歓喜乃至一念」のことで、これを香月院は「聞思の観」と言う。

しかし、観は『論』においては「毘婆舎那 vipaśyanā」というサンスクリットがそのまま用いられている。これを通仏教として理解すると「修恵の観」「起行観察門の観」ということになる。すなわち、心を静めて煩悩を抑え（これを「止」・奢摩他 śamatha と言う）対象の映像をありありと映し出すこと、あるいは、映像を超えて法《ダルマ》それ自体を自在に無礙に観想することを言う。「観」すなわち「毘婆舎那」については、対象がかたちとして明瞭な場合は「事観」、法それ自体の観想のような場合は「理観」と言う。「奢摩他毘婆舎那 śamatha-vipaśyanā」という熟語となった表現が示す如く、『論』が示す作願観察は基本的には理観・事観ということになるだろうと思う。

他方、「聞思の観」は、実相の念仏に通ずる「理観」でないことはもちろん、基本的には観想の念仏に相当する「事観」でもない。奢摩他を通して静かに感ずる「事観」は、『観経』の表面に顕れた定善観だから、煩悩成就の凡夫・差別と殺戮を賛美するトランプ＝安倍政権下の人民が呑気に修することはできない。だから、一心即三信の立場（つまり、「他力たのみたてまつる悪人」の立場）から言えば、基本的には理観・事観などの「修恵の観」ではない「聞思の観」ということになる。これは、最後の「普共諸衆生」の語に着目して、流通分の「衆生」とは、理観はもちろん、事観もままならない煩悩成就の凡夫であるとした曇鸞の立場から言えば、[4]「観」とは「聞思の観」ということになる（と香月院は言う）。

一方、『論』全体を五念門に配当する義で見た場合には、五念門の一つひとつが行（修行）のこととなる（起行の観）。こちらの方は、雑念を払って「止」を成じて「正観」を行ずるわけだからだ。凡夫・尼入道のなすところではないのだが、これは、弥陀一仏に一心に帰命するところに自然に生ずるものと解説されている。この課題は文前玄義五科の最後にある「二法身二身同異」の問題と密接に絡んでくるので、簡単に整理しておきたいと思う。

往還と入出の同異という問題の肝要な点は、還相の主体はだれなのかということである。原発や戦争を止めるのに直々に阿弥陀如来がお出ましになるという、ある種の「神秘主義」の立場をとるのか、対等の個人が互いに励まし合って、「平和と平等っていいですね」と声に出して訴訟を提起したりデモを計画するのか、どちらなのかということである。

香月院と高木顕明は、明らかに後者の立場である。前者の立場をとる人たちの根拠は『教行信証』「証巻」の「しかれば弥陀如来は如より来生して、報・応・化種種の身を示し現わしたまうなり」（大谷派『聖典』二八〇頁／二版三二〇頁）にあり、阿弥陀如来がいろもかたちもない法性法身から様々に出現するという立場である。香月院はこの立場が間違っていることを第四科の問題としても論じているが、当然第五科の問題としても論じている。第五科の問題である「実相身・為物身」というのは、『論註』下巻の「起観生信章」の中の讃嘆門の解説に登場する。その中に「いかんが如実に修行せず、名義と相応せざるとなすとならば、いはく、如来はこれ実相身なり、これ為物身なりと知らざればなり」（『七祖篇』一〇三頁）という句がある。如来が「実相身・為物身」であるということを知らないから、一心不乱に念仏を唱えても、浄土の観想（イメージトレーニング）を一生懸命やっても、如実修行にならないのだというわけだ。ということは、如実に讃嘆する、つまり、「本願を信じ念仏申す」ということがあれば、凡夫・尼入道でも「実相身・為物身」を知るということになるはずだ。ところが、前者の神秘主義者たちは、この「実相身」を法性法身だと考えるのである。そもそも諸法実相だとか色即是空を知るのが仏教の目標であり、それが成仏だとか涅槃だとか言われるのだから、実相＝真如＝法性法身というのは一応は無理もない連想である。そして為物身というのが、方便法身あるいは報身だと。

そうではない！　われら凡夫はいろもかたちもない法性法身と一体になるなどという「心浄ければ国土浄し」の実相の念仏なんてできないのだ。あるいは、もっとはっきり言うと、そんな嘘はつかないのだ。われら凡夫は平和と平等を求めて、結局は差別と殺戮の世界を作り出すことが多いのはよくわかっているけれど、だからこそ平和と平等をあきらめられないのだ。そのためには、完全な平等と完全な平安を象徴する、三界を超過する極楽国土とそれを準備くださった、いろとかたちを具えて現れてくださった真報身・阿弥陀如来の、念仏衆生摂取不捨と誓う本願を信じ念仏申さんと思う心の起こる時現生正定聚の利益をいただくという立場をとるのである。この立場は、「此の闇黒の世界に立ちて救ひの光明と平和と幸福を伝導する」（『余が社会主義』一〇六頁）すなわち、臆せず声に出して被爆労働者を必要とする差別のシステム原発に反対し、戦争に対して明確に非戦を訴える立場である。けっして、「原発に賛成する者と反対する者の対立を超える」とか「正義と正義の対立を超える」と嘯《うそぶ》いて、結局は現状の厳かな肯定にしかならない実相の念仏に酔う立場はとらぬのである。だから、われら凡夫が「如来はこれ実相身なり、これ為物身なり」と知るというのは、真報身たる方便法身のうえに実相為物の二身を知るということ以外にないのである。これを香月院は次のように説明している。

一文不知の尼入道が弥陀の実相身為物身をどうして知らるゝぞと云ふに、これは当流の御教化の如く、本願のいはれ名号のいはれを聞きひらく所が実相身為物身を知りた所なり。こゝを『御文』一帖目第二通に「弥陀の

本願の我等をたすけたまふことはりをきゝひらく」と宣ふ。しかれば本願を信受する一念がわれをたすけ給ふ弥陀如来なりと確かに知られた所なり。そのわれをたすけ給ふと知られた所が利他円満の為物身を知りた所なり、弥陀如来なりと知りた所が自利円満の実相身を知りた所なり。いかなる愚鈍下知の凡夫なりとも、我をたすけ給ふ弥陀如来なりと決定して信ぜられた所が実相為物を知りたので如実修行の行者なり。

（『講苑』四二八頁下段）

そして、「弥陀如来なりと知りた」というのも「本願のいはれ」を知って思い浮かべた（想定した）にすぎないのであって「止（奢摩他）」を成じてありありと観（毘婆舎那）ずるというような観想の念仏ではない。ましていわんや、法性それ自体を体感するというような実相の念仏ではない。ただ、本願を信じて生きようと「面々のおんはからひ」で決意した（決定して信ぜられた）だけのことだ。

このことを反照するものとして前者・神秘主義者の悪しき実例をあげておく。書いたのは暁烏敏。涼風学舎刊『暁烏敏全集』一九巻二四三～二四四頁収録の、戦後に出された「平和国家建設力としての仏教」の中にある、鈴木大拙からの批判「天照大神を阿弥陀仏の化身だなどと言うな」（暁烏が大拙からこう言われたと理解している）に対する応答である。

阿弥陀仏は釈迦にもなり、提婆にもなり、阿闍世にもなり、韋提希にもなり、鈴木さんにもなり、暁烏にもなられるのである。こういうことを一も七も〔ママ〕御存知の鈴木さんが天照大神が阿弥陀様の化身だということをびっくりされるにも及ばないではないか。（中略）戦後天皇現人神の問題がやかましく言われるが、私は万人が総べて現人神だと信じている。天皇は神聖であるということは、一切衆生は皆神聖であるということである。（「エホバもサタンも猫もネズミも」などとあり。筆者〈菱木〉による要約）（中略）こうした私の信念が天照大神は

阿弥陀様の化身だと言わしめたのである。（中略）大拙さんにあまり御心配下さらぬようにと紙上でお答えをしておく。

鈴木大拙は臨済禅をその思想の基盤に据えているから、どちらかと言えば、諸法実相や如来蔵の本覚思想に流れがちのはずなのだが、近代日本を相対化する目を持っていたのである。一方、暁烏敏は神秘主義をなぎ倒した法然の思想系譜にありながら如来蔵に酔っぱらっている。香月院に言わせれば「光明黒谷の指定のいさおしをむだことにする祖門の罪人なり」（『選択集講義二』五十五丁左）である。

このように、『論』だけを見ているとどこを読んでも観想の念仏・実相の念仏を目指しているように見えるが、どうも『論註』は違うのだ。観についての二義、「聞思の観」と「修恵の観」をきっぱり分けることが浄土教のプラグマティズムを損なわない道のように思われる。香月院はふたつの観の違い（それは、止についてのふたつの義や「実相身を知る」ということの意味の違いにもつながるが）についてサンスクリットにさかのぼって説明しようという徹底さを貫いている（例えば、起観生信章の作願門と回向門の説明に登場する「心常作願」の「願」について作願門の願は自利の願で「薩羅縛奢（サラバーシャ）」、回向門では利他の願で「嚩嚧（パロ）」[5]だとの説明――『講苑』四五九頁上段など）。これは証明すべきことを証明するために、すなわち、われらは平和と平等を求めて生きることを如来に請け合ってもらっているのだという信念を証明するために、文献を徹底的に読み込んでいるのであって、彼の教学を単に文字面に拘泥する訓詁学などと非難するのはまったく当たっていないと思う。

「証巻」の「従如来生」の文から「天照大神は阿弥陀様の化身」という義を導き出すことはできないということはないけれども、それは後鳥羽上皇に反対して弾圧された法然・安楽・親鸞や、日露戦争に対して非戦論を唱えて殺された高木顕明の仏法とは違うのだ。香月院はこの違いを文献を徹底的に読み込むことで明らかにしたのである。

けっして、「教行信証に現れた「宗義」は不変だが「宗学」は末学の私見にすぎない」（清澤満之「貫錬会を論ず」取意。『清澤満之全集』第七巻、岩波書店）などといういい加減なことを言っているわけではないのである。香月院をよく読むと、先の「証巻」の「従如来生」のところについて、自著『文類聚鈔講義』において以下のように述べていることが注目される。

証巻の初めに真実報土の無上涅槃の証《さと》りの相《すが》たを明かして「無上涅槃は即ち是無為法身なり。無為法身は即ち是実相なり。実相は即ち是法性なり。法性は即ち是真如なり。真如は即ち是一如」との玉ふ。その次に「然れば弥陀如来は如より来生して」等とあり。ここは妖物屋敷なり。こう云ふ化け物屋敷は随分掃除してキツネタヌキの来ぬようにするがよひ。（『浄土文類聚鈔講義二』護法館、西村九郎右衛門）

前に触れたように、この個所から「アマテラスは阿弥陀の化身」が出てくるのである。まさに「妖物屋敷」である。言及する際には香月院自身が必ず「恐れながら」などの形容詞を付加させる宗祖親鸞の著作の文言について、「妖物屋敷」は穏やかではない。しかし、この文言は確かに『教行信証』に述べられている文言である。ここから暁烏のように述べても私見は私見だろう。それが許されないのは、『教行信証』の解釈として間違っているということだけではないように思う。実相の念仏を目指すのか、声に出す念仏の道を決意するのかということは、解釈の問題だけではないと思う。「妖物屋敷」との指摘は、ある意味で宗祖親鸞に対しての苦言ではないだろうか。香月院はけっして単なる親鸞伝統権威主義者ではないのだ。清澤満之の「貫錬会を論ず」は、高倉教学の「硬直」に対して近代教学の「自由な」学風を宣揚したのだといった近代教学擁護の文脈でしばしば引用される文章だが、自由な研究であれば何でもいいというわけではない。それによって何が言いたいのかが問題なのだ。しかも、香月院の方は、厳密を保持したうえで時には親鸞にさえ苦言を呈する、真の「自由な学風」だったのである。自由な学風とは、師から教わったことを無視して無責任に勝手なことを言うことではない。師から教わったことを根拠として自らを律し、師が述べたことを師が示した原理によって師の文言をも批判的に検討しなおせることを言うのである。

以上で、「観彼世界相勝過三界道」の偈文における「観」の意味についての考察を終える。この考察は、単にこの偈文だけではなく、以下の浄土の依正を観察するということの全体にかかわる「観」の考察でもあった。

四、「三界」という概念の抽象性

つぎに「三界」についての考察に移る。『論註』は「「三界」とは、一にはこれ欲界、いはゆる六欲天・四天下の人・畜生・餓鬼・地獄等これなり。二にはこれ色界、いはゆる初禅・二禅・三禅・四禅の天等これなり。三にはこれ無色界、いはゆる空処・識処・無所有処・非想非非想処の天等これなり」（『七祖篇』五八頁）と解説している。

「三界」というのは地獄・餓鬼・畜生の三悪道よりもさらに抽象的な概念なので、単に差別と殺戮がない世界というより「深い」意味を持っている。深くなることは徹底的ということでもあるが、結局は何のことだかわからなくなるという欠点もある。仏教では、よく「善悪良否を超える」などということを言って、具体的に悪を糾し善を望むことを一段低く見る傾向があるが、これが「一殺多生」だとか「活人剣」などといった巨悪の厳かな肯定になりがちであることを見逃してはならないと思う。

無色界の説明の最後に出てくる「非想非非想処（想ではなく想でないのでもない処）」とはいったい何なのだろうか。こういう、「AではなくAでないのでもない」といういわゆる絶対不二が乱発されるのが大乗甚深の念仏を説く『維摩経』だが、『維摩経』の不二法門（『入不二法門品第九』など、文殊菩薩と維摩居士との間で主客の対立を超えた「不二」の法門についての問答が展開される。いわゆる「雷」に喩えられる「維摩の一黙」が登場する個所）は仏教を学ぶうえでの魅惑にあふれている。しかし、それが危ないのだと思う。絶対矛盾的自己同一とか、こういう「大乗甚深の論理（論理を超えた論理？）」よりは、「われら煩悩成就の凡夫はわが身可愛いだけのものだが平和と平等をあきらめられない」という単純で浅薄な立場に徹することが重要だと思う。この浅薄な立場こそが阿弥陀如来の国土と菩薩方を「観じて」いるのである。平和と平等は、真偽についての論議とは別の善悪の領域にある。一緒にして論じてはならないと思う。[6] そのためには、三界を超えたところがどんなところかなどという、論じてもどうせわからないことにこだわるのではなく、三界の具体的に「濁世である、苦界である」さまを分析する方が大切である。

『論註』は上巻においては「法蔵因位の本願に約す」で、ここでも「三界を見そなはすに、これ虚偽の相、これ輪転の相、これ無窮の相にして、蚇蠖　屈まり伸ぶる虫なり　の循環するがごとく、蚕繭　蚕衣なり　の自縛するがごとし。あはれなるかな衆生、この三界に締　結びて解けず　られて、顚倒・不浄なり」（『七祖篇』三六頁）という具合に、三界が虚偽の相・輪転の相であることをまず述べる。三界の説明はざっとするが、「非想非非想処」などというインテリ・似非哲学者が飛びつきそうなことに関しては踏み込まない。

香月院の講義も「そんなことは仏教辞典で調べたら」というような態度に見える。香月院が注目するのは最後の「「勝過三界」とは、抑これ近言なり」である。この「抑」とは「そもそも」と読み、前に述べたことを抑え込んで「そうは言っても」とか「それはそれとして」という意味だそうだ。「近言」とは「手短に言う言葉」ということである。彼の極楽世界が「勝過三界道」だというのは、要するにこの世界とは全然別のところということを簡単に述べただけのことだ。反対から言えば、凡夫、あるいは、人間理性しか頼るもののない者にとっては、「非想非非想処」などと人間理性の分別を超えた（言い換えれば、凡夫にはわけのわからないこと）を言っても、この世は結局差別と殺戮の濁世苦界にすぎないのだということをさっと縮めて言った（近言）だけですよ、ということだろう。縮めて言ったのは、そもそも浄土は悪人成仏のためにあるのだということが解ればいいということである。「「勝過三界」とは、抑《そもそも》これ近言なり」。

註

（1）この「重なる」にもかなり重要な意義がある。香月院の解説はこの点でも抜かりがない。どういうことかというと、つぎの要約である。『論註』は、『論』がそのまま偈文のかたちで語る部分についての解説では「論註上巻は因位の本願に約して釈し」、『論』自体が偈文の解説をする長行部分の解説では「下巻は果上の荘厳に約して釈したまへり」と言っている（『講苑』一七〇頁上段）。この意味は、『論』に登場する「観」とは一般的な毘婆舎那かどうかという問題と深い関係があるので、後述する。

（2）この「仏の願心荘厳」という言い方も長行とその解釈である『論註』下巻を待たねばならないが、省略する。

（3）この「だけ」というのは、あくまで『論註』上巻、つまり、法蔵因位の本願に約して解釈する時のことである。下巻は「下巻は果上の荘厳に約して釈したまへり」（『講苑』一七〇頁上段）だから、下巻の起観生信章では、止（奢摩他）と観（毘婆舎那）のそれぞれについての二義が出ている（と香月院は強調している）。

（4）『論註』上巻で展開されるいわゆる「八番問答」のこと。

（5）薩羅縛奢、嚩嚧、いずれもアルファベット表記不明。知っている人があったら教えてほしい。

（6）私は、この難問を解く鍵はプラグマティズムだと思っている。真偽の問題（あるいは存在や事実の問題）と善悪美醜の問題（あるいは価値や意味の問題）は互いに演繹不能であり、別個に考えてあとで連結させるべきものであるということだ。欲界、つまり、事実の世界にある意味や価値を考える時に始めて色界とか無色界が出てくるのであって、まとめて三界などというと混乱するだけだ。阿弥陀や極楽というのは事実の領域にあるのではなく価値の領域にあるのだ。それに遇う（遇無空過者）とかそのメンバーの資格を獲る（往相回向の心行を獲る）というのは、事実の領域ではなく意味の領域である。ナザレのイエスに会ったことと、それが神の子＝キリストだったと知る（信知する）ことは違う。ペテロやシモンは、奢摩他を修して天国を観じて天使に囲繞されているイエスを見たから彼を神だと信じたのではない。イエスという人師の文言とその生き方に自分の生き方を見出したから、彼を神の子だと信知したのである。

第8章

極楽浄土とは何か(1)
——国土の様相前半（その一）

二十九種の浄土の荘厳のうちの十七種の国土荘厳成就の一覧を掲げる。

【図2・国土荘厳一覧】

1	観彼世界相　勝過三界道	荘厳清浄功徳成就
2	究竟如虚空　広大無辺際	荘厳量功徳成就
3	正道大慈悲　出世善根生	荘厳性功徳成就
4	浄光明満足　如鏡日月輪	荘厳形相功徳成就
5	備諸珍宝性　具足妙荘厳	荘厳種種事功徳成就
6	無垢光炎熾　明浄曜世間	荘厳妙色功徳成就者
7	宝性功徳草　柔軟左右旋 触者生勝楽　過迦栴隣陀	荘厳触功徳成就
8		荘厳三種功徳成就
	宝華千万種　弥覆池流泉 微風動華葉　交錯光乱転	荘厳水功徳成就

	宮殿諸楼閣　観十方無礙 雑樹異光色　宝蘭遍囲遶	荘厳地功徳成就	
	無量宝交絡　羅網遍虚空 種種鈴発響　宣吐妙法音	荘厳虚空功徳成就	
9	雨華衣荘厳　無量香普薫	荘厳雨功徳成就	
10	仏恵明浄日　除世痴闇冥	荘厳光明功徳成就	
11	梵声悟深遠　微妙聞十方	荘厳妙声功徳成就	
12	正覚阿弥陀　法王善住持	荘厳主功徳成就	
13	如来浄華衆　正覚華化生	荘厳眷属功徳成就	
14	愛楽仏法味　禅三昧為食	荘厳受用功徳成就	
15	永離身心悩　受楽常無間	荘厳無諸難功徳成就	
16	大乗善根界　等無譏嫌名 女人及根欠　二乗種不生	荘厳大義門功徳成就	浄土果報離二種譏嫌過応知。一者体二者名。体有三種。一者二乗人二者女人三者諸根不具人。無此三過、故名離体譏嫌。名亦有三種。非但無三体乃至不聞二乗女人諸根不具三種名、故名離名譏嫌。等者平等一相故。
17	衆生所願楽　一切能満足	荘厳一切所求満足功徳成就	
	故我願生彼　阿弥陀仏国	略説彼阿弥陀仏国土十七種荘厳成就。示現如来自身利益大功徳力成就利益他功徳成就故。彼無量寿仏国土荘厳第一義諦妙境界相十六句及一句次第説。応知。	

一、極楽浄土とは何か――極楽はどんなところであるか、どんなところでないか――

二十九種の浄土の荘厳とは、要するに極楽とはどういうところ（これを「依報」という）で、どのような人びとが住んでいる（正報）のかを述べることである。その中で初めに説かれる十七種の国土荘厳というのは、住んでいる人びとのことよりもその環境について語ることを中心にしている。極楽について高木顕明『余が社会主義』はつぎのように述べている。

余は極楽を社会主義の実践場裡であると考へて居る。弥陀が三十二相なら今集りの新菩薩も三十二相、弥陀が八十瑞光なら行者も八十瑞光なり。弥陀が百味の飲食なら衆生も百味の飲食なり。弥陀が応報妙服なら行者も応報妙服なりで、眼通で耳通神足通他心通宿命通弥陀と違はん通力を得て、仏心者大慈悲是なりと云ふ心ニ成りて、他方国土へ飛び出して有縁々々の人々を済度するに間隙のない身となる故ニ極楽と云ふ。真ニ極楽土とは社会主義が実行せられてある。（『余が社会主義』一〇五頁）

○極楽世界には他方之国土を侵害したと云ふ事も聞かねば、義の為ニ大戦争を起したと云ふ事も一切聞れた事はない。依て余は非開戦論者である。戦争は極楽の分人の成す事で無いと思ふて居る。（『余が社会主義』一〇五頁）

ここには極楽国土が「弥陀と違はん通力を得」るところとして、また「他方国土へ飛び出して　有縁々々の人々を済度するに間隙のない身となる」根拠地として、「どんなところであるか」を示し、「他方之国土を侵害したと云ふ事も聞かねば、義の為ニ大戦争を起したと云ふ事も一切聞れた事はない」ところとして、「どんなところでないか」を示すことによって、ふたつの方面から極楽が説明されている。四十八願で言えば、第一の無三悪趣の願、第二の不更悪趣の願のふたつが「どんなところでないか」を述べ、第三の悉皆金色の願、第四の無有好醜の願が「どんなところであるか」を述べていることになると思う（もっとも、第四は「形色不同」という自然的・肉体的差異がなく同一であることと、「好醜」がない、すなわち、意識の違いがないことが一緒くたに述べられていて微妙なのだが）。極楽は平和で平等なところであるが、私たちはその反対の差別と殺戮（戦争）なら知って（経験して）いるけれども、真の平和と真の平等は知らない。だから、一般に、「極楽はどんなところでないか」の方がわかりやすいことになる。しかし、『論』の説明はどちらかというと「どんなところであるか」が中心である。「浄光」だとか「珍宝」だとか「宝草」の類である。「どんなところでないか」については、女人と根欠と二乗の三者が「いない」と示されている荘厳大義門功徳成就くらいかもしれない。女人と根欠と二乗が被差別（者）を象徴しているわけである。「平等」＝「差別（者）と被差別（者）とが無い」ということだから、女人などの三者が無いということである。

このことに関しては、予告だけにしておいて、あとで本格的に論じたいと思う。このことをしっかり考えるには、差別についての三つの微妙に異なる概念を明確に区別すると同時に、それらの相互関係を明らかにしていく必要がある。それとは、「（自然的・肉体的）差異」「（社会的）不公平」「（優劣などの）意識・表現」の三つであるが、これらはしばしば混同される。ヨーロッパの人権思想は、自然と社会を明確に切り離して考えることによって、個の尊厳すなわち「自己こそ自分の主である」ことを具体的に明らかにする過程だったが、まずそれを学ぶ必要があると思う。仏教の論理においては「身土不二」などと言って、個と環境が切り離せないという事実からただちに自然と社会もまた切り離せないとして、制度をドシドシ変えるということを怠りがちなので、気をつけねばならない。差別、社会的不公平は明瞭に変更可能なものであるが、社会的不公平の口実となる（むしろ、口実にすぎない）自然的差異は、当面は変えられないだろうし、変える必要もない。自然的・肉体的性差を口実として制度化されている性差別を改変するのに、性差の改変（つまり「変成男子」）は当面は難しいだけでなく、そもそも改変する必要もない。「差異・差別・意識」の三つの異なる概念を切り離して考えたうえで、総合する必要がある。混同を自覚しないまま議論したのでは、『論』『論註』や『大経』の第三悉皆金色の願・第三十五変成男子の願・第四十二生尊貴家の願、『観経』の是旃陀羅などについて、そもそも何が問題なのかを議論する前提が成り立たない。しばらく仏典それ自体を離れてでも整理しておく必要があると思う。

二、二十九種の荘厳の概略——国土の様相と住民の様態——

二十九種の荘厳は極楽浄土の自然環境と社会環境を述べているのだが、一つひとつの検討に入る前に、若干の概略を述べておこうと思う。

二十九種は、国土荘厳十七種と八種の仏荘厳及び四種の菩薩荘厳に分けられる。はじめの国土荘厳十七種は「器世間」で「依報」、あとの仏と菩薩はその「器」に暮らす人びと（衆生）のことだから「衆生世間」で「正報」と称される。ところが、この十七種の国土荘厳と言っても、第十の荘厳光明功徳成就や第十一の荘厳妙声功徳成就は、仏の智慧や仏の声の功徳とも取れるので、国土や器世間（環境）というよりは、そこに住む住人の相《すがた》とも言えよう。第十二の主功徳、第十三の眷属功徳となればいっそうそうである。問題の大義門功徳成就もまた国土というよりはそこに住む人びとの社会関係を表していると言える。だから、十七種の国土荘厳が「器世間清浄」、八種の仏荘厳と四種の菩薩荘厳が「衆生世間清浄」という分類も、その分離を柔軟に考える必要があるだろう。さらに、八種の仏荘厳の最後に登場する「不虚作住持功徳」に述べられていることや、国土荘厳の第十三「眷属功徳」に述べられていることから、浄土に暮らす人としての阿弥陀仏と菩薩の一体性（弥陀と変わらぬ通力のこと）も語られるので、四種の菩薩荘厳は仏荘厳である「不虚作住持功徳」の展開とも言えることになっている。

そこで本章からは、前章で国土荘厳の第一「荘厳清浄功徳成就」を終えたので、第二「荘厳量功徳成就」から第九「荘厳雨功徳成就」までの諸功徳を順に取り上げようと思う。ここまでが「器世間」「依報」と言うにふさわしいからである。『註論講苑』の解説では、第十二主功徳については「**今は依報の荘厳を説く所なれど、浄土を住持し給ふ主荘厳を挙げて所住持の国の勝れたることをあらはすゆえ**」（『講苑』二四九頁下段）と言って、ほとんどそこに住む人（住持する人）の説明だから正報・衆生世間に入れてもいいといった感じで説明しており、第十「荘厳光明功徳」とつぎの「荘厳妙声功徳」については、「**光明名号を以て衆生を摂化するといふは主荘厳の阿弥陀如来にあることなり。しかるに安楽浄土は依正無碍なるゆへに、依報の光明名号もまた仏の光明名号と同じ様に衆生摂化の徳ありと説くが『論』の説相なり**」（『講苑』二四三頁上段）としているので、とりあえずは雨功徳で一区切りとしようと思う（ただし、本章は量功徳と性功徳のふたつだけになる）。雨功徳までの概略は以下のとおりである。

一句目の「観彼世界相勝過三界道（荘厳清浄功徳成就）」については、前章で、二十九種の荘厳の観察という時の、「観」とはそもそも何かということを述べて検討した。二句目の「究竟如虚空広大無辺際（荘厳量功徳成就）」は極楽国土が広大で際限がないことを述べている。また、三句目の「正道大慈悲出世善根生」は極楽国土のありさまは大慈悲と世間を超越した善根から生ずるということで、極楽の「本質」、すなわち「性《しょう》」について述べているので「荘厳性功徳成就」と名づけられ、四句目の「浄光明満足　如鏡日月輪」は、浄土が太陽や月のように光輝くという、浄土の本質がどのようなかたちを伴うかを述べているので「荘厳形相功徳成就」とされる。五句目の「備諸珍宝性具足妙荘厳」は、その形相を具体的にさまざまな珍しい宝として述べるので「荘厳種々事功徳成就」とされる。六は浄土の輝きを、七は迦旃隣陀という「草」[1]によって柔軟さ（触功徳）を、八は「水」「地」「虚空」によって体感的に自由な環境を示すのだが、まぁバリアフリーな空間といったところだろうか。このなかで「虚空」は科学的な概念としての空間の意味だけでなく、「空」の論理も象徴する。そして第九の雨功徳は「華衣を散らす」ことなのだが、散らすことが虚空を妨げないことを示すために「雨」で喩えられている。雨が降ってもそれが溜まったりしないで適当に地を潤すからであろう。

このうち量功徳と種々事功徳のふたつの荘厳に関して『論註』は『維摩経』を引用している。量功徳においては維摩の方丈、種々事功徳では問題の「心浄きに随ひてすなはち仏土浄し」（『七祖篇』六三頁）である。『維摩経』は十番目の光明功徳にも登場する。荘厳として提示されるイメージは、基本は「菩薩心浄きに随ひてすなはち仏土浄し」であって、環境を具体的に改善するというものではない。高木顕明の『余が社会主義』が「社会制度をドシ々々改良して社会の組織を根本的に一変せねば成らん」というのとはかなり違う。ただ、先にも述べたように『論』では、偈文もその解釈である長行もほとんどは仏国土の清浄であることを象徴的に述べるということに終始しているが、『論註』はそれと異なり、「仏本所以起此荘厳〇〇功徳（仏本この荘厳〇〇功徳を起したまへる所以は）」あるいは「仏本何故起此荘厳（仏本なんがゆゑぞこの荘厳を起したまへる）」と徴起《ちょうき》して、「ある国土を見そなはすに」という形式でこの現実世界に対する批判原理としての浄土を示そうとしているのである。つまり、『論』においてはこの世の「不足弊害」は具体的に登場することは少ないが、『論註』では「有る国土」の現実としてそれが登場するということである。別の言い方をすれば、天親がどのような不足弊害を意識していたかはあまり明らかではないが、曇鸞においてはそれがある程度は明瞭に表れているということになる。このことを香月院は「『論註』上巻は因位の本願に約して釈したまへり」と言っている。

しかし、問題はどうやって「社会制度をドシ々改良」するかである。いや、そもそも浄土教という仏教は「社会制度をドシ々改良」する思想なのだろうか。『維摩経』と精神主義は世の中に不足弊害があっても敢《あ》えてこれを正そうとせず、「心浄きに随ひてすなはち仏土浄し」（『維摩経』「仏国品」。『大正新脩大蔵経』第一四巻）に終始するのではないだろうか。高木顕明は自らの信仰を「社会主義」と言っているのだから「ドシ々改良する」でいいのだが、『論』『論註』はどうなのだろう。また、現当二益と声に出す念仏を強調する香月院はどう考えていたのだろうか。

まだ明確なことは言えないのだが、私は今のところつぎのように考えている。すなわち、本願に酬報して成就した二十九種の荘厳功徳を衆生が観察するのは現益ではなく当益であるから、今ここが平和で平等の世界というわけではない。しかし、平和と平等の世界を享受しそれを担う一員となること、正確には一員としてメンバー登録される[2]ことは当益ではなく現益だから、今は高木顕明のように「余は非開戦論者である。戦争は極楽の分人の成す事で無いと思ふて居る」（『余が社会主義』一〇五頁）という生き方ができるのだと思う。「私はらい予防法体制に反対です。隔離排除はバリアフリーの極楽の人数のなすことではないと思っている」と声に出す生き方のことである。この生き方が「現象の社会制度をドシ々改良」する生き方だと思う。

なお、もうひとつ本質的な問題がある。それは「極楽とか阿弥陀仏などというものが本当にあるのか」という問題である。すなわち、われわれが現実に暮らしているこの世界と同時に存在しているのだとしても、西方十万億土にあるとされる世界、あるいは、死んでから往くことになっている世界が「有る」とはどういうことかという問題である。このことが『論』『論註』で議論になるのは『論註』下巻の浄入願心章以後である。そこに、「一法句・清浄句・法性法身」などという仏教的形而上学用語がふんだんに登場してくる。この三句について『論註』は「三句展転」などと述べ、十七種の国土荘厳及び八種・四種の仏菩薩荘厳との「広略相入」などと述べることになる。この議論は実際には誰にもわからぬものであるが、それでも、『論』『論註』はこういう議論によって、極楽や阿弥陀仏がそれに触ったりそこでラグビーをやったりすることができるものだと考えていないことは、誰にでもわかる。そうなると、そこがどんなところかとか、どうしたら往けるかなどということは、象徴的なこと、あるいはファンタジーなのだということも、これまた誰にもわかる。ファンタジーとくれば、ディズニーやハリーポッターの世界と変わらない。ファンタジーそれぞれの内容によって、その善し悪しには大いに違いがあるだけのことである。この「善し悪しの違い」こそが私たちにとって重要であり、本当に有るか無いかはそういう理屈が好きな暇人にまかせておけばよい。それらはそれなりに説明できるものではあるし、好きな人にとっては面白くもあるが、たいていは悪趣味になるか、それこそ人びとに有無を言わせず拝跪を迫るファシズムの温床にしかならないことは弁えておく必要がある。

そこで、この「(仏教的)形而上学問題」については、上巻の読解時には、まったく触れないというわけにはいかないとしても、深入りすることを避けておこうと思う。上巻が終わり、方便法身・法性法身とか、真実智慧の無為法身とかいうものが本当に出てくるころには、「南無阿弥陀仏と申して、疑いなく往生するぞ」(『一枚起請文』法然。大谷派『聖典』九六二頁/二版一一五三頁)と信心決定することの中に自然にこもっているから、「苦もなく解せる也」ということになるのでご心配なく、と言っておこうと思う。

三、荘厳量功徳成就――無辺際の世界――

では、本章の『論註』の原文に当たろう。第二「荘厳量功徳成就」、論文《ろんもん》（偈文）は「究竟如虚空　広大無辺際」である。問答がある後段は後回しにして第一段から始める。

この二句は荘厳量功徳成就と名づく。仏本この荘厳量功徳を起したまへる所以は、三界を見そなはすに陝小にして堕《き》　敗城の阜《おか》なり　陘《けい》　山の絶坎《ぜっかん》なり　陪《はい》　土を重ぬるなり。一にはいはく備なり　陼《しょ》　渚のごときもの、陼丘なり　なり。あるいは宮観迫迮《くかんさつはく》し、あるいは土田逼隘《ひつあい》　陋なり　す。あるいは志求するに路促《みちつづ》まり、あるいは山河隔　塞《さく》なり　ち障《さ》ふ。あるいは国界分部せり。かくのごとき等の種々の挙急《こきゅう》の事あり。このゆゑに菩薩、この荘厳量功徳の願を興したまへり。「願はくはわが国土虚空のごとく広大にして無際ならん」と。「虚空のごとく」とは、いふこころは、来生のもの衆《おお》しといへども、なほなきがごとくならんとなり。「広大にして無際ならん」とは、上の「如虚空」の義を成ず。なんがゆゑぞ「如虚空」といふ。広大にして無際なるをもつてのゆゑなり。「成就」とは、いふこころは、十方衆生の往生するもの、もしはすでに生じ、もしはいまに生じ、もしはまさに生ぜん。無量無辺なりといへども畢竟じてつねに虚空のごとく、広大にして無際にして、つひに満つ時なからん。このゆゑに「究竟如虚空　広大無辺際」といへり。

（『七祖篇』五九～六〇頁）

極楽世界は広大で限りがないという。なぜならば、穢土であるこの現実世界は狭くてでこぼこがあり、山河が人びとの交流を妨げるからである。この「狭く交流を妨げるところ」について、耳慣れない言葉がいっぱい出てくるが、一応紹介しておくと「堕陘陪陼《ずいけいばいしょ》」というのは「丘・山の端・谷間」のこと、「宮観迫迮《くかんはくさく》」は「建物が雑然と並んでいること」、「土田逼隘《ひつあい》」は「土地や田畑が狭いこと」である。「志求するに路促《みちつづ》まり」とは行こうとしても道がふさがっていること、「国界分部」は国境のことであり、それが「種々の挙急《こきゅう》の事」、すなわちさまざまな紛糾の原因となるということである。まさに、「国境などないと想像してみる。そのために殺したり殺されたりすることがないことを」(Imagine by John Lennon) である。だから、菩薩は極楽を虚空の如くに広大で辺地や際限がないところとして建立したのであると。そのあと、『論註』は「「成就」とは、いふこころは、十方衆生の往生するもの、もしはすでに生じ、もしはいまに生じ、もしはまさに生ぜん。無量無辺なりといへども畢竟じてつねに虚空のごとく、広大にして無際にして、つひに満つ時なからん。このゆゑに「究竟如虚空　広大無辺際」といへり」として、この偈文を「荘厳量功徳成就」と名づけた理由を述べる。すでに往生した者もこれから往生する者もどれだけあっても満員札止めなどということがないようにするために、この願を立てたわけである。最初に「成就とは」とあるのは、十七種の国土荘厳すべてに「荘厳○○功徳成就」と「成就」の言葉があるからだが、これは初めの清浄功徳とこの量功徳だけで、以下は省略されて「このゆゑに「△△」といへり」のかたちで偈文を引用するだけになる。

　つぎに問答を含む第二段を見ていく。

問ひていはく、維摩のごときは、方丈に苞容《ほうよう》して余りあり。なんぞかならず国界無貲《むし》なるをすなはち広大と称する。答へていはく、いふところの広大は、かならずしも畦《けい》　五十畝《せ》なり　畹《えん》　三十畝なり　をもつて喩へとなすにあらず。ただ空のごとしといふ。またなんぞ方丈を累《わずら》はさんや。また方丈の苞容するところは陜にありて広なり。覈《まこと》　実なり　に果報を論ずるに、あに広にありて広なるにしかんや。　(『七祖篇』六〇頁)

ここで『維摩経』の有名な「維摩の方丈」の喩えが問いとして登場する。(3) 維摩居士が病を得て方丈の自室に横たわっているところへ文殊菩薩が見舞いに来て高級な仏教哲学問答をするのだが、諸弟子やさまざまな人天がこれを傍聴するために部屋に入り、その際には狭いはずの室に、高さが八万四千由旬もある師子座が三万二千座も入ったという場面がある。『論註』はこれを引用して「維摩のごときは、方丈に苞容して余りあり」と言うのである。狭いところであるはずなのになお余裕がある。なにも「国境がない」とか「無辺際だ」などという必要がないじゃないかと問う。『論註』の「宮観迫迮《くかんはくさく》」という言葉は、この『維摩経』からとったものだと思われる。答えて言うには、「狭いにもかかわらず広いというよりは、広くて広いの方がいいだろう」と。曇鸞は『維摩経』を引用しつつ、その人を驚かすような「不思議」を、「国境がないからそのために起こる紛争もない」というような現実問題として考えた方がいいと言っているのかもしれない。しかし、実際の空間としてこんなところはないのだから、どちらも、「象徴表現」であるには変わりはないけれど。『維摩経』の方は「空」の真理を象徴的に描くが、『論註』は国境がないので広大というイメージで自由な交流と平和な世界のイメージを説くというふうではなかろうか。

四、荘厳性功徳成就――極楽の本質は慈悲――

つぎに、第三・性功徳成就。「正道大慈悲　出世善根生」(『七祖篇』六〇頁)という偈文のおおよその意味は「彼の世界は正道の大慈悲、すなわち、出世善根から生じている」ということだが、これを「性功徳の荘厳」と名づけると天親菩薩は言う。性功徳の「性」というのは、『論註』の中にも「「性」はこれ本の義」とあって、「本質」「本性」というような意味である。なので、これが国土荘厳の三番目にあるといっても、具体的に国土のありさまを目に見えるように述べるというよりは、最初の清浄功徳と同じように極楽国土の本質について理論的に述べるものとなっている。『論註』はかなり長い。便宜上、①~④の番号をつけて四段に分けて説明しようと思う。

なお、すでに国土十七種荘厳の三番目に入っているので繰り返しになるけれど、改めて確認しておくことがある。それは、この国土の形成者は誰なのかということと、この国土を観察するのは誰かということについての確認である。『註』は、前者の問に対して当然のこととして、それは、なかにはとりわけ優れた者がいるとしても、われら凡夫のうちの誰かが形成したのではなく、われらのうちの誰からも「他者」あるいは「超越的他者」であるところの阿弥陀如来が形成したものだという前提で、議論をしている。難しい言い方をするなら、「浄仏国土は如来の本願に酬報されたところである」ということである。なので、『論註』上巻は常に「仏本なんがゆゑぞこの荘厳を起したまへる」というように、「阿弥陀如来はどんな理由があってわれらのためにこのような極楽を形成してくださったのだろう」という問いから極楽についての考察を始めている。しかし、『論（願生偈）』は必ずしもそう考えているのだとは言いきれない。というのは、「願生偈」はそれだけを（つまり『論註』に影響されずに）素直に読むと「お釈迦さま、私は、お釈迦様の真如実相の教えによって、本質的には私の心のうちにある、あるいは、心のうちに形成すべき真理を、国土やそこに住む住民の様子として象徴的に述べようと思います」ということなのであって、自分とはまったく別の阿弥陀如来という他者に極楽を見せていただくとは考えていないとも言えるのである。

したがって、第二の問「この国土を観察するのは誰か」については、「願生偈」においては、天親菩薩自身、あるいは、この偈文を称えて彼にそって観想をトレーニングする善男子・善女人ということになるが、『論註』においては、これら善男子・善女人らも、そもそも、それをこの世でイメージトレーニングするのか、それとも、とにかくなんとかそこへ往って（あるいは迎えに来てもらって）それから観るのか、が問題となる。いや、その前に、そこはあらかじめ阿弥陀さんがわれらのために形成してくださったのだと考えた場合は、そこをまず初めに五念門行によって形成した阿弥陀さん（あるいは五念門行を修するということから言えば、むしろ法蔵菩薩）が礼拝・讃嘆・作願して観察するのだろうと考えられる。つまり、『論註』を前提すると、「この国土を観察するのは誰か」という問いの答えは、「われら娑婆の願生の行者」「そのわれらが未来（死後）に浄土に往生した菩薩」のほかに、さらにもうひとつ「法蔵菩薩御自身」ということになる。この「さらにもうひとつ」が親鸞の独断的解釈である。しかし、これは、上巻を読む間は頭のどこかに忍ばせておく程度でよいだろう。

では、改めて「性功徳成就」の註の文を①～④に分けて示すところに話を戻す。

①この二句は荘厳性功徳成就と名づく。仏本なんがゆゑぞこの荘厳を起したまへる。ある国土を見そなはすに、愛欲をもつてのゆゑにすなはち欲界あり。攀厭《へんえん》禅定をもつてのゆゑにすなはち色・無色界あり。この三界はみなこれ有漏なり。邪道の所生なり。長く大夢に寝《い》ねて出でんと悕《ねが》ふを知ることなし。このゆゑに大悲心を興したまへり。「願はくはわれ成仏せんに、無上の正見道をもつて清浄の土を起して三界を出さん」と。②「性」はこれ本の義なり。いふこころは、この浄土は法性に随順して法本に乖《そむ》かず。事、『華厳経』の宝王如来の性起の義に同じ。またいふこころは、積習して性を成ず。法蔵菩薩、諸波羅蜜を集めて積習して成ずるところを指す。また「性」といふは、これ聖種性なり。序《はじ》め法蔵菩薩、世自在王仏の所において、無生法忍を悟りたまへり。その時の位を聖種性と名づく。この性のなかにおいて四十八の大願を発してこの土を修起せり。すなはち安楽浄土といふ。これかの因の所得なり。果のなかに因を説く。ゆゑに名づけて性となす。③またいふこころは、「性」はこれ必然の義なり、不改の義なり。海の性の一味にして、衆流入ればかならず一味となりて、海の味はひ、かれに随ひて改まらざるがごとし。また人の身の性は不浄なるがゆゑに、種々の妙好の色・香・美味、身に入ればみな不浄となるがごとし。安楽浄土はもろもろの往生するもの、不浄の色なく、不浄の心なし。畢竟じてみな清浄平等無為法身を得ることは、安楽国土清浄の性、成就せるをもつてのゆゑなり。④「正

道大慈悲　出世善根生」とは、平等の大道なり。平等の道を名づけて正道となす所以は、平等はこれ諸法の体相なり。諸法平等なるをもつてのゆゑに発心等し。発心等しきがゆゑに道等し。道等しきがゆゑに大慈悲等し。大慈悲はこれ仏道の正因なるがゆゑに「正道大慈悲」といへり。慈悲に三縁あり。一には衆生縁、これ小悲なり。二には法縁、これ中悲なり。三には無縁、これ大悲なり。大悲はすなはち出世の善なり。安楽浄土はこの大悲より生ぜるがゆゑなり。ゆゑにこの大悲をいひて浄土の根となす。ゆゑに「出世善根生」といへり。

（『七祖篇』六〇～六二頁）

①の部分について。出世の善根を本質とする浄土に対して、「愛欲」を本質とする「欲界」、「攀厭《へんえん》禅定」を本質とする「色界」と「無色界」の三界を対照している。「三界」については、前章の清浄功徳の「勝過三界道」で説明しておくべきだったかもしれないが、ここでざっと説明しておく。浄土とは、不浄な現実世界を超えた清浄な世界ということだが、それが「どんなところであるか」は誰にもわからない。ただ、「どんなところでないか」については、それなりにわかる。一言で言えば、差別と殺戮のないところであるが、その差別と殺戮のさまを地獄・餓鬼・畜生・修羅・人間・天の六種に分類したのが「六道」という考え方である。最後に出てくる「天」というのは、梵天・帝釈天とか四天王の類であるが、これもまた差別と殺戮の世界であると一括りにするとわかりにくいかもしれない。そこでそのことを詳細に説明するために登場したのが、「天」の三分類、すなわち、「六欲天（欲界に属する六種の天）」「四禅天（色界に属する四種の天）」「四無色天（無色界に属する四種の天）」という概念である。仏教学辞典の類を調べれば詳しい解説がある。六欲天の中には、四天王や帝釈天があるので、「天」といっても、いわば、いわゆる神通力を具えた科学者や芸術家の世界を示すものとして理解すればよいので、これが「欲界」に属するというのはなんとなくわかるだろう。「色界」というのは、欲ではないにしてもかたちや形式がある世界で、そこに

属する四禅天は、禅定の深浅によって分かたれている。神秘主義的なものも含む思想・理想の世界といったところか。深浅や上下ということから予想されるように、この世界においても上に攀《よじのぼ》ろうとしたり、下を厭うことがあるので、「攀厭《へんえん》禅定」と言う。さらに、空無辺処とか色無辺処のような「色即是空」的な境地を目指す世界を示すものもある。これが無色界であり、その最後が清浄功徳のところにも登場した非想非非想処天で、「これが最後」という意味の有頂天とも言われる。非想非非想処とまで言えば、「攀厭禅定」もなさそうだが、それでも、上下はあるということで「みなこれ有漏なり。邪道の所生なり」ということになる。そして、そこで安眠をむさぼりそこから出ようという「悕《ねが》ふを知ることなし」なのである。「天」という快適なところから出ようという「悕ふを知ることなし」というのはわかるが、地獄・餓鬼・畜生から出ようと思わないというのは少し解説が必要かもしれない。これを香月院は「**地獄等へ生まれるものは、八寒八熱の地獄を花池宝閣の如き思いをなす**」(『講苑』一九七頁上段)のだと解説している。たしかに、コロナウイルスが蔓延しているにもかかわらず、それを隠蔽し、医療を阻む政権のもとで暮らしていても、隣国がいち早くPCR検査を行って感染の実態を可視化したのを見て、これを「隣国では収束の展望が見えてきたのだ」とは理解せず、「隣国は感染の拡大が止まらない」「隣国は不衛生だ」と信ずる者は多数いる。だから、法蔵菩薩は大慈悲心を以て衆生を三界から出さしめようとしたのである。この「大慈悲」なるものがどういうものであるかは第四段に出てくるから、説明はそこに譲る。

②の部分について。これ以後③④の部分を含めて、①で問題にした「有漏で邪の所産である三界」を超え出た浄土がどんなところであるかを語ることになる。したがって、その説明は基本的には誰にもわからないものとなる。この「基本的には」というのは、「純粋な論理のレベルとしては」とか「真偽のレベルとしては」という意味で、本質的に「言葉を超えたもの・語りえぬもの」だからである。『論註』を読む際にこういう個所に入ったら肩の力

を抜いて、アリストテレスならきっと「ならず者の論理」というところの「空の思想」「般若即非の論理」などを、香月院張りに「三論八不の法門で書いた一問答じゃとさへ気がつけば、問も答もなんの事もなく解せる処なり」（『講苑』一四九頁）と楽しめばよい。しかし、浄土はどういうところでないかということだったら、何度も言うように差別と殺戮のないところだとして、実践的なレベル、あるいは、善悪の領域で語ることができる。その時のキーワードが「善根」とか「慈悲」である。この領域の問題は切実なことなので「肩の力を抜いて」というわけにもいかないのだが、その切実さが①でどのように語られていたかを思い出せば、われらの態度は自然に決まる。①で「有漏で邪の所産」とされていた三界は、「非想非非想処」のように、「それってほとんど無漏で真実の所産なんじゃないでしょうか」と突っ込みを入れたくなるものまで含まれていたのである。これがどういう意味を持つかというと、われらがどんなに考えつくしても、この現実の世界でこれが平和で平等な世界だと提出することはできないということである。なので、真に平和で平等な世界は、阿弥陀如来とか法蔵菩薩のようなある意味では架空の実体化された存在に託すことで、われらにとっては、それが未来の希望として与えられるということで十分という実践的な立場をとることに決意したという意味である。この決意ができれば、すなわち信心決定すれば、何の役にも立たない悪趣味のように見える「空の論理」も、それなりに役立つこともある。「果のなかに因を説く。ゆゑに名づけて性となす（果中説因故名為性）」などというのはその好例であろう。

②の部分の冒頭の「「性」はこれ本の義なり」というのは、本質論を展開するための定義で「法性に随順して法本に乖かず（随順法性不乖法本）」と抑えられ、それが法蔵菩薩の「積習して性を成ず（積習成性）」「聖種性」と展開されていくかたちになっている。「随順法性」に出てくる「法性」というのは、いずれ『論註』下巻の「浄入願心章」などで私たちを悩ませることになる法性法身・一法句・清浄句などと同じで、真理それ自体を意味するのだ

が、ここでは、要するに浄土は真理それ自体に随順しているということだと「気楽に」読んでおけばよい。「気楽に」なれないからといって『華厳経』の「宝王如来性起品」の説を参照するのは必ずしもお勧めできない。法性とは真理それ自体であるから、すべてのものはそこから縁起する。つまり、不浄なる三界穢土の差別と殺戮の世界もそこから縁起するということには変わりがない。そこで、清浄なる真理それ自体に随順して性起する浄土と、真理それ自体に違して性起する穢土というような説明をするわけである。違していれば、縁起したのではなくて因と離れているのかといえばそうではない。染汚縁起なのであり、随順している方は浄縁起と言う。こういう説明である。ここで曇鸞が言いたいのは、要するに、浄土は平和で平等なところなのだが、それは、われら煩悩成就の凡夫の所産ではないということであろう。

そこで、次にこれを法蔵菩薩の六波羅蜜行の積集として説明する。法蔵菩薩という架空の「浄因」を説明するのはそのためである。この曇鸞の説明を見れば、親鸞が五念門行を法蔵の兆歳永劫の積集として説明した「独断」も、曇鸞の真意を顕したのだと言えるのかもしれない。そして、そのつぎの「聖種性」なるものが、この架空の神話的な存在・法蔵菩薩を登場させねばならない必然性を語っている。完全に清浄な世界、すなわち、実践的な領域の言葉を使えば、完全に平和で平等な世界がある（果として成就している）とすれば、その因は清浄でなければならぬと推定されるのである。そこで「果を修起した法蔵菩薩は因位の時にも完全に清浄だった」という神話が必要になり、それを「聖種性」と言うのである。だから、この荘厳成就は「果のなかに因を説く。ゆゑに名づけて性となす（果中説因故名為性）」と言うのである。この論理の面白いところは、ディビッド・ヒュームからカントに至る因果論と酷似しており、起こった結果の広汎な調査によって因を見極めるという、最も有効な科学である「疫学」と一致していることである。(4)

③の部分は「「性」はこれ必然の義なり、不改の義なり」で、海水に多少の異なる味の水が入っても海水の味は異ならないように、浄土往生して平和と平等の環境に入ればどんな者も平和と平等を体現することになるということで、難しいことではない。ただ、これを説明するのに「清浄平等無為法身」というような真偽のレベルと善悪・美醜のレベルが混在する表現をしているので、注意を要する。(5)

④の部分は「平等の道を名づけて正道となす所以は、平等はこれ諸法の体相なり。諸法平等なるをもつてのゆゑに発心等し。発心等しきがゆゑに道等し。道等しきがゆゑに大慈悲等し。大慈悲はこれ仏道の正因なるがゆゑに「正道大慈悲」といへり」(『七祖篇』六一頁)。平等と慈悲の連関が説明されている。実践のレベルの問題としては、当然のことである。その時は、平等とは社会的不公平がないこと、すなわち、搾取や独裁がないことを意味し、慈悲は、そうした搾取・独裁支配に抵抗し社会をドシドシ変革することや、市民運動を展開することを意味する。「慈悲に三縁あり。一には衆生縁、これ小悲なり。二には法縁、これ中悲なり。三には無縁、これ大悲なり。大悲はすなわちこれ出世の善なり」(大谷派『聖典』三一五頁/二版三六五頁)に出てくる「無縁の大悲」などという抽象的表現にはあまり重きを置かず、「真実自分自身のしたいこと、しなければならないこと、できることを、他人と比べず、あせらず、あきらめずしていこう」。ゆめゆめ「小非にこだわらず一殺多生の立場に立つ」などということになってはならない。「発心等しきがゆゑに道等し」(『七祖篇』六一頁)は、われらが歩む道が等しいのは、平和と平等の希望(発心)において等しいということなのだから。

五、補遺　浄入願心章の「因浄故果浄、非無因他因有」に関する解説

——本質論の危うさ——

この「因浄故果浄、非無因他因有」を浄土真宗本願寺派の『浄土真宗聖典　七祖篇　註釈版』は「無因と他因の有にはあらざるを知るべしとなり」（一三九頁）と読んでいるが、親鸞が「証巻」で引用した際のこの個所に付けた訓点によって「因無くして他の因の有するには非ず」、あるいは「因なくして他の因のあるにはあらず」（大谷派『聖典』二九〇頁／二版三三二頁）としているものもある。『浄土真宗聖典　七祖篇　註釈版』は親鸞独自のある種意図的な読みは廃して普通の漢文としての読みを優先させるという方針なので、まず、これによってだいたいの意味を記せば、「極楽国土の荘厳は「無因」すなわち原因無しで突如生じたものではないし、「他因」すなわち果につながらない別の他のものから生じたものでもない」ということである。親鸞の「因なくして他の因のあるにはあらず」という読みも、この意味と大きく異なることはないと思われる。『講苑』によると、この個所は「邪因邪果」「無因有果」「有因無果」「無因無果」の四つの外道の因果論を簡ぶものだという。要は、仏教における「因果論」が説かれているのである。

この説明はかなり厄介なのであるが、何のためにこうした議論をしなければならぬかということから説明するのがかえって手っ取り早いと思われる。二〇一一年の東京電力福島第一原子力発電所の事故のあと、甲状腺癌が多発していることはよく知られている。ところが、このことに関して、政府や東電、あるいは、その御用学者・御用医師などからは、セシウムなどの放射線と癌の「因果関係」は科学的に説明されていないなどという話が聞かれる。これは、正確に言うと、科学という普通の人間の経験に頼る論理によれば、原発事故によって癌が増えたのだとかなり確からしく推論できるが、そもそも因果ということを説明しきる形而上学的な論理から言えば、いかなる因果も本質的に説明できないということである。つまり、御用学者たちは、科学者が当然とるべきところの経験知に基づく推論を放棄して、因果を完全に説明しきろうなどという本来誰にもできないことを掲げて、東電・政府の免罪を図ろうとしているにすぎないのである。そもそも「因果」とは、ある印象と別の印象の組み合わせを繰り返し知覚することで「推論」されるにすぎない。どういうことかわかるだろうか。このことを最初に説明したのは、デイヴィッド・ヒューム（一七一一〜一七七六）である。『人間本性論』（*Treatise of Human Nature* 一七三九・一七四〇年）からつぎの言葉を引用しておく。

> 原初的印象もしくは感覚の印象とは、なんらの先行する知覚もなしに、身体の組織から、動物精気から、あるいは外的器官に物が当たって心に起こるようなものである。二次的印象もしくは反省の印象とは、これら原初的印象のうちのいくつかのものから、直接にか、あるいはその観念の介在によってか生じるようなものである。
>
> このうち、第一の種類のものは、知られない原因から直接に心に起こる。しかし、第二の種類の印象はたいていは観念に起因する。
>
> （『人性論〈1〉――第1篇　知性に就いて〈上〉――』岩波文庫）

ここに言う「知られない原因」とは、そもそもの第一原因は意識に直接与えられるものではないので本質的に認識できないということである。別の言い方をすれば「真の原因」は存在しない。にもかかわらず原因があると考えてしまい、「邪因邪果」の外道のように、外から因果律を賦課する絶対者があるのだというように、あるいは「無因有果」「他因生果」の外道のように因果の否定としての「偶然」の想定で、お茶を濁してしまうのはなぜだろうか？　この問いについてヒュームは次のように答える。すなわち、それは私たちが、ある印象と別の印象の組み合わせを繰り返し知覚することで、因果関係を認識する習慣（custom）を身につけているからだ、と。因果の想定とはこの「習慣」にすぎない。このことは、「因果」だけではなく「空間」や「時間」ということでも同様のことが成立し、それら自体を説明しきることはけっしてできないのである。なので、そもそも因が先で果が後であるにもかかわらず、「因浄故果浄」などと言い出すと、その場合は「因果同時」などという矛盾した表現をとるしかなくなるのである。ここから、カントのいわゆる「コペルニクス的転換」の哲学が生まれるのであるが、それはしばらく措く。何が言いたいのかというと、「因浄故果浄」というような「完全に必然的な因果関係」なるものはもちろんのこと、「これは因なくして果が生じたのではないか」とか「他の原因によってこの果が生じたのではないか、その場合は、因果関係は証明できないとするしかないのではなかろうか（だから東電や政府に責任があると科学的に証明できない）」などの問いに関する決定的な答えはない、あるいは、もっと正確に言えば、人間は因果というものそれ自体を知ったり表現することはできないということである。この事態を、人間は認識・表現できないが仏には表現・荘厳できると言い張っても同じことだが、その場合の表現は、「一法句」とか「清浄句」とか「真実智慧無為法身」のような表現でない表現、すなわち、いろやかたちがあってこそ荘厳と言えるのに、それらがない荘厳というような矛盾的表現を弄することしかできないのである。

しかしながら、この世（甲状腺癌に苦しむ小児のいる世界）では、その原因はかなり正確に推論できるし、その推論をもとにひとつずつできることを、あせらずあきらめずしていかねばならない。だから、「甲状腺癌と原発事故の因果関係は証明できない」などと言う似非学者には、「そもそも因果関係そのものを証明することができない」のは、ヒューム以来誰にもわかることであり、そんなことはせずに、原発をやめる道筋にこつこつと取り組むしかないのだと言うほかはないだろう。そして、それこそが、形而上学的悪趣味を倒し真に科学的な態度の基礎を作ったヒュームに倣った科学者のするべきことだ、と。ヒュームが行ったことは、本当は誰にもわからぬ神学的詭弁を打ち破ったこととして評価されることが多いが、「一法句」とか「清浄句」とか「真実智慧無為法身」のような仏教形而上学が悪趣味に堕すことの批判としても参照すべきかもしれない。

註

（1）本当は「草」ではなく「鳥」の名前らしいのだが、どうしてこうした齟齬が生じたのかはわからない。この触功徳については、曇鸞自身が翻訳について疑問を述べるという珍しい記述になっている。

（2）この喩えは私のオリジナルかと思っていたら、香月院がすでに江戸時代にやっていた。『論註』下巻の観行体相の中の眷属功徳の解説で「必獲入大会衆数と云ふも無量光明土へ往生したではなし、やはり娑婆界におる凡夫なり。たとへて云はゞ、京都のものが浪華へ養子にゆく約束が定まりて帳面を切り替へてからは体は京都に居ながら浪華の住人の数に入りたと云ふ如くなり」（『講苑』五一八頁下段）と言っている。

（3）『維摩経』「不思議品第六」にある。「ここに於いて、長者維摩詰、神通力を現せば、即時に彼の仏は、三万二千の師子座の高広にして厳浄なるを遣わして、維摩詰の室に来たり入れしむ。諸の菩薩、大弟子、釈梵四天王等も、昔より未だ見ざる所なり。その室は、広博にして、悉く皆三万二千の師子座を包み容れ、妨礙する所無し。毘耶離城および閻浮提、四天下も、また迫迮せずして、悉く故の如くに見ゆ（於是長者維摩詰。現神通力。即時彼佛遣三萬二千師子座高廣嚴淨。來入維摩詰室。諸菩薩大弟子釋梵四天王等昔所未見。其室廣博悉皆包容三萬二千師子座。無所妨礙。於毘耶離城及閻浮提四天下。亦不迫迮。悉見如故）」（『大正大蔵経』一四巻）。

（4）この問題については、『論註』下巻「浄入願心章」のところで扱うので、詳細はそこで述べる。浄入願心章のテーマ「願心荘厳」の説明に登場する「因浄故果浄、非無因他因有」について、東電福島原発事故を例に説明した個所を補遺として載せているので参照されたい。

（5）もっとはっきり言えば、こういう表現は、残念ながら仏教の限界だと知って批判的に読む方がよいということである。平和と平等を論ずるのに領域を逸脱してはならない。

第9章 極楽浄土とは何か(2)

――国土の様相前半(その二)

一、荘厳形相功徳成就――輝く世界――

偈文「浄光明満足　如鏡日月輪」は、第四「荘厳形相功徳成就」と名づけられる。「浄光明満足」というのは、浄土においては一切万物が清浄光明を満足しているということで、「鏡と日月輪の如し(如鏡日月輪)」とは、その喩えであり、日月のように外へ明光を放ち、鏡のようにうちへ輝くということ。『論註』は以下のとおりである。

この二句は荘厳形相功徳成就と名づく。仏本この荘厳功徳を起したまへる所以は、日の四域に行くを見そなはすに、光三方にあまねからず。庭燎《ていりょう》、宅にあるにあきらかなること十仞《じん》に満たず。これをもつてのゆゑに浄光明を満たさんと願を起したまへり。日月光輪の、自体に満足せるがごとく、かの安楽浄土もまた広大にして辺《ほとり》なしといへども、清浄の光明、充塞せざるはなからん。ゆゑに「浄光明満足　如鏡日月輪」といへり。

(『七祖篇』六二頁)

「日の四域に行く」とは、「太陽が須弥山の四州を運行する」という意味で、一州が昼なら他の州は夜なのだが、浄土ではいつでも明るいし、この世の庭で焚くかがり火はせいぜい十仭《じん》くらいしか届かぬが、浄土にあるものはそれ自体が日月のように輝くということである。「仞」は中国古代の高さ深さの単位。七尺、八尺など諸説ある。

二、荘厳種種事功徳成就――さまざまな装備と内面――

偈文「備諸珍宝性　具足妙荘厳」は、第五「荘厳種種事功徳」と名づけられる。偈文の意味は『論註』で解説されている。「註」は以下のとおりである。

　この二句は荘厳種々事功徳成就と名づく。仏本なんがゆゑぞこの荘厳を起したまへる。ある国土を見そなはすに、泥土をもつて宮《く》の飾りとなし、木石をもつて華観となす。あるいは金を彫り玉を鏤《ちりば》むも意願充たず。あるいは営みて百千を備ふれば、つぶさに辛苦を受く。これをもつてのゆゑに大悲心を興したまへり。「願はくはわれ成仏せんに、かならず珍宝具足し、厳麗自然にして有余にあひ忘れ、おのづから仏道を得しめん」と。この荘厳の事、たとひ毘首羯磨《びしゅかつま》が工《たくみ》妙絶と称すとも、思《おもい》を積み想《おもい》を竭《つく》すとも、あによく取りて図《うつ》さんや。「性」とは本の義なり。能生すでに浄し、所生いづくんぞ不浄を得ん。ゆゑに『経』（維摩経）にのたまはく、「その心浄きに随ひてすなはち仏土浄し」と。このゆゑに「備諸珍宝性　具足妙荘厳」といへり。

（『七祖篇』六二～六三頁）

この世ではどんな立派な宮殿でも、泥や木で作り、金を彫ったり玉を鏤《ちりば》めてさまざまに飾り立てたとしても不足がある。浄土には何の不足もないから不足を気遣うことも忘れ自然に仏道を歩むことができるという。「珍宝性」にある「性」は性功徳成就で説明したように、「「性」とは本の義なり」で「能生」すなわち浄土を生じせしめた因位の法蔵菩薩が清浄なのだから、生じた浄土は当然不浄ではない（所生いづくんぞ不浄を得ん）ということを示すのである、と曇鸞は解釈する。

この解釈を前提として、最後に引かれている『維摩経』について香月院はつぎのように言う。

これは『維摩註経』巻一（三十二丁右）仏国品の「若菩薩欲得浄土當浄其心隨其心浄則仏土浄」といふ文なり。とき、この経文は唯心の浄土を説いた文で、浄土と云ふて外にはない己が心性にそなはりてあるゆへ、己が心が清浄になりた処が即ち浄土じゃといふ経文なり。それを鸞師は浄土門へとりこんで引き給ふなり。そこで其心浄といふは法蔵菩薩の願心の清浄なこと、仏土浄といふは果上の安楽浄土の清浄なことなり。『安楽集』には他の経論を浄土門へとりこんで引き給ふことが多し。今論註でもこゝらは『維摩経』の文を浄土門の意で引き給ふこと、『維摩経言』と引かずに、たゞ『経言』と宣ふは、その思召と見へるなり。(1)

（『講苑』二二〇頁上下段）

香月院は、「其心浄といふは法蔵菩薩の願心の清浄なこと、仏土浄といふは果上の安楽浄土の清浄なこと」と言う。すなわち、「菩薩の心が浄い」というのは「因浄故果浄」のことで、果が浄いのはあくまでも極楽浄土が浄いのである。けっして、この穢土が見る者の心によって浄くなるのではない。だから、この『維摩経』の文言を清澤満之の「精神主義」のように「之《これ》（この世）に不足弊害のあるように見るのは、私共の心の至らないのであります。其れ故私共の心さへ立派になれば、自ずから社会は立派になるので、丁度此世界を凡夫の世界と見て居るのは、私共の見る心が凡夫であるからなのであるが、今如来より見給えば、此世界は清浄なる国土となるのと同じことであります(2)」と読んではいけないのである。むしろその逆で、この世ではどんなに立派に見える宮殿でも、それを作らされた人民の側は「つぶさに辛苦を受」けることになる。もちろん、『論註』自体も香月院も、この「辛苦」を宮殿の施主の気苦労としてしか考えてはいないようだが、平和で平等な極楽では誰の気苦労も加重労働もない。第一、すべての住民に「自己こそ自分の主である」が成立している極楽では、自分が住めるわけでもない宮殿を作らされるようなことになる施主なる他人が主である、などということは、それこそ「聞かれたことはない」のである。

一方、この世には必ず不足弊害があるが、浄土を批判原理としてそれをドシドシ改良していく道を歩み、未来に託すことができる世界でもある。われら凡夫には不足弊害が見えたことこそが、逆対応的に浄土が観えたことなのである。この世に不足弊害があっても、それを見ないように努め、不足弊害があることをドシドシ発見してそれに反対ですと言うことをやめ、自分の「心の至らない」ことを修養によって退治するような難行に努める、あるいは努めるふりをすることは、専修念仏から最もかけ離れた道と言わねばなるまい。おそらく、清澤は「精神主義」と称して、この世を如来の目で見えるようになるべく誠実に修養に努め、人にも勧めようとしたのだろう。しかし、それは不可能な道であり、本人ができたつもりになったり、弟子たちが「先生はできた」と宣伝したりすれば、差別と殺戮の厳かな肯定に使われるファシズムのイデオロギーになるほかはあるまい。

ここに引用した清澤の一文は、清澤自身が書いたのではなく、暁烏らの不肖の弟子によってゆがめられたのだとする研究がいくつもある。こういう研究の大半は、清澤の孫弟子、曽孫弟子の系統に属する者たちによって行われている。尻尾を切ったつもりで頭を汚す。無惨というほかはない。師の限界や師の逸脱を師から教わった原理によって正してこそ、師を尊重したことになるのである。このような師匠についての贔屓の引き倒しは、他山の石としておこう。というのは、このあと（本書第11章）、『論』『論註』最大の欠陥である「荘厳大義門功徳」の「女人及び根欠二乗種不生」の検討に入らねばならないからである。この点に関しては、そもそも経典に過失があるのだから、天親・曇鸞・親鸞にも当然過失は引き継がれている。もちろん、香月院も然りである。もし、この欠陥をいい加減に繕うようなことをすれば、自分が尊重しているはずのものをかえって汚すことになる。私たちが本当にせねばならないのは、経典・論・釈そのものの中に、この欠陥を糾す原理を見出し、この欠陥の部分をしっかりと「化け物屋敷」（香月院）と宣言し、読誦の廃止などの具体的施策を目指すことである。詳しいことは次章、次々章に譲るが、あらかじめ言っておくならば、次章に検討する「荘厳主功徳成就（正覚阿弥陀法王善住持）」と「荘厳眷属功徳成就（如来浄華衆正覚華化生）」が示す「同一念仏無別道故遠通夫四海之内皆為兄弟也(3)」と、「女人及根欠二乗種不生」とが矛盾していることを明らかにすることにかかっていると思う。

三、荘厳妙色功徳成就——卓越した輝き——

つぎに、第六・荘厳妙色功徳成就の考察にうつる。偈文は「無垢の光炎熾にして、明浄にして世間を曜かす（無垢光炎熾　明浄曜世間）」である。浄土は無垢の光炎がさかんに燃え盛り、浄光が世間を輝かすということである。『論註』は以下のとおりである。

この二句は荘厳妙色功徳成就と名づく。仏本なんがゆゑぞこの荘厳を起したまへる。ある国土を見そなはすに、優劣不同なり。不同なるをもつてのゆゑに高下《こうげ》もつて形《あらわ》る。高下すでに形るれば、是非もつて起る。是非すでに起れば、長く三有に淪《しず》没なり　む。このゆゑに大悲心を興して平等の願を起したまへり。「願はくはわが国土は光炎熾盛にして第一無比ならん。人天の金色よく奪ふものあるがごとくならじ」と。いかんがあひ奪ふ。明鏡のごときを金辺に在けばすなはち現ぜず。今日の時中の金《こがね》を仏（釈尊）の在時の金に比するにすなはち現ぜず。仏（釈尊）の在時の金を閻浮那金《えんぶなごん》に比するにすなはち現ぜず。閻浮那金を大海のなかの転輪王の道中の金沙に比するにすなはち現ぜず。転輪王の道中の金沙を金山に比するにすなはち現ぜず。金山《こんぜん》を須弥山の金に比するにすなはち現ぜず。須弥山の金を三十三天の瓔珞の金に比するにすなはち現ぜず。三十三天の瓔珞の金を炎摩天《えんまてん》の金に比するにすなはち現ぜず。炎摩天の金を兜率陀天の金に比するにすなはち現ぜず。兜率陀天の金を化自在天の金に比するにすなはち現ぜず。化自在天の金を他化自在天の金に比するにすなはち現ぜず。他化自在天の金を安楽国中の光明に比するにすなはち現ぜず。所以はいかんとなれば、かの土の金光《こんこう》は垢業《くごう》より生ずることを絶つがゆゑなり。清浄にして成就せざるはなきゆゑなり。安楽浄土はこれ無生忍の菩薩の浄業の所起なり。阿弥陀如来法王の所領なり。阿弥陀如来を増上縁となしたまふがゆゑなり。このゆゑに「無垢光炎熾　明浄曜世間」といへり。「曜世間」とは二種世間を曜《かがや》かすなり。

（『七祖篇』六三～六四頁）

『論』が浄土を「どんなところであるか」を述べるのに対して、『論註』上巻は、仏が「ある国土をみそなはす」ことで「どんなところでないか」を示す。これを『註論講苑』は「『論註』上巻は因位の本願に約して釈したまへり」と解説している。すなわち、『論註』は、仏（法蔵）が「ある国土をみそなわして」それではいけないと「このゆゑに大悲の願を興したまへり」または「このゆゑに願じてのたまはく」として、「願はくは云々」あるいは「かくのごとき云々の荘厳したまへり」というかたちで偈文の解釈をするのだが、この時の「云々」の部分に偈文をそのままに、あるいは、少し説明を加えて引用するのである。この妙色功徳においては、それが「願はくはわが国土は光炎熾盛にして第一無比ならん。人天の金色よく奪ふものあるがごとくならじ」と偈文にない言葉「第一無比」や「人天の金色よく奪ふものあるがごとくならじ（不如人天金色能有奪者）」が二句も加えられていて、上巻としてはやや珍しいかたちになっている。偈文は浄土が光り輝いているということだけだが、註はこれに対して、「浄土がどんなところか」を説明して「第一無比」などの言葉を加えているのである。偈文に書かれていることは天親が三部経全体を見て二十九種にまとめたということになっているが、以前に触れたように、そもそも天親の時代と魏訳『大経』の成立はほぼ同じころと想定されるので、天親はいわゆる大経四十八願に拘泥していないか、あるいは拘泥しようがない形態で、二十九種の荘厳を述べている。むしろ、〈願生偈〉成立ののちに天親の主張に合わせて『大経』四十八願が編まれた可能性すらあるのだ。[4] 曇鸞がこの偈文解釈で「第一無比」などを加えたことの背景はこのように理解すればいいと思われる。そのうえで、私は、曇鸞は第三の悉皆金色の願と第四の無有好醜（形色不同）の願を念頭に説明しようとしているのではないかと考えている。このふたつの願は、第一の無三悪趣の願と第二の不更悪趣の願が明白に浄土を「差別と殺戮のないところ」として描いているのに対して、「平等と平和がある世界」として積極的表現をしているのだが、その際の「平等」を形色非不同、すなわち「（自然的・肉体的）差異がない金色《こんじき》の世界」、または無有好醜、すなわち「差別意識のない世界」として示している。『註』はこれと同様に、「不同」と「高下」という形色の領域と「是非」という優劣の意識が因果関係にあるかのように描くのである。平等の問題はまずもって社会的不公平の改善・解消において考えられなければならないのであって、意識や自然的差異は二次的な問題である。このことは、いずれにしても、『論』『論註』の最大の欠陥たる第十六・大義門功徳のところで詳しく検討しようと思う。

『論註』に説かれる「無比の金色の世界」は、「人天の金色の世界」の場合にあるような「奪ふものある」世界、すなわち、転輪王から他化自在天のように「上には上がある」世界ではなく、一切の比較を超えた世界だとされているが、その理由は、これを形成した法蔵が「無生忍の菩薩の浄業」によって起こしたからだということである。すなわち、「因浄故果浄」という理屈であり、あえて説明するほどのことはないだろう。こんな理屈がわからなくとも、不平等とは「貧のために操を売らされる女」（高木顕明『余が社会主義』）がいる世界、「造像起塔を以て本願とせば貧窮困亡のもの定めて往生の望みを絶たん」（法然『選択集』）というように、貧富の差だということがわかれば十分である。『論』『論註』は法然上人の指南や高木顕明の指摘を通して読まなければ、ただの暇人の悪趣味に堕しかねないのである。法然が『論註』に触れているのは『選択集』第一「教相章」だけであり、ただ、道綽が廃するものとして建てた「聖道門」と同じ意味を有するものとして『論註』による龍樹の二道判の「難行道」をあげたにすぎない。しかし、「聖道門」と「難行道」をこの文脈で並べたということは、「難行道」を「できるに越したことはないがわれら愚かな者はできなくてもよい」という位置に置かず、「人びとに無用の格差を生み、自利利他円満の仏道を阻害するものとして積極的に棄て去るべきもの」と示唆したという意味を有する。この示唆がきわめて重要なのである（本書第3章参照）。また、高木顕明は明示的に『論註』を取り上げているわけではないが、『余が社会主義』において、「他方国土へ飛び出して……」というように自分が還相の主体だと明言したことが重要である。これがなければ、浄土教は、「弥陀往還」の神秘主義によるただの没主体的救済教に堕す。

四、荘厳触功徳成就――柔らかな感触――

第七の触功徳の偈文は「宝性功徳の草、柔軟にして左右に旋《めぐ》れり。触るるもの勝楽を生ずること、迦旃隣陀《かせんりんだ》に過ぎたり（宝性功徳草　柔軟左右旋　触者生勝楽　過迦旃隣陀）」（『七祖篇』二九～三〇頁）である。この偈文に登場する「宝性功徳の草」に異説があって、浄土にこういう「草」があるのだという説と「草」は単なる柔軟さの喩えであり、「宝性功徳」の「宝性」とは、種々事功徳に出てきた「珍宝性」と同じで「宝」は浄土の金銀瑠璃玻璃のこと、「性」は本質という意味であって、浄土の金銀瑠璃玻璃はこの世の金銀のように輝いてはいるが、硬くて触り心地が悪いものでなく草がなびくように柔らかな触感を具えたものだということを示す、という説がある。『論註』はこの後者の説を採っていると『註論講苑』は解説している。香月院らしいしつこい解説だが、私は嫌いではない。この解説は、つぎに示すこの個所の『論註』の文そのものの解釈に至ってさらに楽しくなるのでそれを読もうと思う。『論註』の文を示す。「天竺（印度）」「訳者（菩提流支）」などの（ ）内は編者が補ったもので原文にはもちろん存在しない。特に「訳者（菩提流支）」というように、編者は当然のようにこの「訳者」とあるのは「菩提流支」のことだとしているが、これは『註論講苑』の解釈とは異なることをあらかじめことわっておく。

　この四句は荘厳触功徳成就と名づく。仏本なんがゆゑぞこの荘厳を起したまへる。ある国土を見そなはすに、金・玉を宝重すといへども衣服となすことを得ず。明鏡を珍翫《ちんがん》すれども敷具によろしきことなし。これによりて目を悦ばしむれども、身に便《たよ》りならず。身・眼の二情あに鉾楯《むじゅん》せざらんや。このゆゑに願じてのたまはく、「わが国土の人天の六情、水乳に和して、つひに楚越の労を去らしめん」と。ゆゑに七宝柔軟にして目を悦ばしめ身に便りなるなり。「迦旃隣陀」とは、天竺（印度）の柔軟草の名なり。これに触るればよく楽受を生ず。ゆゑにもつて喩へとなす。註者（曇鸞）のいはく、この間の土・石・草・木はおのおの定体《じょうたい》あり。訳者（菩提流支）なにによりてか、かの宝を目《なづ》けて草となすや。まさにその葻《ふう》　草風を得る貌《かたち》なり　然榮《ねいえい》　草の旋《めぐ》る貌なり　莇《びょう》　細き草を莇といふ　なるをもつてのゆゑに、草をもつてこれに目くるのみ。余もし参訳せばまさに別に途あるべし。「生勝楽」とは、迦旃隣陀に触るれば染着の楽を生ず。かの軟宝に触るれば法喜の楽を生ず。二事あひはるかなり。勝にあらずはいかん。このゆゑに「宝性功徳草　柔軟左右旋　触者生勝楽　過迦旃隣陀」といへり。（『七祖篇』六四～六五頁）

「宝性功徳草」が草のことなのか草に喩えた浄土の金銀瑠璃玻璃なのかということは、初めの「ある国土を見そなはすに、金・玉を宝重すといへども衣服となすことを得ず」の解読にかかっている。意味は、「ある国土」すなわちこの娑婆世界では金銀や宝玉を珍重するがこれを衣服にすることはできない」ということである。また、「明鏡を珍翫すれども敷具によろしきことなし」は、クリスタルの鏡は高価だけれど触感が硬質で敷物に使えないということである。つまり、身体における触感と眼における色の感覚において、一方を立てれば一方が立たないという具合に『韓非子』にある「矛盾」のたとえ話のようなことになる。「身・眼の二情あに鉾楯せざらんや」の「情」は「六根・六境・六識」(5)とまとめられる仏教の認識論である唯識論における「識」を連想させる言葉なので、良忠の『記』(良忠記)』や知空の『浄土論註翼解』なども「識」と解説するが、『註論講苑』は「これ等は知らずして解をなすといふものなり」(『講苑』二二五頁下段)とあしらっている。曇鸞の時代、あるいは、三蔵菩提流支の時代(六世紀中ごろ)は、中国に本格的に唯識思想を持ち込んだ玄奘三蔵の時代(七世紀中ごろ)より前で、玄奘以降の「新訳」に対して「旧訳」と呼ばれる時期であり、その時期においては「情」と翻訳されているのは「識」ではなく「根」であるという。だから、「目を悦ばしむれども、身に便りならず」は、「硬い金銀は眼根を悦ばすが、身根には不便だ」という意味になる。そうでなければ「矛盾」の意味が通らないだろう。そこで、「「迦旃隣陀」とは、天竺の柔軟草の名なり。これに触るればよく楽受を生ず」というのは、浄土の金銀瑠璃玻璃は(見たところ娑婆の金銀瑠璃玻璃のように硬そうなのに)「迦旃隣陀」のように柔らかく心地よい触感である」という意味になる。娑婆世界では目には心地よいが触感はもうひとつということがあるが、浄土では、六根が水と乳の如くに溶け合って不快なことがないということである。だから、「七宝柔軟にして目を悦ばしめ身に便りなるなり」の「七宝柔軟」とは、文字通り浄土の金銀瑠璃玻璃の宝は柔軟であり、草がなびくようだ」との意味になる。つまり、「柔軟草」という草があるわけではない。ところが、そうすると、「「迦旃隣陀」とは、天竺の柔軟草の名なり」の意味がわかりにくくなる。この中に「迦旃隣陀」は草の名とあるが、本当は「草」ではなく「鳥」の名前だという説がある。確かに『涅槃経』では鳥の名前として登場するし、『立世阿毘曇論』という書物には衣の名として登場するらしい。それで、これはインドから中国へ何かが間違って伝わったのだろう、曇鸞が「迦旃隣陀」が草の名だというのは、こうした現代の研究からすれば根拠がないなどという程度の推測をしてお茶を濁すのが普通だろうが、香月院はなおもしつこく追及する。「迦旃隣陀」が鳥であれ、草であれ、はたまた衣であれ、「迦旃隣陀」というのは、サンスクリットで「柔軟にして愛すべきもの」という意味だと突き止める。そのうえで、「迦旃隣陀」を草の名としてある別の文献『法集経』を探し出す。これは『浄土論』と同じく三蔵菩提流支の翻訳である。ということは、他の経論には異説があったとしてもこの『浄土論』の「迦旃隣陀」は草の名だというのが三蔵流支の意図だと曇鸞は解釈したので、「迦旃隣陀とは、天竺の柔軟草の名なり」と註を付けたのだ。これが香月院の結論である。そして、この結論を以てして初めて、このあとに出てくる曇鸞が翻訳についての批判を述べているように見える部分が、すっきり解釈できることになる。

「註者のいはく、この間の土・石・草・木はおのおの定体あり。訳者なににによりてか、かの宝を目けて草となすや。まさにその蒕然蘂莳《ねんえいびょう》なるをもつてのゆゑに、草をもつてこれに目くるのみ。余もし参訳せばまさに別に途あるべし」という部分はどういう意味なのだろう。まず、「註者」とは曇鸞自身のことであり、「この間」は「私たちの国」つまり中国のこと、「土・石・草・木はおのおの定体あり」とは、中国では土は土、草は草で、金銀の宝は「草」とは言わない。翻訳を指揮した中国語を母語としない西域の人である三蔵菩提流支が以前に翻訳した『法集経』で使った（草として使用した）「迦旃隣陀」を単に柔らかさを喩える意味で翻訳したところを、「（中国語を母語とする）参訳者たちは、なぜ浄土の金銀瑠璃玻璃をそのまま草としてしまうような訳語を使ったのだろう。自分がこの訳業に参訳として出席していたら別の方法を考えただろうに」と。これが香月院の苦心の解釈である。

「註者」は曇鸞自身のことであるということについては、多くの注釈書、現在の東・西本願寺派、浄土宗などの聖典と同じだが、「訳者」は三蔵菩提流支ではなく、参訳者たちのこととなる。そして、「余もし参訳せば」は、むしろ、「余もし訳に参せば」と読む方がいいことになる。こう解釈して初めて全体の筋が通る。草だろうが、鳥だろうが、「迦旃隣陀に触るれば染着の楽」という、（好ましい趣味か悪趣味かはともかく）愛着にとらわれるだけだが、草が風になびいてめぐるような柔らかさを具えた浄土の金銀瑠璃玻璃に触れれば、はるかに勝れた楽を生ずるのである。だから「宝性功徳草　柔軟左右旋　触者生勝楽　過迦旃隣陀」と偈文に説かれているのだ。この解釈で、一見すると曇鸞が菩提流支の翻訳を批判しているかのように見えるこの部分が、菩提流支に傷をつけることなく本来の意味を伝えることになっているのだと『註論講苑』は解説している。

どうだろう、このしつこさは。文献実証主義者・香月院の面目躍如ではないか。私が香月院のあり方を、文献実証主義というのは、字句に拘泥する訓詁学のことではない。読み解くテキストを尊重し、その意図を明らかにするために徹底的にこだわることを意味する。浄土教という仏教は、このようなこだわりがなければ、そもそも仏教からの逸脱でしかないし、このようなこだわり無しに、仏教的形而上学に安易にすり寄れば、平和と平等の役に立たないばかりか、かえってそれに反する悪趣味に堕すだろう。

五、荘厳三種功徳成就――水と地面と虚空――

偈文をあげて、これは「〇〇功徳成就」と名づけるのは、註者・曇鸞ではなく、論主・天親自身が後半の長行の部分で行っていることだが、このあとの「水功徳」「地功徳」「虚空功徳」については、天親自身が、第八「三種功徳」とまとめたのである。(7)だから、これらをひとつずつで三つと数えてしまうと、国土荘厳は十七種ではなく十九種になってしまう。『論註』上巻ではこの点について、国土荘厳の締めくくりとしての偈文「是故願生彼阿弥陀仏国」の註として「十七種荘厳国土成就」という（『論註』だけを順に読んできた読者にとっては数え間違いかと思ってしまう）言葉がみられるほかは特に解釈はしていない。

まず、「水功徳」の偈文は「宝華千万種　弥覆池流泉　微風動華葉　交錯光乱転」である。おおよその意味は「千万種ものさまざまの宝の華が　池や流れを覆うように咲き乱れて、そよ風は花びらをゆるがせ、光が乱れ交わってきらきらと輝いている」。「弥覆」の「弥」とは、「弥漫《びまん》」という熟語があるように「広くゆきわたること」である。『論註』は以下のとおりである。

> この四句は荘厳水功徳成就と名づく。仏本なんがゆゑぞこの願を起したまへる。ある国土を見そなはすに、あるいは澐溺《うんにゃく》　江の水の大きなる波、これを澐溺といふ　洪濤《こうとう》　海の波の上がる　して滓沫《しまつ》人を驚かす。あるいは凝《ぎょう》澌《し》　氷を流す　浹渫《きょうとう》　凍りてあひ着く　して、蹙《しゅく》　迫る　架《か》し、忒《とく》　常を失す　を懐く。向《さき》に安悦の情なし。背《うし》ろに恐値《くち》の慮りあり。菩薩これを見そなはして大悲心を興したまへり。「願はくはわれ成仏せんに、あらゆる流・泉・池・沼　池なり　宮殿とあひ称ひ　事、『経』（大経・上）中に出づ。種々の宝華布《し》きて水の飾りとなり、微風やうやく扇ぎて映発《ようほつ》するに序あり、神《じん》を開き体を悦ばしめて、一として可ならずといふことなからん」と。
>
> このゆゑに「宝華千万種　弥覆池流泉　微風動華葉　交錯光乱転」といへり。（『七祖篇』六六頁）

珍しい字が使われているが、意味はさほど難しくない。『註論講苑』によると、文字に付けられた割注には、「反切」といって発音を示すものと、曇鸞自身が字釈をつけたものがあるという。「渫」に付けられた「凍りてあひ着く」というのが字釈で、「大甲反」というのが反切らしい。現実の世界には流氷や洪水などの災害があって津波が迫りくる前にも恐怖があるし、後にも恐れおののく。行く先も不安だし、逃げ延びても背後がやはり恐ろしい。だから、極楽は『大経』にも説かれているように、泉・池・沼が建物とよく調和して、いろいろの宝の花を布いて水の飾りとし、静かな風がおもむろに吹いて美しく照り映えている。初夏の雰囲気だろうか。「開神悦体」の「神《じん》」とは「精神」「こころ」のこと。仏教系の大学の水泳部の部室の額によく掲げられている。

つづいて「地功徳」の偈文は、「宮殿諸楼閣　観十方無碍　雑樹異光色　宝蘭遍囲遶」である。意味は、「宮殿楼閣から十方の世界が観ぜられ、さえぎられることがない。いろいろな宝の樹にそれぞれ異なった光があり、また宝の欄干がひろくめぐらされてある」という内容である。「十方」というのは、極楽以外を含む世界中のことであり、芥川龍之介の『蜘蛛の糸』のように、極楽の蓮の池から地獄に落ちた盗賊のカンダタも見えるということだろう。

『論註』は以下のとおりである。

この四句は荘厳地功徳成就と名づく。仏本なんがゆゑぞこの荘厳を起したまへる。ある国土を見そなはすに、嶕嶢《しょうぎょう》　高き貌《かたち》なり　峻　高なり　嶺《れい》にして枯木岑《みね》に横たはり、岝峉《さがく》　岝峉は山斉しからず　峌《けい》　深き山谷または山消の貌なり　嶙《りん》　深くして崖《かぎ》りなし　にして莦《しょう》　悪き草の貌なり　茅《ぼう》　道に草多くして行くべからず　壑《たに》に盈《み》てり。茫々たる滄海、絶目の川たり。葻々《らんらん》たる広沢、無蹤《むしょう》の所たり。菩薩これを見そなはして大悲の願を興したまへり。「願はくはわが国土は地平らかにして掌のごとく、宮殿・楼閣は鏡のごとくして、十方を納めんにあきらかにして属するところなく、また属せざるにあらざらん。宝樹・宝欄たがひに映飾《ようじき》とならん」と。このゆゑに「宮殿諸楼閣　観十方無礙　雑樹異光色　宝欄遍囲繞」といへり。

（『七祖篇』六六～六七頁）

この世界の地形は、高く（嶕嶢）けわしい山に枯木が峰に横たわり、高低さまざまの山、深くけわしい谷には、悪草が生い茂って谷をふさいでいるかと思えば、反対に広々とした大きな海が目のとどかぬ川のようである。雑草の生い茂る広い沢は人跡の及ばぬところである。ところが、極楽浄土は、掌《てのひら》のように平らで宮殿楼閣が鏡のように十方世界を写し取っている、という。欄干と木々が互いに飾りとなっているというのはどういうイメージなのだろう。アルフォンス・ミュシャ(8)のポスターのような感じだろうか。

そして、低いところの「水」、中央の「地」ときて、最後は高い「虚空」と続く。偈文は、「無量宝交絡　羅網遍虚空　種種鈴発響　宣吐妙法音」である。意味は「無量の宝からできている網が、あまねく虚空《そら》を覆っており、さまざまな鈴が声をたてて　妙なる法を説いている」ということである。『論註』は以下のとおりである。

この四句は荘厳虚空功徳成就と名づく。仏本なんがゆゑぞこの荘厳を起したまへる。ある国土を見そなはすに、煙・雲・塵・霧、太虚を蔽障《へいしょう》し、震烈霫《しん》　雨の声なり　霍《かく》　大雨なり　上よりして堕つ。不祥の烖《さい》　天の火なり　霓《げつ》　屈れる虹、青赤あるいは白色の陰気なり　つねに空より来りて、憂慮百端にしてこれがために毛竪《けいよだ》つ。菩薩これを見そなはして大悲心を興したまへり。「願はくはわが国土には宝網交絡《きょうらく》して、羅は虚空に遍し、鈴鐸　大鈴なり　宮商鳴りて道法を宣べん。これを視て厭ふことなく、道を懐ひて徳を見《あらわ》さん」と。このゆゑに「無量宝交絡　羅網遍虚空　種種鈴発響　宣吐妙法音」といへり。（『七祖篇』六七頁）

この世の空は、スモッグや霧で覆われ、雷の音や稲妻の不気味な光で覆われ、このために「毛竪《けいよだ》つ」なのだと。「毛竪つ」というのは、いわゆる「身の毛がよだつ」ということらしいが、この世のこととはいえ、私は経験していないので想像するしかない。ところが極楽では大小の鈴が法の音を奏でるという。

六、荘厳雨功徳成就――美しい衣と香りにあふれる世界――

第九の雨功徳の偈文は「雨華衣荘厳　無量香普薫（華衣の荘厳を雨ふらし、無量の香あまねく薫ず）」とあって「雨」は名詞ではなく「雨降らす」という動詞である。しかも降るのは雨ではなく「衣」である。その衣は柔軟で降ってきても邪魔にならない。そのことを降っても邪魔にならない「雨水」で喩えたのだと『論註』に解釈がある。そして、三種功徳になかった五感の中の「鼻根」に対応する「香」もかぐわしく満ち満ちている。『論註』はこの邪魔にならない「雨水」のことにも触れる。以下のとおりである。

この二句は荘厳雨功徳成就と名づく。仏本なんがゆゑぞこの荘厳を興したまへる。ある国土を見そなはすに、服飾《ぶくじき》をもつて地に布き、所尊を延請せんと欲す。あるいは香・華・名宝をもつて、用ゐて恭敬を表せんと欲す。しかも業貧しく感薄きものはこの事果《はた》さず。このゆゑに大悲の願を興したまへり。「願はくはわが国土にはつねにこの物を雨《あめふ》らして衆生の意に満てん」と。なんがゆゑぞ雨をもつて言をなすとならば、おそらくは取者のいはん。「もしつねに華と衣とを雨《あめふ》らさば、また虚空に塡《み》ち塞ぐべし。なにによりてか妨げざらん」と。このゆゑに雨をもつて喩へとなす。雨、時に適ひぬれば、すなはち洪滔　水漫ちて大し　の患ひなし。安楽の報、あに累情の物あらんや。経にのたまはく、「日夜六時に宝衣を雨り宝華を雨る。宝質柔軟にしてその上を履《ふ》み践《ふ》むにすなはち下《くだ》ること四寸、足を挙ぐる時に随ひて還復すること故のごとし。用ゐること訖《おわ》りぬれば、宝地に入ること水の坎《あな》に入るがごとし」と。このゆゑに「雨華衣荘厳　無量香普薫」といへり。

（『七祖篇』六八八頁）

前半に出てくる「服飾をもつて地に布き、所尊を延請せんと欲す。あるいは香・華・名宝をもつて、用ゐて恭敬を表せんと欲す」というのは、釈尊のような比丘を招いて敷物と香でもてなそうとしても、貧しくてそれができない現実を述べている。それが極楽では、豊富に虚空から降り注ぐというわけである。『新約聖書』にも、イエスの一行を招いて香油でイエスの足をぬぐう場面（ルカによる福音書Ⅶ36～57、マルコによる福音書XIV3～9など）が出てきて、絵画の題材となっている。そうしてみると、この極楽の様子はカナンの地によく似ていると言える。実際に乳と蜜が降ってきたらべたべたとして大変だが、そういう意味ではない、と説明されているのともよく似ている。(9)

註

（1）『講苑』二二〇頁上下段。なお、引用されている『維摩経仏国品第一』の「若菩薩欲得浄土當浄其心随其心浄則仏土浄」には訓点が施されている。それに従うと、「もし菩薩、浄土を得んと欲せば、まさにその心を浄むべし。その心の浄きに随って、すなわち浄土浄し」。

（2）「精神主義〔明治三十五年講話〕」（『清澤満之全集』第六巻、岩波書店、二〇〇三年、一六七頁）。ちなみに、清澤はこの自分の発言が『維摩経』に由来することを十分に意識しており、実際に「菩薩心浄故国土浄」の文言が引用されている。

（3）この「四海平等」のフレーズが登場するのは、『論註』下巻「観察体相章」での眷属功徳の註である。

（4）すでに何度か触れた『仏教になぜ浄土教が生まれたか』（松岡由香子、ノンブル社、二〇一三年）。また、二十九種荘厳が、『解深密経』序品、『仏地経』（『大正大蔵経』一六巻）などに説かれる十八円浄（十八円満）と関係が深いことはよく知られている。また、この系統に連なる天親による『摂大乗論釈』（『大正大蔵経』三一巻）とも関係が深い。

（5）「根」は「眼・耳・鼻・舌・身・意」の感覚器官、「境」はその対象の「色・声・香・味・触・法」、「識」はそれぞれの知覚のこと。詳しくは第13章「身業功徳成就」のところで説明する。

（6）この「蓊然蓁蓏」とは「草が風になびいているように柔らかにめぐる」様子を表す。

（7）『浄土論』に「荘厳三種功徳成就とは、三種の事あり、知るべし。なんらか三種。一つには水、二つには地、三つには虚空なり。荘厳水功徳成就とは、偈に「宝花千万種（中略）」と言えるがゆえに。荘厳地功徳成就とは、偈に「宮殿諸楼閣（中略）」と言えるがゆえに。荘厳虚空功徳成就とは、偈に「（中略）」と言えるがゆえに」（大谷派『聖典』一三九～一四〇頁／二版一五〇頁）。

（8）Alfons Maria Mucha.（一八六〇～一九三九）。チェコ出身でフランスなどで活躍した画家。

（9）「カナンの地」とは、実際にある地域（イスラエル）を指すこともあるが、『旧約聖書』で「乳と蜜の流れる場所」と描写され、神がアブラハムの子孫に与えると約束した土地である。パレスチナ地方の古称。

第10章 極楽浄土とは何か(3)
――国土の様相後半（その二）

一、光明功徳以降、八種の功徳の意味――環境とその中の個人――

この第十「光明功徳」からあとの八種の荘厳は、国土荘厳、すなわち、器世間清浄を表すのだが、「光明」は仏の智慧のこと、「妙声」は仏の法音または名声（あるいは、評判）のことを指すので、国土自体を表すよりは、そこに暮らす人びとの様子を表しているとも言える。つぎの主功徳や眷属功徳はなおさらである。いわば、国土と言ってもこれより前は自然環境、この後は社会環境とも言える。

極楽世界の全体は、阿弥陀如来の誓願に酬報したものであるが、国土の方を「依報」、人の方を「正報」と呼ぶのは、人が「主体」であることを意識したものであろう。自然・社会・個人の三者、あるいは、もっと一般化して言えば、「類・種・個」をどのように考えるかということは、西洋においても、プラトン、アリストテレス以来の難問であり、平和や平等といった（自然環境とは区別された）社会的な問題を考える際の鍵となる。依報の国土荘厳の中に正報たる仏や声聞が登場することの説明として、『註論講苑』は伝統的な「依正不二」という言葉を使っている。個人と環境は一体ではないが別ものでもないということである。これは要するに、浄土教は苦悩の解決法である仏教に、個人（の内面）だけでなく環境をも問題にすることへと展開されたものとは言えても、その環境が自然なのか社会なのかが曖昧ということではないかと思われる。自然環境と社会環境の違い、言い換えれば、自然的・肉体的差異と社会的な差別との違いは、苦悩の問題を考える際にきわめて重要なことである。例えば、病苦には、肉体的苦痛やそれに対して治療薬を用いて対応する時の苦しみもあるが、これを「病そのものによる苦しみ」とすると、病苦はそれだけでは収まらないことがわかる。すなわち、近代日本のハンセン病政策に顕著であったように、病者を隔離排除することによって社会的に不公平な地位に置き、差別の対象とされることから生ずる苦しみ、すなわち、「病そのものによるものとは別の苦しみ」があるからだ。このことは、当今のコロナ禍においてもいっそう明らかになっている。

環境の中の「個」は、その環境に単に属しているだけでなく、その環境の形成者でもあるのだが、このことは、自然環境と区別された社会環境というものを考える際に特に重要さを増す。人間は社会環境の単なる一因ではなく、それの変革の主体であるからだ。「自然」と「社会」の両者について、『論』も『論註』も、さらには、親鸞も香月院も、しっかりと区別がついているかどうかわからない。ただ、ハンセン病問題の中からわかってきたことは、後者の苦しみは、終生・絶対・強制隔離の制度（政策）をドシドシ改良することによって解決されることは確かであり、それを進めることが「病そのものによる苦しみ」自体の解決にも大きく貢献するということである。

二、光明功徳――内面の明闇と社会の明闇――

ともあれ、十七種とされる国土荘厳の後半部、どちらかと言えば、むしろ仏荘厳・菩薩荘厳の範疇に入れてもよい部分の第一（十七種全体から言えば、第十）「光明功徳」の偈文を確認する。

偈文は「仏慧明浄日　除世痴闇冥（仏恵明浄の日は世の痴闇冥を除く）」（『七祖篇』六八頁）とある。如来の智慧よりあらわれている太陽のような国土の光明は、衆生の煩悩の闇を除くということである。娑婆世界では衆生の愚痴によって闇に覆われているが、極楽国土は仏の智慧の光明によって平和と平等の活気に満ちているということだろう。問題は、この「闇」が個人の内面に原罪のように存在してそれ自体については個人ではどうにもならず、仏の智慧によってその「闇」に気づかされるだけと考えるのか、仏の「智慧」が浄土という社会環境として表現・荘厳されているように「闇」もまた社会の悪しき制度のことであると考えるのかであろう。ハンセン病の病歴者・家族・医療従事者を差別したのは、われらの内面に深い闇のような「差別心」なるものが存在しているからなのか、終生・絶対・強制隔離という政策によるのか、ということである。浄土教の本質からすれば、それは当然後者だということになるはずだが、そのことが誰の目にも明らかになるのはまだ先のことだと思われる。

光については、すでに形相功徳で「浄光明満足如鏡日月輪」、妙色功徳で「無垢光炎熾明浄曜世間」と述べられていたのになぜさらに出てくるのかということについて、『註論講苑』は、形相功徳では極楽国土の荘厳の一々の自体から光が放たれていること、妙色功徳では一々の色相が第一無比の光明を具えることであるのに対して、この光明功徳では光が衆生の愚痴の闇を除くという用《はたら》きをすることを述べている。つまり、「体・相・用《ゆう》」の次第になっているのだと説明している。「体・相・用」の初めふたつは西洋哲学の用語を使えば、「実在・現象」に相当するだろうし、最後の「用」は「機能」や「作動」に相当するだろう。しかし、この「機能（function）」なるものをどう考えるかということは、上に述べた自然と社会との区別ともかかわって、おおいに問題になることだと思われる。ただ、この問題に今はこれ以上深入りせず頭の片隅にとどめながら、偈文についての『論註』の検討に移ろう。

『論註』は以下のとおりである。

この二句は荘厳光明功徳成就と名づく。仏本なんがゆゑぞこの荘厳を興したまへる。ある国土を見そなはすに、また項背《こうはい》に日光ありといへども愚痴のために闇《くら》まさる。このゆゑに願じてのたまはく、「わが国土のあらゆる光明、よく痴闇《ちあん》を除きて仏の智慧に入り、無記の事をなさざらしめん」と。またいはく、安楽国土の光明は如来の智慧の報《ほう》より起るがゆゑに、よく世の闇冥《あんみょう》を除く。『経』（維摩経）にのたまはく、「あるいは仏土あり。光明をもつて仏事をなす」と。すなはちこれはこれなり。このゆゑに「仏慧明浄日　除世痴闇冥」といへり。

（『七祖篇』六九頁）

『論註』の文で、解釈上ちょっと引っかかるのは、「項背に日光ありといへども（雖復項背日光）」と「無記の事をなさざらしめん（不為無記之事）」の部分だろうか。『註論講苑』は、「項背日光」とは「項背円光」のことで「うなじにまんまるな円光をいたゞいておることとなり」（『講苑』二四〇頁上段）と解説している。これは、『観経』の観音観にある「項有円光」（大谷派『聖典』一〇七頁／二版一一六頁）と同じで仏の三十二相のひとつだとされる。法蔵菩薩が「ある国土を見そなはすに」、つまり娑婆世界を観見すると、釈迦仏以外にも転輪王のように三十二相を具えている者もあるし、提婆達多や難陀尊者のように白毫相と千輻輪相以外の三十相を具えた者もいるから、「項背に日光ありといへども（雖復項背日光）」と言うが、それら釈迦以外の者は愚痴の闇の中にいるから「無記の事」つまり「無駄なこと」になっている。「そういうことがなく円光によって仏の智慧に入らしめる（能除痴闇入仏智慧）」のが極楽国土なのだということである。「無記の事」というのは「善悪無記」という時の「無記」のことではなく、無駄なことという意味である。「項有円光」というのは、いわゆる「オーラ」のようなものと考えればいいと思われる。釈迦と同じように提婆達多にもオーラがあったというのは、うなずける話である。問題はそのオーラが何に使われるかということである。無駄に使われるのならまだいいが、サリン散布の殺人にも使えるということを肝に銘じておかねばならないだろう。

ここでひとつ注意しておくことがある。「仏の智慧に入らしめる（能除痴闇入仏智慧）」というのは、親鸞独自の解釈によれば、現益、すなわち、「一切善悪凡夫人聞信如来弘誓願仏言広大勝解者（一切善悪の凡夫人、如来の弘誓願を聞信すれば、仏、広大勝解の者と言えり）」であり、「光明名号顕因縁開入本願大智海」だということになる。すなわち、如来本願のいわれを聞きひらくところに、仏の智慧の海に入るということなのだが、『論』『論註』にそういうことが書かれているわけではない。『論註』においては、衆生はあくまでも浄土に往生して仏と変わらぬ智慧に入るということになる。このふたつの意味の緊張関係を忘れると、『論註』を読んだことにはならない。親鸞が『論』『論註』を、そこに顕《あきら》かに書かれていないことまで読み込んだことについては、この後もずっと問題になる。親鸞が、もし、顕かに書かれている意味を単に捨てたのであれば、なにも『論』『論註』を引用する必要はないのである。

さて、後半に再び『維摩経』が登場する。「仏国土品」である。その中に「光明を以て仏事をなす」という一節があるからだ。先にも第9章の「荘厳種種事功徳成就」に『維摩経』が登場した。ここでも同じ注意が必要となる。すなわち、『維摩経』が「菩薩其の心浄ければ国土浄し」と語っているのは、それを浄土門に取り込んだ場合、あくまでも法蔵菩薩の因願の清浄なこととして述べられているだけだということであり、極楽世界が平和で平等であることの根拠が述べられているということである。つまり、一切善悪の凡夫人は如来の弘誓願（極楽世界の平和と平等の根拠）を聞信して、この娑婆世界が差別と殺戮にあふれる世界だと知れたということである。問題は、この「知れた」ということ、すなわち、「仏、広大勝解の者と言えり」とは何かということなのである。『維摩経』の文面通りなら、清澤満之の「精神主義」のように「この世に不足弊害のあるように見るのは、私共の心の至らないのであります。其れ故私共の心さへ立派になれば、自ずから社会は立派になるので、丁度此世界を凡夫の世界と見て居るのは、私共の見る心が凡夫であるからなのであるが、今如来より見給えば、此世界は清浄なる国土となるのと同じことであります」ということになるかもしれないが、浄土門においてはそのような意味にはけっしてならないということである。(1) 浄土門においては、「私共の心の至らない」ことを、個々の凡夫の内面に巣くう闇のような差別心と考えるのではなく、仏の智慧が国土の荘厳、すなわち、社会環境として表現されているように、同様に穢土の社会環境を「世の痴闇冥」として考えるのだということである。すなわち、われら凡夫が如来の弘誓願を聞きひらく時「広大勝解の者」とまで言えるのは、単に如来の智慧に照らされて自分の深い心の闇を知らされたというようなことではなく、「法身の光輪きわもなく　世の盲冥をてらすなり」(「浄土和讃」。大谷派『聖典』四七九頁/二版五七〇頁)であって、この娑婆世界の痴闇冥の制度・システムを批判的に見る目が開かれたということである。つまり、「広大勝解の者」とまで言えるのは、社会の制度をドシドシ変える方向に歩み出す決意が生じたからなのである。決意が生じたのは現益であるが、それは、私たちがこの世に存在しているうちにコロナ禍や種々の差別が消えて無くなったかのような境地になることとは全然違う。

三、妙声功徳——名声が届く——

偈文「梵声悟深遠　微妙聞十方（梵声の悟り、深遠なり、微妙にして十方に聞ゆ）」(『七祖篇』六九頁)は、天親によって、「第十一妙声功徳」と名づけられている。『論註』はそれを受けてただちに偈文の解釈に入っている。『論註』前段は以下のとおりである。

この二句は荘厳妙声功徳成就と名づく。仏本なんがゆゑぞこの願を興したまへる。ある国土を見そなはすに、善法ありといへども名声遠からず。名声ありて遠しといへどもまた微妙ならず。名声ありて妙遠なれども、また物を悟らしむることあたはず。このゆゑにこの荘厳を起したまへり。天竺国（印度）には浄行を称して「梵行」となす。妙辞を称して「梵言」となす。かの国には梵天を貴重すれば、多く「梵」をもつて讃をなす。またいはく、中国の法、梵天と通ずるがゆゑなり。「声《しょう》」とは名なり。名《みょう》はいはく、安楽土の名なり。経にのたまはく、「もし人ただ安楽浄土の名を聞きて往生を欲願するに、また願のごとくなることを得」と。これは名の物を悟らしむる証なり。

（『七祖篇』六九～七〇頁）

偈文の「悟深遠微妙聞十方（悟りは遠く深く微妙に全世界に響きわたる）」について、極楽以外の世界では「善法ありといへども名声遠からず（善法は存在しているけれど、広く伝わっていない）」とか、「名声ありて遠しといへども[2]また微妙ならず（広く伝わっているけれど粗雑で微妙さに欠けている）」とか、「名声ありて妙遠なれども、また物を悟らしむることあたはず（名声もあり、微妙な法もあるけれど実践的に衆生を悟りに導くことがない）」という三種の不足があるが、そのすべてを克服しているのが極楽だと説明するわけである。また、「梵声」と「妙声」はほぼ同じ意味であり、「梵行」「梵天」のように、天竺では「梵」は勝れたもの一般を指す言葉であると解説している。つまり、先の光明功徳と対になって「声」とは「名号」のことだと説明している。「光明・名号」の次第になっているというわけである。最後の「経にのたまはく」の「経」は何を指すのかということについて、『註論講苑』は、これは『大経』の第十八願成就文の意を取って述べているのだと解説している。これについては、後述する。

『論註』後半は以下のとおりである。

『釈論』（大智度論・意）にいはく、「かくのごとき浄土は三界の所摂にあらず。なにをもつてこれをいふとならば、欲なきがゆゑに欲界にあらず。地居《じこ》なるがゆゑに色界にあらず。色あるがゆゑに無色界にあらざればなり。けだし菩薩の別業の致すところのみ」と。有を出でてしかうして有なるを「有を出でて」とは、いはく、三有を出づるなり。「しかうして有なる」とはいはく、浄土の有なり　微《み》といふ。名よく開悟せしむるを妙　妙は好なり。名をもつて、よく物を悟らしむるゆゑに妙と称す　といふ。このゆゑに「梵声悟深遠　微妙聞十方」といへり。

（『七祖篇』七〇頁）

そもそも国土荘厳の第一に「観彼世界相勝過三界道」とあったのだから、改めて「かくのごとき浄土は三界の所摂にあらず」という必要があるのかと思われるが、これは「微妙」の説明である。「有を出でて」「しかうして有」というのは「無生の生」と同じで、浄土は本当は「真空」で、浄土の住民は如来を含めて「虚無の身・無極の体」でしかないのだけれど、実体化されていなければ普通の理性にとって意味がないのである。問題は、どのように実体化されるのかということであろう。虚無の身であるからには、浄土の住人は「女人」ではないと言ってもいいが、同時に男でもないのであって、それをなぜ「女人・根欠・二乗種」でないというのかが問題なのである。「微妙」の説明として、「有を出でて」「しかうして有」という「無頼の説」ですまされてはならぬのである。「微妙な妙声」とは何であるのかについて説明が必要である。

『註論講苑』は『論註』の説明が『大経』の第十八願成就文の意を取ったものだとしている。つまり、「諸有衆生聞其名号信心歓喜乃至一念」である。そして、曇鸞がこれをそのまま取らなかったのは、成就文の「名号を聞く」と偈文の「梵声」すなわち「極楽の名声」との対応が明確でないので、異訳『大阿弥陀経』『平等覚経』を取り合わせているのだとしている。

しかし、私は、『註論講苑』が同時に、浄土の名声評判が聞こえてくるというこの偈文のイメージの説明として、第十七願と『小経』の諸仏称揚・諸仏称名をあげていることに着目したいと思う。こちらの方が、偈文のイメージに符合していると思う。というのは、この「諸仏」とは誰なのかということを思うからである。第十八願成就文の「聞其名号信心歓喜」とは、名号のいわれ、すなわち、極楽国土の平和と平等のいわれを聞いて「南無阿弥陀仏と申して疑なく往生するぞと思とりて申す」(『一枚起請文』。大谷派『聖典』九六二頁/二版一一五三頁)ことであり、それは、阿弥陀のくにに賛成ですという決意表明であり、その決意は、差別と殺戮のこの世界に反対ですとの含意を必然的に持つからである。この決意表明がなされた時に、初めて、他の多くの人びとの同種の決意表明が聞こえてくるのではなかろうか。その声は、「Black Lives Matter」であるかもしれないし、「産む産まないは女の権利」かもしれないのだが、自らが「南無阿弥陀仏」と声に出す前は、ゆゆしき学生に邪魔されて「キリスト教やヒューマニズムに発する人間中心主義」とか「仏法以下のもの」と見下していた声だったかもしれないのである。しかし、自分が決意してみると、これこそが、諸仏称揚であったのだと気づくのである。「南無阿弥陀仏」は、一人で言えばつぶやきだけど、自ら声に出せばさまざまな反応が起こり、思いがけない交流が始まり、世界にあふれる甚深微妙の「梵声」「妙声」が聞こえてくるのである。(3)

四、主功徳と眷属功徳――極楽の人間関係――

第十二「荘厳主功徳成就」と第十三「荘厳眷属功徳成就」は偈文の「正覚阿弥陀法王善住持」と「如来浄華衆正覚華化生」のことである。国土荘厳の第十二と第十三だから「器世間」の分類に入る。しかし、浄土の中にいる

「人」を描いているのだから、「衆生世間」と言うべきではないのかとも考えられる。このことはすでに触れた。
主功徳を明かすとされる偈文は「正覚の阿弥陀法王の善く住持したまえり（正覚阿弥陀法王善住持）」である。極楽国土は正覚の阿弥陀法王が善く住持している場所であるという意味である。「住持」とは、その場にとどまって保っているということだから、正覚そのものである阿弥陀如来によって善く統治・管轄されているということであろう。すなわち、極楽世界の安楽は阿弥陀如来の管理によっているということである。この阿弥陀如来による「善住持」という概念は、『論註』下巻の善巧摂化章に登場する「自身住持の安楽」との対照で重要な意味があるのだが、それは下巻の読解で詳しく検討しよう。『論註』は以下のとおりである。

この二句は荘厳主功徳成就と名づく。仏本なんがゆゑぞこの願を興したまへる。ある国土を見そなはすに、羅《ら》刹君《せつきみ》となれば、すなはち率土あひ噉《だん》す。宝輪、殿に駐《とど》 馬を立《とど》む まればすなはち四域虞ひなし。これを風の靡《なび》くに譬ふ。あに本なからんや。このゆゑに願を興したまへり。「願はくはわが国土にはつねに法王ましまして、法王の善力に住持せられん」と。「住持」とは、黄鵠《おうこく》、子安を持てば、千齢かへりて起り、魚母、子を念持すれば、嶨《がく》 夏水ありて冬水なきを嶨といふ を経て壊せざるがごとし。安楽国は〔阿弥陀仏の〕正覚のためによくその国を持せらる。あに正覚の事にあらざることあらんや。このゆゑに「正覚阿弥陀 法王善住持」といへり。（『七祖篇』七〇～七一頁）

主功徳に関しては、「有る国土」が羅刹（暴君）に統治されているのと、転輪聖王に統治されていることの両方があげられている。「宝輪、殿に駐まる」というのは、政府の庁舎に転輪聖王の公用車が付けられていて王が現にいることが民に了解できるということである。このことについて、香月院は「菩薩見有国土」を「選捨の境を明かす」と科文したのでは解釈できなくなるから「覩見を明かす」と科文しなければならないと、一見すると瑣末なことを言っている。つまり、選捨の意味だと理解すると、羅刹支配を選捨するならわかるが、転輪聖王の支配を捨てることはないのではないかという疑問が生じるが、「観見を明かす」と科文しておけば問題ないと言うのである。どういうことかというと、羅刹に支配されると「率土あひ瞰《だん》す」、つまり支配地域のすべてがそれに影響されて互いに食い合うようなことが起こると『論註』に書かれている。しかし、転輪聖王が統治すれば「四域虞ひなし」というふうに平和な国家になるとも書かれている。こちらの国土は選捨しなくてもいいだろうというわけだ。それについて『翼解』という注釈書[4]には「転輪王でも庶民をかりつかふので法蔵菩薩はこれも選捨する」（『講苑』二五一頁下段。取意）と書いてあるそうだ。香月院はこれは甚だよろしくないと言う。香月院によると、ここに書かれているのは、つぎのようなことになるそうだ。

すなわち、法蔵菩薩が観見した（見定めた）のは、転輪王が支配すれば平和になるが羅刹が支配すれば危険な世の中になる、そのように、支配者次第で世の中が左右されるということ自体である。だから、法蔵菩薩はそのように支配者次第で世の中が左右されることのない「主功徳」を成就したのだと理解しなければならぬのだと。「あに本なからんや」という言葉に注意せよというわけである。この「本」というのは主荘厳阿弥陀如来のことで「法王善住持」の「（法）王」のことである。そして「王」とは「自在」の義だと。つまり、「法王・阿弥陀如来」は「自己こそ自分の主」の象徴表現なのである。そして、何よりも大切なのは、このつぎの眷属功徳と相俟って「主伴同一の証り」つまり王次第で平和にも危険にもなるというような世界観を批判して（観見して）、無力な救済の客体でしかなかった者たちのすべてが「自己こそ自分の主」として、解放の主体となって平和と平等の担い手となる極楽国土へ往生する（普共諸衆生往生安楽国）という意味なのだ、というわけである。これは『論註』下巻の観行体相の個所の主功徳成就の註に、「もし人、一たび安楽浄土に生ずれば、後の時に、意に三界に生じて衆生を教化せんと願じて、浄土の命を捨てて、願に随ひて生ずることを得て、三界雑生の火のなかに生ずといへども、無上菩提の種子は畢竟じて朽ちず。なにをもつてのゆゑに。正覚の阿弥陀の善住持を経るをもつてのゆゑなり」（『七祖篇』一一九～一二〇頁）とあるように、「他方国土へ飛び出して」を保証（善住持）するものとして描かれていることからも明らかである。決意が朽ちないのは、朽ちないように自分が頑張っているからではない。決意の出所が、如来の本願力としか言いようがない因も果も清浄なものに依拠しているからである。

「私たちはこのように生きていけるのだ」という励ましこそが「現生不退」（この決意は朽ちることがない）ということなのである。朽ちないのは「決意」だけである。けっして自分が「其の心浄」くなったのではない。現生では煩悩成就の凡夫であることに変わりはない。現生には、たとえ転輪聖王とともにいても完全ではない。極楽浄土へ往生するということは、徳の高い王（転輪聖王）の家来になることではないのだ。皇国に生まれた喜びとか「私、日本人でよかった」というようなこととは正反対のことなのである。いわば、誰もが自在の主体である世界、柄谷行人の言葉を借りるなら、「資本の力が結合した資本＝ネーション＝国家を揚棄する交換様式Ｄの世界共和国の住人になる」（『世界共和国へ――資本＝ネーション＝国家を超えて――』岩波新書）ということである。

昨今のコロナ禍のように、危機的状態に陥ると強力な指導者・支配者が有無を言わさず都市封鎖などの管理を強めることによってそれを脱することもあるが、その支配者が転輪聖王であることは稀なのである。それぞれの人民が主体性を保ち、互いに相手を尊重して対等に知恵を出し合うような世界を目指して、日常的に制度をドシドシ変革する社会であれば、危機を乗り越えることも素早くできるのである。

主功徳については以上で十分なのだが、法王善住持の喩えとして、「「住持」とは、黄鵠、子安を持てば、千齢かへりて起り、魚母、子を念持すれば、〓《がく》を経て壊せざるがごとし」と書かれていることについて少し述べておく。

始めの「黄鵠、子安を持てば、千齢かへりて起り」というのは、子安という名の仙人にたすけられた鶴（黄鵠）が、子安の死後、三年間その墓の上で彼を思って鳴きつづけ、鶴は死んだが子安は蘇って千年の寿命を保った、という故事にちなむ。また、「魚母、子を念持すれば、鼎を経て壊せざる」とは、夏には水中だったところで産んだ卵が、冬に枯れてしまうところ（こういう場所を「鼎《がく》」というらしい）であっても母魚の念力でつぎの夏には孵化していくことを語っている。鶴が命の恩人である子安を思う心の強さ、魚母が子を思う心などを、法王善住持に喩えたものである。いい喩えかどうかは判断しかねる。

つぎは眷属功徳である。眷属功徳の偈文は「**如来浄華衆　正覚華化生**（如来浄華の衆は正覚の華より化生す）」（『七祖篇』七一頁）である。ここに出てくる「華」とは、極楽浄土に生まれる時の席、いわゆる「蓮《はす》の台《うてな》」のことである。江戸時代の庶民の娯楽の中心だった歌舞伎・浄瑠璃の心中ものにしょっちゅう出てくる言葉である。落語でも「品川心中」とか「樟脳玉」などの爆笑ものに出てくる。この世で一緒になれない男女が「せめて倶会一処の西方十万億土でお前とひとつの蓮の台で所帯を持ちたい」というふうに使われる。

読みにくいのは、この「華」に、「如来浄華」と「正覚華」のふたつが出てきて、その関係がどうなっているのかわかりにくいことである。『註論講苑』は、まず、「如来浄華」というのは阿弥陀如来の浄華のことだと確認することから始める。法蔵菩薩が永劫の修行と五劫の思惟を経て正覚を成就して弥陀如来となった台《うてな》のことであると。それに「衆」を付して阿弥陀如来の仲間、すなわち、如来の眷属という意味になる。その仲間たちが「正覚華」に化生するというわけだ。そこで、この「正覚華」は阿弥陀如来の浄華と同一のものか、それとも同等ではあるけれどそれぞれ固有のものかということが問題になる。つまり、「弥陀と違はん通力」にかかわる問題である。『論註』

も読んでみよう。

この二句は荘厳眷属功徳成就と名づく。仏本なんがゆゑぞこの願を興したまへる。ある国土を見そなはすに、あるいは胞血をもつて身器《しんき》となす。あるいは糞尿をもつて生の元となす。あるいは槐棘《かいきょく》の高き圻《ほとい》より猜狂《さいきょう》の子を出す。あるいは竪子《じゅし》が婢腹より卓犖《たくらく》の才を出す。譏誚《きしょう》これによりて火を懐き、恥辱これによりて氷を抱く。ゆゑに願じてのたまはく、「わが国土にはことごとく如来浄華のなかより生じて、眷属平等にして与奪路なからしめん」と。このゆゑに「如来浄華衆　正覚華化生」といへり。

（『七祖篇』七一頁）

眷属功徳の『論註』に関しては、ふたつの次元の異なる問題があるので、それをあらかじめ整理しておこうと思う。ひとつは「化生」と「雑生」の違いにかかわる問題で、もうひとつは、極楽国土の「主」である阿弥陀如来とその眷属である如来浄華衆との関係が、上下関係なのか対等なのかという問題である。

前者の問題は、極楽の住人は、「同一念仏無別道故」の原則によって平等であるが、娑婆の衆生は「雑生」のゆえに不平等だということである。これは何を意味するのであろうか。不平等ということについて、『論註』には「（仏は衆生を憐れんで）「わが国土にはことごとく如来浄華のなかより生じて、眷属平等にして与奪路なからしめん」と。このゆゑに「如来浄華衆　正覚華化生」といへり」(5)とある。「与奪」というのは、与えたり奪ったりするということで、一応「差別」という意味だと理解しておこう。だから、「与奪路なからしめん」とは「差別のしようがないようにする」という意味である。また、下巻の観行体相での眷属功徳の註には「おほよそこれ雑生の世界には、もしは胎、もしは卵、もしは湿、もしは化、眷属そこばくなり。苦楽万品なり。雑業をもつてのゆゑなり」（『七祖篇』一二〇頁）とあって、娑婆の不平等の原因は「雑生」ということにあるとされている。

そして、その具体相が「あるいは胞血をもつて身器となす。あるいは糞尿をもつて生の元となす。あるいは槐棘の高き圻より猜狂の子を出す。あるいは竪子が婢腹より卓犖の才を出す。譏誚これによりて火を懐き、恥辱これによりて氷を抱く」と列挙されている。「胞血をもつて身器となす」というのは、「胞」は母の胎盤のこと、「血」は父の精子のことを指す。つぎの「糞尿をもつて生の元となす」は、もちろん大小便のことで、大小便が生の元というのは、当時の解剖学や生物発生学の水準がわからないので何とも言えないが、子宮と膣口の位置、精巣・精管と尿道の関係を考えればよいのかどうもよくわからない。

ここまでは、「よくわからない」で済ませてもいいのだが、つぎの「槐棘の高き圻より猜狂の子を出す」と「竪子が婢腹より卓犖の才を出す」については見逃すわけにはいかない。「槐棘」とは、三公九卿（右大臣、左大臣、太政大臣、刑部、式部など）の位の高い官吏の屋敷に植える木のこと、「圻」とは家柄のことらしいから、「槐棘の高き圻より猜狂の子を出す」というのは、高い家柄に劣った子供が生まれることである。『註論講苑』は、書いてあるとおりにわかりやすい説明をするので、「三公九卿のうづだかい家柄から阿保なもの狂はしい子を生ずること」（『講苑』二五八頁上段）というように、いわゆる差別語を連発している[6]。「竪子が婢腹より卓犖の才を出す」はその反対で、「竪子」すなわち丁稚風情の者と「婢」すなわち下女・はしための腹より、「卓犖の才」すなわち卓越した才能を持つものが生まれることを指す。そのうえで、「譏誚これによりて火を懐き、恥辱これによりて氷を抱く」の「譏誚」は譏《そし》る、悪口を言うということで、「これによりて火を懐き」とは、譏られた親が赤面すること、「恥辱これによりて氷を抱く」は、「卓犖の才」の人でも「彼の親は卑しい素性のものだ」と言われて冷たい氷を抱くような恥辱を観ずるということになる。そうなると、「ゆゑに願じてのたまはく、「わが国土にはことごとく如来浄華のなかより生じて、眷属平等にして与奪路なからしめん」」というのは、法蔵菩薩が不平等がないように極楽を形成したということを述べているのだとしても、不平等とは何であるか、反対から言えば、平等とは何であるかということについての理解に、問題があると言わざるを得ない。平等の世界とは、誰も恥をかかなくて済む世界というのとは違うだろう。生まれによって社会的地位の上下が決まるようなシステムがあるから、家柄を誇ったり恥じたりする意識が生ずるのである。意識を改善して同一念仏の「気分」を醸成するのが専修念仏ではない。この問題は、大義門功徳のところで、本格的に論じなければならない。そこには「譏誚」も「与奪の名」もキーワードとして登場する。

一方、後者の問題、すなわち、極楽国土の「主」である阿弥陀如来と、その眷属である如来浄華衆との関係についての問題とは何であるか。

『論註』には「（仏は衆生を憐れんで）「わが国土にはことごとく如来浄華のなかより生じて、眷属平等にして与奪路なからしめん」と。このゆゑに「如来浄華衆　正覚華化生」といへり」とあるから、阿弥陀の眷属にすぎなくて阿弥陀自身でない者も阿弥陀の浄華より生じると書かれているように見える。また、『論註』下巻の観行体相での眷属功徳の註には「かの安楽国土はこれ阿弥陀如来正覚浄華の化生するところにあらざるはなし。同一に念仏して別の道なきがゆゑなり。遠く通ずるにそれ四海のうちみな兄弟たり。〔浄土の〕眷属無量なり。いづくんぞ思議すべきや」（『七祖篇』一二〇頁）とあって、はっきりと眷属たるわれら正定聚も「阿弥陀如来正覚浄華の化生」だとされている。

ここには複雑で重要な問題がはらまれている。香月院の指南に沿って順を追って説明したいと思う。

まずこの「蓮の台《うてな》に化生する」というイメージの原点はどこにあるかというと、『大経』智慧段に「もし衆生ありて、明らかに仏智、乃至、勝智を信じて、もろもろの功徳を作して信心回向せん。このもろもろの衆生、七宝華の中において自然に化生せん」（大谷派『聖典』八一～八二頁／二版八八頁）というのが拠り所となる。これは、それぞれがそれぞれの蓮華座から生ずるというイメージであって、平等に如来浄華という同一の華から生ずるふうには受け取れない。香月院はこれを説明するにあたって、平等門と差別門の二様があると言う。『論』『論註』は平等門で説明しているのであって、『大経』智慧段の差別門的説明と矛盾しないのだと。そして、『論註』は下巻になってこの平等門のいわれを詳しく述べているのだと。そのいわれが「同一念仏無別道故遠通夫四海之内皆為兄弟也」だということである。これは極楽浄土が平等な世界であるからには、そこへ行く方法もまた平等でなければならないという、仏教プラグマティズムから理解すれば何でもない当たり前のことである。しかし、これを仏教形而上学と齟齬しないようにイメージしなおすと、蓮の台が必要になる。そして、天親の偈文だけを見ると阿弥陀如来自身が誕生する「如来浄華」と眷属が化生する「正覚華」とが同一かどうかはわからないのだが、曇鸞は「同一念仏無別道故」という立場から両者は同じ華台だとすると言うのであろう。『論註』は下巻で「かの安楽国土はこれ阿弥陀如来正覚浄華の化生するところにあらざるはなし」と言って、「阿弥陀如来正覚浄華」というふうに両者を一緒にして表現しているからである。

ところが、ここから厄介な問題が生じてくる。眷属が如来の浄華から化生するというのは、衆生が如来と一体になるということだという解釈が生まれるからである。実は、大谷派近代教学は、曽我量深の「如来我となって我を救う[7]」式の弥陀の往還を唱えている可能性が強いのだが、これは多分「如来が還相して→それがふたたび法蔵として我となって浄土に往生して（往相）→弥陀如来（法性法身）と一体になって→また、還相して我となって」という循環だと考えているのではないかと疑われるのである。また、西山義で書かれている『安心決定鈔』に「『往生論』に「如来浄花衆　正覚花化生」といえり。他力の大信心をえたるひとを浄華の衆とはいうなり。これはおなじく正覚のはなより生ずるなり。正覚花というは衆生の往生をかけものにして、「もし生ぜずは、正覚とらじ」とちかいたまいし法蔵菩薩の、十方衆生の願行成就せしとき、機法一体の正覚成じたまえる慈悲の御こころのあらわれたまえる心蓮華を、正覚華とはいうなり」（大谷派『聖典』九五二頁／二版一一三九頁）とあって、法蔵の正覚と衆生の往生が一体だという説を立てている。この立場では、衆生は何もせずとも弥陀成仏が成立した十劫の昔に往生しているのだが、ただそれが煩悩のくもりによって見えない、あるいは、忘れているだけだということになる。これでは、衆生は単なる救済の客体となってしまい、自他の解放の主体となる生き方とは遠く離れた存在になってしまうだろう。

私は今、曽我量深の「如来我となって我を救う」はどうなんだろうと思案しているところである。阿弥陀如来と極楽浄土に象徴される平和と平等は、確かに、われら煩悩成就の凡夫の願いが純化したものだとは言えても、即自的（an sich）にわが身可愛いだけのわれらの願いとは言い難いものだ。だからこそ、阿弥陀は「過境の普善者」、極楽浄土は「西方十万億土」として、諸法無我・諸法実相を知るとうそぶく仏教的形而上学からは蔑まれることがあっても、われらの外（für sich）に、ある意味「実体化されて」想定されていなければならないのではないだろうかと思われる。浄土や如来をわが心の中に入れてしまっては、戦争があろうが隔離差別があろうが、それとは無関係な信仰が出来上がって、仏教は平和と平等の希望に有効に働かなくなってしまうだろう。

この問題はつぎの節にある仏の八種の功徳荘厳に登場する座功徳と身業功徳とも深く関連している。特に身業功徳の註には『観経』第八像観に登場する「是心作仏是心是仏」が引用されるので、それを検討する時にまた改めて考えたいと思う。さらにまた、この「如来浄華正覚華化生」は、浄土に生まれた者は皆「虚無の身・無極の体」（『大経』。大谷派『聖典』三九頁／二版四二頁）を受けて女人（男子）だとか声聞・縁覚の二乗などの異常は無いということにも通じ、次章で論ずる「荘厳大義門功徳」の女人及び根欠二乗種不生とも関係してくる。これも甚だ厄介な問題である。

五、受用功徳――倦むことのない享受――

第十四「受用功徳」の偈文は、「愛楽仏法味　禅三昧為食」である。

極楽には、食べ物がなくて困るなどということはなく、仏法の味と禅と三昧を食物にされている。『論註』は、以下のとおりである。この世の食の在り方について嘆く前段と、仏法の味の意味を解説する後段とに分けて示す。まず前段の検討をする。

この二句は荘厳受用功徳成就と名づく。仏本なんがゆゑぞこの願を興したまへる。ある国土を見そなはすに、あるいは巣を探りて卵《らん》を破《やぶ》り、饛《もう》食を盛り満ちたる貌《かたち》なり　饒《にょう》飽なり、多し　の饍《そなえ》となす。あるいは沙《すな》を懸けて帒《こしぶくろ》を指すをあひ慰む方となす。ああ、諸子実に痛心すべし。（『七祖篇』七一～七二頁）

前半の「巣を探りて卵を破り」は鳥の巣を探して卵を採って料理するという、食と殺生とのかかわりを嘆くこと。また「沙を懸けて帒を指すをあひ慰む方となす」というのは、『倶舎論』『維摩詰経』などに出てくる故事があって、それを知らないと何のことかわからないので簡単に解説しておく。あるところに、その日の食にも事欠く家庭があった。父親は「自分が帰ったらこの中の食べ物を一緒に食べよう、それまで待っていなさい」と言いおいて仕事に出かける。子供たちはその期待を糧に父の帰りを待って耐えていたが、そこへ他人が来て「ひもじいだろうから、お父さんが帰る前にこれを食べてもいいだろう」と言って袋を開けてみたら、中はただの砂だった。それを見て子供たちはがっかりして死んでしまったという話である。それを、「砂袋をかけて一時の慰めにする」と言うらしい。ふたつの例ともに、心痛む話だと説明している。そこで、極楽ではこのようなことがないようにということで、後段の検討に入る。

このゆゑに大悲の願を興したまへり。「願はくはわが国土、仏法をもつて、禅定をもつて、三昧をもつて食となして、永く他食《たじき》の労《わずら》ひを絶たん」と。「愛楽仏法味」とは、日月灯明仏、『法華経』を説きしに六十小劫なり。時会の聴者また一処に坐して六十小劫なるも食のあひだのごとしと謂ふ。一人としてもしは身、もしは心をして懈倦《けけん》を生ずることあることなきがごとし。「禅定をもつて食となす」とは、いはく、もろもろの大菩薩はつねに三昧にありて他の食なし。「三昧」とは、かのもろもろの人天、もし食を須《もち》ゐる時、百味の嘉餚羅列《かこうられつ》して前にあり。眼に色を見、鼻に香りを聞《か》ぎ、身に適悦《ちゃくえつ》を受けて自然に飽足す。訖已《おわ》りぬれば化して去り、もし須《もち》ゐるにはまた現ず。その事、『経』（大経・上）にあり。このゆゑに「愛楽仏法味　禅三昧為食」といへり。

（『七祖篇』七二頁）

極楽では、「仏法」と「禅定」と「三昧」の食が豊富にあるので、『法華経』序品にある日月灯明仏が『法華経』を説教した時に六十小劫もの時間を要したが、聴衆がそのあいだ中、誰も食のことで懈（おこたり）と倦（倦み疲れ）を起こすことはなかったというエピソードのように、極楽浄土でも食の心配はまったくない。偈文の「禅三昧」は、禅も三昧も同じ意味だと解してもいいが、禅は「禅定」と翻訳されるように心が静かになることで、三昧とはその静かになったところから別に心を起こして色を見たり、香を嗅ぐなどの具体性を持つことだと解することもできる。『註論講苑』は、『論註』が「禅」と「三昧」とを分けて解説しているところから、曇鸞は別様に理解しているのだと解説している。これらもどうでもいいことかもしれないが、この世に厳として存在している飢餓に対する共苦の感覚の違いだと思われる。また、「もろもろの大菩薩はつねに三昧にありて他の食なし」というように、

「三昧」は単に心静かということではないと曇鸞が解釈する所以について、香月院の解説はかなり鋭い。「とき、浄土の菩薩常に定にありと云はば七宝樹林へ遊び給ふの、八功徳池へ入り給ふの、衆生済度のと云ふ事はなるまじきかと云ふに、しからず」(『講苑』二六二頁上段)。「禅定」と「三昧」は違うのであって、静かな心にある禅定にありながら、いろいろな所作に出るのが三昧なのである。ここにきちんと「衆生済度」があげられている。われら煩悩衆生が極楽へ往くのは、そこで静かに煩悩を静めるためではないのである。すえとおりたる大慈大悲心を発揮して衆生済度にいとまなき身になるためなのである。「百味の嘉餚《かごう》」というのは、百味の飲食のことで、『大経』に登場する(大谷派『聖典』三九頁/二版四一頁)。この意味も、香月院の指摘を通せば、衆生済度が至上の食事を味わうように楽しいことになるという含意を有すると言えるかもしれない。百味の飲食が登場する『大経』の極楽段と呼ばれる部分は、このあとの無諸難功徳、大義門功徳の次第とほぼ一致している。

六、無諸難功徳——恐怖と欠乏のない世界——

偈文「永離身心悩　受楽常無間(永く身心の悩みを離れ楽を受くること常に間《いとま》無し)」は、天親によって、第十五「無諸難功徳」と名づけられている。『論註』はそれを受けてただちに偈文の解釈に入っている。『論註』は以下のとおりである。

この二句は荘厳無諸難功徳成就と名づく。仏本なんがゆゑぞこの願を興したまへる。ある国土を見そなはすに、あるいは朝には袞寵《こんちょう》に預《よろこ》びて、夕には斧鉞《ふえつ》に惶《おのの》く。あるいは幼くしては蓬藜《ほうれい》に捨てられ、長じては方丈を列《つら》ぬ。あるいは鳴笳《めいか》して出づることをいひ、麻絰《まてつ》して還《かえ》ることを催《もよお》す。かくのごとき等の種々の違奪《いだつ》あり。このゆゑに願じてのたまはく、「わが国土は安楽相続して畢竟じて間《ひま》なからしめん」と。「身悩」とは飢渇《きかつ》・寒熱《かんねつ》・殺害《せつがい》等なり。「心悩」とは是非・得失・三毒等なり。このゆゑに「永離身心悩　受楽常無間」といへり。

（『七祖篇』七二～七三頁）

極楽には諸々の身心の困難・苦悩がない。「身悩」、すなわち身体的な苦悩とは、飢渇・寒熱・殺害等であるという。「心悩」、すなわち精神的な苦悩とは、是非・得失・三毒等だという。「是非」とは是非を争って心に悩みを生ずること、「得失」は損得を心配すること、「三毒」は貪瞋痴のことである。極楽にはこうした困難・苦悩はないが、この世はそうはいかない。この世の苦悩として『論註』は三つの例をあげている。出典がわからないと何を言っているのか理解に苦しむ例であり、香月院以前でも以後でも諸註釈でさまざまな混乱がある。『註論講苑』の文献実証的な説明はつぎのごとくである。

まず、「朝預袞寵《こんちょう》　夕惶斧鉞《ふえつ》」については、「袞」が天子の「(龍の絵が描かれた) 衣服」すなわち「袞龍衣」を指すとしながら、それと「袞寵」の「寵」の字が「龍」と混同されているのではなく、恩寵を意味していることを『詩経』をあげて説明している。また「預」は「あずかる」ではなく「よろこぶ」でなければ「惶《おのの》く」と対にならないといった緻密な注釈をしている。「斧鉞」はギロチンのような処罰の道具のことで、「朝預袞寵夕惶斧鉞」全体で朝には恩寵を受けていた者でも夕には処罰されることもあるということになる。

また、「幼捨蓬藜《ほうれい》長列方丈」については『孟子』と朱子によるその註をあげて「方丈」が豊富な食宴のことを指し、幼いころには食べるものもなくて、「蓬藜」つまりヨモギなどがしげる草むらに捨て子にされても、長じては裕福になるということだと説明している。

さらに、「鳴笳道出麻歴経催還」とは、要するに「笳」という草笛のような出発の合図をするもので華々しく出立した者が、「麻経」という喪服を着て還るということである。香月院は「麻歴」は誤記だろうと推測している。

こういう諸難がないのが極楽だということになるが、四十八願で言えば第一の無三悪趣の願と同じことである。「地獄・餓鬼・畜生の三悪趣がないところ」について、私はもっぱら『日本国憲法』の「恐怖と欠乏から免かれ、平和のうちに生存する権利」（前文）に合わせて、「支配・欠乏・殺戮のないところ」と説明することにしている。三悪道の具体例、すなわち、差別支配の実態については、この世の苦悩についての社会科学的分析によって明らかにしていかねばならない。無諸難功徳の例については、香月院の説明で十分だと思う。

註

（1）一八九頁の、第9章「極楽浄土とは何か(2)——国土の様相前半（その二）」の註（1）、（2）参照。
（2）「物」は「人物」のこと。すなわち、衆生。
（3）第十七願についての解釈については、『身同』第39号（真宗大谷派解放運動推進本部、二〇二〇年）の「聖教に見る性差別言辞の検証——『御文』を中心として——女性室」に大いに示唆を受けている。
（4）これは香月院が解釈にあたってしばしば言及する異流の解説書のひとつである。本派系のサイト（www.biwa.ne.jp/~takahara/yokuge.html）で見つけた解説には以下のようにあった。
『浄土論註翼解』は曇鸞の『浄土論註』の注釈書で、九巻に分かれている。『浄土論註』の語句解釈が詳細で、後代の『論註』理解の参考文献として有意な位置を占めるようになった。／著者は浄土真宗本願寺派学林の第二代能化職を勧めた知空である。／知空は一六三四年（寛永一一年）に生まれ、一七一八年（享保三年）に没した。第一代能化の西吟に師事し、一六六〇年（万治三年）あるいは一六六三年（寛文三）能化職に就き、一六九五年（元禄八年）に学林を再興した。
（5）「一応」としたのは、「与奪」が具体的な労働の成果の与奪なのか、意識や評価における与奪なのかが判然としないからである。このことは、第11章「極楽浄土とは何か(4)——国土の様相後半（その二）」の「大義門功徳」において詳しく検討することにする。

（6）「差別語」すなわち「与奪の名」についても、第11章の「大義門功徳」で改めて検討する。

（7）『曽我量深論集』第二巻「地上の救主」丁子屋書店、一九四七年。

第11章　極楽浄土とは何か(4)

――国土の様相後半（その二）

一、荘厳大義門功徳の概要

さて、いよいよ問題の第十六「荘厳大義門功徳」である。荘厳大義門功徳というのは、偈文の「大乗善根界等無譏嫌名女人及根欠二乗種不生」のことである。前の無諸難功徳の偈文には心身の苦悩がないところとあっても、その「苦悩」の具体例は示されず、具体例は『論註』に「ある国土を見そなはすに」として登場するが、大義門功徳では偈文そのものに「等無譏嫌名　女人及根欠　二乗種不生（譏嫌の名と体、すなわち、女人と根欠と二乗種のないところ）」（『七祖篇』七三頁）という具体例が登場する。ただ、その具体例がすこぶる不適切なのである。

大義門功徳については、『論』の観行体相の長行（大谷派『聖典』一四〇頁／二版一四九頁）において、他の国土荘厳のように単に「荘厳大義門功徳成就とは偈に云々と言えるがゆえに」というにとどめず、「浄土の果報は、二種の譏嫌を離れたり、知るべし。一つには体、二つには名なり。体に三種あり。一つには二乗人、二つには女人、三つには諸根不具人なり。この三つの過なし、かるがゆえに離体譏嫌と名づく。名にまた三種あり、ただ三つの体のみにあらず。乃至、二乗と女人と諸根不具の三種の名を聞かず、かるがゆえに離名譏嫌と名づく。等とは、平等一相のゆえに」というようにやや詳しく解説している。そのためでもあると思うが、香月院も「この偈文別して肝要なり」（『講苑』二六六頁上段）としている。『論註』を読むという観点からは、この（『論』の）観行体相の文についての註は『論註』下巻に出てくることなのでそこで詳しく読めばいいとも言えるが、『論』自体が『論註』上巻の「仏本なんがゆゑぞこの願を興したまへる」という徴起に相当するような解説をしているのだから、まずこれを確認しておこうと思う。(1)

まず、偈文の大意はこうなる。

大乗善根の世界、すなわち、極楽浄土は平等の世界であるから、譏《そし》り嫌うという概念（名）がない。（だから）女人と根欠（感覚障害者）と二乗は生じない。

「平等」とは差別がないことだから、天親の偈文は「差別」とは「譏り嫌う名」であると述べていることになる。(2)ところが、天親自身の解説（観行体相）では、「浄土の果報は、二種の譏嫌を離れたり、知るべし。一つには体、二つには名なり」と述べており、「名」だけでなく「体」もまた存在しない（離れている）としてる。偈文は字数の制約があるので「名」だけをあげたが、「体」もないというのが、自分が偈文で述べたかったことだというわけだろう。「名」とは概念や意識やその表現、「体」とは本体とか実体ということだと思われる。つまり、『論』の描く極楽浄土には、譏られ嫌われる対象が存在しない（生じない）だけでなく、譏り嫌う意識や譏り嫌う表現もないということだ。そしてそれが「平等」ということなのだと。そのうえで、譏られ嫌われる対象としてあげられているのが女人と感覚障害者と二乗の三者である。

しかし、このイメージは容易に納得できるものではない。「極楽には性差別はない。なぜなら、女性が存在しませんから。障害者差別もない。障害者がいないからである」というようなことだからである。これを、どう読んだらよいのだろうか。

二、「差別」という言葉の意味

私たちは、通常「差別」という言葉を三つの微妙に異なる意味で使用している。それは、①自然的・物理的あるいは肉体的差異（physical difference, or diversity）、②社会的制度的不公平（social, or institutional unfairness）、③差別意識・優劣の感情・侮辱及びその表現（discriminatory consciousness, inferior & superior feeling, insulting expression）の三つである。

差別も戦争もない世界という場合の「差別」は、明らかに②の社会的制度的不公平を指すと思われるが、『論』も『論註』もこの意味での差別を問題にしているようにはみえない。『論』『論註』に出てくるのは、差別のない世界を差異のない世界（①）として象徴的に表現（荘厳）したうえで、重ねて差別意識（③）を問題にするということであろう。また、学校や地域でのいわゆる人権啓発・学習などで問題にされるのは、③の差別意識及びその表現が多いようだ。「こういうことを言ったら差別になるんでしょうか」という質問で、何を言ったらいけないのか、いやむしろ、どこまでなら非難されることなく本音を言えるのかを聞きたいという人が多いのである。真に問題にすべき、また、改善できるし改善しなければならないのは、明らかに②の社会的制度的不公平の方なので、私は、戸惑うことが多いのである。

①自然的肉体的差異
②社会的制度的不公平
③差別意識及びその表現

不公平なシステムの中で優遇を受けている人たち（いわゆる「下駄をはかせてもらっている」人たち）は、多くの場合、優遇されていることに気づいていないか気づかないふりをしている。例えば、婚姻にあたって姓を変更する不便と、届を出さないことによって被る不利とを秤にかけて、そのどちらを選択するか迫られることがない立場にいるとか、そもそも婚姻や育児と仕事の両立という人として当然果たすべきことに関して、一方を選択して他方を免除されて（誰かに押し付けて）いても平気でいられるような境遇の人たちが、「自分は「不当な」優遇を受けているのだから、これを改善しなければならぬ」と思うことは稀だ。これらの人たちがやることといえば、せいぜいが「女身はこれ垢穢にして法器にあらず（『法華経』「提婆達多品第一二」）」といったひどい侮辱（つまり③であるが）をその人の前では慎むという程度のことでしかない。だから、こういうひどい差別発言を直接に受ける被差別者はそう多くない。しかし、あとで詳しく述べるが、被差別者は当人のいないところで比喩として使われ貶められることはしょっちゅうある。女性がいない場面で男性に対して「お前は女の腐ったようなやつだ」と罵るというような場合である。『観経』の「是旃陀羅」もこのタイプ[3]である。

世界経済フォーラム（WEF）の世界各国の男女平等の度合いを示した「Global Gender Gap Report」（世界男女格差報告書）二〇二二年版によると、日本は調査対象一四六カ国のうち一一六位。先進国の中で最低レベル、アジア諸国の中で韓国や中国、ASEAN諸国より低い結果となっている。特に深刻なのが政治で、日本は一三九位

（前年は一四七位）、国会議員（衆院議員）の女性割合、大臣の女性割合がいずれも低く、過去に女性首相が誕生していないことも低評価につながっている。経済も厳しい結果で、日本は一二一位（前年は一一七位）とスコアを下げた。一方、教育は一位なのに高等教育の進学率は低くなっている[4]。

『法華経』「提婆達多品」に登場する変成男子の場面で、舎利弗の言葉として「女身垢穢」と「女人五障」が登場する。前者「女身垢穢」は③の侮辱・悪口に分類できるが、後者の「女人五障」は単なる侮辱・悪口ではなく、事実の指摘でもあるということが重要である。「女人五障」とは、女性が梵天・帝釈天・魔王（覇王）・転輪聖王・仏身の五つの地位に就くことができない、あるいは、就くことがきわめて困難であることを意味している。梵天・帝釈天とは人間の通常の能力を超える神通力を備えた者を指すが、これは、芸術家・科学者の象徴的表現と言っていいだろう。また、魔王（覇王）と転輪聖王は武力や人徳（選挙?）によって政治的権力者になった者を象徴しており、最後の仏身は、まさに「自己こそ自分の主である」ことを実現したものと言えるだろう。だから、世界経済フォーラムの男女格差指標は、現在の日本においては、「女人五障」が悪口や侮辱のレベルではなく、すさまじい現実であることを示している。この恥ずべき現実の改善法は理論的にも実践的にもすでに明らかであって、説明するのも煩わしい[5]ことである。北欧やニュージーランドでの実践に学べばいいし、理論だけならイギリスやアメリカに学べば事足りる。変成男子や悉皆金色の願といった「自然的・肉体的差異の否定（及びそのイメージ）」はこの差別の改善法として何の役にも立たないどころか、自己の自然的・肉体的差異についての肯定的確認（いわゆるアイデンティティーの確立と個の尊重）の妨げになる。また、差別表現や侮辱を糾弾することは、やらないよりはましかもしれないが、本質をついていない。差別表現（ヘイトスピーチ）の発信は、自分は優遇されるグループに属しているはずなのにそれが与えられていないと感ずる者の妬みから生じていることが多いからである。こうした妬みが生じるのは、もちろん、わが身可愛いだけの凡夫の宿命でもあるが、それよりも、不当な差別システムを当然とする濁世によって平和と平等を願う気持ちそのものを損なわれていること、高木顕明の言葉を借りるならば、「悪魔の為めに人間の本性を殺戮せられて居る」（『余が社会主義』）ことにある。こうした人たちに対してその表現を糾弾するだけでは「普く共に安楽国に生ぜん」ということにならない。ヘイトスピーチの対象にされる人たちに差別の責任や原因がないことはもちろんであるが、ヘイトスピーチを浴びせる人たちも濁世によって本性を殺戮されているのだという視点が必要だと思われる。下品なヘイトスピーチに眉をひそめることはあっても、履いている下駄を脱がないで「（下駄なしで喘《あえ》いでいる者を）迫害し此を苦役して自ら快として居る」（『余が社会主義』）官僚や富豪の方が問題である。そして、不公平な社会的システムに気づくこと、濁世を濁世だと感じることが大切である。社会的・制度的不公平が改善されたあとでも女性蔑視表現をしている男性は、女性たちから顰蹙《ひんしゅく》をかっていることに気づかなくてはなりません！〈婚活〉の質問票で、女性には「得意料理」をたずね、男性には「年収」をたずねるというような無礼は、北欧やニュージーランドでは生じようがないのである。世界経済フォーラムのジェンダーギャップ指数の「経済」の項で上位にあるような国々では、得意料理をきく時は男性にも女性にも同じようにする。女性が経済的に下位である状態を放置したままで、「女性に得意料理をきいたら差別になるらしい」などということを覚えても何にもならないのである。北欧でもニュージーランドでも、今の状態になるのに何十年もかかった。できることからコツコツ始めてシステムを改善していくしかないのである。日本の女性の社会的地位の低さ（その原因は男女の平等「意識」の低さではなく、女性の再生産労働の搾取を当然とする社会システムにある。意識の低さはこのシステムによる結果にすぎない）[6]は、ＯＥＣＤ（経済協力開発機構）やＩＭＦ（国際通貨基金）からでさえ経済発展の阻害要因として指摘されているくらいである。指摘に応えてシステムを改善することは男性にとっても利益になるはずだ。

三、大乗善根の世界①――女性と障害者がいない世界――

これらの前提を踏まえてテキストに戻る。大義門功徳の『論註』は全体的な註と三つの問答からなっている。まず、前半の註は以下のとおり。

この四句は荘厳大義門功徳成就と名づく。「門」とは大義に通ずる門なり。「大義」とは大乗の所以なり。人、城に造《いた》りて門を得れば、すなはち入るがごとし。もし人安楽に生ずることを得れば、これすなはち大乗を成就する門なり。仏本なんがゆゑぞこの願を興したまへる。ある国土を見そなはすに、仏如来・賢聖等の衆ましますといへども、国、濁せるによるがゆゑに、一を分ちて三と説く。あるいは眉《まゆ》を拓《ひら》くをもつて誚《あざけ》りを致し、あるいは指《し》語《ご》によりて譏《そし》りを招く。このゆゑに願じてのたまはく、「わが国土をしてみなこれ大乗一味、平等一味ならしめん。根敗《こんぱい》の種子畢竟じて生ぜじ、女人・残欠《ざんけつ》の名字また断たん」と。このゆゑに「大乗善根界　等無譏嫌名　女人及根欠　二乗種不生」といへり。

（『七祖篇』七三〜七四頁）

はじめに、この偈文が「大義門功徳」と名づけられたゆえんについて、「大義」が偈文にある「大乗」に通ずることと、「門」が極楽に往生する衆生の出入り口であることを述べている。門内の極楽の様子が「等無譏嫌名女人及根欠二乗種不生」なのであるが、仏が何故にこのような環境を形成したかというと、現実世界では、「仏如来とか賢聖等の勝れた人たちもいるが、世界自体が濁っているから、一を分かちて三と説く」とか「眉《まゆ》を拓《ひら》くをもつて誚《あざけ》りを致す」、あるいは「指《し》語《ご》によりて譏《そし》りを招く」ようなことがあるが、極楽世界ではそのようなことがないようにしたいからだと説明されている。「一を分かちて三と説く」というのは、このあとでやや詳しく説明するが、真実は大乗一味でしかないが、それを聞く衆生の根と機が一様でないから、方便として声聞乗・縁覚乗などを説いたうえで法華一乗に引き入れるという『法華経』「方便品」に説くようなやっかいなことをしなければならない、という意味である。極楽では二乗種がそもそも生じないから、このやっかいなことがないということである。そのつぎの「眉《まゆ》を拓《ひら》くをもって誚《あざけ》りを致す」というのは、「眉を拓《ひら》く」というのが下心を以て女性を見つめることで、『大経』五悪段の第三悪に出てくる「細色を眄睞《めんらい》して邪態外に逸《ほしいまま》に、自らが妻を厭い憎みて、私かに妄りに入出す」[7]（大谷派『聖典』七〇頁／二版七五頁）と同じことだと香月院は解説している。仏弟子の中にもそういう者が居たので、他の（外道の）教団からも非難されたことがあるのを踏まえて「誚《あざけ》りを致す」ようなことがないようにしたいということで、極楽世界は、なんとそういう「スケベ野郎」がいないところではなく、女性がいないところにしたいというのである。それで「女人不生」だというのである。最後の「指語《しご》により譏《そし》りを招く」というのは「指語」が手話や指差しで意図を伝える障害者を示す。そうした伝達法を開発していても、日本社会のようにそれを尊重せず、反対に障害者を「譏る」者がいる。譏る者をなくしたところや障害者教育の中での読唇術のような困難を強いるシステムをなくしたところとしてではなく、障害者のいないところ（根欠不生）を平等一味の世界だというのである。

以上は、ここに書かれていることを『註論講苑』の助けを借りて忠実に翻訳解説したのであるが、さまざまな解釈書の中に、経典（ここでは、『大経』五悪段）や『論』『論註』に書かれているこうしたひどい記述の根本的問題を指摘したものは見当たらない。『観経』の是旃陀羅のみが部落差別と闘う人たちの側から大切な指摘を受けているが、それに対しても、ごまかそうという対応しか見られないのは残念というほかはない。あとで改めてこの問題を論ずることにして、とにかく解読を進める。

四、大乗善根の世界②――差異を超越した世界――

偈文の「大乗善根界」というのは阿弥陀如来の極楽浄土のことであるが、その根拠は『大経』上巻の終盤「極楽段」のつぎの一文である。

そのもろもろの声聞・菩薩・天・人、智慧高明にして、神通洞達せり。ことごとく同じく一類にして、形異状なし。但し余方に因順するがゆえに、天・人の名あり。顔貌端正にして、世に超えて希有なり。容色微妙にして、天にあらず人にあらず。みな、自然虚無の身、無極の体を受けたり。（大谷派『聖典』三九頁／二版四二頁）

釈迦が阿難に対して極楽の様子を語るこの文は『論』の国土荘厳の根拠となっているのであるが、荘厳大義門功徳に関しては、特にこの「ことごとく同じく一類にして、形異状なし（咸同一類形無異状）」と、「みな、自然虚無の身、無極の体を受けたり（皆受自然虚無之身無極之体）」が根拠となるわけである。親鸞は「行巻」の一乗海釈でつぎのように述べる。

「一乗海」と言うは、「一乗」は大乗なり。大乗は仏乗なり。一乗を得るは、阿耨多羅三藐三菩提を得るなり。（中略）一乗を究竟するは、すなわちこれ無辺不断なり。大乗は、二乗・三乗あることなし。二乗・三乗は、一乗に入らしめんとなり。一乗はすなわち第一義乗なり。ただこれ、誓願一仏乗なり。
（大谷派『聖典』一九六～一九七頁／二版二一七～二一八頁）

また、同じく「行巻」で憬興《きょうごう》の「述文賛」からの孫引きのかたちで『悲華経』を引用している。これが、荘厳大義門功徳とよく似た表現になっている。以下のごとくである。

また云わく、『悲華経』の諸菩薩本授記品に云わく、「その時に宝蔵如来、転輪王を讃めて言わく、善きかな、善きかな。乃至　大王、汝西方を見るに、百千万億の仏土を過ぎて世界あり。尊善無垢と名づく。かの界に仏まします、尊音王如来と名づく。乃至　いま現在にもろもろの菩薩のために、正法を説く。乃至　純一大乗清浄にして、雑わることなし。その中の衆生、等一に化生す。また女人およびその名字なし。かの仏世界の所有の功徳、清浄の荘厳なり。ことごとく大王の所願のごとくして、異なけん。乃至　いま汝が字を改めて無量清浄とす」と。已上

（大谷派『聖典』一八二頁／二版一九九頁）

要するに、大乗の世界が「等」であるというのは、前章の眷属功徳にある「如来浄華衆正覚華化生」とその註に登場する「同一念仏無別同故遠通夫四海之内皆兄弟也」などがすべて関係していることである。浄土に往生した者はみな阿弥陀如来と同等だということを示すのだということだろう。なぜそういうことが言えるのかというと、極楽浄土は、法蔵菩薩＝阿弥陀如来の因も果も清浄な願いに報われて成立しているからだというわけである。つまり、諸仏の浄土は往生する者のそれぞれの善根によって生ずるから往生してもそれぞれ各別であるが、極楽浄土は法蔵菩薩の無漏清浄の善根より起こる「善根界」だから同一だということである（『講苑』二六六頁下段）。このことは、「真仏土巻」の最後にある親鸞自身が仏土の真仮を説くところ（大谷派『聖典』三二三～三二四頁／二版三七五～三七六頁）を読めばよくわかる。

しかるに願海について、真あり仮あり。ここをもってまた仏土について、真あり、仮あり。選択本願の正因に由って、真仏土を成就せり。真仏と言うは、『大経』には「無辺光仏・無碍光仏」と言えり。また「諸仏中の王なり、光明中の極尊なり」（大阿弥陀経）と言えり。已上　『論』（浄土論）には「帰命尽十方無碍光如来」と

曰えるなり。真土と言うは、『大経』には「無量光明土」（平等覚経）と言えり。あるいは「諸智土」（如来会）と言えり。已上　『論』には「究竟して虚空のごとし、広大にして辺際なし」と曰うなり。往生と言うは、『大経』には「皆受自然虚無之身無極之体」と言えり。已上　『論』には「如来浄華衆正覚華化生」と曰えり。または「同一念仏して無別の道故」（論註）と云えり。已上　また「難思議往生」（法事讃）と云える、これなり。仮の仏土とは、下にありて知るべし。すでにもって真仮みなこれ大悲の願海に酬報せり。かるがゆえに知りぬ、報仏土なりということを。良《まこと》に仮の仏土の業因千差なれば、土もまた千差なるべし。これを「方便化身・化土」と名づく。真仮を知らざるに由って、如来広大の恩徳を迷失す。これに因って、いま真仏・真土を顕す。これすなわち真宗の正意なり。経家・論家の正説、浄土宗師の解義、仰いで敬信すべし、特に奉持すべきなり。知るべしとなり。

（大谷派『聖典』三二三～三二四頁／二版三七五～三七六頁）

阿弥陀如来の極楽浄土は、それを建立しようと願う因も、永劫の修行を成就して建立された果も清浄一味だけれども、仮の仏土は、それぞれがそれぞれに自分の思い描く平和と平等を目指すので、「良に仮の仏土の業因千差なれば、土もまた千差なるべし。これを「方便化身・化土」と名づく。真仮を知らざるに由って、如来広大の恩徳を迷失す」ということになってしまうわけである。その千差なる世界に争いや対立があるのはつらいことではあるが、千差を超えた同一の世界（一乗海）に、わが身を没入したかのごとき神秘主義に陥ることは、つらいどころではすまない。「真仮を知らざるに由って、如来広大の恩徳を迷失す」と親鸞が述べたことに関しては注意しなければならない問題がある。今ふたつをあげたいと思う。

ひとつは、方便化身・化土は、真仏・真報土ではないにしても差別と殺戮の羅刹の国土でもないということである。それぞれがそれなりに考えて目指す平和と平等の国でも、一応は平和と平等の国であること（あるいは、少なくとも平和と平等を目指す国であること）には違いがないということである。ただ各自のそれなりの考えは、必ずわが身可愛いだけの凡夫の宿命として、どこかに自己中心的な濁りを含み「如来広大の恩徳を迷失す」ということになってしまうわけである。だから、各自のそれなりの考えは捨てて、ただ本願他力に任せるしかないという「結論」が待っているように思われる。しかし、この「結論」が危ないのである。というのは、私たちは千差の化土ならば真実報土ではないにしても何らかの見当は付く。しかし、真実報土の「虚無の身・無極の体」なんてものは本質的に不可知である。真実報土への往生は「難思議往生」（法事讃）と云える、これなり」というわけである。つまり、真実報土は差別がないことの象徴として想定されているにすぎない。別の言い方をすれば、私たちは差別不公平を見出した時に「その分だけ」公平・平等が少し見えるだけで、完全な平等を知るなどということはあり得ないわけである。だから、「虚無の身・無極の体」などというものは未来（いまだ来たらず）に想定されているだけで実態は誰にもわからぬものである。でも、私たちはそれを根拠にして、いわば、その根拠からこちらに還って有縁々の人を済度するにいとまない身を期待するほかはないのだろう。「根拠にして」というのは、それを体得してというのとは全然違う。「虚無の身・無極の体」を必ず実現するという希望を糧にしてということである。この「希望」の出所が弥陀の本願なのである。たとえば、「女は家庭・男は仕事」というのは、けっして自然的（肉体的）差異に基づいた普遍的役割分担などではなく、単なる再生産労働の搾取システムにすぎないのだとわかった分だけ、「少分」の真の平和と平等を逆対応的に見たことになるのである。真実報土はそこへ到らなければ誰にもわからないものである。だから、同一念仏による専修念仏の衆《ともがら》は北欧やニュージーランドの仏国に遊んで（第二十二・還相回向の願に言う「諸仏の国に遊んで」）情報を交換して、ともに安楽国に往生することを期すしかないのである。突然、「虚無の身・無極の体」を体得した気分になったりしてはならぬのである。この間の事情は、同じく

「真仏土巻」の御自釈に述べられている。

> しかれば、如来の真説、宗師の釈義、明らかに知りぬ、安養浄刹は真の報土なることを顕す。惑染の衆生、ここにして性を見ることあたわず、煩悩に覆わるるがゆえに。『経』（涅槃経）には「我、十住の菩薩、少分仏性を見ると説く」と言えり。かるがゆえに知りぬ、安楽仏国に到れば、すなわち必ず仏性を顕す、本願力の回向に由るがゆえに。また『経』（涅槃経）には「衆生、未来に清浄の身を具足荘厳して、仏性を見ることを得」と言えり。（大谷派『聖典』三二二頁／二版三七四頁。先に言及した「真仮を知らざるによって……」の直前）

煩悩に覆われている私たちは、この土において仏性を見ることはないのであるが、安楽国に到れば必ず見ることが約束されている極楽の人数なのである。今、仏性を見た気分になって他力に身を任せてしまっては、アマテラスに身を任せたのか何に身を任せたのか区別がつかないのである。本願他力によるというのは、北欧やニュージーランドに遊んで「少分仏性を見る」ことによってしか、かたちとして示すことができないのである。いや、より正確に言えば、北欧に行かなくても自分が不当な下駄を履かせてもらっていたことを恥じ入って、平等を学ぶ意欲を持ったことでしか、かたちで示せないのである。というのも、わが身可愛いだけの凡夫が恥を知ったのは奇跡というほかはないではないか。本願他力なくして、そんな心が自分から生ずるはずはない。自信を深く知る「機の深信」以外に真実報土を窺い知る糸口はないのである。方便化身土という手掛かりなしに真実報土を窺うことはできない。過去の侵略の謝罪を継続していく以外に、未来の平和は見えないのである。差別の仕組みを発見して糺す以外に、平等を「少分」見ることはできないのである。その意味では「一乗海釈」の「阿耨菩提はすなわちこれ涅槃界なり。涅槃界はすなわちこれ究竟法身なり。究竟法身を得るは、すなわち一乗を究竟するなり。如来に異なることましまさず、法身に異なることましまさず。如来はすなわち法身なり」（大谷派『聖典』一九六頁／二版二一七頁）

は、仏教形而上学の衒学的表現にあふれていて気をつける必要がある。この個所についても、香月院は「ここは妖物屋敷なり」と言うかもしれない。

「真仮を知らざる云々」にかかわるもうひとつの問題に移る。

本願力回向によって彼の土に到って仏性（＝無上涅槃の極果＝法身＝平等＝利他円満の妙位）を顕した凡夫は、もはや凡夫ではなく、一乗海の弥陀如来と同等の大乗の菩薩である。「わが身可愛い」の根性が残っている二乗（声聞・縁覚）でないだけではなく、もはや日本人でも韓国人でもなく男でも女でもない。また、肉体的な違いとしての健常者・障害者のどちらでもない。すなわち、「虚無の身・無極の体」を得ているわけである。しかし、「虚無の身・無極の体」というのは「○○の身ではない」「△△の体ではない」というように「○○」や「△△」を具体的に示すほかは象徴的に（象《かたち》を徴《しる》して）表現することは不可能である。大義門功徳の偈文ではこの「○○」や「△△」のところに「二乗」や「菩薩」「凡夫」のようなその人の性格や生き方を表す言葉だけでなく、「女人」とか「根欠」のような肉体的差異を示す言葉が入っている。「極楽浄土に往生したらわが身可愛いだけの凡夫ではなくなって、他方国土へ飛び出して有縁々々の衆生を済度するに暇ない普賢菩薩と変わらぬ身となれるんだ」と言えば済むことを、「極楽浄土へ往ったら女でなくなれるんだ」と表現しているわけである。これで、うれしい元気が出るという女性は、まずいないと思われる。

極楽世界の住人が「虚無の身・無極の体」を受けていることは当たり前のことである。なぜなら極楽世界は身体の違い、すなわち、自然的・物理的あるいは肉体的差異（physical difference, or diversity）を口実とした差別、すなわち、社会的制度的不公平（social, or institutional unfairness）がないところとして想定されているからである。しかし、「虚無の身・無極の体」なるものが実際にどのようなものであるかは誰にもわからない。だいたい虚無だとか無極だという修飾語を持ちながら、それが「身」だとか「体」だとされているのである。そんな「ならず者の論理」（アリストテレス）が普通の理性の範囲でわかるわけがない。もちろん、黄金の体[8]などでもない。黄金なら虚無でも無極でもないからである。一方、この現実世界は、女身・男身や健常・障害などの身体の違いを口実にした差別が厳然と存在している社会である。ただし、この差別の原因が身体の違いであることは断じてない。原因はそうした差別を形成している輩の意識や言動、すなわち、差別意識・優劣の感情・侮辱及びその表現（discriminatory consciousness, inferior & superior feeling, insulting expression）にあると考えられなくもない。しかし、意識や表現を抑圧しただけで（差別語の禁止だけで）不公平が消滅するだろうか。この世界には、身体の違いを口実にした不公平なシステムが厳然としてある。差別の原因は、明らかに、このシステム自体なのである。女性の身体や障害者の身体は断じて差別の原因ではないのである。だから、差別がない世界を説明するために、原因ではないものを排除した世界を示唆する『大経』極楽段や、『論註』大義門功徳が示した表現は、差別の解消の役に立たないどころか、むしろ阻害になっている。女性や障害者がいない世界というおぞましい世界を示したのは、「虚無の身・無極の体」ということをわかってもらうためだなどという言い訳はもう聞きたくない。「虚無の身・無極の体」というのは、「本来」人間間に差別はないということを純理論的に述べただけのものである。そんな当たり前のことを言ってどうなるのだろう。それで、現に不公平を被っている者が元気を出せるのか。また、女性蔑視や障害者排除の愚を犯す者を、「本来平等」の真理を知らぬ者と軽蔑してどうなるのだ。今一度確かめておきたい。ヘイトスピーチの対象にされる女人・根欠に差別の責任や原因がないことはもちろんであるが、ヘイトスピーチを浴びせる人たちも濁世によって本性を殺戮されているのだという視点、すなわち、社会批判の視点が必要だ。濁世の批判原理としてしか真実報土は機能しないのである。

五、大義門功徳の問答・第一問答と第三問答——極楽には差別される者がいない——

『論註』は大義門功徳の偈文に関して三つの問答を立てている。偈文は女人と根欠と二乗の三種の体（本体）がないことと、それら三種の名（概念・意識）もないと述べているが、第一と第三の問答は「体」がない、それも専ら二乗の体がないことに関する問答で、「名」がないことに関する問答は第二の問答である。そこで、まず「体」がないことに関するふたつの問答の概略を見ておこうと思う。

第一問答本文は以下のとおり。

問ひていはく、王舎城所説の『無量寿経』（上・意）を案ずるに、法蔵菩薩の四十八願のなかにのたまはく、「たとひわれ仏を得んに、国のうちの声聞、よく計量してその数を知ることあらば、正覚を取らじ」（第十四願）と。これ声聞ある一の証なり。また『十住毘婆沙』（易行品）のなかに龍樹菩薩、阿弥陀の讃を造りていはく、「三界の獄を超出して、目は蓮華葉のごとし。声聞衆無量なり。このゆゑに稽首し礼したてまつる」と。これ声聞ある二の証なり。また『摩訶衍論《まかえんろん》』（大智度論・意）のなかにいはく、「仏土種々不同なり。あるいは仏土あり、もつぱらにこれ声聞僧なり。あるいは仏土あり、もつぱらにこれ菩薩僧なり。あるいは菩薩・声聞会して僧となす。阿弥陀の安楽国等のごときはこれなり」と。これ声聞ある三の証なり。諸経のなかに安楽国を説くところありて、多く声聞ありとのたまひて声聞なしとのたまはず。声聞はすなはちこれ二乗の一なり。『論』（浄土論）に「乃至無二乗名」といへり。これいかんが会する。答へていはく、理をもつてこれを推するに、安楽浄土には二乗あるべからず。なにをもつてこれをいふとならば、それ病あるにはすなはち薬あり。理数《りしゅ》の常なり。『法華経』(意)にのたまはく、「釈迦牟尼如来、五濁の世に出でたまへるをもつてのゆゑに、一を分ちて三となす」と。浄土すでに五濁にあらず。三乗なきことあきらかなり。『法華経』(意)にのたまはく、「もろもろの声聞、この人いづこにおいてか解脱を得ん。ただ虚妄を離るるを名づけて解脱となす。この人実にいまだ一切解脱を得ず。いまだ無上道を得ざるをもつてのゆゑなり」と。あきらかにこの理を推するに、阿羅漢すでにいまだ一切解脱を得ず。かならず生ずることあるべし。この人更《かえ》りて三界に生ぜず。三界のほかに、浄土を除きてまた生処なし。ここをもつてただ浄土に生ずべし。「声聞」といふがごときは、これ他方の声聞来生せるを、本の名によるがゆゑに称して声聞となす。天帝釈の人中に生るる時、憍尸迦《きょうしか》を姓とせり。後に天主となるといへども、仏(釈尊)、人をしてその由来を知らしめんと欲して、帝釈と語らひたまふ時、なほ憍尸迦と称するがごとし。それこの類なり。またこの『論』(浄土論)にはただ「二乗種不生」といへり。いはく安楽国に二乗の種子を生ぜずとなり。またなんぞ二乗の来生を妨げんや。たとへば橘栽《きっさい》は江北に生ぜざれども、河洛の菓肆《かし》にまた橘ありと見るがごとし。また鸚鵡は隴西《ろうせい》を渡らざれども、趙魏の架桁にまた鸚鵡ありといふ。この二の物、ただその種渡らずといふ。かしこに声聞のあることまたかくのごとし。かくのごとき解をなさば、経論すなはち会しぬ。

(『七祖篇』七四〜七六頁)

第一問答は、『大経』の第十四願や龍樹の『十住毘婆沙』(易行品)、『摩訶衍論』(大智度論・意)などの中に浄土に菩薩や二乗のうちのひとつである声聞が多数存在すると書かれているが、『論』の二乗種不生と矛盾するのではないかという問いである。答えは、二段階の説明になっている。第一の説明は、道理から言えば声聞はいないのだが、他方から来生(訪問?)する声聞がいて、それら声聞は極楽浄土に来れば、因位としては菩薩、果位としては仏であるのだがもともとは声聞だったので、ちょうど帝釈天のことをもとの姓である憍尸迦と呼ぶようなものだという説明である。第二の説明は、偈文は二乗が生じないと言っているのではなく二乗の「種」が生じないと言っているのだとの説明である。香月院はこの「種」というのは「種性（生まれつきの根性）」のことではなく「種《たね》」のことだと言う。極楽浄土に二乗が生まれる時は二乗のままでは生じないのであって、菩薩になって生ずるのだと。もっとも、この「たね」の説明はかなりわかりにくいものである。喩えで出てくる「橘栽《きつさい》は江北に生ぜざれども、河洛の菓肆《かし》にまた橘ありと見るがごとし。また鸚鵡は隴西を渡らざれども、趙魏の架桁にまた鸚鵡ありといふ。この二の物、ただその種渡らずといふ。かしこに声聞のあることまたかくのごとし」がわかりにくいのである。「橘栽」[9]というのは橘（蜜柑などの食用柑橘類の総称）の苗木のことで、黄河の南では生育するが河洛（河北にある洛陽の都のこと）では生育しない。しかし、河洛の果物屋さんには橘の実はなんぼでもある。そのように、声聞が極楽に来生することはなんぼでもあり、来たら因位としては菩薩、果としては仏一乗となることの譬えという意味である。鸚鵡に関してもほぼ同じ意味である。種は移らないが、移ってきたものがその土地の徳によって一乗となるということなのだとの解釈である。[10]香月院は、これを善導が『観経疏』（玄義分）で行った女人不生の解釈と同じだと説明している。善導は『法事讃』でも、女人不生というのは浄土に生じてしまえば（変成男子して）女人でないからだと解釈している。女人は往生するけれど往生してしまえばもはや女人ではないと。ばかばかしい。二乗が二乗でなくなって菩薩になることが浄土の徳だということはわからぬでもない。女人が女人でなくなることが、なぜ女人が蒙っている不公平の解決になるのだ。『論』も『論註』も善導も親鸞も、もちろん香月院も、まったく説明できていない。もちろん、あらゆる差別の解決に真に有効なのは「いっち浅い」「万機普益」の称名念仏であることは、『論』も『論註』も善導も親鸞も、百も承知のはずである。どうしてこんなばかばかしい説明をいつまでも残すのだろう。

つぎに、第三問答を検討する。これも本文を掲げる。

問ひていはく、法蔵菩薩の本願（第十四願）、および龍樹菩薩の所讃（易行品）を尋ぬるに、みなかの国に声聞衆多なるをもつて奇となすに似たり。これなんの義かある。答へていはく、声聞は実際をもつて証となす。計るにさらによく仏道の根芽《こんげ》を生ずべからず。しかるに仏、本願の不可思議の神力をもつて、摂してかしこに生ぜしめ、かならずまさにまた神力をもつてその無上道心を生ずべし。たとへば鴆鳥《ちんちょう》の水に入れば魚蚌《ぎょぼう》ことごとく死し、犀牛これに触るれば死せるものみな活るがごとし。かくのごとく生ずべからずして生ず。ゆゑに奇とすべし。しかるに五不思議のなかに、仏法もつとも不可思議なり。仏よく声聞をしてまた無上道心を生ぜしむ。まことに不可思議の至りなり。

（『七祖篇』七六～七七頁）

第三問答の問いは、『大経』第十四願や龍樹菩薩の所讃（易行品）は、極楽に声聞が多数いるということは奇特なことだと述べているようだがこれはどういう意味なのか、という問い(11)である。答えは、（まず第一問答で確認したように、声聞が多いというのは、声聞のままの者が多いことではなく、声聞が極楽に来て菩薩・仏となる者が多いということだと前提したうえで）声聞というのは「実際」というものを究極の証りと心得て空に沈んでしまう存在であって、自利利他円満の仏道を実現する根芽を殺してしまった者のことを言うのだが、この者が本願の不可思議の神力をもって極楽に生まれて（利他に向かう）無上道心を生ずるというのだから、死者が蘇ったほどのことで、これほど奇特なことはないという応答である。ここで「鴆鳥《ちんちょう》の水に入れば魚蚌《ぎょぼう》ことごとく死し、犀牛《さいぎゅう》これに触るれば死せるものみな活《よみがえ》るがごとし」といった印象に残る喩えが出てくる。第一問答に出てくる「橘栽は江北に生ぜざれども、河洛の菓肆《かし》にまた橘あり」だとか鸚鵡がどうしたこうしたという喩えもそうであるように、喩えというのは難しい話の内容をわかりやすくするために持ち出すものだが、かえってわかりにくくなることも多々あるから、基本的には気楽に読み飛ばせばいいと思う。ただ、この鴆鳥と犀牛の喩えはよくないのではないだろうか。極楽浄土へ往くことの意味は、あくまでも、未来に「他方国土へ飛び出して有縁々の衆生を済度するに暇ない普賢菩薩と変わらぬ身となれるんだ」という希望に生きるということである。称名念仏はその希望に生きることの表明だ。称名念仏を、それに触れたら死んでしまうだとか死者が蘇るだとか、呪符やおまじないと勘違いさせるようなものに喩えるのはよくないと思う。曇鸞大師はこういう喩えがそれなりに上手で、それが『論註』のある種の魅力なのかもしれない[12]が、そういうことをしているから第二問答のような大失敗があるのではないかと思う（これは少し言いすぎかもしれない）。このことは後でしっかり考えようと思う。

第一、第三のふたつの問答の結論は、女人も根欠も二乗も往生できないのではなく、すべて本願不可思議の神力によって往生するのだが、往生してしまえば、もはや「虚無の身・無極の体」を得て女人でも根欠でも二乗でもなくなるので、浄土の果報は三種の譏嫌の体がないというのだということである。

ここで、「咸同一類形無異状」と「皆受自然虚無之身無極之体」が、二乗の不生だけでなく女人・根欠不生とも表現されていることの問題を、繰り返しになるが改めて確認しておく。つまり、二乗が（極楽浄土に来生して）性格や生き方を変えて菩薩→仏と成ることと、女がその肉体を変態して男になることが、まるで同じこととして示されているが、このふたつは全然違うということである。というのは、二乗が仏に成ることと女が男になることはどちらも価値の低いものから高いものとなることを意味しているわけであるから、女であることの肯定的自己確認（アイデンティティー）と個の尊厳性を阻害することになる。これを、変成男子ではなくて女性も男性も斉しく「虚無の身・無極の体」を得るということなのだと説明する論者がかなりいるのであるが、だったら『論』も『論註』もそう言えばいいのである。『論』（の偈文も長行も）も『論註』も女人と根欠の体がないと明言している。男と健常者の体がないとは言っていないのである。長行にも『論註』にも「女人不生とは女人も男子も不生という意味だ」とか「根欠不生とは根欠も根具足も不生という意味だ」などとは述べていないのである。だとすれば、善導や親鸞の解釈「変成男子」は『論』『論註』の妥当な解釈というほかはないだろう。つまり、『論』『論註』はもとより、善導も親鸞も香月院も、女性のアイデンティティーや女性の尊厳に対する配慮がまったくなかったと言うほかはない。教学者と言われる人たちのほとんどは、彼ら（天神・曇鸞・善導・親鸞）の真意は女性も男性も斉しく「虚無の身・無極の体を得る」ということなのだと説明している。そのように主張するのなら、「女人根欠不生」という表現はよろしくないと明言すべきである。それと、繰り返しになるが、この言い訳では、「虚無の身・無極の体を得る」が強調されすぎて性差別や障害者差別克服の取り組みに資するものが少ないように思われる。資するものが少ないだけならまだしも、差別克服の闘いの足を引っ張ることにもなるのは本当に困る。差別と闘う煩悩成就の凡夫には「虚無の身・無極の体」などというわけのわからないものはどうでもいいのである。問題は給与格差や昇進差別などの性差別、出生前診断や自立支援という名の援助打ち切り法の実態に見られる障害者差別である。すなわち、男女も健常者と障害者も、自然的・肉体的差異には関係なく本質的に平等（例えば、日本国憲法第二十四条の「両性の本質的平等」）なのだと知れば、社会的に不公平に扱うような諸制度と闘う意欲が出てくる。それでいいのである。女性は偉大だとか母は偉大だとか言うだけでその再生産労働の成果を搾取したり、障害を克服して何事かを成し遂げた障害者に感動するような「感動ポルノ」[13]を享受して自分を善人として納得させるようなことはせず、ともに不公平な制度と闘う意欲が生ずればそれでいいのである。

また、「皆受自然虚無之身無極之体」に象徴される平等の救いは、それを平板に述べたのでは十分に伝わらないから、真っ先に救われねばならない三種の存在「女人・根欠・二乗」を偈文として掲げたのだ、という説明を聞いたことがある。これもおかしい。女人と根欠が社会的に不利な状態に置かれていること（冒頭に確認した「差別」の②の意味）の原因は不利にしている社会システムなのであって、けっしてけっして「女であること」「障害があること」等が原因ではない。したがって、「平等（の救い）」のために「女であること」が改変されなければならないわれはないのである。改変しなければならぬのは世界経済フォーラムの男女格差指標で一一六位に位置づけられている社会システムである。変成男子との関係からいえば、改変されねばならないのは女人五障の現実なのであって、女人であることなどではないのである。変成男子は五障という現実のあやまった解決策であるにとどまらず、女性蔑視の推進でしかないわけである。これと同じことは、根欠がいないこととして平等世界が描かれることについても言える。例えば視覚障害者が蒙る社会的不公平の原因は断じて視覚障害ではない。視覚以外で視覚障害者が発揮する能力についての正当な評価がないことや、視覚障害者の社会参加を困難にする施設の不備（点字ブロックの設置不備など）が原因である。ハンセン病者が蒙った不利の原因は病そのものにはない。終生・絶対・強制隔離という政策が犯人である。ハンセン病者は譏《そし》られ嫌われたが、不治の恐ろしい伝染病という偏見を植え付け多くの人をして譏り嫌うように仕向けた犯人もまたこの政策である。ハンセン病が治癒することや、後遺症を整形手術などによって、譏られ嫌われることがいくらか緩和されるということは、この犯人（システム）を非難して改心させること（法律の撤廃と謝罪補償）とは無関係のことである。病そのものが治癒することや、後遺症が残った身体に整形を施して人目を気にする苦痛が多少改善されるなどということは悪いことだと言う必要はないが、人権侵害の原因となった「らい予防法」の本質を見抜き、そのような制度をよみがえらせないという最も大切なこととは関係のないことである。真っ先に救われねばならない存在などない。救われねばならない、改変されねばならないのは、不当な社会システム、すなわち「濁世」である。近年、「障害学（disability studies）」[14]という障害者問題に対する新たな研究態度が注目されているが、その中で取り上げられる障害の克服の「個人モデル」「社会モデル」の二対の概念がこのことをよく説明していると思われる。「個人モデル」とは、障害者に生ずる困難の原因を当人の障害（impairment）に求めてその治癒や改善によって克服しようとすることを指し、「社会モデル」とは、困難の原因を社会の障害者に対する不公平なシステムに求め、その改革によって障害（disability）を取り除こうとするアプローチを指す。浄土という平和と平等の環境によって苦悩の解決をもたらそうとする浄土門は、当然のことながら「社会モデル」の立場をとると言える。

結論。平等世界を「皆受自然虚無之身無極之体」として表すのは、何のことだかわからないという意味でさほど害はないと思われる。しかし、「咸同一類形無異状」だとか「悉皆金色の願」のような差別②と自然的・肉体的差異（差別①）の混同を招く表現は、差別の改善に役立たないだけでなく、かえって阻害になると思われる。ましていわんや変成男子なんて。女人五障については耳にタコができるくらい言う蓮如はその解決策とされてきた「変成男子」とは一言も言っていない。このことは、前から気になっている。

六、第二問答——差別意識と差別表現——

第二問答が残っている。まず全文を引用しておく。

問ひていはく、名はもつて事を召く。事あればすなはち名あり。安楽国にはすでに二乗・女人・根欠の事なし。またなんぞまたこの三の名なしといふべけんや。答へていはく、軟心の菩薩のはなはだしくは勇猛ならざるを、譏《そし》りて声聞といふがごとし。人の諂曲《てんごく》なると、あるいはまた儜弱《にょうにゃく》なるを、譏りて女人といふがごとし。また眼あきらかなりといへども事を識らざるを、譏りて盲人《もうにん》といふがごとし。また耳聴くといへども義を聴きて解らざるを、譏りて聾人《ろうにん》といふがごとし。また舌語《したものい》ふといへども訥口謇吃《とっこうけんきつ》なるを、譏りて瘂人《あにん》といふがごとし。かくのごとき等ありて、根具足せりといへども譏嫌の名あり。このゆゑにすべからく「乃至名なし」といふべし。浄土にはかくのごとき等の与奪の名なきことあきらかなり。

（『七祖篇』七六頁）

偈文と天親自身の解釈で問題になっている「名」と「体」は、曇鸞の「問」においては「名」と「事」と言われている。意味はほぼ同じと理解してよい。だから問は、「「名」というものはそれが指し示す本体があってこそ意味がある。極楽には、二乗・女人・根欠の本体が存在してないのに、重ねて「名」がないというのはどういうわけだ」と問うていることになる。この「問」から、曇鸞もまた極楽には女性と障害者がいないことを大前提として問答を立てていることがわかる（少しくどくなるが付け加えておくと、この『論』『論註』の「女人不生」を、『大経』第三十五願の「寿終之後復為女像者不取正覚」を変成男子と解釈したうえで女性が浄土に往けないのではないとする善導・法然・親鸞らの解釈も、同様にこの前提を否定しているのではないことを忘れてはいけない。善導・法然・親鸞らはみな極楽に女性と障害者がいないことを前提として語っているのである。女性は男性に変身し、障害者はその障害の治療が終わって変身してしか存在しないと考えているのである）。

そこで「答」だが、「意志の弱い菩薩を譏《そし》って「二乗のようだ」と非難するとか、諂曲《てんごく》な（媚びへつらい嘘を言う）者や儜弱《にょうにゃく》（意志が弱く決断力がない）者を罵る際に「女のようだ」と言うとか、事の本質がわからない者を「盲人（あきめくら）」と罵る、聞いていても意味を理解できない者を「聾人（つんぼ）」と罵る、声も舌もそろっているのに口ごもる者を「瘂人（おし）」と蔑むなど、差別される本体の声聞や女性や障害者がいなくても、譏ったり嫌ったりするための「名」がある。極楽浄土はこうした価値観を落としたり上げたりするのに使う「名」がないのである」と、「二乗、女人」に加え「盲人」「聾人」「唖人」という差別語を喩えにしたものとなっている。この差別語については、この章の最後に「補遺」としてその問題を指摘したので参照してほしい。ここで問題になっているのは、女性に対してではなく、（多くの場合は女性のいないところで、あるいは、女性がいてもその気持ちにまったく配慮することもなく）男性に対して「諂曲なると、あるいはまた儜弱なる」ことを罵る際に「お前は女の腐ったようなやつだ」というかたちで、女性を譏られ嫌われるものの喩えとして使用する表現である。つまり、第二問答は差別意識（と言っても、もっぱら比喩を用いた侮辱表現が取り上げられているだけで差別問題からずれている）表現が問題にされている。すでに述べてきたが、そもそも差別意識や差別表現というものは基本的に差別②の不公平なシステムの結果であって、原因としてはさほど重視する必要はない。しかもここで取り上げられているのは、罵った側と罵られた側の双方に存在する差別意識を利用した罵倒なのであって、こうした罵倒語（与奪の名）が無くなったからといって、女性や障害者に不利なシステムが無くなるかどうかはまったく別の問題である。なお、『論註』のこの個所についての擁護的（言い訳的？）な解説として「極楽に女性がいないのではなく、女性に喩えられる「諂曲なると、あるいはまた儜弱なる」者がいないのだという意味である」ということをしばしば聞くが、間違いである。極楽には女人・根欠の体も名もないのである。体がないことに関しては、元は女人の体・障害者の体を持っていたが極楽に往生した段階でそれらの体はなくなったということである（しつこいようであるが、だから「言い訳」ではない。前節五で検討したようにこれが問題なのである）。そして、名がないということに関して曇鸞が問題にしているのは罵倒語（だけ）である。さらにもうひとつ付け加えておくべきことがある。第二問答で問題にされているのは、「盲人」「聾人」などの障害者を意味する差別語を（主として）健常者を罵るために使うことである。

曇鸞が問題にしているのは、極楽浄土を障害者が社会的に不利に扱われることのない平等の世界として描くことではなく、誰も罵られたり罵ったりしない世界として描くことなのである。そういう、差別とは直接には関係のない話をする時に、根欠、すなわち、感覚障害者を例に出しているのである。だから、曇鸞の『論註』について何かを知っていることを匂わせながら「根欠というのは、障害者のことではありません。眼があっても見えないことを根欠というのです」などというお説教をしてはいけない。この不当な社会を見抜くためには、しっかりと意識して「見る」ことが大切だということを言いたいのなら、けっして、『論註』の差別表現を擁護するような文脈で語ってはならない。大義門功徳の三つの問答はすべて不適切と言わねばならぬが、とりわけこの第二問答はだめなのである。

話を戻そう。

「私、あるいは、あなたは○○のような」とか「あなたは○○みたい」というかたちの比喩表現における差別とはなになのかを改めて考えてみよう。一般に、実在する社会集団（性別や民族などのしるしによって分類される集団）を喩えとして否定的、あるいは、もっとはっきりと侮辱的表現をする場合、つぎのようなことが言える。第一に、それが否定・侮辱となるためには「○○」に当てはまる社会集団が社会的に不利に取り扱われていて、その集団に属すること、あるいは、属するとみなされることは好ましくない、という共通認識がなければならないということである。「女のようだ」「盲人のようなやつ」と言われた側が、言った人の意図通りに、「女」や「視覚障害者」という集団が属するには好ましくない集団だと認識していなければ、侮辱は成り立たないということである。第二に、このような表現がなされる場面で生じている差別被害は、罵倒している者にはもちろん、されている者にも基本的には及ばない。罵倒されている人は差別されている（社会的に不公平な地位に置かれている）わけではないのである。

「お前は媚びへつらい嘘を言うダメなやつだ」と言われるよりも、「お前はまるで女だ、それでも男か」と言われることのほうが罵倒の度合いがきついというだけである。罵倒や侮辱は相手に打撃を与える意図で行うものであるが、与える方と与えられる方の双方で、女性や障害者に対するステレオタイプの偏見を増幅しているのである。この偏見は、社会的な不公平が解消するにしたがって自然と無くなるが、解消されないうちはそうした不公平を強化するように働くこともあるので一定の歯止めは必要だろうけれど、そればかりにこだわって、罵倒語の取り締まりを、不公平なシステムの変更という真に必要な活動より優先させるようなことは避けるべきである。

一定の集団に対して実証を伴わない思い込みがある。前述したの「女は媚びへつらい嘘を言うものだ」というのもそうだし、「女は手先が器用だ」というのもそうである。これをステレオタイプというが、ステレオタイプが生ずる原因はさまざまであるし、価値観を高める場合も低める場合もある。これは、個体を一定の集合の一部として認識するという、人間の認識そのものが持つ限界であり、それ自体は善でも悪でもない。問題は、マイナスのステレオタイプを比喩として使って罵倒をする際に、罵倒語に使われた実在の集団へのマイナスの偏見が増幅することである。譬喩は偏見を増幅するが、偏見の原因ではないので、表現や意識だけを過剰に問題にすることは、差別、すなわち、社会的な不公平の解消にあまり役立たないことを認識しておくことが必要である。(15)

喩えとしての差別表現に関しては『観経』の「是旃陀羅」についても一言言っておかねばならないだろう。まず、当該の個所を確認しておく。

時に阿闍世、守門の者に問わまく、「父の王、今になお存在せりや」と。時に守門の人、白して言さく、「大王、国の大夫人、身に麨蜜《しょうみつ》を塗り、瓔珞に漿《しょう》を盛れて、もって王に上《すす》む。沙門目連および富楼那、空よりして来りて、王のために法を説かしむ。禁制すべからず」と。時に阿闍世、この語を聞き已りて、その母を怒りて曰わまく、「我が母はこれ賊なり、賊と伴《とも》たり。沙門は悪人なり。幻惑の呪術をもって、この悪王をして多日、死せざらしむ。」すなわち利剣を執りて、その母を害せんとす。時に一の臣あり、名をば月光と曰う。聡明にして多智なり。および耆婆と、王のために、礼を作して白して言さく、「大王、臣聞く、『毘陀論経《びだろんきょう》』に説かく、劫初《こっしょ》よりこのかた、もろもろの悪王ありて国位を貪るがゆえに、その父を殺害せること一万八千なり。未だむかしにも聞かず、無道に母を害することあるをば。王いまこの殺逆の事をなさば、刹利種を汚してん。臣聞くに忍びず。これ栴陀羅なり。宜しく此に住すべからず。」時に二の大臣、この語を説き竟りて、手をもって剣を按《おさ》えて、却行《きゃくぎょう》して退く。時に阿闍世、驚怖し惶懼《おうく》して、耆婆に告げて言わく、「汝、我がためにせざらんや」と。耆婆、白して言さく、「大王、慎みて母を害することなかれ」と。王この語を聞きて、懺悔して救けんことを求む。すなわち剣を捨てて、止りて母を害せず。内官に勅語し、深宮に閉置して、また出ださしめず。

（大谷派『聖典』九〇～九一頁／二版九八～九九頁）

阿闍世は「それではまるで旃陀羅のようだ」と言われて母親殺しを思いとどまる。典型的な差別を利用した罵倒である。この強い非難（罵倒）を発した月光と発せられた阿闍世の双方は旃陀羅という実在の身分《カースト》の人びとに対する偏見をこのやり取りの中で増幅させており、この場面を読む読者にも同様の影響が及ぶ。しかも、時代と場所も全然異なる善導や香月院も、自分の周りにある同様の差別意識を増幅させている。つまり、この場面の解説で古代インドの差別を日本の部落差別に投影して偏見を増幅させるような場合である。この場面は削除か少なくとも拝読停止にすべきであるということが、かなり前から指摘されている。これに対して「聖典の言葉は一字一句も変えてはならない」などという変なことを言う人もある。「変な」と言ったのは、そのようなことを言ってしまえば、独自の訓点を施して経論を読み替えた親鸞聖人を批判するようなことになるからである。このような主張は相手にする必要はないと思われる。少し心配なのは、「この「是栴陀羅」は父を殺し母まで殺そうとした阿闍世を思いとどまらせた言葉である。旃陀羅に対する偏見差別はそれほど大きなものである。それを学ぶために経典に残す意味がある」というなんだか意味深の対応があること[16]である。しかし、これもよく考えてみれば、そうした偏見差別を解消するために「栴陀羅」という語を残すという話ではなく、罵倒語に使われればすごく強烈なことになるという、もともとの意図を学ぶことになるだけであるから、あまり説得力がない。親から「どこそこの子と遊んではいけません」と言われて差別を覚えるのとそんなに変わらないのではないだろうか。先に述べた障害者を利用した「感動ポルノ」と同根のにおいが感じられる。被差別者からの糾弾に対しては、何とか言い逃れして差別表現を残そうとするのに、権力側から直接禁止されてもいないのに意図を忖度して「主上臣下背法違義」(大谷派『聖典』三九八頁／二版四七三頁)を伏せ字にしたり拝読を控えることだったら平気でやった側の者の言うことではない。

『論』『論註』の大義門功徳では、真っ先に救われねばならないものを三種あげたのだと言えるかどうかは別であるが、女性や障害者の差別克服を不十分ながらある程度問題にする中で、解決に逆行する間違いを犯していると言える。したがって、『論』『論註』全体の趣旨に戻ってこの「逆行」を正すかたちで読み取っていけばなんとかなると思われる。全体の趣旨とは、「われらはみな還相の主体である」ということである。この「われら」の中には、当然、女人・根欠が含まれており、大義門功徳の偈文がその可能性を幽かに示してはいる。しかし、『観経』に登場する、いや、正確には登場することもなく単に[17]譏られ嫌われる者の喩えとしてのみ使用されている旃陀羅は、『観経』全体の趣旨としてその救いが願われている、あるいは、解放の主体となる可能性がまったく描かれていない。つまり、解放の主体として誇りうる旃陀羅の「時」が描かれていないのである。性差別・障害者差別に関しては、『論』『論註』や親鸞聖人の『大経和讃』『高僧和讃』、蓮如の『御文』などで一定程度、時には、反面教師として学ぶことは可能なので、詳細はともかく拝読は停止してもいいし、学習は「注意して」というレベルで対応すればいいことかと思われる。しかし、「是旃陀羅」はそんなことではすまない。間違いが積み重なっているのである。間違いはもともとの経典にある。それを日本の部落差別に投影させて増幅するということがあった。

また、「是旃陀羅」や「女身垢穢」は経典の登場人物の発言であって、経典全体の意図から言えば、旃陀羅や女性の解放を目指しているのだから削除しなくていいなどという、わけのわからない言い訳（?）もある。旃陀羅差別の解決に関しては経典（『観経』）には間違った解決さえ示されていないが、女身垢穢に関しては、経典（『法華経』）に間違った解決策ではあるけれど解決せねばならないという意図は表現されている。しかし、「女身垢穢」「女人五障」という舎利弗の発言は、『法華経』の文脈とは別に、ひょっとすると性差別の解決のきっかけになるかもしれないが、変成男子という間違った解決策を提示した経典（『法華経』）の文脈全体がそのきっかけをつぶしている。「厭悪女身」や「寿終之後復為女像者不取正覚」の願文そのものも悪いが、それを「変成男子」と名づけた解釈はもっと悪い。さらに、これを変成男子ではなく、男女ともに「黄金の体」となって救われることを願った願だと言い張るのは、解釈として良い悪いの範疇を超えた勝手な改変である。

この問題は何とか言い逃れをしようというような姿勢ではだめで、念仏衆生摂取不捨の本願に立ち返って真剣に考える必要がある。『教行信証』に引用される諸経論は、引用者親鸞自身によって、しばしば「乃至」の言葉で、あるいは、その言葉さえないかたちで「削除」あるいは「拝読せず」の扱いを受けている。この姿勢に真剣に学ばねばならないのではないだろうか。

七、結　論

第二問答についても、第一、第三と変わらず、あるいは、それ以上に、性差別・障害者差別の解決に資するものはほとんどないばかりか、差別を悪化させる要素の方が多いと評価せざるを得ない。経典・天親・曇鸞及びそれ以後の解釈も反面教師としてしか役に立たないと言わざるを得ない。解決は、本願、すなわち、「念仏もうすのみぞ、すえとおりたる大慈悲心にてそうろう」（大谷派『聖典』六二八頁／二版七六九頁）というところに立ち返る以外にないだろう。

『論註』や『観経』をそのまま読めば、とても「ただ念仏」を伝えるものとは言えない。しかし、法然・親鸞・香月院の伝統から学べは、高木顕明の反戦反差別の専修念仏に必ず到達できる。高木顕明がそのことに気づけたのは、新宮の被差別民や貧のために操を売ることを強いられた女性たちの「声」が届いたせいであろう。彼ら、彼女らの「厭離穢土・極楽浄土」の叫びが、諸有衆生に平和と平等の極楽国土を目指すことを教える諸仏称讃の働きをなしたのである。「ただ念仏」の教科書として『論註』を読みなおすということはそういうことであると思う。

八、補　遺

なお、男性に対して「女のようだ」とか、視覚自体に問題がない人に向かって「盲人のようなやつ」というような比喩による罵倒ではなく、直接女性に向かって「バハア」だとか「ブス」だとか、聾者に対して「つんぼ」などという言葉を浴びせることについては、差別語の問題としてきちんと考えておかねばならないことではあるが、『論』『論註』の問題の射程からは離れるので別の機会にしたいと思う。

『論』『論註』の範囲内で確認しておくべきことは、つぎのようなことである。かつて「反差別語狩りキャンペーン」という動きが顕著になったことがあった。その時、石原慎太郎衆議院議員（当時）が部落解放同盟の小森龍邦書記長（当時、衆議院議員）との対談で「私も目が見えない人に面と向かって「めくら」などとは言わないが、「政治家としてめくら判を押すようなこととしてはいけない」という表現はする」と語っていたことがあった（「徹底討論「差別と表現の自由」」朝日新聞一九九四年六月一六日及び一七日付東京本社版）。「めくら判」は比喩を用いた罵倒の一種である（この場合は、石原が自戒の言葉として述べる場面かもしれないが、比喩を用いた価値低下表現という本質は変わらない）。罵倒に用いることによって目が見えない人が蒙る社会的不公平は強化されるか、少なくとも当然のこととして放置されるから、これは使ってはいけない表現というべきである。私たちは『論註』からこのことを（反面教師的に）学ぶことはできると思う。他方、目が見えない人に対して「めくら」という言葉を使うことは必ずしも不公平を強化したり放置することにつながらない。自ら名乗る「日本瘋癇協会」や水平社宣言の「エタである事を誇りうる時が来たのだ」などの場合を見れば、このことは想像がつくと思う。この件でも石原は、最も恥ずべきことを平気でやる男だと改めて確認できた。例えば、「石原は蛇蝎のごとき狡猾なやつだ」と言えば、石原への罵倒めいた批判になるが、蛇と蝎に対しては差別になりそうだが、石原に対しての差別ではないのである。

「めくら」や「つんぼ」は当事者が不快であるからやめろと言っている場合はやめればいいだけのことだが、「めくら判」や「つんぼ桟敷」のような比喩を用いた表現はどんな場合にも使うべきではない。「無責任な決裁」とか「情報からの除外」と言い換えればすむことだ。また、「（日本）瘋癇協会」と名乗っているからと言って「まるで癩病持ちのように扱われた。けしからん」というような表現はしてはならない。「エタであることを誇りうる時が来たのだ」という宣言を、けっして、けっして「穢多であること」と読んではいけない。『水平社宣言』にはそれに対しては徹底的に糾弾すると表明している。

註

（1）『論註』も下巻で扱うべき論の観行体相の文言を上巻での偈文解釈において大いに意識して論じている。

（2）「平等＝○○がないこと」という関数の「○○」には差別を表すさまざまな変数が代入されるが、天親はここに「譏嫌の名」を代入しているわけだから、天親は「譏り嫌う意識・概念」を差別だと考えていることになる。

（3）この「是栴陀羅（まるで栴陀羅のようだ）」を、「如栴陀羅」とは書かれていないと解釈する意見がある。この正しくもなく、差別解消の役にも立たない説についての批判はそれなりに重要なのだが、別の機会を期することにする。

（4）各国の男女格差を「経済」「教育」「健康」「政治」の四分野で評価し、国ごとのジェンダー平等の達成度を指数で示す。一位はアイスランドで一三回連続のトップ。フィンランド、ノルウェー、ニュージーランド、スウェーデンが続き、ルワンダ（六位）、ニカラグア（七位）、ナミビア（八位）。G7ではドイツ（一〇位）、フランス（一五位）、英国（二二位）、カナダ（二五位）、米国（二七位）、イタリア（六三位）、日本（一一六位）は最下位だった。近隣では韓国が九九位、中国が一〇二位。

（5）ここで再生産労働の搾取などのマルクス主義フェミニズムの理論を紹介するのがいいのだが、煩瑣になるのでやめておく。私の講義が収録されている『浄土を願う』（真宗大谷派大聖寺教区差別問題研修会実行委員会編集・発行、二〇二〇年八月）を参照いただければ幸いである。

（6）註（5）『浄土を願う』参照。

（7）「細色を眄睞する」について『意訳　無量寿経』（戸次公正訳、法藏館、二〇一七年）は「女性の滑らかな肌を流し目で見て」と翻訳している。「邪態外に逸に、自らが妻を厭い憎みて」以下は省略しておく。

（8） この「黄金の体」というのは、法然作と伝えられている『弥陀本願義疏』（おそらく偽作）の第三十五願の解釈にある表現である。この中で、法然とその論敵であるはずの貞慶は共同して、寿終之後「男像とはならない」と書かれているのではなく「女でなくなる」と書かれている三十五願の差別性を隠蔽し、極楽に往けば男も女も黄金の体になるのだとごまかしている。「男女同じく此の身を捨てて彼の国に生まる」のだそうだ。だったら、そう書けばいい。経典にははっきりと「女でなくなる」とある。「男でなくなる」という含意があるとしても「男でなくなる」とははっきり書かれていないことが問題なのである。現実の差別に敏感だった法然上人が、本来、性差別はないのだというようなくだらないことを言うはずがないと思う。この点に関しても、註（5）『浄土を願う』を参照されたい。

（9） この個所「橘栽は江北に生ぜざれども」は「橘、栽えて江北に生ぜざれども」と読む立場もあるようだが、香月院は「栽」は動詞ではなく名詞で苗木のことだと説明している。

（10） ここで橘は河北では枳殻《からたち》となるので、これを加えて説明するとさらに厄介なことになるのでやめておこうと思う。

（11） つまり、第三問答の問いは「諸経論に極楽には声聞が多数いることは奇特だと言っているのに偈文が声聞不生と述べているのはおかしいではないか」という問いではなく、「多数いることはわかったが、それが奇特だというのはどういう意味か」という問いである。

（12） 福音書も魅力あふれる喩えに満ちているが、これも注意が必要である。イエスが示した「無条件の生存の肯定」というポイントを外して読むと、病の癒しもおまじないに見えて危険である。本田哲郎『釜崎と福音――神は貧しく小さくされた者と共に――』（岩波現代文庫、二〇一五年）参照。

（13） 「感動ポルノ（inspiration porn）」とは、自身も障害者であるジャーナリストのステラ・ヤング氏が作った造語である。この場合の「ポルノ」とは「「感動」という快感を煽り立てるための消費対象としてのみ利用されていること」を強調するためにあえて「ポルノ」という表現を用いており、本来の意味である「性的な興奮を起こさせる」という意味は含まれていない。この言葉の説明に関しては、「障害学（disabilities sturdy）」でいう「個人モデル」「社会モデル」などの説明も必要なので、とりあえずはこれだけにとどめておく。

(14) 石川准・長瀬修『障害学への招待』(明石書店、一九九九年)、杉野昭博『障害学――理論形成と射程――』(東京大学出版会、二〇〇七年)など参照。

(15) 「差別」ということが世間的に問題にされるのは、残念ながらほとんどがこの「意識・表現」のレベルである。だから、差別表現・差別意識を糾弾された者たちの「釈明」の中に「差別しようという意図はなかった」などという発言が頻繁に見られるのである。これらの例は枚挙にいとまがないので、これ以上議論を展開するのはやめておこうと思う。このあとの「是栴陀羅」を例にした付言を参考にしてその一端を理解していただければ幸いである。

(16) 第四節のところでも少し触れた「是栴陀羅」を文字通り「栴陀羅への身分貶下の宣言」と解する珍説も、この阿闍世の回心の重大性によって「是栴陀羅」を残してもよいとする経典擁護論に含まれると思われる。

(17) このことについても、「栴陀羅は、頻婆娑羅王を幽閉した場の守門の者として登場しているし、坂東本のメモによれば親鸞もそれに留意していた」という説を述べる者がいる。そうだとしても、『観経』のどこにもその守門者の救いや彼が解放の主体へと転ずる展望は描かれていないのである。見当違いの珍説というほかはない。

第12章

極楽浄土とは何か(5)

――国土の様相後半（その三）と決成

一、一切所求満足功徳――満ち足りた世界――

前章で十七種の国土荘厳の第十六「大義門功徳」が終わり、本章は最後の第十七「一切所求満足功徳」からである。天親の偈文と曇鸞の『論註』は以下のとおりである。

衆生所願楽　一切能満足（衆生の願楽する所、一切よく満足す）

この二句は荘厳一切所求満足功徳成就と名づく。仏本なんがゆゑぞこの願を興したまへる。ある国土を見そなはすに、あるいは名高く位重くして、潜処《せんしょ》するに由なし。あるいは人凡《ぼん》に性鄙《いや》しくして、出でんと悕《おも》ふに路なし。あるいは修短、業に繫がれて、制することおのれにあらず。阿私陀《あしだ》仙人のごとき類なり。かくのごとき等の、業風のために吹かれて自在を得ざることあり。このゆゑに願じてのたまはく、「わが国土をしておのおの所求に称《かな》ひて、情願を満足せしめん」と。このゆゑに「衆生所願楽　一切能満足」といへり。

（『七祖篇』七七～七八頁）

「一切所求満足」とは、望むところがすべて満足する功徳ということであるが、これを曇鸞はつぎのように解釈している。

私たちが生きているこの世界は、生まれによって社会的役割が決定されている身分社会であるとか、資産の継承によって生まれつき貧富の差がある機会不平等(1)の格差社会であるから、「とかくこの世はままならぬ」で、思い通りに自らの能力を発揮できる社会ではない。「名高く位重くして、潜処するに由なし」というのは、天皇・皇后などは近所を散歩するにも目立ってしまい人目につかないで自由に生きることもできないが、逆に「人凡に、性鄙《いや》しくして(「凡性、鄙《いや》しくして」と読む説もあり)、出でんと悕《おも》ふに路なし」すなわち「凡庸な者が貧しい家に生まれれば立身出世もままならない」ということもある。しかし浄土ではこのようなことがなく、すべての人がその能力を十分に発揮できるようになっているという功徳だというのである。「功徳とは権利だ」という曽我量深の言葉を借りれば、日本国憲法第二十五条にある「健康で文化的な最低限度の生活を営む権利」や第十四条に掲げられた「すべて国民は、法の下に平等であつて、人種、信条、性別、社会的身分又は門地により、政治的、経済的又は社会的関係において、差別されない。／2華族その他の貴族の制度は、これを認めない。／3栄誉、勲章その他の栄典の授与は、いかなる特権も伴はない。栄典の授与は、現にこれを有し、又は将来これを受けるものの一代に限り、その効力を有する」(『六法全書』)といった「権利」に相当するだろう。権利というものは、当然そうなっていなければならないのにそうなっていないことをはっきりと示すということなので、浄土では成就しているが穢土ではそうなっていない、あるいは、穢土でそうなっていないからこそ法蔵がそれを「見そなわして」浄土でそうなるように建立したということであるから、曽我量深の指摘は当人が思っている以上に浄土の功徳荘厳の本質を言い当てていると思われる。残念ながら憲法第二条は天皇の地位や皇族であることについて「世襲」と定め「門地により」差別する規定を持ってしまっているが、憲法全体の主旨は明らかに第十四条の方にあるのだから、いずれは、第二条は改正または廃止しなければならないだろう。廃止してしまえば、アキヒトさんやミチコさん、その息子夫婦たちも、（もはや自分たちの固定資産ではなく公共のものとなった）皇居外苑を（他の人たちと同じように、同じ資格で）自由に散策できるだろう。また、第二十五条の規定や教育の機会均等をうたった教育基本法の主旨に基づく諸施策によれば、貧しさのために進学できなかった学生に「奨学金」と称するサラ金のような借金を背負わすようなことはなくなるだろう。これは、日本以外の他方国土ではほぼ完全に成就している。すなわち、ヨーロッパはもちろん、USAでさえこんなひどい奨学金制度はないのである。(2)

『論』『論註』や『大経』第四十三願（生尊貴家の願）などを見ると、所求満足の実行をこうした法の下の平等や資産所得に対する強い累進課税などを実行していくという社会環境の整備に求めているわけではなさそうなので、不満が残る。極楽浄土とは、特定の個人が尊貴の家に生まれるかどうかではなく、そもそも尊貴家と卑賤家の差別がある社会構造が改変されたところとして構想されねばならないはずだ。このあと、仏・菩薩荘厳、すなわち、衆生世間に入っていくわけであるが、前にも指摘したとおり『論』『論註』や『大経』には自然環境と社会環境の区別があるのかどうか心もとないのである。しかし、『論』『論註』の主旨は、この世界に不足弊害があることをはっきりと自覚し、そうした不足弊害がない世界を法蔵菩薩の本願に基づいて建立されていることを観じ（あるいは、むしろ、信じ）、そこへ皆ともに向かうという生き方を獲得することにある。この時、それぞれが勝手に「俺についてこい」というごとき「千差の業因による方便化土」ではなく、「普く諸々の衆生と共に」という真実報土ということを保証するのが、「如来浄華衆正覚華化生」と示された眷属功徳である。つまり、同一念仏である。この生き方を獲得することによって、来世には「虚無の身・無極の体」を得ることは確実なので（もはやそういう来世のことなどどうでもよく）、今現にある不足弊害を正すことに安心して力を尽くすことができるわけである。安心して力を尽くすということは、今「虚無の身・無極の体」を実感しているつもりになる神秘主義や精神主義とは正反対で、就活だの婚活だの、挙句の果ては終活にあくせくしつつも、同じわが身可愛いだけの凡夫である先人があれこれ知恵を絞って前進させた人権思想・世俗の法に、自分も取り組むということである。デモに行き、「Me too!」と発言して、国税庁長官や財務次官や悪徳政治家と闘う生活である。この観点から『論』『論註』の文面に不足していることを補って批判的にテキストを読むことが大切だと思う。『論註』は所求満足功徳が興された所以を、法蔵菩薩がこの世界の所求不満足を「見そなはして」、そういうことのない世界を立てられようとしたのだと言っている。私たちは、この示唆を受けてこうした所求不満足の起こる原因を見つけ、それを取り除く努力を怠らぬよう互いに励まし合うことができるはずである。デモに行くとか憲法改悪阻止の姿勢を示すとかである。そのために、かつて高木顕明が幸徳秋水やカール・マルクスやトルストイの言葉に耳を傾けたように、聞不具足の邪心を離れねばならない。来世に「虚無の身・無極の体」を受けることが決定したからといって、今この場で弥陀の本願と一体となっているわけではないのである。聞不具足は避けることはできるし避けねばならないが、信不具足はこの世に暮らすわが身可愛いだけの凡夫にとっては必然のことである。それについては、常に忘れず（金言を了知し）開き直ってはいけないだけのことである(3)。ボランティアは真宗でないのかとか、仏教はヒューマニズムを超えるといきり立つような恥ずかしいコンプレックスは捨てて、元気に平和と平等を伝えよう。そのためには、不足を補って読むだけではどうにもならない差別表現などは大胆に削除して、そもそもの主旨（平和と平等）を鮮明にしようではないか。天親菩薩も曇鸞大師もたぶん「なるほど、私たちの言いたかったことはそういうことなのか」と仰るに違いない。

二、十七種国土荘厳の結句――器世間清浄と衆生世間清浄――

さて、偈文はこのあと、「**是の故に願わくは彼の阿弥陀仏国に生まれん**（是故願生彼阿弥陀仏国）」（『七祖篇』七八頁）とあって、天親菩薩が極楽国土に往生したいという所以が、ここまでに述べた極楽国土の十七種の諸功徳荘厳にあるのだと確認する。『論註』は「**この二句は上に十七種荘厳国土成就を観察するは、願生する所以なることを結成す。器世間清浄を釈すること、これ上に訖《おわ》りぬ**」（『七祖篇』七八頁）と述べている。

そしてそのあと「次に衆生世間清浄を観ず。この門のなかを分ちて二の別となす。一には阿弥陀如来の荘厳功徳を観察す。二にはかのもろもろの菩薩の荘厳功徳を観察す。如来の荘厳功徳を観察するなかに八種あり。文に至りてまさに目《なつ》くべし」（『七祖篇』七八頁）と述べて、仏の荘厳八種と菩薩の荘厳四種の衆生世間清浄の課題に移ると言う。つまり、『論註』はここまでは偈文の解釈だけを述べてきたわけだが、ここで偈文全体の構成を改めて述べるわけである。これは、『論』の長行に「荘厳○○功徳成就とは、偈に「△△」といへるがゆゑなり」というスタイル（荘厳大義門功徳だけはこれにとどまらず天親独自の解説があるが）で十七種の器世間清浄を述べてきたあとで、ここまでのまとめとつぎの展開に関する解説が述べられているからである。つぎのごとくである。

略して、かの阿弥陀仏国土の十七種の荘厳功徳成就を説きて、如来の自身利益大功徳力成就と利益他功徳成就とを示現するがゆえなり。かの無量寿仏国土の荘厳、第一義諦、妙境界の相の十六句と及び一句、次第に説きつ。知るべし。（筆者註：ここまでのまとめ）

いかんが仏の荘厳功徳成就を観ずる。仏荘厳功徳成就を観ずとは、八種あり、知るべし。なんらか八種。一つ

には荘厳座功徳成就、二つには荘厳身業功徳成就、三つには荘厳口業功徳成就、四つには荘厳心業功徳成就、五つには荘厳衆功徳成就、六つには荘厳上首功徳成就、七つには荘厳主功徳成就、八つには荘厳不虚作住持功徳成就なり。（筆者註：つぎの展開への予告）（大谷派『聖典』一四〇～一四一頁／二版一五一頁）

『論註』はこの長行の文によって「結成」というわけである。『論註』は偈文と長行からなる『論』の注釈書なのだから、偈文自体の解釈をしているはずの上巻で、下巻の長行に書かれていることを前提とするのはおかしいのだが、偈文の解釈に当たって天親自身の偈文解釈である長行を念頭に置かないわけにはいかないので、このようなことになるのである。ただ、この長行のまとめとつぎの展開の予告の中にある「如来の自身利益大功徳力成就と利益他功徳成就」と「第一義諦、妙境界の相」などについては、長行自体の註となる『論註』下巻で詳しく触れられることになる。そこに、偈文の初めの「往生安楽国」で検討された「無生の生」の議論が再論されるし、第一義諦など面倒な議論が出てくる。上巻ではそれらには触れず、「衆生世間」という語の「衆生」とは何かについての問答を載せている。問答の原文はつぎのとおり。

問ひていはく、ある論師、汎く衆生の名義を解するに、それ三有《ぬ》に輪転して衆多の生死を受くるをもつてのゆゑに衆生と名づくと。いま仏・菩薩を名づけて衆生となす。この義いかん。答へていはく、『経』（涅槃経・意）にのたまはく、「一法に無量の名あり、一名に無量の義あり」と。衆多の生死を受くるをもつてのゆゑに名づけて衆生となすがごときは、これはこれ小乗家の三界のなかの衆生の名義を釈するなり。大乗家の衆生の名義にはあらず。大乗家にいふところの衆生とは、『不増不減経』にのたまふがごとし。「衆生といふはすなはちこれ不生不滅の義なり」と。なにをもつてのゆゑに。もし生あらば生じをはりてまた生じ、無窮の過《とが》あるがゆゑに、不生にして生ずる過あるがゆゑなり。このゆゑに無生なり。もし生あらば滅あるべし。すでに生なし。なんぞ滅あることを得ん。このゆゑに無生無滅はこれ衆生の義なり。『経』（維摩経・意）のなかに、「五受陰《じゅおん》、通達するに空にして所有なし。これ苦の義なり」とのたまふがごとし。これその類なり。

（『七祖篇』七八～七九頁）

この問答があるのは、衆生世間に登場する「衆生」とは仏と菩薩のことであるから、通常の「衆生」という言葉の持つ雰囲気と異なっているからである。通常「衆生」といえばわれら凡夫のことだろう、仏や菩薩は衆生ではないだろう、というわけである。問いの中にある「ある論師」の「三有に輪転して衆多の生死を受くるをもつてのゆゑに衆生と名づく」、すなわち「何度も生まれ変わり輪廻を繰り返すから「衆生」と言うのである。仏や菩薩は輪廻を脱しているのだから「衆生」とは言わないだろう」という説なのである。これに対して「答へていはく」として、そういう「衆生」という言葉の定義は小乗家のものであって、大乗ではそういうことにはならないと応じている。

「衆生」とはパーリでは paja, pāṇā, purisa、あるいは、satta、サンスクリットでは sattva で、玄奘三蔵以後の新訳では「有情」と翻訳される。「情」すなわち感情や知覚を持つもののことで、生きとし生けるもの、特に人間存在を指す。無生の生のところに出てきた「仮名人」を指すこともある。「菩薩（bohdhi-sattva）」は「覚有情」と翻訳されるから、「衆生」が菩薩を含むのは何の不思議もない。もっとも、曇鸞は玄奘以前の人であるから、この解説は使わず、大乗仏教と小乗仏教との概念の差であると解釈している。ここに無生の生の議論と近いことが出ている。ということは、仏教形而上学の鬱陶しい議論が出てくるということでもある。これを「鬱陶しい」などと表現すると叱られそうだが、ここに『維摩経』の「五受陰、通達するに空にして所有なし。これ苦の義なり」が出てくるからそう言うのである。意味は、「色受想行識の五蘊は皆空であることを悟れば、苦は実体のないものだと知ることができる」ということであるが、「凡夫や小乗においては真の苦の解決がない。本当の解決は無生無滅を悟ることだ」というわけだろう。仏教プラグマティズムの立場から言うと、「ああそうですか。しかしそれは有効に働きませんね」ということになると思う。つまり、仏教形而上学を使えば否定でも肯定でも何でも言える、それがどうした、ということだろう。「本願を信じ念仏申さば仏になる」ことを説明する以外には仰々しい学問の用途はない。この個所は、四論宗の学者であった曇鸞の面目躍如ということもできるが、それほど重視する必要はないと思われる。

三、衆生とは何か――仏・菩薩・凡夫は衆生の地位や境位の違い――

『論』『論註』に「衆生」の語が登場するのは、この個所と最後の回向門の「普共諸衆生　往生安楽国（普く諸々の衆生と共に安楽国に往生せん）」（『七祖篇』九二頁）の二か所である。こちらがより重要で、『論註』は、この「諸衆生」とは誰かということをテーマにいわゆる八番問答を立てている。八番問答は、諸衆生が煩悩成就の凡夫であることを際立たせているが、この個所の、仏も菩薩も凡夫も皆衆生であるという仏教の人間観も大切である。仏も菩薩も凡夫もすべて衆生（人間）の境位を指すのであって、それらが自然的・肉体的な差異を持つわけではない。しかも、この境位は、浄土教においては個々の人間の内面が変化するというより、穢土・浄土という社会環境によって変わるのである。この人間観と「すべて人は個人として尊重される」という人権思想の人間観との異同を深く考える必要があると思われる。

『論註』は、このあと仏の八種荘厳として「仏身論」を展開するのだが、仏・菩薩・凡夫が、衆生の実体の差ではなく、衆生の精神の境位や社会環境上の違いを意味する以上、それを、身体すなわち「肉体（物質）を具えた精神」の違いとして論じることにはそもそも無理があるということを、自覚しておく必要がある。現実の歴史の中に存在した釈迦牟尼という男は、五感によって見たり匂いをかいだりすることができる存在だが、彼の凡夫の時期や菩薩の時期と、成道して仏となったあとの時期とのそれぞれで、皮膚の色や匂いが変わるわけではない。観察門後半の衆生世間十二種は、阿弥陀如来とその眷属という空想上の存在の身体について語られる。空想上、すなわち、「彼の土」での身体なのである。だとすれば、それらは荘厳、すなわち、実体ではなく象徴としてしか語れない。

私がこのことをくどくどと述べるのは、浄土教という象徴的表現を持たざるを得ない思想が陥りやすい神秘主義の病を警戒するからである。阿弥陀如来という象徴は、思い浮かべる、あるいは信じるという対応のみが可能なのであって、この世で見たり感じたりできないものであり、応現したり顕現したりすることもないと覚悟して付き合う必要があるということである。もちろん、この穢土との往還はしない。

もう一点確認しておくことがある。それは『論』が「略してかの阿弥陀仏国土の十七種の荘厳成就を説く」（『七祖篇』三六頁）と述べる時の「略して」の意味である。長行では、このあとの「浄入願心章」に「略して一法句に入ることを説くがゆゑなり」（『七祖篇』三八頁）という重要な言葉があり、このふたつの「略して」の意味が微妙に異なるからである。この個所の「略して」は、浄土の荘厳をつぶさに述べるとしたらとても十七種くらいでは尽きることがないが、今は「略して」述べたのだという意味である。浄入願心章の一法句の場合は、器世間と衆生世間の全二十九種荘厳をひとつにつづめて言うと清浄な一法句になるという意味で、このひとつにつづめて言うことが「略して」ということになる。浄入願心章の方がわかりにくい表現だと思うが、浄入願心章の註に出てくる法性・方便の二法身は重要な概念なので、あらかじめ注意しておこうと思う。

四、極楽浄土の住民の様態――仏の荘厳八種と菩薩の荘厳四種――

ここから具体的に衆生世間清浄の偈文とその解釈が始まる。仏の荘厳は八種あって、①荘厳座功徳成就、②荘厳身業功徳成就、③荘厳口業功徳成就、④荘厳心業功徳成就、⑤荘厳衆功徳成就、⑥荘厳上首功徳成就、⑦荘厳主功徳成就、⑧荘厳不虚作住持功徳成就となっている。それぞれの命名は、天親が長行で示したものであり、『論註』はその命名に従って解釈していく。これは、十七種の国土荘厳の説明のスタイルと変わりはない。八種の次第（順序）については、『論註』は下巻の観察体相章のところで(4)説明している。国土荘厳の次第を説明しているのも観察体相章である(5)。八種について『論』は「何ものか荘厳○○功徳成就、偈に△△と言えるがゆえに」というスタイルで名をあげるのみであるが、荘厳心功徳成就の「地・水・火・風・虚空に同じて分別なし」（『七祖篇』三一頁）について「無分別とは分別の心なきがゆえに」と付け加えている。また、最後の不虚作住持《ふこさじゅうじ》功徳成就については、「すなはちかの仏を見たてまつれば、未証浄心の菩薩畢竟じて平等法身を証することを得て、浄心の菩薩と上地のもろもろの菩薩と畢竟じて同じく寂滅平等を得るがゆゑなり」（『七祖篇』三七頁）という重要な解説をしている。これらのことについては、『論註』は下巻で詳しく解説することになる。上巻ではそれぞれの功徳成就について「仏本なんがゆゑぞかくのごとき○○を荘厳したまへる」と徴起してその理由を説明している。上巻の基調をなす「因に従りて示す」、すなわち、批判原理としての浄土のスタイルである。

註

（1）ジャーナリストの斎藤貴男の造語。斎藤は、その著書『機会不平等』（文芸春秋社、二〇〇〇年。その後二〇〇四年、文春文庫。さらに二〇一六年、岩波現代文庫）において、就職や教育に関してたとえ結果的に不平等であってもそれに挑戦する機会（チャンス）が平等であれば公正なシステムだと言えるのが機会均等論であるが、現実はその機会さえ不均等になっているということをさまざまな場面で指摘した。ちなみに、阿弥陀如来の極楽国土は「因も果も清浄」であり、機会も結果も平等な社会ということになるだろう。

（2）皇居は実質的にはアキヒトさんの固定資産だが、総理官邸や議員宿舎と同じように所有者は国であり、使用しているアキヒトさんらは固定資産税を支払っていない。また、総理官邸は当然所有者は国であり、総理は固定資産税を支払わないが、たぶん使用料も支払っていないはずである。議員宿舎の場合は賃料は民営の住宅に比べてかなり格安だとはいえ、使用している議員たちはそれなりに支払っている。

（3）この個所については、『教行信証』「信巻」の信不具足・聞不具足に関する御自釈（大谷派『聖典』二三七頁／二版二六九頁）参照。拙著『ただ念仏して――親鸞・法然からの励まし――』（白澤社）の一一八・一一九頁も参照されたい。

（4）『七祖篇』一二七頁〜。

（5）こちらは、今読んでいる「一義諦」（大谷派『聖典』一四〇頁／二版一五一頁）についての註のところに説明されている。『七祖篇』七九頁〜八一頁。

第13章

極楽とは何か（1）
——住人の様態（仏荘厳その一）

はじめに、仏八種荘厳と菩薩四種の荘厳一覧の図表を掲げる。

【図3・仏菩薩荘厳一覧】

仏荘厳1	無量大宝王　微妙浄華台	荘厳座功徳成就	
仏荘厳2	相好光一尋　色像超群生	荘厳身業功徳成就	
仏荘厳3	如来微妙声　梵響聞十方	荘厳口業功徳成就	
仏荘厳4	同地水火風　虚空無分別	荘厳心業功徳成就	無分別者無分別心故
仏荘厳5	天人不動衆　清浄智海生	荘厳大衆功徳成就	
仏荘厳6	如須弥山王　勝妙無過者	荘厳上首功徳成就	
仏荘厳7	天人丈夫衆　恭敬遶瞻仰	荘厳主功徳成就	
仏荘厳8	観仏本願力　遇無空過者　能令速満足　功徳大宝海	荘厳不虚作住持功徳成就	即見彼仏未証浄心菩薩畢竟得証平等法身与浄心菩薩与上地諸菩薩畢竟同得寂滅平等故
菩薩荘厳1	安楽国清浄　常転無垢輪　化仏菩薩日　如須弥住持	【不動応化功徳】	於一仏土身不動揺而遍十方種種応化如実修行常作仏事（中略）開諸衆生淤泥花故

菩薩荘厳2	無垢荘厳光　一念及一時 普照諸仏会　利益諸群生	【一念遍至功徳】	彼応化身一切時不前不後一心一念放大光明悉能遍至十方世界 教化衆生種種方便修行所作滅除一切衆生苦故
菩薩荘厳3	雨天楽華衣　妙香等供養 讃諸仏功徳　無有分別心	【無余供養功徳】	彼於一切世界無余照諸仏会大衆無余広大無量供養恭敬讃歎諸 仏如来功徳
菩薩荘厳4	何等世界無　仏法功徳宝 我願皆往生　示仏法如仏	【遍至三宝功徳】	彼於十方一切世界無三宝処住持荘厳仏法僧宝功徳大海遍示令 解如実修行

一、荘厳座功徳成就――人間の地位《ステータス》――

では、八種の仏荘厳を具体的に検討しよう。

はじめの「座功徳」は、つぎの仏本体についての身・口・意（心）の三種の業（行為）の前におかれている。仏の座（地位）の確認から始めるという次第は『観経』の第七華座観、第八像観、第九真身観の順序と同じである。座（地位）の確認から始めるのは、仏とは生まれつきの実体（a substance by nature）ではなく、凡夫や菩薩と同じく人間の地位（state）であるからだろう。この地位が本来（by nature）平等であることを、近代人権思想は「人間の自然状態（a natural condition of mankind）[1]」とか、「自然状態における人間（a man in the state of nature）[2]」と表現している。

つぎの「身業功徳」「口業功徳」「心業功徳」は、仏自体の身体と口業、すなわち、発言・表現、及び意識・認識についての功徳を述べるものである。『論註』は、口業については名声が響き渡ること、意業については「無分別智」として功徳を述べる。身業は「輝き」である。荘厳（decoration）という言葉がそのまま似合う。

仏荘厳の第一座功徳の偈文は「無量大宝王、微妙の浄華台にいます（無量大宝王　微妙浄華台）」である。『論註』は以下のとおりである。

この二句は荘厳座功徳成就と名づく。仏本なんがゆゑぞこの座を荘厳したまへる。ある菩薩を見そなはすに、末後の身において、草を敷きて坐して阿耨多羅三藐三菩提を成じたまふ。人天の見るもの、増上の信、増上の恭敬、増上の愛楽《あいぎょう》、増上の修行を生ぜず。このゆゑに願じてのたまはく、「われ成仏する時、無量の大宝王の微妙の浄華台をして、もつて仏の座となさしめん」と。「無量」とは、『観無量寿経』にのたまふがごとし。「七宝の地の上に大宝蓮華王の座あり。蓮華の一々の葉、百宝色をなす。八万四千の脈あり。なほ天の画のごとし。脈に八万四千の光あり。華葉の小さきものは縦広二百五十由旬なり。かくのごとき華に八万四千の葉あり。一々の葉のあひだに百億の摩尼珠王あり、もつて映飾《ようじき》となす。一々の摩尼は、千の光明を放つ。その光は蓋《がい》のごとし。七宝合成してあまねく地の上に覆ふ。釈迦《しゃか》毘楞伽《びりょうが》宝《ほう》、もつてその台となす。この蓮華台は八万の金剛・甄叔迦《けんしゃくが》宝《ほう》・梵摩尼《ぼんまに》宝《ほう》・妙真珠網、もつて厳飾となす。その台の上において、自然にして四柱の宝幢あり。一々の宝幢は、八万四千億の須弥山のごとし。幢の上の宝幔は、夜摩天宮のごとし。五百億の微妙の宝珠あり、もつて映飾となす。一々の宝珠に八万四千の光あり。一々の光、八万四千の異種の金色をなす。一々の金光、安楽宝土に遍す。処々に変化しておのおの異相をなす。あるいは金剛台となり、あるいは真珠網となり、あるいは雑華雲となる。十方面において意に随ひて変現し、仏事を化作す」と。かくのごとき等の事、数量に出過せり。このゆゑに「無量大宝王　微妙浄華台」といへり。

（『七祖篇』七九～八〇頁）

先の荘厳大義門功徳において、二乗・凡夫・菩薩などの違いは人間の境位（の違い）であって、男・女、健常者・障害者のように、それぞれが異なる身体を持つわけではないはずであることを確認した。しかしながら、『大経』『観経』などの経典や「願生偈」などは、それらがあたかも身体の違いであるかのように記述する。すなわち、「虚無の身・無極の体」だとか仏の三十二相などの如くである。特に浄土教のように架空の仏菩薩を象徴として持つ仏教においては、それが欠くことのできないものとなっている。ただ、仏荘厳の第一は仏の「座」について語っているので仏と凡夫の違いがストレートに境位の違いとして語れるところであるが、必ずしもそうはなっていない。仏と凡夫の違いをストレートに論ずるとなると、いろやかたちを離れた仏教形而上学の言葉、すなわち、「法性法身」だとか「一法句」などを使用せざるを得ないからである。[3] 現実の世界、すなわち、娑婆世界で覚者となった釈迦については、仏（覚者）となる直前の菩薩（目覚めようとする者）、すなわち、凡夫の身体としては末後の身体であった時に坐したネーランダ川の近くの菩提樹の下には、草を敷いただけだったし、その姿もスジャータが供養した乳粥を食しただけのやせ衰えた姿だったのである。それを見た人たちは、その人が覚者になりつつある人であるという強い信頼（増上の信）を持てず、強い尊敬心（増上の恭敬）も、熱烈な追慕（増上の愛楽）も生じないから、この人のようになりたいと特別の修行（増上の修行）を起こそうという気にもならないかもしれない。だから、法蔵菩薩は、わが身可愛いだけの凡夫でもそんな座に坐ってみたいという気になるような、とてつもなく大きくゴージャスな飾りのついたまばゆい座を、方便として出現させようと思ったのである。『論註』はこういう座について書かれている『観経』を引用しつつ「とてつもなく大きくゴージャスな飾りのついたまばゆい座」について詳しく説明している。極楽の絵像を描く人や立体模型を作成しようとする人にとっては、かなり参考になることが書かれている。しかし、「もしそれ造像起塔をもつて本願となさば、貧窮困乏の類はさだめて往生の望みを絶たん」（『七祖篇』一二〇九頁）ということだから、金剛・甄叔迦宝《けんしゅくがほう》・梵摩尼宝・妙真珠網などのそれぞれについての説明は省略しておこう。仏の身体や浄土の環境については、本質的に語れば、いろもかたちもない法性法身とか虚空といったところに踏み込まざるを得ないのだが、そのような抽象的な表現は、平和と平等の実践的な目的には役に立たない。かといって、金剛とか妙真珠網のように見たことはないにしてもなんとなくわかる程度ならよいが、あまりに具体的過ぎてそれ自体が女性蔑視になるようなイメージもあるので、それも注意が必要である。

二、荘厳身業功徳――仏身論の展開――

八種の仏功徳荘厳の第二「身業功徳」。国土荘厳（すなわち、「浄土論」）に対する仏荘厳（すなわち、「仏身論」）の中核が語られる。

天親の偈文と曇鸞の『論註』は以下のとおりである。『論註』は一通りの解釈を述べたあとに『観経』「第八像観」を引用した独特の問答を設定しているので、それは後回しにして一般的な解釈までを掲げることにする。

相好光一尋　色像超群生（相好の光一尋なり。色像、群生に超へたまへり）

この二句は荘厳身業功徳成就と名づく。仏本なんがゆゑぞかくのごとき身業を荘厳したまへる。ある仏身を見そなはすに、一丈の光明を受けたり。人の身光においてはなはだしくは超絶せず。転輪王の相のごとし。そもそもまた大きに提婆達多に同じ。減ずるところ唯一なれば、阿闍世王をして、ここをもつて乱を懐かしむることを致す。刪闍耶《さんじゃや》等《とう》あへて蟷螂《とうろう》のごとくするも、あるいはかくのごとき類なり。このゆゑにかくのごとき身業を荘厳したまへり。この間(中国)の詁訓を案ずるに、六尺を尋といふ。『観無量寿経』(意)にのたまへるがごとし。「阿弥陀如来の身の高さ六十万億那由他恒河沙由旬なり。仏の円光は百億の三千大千世界のごとし」と。訳者(菩提流支)[4]、尋をもつてしていへり。なんぞそれ晦《くら》きや。里舎の間の人、縦横長短を簡ばず、ことごとく横に両手の臂《ひじ》を舒《の》べて尋となすといへり。もし訳者、あるいはこの類を取りて用ゐて、阿弥陀如来の、臂《ひじ》を舒《の》べたまふに准じて言をなす。ゆゑに一尋と称せば、円光また径六十万億那由他恒河沙由旬なるべし。このゆゑに「相好光一尋　色像超群生」といへり。

(『七祖篇』八〇~八一頁)

法蔵菩薩が観見した「ある国土」というのは、もちろんこの娑婆世界である[5]。前章の座功徳でも言ったように、仏(覚者)に成る直前の釈迦は思いっきりみすぼらしかったが、それでも成仏以後は三十二相を具えて「一丈の光明」を放っていたことになっている。一丈は、たぶん三メートル程度のことである。「丈光相」と言って、三十二相のうちのひとつであるとされる。オーラを放っているといったようなことだろう。しかし、それは、超絶的というほどのものではなく、せいぜい転輪王程度のものだったという。ニュージーランド元首相・アーダーンが放つオーラのようなものだろう。暴力によって王となったものを覇王・魔王というが、これらはさしずめクーデターによる軍事政権と見ればいいだろう。また、転輪聖王は徳によって王となるが、アーダーンは転輪聖王と喩えてもあながち間違いとは言えないだろうと思うし、私はそのオーラを実感しているひとりである。一方、釈迦の地位を簒奪しようとしたと言われる提婆達多にも独特のオーラがあったと思われる。オーラなどというものは、それを見る人によって違うので、阿闍世王は幻惑されたのであろう。アメリカ元大統領のトランプにそそのかされて連邦議会に突入した人もいることを思えば何も不思議はない。ちなみに、提婆のオーラは釈迦(仏)の三十二相にふたつ足りない三十相だったそうである。欠けているのは白毫相と千輻輪相だったとされている。だとすると「減ずるところ唯一なれば」はおかしいので「唯二」でなければならないことになるが、「唯一」となっている。ただ、親鸞加点本は「二」になっていると『註論講苑』は述べている。つぎの「刪闍耶《さんじゃや》等《とう》あへて蟷螂《とうろう》のごとくする」の「刪闍耶」とは、六師外道の一人で懐疑論者のサンジャヤ・ベーラティプッタのこと。「蟷螂」はカマキリのことで、カマキリの斧で馬《ば》車車《しゃくるま》に歯向かうというはかない抵抗の喩えである。六師外道が仏に歯向かったのも、釈迦の相好が超絶していなかったからそんな気にさせたのだ、というわけである。そこで、「光は一尋もある」とするのだが、「尋」は当時の中国語で両手を広げた長さ、つまり身の丈を示す言葉で、六尺または八尺を示すらしく、そんなにたいした長さではない。群生に超絶しているとは言い難いのである。そこで、『論註』は、これは翻訳者が悪いのでと述べている。この翻訳の問題は、国土荘厳第七の触功徳の迦旃隣陀の時にも登場した。その際に香月院のしつこさを紹介したが、本章でも同じことで、翻訳のあやまりは菩提流支の咎ではなく参訳者の咎ということになっている。(6) 註者・曇鸞はどのように解決したかというと、「尋」は阿弥陀如来の身の丈だとするのである。(中国語を母語としない）菩提流支が中国語を母語とする参訳者たちに阿弥陀如来の身の丈のことだと伝えたのを、参訳者たちが身の丈なら「尋」だと訳したので、このようなことになったのだろうと言っている。阿弥陀ということになれば、『観経』によってその身の丈は「円光また径六十万億那由他恒河沙由旬」というとてつもない長さということになる。極楽にいらっしゃるのは釈迦仏ではなく阿弥陀なのだから、これ（尋）でもいいわけである。香月院は触功徳の時と同様にしつこさを発揮し、誰にもわかりはしない「法性法身」にこだわって、「方便法身」の解説をいい加減に済ませている『翼解』と、それが孫引きの種とした良忠『義記』を批判している。このふたつについては、『論註』下巻の読解のところでもう少し詳しく説明する。とりわけ、相伝教学系の、「ただ念仏」を逸脱した異解者が重宝する『翼解』には注意が必要である。

身業功徳で「光相」、すなわち、オーラが議論されていることの要点は、現実の世界ではそれが見える（感じる）人も見えない人もいるということである。しかし、見えない人に対して無理強いして見させるような神秘主義に与してはならない。阿弥陀如来の平和と平等の本願を信じて「南無阿弥陀仏」と声に出して言う決意をした人は、この世で阿弥陀の「群生に超へた」光を見たわけではないが、彼の土において必ず見ることが約束されたのである。声に出して言うことは誰でもできるから、「群生に超へた」光は彼の土において誰でも見えることになる。誰でも見えるということと、誰も見えないということは平和と平等という実践的な観点からは同じ効果を持つから、阿弥陀如来の摂取不捨を保証しているのは、実は、この世では誰も見えないということである。見える人もいるかもしれないが見えない人もいるようなこの世のオーラは、それだけで平等の本願に反している。だから、法然上人は、観想念仏や実相念仏にとらわれてしまうと、「二尊のあわれみにはずれ、本願にもれ候う」（法然『一枚起請文』。大谷派『聖典』九六二頁／二版一一五三頁）と教えてくださっているのである。先のアーダーンやドイツの元首相メルケルを見て、それのもっと「群生に超へた」オーラを想いうかべて（信じて）「南無阿弥陀仏」と申せば、オーラはすべての人に届く。だから、釈迦のオーラが見えた人は、それを「群生に超へた」阿弥陀如来のオーラに拡大して説明することに決めたのである。それが「彼土入聖証果」の浄土教なのである。ナザレのイエスのオーラを感じ取った人たちは彼を「群生に超へた」キリスト・救主とみなしたが、浄土教徒は釈迦を「南無阿弥陀仏」と声に出すことを教えてくれた人・教主とみなし、救主阿弥陀如来と切り離したのである。

三、身業功徳の「註」に付けられた問答——是心作仏是心是仏——

つぎに、この身業功徳のところに、いささか突然の観がある『観経』「第八像観」の「是心作仏是心是仏」を出しての問答がある。この問答の理解は、専修念仏＝仏教プラグマティズムにとってきわめて重要である。この解釈をあやまると、専修念仏は平和と平等のために有効に働かない仏教形而上学に逆戻りしてしまう。

まず、その問答の原文を掲げる。

問ひていはく、『観無量寿経』にのたまはく、「諸仏如来はこれ法界身なり。一切衆生の心想のうちに入る。このゆゑに、なんぢら心に仏を想ふ時、この心すなはちこれ三十二相・八十随形好なり。この心作仏す。この心これ仏なり。諸仏正遍知海は心想より生ず」と。この義いかん。答へていはく、「身」を集成《しゅうじょう》と名づく。「界」を事別《じべつ》と名づく。眼界のごときは根・色・空・明・作意の五の因縁によりて生ずるを名づけて眼界となす。これ眼ただみづからおのが縁を行じて他縁を行ぜず。事別なるをもつてのゆゑなり。耳・鼻等の界もまたかくのごとし。「諸仏如来はこれ法界身なり」といふは、「法界」はこれ衆生の心法なり。心よく世間・出世間の一切諸法を生ずるをもつてのゆゑに、心を名づけて法界となす。法界よくもろもろの如来の相好の身を生ず。また色等のよく眼識を生ずるがごとし。このゆゑに仏身を法界身と名づく。この身、他の縁を行ぜず。このゆゑに「一切衆生の心想のうちに入る」となり。「心に仏を想ふ時、この心すなはちこれ三十二相・八十随形好なり」といふは、衆生の心に仏を想ふ時に当りて、仏身の相好、衆生の心中に顕現するなり。たとへば水清ければすなはち色像現ず、水と像と一ならず異ならざるがごとし。ゆゑに仏の相好の身すなはちこれ心想とのたまへるなり。「この心作仏す」といふは、心よく仏を作るといふなり。「この心これ仏」といふは、心のほかに仏ましまさず。たとへば火は木より出でて、火、木を離るることを得ず。木を離れざるをもつてのゆゑにすなはちよく木を焼く。木、火のために焼かれて、木すなはち火となるがごとし。「諸仏正遍知海は心想より生ず」といふは、「正遍知」とは真正に法界のごとくにして知るなり。法界無相なるがゆゑに諸仏は無知なり。無知をもつてのゆゑに知らざるはなし。無知にして知るはこれ正遍知なり。この知、深広にして測量すべからず。ゆゑに海に譬ふ。　（『七祖篇』八一～八二頁）

まず、問いの部分を逐語訳すると以下のようになる。この前には、「尋」の解釈を通して阿弥陀如来の身の高さは「六十万億那由他恒河沙由旬」だなどということが、『観経』の第九真身観の言葉によって述べられているのだけれど、それにしてもいきなり『観経』を引用しての問答は唐突の観を禁じ得ない。香月院はこの問答を「とき、この問答突起するに似たり。何の縁もなきに『観経』像観の文を引きて是義云何と問ふて、答にはこの経文を釈し給ふ。何故の問答なるやと云ふに、末蔬に多義あれども何れもほっこりとせず」として、「(是心作仏・是心是仏を)若し誤り解して聖道門の自性唯心の観に濫ずるものあらんやと恐れて、この一問答を設けて経文の正意を釈しあらはし給ふ也」（『講苑』三〇二頁下段）と結論づけている。

問いの部分の逐語訳はつぎのとおりである。

「『観経』の第八像観に「諸仏如来は法界身であって、(仏が)すべての衆生の心想の中に入ってくる。だから汝らが心に仏を想うとき、是の心がそのまま仏の三十二相、八十随形好のすがたとなる。是の心が作仏し、是の心がそのまま仏である。諸仏の正遍知海は心想より生ずる」と説かれている。この経説はいかなる意味か」。

この問いの中にある「是心是仏（是の心がそのまま仏である）」という言葉を、香月院が『選択集講義』で説明しているところの「実相念仏」(7)のこと、あるいは「自性唯心」のことだと思うのは無理もないことなのであるが、それが一番問題なのである。そのように理解したのでは、専修称名念仏が平和と平等に有効に働かない仏教形而上学に逆戻りしてしまう。善導・法然の仏教プラグマティズムはこの逆転を阻止することによって成立したのである。

不思議なことに曇鸞の身業功徳にある問答は、ずっとのちの仏教プラグマティズムを先取りしているかのように展開される。

問いが引用している『観経』の中の言葉「諸仏如来は法界身」というのがどういう意味であるかがわかれば、曇鸞がこの問答を設定した意味もわかると思うので、あらかじめ簡単に説明しておく。人間の知覚は「眼・耳・鼻・舌・身」にそれぞれ受信される「色・声・香・味・触」から成り立っているが、仏身にはいろ・かたちがあるわけではなく、音声や匂いで知るものでもない。つまり、成仏直前の釈迦はみすぼらしく見え、ひょっとすると異様な匂いもあったかもしれないが、成仏するとそれらいろ・かたちや匂いなどの感覚知覚は変わらなくとも、「仏＝覚者である」と見える人にはオーラが感じ取られることだろう。このオーラなるものは、見たり味わったりするのではなく、いわば「心」で受け取るものである。簡単に言えば、心に思い浮かべるということである。仏教の認識論では、この「心＝意」も「眼・耳・鼻・舌・身」の「五根」に並列して「意根」とする。そして、眼根の対象が「色」であるのと同等に「意根」の対象を「法＝存在」とするのである。したがって、「諸仏如来は法界身」というのは「諸仏如来は眼で見たり鼻で香りを感知するのではなく「意」で認知する（思い浮かべる）のだ」という意味になる。阿弥陀如来のように此岸の世界に顕れたのではない想像上の如来であれば、そもそも五感で感知するものではないから心（意）で認知するということになる。

だから、問答の「答」は、まず、「「身」を集成と名づく。「界」を事別と名づく」と始まるのである。これは「身」及び「界」という言葉の定義であるが、これによって「法界身」という言葉の意味を明らかにしようというのである。「身」が「集成」だというのは、少し粗雑な説明になるが、身体というのはいろんな要素が集まって成立するものだからということである。「界」が「事別」だというのはもう少しややこしい。「事別」とは、それぞれが別個に成立しているということだということは見当がつくだろう。これを理解するためには、前に簡単に説明した大乗仏教の認識論を頭に入れたうえで、もう少し詳しい説明を聞いてもらわねばならない。

四、仏教哲学の認識論と浄土門の立場

まず、「十八界」という考え方を知っておかねばならない。「十八界」とは、十八の領域、あるいは、カテゴリーのことであるが、これによって「一切法」、すなわち、「すべての存在」を示しつくすものとされ、眼・耳・鼻・舌・身・意の六種の分野についてそれぞれに「器官・機能（根）」「対象・客観（境）」「主観（識）」の三領域をつけて次頁の図表のように十八の領域になる。なぜ「界」という言葉を使うかというと、「「界」を事別と名づく」で、それぞれの領域が独立して他と交わらないからである。つまり、眼という視覚器官（眼根）は声や香を対象（境）にすることはないし、眼根（眼球及びその機能）があっても、いろ・かたちがなければ、いろ・かたちの知覚（眼識）は成立しない。つまり、眼根は、耳根や舌根に対して独立しているだけでなく、いろ・かたちという「境」やその知覚「眼識」とも区別されるわけである。だから、すべての存在は十八界となるわけである。ここまでが「眼界のごときは根・色・空・明・作意の五の因縁によりて生ずるを名づけて眼界となす。これ眼ただみづからおのが縁を行じて他縁を行ぜず。事別なるをもつてのゆゑなり。耳・鼻等の界もまたかくのごとし」の解説である。

ただ、これだけでは「眼界のごときは根・色・空・明・作意の五の因縁によりて生ずるを名づけて眼界となす」の意味がわかりにくいかもしれない。ここで「眼界」と言われているのは、図表の「眼識」のことである。香月院の『註論講苑』には、「この眼界と云ふは眼識の事なり、新訳家ではたゞ眼と云へば眼根のこと、識なれば眼識と

云ふが定まりなれども、旧訳家にはこんなきまりがない。眼根の事を眼と云ひ又眼識のことを眼と云ふ事もあり。此処は眼識なり。十八界の一つなる故に界の字をつけるなり」（『講苑』三〇四頁上段）とある。つまり、眼識は「（眼）根」「色」「空（間）」「明（明るさ）」「作意」の五つの縁（条件）がそろって成立するというわけである。五つの条件のうち、初めのふたつは「根」と「境」であるから、「眼識」が成立する条件としてよくわかるが、「空（間）」「明（明るさ）」「作意」の三つはわかりにくいと思う。「空（間）」は視覚が成立する条件と言えるかどうか、難しいところである。カントによれば、「空間」は認識主観のアプリオリな統合形式である。認識が成立する「条件（縁）」とは言えるが、「根」と「境」が条件（縁）となるというのとは次元が異なるのではないだろうか。「明（明るさ）」もそうである。さらに問題なのは「作意」という縁である。「作意」とは「心所《しんじょ》」のことであると『註論講苑』に解説されている。おそらく、これがカントの言う「統覚」のことだと思われる。ただ、カントがヒュームの懐疑論を受けて『純粋理性批判』で到達した議論から言うと、統覚とは、眼・耳・鼻・舌・身という感覚知覚の「印象（impression）」を空間と時間という主観にアプリオリに具わっているものが構成したものということになっている。ヒュームの場合ならば、それら印象が何度も訪れることから生ずる「習慣（custom）」が与える「観念（idea）」ということになるだろう。これらは、いずれにしても眼根の対象が色であるとされることとは次元が異なるのである。

六根（感覚器官・機能）	六境（対象）	六識（認識主観）
眼根	色	眼識
耳根	声	耳識
鼻根	香	鼻識
舌根	味	舌識
身根	觸	身識
意根	法	意識

【図４・十八界】

以上、わかりにくいところもあるが、とにかく眼識は舌識や鼻識とは別だということで、このあとの「意識」も他の五識とは別の独立した識だと言うための前提になっているのだと了解しておこう。
つぎの解説に進む。

「諸仏如来はこれ法界身なり」といふは、「法界」はこれ衆生の心法なり。心よく世間・出世間の一切諸法を生ずるをもつてのゆゑに、心を名づけて法界となす。法界よくもろもろの如来の相好の身を生ず。また色等のよく眼識を生ずるがごとし。このゆゑに仏身を法界身と名づく。この身、他の縁を行ぜず（『七祖篇』八二頁）

眼識の対象領域（界）がいろ・かたちであるというのと同様に、意識の対象領域は法ということになる。だから、心（意）は法の領域「法界」と呼んでいいというわけである。したがって、心は目や耳がなくてもそれだけで「界」として独立して、世間のいろんな存在（諸法）と出世間のいろんな存在（諸法）を知覚できる。仏身を「法界身」と呼ぶのはそういうわけである。仏身は目や耳などの他の縁がなくても心に生じさせることができるのである。「「法界」はこれ衆生の心法なり」というのは、それだけのことであって、「法界」が覚者のみに開かれた領域だと思う必要はないということである。こういう説明である。

この説明はわかりにくいと思う。眼の対象がいろやかたちであるということと、心の対象が「存在（法）」であるということは、次元が違うからである。「存在」は「知覚（perception）」の対象ではなくて「認識（recognition）」の対象、もしくは、認識主観によって構成されたものだからである。この点については、「ヒュームの懐疑によって独我論のまどろみから覚めた」（取意。『純粋理性批判』）というカントを想起せねばならない。ヒュームは、知覚の与件が眼等の前五識のみであるとすれば、空間や因果などは経験によって推定されるだけで知覚の対象とはなり得ないことを明らかにした。カント以降の西洋哲学はこのヒュームの指摘に一生懸命に応えようとしてきたが、仏教の認識論・存在論は今も「十八界」のままのようである。ただし、阿弥陀さんが実在かどうかということを論ずるより、阿弥陀さんは誰でも想定できるということを明らかにした『論註』の問答の重要性は、ヒュームの指摘とは無関係に成立する。つまり、この部分は、阿弥陀如来は誰でも空想できると言えば済むことなのであるが、法性法身などという仏教形而上学がちらつくので、こんなややこしい説明になっているのである。ややこしい説明の本家は唯識学なのだが、唯識は、仏教形而上学全般の瑕疵であるところの「真善美の三領域の区別がついていないこと」にとりわけ甚だしいのである。阿弥陀如来は眼や耳でとらえることはできないが、平和と平等の根拠として誰でも想定できるといえば済むことを、「是心是仏是心作仏」などともったいぶった表現をするからこういう説明をしなくてはならないのである。このあと、善導（六一三〜六八一）が『観経疏』で行ったこの個所の説明との比較を通して改めて検討することにして、今は『論註』の問答の解釈を進めよう。

このゆゑに「一切衆生の心想のうちに入る」となり。「心に仏を想ふ時、この心すなはちこれ三十二相・八十随形好なり」といふは、衆生の心に仏を想ふ時に当りて、仏身の相好、衆生の心中に顕現するなり。たとへば水清ければすなはち色像現ず、水と像と一ならず異ならざるがごとし。ゆゑに仏の相好の身すなはちこれ心想とのたまへるなり。「この心作仏す」といふは、心よく仏を作るといふなり。「この心これ仏」といふは、心のほかに仏ましまさず。たとへば火は木より出でて、火、木を離るることを得ず。木を離れざるをもつてのゆゑにすなはちよく木を焼く。木、火のために焼かれて、木すなはち火となるがごとし（『七祖篇』八二頁）

このように心の対象が世間の諸存在及び出世間の諸存在なのだから、出世間の存在たる仏身も一切衆生の心想のうちに入るのである。だから、『観経』像観に「一切衆生の心想のうちに入る」と書かれているのだ、というわけである。したがって、「心に仏を想ふ時、この心すなはちこれ三十二相・八十随形好なり」と経に説かれているのは、（別にこの心がそのまま仏であるなどという大それた話ではなくて）「衆生の心に仏を想ふ時に当りて、仏身の相好、衆生の心中に顕現する」、つまり、阿弥陀さんを心のうちに想定すればそれなりにできるというわけである。それは例えば水が浄ければそこにいろやかたちが映し出されるようなもので、水と像はひとつのものではないが、異なるものでもないということと同じである。だから、仏の姿かたちは「心想」と言われているのである。また、同じく『観経』にある「**この心作仏す**」というのは、文字通り心が仏を作り出すのだということ、「**この心これ仏**」というのはこの心のほかに仏はいない、阿弥陀仏とは阿弥陀仏の願いを聞いて「それっていいですね」と応じたわれらの想定なのだということになる。たとえば、木が燃えて炎が出る時、炎は木を離れないが離れないからこそよく木を焼くことができるのである。木は火に焼かれて炎になってしまうのと同じことである。まさに「本願を信じ、念仏もうさば仏になる」（『歎異抄』第十二条。大谷派『聖典』六三二頁／二版七七三頁）ではないか。こういうわけである。

今、私は「この心がそのまま仏であるなどという大それた話ではない」という表現をしたが、そんな言い方をするのは、そういう大それた話がこの個所から化け物屋敷のように飛び出すからである。香月院はこうした「大それた話」の例として、例によって弥陀と衆生が仏と一体化する、いわゆる「生仏不二」になるという西山義や、前にも紹介した『翼解』の『大乗起信論』による法界身の解釈援用を紹介してそれを戒めている。『起信論』に出てくる「法界」（dharma-dhātu）とはあらゆる存在の基底たる如来蔵のことで、その時の「心」は hrdaya の翻訳であるのに対して、この個所の「法界」は「心所」、すなわち、「心（cita）に属するもの」のことである。「心所」は caitta, cetasika, caitasika などの翻訳であり、同じ「心」という漢字の翻訳が当てられているけれども、ふたつは全然別のものだそうである。如来蔵としての法界を認めてしまうと、それはほとんどアリストテレス以来の「実体（substantia）」と変わりがなく、諸法無我を標榜する仏教形而上学の本流から逸脱するものと言わねばなるまい。(8)

サンスクリットにもかなり精通していた香月院は、『翼解』の『起信論』引用を戒めて、「全体梵語で云へば大違ひで『起信論』の如来蔵心はカリタ心、今は第六意識の質多心にして、こゝらが間違ふ位では論註は解せられぬ筈なり」(『講苑』三〇六頁上段)とあしらっている。(9)(10)

では、最後の部分についての解釈に進む。

「諸仏正遍知海は心想より生ず」といふは、「正遍知」とは真正に法界のごとくにして知るなり。法界無相なるがゆゑに諸仏は無知なり。無知をもつてのゆゑに知らざるはなし。無知にして知るはこれ正遍知なり。この知、深広にして測量すべからず。ゆゑに海に譬ふ。(『七祖篇』八二～八三頁)

「正遍知」は文字通りに訳すと「正しい普遍的な知」という意味である。だから「諸仏正遍知」とは「覚者たちの正しい普遍的な知」という意味になる。そして、「「正遍知」とは真正に法界のごとくにして知るなり」とは、「正しい普遍的な知は法界をまさにそのまま知るということだ」という意味になる。そのあとにある「法界無相」「無知の知」は、「心(意)」の領域である法界にはいろやかたちはないということで、「無相」まではそれなりにわかるが、それを「無知をもつてのゆゑに知らざるはなし。無知にして知るはこれ正遍知なり」というような表現をすると、わかることもわからなくなると思われる。とにかくも「覚者たちの正しい普遍的な知」は知らざるところのない深く広いもので海に喩えられるのだということである。しかし、問題はこの「覚者たちの正しい普遍的な知」なるものが、煩悩成就のわれら凡夫にとってどういう意味を持つかである。すなわち、身業功徳成就に設けられた問答の解釈はこれで一応終わるわけだが、曇鸞はこの問答でそもそも何が言いたかったのだろうかということを、私たちは考えてみなければならない。

問答の結論は、阿弥陀仏がプラグマティックな「想定」であると理解すれば、何ら難しいものではないはずだ。

阿弥陀如来とは私たち一切の衆生の想定（ウィリアム・ジェイムスの言う「神の仮説（a hypothesis of God）」〈『プラグマティズム』岩波文庫〉）にすぎないのだから、私たちはそれと神秘的合一したわけではない。つまり、私たちの心と仏身は「一ならず」である。しかし、皇国が他国を侵略し自国民に殺させる仕事を担わせる穢土だと了解した者がそれを厭離し、平和と平等の国の建立者・阿弥陀如来を欣慕する心と、阿弥陀如来とは、別なものではないのである。すなわち「異ならざるがごとし」である。そして、ひとたび私の心に南無阿弥陀仏の火が灯ったら、わが身可愛いの凡夫が、時にそれを見失っても弥陀の大悲は倦かず常に私を照護し、ただの廃材だった私もまた、いつの日か弥陀と変わらぬ火となって有縁々々の衆生を済度するにいとまなき身となるだろう。本当の平和と平等の国は虚空の如くで、その住民は「虚無の身・無極の体」を得ていると聞くが、それは「無知をもつてのゆゑに知らざるはなし。無知にして知るはこれ正遍知なり」とされる阿弥陀如来と彼の土の方々だけが真正に知ることだろう。その知は「深広にして測量すべからず。ゆゑに海に譬ふ」しかないものだろう。しかし、私は明らかにその一乗海に一味となって溶け込む資格がある。そのことを高木顕明は「南無阿弥陀仏を唱える者は極楽の人数なればなり」（『余が社会主義』）と言っている。誰でもできる声に出す念仏・本願正定業の称名念仏においてこそ「同一念仏無別道故」と言えるのであって、観想念仏や実相念仏にはそうした効果はないのである。仏身を文字通りに「真正に知る」ということになれば、法性法身や一法句というような鬱陶しい仏教形而上学の用語を持ち出さなくてはいけないが、未来に、あるいは死後においてそのように知ることになると今信じていることの実践的な意味は、平和と平等の阿弥陀如来の国に往くことに決めて「そんなくにっていいですね、私もそのくにに賛成です。南無阿弥陀仏」と声に出して言うことに尽きる。声に出して言うことにおいて、仏身を真正に知る「覚者たちの正しい普遍的な知」は、「私たちの知」となるのである。「願生偈」に述べられた仏身仏土論をこのように称名念仏から解釈するのは、善導と法然のプラグマティックな仏教改革を待たねばならないことではあるが、『論註』はまるでそれを先取りするかのように解釈を展開している。『註論講苑』は、この身業功徳の解釈に載せられた問答が、善導の第八像観の解釈を先取りしているように展開されていることを指摘している。

では、善導はどのようなことを言っているだろう。善導は、観経解釈において論敵に想定されている天台智顗や浄影寺慧遠らの諸師のごとくに仏教形而上学に戻さないために、この「是心是仏是心作仏」について厳しい問答を設定している。その中で、自らの立場が『維摩経』に説くような実相念仏でないことを、つぎのような強い口調で述べている。以下の如くである。

あるいは行者ありて、この一門の義をもつて唯識法身の観となし、あるいは自性清浄仏性の観となすは、その意はなはだ錯れり。絶えて少分もあひ似たることなし。すでに像を想へといひて三十二相を仮立せるは、真如法界の身ならば、あに相ありて縁ずべく、身ありて取るべけんや。しかも法身は無色にして眼対を絶す。さらに類として方《くら》ぶべきなし。ゆゑに虚空を取りてもつて法身の体に喩ふ。またいまこの観門は等しくただ方を指し相を立てて、心を住めて境を取らしむ。総じて無相離念を明かさず。如来（釈尊）はるかに末代罪濁の凡夫の相を立てて心を住むるすらなほ得ることあたはず、いかにいはんや相を離れて事を求むるは、術通なき人の空に居して舎を立つるがごとしと知りたまへり。（『七祖篇』四三二～四三三頁）

私訳も掲げておく。

「この（是心是仏・是心作仏という言葉が述べられている）個所を唯識や如来蔵思想が述べている「法身」のことだとか、実相観に基づく自性清浄の仏性観だと解釈する者がいたら、それは甚だしい誤解である。ここで述べられていることはそうした仏教形而上学とは少しの類似もないことである。像観は三十二相などを想定して思い浮かべることを説いているのである。真如法界の身ならばそういう相《すがた》がそもそもないのである。しかも法身には色も形もないから眼識の対象ではないし、類似・比喩で語ることもできない。この像観に述べられていることは、西方十万億土というように指方立相で対象を示しているのであり、無相離念を説いているのではない。釈尊はここで指方立相を説いてはいるのだが、それですら差別と殺戮のあふれる末代の凡夫には手が届かないのだ。ましていわんや相を離れた法性法身を求めるなどということは何の技術もない者が空中に居て家を建てるようなものだと（釈尊は）先刻ご承知である」。

曇鸞が六根六境六識の十八界の大乗仏教の説明を使って仏身論を説明する中で、「法界無相」「無知の知」などの面倒な概念をなんとか無害化して使用したのに対して、善導は、単刀直入に「この一門の義をもつて唯識法身の観となし、あるいは自性清浄仏性の観となすは、その意はなはだ錯れり。絶えて少分もあひ似たることなし」と、そんな形而上学的解釈はまったくの間違いで『観経』がわれら凡夫に伝えようとすることに何の関係もない、と明快である。香月院はこの曇鸞と善導の類似を「**今鸞師は諸師よりも前にありて而も善導の御釈と意一致なり**」[11]（『講苑』三〇八頁上段）と指摘している。

また、親鸞は、『教行信証』「信巻」において『論註』のこの問答の中に登場する「是心是仏是心作仏」を引用しているのだが、その引用の仕方がユニークである。以下の如くである。

『論の註』に曰わく、かの安楽浄土に生まれんと願ずる者は、発無上菩提心を要す、とのたまえるなり。

また云わく、「是心作仏」は、言うこころは、心よく作仏するなり。「是心是仏」は、心の外に仏ましまさずとなり。譬えば、火、木より出でて、火、木を離るることを得ざるなり。木を離れざるをもってのゆえに、すなわちよく木を焼く。木、火のために焼かれて、木すなわち火となるがごときなり。

（大谷派『聖典』二四二頁／二版二七五頁）

はじめに、浄土の大菩提心を説明するものとして下巻の善巧摂化章の文「かの安楽浄土に生まれんと願ずる者は、発無上菩提心を要す」が引用されている。これは、「かの安楽浄土に生まれんと願ずる者」すなわち「阿弥陀さんの平和と平等のくにっていいですね」「差別と殺戮の世界は嫌です」と声に出す者は、自身住持のちっぽけな菩提心ではなく、如来住持の浄土の大菩提心を持つことになるという意味である。これによって「願作仏心すなわちこれ度衆生心なり」が納得されるわけである。いわば、衆生の願作仏心が如来の度衆生心と同等のものになるということであるとして、そのつぎに「また云わく」として、この「是心作仏」は、言うこころは、心よく作仏するなり。「是心是仏」は、心の外に仏ましまさずとなり。譬えば、火、木より出でて、火、木を離るることを得ざるなり。木を離れざるをもってのゆえに、すなわちよく木を焼く。木、火のために焼かれて、木すなわち火となるがごときなり」が引かれるのである。そして、そのあとに曇鸞の解釈が善導と類似していることを示唆するものとして、つづけて『観経疏』の第八像観の解釈が引用されているのである。

光明の云わく、この心作仏す、この心これ仏なり、この心の外に異仏ましまさず、とのたまえり。已上

（大谷派『聖典』二四二頁／二版二七五頁）

というわけである。「信巻」のこの個所は「信一念釈」と呼ばれる部分で、自釈として「信一念」がつぎつぎと転釈されていく。その中に「願作仏心すなわちこれ度衆生心なり。度衆生心すなわちこれ衆生を摂取して安楽浄土に生ぜしむる心なり。この心すなわちこれ大菩提心なり」という重要な指摘がある。どうして凡夫に発する「願作仏心」が大乗の菩薩や仏においてはじめて持ち得る「度衆生心」になるのかということである。われら衆生を他の衆生を済度する主体と見ることを避け、ひたすら救済の客体としてしか見ない立場からは、この「度衆生心」がわれらの心でもあることをけっして説明できないが、「信一念釈」においては、それをすんなり言いのけているように見える。親鸞は何を根拠にこう述べたのか(12)、それは下巻の善巧摂化章であきらかにされることであるが、あらかじめ言っておけば、「願作仏心」の声が十方に聞こえるからである。『論註』では、つぎの口業功徳荘厳にあるように、称名念仏は仏の本願であるから、必然的にあらゆる衆生に届くのである。曆劫を経なければならないかもしれないが、未来には必ず届くことになっているので、今、私たちはそれをあきらめる必要はない。

だから、結局のところ、「相好光一尋　色像超群生」ということも、そういう方便法身を想い浮かべて念仏申すことに帰着するのである。「是心是仏是心作仏」を法性法身と一体化するというような神秘主義で解釈する必要はないのである。

註

(1) トマス・ホッブズ『リヴァイアサン』（岩波文庫）。
(2) ジョン・ロック『完訳統治二論』（岩波文庫）。
(3) つぎの「身業功徳」においても「法界身」といういささか厄介な概念が登場する。ここには、『観経』の「是心是仏是心作仏」も登場するので特に警戒が必要である。
(4) この「菩提流支」は現代の編集者の書き込みで曇鸞自身のものではない。註(6)と同様に本書第9章を参照のこと。
(5) 「法蔵菩薩の神話」でこの世界（娑婆世界）を批判的に観察するということが浄土教の思想スタイルなのである。
(6) 本書第9章参照。
(7) 香月院深励『選択集講義一』（法藏館西村七兵衛蔵版、五十二丁）に次のように述べられている。「四つには「実相の念仏」。この実相の念仏と云ふが大乗甚深の念仏なり。心の外の仏を念ずるではない。己が心の実相を念ずるので弥陀も薬師も大日も我法身と同体なりと観念するのが実相の念仏、『維摩経』等に説くが如し」。

(8) この点に関しては、袴谷憲昭『本覚思想批判』『批判仏教』(いずれも大蔵出版、一九九〇年)が大いに参考になるだろう。

(9) 香月院の蔵書等を収録した大谷大学図書館の『香月院文庫目録』を見ると、「梵語」「悉曇」などと称されるサンスクリット関係の辞書類がかなり豊富にあることが窺われる。同目録四頁参照。

(10) ちなみに、『起信論』にある「法界」について一言述べておこうと思う。仏教の認識論・存在論は本来こうした本体・基体的なものの存在を認めない(「諸法無我」「諸行無常」の立場に立つ)ものであるが、認めないだけでは「持続」「変化」などの説明は不可能になる。そのため、アリストテレスが苦労して打ち立てた「存在するのにそれ以外の存在を必要としない実体」を立ててそこから存在と認識あるいは文法を説明したように、仏教の中でも唯識・如来蔵の立場はアリストテレス的誠実さに立とうとしているように見える。とは言っても、こうした形而上学的論理はそれ自体としては、まれに役に立つ時もあるけれど、たいていは、大学などの「哲学教師」と呼ばれる理屈好きの暇人の道楽や趣味にすぎない。そして、それはしばしば悪趣味となる。形而上学から平和と平等の価値を演繹することはできない。形而上学は、平和と平等のために選び取られた選択本願念仏を説明することのために使用される場合にのみ、「悪趣味」の汚名はそそがれるが、それまでは恥ずかしそうに趣味にふけっていればいいのである。

(11) ちなみに、曇鸞(四七六～五四二)と善導(六一三～六八一)の間にある『諸師』とは、天台智顗(五三八～五九七)、浄影寺慧遠(五二三～五九二)、嘉祥寺吉蔵(五四九～六二三)などをさす。また、「諸師」や曇鸞が準拠した鳩摩羅什(三四四～四一三、一説に、三五〇～四〇九ごろ)らの翻訳(旧訳)に対して、新たに原典を現地に探し求めて訳業を企てた玄奘三蔵(六〇〇または六〇二～六六四)は善導の同時代人。

(12) 如来の度衆生心とわれらの有縁々々の衆生を済度する心は一ならずであるが異ならずでもある。そのことを了解する鍵は「往相還相は衆生にばかりあり、回向は如来にばかりあり」(香月院)である。この鍵を見失えば、親鸞の言葉も神秘主義に聞こえてしまうだろう。

第14章

極楽とは何か（2）
――住人の様態（仏荘厳その二）

一、荘厳口業功徳成就――人間の評判――

本章は、仏八種荘厳の第三「口業功徳」からである。偈文と註は以下のとおりである。

如来微妙声　梵響聞十方（如来の微妙の声は梵響十方に聞こゆ）

この二句は荘厳口業功徳成就と名づく。仏本なんがゆゑぞこの荘厳を興したまへる。ある如来を見そなはすに、名の尊からざるに似る。外道人を軵《じょう》車を推す　して、瞿曇《ぐどん》姓と称するがごとし。道を成ずる日、声はただ梵天に徹《とお》る。このゆゑに願じてのたまはく、「われ成仏せんに、妙声はるかに布《し》きて、聞くものをして忍を悟らしめん」と。このゆゑに「如来微妙声　梵響聞十方」といへり。

（『七祖篇』八三頁）

偈文の意味は、極楽浄土の阿弥陀如来の微妙の声は素晴らしい響きで十方に響きわたっているということである。註の意味は以下のとおりである。娑婆世界の如来、つまり、釈尊のことを「瞿曇」と呼び捨てにしたり、成道の際にもそれに気づいたのは梵天くらいであった。だから法蔵菩薩は自分が成仏したらその名声が十方に到達するようにしたいと願ったのである。

偈文は「如来の微妙の声」というふうに声が届くとしているが、註はこれを「名声」すなわち「評判」という意味を兼ねて解釈している。確かに、「評判」ということを一言で言えば、「名前が知られる」ということであろう。「微妙な声が聞こえる」ということは、この「名前を知る」ことのあとのことかもしれない。誰が話しているかがわかって初めて声に耳を傾けるということがあるからだろう。「梵響」の「梵」とは、国土荘厳の妙声功徳に登場した「梵声」と同じで「清浄の音声」ということである。この個所に限らず、衆生世間を述べる偈文には、すでに国土荘厳（器世間清浄）において身土不二として述べられたことと重複する表現がいくつか見られる。

二、荘厳心業功徳成就――分別がもたらす苦と社会の仕組みがもたらす苦――

仏八種荘厳の第四は心業功徳である。身・口・意の「意」だから「意業功徳」とされている方がわかりやすいが、『論』は「心業」という用語を使う。偈文と註は以下のとおりである。

同地水火風　虚空無分別（地・水・火・風・虚空に同じて分別無からん）

この二句は荘厳心業功徳成就と名づく。仏本なんがゆゑぞこの荘厳を興したまへる。ある如来を見そなはすに、法を説くに、これは黒、これは白、これは不黒・不白、下法・中法・上法・上上法とのたまふ。かくのごとき等の無量差別の品《しな》あり。分別あるに似たり。このゆゑに願じてのたまはく、「われ成仏せんに、地の荷負するに軽重の殊なきがごとく、水の潤長するに脊《しょう》　悪草　葀《かつ》　瑞草《ずいそう》なり　の異なきがごとく、火の成就するに芳臭の別なきがごとく、風の起発するに眠悟《めんご》の差なきがごとく、空の苞受《ほうじゅ》するに開塞の念《おもい》なきがごとくならしめん」と。これを内に得て、物を外に安んず。虚しく往きて実ちて帰り、ここにおいて息《や》む。このゆゑに「同

地水火風　虚空無分別」といへり。

偈文の意味は「（極楽の阿弥陀如来の）心のありさまは地・水・火・風・虚空と同じで分け隔てがない」ということである。（『七祖篇』八三～八四頁）

註はこれを解説して、つぎのように言う。若干の解説を加えて意訳しておく。

ある如来（現実の世界の釈迦如来）は、法《ダルマ》を説く時に白黒・上中下のようにものごとを区別して説明したが、それでは、あたかも「（迷いのもとである）分別」があるように思えるので、法蔵菩薩は「自分が成仏した場合の「知」は、地面が重いものも軽いものも分け隔てなく乗せているように、水が悪草にも瑞草にも養分となって浸みこむように、ものを焼く火が（焼かれる前の）元のものの良い香りも悪臭もなくするように、風が眠っている者にも目覚めている者にも隔てなく吹くように、空間が開いているところと塞がっているところの区別なく広がっているように、分け隔てがない「知」にしたい」と願って、それが叶い、分け隔てのない知（無分別の智慧）を内に蓄えて外の衆生に平等の慈悲を施すことができるようになっている。このあとの「虚しく往きて実ちて帰り、ここにおいて息む」は直訳すると「何も持たずに往ったのに帰りにはたくさんの果実を持って帰るようなもので、これで何もかも済んだ」ということだが、何のことだかよくわからない。ところが、『註論講苑』の解説によると、そもそもこの「虚しく往きて実ちて帰り」というのが『荘子』に登場する故事だということから説明されている。『荘子』につぎのような話がある。魯の国の王駘という人は「立って教えず、座して教えず。固《もと》より不言の教えあり」と言ってその教えを受けた人は何も持たずに往ったのに帰りには素晴らしい成果を持ち帰った。これを「虚しく往きて実ちて帰る」（『講苑』三一四頁上段）と説明されているそうである。言葉にならないものを重視するいかにも老荘の思想らしい話である。『論註』に老荘の道教思想が影響していることはしばしば言われることである。こうして『論註』のこの部分でも最後に偈文をあげて「無分別」を確認するのである。

以上でこの部分の解釈は終了であるが、下巻で検討することになる長行には「心業功徳」という名称に加えて「無分別とは、分別の心なきがゆえに（無分別者無分別心故）」という天親自身の解釈の言葉が添えられている。偈文に天親自身の解釈が添えられるのは、大義門功徳とこのすぐあとの不虚作住持功徳の二か所及びこの個所との三か所のみであるから、それなりに注意が必要だろうと思う。

このことについては、前章で検討した身業功徳において「法界身」といういささか面倒な概念を扱った際に、註で袴谷憲昭の著書を紹介したのだが[1]、それをもう少し詳しく論じようと思う。いわゆる「無分別知」の問題である。「無分別知」とは、「分別がない知」あるいは「分別ではない知」ということであるが、人間の知覚も認識も、そもそも分別（分《わ》ける、別《わ》ける）ということがなければ成立しないので、分け隔てしない公平な心、すなわち、平等の心、というものを「無分別」と表現するのは、仏教形而上学の悪弊だと思われる。また、仏教においては、もっぱら社会的な不公平によって生ずる「人民の苦悩」と、知識人の観念の混乱にすぎない場合が多い「迷い」とを区別せず、あたかも迷いが消滅すれば苦もまた消滅すると考えてしまうことが多い。ここから「菩薩心浄ければ国土浄し」といったたぐいの観念論的悪趣味が生まれるのだと思う。『註論講苑』は、こうした悪趣味にはさらりと触れるだけで、「（無分別の智慧で化益された衆生は）自力の善根を捨てて空手になりて往生を遂げたものが速やかに善根の果を證得し還相の利益を得て自利利他の功徳を満足する、そこを「虚往実帰」と云ふ也」（『講苑』三二四頁下段）と説明している。空の智慧だか何だか知らないが、それがこのように如来回向による衆生自身の還相利他として述べられなければ、仏身論は平和と平等の希望として働かないと思う。

私が「無分別知」という魅力的な言葉に初めて触れたのは、たぶん鈴木大拙の『日本的霊性』や『霊性的日本の建設』などの作品からだったと思う。この中で大拙は、霊性とか無分別知とかが「主客の対立を超えている」ことを何度も強調し、それが西洋哲学にまさっているのだと自惚れている。『維摩経』における「不二法門」、西田哲学の「絶対矛盾的自己同一」(『西田幾太郎全集』第Ⅸ巻、岩波書店、一九四九年など)、二項対立を超えた「一」というような概念が登場すれば、論争においては無敵である。言葉や普通の理性においては、そもそも「分けること」がその本質である。もちろん、言葉や普通の理性によってあらゆることが説明され尽くし解決するということは当然ないので、こういう「言葉にならないもの」を想定したくなるのは無理もないが、言葉にならないものも議論の中では言葉で表現するしかないのであるから、こういう言葉にならないものを持ち出して議論することは議論上の「反則」と言うしかないだろうと思う。アリストテレスは、『形而上学』(出隆訳、岩波文庫版『形而上学・上』第一二刷、一九七〇年、一三六頁)で、いわゆる「矛盾率」すなわち、「同じものがあり且あらぬということはない」を否定する議論、すなわち「同じものがあり且あらぬということもないわけではない」と主張することを「無頼《ぶらい》の説」[2]と呼んでいる。「無分別知」とは、「分別ではない分別」ということだから、結局は「無頼の説」ということになるのではなかろうか。というのは、「無分別知」とは、単なる無分別ではなく「分別ではない分別」つまり「単なる分別を超えた分別」という含意を有するので、議論の中で、いわば、言いたい放題、やりたい放題のことになるからである。曰く「差別即平等」「一殺多生」「戦争即平和」等々である。

この言いたい放題をどのようにとどめたらいいのだろう。私は、この問題に対応するには、ふたつのアプローチがあると感じている。

ひとつは、純粋に論理として立ち向かう、すなわち、徹底的に分別の立場に立つことによって「言いたい放題」を自他ともに戒めるアプローチである。仏教学者の袴谷憲昭による「批判仏教」の提唱、すなわち、仏教は、白黒・上下・左右などを明白に分けるものであるという主張は、この立場だと思われる。「智慧」と翻訳されると同時に、単なる「知」ではないという含意を込めて、あえて「般若」と音訳されるprajñāも、袴谷によれば「無分別知」などではなく「分ける」という意味だという。袴谷は、これを「批判の哲学」とも呼んでいる。一方、分別を超える分別とか対立を超えた地平とかいうものは、対立を包んでしまう「基体」「（無の）場所」すなわち「対立や協調という関係それ自体」を論証なしに前提し、結局のところ、それを受け入れることを強要するものとなってしまうことが多い。この「基体」なるものが唯識や相伝教学が好む『大乗起信論』に登場する「法界」であることは前章にも触れた。袴谷は、これを「場所の哲学」と呼んでいる。「場所の哲学」とは、個物を個物として成り立たしめる「関係そのもの」の中で考える哲学だから、「関係」を絶対的なものとして前提しがちであり、それを「ことばをこえてわかるもの」とか「純粋経験」「純粋直感」などと言うことも多い。しかし、言葉を超えるものは、日常生活の中では、日本人なら、理屈を超えて必ずわかるとされる「土着の思想」に傾くことが多い。「場所の哲学」は、対立を超えて寛容であるかのような装いを持つが、実際には、その「場所」になじむ者たちに暗黙裡に前提されていることを認めない異端者の論理的な批判を暴力的に抑え込む思想であることが多い。ファシズムとは、たいていこういうものであろう。袴谷は、このようなファシズムの差別思想に反対し、「場所の哲学」に立つ日本仏教の主流を「本覚思想」と呼んでおり、これに明白な違いを見せる「選択・取捨」を重視する法然の専修念仏を高く評価している。

私は、袴谷の論説に触れてそれに基本的に同意すると同時に、そこに何か違和感が残るのを禁じ得なかった。それは、袴谷が道元の『正法眼蔵』十二巻本に触れて、差別即平等の本覚思想を否定するものとして十二巻本に登場する「深信因果」を高く評価することに、納得できなかったからである。袴谷が因果を強調するのは、対立を超える（と称する）思想が、因果律も超え「因果同時」などという誰にも意味のわからぬ珍説を生み出すからである。このような言説は、結局のところ「撥無因果」すなわち因果の道理を否定するものとして十二巻本によって仏教にあらずと批判されている。これに対して、明確な批判の論理を提唱する袴谷は、「深信因果」を高く評価するのである。「深信因果」とは、縁起の道理を深く信ずることを意味するが、十二巻本のそれは「善因楽果・悪因苦果」の三世因果を強調するところの仏教における、いわば「おなじみの」差別思想を生み出してきたものである。現に十二巻本・深信因果の章には、永嘉玄覚(3)（六六五～七一二）の「豁達空、撥因果（空に豁達し、因果を撥《はら》へば）、漭漭蕩蕩招殃禍（漭漭蕩蕩として殃禍を招く）」という証道歌を引用して、「あきらかにしるべし、撥無因果は招殃禍なるべし。往代は古徳ともに因果をあきらめたり、近世には晩進みな因果にまどへり。いまのよなりといふとも、菩提心いさぎよくして、佛法のために佛法を習學せんともがらは、古徳のごとく因果をあきらむべきなり。因なし、果なしといふは、すなはちこれ外道なり」（『道元』下、日本思想大系、岩波書店、四三四頁）とある。この一節に登場する「殃禍」とは、「殃」「禍」とも「わざわい」の意味で前世の悪業で身・口・意に障害を残すというような意味に使われることが多い。すなわち、身体に生ずる病、発声障害、精神疾患などを、前世の悪業の報いとするものである。このような思想の拠り所は『法華経』譬喩品で、身体の諸障害を謗法の罪として語られているものであるが、『論註』においても下巻の「身業功徳・口業功徳・心業功徳」の項で登場する。このことは、下巻の検討の際にきちんと批判的に考察するので、詳細はそれまで保留しておきたい。

そもそも袴谷は、「無分別知」などの無頼の説が全体主義的な新たな差別肯定思想を生むことに反対してきたはずである。しかし、彼は、そのような実践的な態度とは別に、「何が正しい仏教なのか」という形而上学的な袋小路に入ってしまったのではないかと思われる。つまり、純粋に論理的な問題として何が正しいかという問いに集中するあまり、平和と平等という実践的な課題を見失うことになってしまったのではないかということだ。差別と殺戮というような善悪のレベルの問題として実践的に扱うべきことを、真偽のレベルだけが問題になる単なる「知」の問題として扱ってしまったということである。純粋な「知」の問題として扱う時は、「関係（の総体）」と「（関係の中の関係項としての）個物」は対等であり、関係を重視すれば、諸法無我の実相を裏切る「実体」「基体」「場所」を想定せざるを得なくなるが、関係それ自体を考慮することなく諸法無我の論理だけでは個物を記述することはできない。関係と個物とはいずれも現実を記述するには不可欠なものであり、そのような記述の精度は、私たちの努力で高めていくことが可能である。(4)「関係」や「実体」「基体」を重視することがファシズムにつながるかどうかは、単純には決められないのである。真偽の領域と善悪の領域は一方から他方を演繹できるものではないのである。ウィリアム・ジェームズの警告(5)をかみしめるべきであろう。

このように考えてくると、「無頼の説」をとどめるもうひとつのアプローチとして、それを純粋な論理の問題として扱うのではなく実践の問題として扱うという方法があるように思われる。アリストテレスの『形而上学』全十四巻は、因果についての四因説や実体属性の論理などを誠実に探求し、西洋哲学の基礎をゆるぎないものとしたと評価されている（アリストテレス自身が「ゆるぎない」と言っているわけではないが）。このなかの実体（substantia, οὐσία）は通常「存在するのにそれ自身以外の何物も必要としないもの」と定義されるが、それこそが、仏教形而上学が「諸法無我」として第一に否定するものである。しかし、このことは、純粋理性の枠内では決着がつかないのである。『論註』下巻には心業功徳成就の註として、「衆生は邪見をもつてのゆゑに、心に分別を生ず。（中略）分別をもつてのゆゑに長く三有に淪みて、種々の分別の苦・取捨の苦を受けて、長く大夜に寝ねて、出づる期あることなし」（『七祖篇』一二八～一二九頁）とある。「分別の苦・取捨の苦」とはいったいなんだろう。「苦」とは、社会的な不公平のゆえに生じた人民の被害ではないか。それは金持ちや権力者による「取捨（によって生じた）苦」とは言えても、平和と平等を欣求する衆生の「分別（によって生じた）苦」であるはずがない。衆生は眼に見えるものだけを絶対視しているのではない。眼に見えないものを見えるかのように言う「ゆゆしき学生《がくしょう》」を忌避して、「南無阿弥陀仏。阿弥陀さんの平和と平等っていいですね」と高らかに声に出す決意をしているだけなのだ。この決意を「無分別知」などというわけのわからぬ言葉で説明したり、分別を尽くして平和と平等を求める道を「科学的知の限界に無自覚な闇だ」などとお説教してはならない。

「平等智＝無分別知」と言う時の「平等」は存在命題・存在判断の範疇、すなわち、真偽のレベルであるのに対して、法然が「平等」というのは、あくまで「社会的平等」、すなわち、価値判断、善悪のレベルにあるのだ。現実に生きる苦悩の衆生、煩悩成就の凡夫、生死罪濁の群萌が、通常の理性を超えた仏智（平等智？）に昏《くら》いということがあったとしても、それは善悪の問題ではない。純粋理性の限界なのである。反戦反差別は純粋理性の枠内にはないのであって、あくまで実践理性の課題なのである。「基体」「実体」は確かにその有無を純粋に論理として決着をつけられるものではないが、これなしで時間や変化を説明することはできない。「変化」の説明はまた「因果」の説明とも密接に関係している。どのように説明するかによって、善悪が決まるのではないのである。説明が粘り強い「説得（persuasion）」によって保たれているか、暴力的な「強制（compulsion）」になっていないかが問題なのである。知が尽くされないからといって「無知」を持ち出すのは乱暴だが、「無知」「無分別」がファシズムにつながることが多いとしても、すべてがそうだとするのもやはり乱暴ということになるだろう。

三、大衆功徳・上首功徳・主功徳――極楽の対等な人間関係――

つづく第五「衆功徳」、第六「上首功徳」、第七「主功徳」は、浄土における阿弥陀如来と阿弥陀如来以外の「極楽の人数《にんじゅ》」との関係がテーマである。高木顕明が言う「弥陀と変わらん通力を得て」(『余が社会主義』)の具体的意味が何かということである。なお、これらが、国土荘厳の後半の光明功徳以後の八種とも重なることは、「身土不二」として述べたとおりである。

順に検討しよう。はじめに大衆功徳成就の偈文と註を示す。

天人不動衆　清浄智海生（天人不動の衆、清浄の智海より生ず）

この二句は荘厳衆功徳成就と名づく。仏本なんがゆゑぞこの荘厳を起したまへる。ある如来を見そなはすに、説法輪下のあらゆる大衆、もろもろの根・性・欲は種々不同なり。仏の智慧において、もしは退きもしは没す。等しからざるをもつてのゆゑに、衆、純浄ならず。ゆゑに願を興したまへり。「願はくはわれ成仏せんに、あらゆる天・人みな如来の智慧清浄海より生ぜん」と。「海」とは、仏の一切種智は深広にして崖《かぎ》りなく、二乗雑善の中・下の死尸《しし》を宿さざることをいひて、これを海のごとしと喩ふ。このゆゑに「天人不動衆　清浄智海生」といへり。「不動」とは、かの天・人、大乗の根を成就して傾動すべからざるをいふなり。

（『七祖篇』八四頁）

偈文の意味は、「極楽往生して阿弥陀如来の不動の眷属となったものは、往生前の「天」とか「人」のままで生まれたのではなく皆阿弥陀如来の清浄の智慧の海から生まれたのである」ということである。先の国土荘厳第十三にある眷属功徳の「如来浄華衆　正覚華化生」というのとほとんど意味は変わらない。註には少し意味が取りにくい偈文の「不動」について、「かの天・人、大乗の根を成就して傾動すべからざるをいふ」と、大乗の根っこが生じて、大義門功徳で論じられた二乗の種はもはや生じないことが「二乗雑善の中・下の死尸を宿さざる」と表現されている。この問題については、大義門功徳成就の項で説明したので再論しない。少し注意を要するのは、眷属功徳においては「浄華衆」と「正覚華化生」とが、それぞれ別の主体であるけれども如来の正覚と変わらぬということで一致すると述べられていたのが、この「衆功徳」では、海の中で混然一体となっていると表現されていることである。清浄の海だから混然ということはないとも言えるが、微妙なところである。いずれにしても、『論註』下巻の眷属功徳の註に登場する「同一念仏」が鍵になる。これも先の眷属功徳の項で述べたとおりであるが、それを別の方向から再論しよう。

衆功徳の註で曇鸞はつぎのように述べる。「現実の釈迦如来の説法において、聴衆の「根・性・欲は種々不同」なので、仏の智慧を示す法華一乗の法を聞いても、退いたり没したりして届かぬ者もある（「仏の智慧において、もしは退きもしは没す。等しからざるをもつてのゆゑに、衆、純浄ならず」）。だから、極楽浄土では皆が如来の一乗海から生まれるようにしたい」。

『註論講苑』によると、この釈迦の説法における「退・没」というのは、『法華経』方便品の「三止三請」の場面を下敷きにしている話で、娑婆世界では仏の説法を了解する者も、かえって疑いを生じて退転する者もある、ということを示すのだが、極楽に往生すればすべて大乗の菩薩となっているからこのようなことはないという解釈だという（『講苑』三一六頁上段）。『論註』においては、このように「同一」を達成するのは彼の土においてのこととされる。ところが、親鸞は、ここに登場する「清浄の智慧の海」を善導の解釈を通して「本願一乗海」とみなすことにおいて、「如衆水入海一味」が現生において成立するとも取れる言い方をしている。これを『註論講苑』は「大きなちがひのやうなれども意は相違せぬなり。なぜと云ふに、浄土の聖衆が如来の智慧海より生ずると云ふとき、十方衆生が弥陀の浄土へ往生するに、なんで弥陀の智慧海より生ずるなれば、現生に於いて弥陀の仏智を信じたゆへなり。即ち三十行の偈文の「如来智慧海」を善導は「弥陀願海」と言をかへ給ふからは、智慧海即本願海じゃによりて、他力の行者は現生に本願大智海に開入して、形は昔にかはらぬ凡夫もあり又声聞縁覚の二乗もあれども、はや便同弥勒の菩薩になりて、その本願大智海からすぐさまに真報土へ往生するゆへ、こゝを論文に「天人不動衆清浄智海生」と宣ふ」（『講苑』三一八頁上段）と説明している。ここに「現生に於いて弥陀の仏智を信じた」というのは、「本願を信じ念仏申す」ことと理解すべきであるから、「同一念仏無別道」は現生に生じていることであり、「四海の内みな兄弟姉妹」は、未来における必然的な果だと言えるのだと思う。「海」は今此処にそのままあるわけではないと思う。香月院が「大きなちがひのやうなれども意は相違せぬなり」と釘を刺すのは、この個所から親鸞が現生正定聚を説いたのだということ（そこまではいいとして）にはしゃぎすぎて、現生往生のような神秘主義に陥ることを誡めているのであろう。鍵は今此処での「ただ念仏」である。それによって未来への希望が今確実になるということである。

つづいて、上首功徳の偈文と註の検当に入る。

如須弥山王　勝妙無過者（須弥山王のごとく、勝妙にして過ぎたる者なし）

この二句は荘厳上首功徳成就と名づく。仏本なんがゆゑぞこの願を起したまへる。ある如来を見そなはすに、衆のなかにあるいは強梁《ごうりょう》のものあり。提婆達多の流比《たぐい》のごとし。あるいは国王、仏と並び治めて、はなはだ仏に推《ゆず》ることを知らざるあり。あるいは仏を請じて他縁をもつて廃忘《はいもう》することあり。かくのごとき等の上首の力成就せざるに似たるあり。このゆゑに願じてのたまはく、「われ仏となる時、願はくは一切の大衆、よく心を生じて、あへてわれと等しきことなく、ただひとり法王としてさらに俗王なからん」と。このゆゑに「如須弥山王　勝妙無過者」といへり。

（『七祖篇』八五頁）

偈文の意味は、「（阿弥陀如来の相貌は）須弥山王の如くでこれを超えるものはない」ということである。註は、娑婆世界の如来が見るからに相貌が抜きんでているというほどでもなかったので、如来が最高の存在なのだということが成就していないかのように見えた。しかし極楽ではそういうことがなく、とてつもなく抜きんでているヒマラヤの山々のような相貌を持つということだと解説している。その例として、まわりに提婆達多のような頑固者が居て如来と競い合ったり、国王のような政治的権力者が仏と並立していて王が仏を尊重して推《ゆず》ることを知らないとか、仏を招いて法を聞く約束をしていながら他の用件で忘れてしまった、等々である。福音書にもイエスが郷党で軽んじられた話が出てくるが、釈迦にもこういうことがあったらしい。パーリ語の律蔵大品に、法座に招かれたのに招いた側がそれを忘れてしまい、釈尊たちの一行が食べることもできず托鉢もままならず大変な苦労をしたという話が詳しく載っているそうだ。そこで、誰一人として仏に肩を並べようというような者がいない世界として極楽が建立されたのだとしている。

しかし、極楽の人数は「如来浄華衆正覚華化生」で弥陀と対等であるはずだから、弥陀と他の極楽の人数との格差を示唆するような表現は少し気になる。そもそも極楽がどんなところであるかということは、われら凡夫には十全にはわからない。しかし、この世で、同じ課題を目指している者同士で主導権争いが生じて、闘うべき相手との闘いを阻害することは結構あることなので、極楽ではそのような本末転倒がないという意味で「上首功徳」が述べられているとみなせばよいと思われる。つまり、ここで考えるべきは、この世で「上首」と肩を並べようという気になるとはどういうことか、であって、極楽では上首とその他の住民との関係はどのようになっているのか、ということではないと思うのである。

そもそも上首功徳が成立していないかに見える娑婆の弊害の例としてあげられている提婆にしても、釈迦を自分が望むよき世界を妨げる敵として打倒しようとしているのではないはずだ。つまり、彼にとっては、釈迦は敵ではなく、あくまでも仲間内のライバルなのである。彼にしてみれば、本来同じ人間であり親戚でもある釈迦の家来にならなければならないことはないはずだという思いがあって当然である。これをどう解決すればいいのか。

浄土教徒にとっては、その答えは明瞭である。すなわち、釈迦は、王舎城での韋提希と阿難に対する観無量寿の教えの最後に、「自分が今日の説法で説いたことの主旨は、自分に従えということではなく阿弥陀仏の本願を信じてその御名を称えよということである。だから、南無釈迦牟尼仏と称えるのは称名雑行(6)であり、南無阿弥陀仏だけが本願正定業だ」と教えてくださった人師であり、救主ではないのだということである。これによって、釈迦と提婆は現生で「同一念仏無別道故」となり得るし、われらもまたそうなる。このことは『観経』「流通分(7)」に明瞭に説かれている。ただし、これは、私たち浄土教徒が、善導・法然を通して確認できたことなので、残念ながら『論』『論註』では「一切の大衆、よく心を生じて、あへてわれと等しきことなく」(『七祖篇』八五頁)、つまり「大衆が私と同等だなどという気を起こさないように」という表現になっている。善導・法然を通せば、私たち凡夫は極楽に往けば阿弥陀如来とさえ同等になるのであって、この娑婆では、私たちを虐げ弾圧する者（彼らはこのままでは地獄行きだから、何とかしてあげなければならないが）であれ、自分さえよければいいという気がこの世ではけっしてなくならないわれら自身であれ、本質的には対等なのだから、弾圧する者（国王）に不礼を通すし、弾圧する者を聖化するような神祇には不拝を通す、という生き方ができるのである。だから、念仏申す者（つまり、釈迦の教えを聞く者＝阿弥陀仏の御名を称えん者を残らず救うという、弥陀の本願を信ずる者）は、まだ念仏を喜ぶことができない後鳥羽等の権力者と闘うことにおいては何ら迷うことはないが、闘いの中でわが身可愛いいが出て、提婆の如く教主釈迦に対する尊重を欠き主導権を競うものとなってしまうことに対しては、「南無阿弥陀仏」と既に声に出したことを互いに確かめ合って「一室の行者のなかに、信心ことなることなからん」（『歎異抄』後序。大谷派『聖典』六四一頁／二版七八五頁）ことに努めることができるはずである。「無分別」と言われて、「分別すべからず」のことかと思って滅私奉公のファシズムに屈してはならぬのだ。「無分別知」というような大して役に立たぬ議論は、「分別すべからず」つまり「提婆のように上首に逆らってはならぬ」「教団や国家の言うことにさかしらに反抗してはならぬ」という脅しに使われることが多いのだ。自他ともに提婆のようにならぬ道は、無分別知の尊重ではなく（第一、無分別を尊重するというのは、どういうことを「する」のかわからないではないか）、はっきりと言葉に出す「称名」という行為を「する」ことによる大衆の交流によるしかないと思う。

つづけて、主功徳の偈文と註をあげる。

天人丈夫衆　恭敬繞《にょうせんごう》瞻仰（天人丈夫の衆、恭敬して繞りて瞻仰したてまつる）

この二句は荘厳主功徳成就と名づく。仏本なんがゆゑぞこの荘厳を起したまへる。ある仏如来を見そなはすに、大衆ありといへども、衆のなかにまたはなはだ恭敬せざるあり。一の比丘、釈迦牟尼仏に、「もしわがために十四の難を解せずは、われまさにさらに余道を学すべし」と語りしがごとし。また居迦離《こかり》、舎利弗を謗《ほう》じて、仏三たび語りたまひしに三たび受けざりしがごとし。またもろもろの外道の輩、かりに仏衆に入りてつねに仏の短《とが》を伺ひ求めしがごとし。また第六天の魔、つねに仏の所においてもろもろの留難《るなん》をなししがごとし。

かくのごとき等の種々の恭敬せざる相あり。このゆゑに願じてのたまはく、「われ成仏せんに、天・人大衆、恭敬して倦《う》むことなからしめん」と。ただ「天・人」といふ所以は、浄土には女人および八部鬼神なきがゆゑなり。このゆゑに「天人丈夫衆　恭敬繞瞻仰」といへり。（『七祖篇』八五〜八六頁）

偈文の意味は「極楽の住民となった天・人・菩薩（丈夫）たちは極楽の主阿弥陀如来をとりまき如来をほめたたえている」ということである。『註論講苑』は、極楽では皆大乗の菩薩となっているから「天・人」と言っても元の素性のことを言っているだけだと念を押している。

註の意味は以下のとおりである。説明の便宜のためにⓐからⓔまで五項目に区分してある。

娑婆世界の如来、すなわち、釈尊にもたくさんの大衆が釈迦を取り巻いていたが、それらの中には、十分に釈迦を尊重していない者もあった。たとえば、ⓐ弟子の中で「私が疑問に思っている十四個の難題についてあなたが答えてくれなければ、ほかの沙門の弟子になろう」と言い出す者があった。また、ⓑ居迦離(8)という者が仏弟子の舎利弗を誹謗して三度も釈尊に戒められたにもかかわらず改めないということもあった。また、ⓒ他の出家行者のグループから釈迦教団に入り込んだ者が、あら捜しして回るということもあった。さらには、ⓓ第六天に属する「魔」がしばしば災いをもたらしていた。だから彼土・極楽では「天・人・菩薩（丈夫）たちが阿弥陀如来をとりまき如来をほめたたえている」と述べられているのである。ⓔここで「天・人」と限定しているのは、浄土には八部の鬼神や女人などいないからである。

以上、ⓐからⓓの問題についての若干の解説とⓔの問題について少し触れておきたい。

ⓐの十四の難題を吹っ掛けたというのは、釈尊が肯定も否定もしなかった十四の質問を言う。基本形はいわゆる「毒矢の喩え」と呼ばれるパーリ仏典経蔵の中部に収録されている第六三経の『摩羅迦小経《まらかしょうきょう》』である。『箭喩経《せんゆきょう》』

とも言う。漢訳経典としては、『中阿含経』（『大正大蔵経』二六巻）の第二二一経「箭喩経」や、『箭喩経』（『大正大蔵経』九四巻）がある。のちに、『倶舎論』に「十四無記」あるいは「十四不可記」としてまとめられている。この十四の難題とは「捨置記《しゃちき》の問」、つまり答えずに捨て置く質問とされる。すなわち、世間は①永遠（常）か、②無常か、③常であり無常でもあるか、④常でも無常でもないのか。世間に⑤限りはある（有辺）か、⑥限りはない（無辺）か、⑦有辺であり無辺でもあるか、⑧有辺でも無辺でもないか。如来は死後⑨存在する（有）か、⑩存在しない（無）か、⑪有であり無でもあるか、⑫有でも無でもないか。命と身は⑬同じか、⑭異なるか、の十四の質問である。こういう形而上学的問いに対して「無記」という態度は悪くはないが、アリストテレス的誠実さに比べて特によいとも言えないと思う。

ⓑは女性の問題が関係するので、ⓔとともに論ずる。Ⓒは具体的なことがわからないので、私も「無記」ということにする。ⓓも具体的なことはわからないが、不殺生戒との関係で自殺幇助をそそのかす「魔」の例が個人的には気になっている。

しかし、ⓔはもっと気になる。ⓓまでの娑婆世界のありさまを克服して偈文「天人丈夫衆　恭敬繞瞻仰」と結んでもいいところを、さらに「浄土には女人および八部鬼神なし」と言い添えるのはどういうことであろうか。まず、この「人・天」であるが、『註論講苑』はこれは偈文の「天人丈夫衆」から「丈夫」を省略したものとしている。そのうえで、「人・天」とすることで浄土に龍神修羅等の八部の鬼神がいないことを、また「丈夫」ということで女人がいないことを示しているとしている。そして「人・天」と言っても、浄土に往けばもはやすべて大乗の菩薩で仏に等しいわけだから、浄土に至る前のすがたが人または天であったにすぎないと言う。だとすると、曇鸞は、あるいは天親もまた、娑婆世界で（つまり浄土に往く前の世界で）女人だったものは極楽に往けないと考えていたとみなせる。おそらくそうだったろうと思う。パーリ語経典においては比丘尼の存在は、さまざまな困難を伴っていたにせよ明瞭に記されているが、大乗経典においては、いわゆる女人五障説が幅を利かしているからである。女性の浄土往生については、善導・法然・親鸞が変成男子説を根拠に可能としているのだが、曇鸞・天親はそれも認めていないということだろう。彼らにとっては、真報土の住民はおそらく「虚無の身・無極の体」と考えられているので、現実世界の女性や「魔」に喩えられる犯罪者なども、救済の対象としてだけではなく解放の主体として歩む道がなければならないことを実感していなかったと言うべきであろう。善導・法然・親鸞の変成男子説はまた別の差別を生み出してしまってはいる。しかし、「女人五障」を耳ざわりなくらいに持ち出す蓮如が、一言も「変成男子」を述べずに称名念仏を強調したことを通せば、道は開けるように思われる。『註論講苑』を書いた香月院は蓮如の評価を正当に行っていると思われ、変成男子説を持ち出さずに女性の解放を語り得る資格があるはずだと思うが、曇鸞のテキストの限界を超えることはなかったようだ。

このことから浄土経典に現れる「女人五障」「変成男子」などのいわゆる差別表現について、私たちが取るべき態度はつぎのようにまとめられると私は思う。

①「女人五障」の文言は経典制作時も現在も変わらぬ女性に不利な社会の現実を示す言葉として重視し、単純に削除するべきではない。
②「変成男子」は「女人五障」の現実の間違った解決策であり、かえって差別を助長するものとして批判する。
③「女人五障」の解決策は、他のあらゆる差別と同様「本願を信じ念仏申さば仏に成る」、すなわち「雑行を棄てて本願に帰す」であることを明らかにする。

註

（1）本書第13章註（8）（二八三頁）参照。

（2）ギリシア語テキストで"ἀκράτου"（あくらとう）。W. D. Ross の英訳は「the unqualified doctrine」となっている。「制限がない」とか「やりたい放題の」という意味を含むので、岩波文庫版の出隆は、「やりたい放題の無頼漢の説」としたのだろうと思う。たぶん、アリストテレスの真意に近いと思われる。ちなみに、アリストテレスは、矛盾率について論証を求めること自体を「無教養」としているが、矛盾率を認めない議論については「弁駁」という方法で退けられるとして、七つの弁駁を示している。「無頼の説」という言葉は、この七番目の弁駁を終えて出てくるのである。

（3）永嘉玄覚は、中国の唐代の禅僧。諡は無相禅師。俗姓は戴。温州永嘉県の出身。禅宗の第六祖慧能の直弟子である。天台から禅宗に転じたと言われている。

（4）一例として、ホワイトヘッドによる個物と関係性についての練り上げられた記述を紹介しておく。

「「個物（individuality）」と「原子（atom）」という言葉は同じ意味であり、その構成要素には欠けている絶対的実在性を具えた構成物に適用される。この言葉は、自らの情動的自己享受を具えてそれ自体のみによって屹立する達成の直接性の状態における活動的存在（actual entity）にも適用するのが妥当である」（ホワイトヘッド『観念の冒険』第十一章五節。訳文を改良して引用。邦訳〈山本誠作・菱木政晴訳、松籟社、一九八二年〉二四二頁に相当）。この記述で個物がそれ自体として存在しているのではなく構成された物だと定義されていることに注意してほしい。だからといって構成物もそれ自体として存在しているわけではない。

（5）ウィリアム・ジェイムズは、『宗教的経験の諸相』（原著一九〇一～一九〇二年、岩波文庫の桝田啓三郎訳は一九六九年）の中で真偽の領域を「存在判断、あるいは、存在命題」、善悪の領域を「価値命題」と名づけて、「どちらの判断も、一方から他方を直接に演繹してくることはできない。両者はそれぞれ異なる知的活動に由来するものであり、精神は、はじめ両者を分離しておいて、その後で両者を加え合わせるという方法によってはじめて、両者を結合するのである」（岩波版上巻、一七頁）と述べている。

（6）『観経疏』をぼんやり読んでいると、読誦・観察・礼拝・称名・讃嘆の五正行以外の行が雑行だと思ってしまい、称名が正行ならば「南無阿弥陀仏」も「南無釈迦牟尼仏」も称名には違いないから正行だということになるが、『選択集』には「五種の正行に翻対して五種の雑行を明かす」と述べられている。すなわち「弥陀の名号を称するを除きてのほかの自余の一切の仏・菩薩等およびもろもろの世天等の名号を称するをことごとく称名雑行と名づく」（『選択集』第二「二行章」）ということになる。だから、「帰命アマテラス」や「天皇陛下万歳」はもちろんのこと、「南無釈迦牟尼仏」も称名雑行ということになるわけである。この主張に対して、『興福寺奏状』は「釈尊を軽んじる失」と難じているが、『観経疏』から言えば、むしろ、『奏状』が釈迦の「ただ念仏すべし」の教えに背いているとみるべきだろう。

（7）『観経』「仏、阿難に告げたまわく、「汝好くこの語を持て。この語を持てというは、すなわちこれ無量寿仏の名を持てとなり。」」（大谷派『聖典』一二二頁／二版一三三頁）。これについての善道の『蔬』「「仏告阿難汝好持是語」より以下は、まさしく弥陀の名号を付属して、遐代に流通せしめたまふことを明かす。上来定散両門の益を説くといへども、仏の本願に望むるに、意、衆生をして一向にもつぱら弥陀仏の名を称せしむるにあり」（『七祖篇』五〇〇頁）。さらに、これについての法然の『選択集』第十二念仏付属章「〈仏の本願に望むるに、意、衆生をして一向にもつぱら弥陀仏の名を称せしむるにあり〉（散善義）といふ。定散の諸行は本願にあらず。ゆゑにこれを付属せず。またそのなかにおいて、観仏三昧は殊勝の行といへども、仏の本願にあらず。ゆゑに付属せず。念仏三昧はこれ仏の本願なるがゆゑに、もつてこれを付属す。〈仏の本願に望む〉といふは、『双巻経』（大経）の四十八願のなかの第十八の願を指す」（『七祖篇』一二七一頁）。

（8）梵語「コーカーリカ（Kokālika）」の音写。「倶迦梨（くかり）」とも音写する。提婆達多の弟子。仏弟子の舎利弗・目連が女性と同宿したと誹謗した罪によって、生身のまま地獄に堕ちたと言われる。

第15章

極楽とは何か(3)
――住民の様態(仏荘厳その三)　不虚作住持功徳

一、「観」は願力をこころに浮かべる、「遇」は本願力を信ずる

仏荘厳第八・不虚作住持功徳の偈文は「観仏本願力　遇無空過者　能令速満足　功徳大宝海(仏の本願力を観ずるに遇うて空しく過ぐる者なし。能く速やかに功徳の大宝海を満足せしむ)」(『七祖篇』八六頁)である。意味は、「阿弥陀仏・法蔵菩薩の本願とその効力(力用《りきゆう》)を観じて空しく過ぎる者はいない。速やかに功徳の宝の海に満ち足りる」ということである。

この偈文は、『教行信証』や『浄土文類聚鈔』『入出二門偈』など親鸞の著作に原文のまま、あるいは、かたちを変えてたびたび引用されている。例えば、和文作品の『尊号真像銘文』では、

「観仏本願力　遇無空過者」というは、如来の本願力をみそなわすに、願力を信ずるひとはむなしく、ここにとどまらずとなり。「能令速満足　功徳大宝海」というは、能はよしという、令はせしむという、速はすみやかにとしという、よく本願力を信楽する人は、すみやかにとく功徳の大宝海を信ずる人の、そのみに満足せしむるなり。如来の功徳のきわなくひろくおおきに、へだてなきことを大海のみずのへだてなくみちみてるがご

としと、たとえたてまつるなり。

（大谷派『聖典』五一九頁／二版六三四頁）

とある。また『一念多念文意』では、

『浄土論』に曰わく、「観仏本願力　遇無空過者　能令速満足　功徳大宝海」とのたまえり。この文のこころは、仏の本願力を観ずるに、もうおうてむなしくすぐるひとなし。よくすみやかに功徳の大宝海を満足せしむとのたまえり。「観」は、願力をこころにうかべみるともうす、またしるというこころなり。「遇」は、もうあうという。もうあうともうすは、本願力を信ずるなり。「無」は、なしという。「空」は、むなしくという。「過」は、すぐるという。「者」は、ひとという。むなしくすぐるひとなしというは、信心あらんひと、むなしく生死にとどまることなしとなり。「能」は、よくという。「令」は、せしむという、よしという。「速」は、すみやかにという、ときこというなり。「満」は、みつという。「足」は、たりぬという。「功徳」ともうすは、名号なり。「大宝海」は、よろずの善根功徳みちきわまるを、海にたとえたまう。この功徳よく信ずるひとのこころのうちに、すみやかに、とくみちたりぬとしらしめんとなり。しかれば、金剛心のひとは、しらず、もとめざるに、功徳の大宝、そのみにみちみつがゆえに、大宝海とたとえたるなり。

（大谷派『聖典』五四三〜五四四頁／二版六六六頁）

などである。

この中で、とりわけ、「「観」は、願力をこころにうかべみるともうす、またしるというこころなり。「遇」は、もうあうという。もうあうともうすは、本願力を信ずるなり」の部分が重要で、「観」が観想念仏の観、すなわち、修恵の観ではなく、一心安心上の観（思い浮かべる観）だとしていること、「遇」を「本願力を信ずる」こととしているのが注目される。「願力をこころにうかべみる」ことや「本願力を信ずる」ことは明らかに現在のことなので、親鸞はこの偈文を現在のこととして解釈しているように見える。また、『尊号真像銘文』の「願力を信ずるひとはむなしく、ここにとどまらず」もそうかもしれない。この問題は、本章の最後に詳論する。

また、この偈文については、『論註』に解釈されるだけでなく、『論』自体の解義分（長行）で、他の偈文のように「偈に○○と言えるがゆえに」だけにとどめずに、つぎのように述べられており、天親自身がこの偈文を重視していると言える。

何ものか荘厳不虚作住持功徳成就、偈に「観仏本願力　遇無空過者　能令速満足　功徳大宝海」と言えるがゆえに。すなわちかの仏を見たてまつれば、未証浄心の菩薩畢竟じて平等法身を得証して、浄心の菩薩と上地のもろもろの菩薩と畢竟じて同じく寂滅平等を得しむるがゆえなり。（大谷派『聖典』一四一頁／二版一五二頁）

この中に登場する「未証浄心の菩薩」というのは「いまだ浄心を証っていない菩薩」という意味で、天親がどういう意味で使っているかはわからないが、凡夫が菩薩の階位を次第に昇っていってついには仏に成るという十地階梯の中の「初地以上七地以還のもろもろの菩薩なり」（『七祖篇』一三二頁）と『論註』は解説している。そして、「平等法身」とは、八地以上の法性生身の菩薩なり」（『七祖篇』一三二頁）と解説している。『論』が述べているのは、オーソドックスな仏道修行において「止・観」、すなわち、「奢摩他・毘婆舎那」を行じて仏に成るプロセスを、（浄土に往って）阿弥陀如来を「見たてまつれば」それが速やかに可能になるということである。『論註』はこの『論』における天親菩薩の「未証浄心の菩薩」という言葉にきわめて大きな意味を見出している。このことは『論註』下巻で詳細に論じられているし、それをもとに親鸞の『尊号真像銘文』『一念多念文意』に解釈されていることであるが、ここであらかじめその意味を知っておく方がいいと思う。

とは言うものの、まずは眼前の上巻の『論註』を掲げることにする。

観仏本願力　遇無空過者　能令速満足　功徳大宝海

この四句は荘厳不虚作住持功徳成就と名づく。仏本なんがゆゑぞこの荘厳を起したまへる。ある如来を見そなはすに、ただ声聞をもつて僧となし、仏道を求むるものなし。あるいは仏に値へども、三塗を勉《まぬが》れざるあり。善星《ぜんしょう》・提婆達多《だいばだった》・居迦離《こかり》等これなり。また人、仏（釈尊）の名号を聞きて無上道心を発せども、悪の因縁に遇ひて、退して声聞・辟支仏地《びゃくしぶつじ》に入るものあり。かくのごとき等の空過のもの、退没《たいもつ》のものあり。このゆゑに願じてのたまはく、「われ成仏する時、われに値遇するものをして、みな速疾《そくしつ》に無上大宝を満足せしめん」と。このゆゑに「観仏本願力　遇無空過者　能令速満足　功徳大宝海」といへり。「住持」の義は上のごとし。仏の荘厳八種の功徳を観ずること、これ上に訖《おわ》りぬ。

（『七祖篇』八六～八七頁）

偈文の意味は既に述べたので繰り返さない。註も表面上は何も難しいことはない。極楽へ往けば阿弥陀如来と極楽のようすを観察（毘婆舎那）できるのだから空過・退没の者などいるわけがない。この世では、釈迦のような優れた人師にあっても善星・提婆達多・居迦離(1)等のように空過・退没する者もいるが、彼の土ではそういうことはあり得ないということである。問題なのは、「観」がこのように彼の土のことと書かれていることを無視して、現生においても成立するかのように解説する者がいることである。このトンデモ解説の根拠だと目されているのが上述の『尊号真像銘文』『一念多念文意』の「観」の解釈である。このことについては、私たちは「文前玄義」と称して、香月院『註論講苑』の「文前五科」の第三で「一心五念、果を得るを明かす」（『講苑』一七頁上段）のところであらかじめ学んだことなのだが、それがここで生きてくるのである。親鸞が「観」を現生でも成立すると述べていないわけではないが、けっして、来世のこととして（当益として）述べている『論註』を否定しているのではないことがわかっていなければならない。このことは、『論註』下巻と合わせ読まねば十全に理解できないことなので、次節に移ろう。

二、「未証浄心の菩薩」の意義

では、保留しておいた『論註』下巻に登場する「未証浄心の菩薩」に関する議論や現当二種の観についての議論を、フライングして解説する。

天親（世親）は、この世で「自己こそ自分の主である」が実現するような悟りを追求するのが困難であることを自覚しつつ、だからといって、超越的な存在と言えば聞こえはいいが、結局は素朴な呪術的信仰によって助かるような気分になる生天思想の一変形にすぎない阿弥陀仏信仰では、自覚覚他を旨とする仏道に反すると考えていただろうと思われる。だから、流行する阿弥陀仏信仰を、なんとかオーソドックスな仏道修行と調和させたいと考えていたのだと思う。その工夫が浄土願生者の五念門修行という考え方である。しかし、五念門修行をこの世で（現生で）自分が行えるのであれば、何も極楽浄土だとか阿弥陀仏などという異質なものを持ち出さなくてもいいわけであるから、この工夫は初めから矛盾に満ちている。だから、『論』は阿弥陀如来の本願力と浄土願生者が修する五念門の行とが交錯し、きわめて読みにくいテキストとなっている。(2)『論註』は、この「矛盾」の中から弥陀の本願力（他力）が現れてくるところを見逃さない。そのひとつがこの不虚作住持功徳なのである。阿弥陀如来とであう（値遇する）ことによって、いまだ証りを得ない者が、長い修行によってしか得ることのできない平等法身を得ることができるというわけである。そこで曇鸞が注目したのは、菩薩十地の階位の中の「七地沈空」の説である。先走りして『論註』下巻の文言を示す。

「未証浄心の菩薩」とは、初地以上七地以還のもろもろの菩薩なり。この菩薩またよく身を現じて、もしは百、もしは千、もしは万、もしは億、もしは百千万億の無仏の国土に仏事を施作《せさ》すれども、かならず作心《さしん》を須《もち》ゐて三昧に入る。すなはちよく作心せざるにはあらず。作心をもつてのゆゑに名づけて未得浄心となす。この菩薩、願じて安楽浄土に生ずれば、すなはち阿弥陀仏を見たてまつる。阿弥陀仏を見たてまつる時、上地のもろもろの菩薩と畢竟じて身等しく法等し。龍樹菩薩、婆藪槃頭《ばそばんず》菩薩（天親）の輩《ともがら》、かしこに生ぜんと願ずるは、まさにこれがためなるべきのみ。

問ひていはく、『十地経』を案ずるに、菩薩の進趣階級、やうやく無量の功勲ありて多くの劫数《こうしゅ》を経、しかして後にすなはちこれを得。いかんが阿弥陀仏を見たてまつる時、畢竟じて上地のもろもろの菩薩と身等しく法等しきや。答へていはく、「畢竟」とはいまだ即等といふにはあらず。畢竟じてこの等しきことを失はざるがゆゑに「等」といふのみ。

問ひていはく、もし即等にあらずは、またなんぞ菩薩といふことを待たん。ただ初地に登れば、もつてやうやく増進して、自然にまさに仏と等しかるべし。なんぞ上地の菩薩と等しといふことを仮《か》らん。答へていはく、菩薩、七地のうちにおいて大寂滅を得れば、上に諸仏の求むべきを見ず、下に衆生の度すべきを見ず。仏道を捨てて実際を証せんと欲す。その時に、もし十方諸仏の神力の加勧《かかん》を得ずは、すなはち滅度して二乗と異なることなからん。菩薩もし安楽に往生して阿弥陀仏を見たてまつれば、すなはちこの難なし。このゆゑにすべからく「畢竟じて平等なり」といふべし。また次に『無量寿経』（上）のなかに、阿弥陀如来の本願（第二十二願）にのたまはく、「たとひわれ仏を得んに、他方仏土のもろもろの菩薩衆、わが国に来生せば、究竟してかならず一生補処に至らん。その本願の自在に化せんとするところありて、衆生のためのゆゑに、弘誓の鎧を被《き》て徳本を積累《しゃくるい》し、一切を度脱し、諸仏の国に遊びて菩薩の行を修し、十方の諸仏如来を供養し、恒沙無量の衆生を開化して、無上正真の道に立《りゅう》せしめんをば除く。常倫諸地の行を超出し、現前に普賢の徳を修習せん。もししからずは、正覚を取らじ」と。

（『七祖篇』一三三～一三四頁）

詳しく読むのは下巻に入ってからにしようと思うが、簡単に言うとこういうことである。煩悩成就・煩悩具足の凡夫というわけではないにしても、少なくとも自利利他円満の仏道を目指す者は、自利だけでなく互いに励まし合って平和と平等を目指すという希望を持っているはずである。ところが、自利利他円満の仏道成就はこういう希望からも自由になったこととして説明されることが多いのである。つまり、あらゆる欲望から解放されるということは、互いに励まし合って自由と平等を目指すという希望からも解放されるということである。これを「作心せざる」境地と言うわけである。こういうのは、身近な縁によって発揮する小悲、普遍的な中悲、無縁の大悲といった具合の極端な抽象化で、悪趣味の哲学青年には好まれるかもしれないが、やめた方がいいと思う。こういう不毛な論理をもてあそぶよりは、実際に給与差別を一つひとつ解決し、政府が次々に繰り出す人権無視のさまざまな法案、パンデミックなどの危機に便乗して火事場泥棒のように全体主義的政策をとることに反対するほうがいい。それで、こういう抽象論があることもひとつの要因かもしれないが、仏道を追及するなかで「（すべての煩悩の消滅、すなわち）大寂滅を得れば、上に諸仏の求むべきを見ず、下に衆生の度すべきを見ず」という状態になることがある。これを「七地沈空の難」(3)という。要するに、超抽象的な仏教形而上学に拘泥すると、そもそも他の衆生を利他することが目的だった仏道がニヒリズムや隠遁主義になるだけだということだろう。これは自分の心の平穏だけを願う二乗に堕したも同然ということで、「仏道を捨てて実際を証せんと欲す」ことだとされて、こんなことでは自分の救い（自利？）さえ駄目になるとされるわけである。ここから抜け出るためには「他方国土へ飛び出して有縁々々の衆生を済度するにいとまなき身となるがゆえに極楽と云ふ」（『余が社会主義』）を実感するしかない。もっとも、『論註』は、いわゆる「他力」を強調しているので、「他の衆生を済度するにいとまなき身になる」ことよりも「絶対他力」によって救われることを言っているようにも見えるから、七地沈空を抜け出すことについても、「十方諸仏の神力の加勧を得ずは、すなはち滅度して二乗と異なることなからん」の方に目がいって、沈空から他力によって助けられると解釈してしまうかもしれない。しかしその解釈はあやまりである。なぜなら、この後に曇鸞が第二十二の願、すなわち、還相回向の願を引用しているからである。第二十二願が引用されているのは、われらわが身可愛いだけの凡夫が必ず還相の菩薩と等しくなるのだという希望に生きることを示したいからである。曇鸞が「未証浄心の菩薩」を沈空する難を突破する、あるいは、そもそも沈空などしない八地以上で区切ったのは、利他の希望を持ち続ける（他方国土へ飛び出す）根拠地としての極楽浄土の機能に注目したからである。阿弥陀の本願に目覚めたら、昼寝なんかしないのだ。むしろ元気になるのだ。「十方諸仏の神力の加勧」とは、ニヒリズムや隠遁主義に陥らず実際に性差別やパンデミックを解決した地域の人びとの実践に学ぶこと、あるいは、むしろ差別や排除を経験して抗議の声をあげた人びとの声を聴くことと解釈しなければならないだろう。

その時「未証浄心の菩薩」という言葉が大きな意味を持つ。未証浄心ということは、一応、菩薩ではあるがまだ寂滅というわけではないということであるが、これには「菩薩」というにはほど遠い一切のわれら凡夫も含まれるはずだろう。道綽が『安楽集』で『浄土論』（意）にいはく、**「十方の人天、かの国に生ずるものは、すなはち浄心の菩薩と無二なり。浄心の菩薩、すなはち上地の菩薩と畢竟じて同じく寂滅忍を得。ゆゑにさらに退転せず」と」**（『七祖篇』二八〇頁）というふうに『論註』のこの部分を変形して引用して「十方の人天」が「浄心の菩薩と無二」だとしていることからも、そのように言ってさしつかえないと思われる。私たちはけっして単に無力な救済の客体にすぎないのではなく、解放の主体であるはずで、けっしてその希望を失ってはならぬということである。希望の出所は「本願」、すなわち、私たちの平和と平等の願いの純化されたものとしての方便法身弥陀如来の願いであるが、その願いに呼応して往還するのは弥陀如来ではなくわれら自身でなければならない。「それっていいですね」の称名・名号が弥陀の促し、すなわち、本願力回向であるからといって往還の主体であることにまで遠慮してはならないと思う。

ただし、注意を要するのは、それはあくまでも「希望」なのであって、今ここで実現しているわけではないということである。それを担保するのが現当二益の「当益」の強調であり、あるいは、一益法門を「邪義」として自他ともに戒めることだと思われる。

三、「遇」を現益と当益の二義に解釈する

さて、ここから後は現当二益といういささか厄介な問題に関わることである。「未証浄心の菩薩」に娑婆のわれら凡夫まで含まれるのだとしたら、仏の本願力を観じ、仏に遇する（もうあう）のはいつのことなのだろう。浄土教の建前から言えば、阿弥陀仏を見たてまつるのは死後に彼の土に往生してからのことである。だから、親鸞がこの不虚作住持功徳の偈文を解釈する時の「観」は、願力をこころにうかべみるともうす、またしるということころなり。「遇」は、もうあうという。もうあうともうすは、本願力を信ずるなり」というのは、この建前を逸脱しているように見える。なぜなら、「願力をこころにうかべみる」ことや「本願力を信ずる」ことは、明らかに現在のことだからである。そもそも、「正信偈」の天親章で「功徳大宝海に帰入すれば、必ず大会衆の数に入ることを獲。

蓮華蔵世界に至ることを得れば、すなわち真如法性の身を証せしむ（帰入功徳大宝海　必獲入大会衆数　得至蓮華蔵世界　即証真如法性身）」とある。「大会衆の数に入る」というのは正定聚の数に入ると同じ意味であるから、親鸞は、この不虚作住持功徳の偈文を現生正定聚の根拠としているとも言えるのである。伝統的には、「大会衆の数に入る」ことについては「必獲」、「真如法性の身を証」するのは「得」というふうに「うる」ということをあらわす文字を使い分けていることから、前者を「現益」、後者を「当益」と解釈することになっている。つまり、親鸞は、不虚作住持功徳の偈文を現益として解釈することと、当益として解釈することの両義で解釈しているのだと説明するわけである。

現当二益というのは、『選択集』によれば、「そのなかに念仏はこれすなはち勝行なり。ゆゑに分陀利を引きて、もつてその喩譬となす。意知るべし。しかのみならず念仏行者をば、観音・勢至、影と形とのごとくしばらくも捨離せず。余行はしからず。また念仏者は、命を捨てをはりて後決定して極楽世界に往生す。余行は不定なり。おほよそ五種の嘉誉を流し、二尊（観音・勢至）の影護を蒙る、これはこれ現益なり。また浄土に往生して、乃至、仏になる、これはこれ当益なり」（『選択集』第十一讃嘆念仏章。[4]『七祖篇』一二六一頁）とあって、当益ははっきりと死後のことだとされている。

私は、長い間、死後に救われるなどというのは何の意味もないことだと思っていたので、この個所は法然の不徹底を示していて親鸞がこれを超えたのだと漠然と思っていた。しかし、死んだあとは意味ないとして現在重視の立場に立つ近代仏教が、阿弥陀とアマテラスの同一視をも超えて、阿弥陀と天皇の同一視というひどい逸脱をしてしまったことを目の当たりにして考えを変えざるを得なくなった。それについて、まず、往還の主体と回向の主体を衆生と如来にきっぱり分ける香月院の伝統教学の確かさを確認することができた。ついで、「仏身論」を考え直し、われら凡夫が「真如法性の身を証」することを現益としてはいけないのだということがだんだんわかってきた。親鸞自身の著述を読むと、現生正定聚を強調するあまり、往生や成仏まで現生にあるかのような雰囲気を読み取ってしまいがちである。どうも、それはまずい。私は、死んでからこの世に戻ってくるような表現は迷信じみて嫌かもしれないが、捨ててはならぬものではないかと思うようになってきたのである。

「弥陀と変わらぬ通力を得」るのは今ではなくて未来であり、それは「必獲」と表現される希望である。希望が現益なのである。現益は大乗正定聚の数に入るまでで、他方国土へ飛び出すのはあくまで「希望」にとどめなければならない。往生を終点と考えるのではなく、例えば「解放され続けること」というようなプロセスと考えるのも大切だとは思うが、往生はイメージとしてはその後に想定される還来生死輪転家の前段階である。還るために往くのであって往くプロセスだけで満足してはならないのではないだろうか。それを忘れては、殺し殺させる天壌無窮の神勅・八紘一宇の詔勅も肯定してしまうことになるだろう。仏法は殺生を否定するために働かねばならないのであって、「こゝに到れば鉄砲を肩に戦争に出かけるもよい」（清澤満之「宗教的信念の必須条件」『清澤満之全集』第六巻、岩波書店、二〇〇三年）という心境を肯定するものであってはならないのである。香月院らの現当二益を墨守する頑固さは捨ててはならぬと思う。正定聚の数に入るというのは、自利利他円満の菩薩の仲間入りをさせてもらったというだけで、まだ本当の主体、つまり、先頭を切って利他の主体になるということではない。だから、これで十分と思ってはならないのである。われらは必ず未来に弥陀と同等の「自己こそ自分の主である」存在になる。「先頭を切る」ということにこだわる必要はないけれど、けっして、仲間に入れてもらったとか、私はよき人についていくだけだというような、方便法身（平和と平等が有効に働くために仮設された存在）からの回向、すなわち、本願力回向、他力回向とは似て非なる他人に寄り掛かる「他力」の、見え透いた謙遜に隠れてはならない。回向、すなわち、如来からの励ましだって、本質的には、私たち相互の励ましである。今、現に人を励ませる者になっているとうぬぼれてはならないが、未来には必ずそうなれるという希望が現在を生きる励ましになるのである。見え透いた謙遜も、うぬぼれも、同様に未来を信じない一益法門というべきだろう。

　香月院は、親鸞聖人が「観」を「思い浮かべる」と解釈したことも、「遇」を「信じる」と解釈したことも、法然によるのだと解説している。前者は、一枚起請文の「南無阿弥陀仏と申して、疑なく往生するぞと思とりて」であり、後者「遇」は法然の「遇と云ふとも若し信ぜずば遇はざるがごとし」[5]（『講苑』三二三頁上段）に依るそうである。香月院のここの解釈は秀逸なので、全文を次頁からの補遺①に書き写しておこうと思っている。注目すべき点は多々あるが、還相の問題はここには直接的には出てこない。しかし、『論註』下巻で未証浄心の菩薩を解釈する際に、曇鸞は第二十二還相回向の願を登場させているのである。上巻の解説で香月院は、「煩悩成就の凡夫が弥陀の本願を信じたとて生死にとゞまらぬ筈はないと思へども、こゝが弥陀因位の本願力があるからのこと、若不生者の願力が手強いゆへ一人も残らず生死に止らず無漏の寶国へ往生するとなり」（『講苑』三二三頁下段）と、「一人も残らず」と言っている。われわれ、死んだらどうなるかということは、考えてもわからぬことであるが、仏教の教科書的な答えは「虚無の身・無極の体」を得るということになっている。この解説なんか聞いてもなんの元気も出ないが、それがどんなものであれ、「一人も残らず」なら元気が出る。阿弥陀如来と極楽国土は、この「一人も残らず」すなわち「平等」なるものとして、巧方便・想定されているのである。

　下巻ではこの還相についても「一人も残らず」が出てくる（『講苑』五九三頁上段）。乞うご期待である。

四、補遺① 『註論講苑』不虚作住持功徳抜き書き

○観仏本願力遇無空過者能令速満足功徳大宝海。八、**不虚作住持功徳**二。初**偈文**。

この偈文は今家に於いては甚だ肝要とし給ふことで、我祖処々に御引用也。『一多証文』(二十一丁右)、『銘文』本(十丁右)には直にお釈がある也。とき、なにゆへこの偈文が大切なりやと云ふに、まづこの偈文は一文両義で、当益とする義と現益とする義との二義あり。当益とするときは、不虚作住持の功徳と云ふは安楽浄土の仏荘厳八種中の第八荘厳なり。そのときには浄土へ往生して弥陀の仏身を観たてまつるものに空しく過ぐるものはない。みな寂滅平等身をさとると云ふことを明かした偈文になる。即ち下巻の論註にはこの義を釈せり。又我祖はこの偈文を現益とし給ひて、娑婆に於て本願力を信ずるものは空しくすぐるものはないと釈し給へり。さて、上巻の論註は正しくは当益に約し、かねては現益に約し給ふ。とき、右の通りに当益と解したり、又現益に解したりする、そのわけを弁別したものがない。これは玄談已来弁ずるごとく、この偈文には一心の安心を明す義と観察門を明す義と二義ありて、一心の安心をあかす偈文にするときは我祖のお釈の通り現益となり、又観察門をあかす偈文とするときは、上の主功徳や上首功徳と同様に浄土の仏荘厳を説く文となるので、自ずから当益に解せらるる。『論』の長行には五念門中の観察門の下へこの偈文を引くゆへ、当益の一義でなければならぬ。又この上巻では鸞師五念門配当の一義で偈文を釈して、観察門を明した偈文になさるゝゆへ、正しくは当益に約して釈し給ふ。されども全体偈文の当意は一心の安心を明かすにちがひないゆへ、かねて現益の義もあげ給ふなり。我祖は偈の当意を釈して、たゞ現益と釈し給ふなり。今我祖によりてこの偈文のこゝ

ろを弁じ、次に論註を解するなり。

まづ我祖を以て解するときは、この偈文は第十八願の利益を説いた文で『大経』の三十行偈の「其仏本願力聞名欲往生」の偈文によらせられたとみゆる処なり。[(6)]とき、最初にある観の字は、これを当益とするときは観察門の仏を観ずる観なれども、いま現益とするときは我祖『一多証文』(二十二丁左)に「「観」は、願力をこゝろにうかべみるとまうすまたしるといふこゝろなり」と釈し給ふ。これ観は本願力を心にうかべみること、又観念の観ではなく観知の義じゃと云ふことで、またしるといふこゝろなりと宣ふ。又『化巻』(『御自釈』四十三丁左)には「言諦観彼国浄業成者応観知本願成就尽十方無礙光如来也(「諦観彼国浄業成者」と言えり、本願成就の尽十方無碍光如来を観知すべしとなり)」[(7)]といへり。『観経』の顕の義では西方の弥陀を観ずる定善観なれども、我祖は穏の義から是を観知の義に解して、たのむものを助け給ふ阿弥陀如来と知ること、釈し給ふ。これは観の字を「またしるといふこゝろなり」と宣ふと同じこゝろなり。一心の安心の上にある観は外のことはなく、たゞ安楽世界を心にうかべみると本願力を心にうかべみるとばかりなり。しかも、それは別の心ではなく、結構な浄土へ阿弥陀如来の本願力で往生を遂げさせて下さるゝぞと信じた一念にこの二つがそなはるなり。結構な浄土とおもひうかべる所が安楽世界を観ずるなり。本願力で往生を遂げさせて下さるゝぞとおもひ浮かべるが本願力を観ずるなり。この「願生偈」は、上の「観彼世界相」と云ふからこの上の「天人丈夫衆恭敬遶瞻仰」の偈文十六行までは安楽世界を観ずることをあかし、この偈文第十七行目からは本願力を観ずることをあかす。さて、以下の四行即ち菩薩の四種荘厳は皆なこの偈文に収まるゆへ、結局「願生偈」一部はたゞ論主の一心の安心を相を明かすより外はない。よりて我祖はこの『論』を「一心の華文」と宣ひ、又「論主宣布広大無礙一心(論主は広大無碍の一心を宣布して)」[(8)]とも宣ふなり。

「遇無空過者」等。これから下は上の句の本願力の相を述べ給ふなり。そこでこの三句は第十八願の利益なり。「遇」と云ふは『一多証文』(二十二丁左)に「まうあふといふは本願力を信ずるなり」と釈し給ふ。あふと云ふを信ずることにし給ふは、もと黒谷から出た釈で、『和語灯』巻四に「遇と云ふとも若し信ぜずば遇はざるがごとし」とあり。これ信ぜざればあはぬも同然なるゆへ、あふと云ふが信ずることなり。とき、此処に限りて信ずることを遇ふと宣ふたはどういふことぞといふに、これ一文両義で、この偈文を当益にするときは浄土へ往生して阿弥陀仏に遇ひ奉ることとなり。そこで遇となければならぬ。又現益とするときは遇と云ふが信ずることとなり。「無空過者」と云ふは、当益にするときは不虚作住持の功徳を説いた文で、阿弥陀如来に遇ひ奉りたものにむだなことのない利益を説いたものなり。又現益にするときは『一多証文』(二十二丁左)に「信心あらんひと、むなしく生死にとゞまることなしとなり」とあり。これ本願力を信ずるものは一人ものこらず生死を離れて無為涅槃界の浄土に往生する、空しく生死に流転するものはないと云ふことなり。これが第一句の本願力の力の字をうけたものなり、煩悩成就の凡夫が弥陀の本願を信じたとて生死にとゞまらぬ筈はないと思へども、こゝが弥陀因位の本願力があるからのこと、若不生者の願力が手強いゆへ一人も残らず生死に止らず無漏の宝国へ往生するとなり。

「能令速満足」等。「功徳の大宝海」と云ふは、『一多証文』(二十三丁右)に「功徳とまふすは名号なり」等とお釈がありて、功徳利益の広大なる名号のことで、この名号には功徳の宝がみちそなはりてあるを海にたとへて功徳大宝海と宣ふ。これは『十地経』の海の十相中の第五の無量宝聚の徳をあげ給ふなり。とき、この速という字は大切な文字で、『浄土論』一部にこの字をつかふた所が二ヶ処あり。長行の利行満足章の速の字は当益をあらはす、浄土へ生ずれば速に阿耨菩提の仏果をうること、この偈文の速の字は現益をあらはして、本願力を信ずる端的に時をへだてず日をへだてず念をへだてず速に不可称不可説の功徳は行者の身にみつる。これ全く本願力のいたす処じゃと云ふことで、上に能令の言をおき給ふは他力をあらはす言なり。諸の衆生をして弥陀因位の大願業力を以てよく功徳の大宝を満足せしむとなり。【ここまでが『論註』の中の「観仏本願力遇無空過者能令速満足功徳大宝海」そのものについての香月院の解説】

○此四句名荘厳不虚作住持功徳成就。二**註解**二。初**得名**。【以下、『論註』の「この四句は荘厳不虚作住持功徳成就と名づく」についての香月院の解説】

○仏本何故起此荘厳。二**正釈**二。初**明観見**。【以下、『論註』の「仏本なんがゆゑぞこの荘厳を……退没のものあり」までについての香月院の解説】

（筆者註）この個所には、『論註』が偈文を現益に解釈するところが一か所だけあることについて香月院はわざわざ注意を促している。この偈文全体を現益として理解しようとしているかに見える親鸞との違いともいえるかもしれない。「また人、仏の名号を聞きて無上道心を発せども、悪の因縁に遇ひて、退して声聞・辟支仏地に入るものあり」の部分の仏の名号は在世の釈尊の名声と解釈するしかないからなのだが、これを香月院はこう言う。「（『論註』はこの偈文を観察門として解釈するのが基本だから、すべて当益となるのだが）しかし少しばかりでも現益にする釈のあるのは、この偈文は一文両義に見るべしとの御指南なり」。

（『講苑』三二一～三二五頁）

○是故願言等。二**明発願**。【以下、『論註』の「仏本なんがゆゑぞこの荘厳を……みな速疾に無上大宝を満足せしめん」と」までについての香月院の解説】

五、補遺②　現当二益について

日本の近現代の真宗門徒にとって、現当二益とはどういう問題だったのだろうかと考えている。

いわゆる近代教学においては、当益はほとんど問題にならなかったようであるが、近代一般門徒にとっては、当益は「英霊となって靖国の社で倶会一処し、護国の神となって後のものを導く」というかたちで明確に示されていたように思われる。これは、兵士になる・兵士にされる者だけではなく、沖縄戦でのひめゆり部隊に代表される女性・子どもも同様であった。浄土真宗とは、「本願を信じ念仏申す」という生き方と、「往生成仏すれば直ちに有縁々の衆生を済度する」ことになる結果とがしっかり合致していることで、これも老若男女を問わない。もし、靖国の英霊になることが結果であるとしたら、天壌無窮の神勅を信じ八紘一宇の詔勅に沿った生き方をしなければならない。逆に未来（当来）に極楽浄土へ往生することが結果であるならば、「**私は、本願を信じて念仏申す身であるので、神勅を下したとかいうアマテラスを礼拝する必要はありません＝南無阿弥陀仏**」と表現するはずである。摂取不捨の選択本願と天壌無窮の神勅の違い、弥陀如来とアマテラスの違いが、明確になっていなければならなかったのである。

　近代教学は、当益を問題にしなかったせいで、現益もまた曖昧にしてしまったように思われる。法然上人による現益の定義は「おほよそ五種の嘉誉[9]を流し、二尊（観音・勢至）の影護を蒙る、これはこれ現益なり」（『七祖篇』一二六一頁）である。念仏申す者が五種の嘉誉の中心「妙好人」であり、それらの者は観音勢至の影護を蒙るのであるが、八紘一宇の詔勅を報じて戦場に赴く者は羅刹・魔王の万歳の交響楽の中に自他を殺す生き方をするのだろう。

近代日本は、一九四五年を境目として、天壌無窮の神勅と八紘一宇の詔勅を根拠と称して、自らが主である念仏者を、こともあろうに俺様の家来（臣民）だと勝手に宣言する天皇によってつくられた帝国憲法[10]を捨て、新たに人民自らの手で新憲法を制定した。帝国憲法には、したがってアマテラスやジンムを根拠とする現当二益（いや、むしろ現当二害？）が刻み込まれている。新憲法は、こうした宗教性は払拭されているかに見えるが、神勅や詔勅を発した者の後裔と称し、それゆえ帝国憲法を制定したと嘯く一族を「国民統合の象徴」として残す不徹底をはらんでいる。真宗門徒は、彼ら一族に何の怨《うら》みも忿《いかり》もないが、彼ら一族と、（自己こそ自分の主であるを無視して）われら専修念仏者をこの一族の家来であると位置づける者たちが、「法に背き義に違し、忿を成し怨を結ぶ」行為を繰り返してきたことに嘆き悲しみ、これらの人びとが回心してともに安楽国に往生する生き方を願ってきたのである。

真宗僧侶と称する者の中には、摂取不捨の選択本願と天壌無窮の神勅の違い、弥陀如来とアマテラスの違いを不明確にし、あまつさえ同一だとさえ言いつのった者も存在する。そのルーツは現当二益をあいまいにし、一益法門に傾いた伝統教学の中の「異端」だったのではないかと思われてならない。

註

（1）「善星」とは釈迦の弟子で、後に悪心を起こしたといわれている比丘。「提婆達多」は説明省略。「居迦離」は、ひとつ前の主功徳の註にも登場している。

（2）この言い方では不十分かもしれない。『論』を端的に浄土教の仏教形而上学への還元とみなせば、別に読みにくいことはない。ただし、その場合、「観」は（毘婆舎那）は「修恵の観」ということになる。修恵の観は特別な人にしかできない（本当はだれもできないけれどできるに越したことはないものとしてたてられる）ものであるが、そうすると、浄土教の実践性は消えて「菩薩心浄ければ国土浄し」の精神修養に努めるという、平和と平等に役立たないものになってしまう。もっとも、役立たないくらいなら趣味として認めてもいいのであるが、ひどい時にはファシズムを裏づけるものになる。一方、香月院は「一心安心上の観」（想い浮かべる観、ウィリアム・ジェイムスの「神の仮説」に相当する。『講苑』二七頁下段）というものをたてるが、これが凡夫の力強い実践「それっていいですね」の念仏になるわけである。しかし、『論』をそのように読む（あるいは、むしろ、読み換える）ことは、さまざまな複雑な説明を要することになる。それが、入出と往還の同異、自利利他と他利利他の「深義」などである。他利と利他は本来同じ意味で方向の違いを示すだけであるが、ここに深い意味を見出して阿弥陀如来の他力を想定強調しなければ平和と平等に有効に働く仏道にならないわけである。しかし、「深義」だけを言いたいのだったら、『論』『論註』の引用は不要である。『論』を引用する意味は、私たち自身がいかに困難でも平和と平等の主体となるという意味を消さないためである。「深義」だけでは、私たちはいつでも単なる無力な救済の客体になりかねないのである。「親鸞一人」がただのマゾヒズムになりかねないのである。そして、マゾヒズムはサディズムと表裏一体であり、滅私奉公のファシズムの大衆心理となる。

（3）「七地沈空の難」については慧遠の『大乗義章』で説明するのが普通だそうである。仏教学辞典などで簡単に検索できる。

（4）讃嘆念仏章は、『観経』の終盤で釈迦が念仏者を分陀利華に喩える部分と、それについての善導の『疏』を引文して法然の解釈が述べられる部分からなる章である。念仏が易しい行であり、それゆえ勝れた行であることを明らかにした二章、三章を敷衍して、念仏者を「分陀利華」「妙好人」と讃嘆する所以が述べられているところである。

（5）法然の言葉を集めた『和語灯録』巻四、十二箇条問答第二十一の「太胡の太郎實秀か妻室のもとへつかはす御返事」にある。『浄土宗全書』九巻、五四〇頁である。なお、『浄土宗全書』は現在、法然上人御遠忌事業によってweb公開されていて便利である。

（6）大谷派『聖典』四九頁／二版五二頁。三十行偈とは東方偈・往覲偈のこと。

（7）大谷派『聖典』三三一頁／二版三八七頁。『大経』の三心と『観経』の三心の一異問答の個所。『観経』について穏顕の義を述べる部分。

(8)「証巻」最後の御自釈。大谷派『聖典』二九八頁/二版三四二頁。

(9)『観経』で念仏者を分陀利華(白蓮華)に喩えて説かれているのを、善導が「分陀利」を「好華」などの五種に言い換え、それらに対応して「好人」「妙好人」「上上人」「希有人」「最勝人」の五種に分けて念仏者をたたえる語とし、法然はこれを「五種の嘉誉」と呼んだ。

(10)これは単に比喩的に言っているのではなく『帝国憲法発布勅語』に明記されていることである。曰く「朕国家ノ隆昌ト臣民ノ慶福トヲ以テ中心ノ欣栄トシ朕カ祖宗ニ承クルノ大権ニ依リ現在及将来ノ臣民ニ対シ此ノ不磨ノ大典ヲ宣布ス」。この中の「祖宗ニ承クルノ大権」なるものが「天壌無窮の神勅と八紘一宇の詔勅」である。

第16章

極楽とは何か(4)
——住民の様態(四種の菩薩荘厳)

一、菩薩とは何か

四種の菩薩荘厳の検討に入る。偈文二十四行のうち二十九種の荘厳のすべてを終えることになり、残るは回向門に配当される最終行「普共諸衆生　往生安楽国」だけになる。『論』の長行、すなわち、『論註』全体から言えば下巻では、八種の仏荘厳功徳成就を示す偈文を終えて「略して八句を説きて、如来の自利利他の功徳荘厳次第に成就したまえることを示現す。知るべし」(大谷派『聖典』一四一頁/二版一五二頁)として、その後すぐ「いかんが菩薩の荘厳功徳成就を観察する。菩薩の荘厳功徳成就を観察すとは、かの菩薩を観ずるに四種の正修行功徳成就あり。知るべし。何ものをか四つとする。一つには……、二つには……」と菩薩荘厳に移ると続けるが、『論註』の方は先回りして上巻のここで、仏荘厳に加えて菩薩荘厳の観察が説かれる所以を述べる。以下の如くである。

次に安楽国のもろもろの大菩薩の四種の荘厳功徳成就を観ず。問ひていはく、如来(阿弥陀仏)の荘厳功徳を観ずるに、なんの闕少《けっしょう》せるところありてか、また〔浄土の〕菩薩の功徳を観ずることを須《もち》ゐるや。答へていはく、明君ましますときにはすなはち賢臣あるがごとし。堯・舜の無為と称せしは、これその比《たぐい》なり。もしただ如来法王ましませども、大菩薩の法臣なからしめば、道を翼讃するにおいてあに満つといふに足らんや。また薪を積みて小《すく》なきときには、すなはち火大きならざるがごとし。経にのたまふがごとし。「阿弥陀仏国に無量無辺のもろもろの大菩薩あり。観世音・大勢至等のごときは、みなまさに一生に他方において次いで仏処に補すべし」と。もし人、名を称して憶念するもの、帰依するもの、観察するものは、『法華経』の「普門品」に説くがごとく、願として満たざることなし。しかるに菩薩の功徳を愛楽《あいぎょう》することは、海の、流を呑みて止足の情なきがごとし。また釈迦牟尼如来、一の目闇《もくあん》の比丘（阿㝹楼駄）の吁《うれ》へてまうすを聞しめすがごとし。「たれか功徳を愛するもの、わがために針を維《つな》げ」と。その時に如来、禅定より起ちて、その所に来到して語りてのたまはく、「われ福徳を愛す」と。つひにそれがために針を維ぎたまふ。その時に失明《しつみょう》の比丘、暗《そら》に仏語の声を聞きて、驚喜こもごも集まりて仏にまうしてまうさく、「世尊、世尊の功徳はなほいまだ満たずや」と。仏報へてのたまはく、「わが功徳は円満せり。また須《もと》むべきところなし。ただわがこの身は功徳より生ず。功徳の恩分を知るがゆゑに、このゆゑに愛すといふ」と。問ふところのごとく、仏（阿弥陀仏）の功徳を観ずるに、実に願として充たざるはなし。また諸菩薩の功徳を観ずる所以は、上のごとく種々の義あるがゆゑなるのみ。（『七祖篇』八七〜八八頁）

『論註』は、基本的に『論』の原文をあげてそれについて解釈を述べるというスタイルをとるのであるが、この部分は対応する『論』の文言が存在しない。この後、上巻の終わりにいわゆる「八番問答」があるが、これも『論』の一定の文言に直接対応するわけではない。(1)『論註』上巻におけるこのふたつの「例外」は、いずれも、「衆生とは誰か」「菩薩とは誰か」という問いのために特別にたてられている。

この部分の問答の「問」の意味は、「すでにこの前に八種の仏の功徳について観察を進めてきたのに、何の不足があってさらに菩薩の功徳の観察が必要なのか」ということである。「答」の部分を見ると「明君ましますときにはすなはち賢臣あるがごとし」とあって、阿弥陀仏と浄土の諸菩薩を君臣関係に喩えて説明しているので、極楽の平等性からは少し首をかしげざるを得ないとも思われる。この問題は、実際に菩薩四種の功徳の文言を解釈する時にその意味が少しわかるようになっている。「答」の部分の後半では「菩薩の功徳を愛楽《あいぎょう》することは、海の、流を呑みて止足の情なきがごとし」とか、釈迦が悟りを開いて仏になった後でもなお功徳を積むことについて、「わが功徳は円満せり。また須《もと》むべきところなし。ただわがこの身は功徳より生ず。功徳の恩分を知るがゆゑに、このゆゑに愛すといふ（私の功徳は十分であって足りないところは全くない。ただ私のこの身は功徳によって成り立っているのであり、その功徳のおかげということを知っているからなお功徳を積むことを好むのだ）」と言ったことなどを挙《あ》げている。香月院によると、これは、今家の立場から言えば、仏恩報謝の思いが尽きないことと同じだとのことである。ひとたび面々の主体的決断で念仏をとって信じようと決意すれば、それから先は「それっていいですね」と言いまわるということだろう。

このあと、具体的に四種の荘厳の解説が始まる。これまでの国土十七種、仏八種では、偈文にそれぞれ「荘厳〇〇功徳成就」というように名前がついていたが、菩薩の四種については一括して「四種正修行功徳成就」とするだけで名前がついていない。これは、『論』の長行にこれまでのように名前がついていないからである（大谷派『聖典』一四一〜一四二頁／二版一五一頁参照）。香月院は、なぜ名前がついていないかということについて、ちゃんとした解説をしているものがないと指摘している。「**論主別名を立て給はざるは何故なるやと云ふに、末書にこの義を論じたものあれども然るべき説なし**」（『講苑』三二九頁下段）。そして、これについては、先に、荘厳眷属功徳成就（偈文「如来浄花衆　正覚花化生」）を解釈する時に示した差別門・平等門の両義だと説明している。浄土の阿弥陀の眷属、つまり、浄土の大菩薩が、それぞれ自分の正覚の花から化生するという義と、阿弥陀如来の正覚の花から同一に化生する義があるという「両義」のことである。香月院の説明（『講苑』三二九頁下段〜三三〇頁下段）を引用する。

その差別門でいふときは、仏の荘厳八種は主荘厳の功徳、菩薩の荘厳四種は伴荘厳の功徳、主伴の荘厳歴然として差別してあるゆへ、この菩薩の荘厳を『論』の長行にも仏荘厳の外の菩薩四種の功徳と名けてあるゆへ、その手前では二十九種の荘厳と分るゝなり。又平等門でいふときには、安楽浄土の無量の聖聚はすでに往生するとき弥陀の果海へ証入し弥陀の正覚華より生ずるゆへ、さとりの体は弥陀と同一味なり。論主この義を顕はさんが為に、この四種の功徳には別名をたてずに四種を合して一正修行功徳と名けた、それは下巻の論註に釈がありて、正修行の正の字は真如法性のことなり。これあらゆる菩薩が弥陀のさとりの真如法性に証入して別体なきことをあらはす。これ主伴同一証の平等門の説相なり。このときにはこれより下の偈文が上の不虚作住持の功徳の中へおさまりてしまふ。即ち論註下巻（十九丁左）不虚作住持の釈に、浄土へ往生して阿弥陀仏を見奉るものは寂滅平等を得ると宣ひ、その寂滅平等の相を述べる所に、この菩薩四種の功徳の相を述べてあるなり。この義辺によるときは、仏の荘厳の外に別に菩薩の荘厳はない形なり。よりてこの四功徳には別名を立て給はざるなり。

ここで解説されている「平等門」の方が、『余が社会主義』で高木顕明が「弥陀が三十二相なら今集りの新菩薩も三十二相、弥陀が八十瑞光なら行者も八十瑞光なり。弥陀が百味の飲食なら衆生も百味の飲食なり。弥陀が応報妙服なら行者も応報妙服なりで、眼通で、耳通・神足通・他心通・宿命通、弥陀と違はん通力を得て」というように、浄土へ往生した者は新人でもベテランでも弥陀と変わらぬ身であると述べていることと同じである。「平等門」

では四種の荘厳がひとつの不虚作住持功徳荘厳に収まるという指摘も重要である。それは不虚作住持の「遇う」が本願を信ずることだからである。(2)

そして、平等門・差別門の両義がある理由を、香月院はつぎのように説明している。

とき、この二十四行の偈頌、先達から申すごとく、五念門配当の義と一心の安心に約する義と二義ある。今論註のお釈は五念門配当の義で釈し給ふゆへ、上に問答を設けて、これより上は仏の荘厳を観察し、これから下は菩薩の荘厳を観察すと分ち給ふ。五念門配当の観察門のときは、『観経』の説相通りに仏を観察すると菩薩を観察するときつと分かる筈なり。

又一心の安心をあかす偈文とするときは、これから下の偈文が上の不虚作住持の中へ収りてしまふ。なぜと云へば、一心の安心の上に仏の外に菩薩を観想することがあらう筈はない。阿弥陀仏の本願力を心におもひうかべる阿弥陀仏の中へ、はや浄土の菩薩はこもりてあると云ふが、この『願生偈』の微意なりと知るべし。今論註には観察門で釈するゆへ、菩薩の荘厳別立の義門で釈し給ふなり。

（『講苑』三三〇頁上段）

五念門配当の義で観察門を見ると、観は「修慧の観」、すなわち、毘婆舎那そのものとなり凡夫には手の届かないものとなるが、心配には及ばない。われら極楽の人数は生きているうちは「それっていいですね」と言いまわるだけの現生正定聚にすぎないが、「(死んで、あるいは、未来に) 往生するとき弥陀の果海へ証入し弥陀の正覚華より生ずるゆへ、さとりの体は弥陀と同一味なり」と約束されている。それは、よき人の仰せをかぶりて本願を信じ、ただ念仏申すと決心した時に決まったのである。これを「一心安心上の観」と言うのである。あちこちで「南無阿弥陀仏」と言いまわっていれば、本人はもちろん同行や信心が異なる人でも聞いてくれている。時に煩悩の障りが眼を遮ることがあっても、誰かが「君、いつも「阿弥陀さんの平和と平等のくに、それっていいですね」って言ってたじゃないか」と道に戻してくれるだろう。「煩悩障眼雖不見　大悲無倦常照我」とは、そういう意味に違いない。

二、菩薩四種の荘厳、その一「不動応化功徳」

菩薩四種の荘厳を表す偈文はつぎの如くである。

①安楽国清浄　常転無垢輪　化仏菩薩日　如須弥住持（安楽国は清浄にして、常に無垢の輪を転ず、化仏・菩薩の日、須弥の住持するがごとし）。【不動応化功徳】

②無垢荘厳光　一念及一時　普照諸仏会　利益諸群生（無垢荘厳の光、一念および一時に、普く諸仏の会を照らし、もろもろの群生を利益す）。【一念遍至功徳】

③雨天楽華衣　妙香等供養　讃諸仏功徳　無有分別心（天の楽と花と衣と、妙香等を雨りて供養し、諸仏の功徳を讃ずるに、分別の心あることなし）【無余供養功徳】

④何等世界無　仏法功徳宝　我願皆往生　示仏法如仏（何等の世界にか、仏法功徳の宝ましまさぬ。我願わくはみな往生して、仏法を示すこと仏のごとくせんと）。【遍至三宝功徳】

先にも述べたように、『論』の長行には四種の菩薩功徳のそれぞれに別名はないが、一応、【　】内の名称は『論註』の文の意を取ってつけられたものである。名づけ方にも伝統があるだろうけれど、私は、一九九五年度の安居次講における神戸和磨さんのものによった。

香月院『註論講苑』によると、この四種荘厳は最初の「不動応化の功徳」が総論で、あとの三句が各論ということである。まず、不動応化功徳の『論註』の文を掲げる。

安楽国清浄　常転無垢輪　化仏菩薩日　如須弥住持

仏本なんがゆゑぞこの荘厳を起したまへる。ある仏土を見そなはすに、ただこれ小菩薩のみにして十方世界において広く仏事をなすことあたはず。あるいはただ声聞・人・天のみにして利するところ狭小なり。このゆゑに願を興したまへり。「願はくはわが国のうちには無量の大菩薩衆ありて、本処を動ぜずしてあまねく十方に至りて種々に応化して、如実に修行してつねに仏事をなさん」と。たとへば、日の天上にありて、影は百川に現ずるがごとし。日あに来らんや、あに来らざらんや。『大集経』（意）にのたまふがごとし。「たとへば、人ありてよく堤塘《ていとう》を治して、その所宜《しょぎ》を量りて水を放つ時に及びて、心力を加へざるがごとし。菩薩もまたかくのごとし。先づ一切諸仏および衆生の供養すべく、教化すべき種々の堤塘を治すれば、三昧に入るに及びて身心動ぜざれども、如実に修行してつねに仏事をなす」と。「如実に修行す」とは、つねに修行すといへども、実に修行するところなし。このゆゑに「安楽国清浄　常転無垢輪　化仏菩薩日　如須弥住持」といへり。

（『七祖篇』八八～八九頁）

一句目の「化仏菩薩日」がわかりにくい喩えだけれど、この意味がわかればあとの三句はその各論だということもわかる。

「化仏菩薩日」の「化仏」とか「化菩薩」というのは、「応化身」のことである。一方、「真身」とは、多分、同一念仏して得られた「虚無の身・無極の体」のことだと思われる。真身は不動のままでそこから多数の化仏と化菩薩が生ずるのを、太陽がひとつであっても、無数の河川に無数の影を宿すようだと喩えているのである。太陽はこれら無数の河川にまで来ているとも言えるし、それ自体は不動で輝いてるとも言えるので、「あに来らんや、あに来らざらんや」と意気な表現をしているわけである。だから「化仏菩薩」の後に付けられている「日」とは、河川に映じた多数の太陽の本体の「日」のことであり、化仏・化菩薩の本体、つまり、「化仏菩薩の日」ということになる。これを香月院は、

浄土の菩薩はすでに法性寂滅を証り給ひ、その真身は浄土にありて少しも動き給はず、化仏化菩薩の応化身を現じて十方世界へ現はれ給ふ。その浄土にありて動き給はぬ真身を日輪にたとへ、化仏菩薩の応化身を日輪の影に喩ふ。そこでこの偈文の化仏菩薩と云ふは十方世界へ現れ給ふ応化身のこと、日と云ふ字は浄土の真身のことなり。化仏菩薩の日と云ふことなり。（中略）真身は須弥山のごとく不動にして応化身は十方世界に現れて仏事をなすと云ふ徳なりとしるべし

（『講苑』三二九頁上段）

と解説している。現実の世界においては、一人ひとりに丁寧に対応することは、なかなか難しい。弥陀と変わらぬ通力を得た菩薩たちは、一息に偏在して仏事がなせるということだろう。しかし、こういうように「応化身」を解説すると、その応化身の中にアマテラスや天皇も入るのだとする連中が現れかねないのであるが、肝心のことはこれら化仏菩薩がなす仏事である。それは、「一切諸仏および衆生の供養」という言葉が、第二十二願の「諸仏の国に遊んで、菩薩の行を修し、十方の諸仏如来を供養し、恒沙無量の衆生を開化して、無上正真の道を立てしめんをば除かん」（大谷派『聖典』一九頁／二版二〇頁）に対応していることからわかるということである。これは未来には一切の衆生が平和と平等のために働くというイメージなのであって、皇国のために他国の人民を殺すことに従事するという現在のイメージとは明白に相違している。この「相違」は、プラグマティックな観点から、つまり、娑婆の現実からわかるものであって、仏教形而上学の実相の念仏でわかるのではない。だから、その相違を知るには「三昧に入るに及びて身心動ぜざれども、如実に修行してつねに仏事をなす」と書かれている如実修行でわかるの

ではない。「「如実に修行す」とは、つねに修行すといへども、実に修行するところなし」とある部分を注意深く読み取ることが必要である。こういう如実修行はすでに浄土に往生した菩薩の如実修業のことで、凡夫がこの如実修行によってわかるということはない。だから、この如実修行は『讃嘆門』での「一文不知の凡夫・尼入道でも」如来が実相身と知るという意味の如実修行とは大違いである（『講苑』三三二頁上段）。この正修行功徳成就に登場する如実修行は浄土の菩薩の如実修行のことで凡夫には関係がない。第二十二願に示される還相の主体となる希望に関係しているのだということだけ承知していればいいことである。自分が今浄土の菩薩になっているのではないけれど、浄土の菩薩は平和と平等を伝導する還相の主体であり、還相の仏事とは、「死ねば極楽ヤッツケロ」とばかりに後に続く者を励ます「護国の英霊」とは真反対だということくらいは実践的感覚でわかるだろう。

『論註』下巻には、ここの如実修行のことについての仏教形而上学的な解釈が述べられている（『七祖篇』一五五頁）が、こうした形而上学の領域と『讃嘆門』で述べられる実践の領域についてはウィリアム・ジェイムズのつぎの言葉を参照すべきだと思われる。『宗教的経験の諸相』（原著一九〇一～一九〇二年、同じく岩波文庫の桝田啓三郎訳は一九六九年）の中で、ジェイムズはふたつの領域を「存在判断、あるいは、存在命題」と「価値命題」と名づけている。前者が「形而上学的」な領域であり、後者が生き方の決断の領域である。ジェイムズは言う。「**どちらの判断も、一方から他方を直接に演繹してくることはできない。両者はそれぞれ異なる知的活動に由来するものであり、精神は、はじめ両者を分離しておいて、その後で両者を加え合わせるという方法によってはじめて、両者を結合するのである**」（『宗教的経験の諸相』岩波版上巻、一七頁）。

一方から他方を演繹できないということは、極楽浄土はどのようなところか、あるいは、仏身にはいろやかたちが有るかないか、という判断から、自分が極楽の人数だと思って生きることは好ましいことかどうかが直接には導

料金受取人払郵便

京都中央局
承　　　認

7416

差出有効期間
2026 年10月
30 日まで

(切手をはらずに
お出し下さい)

郵便はがき

6 0 0 8 7 9

1 1

京都市下京区
正面通烏丸東入

法藏館 営業部 行

愛読者カード

本書をお買い上げいただきまして、まことにありがとうございました。
このハガキを、小社へのご意見またはご注文にご利用下さい。

お買上 **書名**

＊本書に関するご感想、ご意見をお聞かせ下さい。

＊出版してほしいテーマ・執筆者名をお聞かせ下さい。

お買上
書店名　　区市町　　書

◆新刊情報はホームページで　http://www.hozokan.co.jp
◆ご注文、ご意見については　info@hozokan.co.jp　　24. 11. 5

ふりがな
氏名《がな》 年齢　　歳　男・女

□□□-□□□□ 電話

住所

職業（宗派） | 所属学会等

購読の新聞・雑誌名（ＰＲ誌を含む）

ご希望の方に「法藏館・図書目録」をお送りいたします。
送付をご希望の方は右の□の中に✓をご記入下さい。　□

注 文 書

月　　日

書　　名	定　価	部　数
	円	部
	円	部
	円	部
	円	部
	円	部

本は、○印を付けた方法にして下さい。

下記書店へ配本して下さい。
（直接書店にお渡し下さい）

（書店・取次帖合印）

店様へ＝書店帖合印を捺印の上ご投函下さい。

ロ. **直接送本して下さい。**

代金（書籍代+送料・手数料）は、お届けの際に現金と引換えにお支払下さい。送料・手数料は、書籍代計16,500円未満880円、16,500円以上無料です（いずれも税込）。

＊お急ぎのご注文には電話、ＦＡＸもご利用ください。
電話 075-343-0458
FAX 075-371-0458

（個人情報は『個人情報保護法』に基づいてお取扱い致します。）

き出せないということである。しかし、平和と平等の世界が極楽浄土であり、自分がそのメンバーであると思って生きることを決断したら、先人がどのように極楽や阿弥陀如来を描いているか、それは実体的に想定されているか、それともわが心のうちに色もなく形もなく入り込んでいるかなどの議論を、平和と平等にとってどちらがより有効かという観点から判断して結合できるということである。こうした観点から「「如実に修行す」とは、つねに修行すといへども、実に修行するところなし」という正修行功徳成就に登場する如実修業の、それなりにかっこいい表現を気楽に読めばいいと思われる。なんだかわからない、かっこいい表現だけれど、私たちはこれを「南無阿弥陀仏」の一言で、すでに実践的に了解しているからである。つまり、好きな歌の歌詞のように、意味はよくわからないけれどなんだかそれを聞くと元気が出るというのと同じである。なんだか意味がよくわからないからといって、ちょっと歌詞を替えて「常に侵略すれども、実に侵略することなし」のような使い方をしないように努めればいいだけのことである。

そういう意味では、この「不動応化功徳」の喩えとして『大集経』に根拠があるらしい「堤塘を治して、その所宜を量りて水を放つ時に及びて、心力を加へざるがごとし」の方が適切なのではなかろうか。菩薩の仕事とは、現実の人間社会でも、ダムを適切に造っておけば、水を放つ時に何の力も加えずとも多くのことが一息に成し遂げられるようなものだということである。菩薩が不動にして自在に遍く衆生を利他できるのは、常日ごろ適切に人びとと接しているからである。ちょうど、自らの方針をきちんと説明して、質問には適切に答えるリーダーであれば、人びとがその指導を信頼して、危機に際しても互いに協力できるが、問いをはぐらかしたり嘘を言ったり、果ては記録の改ざんまでやるようなリーダーのもとでは、誰も彼らを信頼せず、危機が泥沼化するようなものである。一人ひとりを個人として尊重することが民主主義の基本であるとは、こういうことを言うのではなかろうか。平和と平等の阿弥陀如来とその眷属たちの世界が想いうかべられれば、「堤塘を治して、その所宜を量りて水を放つ時に及びて、心力を加へざるがごとし」のような、常に開かれていて清浄無垢な政策に近づくことはできるはずである。

三、菩薩四種の荘厳、その二「一念遍至功徳」・三「無余供養功徳」・四「遍至三宝功徳」

では、菩薩四種の荘厳の残り三種の検討に進む。三種は、第一の「不動応化功徳」すなわち、本体の真身は不動だが、そこから派生する応化身は空間的にも時間的にも偏在するということの各相を示している。二番目の「一念遍至功徳」は偏在が時間的に同時であること、三番目の「無余供養功徳」は空間的に余地なく偏在すること、第四「遍至三宝功徳」は仏道のないところまで仏道を伝えるということである。つまり、先のひとつが総相、あとの三つは各相ということである。平和と平等へのゆるぎない希望は、どんな世界にもどんな時代にも届くということである。くどいようであるが、言っておく。こうした菩薩の四種の荘厳を、還相の実践的意味、つまり、平和と平等のための運動論として理解せずに、「不動であると同時に時空に遍在する」などというかっこいい形而上学的表現として理解してはならない。そういう理解は、八紘一宇や天壌無窮をも正当化しうるものだからである。

偏在が同時であることを示す「一念遍至功徳」の『論註』はつぎのとおりである。

無垢荘厳光　一念及一時　普照諸仏会　利益諸群生

仏本なんがゆゑぞこの荘厳を起したまへる。ある如来の眷属を見そなはすに、他方無量の諸仏を供養せんと欲し、あるいは無量の衆生を教化せんと欲するに、ここに没してかしこに出づ。南を先にして北を後にす。一念一時をもつて光を放ちてあまねく照らし、あまねく十方世界に至りて衆生を教化することあたはず。出没前後の相あるがゆゑなり。このゆゑに願を興したまへり。「願はくはわが仏土のもろもろの大菩薩、一念の時のあひだにおいて、あまねく十方に至りて種々の仏事をなさん」と。このゆゑに「無垢荘厳光　一念及一時　普照諸仏会　利益諸群生」といへり。

問ひていはく、上の章に、身は動揺せずしてあまねく十方に至るといふ。不動にして至る、あにこれ一時の義にあらずや。これといかんが差別する。答へていはく、上にはただ不動にして至るといへども、あるいは前後あるべし。ここには無前無後といふ。これ差別となす。またこれ上の不動の義を成ずるなり。もし一時ならずはすなはちこれ往来なり。もし往来あらばすなはち不動にあらず。このゆゑに上の不動の義を成ぜんためのゆゑに、すべからく一時を観ずべし。

（『七祖篇』八九～九〇頁）

偈文の意味は、無垢の荘厳の光に喩えられる極楽の菩薩たちが諸々の衆生に施す利益は、一念・一時に各地域に届くということである。『論註』はこのような願いが（法蔵によって）たてられた所以を、現実の世界では、「南を先にして北を後にす」というように、パンデミックの状況下にワクチン接種の優先順位のようなことが起こるが、極楽ではそのようなことがないようにしたいと考えたからだという。これについて問答がたてられており、「問」は「先の「不動応化功徳」に「身は動揺せずしてあまねく十方に至る」ということがあったが、不動にして遍く至るということなら同時ということなのではないのか。どこに違い（差別）があるのか」ということ、「答」は、「先の偈文で不動にして至ると言っても、至ることに前後があるかもしれないという心配がないようにこの偈文でさらに同時ということを言った」というものである。そして、この「同時」ということを言うことによって「不動」ということを完全に説明した（成じた）ことになるのだと付け加えている。その説明が「一時ならずはすなはちこれ往来なり。もし往来あらばすなはち不動にあらず。このゆゑに上の不動の義を成ぜんためのゆゑに、すべからく一時を観ずべし」、つまり「同時ということでないなら往ったり来たりするということになるが、往来があるとすれば不動ではないということになる。だから「同時」ということによって「不動」を説明し尽くしたことになる」というものである。私は、こんな小理屈を述べてどうなるのだと思う。パンデミックに対応する際、議会でも記者会見でも、常日ごろから、人びとに対して包み隠さず情報を開示して粘り強く説明し続けておけば、いざという時にダムから水を放流するように、普く一時に人びととともに行動できるということで十分である。

つづいて、功徳が空間的に余地なく偏在することを示す「無余供養功徳」の『論註』を示す。

雨天楽華衣　妙香等供養　讃諸仏功徳　無有分別心

仏本なんがゆゑぞこの荘厳を起したまへる。ある仏土を見そなはすに、菩薩・人・天、志趣広からず、あまねく十方無窮の世界に至りて諸仏如来・大衆を供養することあたはず。あるいはおのが土の穢濁なるをもつて、あへて浄郷に向詣《こうげい》せず。あるいは居するところの清浄なるをもつて穢土を鄙薄《ひはく》す。かくのごとき等の種々の局分をもつて、諸仏如来の所において周遍供養《しゅうへんくよう》して広大の善根を発起することあたはず。このゆゑに願じてのたまはく、「われ成仏する時、願はくはわが国土の一切の菩薩・声聞・天・人大衆、あまねく十方の一切諸仏の大会の処所に至りて、天の楽・天の華・天の衣・天の香を雨らして、巧妙の弁辞をもつて諸仏の功徳を供養し讃嘆せん」と。穢土の如来の大慈謙忍《だいじけんにん》を嘆ずといへども、仏土に雑穢《ぞうえ》の相あることを見ず。浄土の如来の無量の荘厳を嘆ずといへども、仏土に清浄の相あることを見ず。なにをもつてのゆゑに。諸法等しきをもつてのゆゑに、もろもろの如来等し。このゆゑに諸仏如来を名づけて等覚となす。もし仏土において優劣の心を起さば、たとひ如来を供養すれども、法の供養にはあらず。このゆゑに「雨天楽華衣　妙香等供養　讃諸仏功徳　無有分別心」といへり。

（『七祖篇』九〇～九一頁）

偈文の意味は、極楽では菩薩たちが天上の音楽・美しい華・衣装・香《かぐわ》しい薫《かお》りをあま降らしているが、どこに降らしてどこに降らさないかなどの分別の心はないということである。（法蔵菩薩が）このような願いをたてた所以は、現実の世界においては、世界全体の幸せを願っても全体に目を届かせることはできないということもあるし、自分の周りが濁っていてもあえて清浄なところに出かけて学ぶことをしないとか、反対に、自分の近辺だけを清浄にして周囲の汚れを避け蔑むということもある。だから極楽世界においては、菩薩たちが天上の音楽・美しい華・衣装・香しい薫りを以て諸仏の功徳をちゃんと伝えることができるようにしたかったからだ、ということである。しかも、伝え方においても、諸仏の功徳を讃嘆しても、諸仏の中の一人でもあるこの穢土の釈迦如来のような仏を讃嘆している時でも、その仏土、すなわち、この娑婆世界が「雑穢の相」であることを見ないし、反対に極楽浄土の阿弥陀如来の無量の荘厳を讃嘆する時に、その「清浄の相」を見ないという。なぜならば、浄土でも穢土でもその「法性」を見れば平等であり、「諸法等しきをもつてのゆゑに、もろもろの如来等し」ということだからだという。香月院の解説によれば、こういう差別即平等的な解釈は、曇鸞が『維摩経』の「香積品」や『智度論』に依拠したのだろうと推測している。『論』が偈文で、「分別の心あることなし」などと社会的不公平と分別意識を混同した仏教形而上学の悪弊を持つから、こういう解釈が生まれるのだと思われる。これは前の「一念遍至功徳」の不動の説明も同じことである。

最後に功徳が仏のいない世界にまで及ぶことを示す「遍至三宝功徳」の『論註』を示す。

何等世界無　仏法功徳宝　我願皆往生　示仏法如仏

仏本なんがゆゑぞこの願を起したまへる。ある軟心の菩薩を見そなはすに、ただ有仏の国土の修行を楽《ねが》ひて慈悲堅牢の心なし。このゆゑに願を興したまへり。「願はくはわれ成仏する時、わが土の菩薩はみな慈悲勇猛堅固の志願ありて、よく清浄の土を捨て、他方の仏法僧なき処に至りて、仏法僧の宝を住持し荘厳して示すこと、仏のましますがごとくし、仏種をして処々に断えざらしめん」と。このゆゑに「何等世界無　仏法功徳宝　我願皆往生　示仏法如仏」といへり。菩薩の四種荘厳功徳成就を観ずること、これ上に訖《おわ》りぬ。

（『七祖篇』九一～九二頁）

偈文の意味は、「仏法の功徳の宝がないところなどどこにあるのだろう。（たとえそんなところがあったとしても）私はすべての人びとが往生できることを願って（我願皆往生）仏の如くに仏法を示そうと思う」ということになるはずだが、事態はもう少しやっかいなことになっている。

この偈文は、天親自身が菩薩の四種の功徳を表現する（荘厳する）ものの最後に位置づけられているのだが、そうなると、この「我」とは誰のことになるのだろうか。曇鸞は、『論註』上巻において二十九種の荘厳すべてを阿弥陀如来が法蔵菩薩の時代に起こした願心に由来するという前提で解釈しているから、この「遍至三宝功徳」の註でも、「我」は法蔵が建立した極楽の菩薩衆と解釈しているとみなすべきであろう。つまり、『論註』にある「願はくはわれ成仏する時、わが土の菩薩はみな慈悲勇猛堅固の志願ありて、よく清浄の土を捨て、他方の仏法僧なき処に至りて……」という部分は、「私（法蔵）が願う私の国土の菩薩たちはみな「われらはすべての衆生を往生せしめるために無仏のところへも赴く」ような慈悲勇猛堅固の志願の者たちであってほしい」ということになり、偈文の「我」も極楽の菩薩衆の一人称として法蔵の直接話法となっているということになるだろう。しかし、『論註』を離れて偈文だけを読むと、偈文の中に三個所登場する「我」のなかで、この「遍至三宝功徳」だけが偈文作者天親を指さないことになってしまう。あとのふたつは冒頭の「世尊我一心……」と最後の「我作論説偈……」で、このふたつは明らかに作者天親の一人称である。偈文全体を、天親が世尊（すなわち、釈迦）に対して決意を述べたものと解釈すれば当然そういうことになる。この観点は、偈文全体を「一心の華文」と見ることである。この観点からは、天親が代表する諸有衆生が釈迦に対して、「われらは皆阿弥陀如来の御名を称えて極楽世界に往き、そこに留まらずに他方国土へ飛び出して、有縁々々の衆生を済度して彼らに仏種を植え続けるにいとまなき身となる」決意を述べるということになる。

四種の菩薩荘厳に登場する菩薩が、われら煩悩成就の凡夫を含むのか、さらには、性功徳などに登場した『維摩経』の「菩薩心浄ければ国土浄し」の菩薩はわれらとはきっぱり区別される法蔵菩薩のことなのか、いろいろ難しいことがあって『論註』全体の解釈者を悩ませる。この問題が最終的に解決するのは、下巻末の「他利利他の深義」まで待つしかないが、つぎの回向門に関わる八番問答にも「普共諸衆生」の衆生とは誰のことかというかたちでこの問題の重大な手掛かりが登場する。

四、回向門と八番問答

以上で「願生偈」の観察門が終わり、最後の一行が回向門となる。『論註』はつぎのように解説している。

次に下の四句はこれ回向門なり。

我作論説偈　願見弥陀仏　普共諸衆生　往生安楽国

この四句はこれ論主（天親）の回向門なり。「回向」とは、おのが功徳を回してあまねく衆生に施して、ともに阿弥陀如来を見たてまつり、安楽国に生ぜんとなり。

無量寿修多羅の章句、われ偈頌をもつて総じて説きをはりぬ。

（『七祖篇』九二頁）

このあと、この偈文に言う「普共諸衆生」の「衆生」とは誰のことなのかという、いわゆる「八番問答」という重要な個所が展開されるわけであるが、香月院はここでつぎのようなことに注意を喚起している。ひとつは、この最後の行が五念門配当の義では「回向門」となるが、「願生偈」全体を三分に分かつという義ではこの一行が「流通分」になるということ。もうひとつは、八番問答が偈文（に書かれている「衆生」という語）に即して直接展開されるのではなく、偈頌の結句（「無量寿修多羅の章句、われ偈頌をもつて総じて説きをはりぬ」）の後に展開されるということである。

第一点目から解説する。最後の一行が流通分になるというのは、そこに「我作論説偈（われ論を作り偈を説いて）」という言葉があるからである。偈頌（歌）が終わったからこそ「私はこういう歌を作ったのだが」と言えるのであって、まだ歌の途中ならばこういう言い方はしない。そして、その歌を作った天親が自身の功徳を諸々の衆生に施して、一緒に阿弥陀仏を見ようと歌を歌い上げる。シンガーソングライターが彼方の清浄世界を歌い上げて、最後に「さぁ、みんな一緒に歌おう、一緒に清浄世界と阿弥陀さんを見ようぜ！」と誘うというわけである。だから、そういう意味では、歌の本体は前の行「何等世界無　仏法功徳宝　我願皆往生　示仏法如仏」で終わって、ここは歌の宣伝（流通）になっているとみなせる。「みんな加われ！　Everybody join us!」というわけである。しかし、この「一緒に歌おう！」は、まさに、歌を作ったわけではない聞いていただけの聴衆（衆生）に、作ったのと同じ効果を振り向ける（回施する、回向する）ことになるから、この一行四句は、歌全体を五部門に分割した最後の部門「これ論主の回向門なり」とも言えるわけである。香月院は「なるほど恐れ乍ら妙釈なり」（『講苑』三三九頁下段）と讃嘆している。そして、この「願見弥陀仏」の「見たてまつる」は現生か当来浄土に往生してのことかと問いをたてて、香月院、答えて曰く「『論』長行の願偈大意章の「見阿弥陀如来」と云ふは現生に見奉ること、また起観生信章に「見阿弥陀仏」とあるは浄土に往生して見奉ることなり」(『講苑』三三八頁上段)。現生と未来と両方あるんだというわけである。

つぎに、八番問答が開かれる位置についてである。八番問答は、直接には、五念門配当の第五部門、また、序・正・流通の第三部分に登場する「普共諸衆生」という句についての問答である。ところが、その個所で問答せずに、つぎの「無量寿修多羅の章句、われ偈頌をもつて総じて説きをはりぬ」という結句(総結の文)の後で問答が展開される。なぜそうなっているのか。香月院は「これにはわけがあり」として詳しい解説をつけている(『講苑』三四一頁)。以下、引用を交えて香月院の解説を紹介する。

まず、総結の文は「文のごとく解しやすきゆへ」。特に解釈はしないけれど、八番問答は「一部の大義にかゝることじゃによりて」総結文が終わってから問答するのだ。問答の対象は回向門にあるけれど、『論註』一部全体にかかわる重大な問題だから総説分が終わってから問答するのだということである。何が重大かというと、天親が呼びかける「諸衆生」について、われら凡夫が入っているのか、という疑いが生ずるからだということである。この疑いが起こるのは、「天親菩薩は「位、明徳に居す」と云ふときは十向満位の菩薩であり、「理・実は思議し難し」と云ふときは深位の菩薩なり。その天親菩薩が伴ひ給ふ衆生じゃからは、この衆生と云ふは凡夫に非ざるべきか」と思ってしまうことと、ここまでの偈頌を聞くと浄土は本願成就の報土、畢竟清浄の涅槃界らしい、「その浄土へ往生する衆生だからは入地已《ママ》上の聖者なるべきか」としりごむからだということである。よって「この(八番の)問いを設けてこの二つの疑ひを遣去し、この『論』の所被の機は下品の悪凡夫なることを定む。しかれば問は廻向章の文に就ておこれども、義はこの『論』の所被の機を料簡する大段の義なり。総結の文の下で問答するはこのわけなり」(『講苑』三四一頁下段)。

次章は、いよいよ八番問答の内容に入る。

註

（1） 八番問答は、『論』の偈文の最終行に出る「普く諸衆生と共に」という「衆生」は誰のことかという問いであるから、偈文に対応していると言えないこともないのであるが、問答がたてられているのは、この偈文、すなわち、回向門に直接しているのではなく、天親の偈文の最後の句「無量寿修多羅の章句、我、偈誦をもって総じて説きおわんぬ」を掲げたあとである。

（2） 前章三〇四頁参照。

第17章

極楽の人数《にんじゅ》とは誰か
――八番問答

一、極楽の人数とは誰か――八番問答概略――

八番問答は、直接には「願生偈」を五念門に配当した時の第五部門、また、序・正・流通の三分配当から見た時の流通分として登場する「普共諸衆生　往生安楽国」という句についての問答である。ところが、その個所ではすぐに問答せずに、つぎの「無量寿修多羅の章句、われ偈頌をもつて総じて説きをはりぬ」という偈文の結句（総結の文）の後で問答が展開されている。なぜそうなっているのかについて香月院は、「（八番問答は）**一部の大義にかゝることじゃによりて**」（『講苑』三四一頁上段）として、問答の対象は回向門にあるけれど、『論註』一部全体に関わる重大な問題だから総説分が終わってから問答するのだと説明している。何が重大かというと、天親が呼びかける「諸衆生」について、そこにわれら凡夫が入っているのかという疑いが生ずるからだということである。われら凡夫が安楽国に往生できる「極楽の人数」なのかどうかということである。八個の問答によって、最終的には天親が呼びかけている衆生とは低下最悪の凡夫を正客とする諸有《あらゆる》衆生であることが明らかになる。「この名字をとなえんものを、むかえとらんと、御約束あることとなれば」（『歎異抄』。大谷派『聖典』六三〇頁／二版七七二頁）ということであるから、結論はわかるのだが、実際に『論』『論註』にそのように書かれているのかきちんと見極めねばならないだろう。

まず、八つの問答の全体を列挙する。

①回向門にある「普共諸衆生」の衆生とはいかなる衆生か。⇓『大経』本願成就文によって「一切外道凡夫人皆得往生」、『観経』下々品によって「下品の凡夫ただ正法を誹謗せざれば、仏を信ずる因縁をもつてみな往生を得」と結論される。

②『大経』では往生について「唯除五逆誹謗正法」とあり、『観経』では五逆十悪のものも往生を得ると書かれているが、これをどのように理解すべきか。⇓五逆と謗法の重なりがなければ往生できる。

③五逆罪を犯しても謗法の罪はない者は往生できると言うが、逆に謗法があって五逆罪のない者は往生できるか。⇓謗法がなければ他の罪があっても往生できる（謗法は往生できない）。

④謗法の罪とはどのようなことを言うのか。⇓仏も仏法もないと考えること。

⑤（前問の答に言う）謗法とは自己の「見解」にすぎないのに、他者を害する五逆罪より重いのはなぜか。⇓五逆罪は謗法によって起こることだから。

⑥五逆・十悪の重い罪の者が十念の念仏くらいの軽い行で三界を超出するとはどういうことか。⇓軽重は量的な差ではなく質的な差であり、それは、「心」「縁」「決定」という要素で決まる。

⑦（十念の念仏という時の）「一念」とはどれくらいの時間を言うのか。⇓「十念」の念とは時節の問題ではなく阿弥陀仏を憶念することである。

⑧（十念の念仏という時の）「十念」を数えるとはどういうことか。一念専心で集中していては数えられないので

はないか。⇓「十念」の意味はそれを知る者が知るのであって、われら（凡夫）が知るということではない（これについては「蟪蛄は春秋を識らず」）の喩えで示されるだけ）。

以上の八つであるが、①が八番問答全体の総論的問答であり、あとの七つは、少なくとも第六問答まではその「答」からつぎつぎと展開される問答になっている。⑦、⑧の二つがそれまでの展開とは少し異なるように見えることについては、後述する。

二、第一問答――五逆と誹謗正法を除く――

まずはともかく第一問答の原文を「問」と『大無量寿経』に依拠する「答」、『観無量寿経』に依拠する「答」の三段に分けて掲げたうえで、それぞれについて検討する。

問ひていはく、天親菩薩の回向の章のなかに、「普共諸衆生　往生安楽国」といへるは、これはなんらの衆生とともにと指すや。

（『七祖篇』九二頁）

「天親菩薩の回向の章」とは、二十四行の偈文の最終行の後半を五念門の回向門に相当するとみなしての言葉であることは言うまでもない。ここで「さあ、みんな」と呼びかけられているのは、どんな「みんな」なのかという問いである。

答へていはく、王舎城所説の『無量寿経』（下）を案ずるに、「仏、阿難に告げたまはく、〈十方恒河沙の諸仏如来、みなともに無量寿仏の威神功徳不可思議なるを称嘆したまふ。諸有の衆生、その名号を聞きて信心歓喜し、すなはち一念に至るまで心を至して回向して、かの国に生ぜんと願ずれば、すなはち往生を得て、不退転

に住せん。ただ五逆と誹謗正法とを除く〉」と。これを案じていふに、一切の外道・凡夫人、みな往生を得ん。
（『七祖篇』九二～九三頁）

「王舍城所説の『無量寿経』」というのは『大無量寿経』のことで、この部分は下巻の冒頭に当たり、第十七願および第十八願の成就文と呼ばれる個所である。(1) ただし、「仏、阿難に告げたまはく」のあと、第十一願成就文と呼ばれる部分は引かれていない。なお、『大経』下巻の冒頭にある成就文が第十一、十七、十八願の三つの因願の成就が混然一体に説かれていることについても考えておくべきことはあるのだが、ごく簡単にその意義を述べておく。『教行信証』「信巻」に標挙される第十八願を中心として、第十七願は「行巻」に引かれる。このことに関して親鸞の信心為本と法然の念仏為本の相違を問題にする鬱陶しい議論があるのだが、それは本来混然一体なのである。親鸞と法然の相違と見えるのはよく考えていないからである。第一問答の「答」後半では、声に出して言う念仏が明確に示されている『観経』下々品が引用されている。私たちは、この後、第六問答を検討する時にそれが巧みに融合されているのを知ることになる。そして、その中に曇鸞が「入正定聚」という第十一願に関わる文言を入れたことを見出すことになる。このことの意義はあとでまた検討するが、逆謗闡提が弾圧者を指すということと関連させて言えば、私たちは第十七願の諸仏称讃の声を誰の声として聞くことになるのかということが重要である。私は、これを逆謗闡提たる抑圧者弾圧者たちに対して抗議の声をあげた人びとの声と受け取るべきだと考えている。この声に励まされて、専修念仏こそが正法であることを確信し、この闇黒の世界で「普共諸衆生　往生安楽国」と宣言するのである。

いずれにしても、「答」の前半はこの本願成就文の個所を根拠としている。直訳すれば以下のようになる。「仏が阿難に告げて言うには、「あらゆる世界の無数の諸仏が皆阿弥陀仏の威徳をほめたたえている。諸有《あらゆる》衆生がその名号を聞いてそれを信じ心に喜びを生じて、たとえ一念でもその気持ちを振り向けて彼の国に生じたいと願えば、即時に往生が定まってもはや退くことはない。ただ、父母を殺すなどの五つの罪を犯す者と正しい法を謗る者は除かれる」」。この文を引いて曇鸞は「一切の外道・凡夫人、みな往生を得ん」、すなわち「一切の外道と凡夫は往生を獲得できるだろう」と結論づけるのである。五逆の者と誹謗正法の者に対する排除規定があるけれど「一切の」と言い切っていることについては、つぎからの問答に引き継がれるので、「答」の後半を見よう。

また『観無量寿経』のごときは九品の往生あり。「下下品の生とは、あるいは衆生ありて、不善業たる五逆・十悪を作り、もろもろの不善を具せん。かくのごとき愚人、悪業をもつてのゆゑに悪道に堕して、多劫を経歴して苦を受くること窮まりなかるべし。かくのごとき愚人、命終の時に臨みて、善知識、種々に安慰して、ために妙法を説き教へて念仏せしむるに遇はん。かの人、苦に逼められて念仏するに遑あらず。善友告げていはく、〈なんぢもし念ずることあたはずは無量寿仏と称すべし〉と。かくのごとく心を至して声をして絶えざらしめて、十念を具足して〈南無無量寿仏〉と称せん。仏の名を称するがゆゑに、念々のうちにおいて八十億劫の生死の罪を除き、命終の後に金蓮華のなほ日輪のごとくしてその人の前に住するを見、一念のあひだのごとくにすなはち極楽世界に往生を得ん。蓮華のなかにおいて十二大劫を満てて、蓮華まさに開けん。まさにこれをもつて五逆の罪を償ふべし。観世音・大勢至、大悲の音声をもつてそれがために広く諸法実相、罪を除滅する法を説かん。聞きをはりて歓喜して、時に応じてすなはち菩提の心を発さん。これを下品下生のものと名づく」と。この経をもつて証するに、あきらかに知りぬ、下品の凡夫ただ正法を誹謗せざれば、仏を信ずる因縁をもつてみな往生を得と。

(『七祖篇』九三〜九四頁)

「答」の後半の論拠としてあげられている『観経』下々品の直訳は以下のとおりである。ただし、「まさにこれを

もつて五逆の罪を償ふべし。」の部分は引文ではなく曇鸞の解説である。「下品下生というのは、父母を害したり目覚めた人を害するなどの五つの罪や盗みや虚言などの十種の悪を犯す者のことである。これらの者は悪業のゆえに地獄に堕すはずの者であり、無限に近い長い時間の生死を繰り返しても苦を受けることに極まりがないほどの者である。このような愚かな人が、臨終に際してよき指導者が来て憐れんで奥深い法を説いて精神集中して仏をイメージすることを教えたとしても、悪業の苦しみで惑乱し精神集中するいとまもないだろう。この時、よき友が彼に告げる。「君、もし念ずることができないなら、無量寿仏と称えなさい」。そこで、彼は熱心に十回ばかり「南無阿弥陀仏」と称えることができた。仏の名を称えるがゆえに彼の罪は除かれ、命が終わる時にまるで太陽のように輝く光の輪を目にする。それで、一瞬のうちに極楽世界に往生することができる。往生した後はこの者は極楽の蓮華の中で十二大劫の時間を経てようやく華が開き〔ここで五逆の罪が償われたのである〕この者のために観音勢至という極楽にいらっしゃる大菩薩が「諸法実相」「罪を除滅する法」を説くのを聞くことができる。この法を聞いてこの者は心に歓喜を生じて時が至れば菩提心を起こすようになる。下々品の者とはこういうことなのだ」。そして、この経説によって曇鸞は、「下品の凡夫も正法を誹謗しなければ仏を信ずるという因縁によって往生できる」と結論づける。

　第一問答は以上のとおりであるが、これで「普共諸衆生　往生安楽国（さあ、みんな、いっしょに阿弥陀さんの平和と平等の国に往こう）」と呼びかけられている「みんな」に、自分が入っているとみなせるだろうか。論拠にあげられているふたつの経典のうち前者は「五逆の者」と「誹謗正法の者」が「みんな」から除かれると明言しているし、後者も「五逆の者」はなんとか往生するけれど「誹謗正法」は排除しているようなのである。これをどう考えればよいのだろうか。

三、五逆と誹謗正法とは誰のことか――古田武彦の一撃――

この問題は、そもそも『大無量寿経』という、浄土教徒にとっての根本的な経典の中で、しかも、その中で一切衆生が極楽に往生することを願っているとされる第十八番目の願に、「五逆の者」と「誹謗正法の者」が除かれるということがはっきり書かれていることに根源がある。

私たちは、直接的には香月院の導きを、また根本的には法然・親鸞の導きによって、この『論』『論註』を読んでいるのであるが、この個所もこれらの先達の導きによらなければ読み切れない[(2)]。だから、私たちは、「法然・親鸞・香月院らが、五逆と誹謗正法の者とは誰のことと考えているのか」ということを、まずもってはっきりさせる必要がある。

通常、というか、経典の中の常識としては、五逆を代表するのは父王を殺した阿闍世、誹謗正法を代表するのは提婆ということになっているが、それに限らずさまざまな犯罪者や釈迦教団の敵対者が五逆と誹謗正法の者とみなされている。また、『論註』には登場しないが善導『法事讃』などにある「一闡提[(3)]」略して「闡提」という概念があり、これらをまとめて「逆謗闡提」と熟語することも多い。近代教学に慣れ親しんだ者にとっては、いわゆる自身の信仰的内面の問題としてこれら悪逆の者を自分自身に見出すということが普通になっている。

この「定説」に対して根本的な批判を加えたのは、古田武彦（一九二六～二〇一五）である。古田の『親鸞思想――その史料批判――』（明石書店、一九九六年）によれば、親鸞やその門弟たちが自分や自分たち専修念仏集団を「逆謗闡提」とみなしたことを示す文献はただの一例もなく、反対に、他者を、とりわけ、専修念仏者に敵対する

〔弾圧する〕者たちを「五逆の者」「謗法闡提」として非難する例はかなり多いとしている。実際、『歎異抄』や親鸞の書簡類を見れば、古田の指摘を否定できる人はいないと思われる。

にもかかわらずこのような齟齬が生じたのは、いわゆる近代教学者の多くが「逆謗闡提」と「煩悩成就の凡夫」〔曇鸞〕や「罪悪生死の凡夫」〔善導〕、さらには「十悪・五逆の悪人」〔蓮如〕などとを混同したせいである。親鸞が『歎異抄』の中で「いずれの行もおよびがたき身なれば、とても地獄は一定」〔大谷派『聖典』六二七頁／二版七六八頁〕であるとか、『教行信証』「信巻」で「悲しきかな、愚禿鸞、愛欲の広海に沈没し、名利の太山に迷惑して、定聚の数に入ることを喜ばず、真証の証に近づくことを快しまざることを、恥ずべし、傷むべし」〔大谷派『聖典』二五一頁／二版二八五頁〕と自らを悲嘆述懐して、その罪業性を深く反省する文言を残しているのは確かであるが、これを、自らを逆謗闡提と告白していると読むことはできない。「信巻」はこの悲嘆述懐のあと、主に『涅槃経』によって「逆・謗・闡提」の難治の三機を語り、阿闍世の回心を語り、その帰結として「八番問答」を引用し、『法事讃』の「仏願力をもって、五逆と十悪と、罪滅し生を得しむ。謗法・闡提、回心すればみな往く、と。〔以仏願力五逆之与十悪罪滅得生謗法闡提廻心皆往〕」〔大谷派『聖典』二七七頁／二版三一五頁〕が引用されている。だから、自らの悲嘆述懐の対象が自身の逆謗闡提たることに向けられているのだと理解してしまうことはある意味無理もないことかもしれないが、やはりそれは間違いである。

四、第二問答以下——五逆と誹謗正法を無理に自分のことと考える必要はない——

『論註』には、この上巻末の「八番問答」と、下巻末の「他利利他の深義」というふたつのやっかいな文書がある。親鸞思想を哲学的に理解しようとする人たちには、ある意味で恰好な材料と見えるのであるが、『註論講苑』はいずれにおいても意外なほどさらりと終えている。後者に対しては「他利と利他は同じ内容のことを違う方向から見たにすぎない」という誰にでもわかる説明がなされているのだが、近代教学に毒された者たちにはこれを簡単に受け入れられないだろうし、「八番問答」において香月院が自身を五逆・謗法の者とみなす気配がほとんど見られないことに対しても「自己が問題にならないような浅い理解」と見えるだろうと思う。しかし、そのような見方は、親鸞思想を清澤満之の「自己とは何ぞや」の哲学であるとする、実証抜きの勝手な見解を根拠とした幻想にすぎないのである。

そのことを以下、第二から第八までの七つの問答を実際に検討し、親鸞が「信巻」でそれをどのように領解しているかということも踏まえて考えていこうと思う。ただし、親鸞の理解を前提にして『論註』の原文を読むのはよくない。「聖教のありのままを読んだうえで今家の独抜の義を考える」という順序を肝に銘じておかねばならない。この「聖教のありのままを読む」に徹すれば、『論註』はもちろん親鸞も、「自身を罪悪生死の凡夫」または「煩悩成就の凡夫」とみなすことはあっても、「自己を逆謗闡提とみなす」ようなことはまったく書いていないことはわかるのだが、『論註』の原文の検討の前に、このことを『歎異抄』や『御消息集』などの親鸞書簡に照らして簡単に説明しておく。

『歎異抄』と親鸞書簡には、『論』『論註』の「普共諸衆生」を考える際に必要な衆生が三種類明白に書き分けられていることがわかる。三種類というのは、「専修念仏集団の中の真実報土に往生することが定まった者」「専修念仏集団には属するが辺地懈慢界にしか往生できない恐れのある者」「専修念仏集団に敵対し弾圧する者」たちである。そして、この三種はすべて「一切衆生」に、もっときちんと言えば、「一切善悪の凡夫人」に含まれる。第一番目の者は親鸞自身を含むその門流で、『歎異抄』を成立させた常陸・河和田の唯円や下総・横曽根の性信たちのような人たちであり、第二は、『歎異抄』によって異義者とみなされている人たちのことである。彼らは法然の門弟ではあるが、法然の真意を継承し損ねた人たちということになる。そして第三は、親鸞・法然を追放刑に処し、安楽・住蓮を殺害した後鳥羽院とその家臣たちや、唯円・性信を弾圧する鎌倉幕府の権力者及びそれら権力者を支える顕密僧たちである。第三類の者たちは自らを「凡夫」であると自覚していないかもしれないが、現実世界に生きている以上は凡夫でないことはあり得ないし、それどころが、この世に殺戮と差別をもたらす逆謗闡提の輩であることは客観的に明らかである。この世に生きる者がすべて凡夫であるということに関しては、親鸞は「信巻」で善導の『観経疏』玄義分を引いて「この五濁・五苦等は、六道に通じて受けて、未だ無き者はあらず、常にこれに逼悩す。もしこの苦を受けざる者は、すなわち凡数の摂にあらざるなり」(大谷派『聖典』二一四頁/二版二四一頁)と記している。第一の分類に属する親鸞は、だから、自らを当然「凡数の摂(すべての凡夫の一員)」とみなしているが、けっして「逆謗闡提」とはみなしていないのである。そして、これは、曇鸞や善導にも基本的に当てはまる。それを忘れないようにして、第二問答以下を検討しよう。第二問答は以下のとおりである。

問ひていはく、『無量寿経』(下・意)にのたまはく、「往生を願ずるものみな往生を得。ただ五逆と誹謗正法とを除く」と。『観無量寿経』(意)にのたまはく、「五逆・十悪もろもろの不善を具するもまた往生を得」と。この二経、いかんが会する。答へていはく、一経(大経)には二種の重罪を具するをもつてなり。一には五逆、二には誹謗正法なり。この二種の罪をもつてのゆゑに、ゆゑに往生を得ず。一経(観経)にはただ十悪・五逆等の罪を作るとのたまひて、正法を誹謗すとのたまはず。正法を謗ぜざるをもつてのゆゑに、このゆゑに生ずることを得。

(『七祖篇』九四頁)

「問」の意味は、「第一問答であげたふたつの経において前者・大経では五逆と誹謗正法を除くとあるが、後者・『観経』では五逆・十悪の者も往生できると書かれている。これをどのように通して理解すればいいのか」ということである。これに対する「答」は、「『大経』では、五逆と誹謗正法が重なっているから往生できないと書かれているが、『観経』では五逆だけで誹謗正法がない者は往生できると書かれている（から矛盾しない）」というものである。そうして第三問答に続く。

問ひていはく、たとひ一人ありて、五逆罪を具すれども正法を誹謗せざれば、『経』（観経）に生ずることを得と許す。また一人ありて、ただ正法を誹謗して五逆の諸罪なし。往生を願ぜば生ずることを得やいなや。答へていはく、ただ正法を誹謗せしめば、さらに余の罪なしといへども、かならず生ずることを得ず。なにをもつてこれをいふとならば、『経』（大品般若経・意）にのたまはく、「五逆の罪人、阿鼻大地獄のなかに堕してつぶさに一劫の重罪を受く。正法を誹謗する人は阿鼻大地獄のなかに堕して、この劫もし尽きぬれば、また転じて他方の阿鼻大地獄のなかに至る。かくのごとく展転して百千の阿鼻大地獄を経」と。仏（釈尊）、出づることを得る時節を記したまはず。誹謗正法の罪きはめて重きをもつてのゆゑなり。また正法はすなはちこれ仏法なり。この愚痴の人すでに誹謗を生ず。いづくんぞ仏土に生ぜんと願ずる理あらんや。たとひただかの土の安楽を貪りて生ぜんと願ずるは、また水にあらざる氷、煙なき火を求むるがごとし。あに理を得ることあらんや。

（『七祖篇』九四～九五頁）

「問」は「観経では五逆であっても誹謗正法がなければ往生できるとあるが、誹謗正法があっても五逆がない者も重ならないということになるが、この者は往生できるか」ということである。「答」は、「正法を誹謗すれば他の罪がなくとも往生できない」とされる。その根拠として『大品般若経』に書かれていることをあげている。それは、五逆の者は阿鼻大地獄に堕ちるが一劫という時間を経れば罪は消えるが、誹謗正法の場合は一劫を経てもまたつぎの阿鼻大地獄に至ると書かれていて、期限が書かれていない。誹謗正法の罪はきわめて重いからだ。また、正法、すなわち仏法を誹謗する愚痴の者が、仏土に往生したいと願うわけがない。彼の土が安楽なところだとだけ聞いてそこに生まれたいと願うのは、水でない氷を求めるとか煙のない火を求めるようなもので、そもそも理屈が通っていない。

この第三問答にはいくつか興味深い議論が含まれている。ひとつは、地獄の刑罰（？）にも懲役刑と終身刑のように期限つきのものと無期限のものがあるということである。実は、『観経』の五悪・十悪の往生においても、「往生した後はこの者は極楽の蓮華の中で十二大劫の時間を経てようやく華が開き」（大谷派『聖典』一二一頁／二版一三一頁取意）というように、極楽の菩薩衆に出会うのは七宝の牢獄での刑期（？）を終えてからということになっている。似た表現は他の経典にもある。辺地懈慢界の往生とか七宝の牢獄ということは「仏智疑惑」ということと絡めて論じられているので、後であわせて検討を加えようと思う。

もうひとつは、「仏法を誹謗する愚痴の者が仏土に往生したいと願うわけがない」とされるところで、「かの土の安楽を貪りて生ぜんと願ずる」ことが仏法を誹謗することだととらえられていることである。『論註』下巻の善巧摂化章の「もし人、無上菩提心を発さずして、ただかの国土の楽を受くること間なきを聞きて、楽のためのゆゑに生ずることを願ずるは、またまさに往生を得ざるべし」（『七祖篇』一四四頁）とも共通する。このことは、『論註』、ひいては厭離穢土欣求浄土を標榜する浄土教の根幹に関わる問題なので、これも改めて検討しなければならないだろう。(4)

つづけて第四問答の文を示す。

問ひていはく、なんらの相かこれ正法を誹謗する。答へていはく、もし仏なく、仏の法なし、菩薩なく、菩薩の法なしといはん。かくのごとき等の見、もしは心にみづから解し、もしは他に従ひて受け、その心決定するをみな正法を誹謗すと名づく。

（『七祖篇』九五頁）

第四門は、いわば誹謗正法ということの定義である。ここでは、「仏も仏法も、また、自利利他円満の成仏を目指す菩薩も菩薩道もない」という意識や見解を、自ら、または他人から聞いて、確信することが誹謗正法だと押さえられている。ということは、前の第三問答の「かの土の安楽を貪りて生ぜんと願ずる」ことは、仏も菩薩もないと確信しているに等しいということになるのだろう。

第五問答の文を示す。

問ひていはく、かくのごとき等の計はただこれおのが事なり。衆生においてなんの苦悩ありてか五逆の重罪に踰《こ》えたるや。答へていはく、もし諸仏・菩薩の、世間・出世間の善道を説きて衆生を教化するものなくは、あに仁・義・礼・智・信あることを知らんや。かくのごとき世間の一切の善法みな断じ、出世間の一切の賢聖みな滅しなん。なんぢただ五逆罪の重たることを知りて、五逆罪の正法なきより生ずることを知らず。このゆゑに正法を誹ずる人、その罪もつとも重し。

（『七祖篇』九五～九六頁）

「問」の「かくのごとき等の計」の「計」は、「計画」とか「一計を案じて」という用例でわかるように「意識・見解・思想」という意味である。だから、ここは「このような誹謗正法とされる見解」という意味になる。したがって、「問」は、「このような見解は結局個人的なこと（ただこれおのが事）にすぎないではないか。それが具体的に人びとに苦悩を与える五逆の罪を超えてより重いというのか」ということである。「答」を直訳すると、「もし諸仏菩薩が世俗の領域（世間）と世俗を超え出た領域（出世間）での善について語って人びとを教化しなければ、仁・義・礼・智・信（などの世間的道徳）も伝わることがないのである。世間的道徳がみな消滅してしまえば、出世間の賢人・聖人たちもみな滅してしまう。あなたは、単に五逆罪が重い罪だということを知っているだけで、五逆罪が正法が無くなることによって生ずるということを知らないのである。だからこそ誹謗正法の罪が最も重いのである」ということになる。

五、宗教的罪と世間的罪——そもそもそれを分けることにどんな意味があるのか——

第五問答は、五逆に代表される世間の罪と誹謗正法という出世間の罪、つまり、世間的・道徳的罪と宗教的罪との関係について論じられている。実に厄介な問題である。厄介であることの原因は、ふたつの領域のどちらが重要であるかということだけではない。そもそもこのふたつの領域は分けられるものか、分けられるとしても、一応分けて論ずるという程度なのか峻別されるものなのか、ということが定まらないからである。

この問答の「答」にしても、五逆の出現は正法が消滅するからだとする一方、五逆がはびこれば正法を担う聖人賢人も消滅するというように、双方の相互交渉を前提して述べているのである。この前提からは、謗法という個人の内面に属するところの、いわば、思想的なあやまりを殺人などの実践的なあやまり以上に重視しなければならぬという結論は生じないはずである。

仏教的思索の長い歴史においては、「正法」すなわち「仏法・仏智」とされるものの中に、無分別知とか法性法身だとか、普通の理性の領域に入らないものが含まれている。ここで私が「普通の理性」としたのは仏教的文脈では「分別知」であり、時には「（凡夫の）愚痴」ともみなされるものであるが、妙な価値観を含まずに言えば、仏教用語の「分別」も「愚痴」も、カントの「純粋理性」と異ならない。純粋理性において知りうるものと知りえないものをはっきりさせたうえで、善悪や罪と罰などの領域を担う「実践理性」の問題を考えなければならないのである。そして、そのあと、さらに純粋理性とも実践理性とも異なる「判断力・決断」の問題を扱うことができるのである。

この三つの領域は、古来、哲学が扱うとされる真・善・美の三領域に対応している。曇鸞の議論は、この三領域の区別を無視する仏教思想の悪弊を継承して混乱に陥っていると評価できると思う。こういう議論に陥らないためには、真・善・美の各領域が一方から他方を演繹できるようにはなっていないということを肝に銘じていなければならないと思う。そして、これらのことをしっかりと意識していたカントやウィリアム・ジェイムズのような人たちときわめて似通った方法論を持った法然の専修念仏思想にそって、『論註』を批判的に解読すべきだと思う。

法然は、無分別知だとか観想念仏だとかいうものをもてあそぶ聖道門仏教を雑行と切り捨て、仏教を平和と平等の実践的方法論へと再構築したのである。親鸞は、このすっきりとした再構築を正しく継承したのであるが、時に法然が切り捨てたものを（何ゆえ切り捨てられるかということを説明するためなのだが）詳しく説明しすぎるきらいがある。そのせいで、平和と平等を実践的に脅かす五逆の弾圧者たちを糾弾することと、自らの仏智疑惑を過剰に反省するというような、下手をすれば悪趣味になりかねない「誹謗正法の罪」を並列したり、後者の方が罪が重いなどという、言ってもしょうがないことを言ってしまうようになっているのではないだろうか。いや、これは親鸞のせいというよりは、親鸞を継承したつもりになって法然を捨ててしまった後代の解釈者の罪であろう。

第六問答に進む。第六問答はそれなりに長いので、まず「問」の部分だけを示す。

問ひていはく、業道経にのたまはく、「業道は称のごとし。重きもの先づ牽《ひ》く」と。『観無量寿経』（意）にの

たまふがごとし。「人ありて五逆・十悪を造りもろもろの不善を具せらん。悪道に堕して多劫を経歴して無量の苦を受くべし。命終の時に臨みて、善知識の教に遇ひて、〈南無無量寿仏〉と称せん。かくのごとく心を至して声をして絶えざらしめて、十念を具足してすなはち安楽浄土に往生することを得。すなはち大乗正定の聚に入りて、畢竟じて退せず。三塗のもろもろの苦と永く隔つ」と。「先づ牽く」の義、理においていかんぞ。また曠劫よりこのかた、つぶさにもろもろの行を造りて、有漏の法は三界に繫属《けぞく》せり。ただ十念阿弥陀仏を念じたてまつるをもつてすなはち三界を出づ。繫業の義またいかんせんと欲する。

（『七祖篇』九六頁）

「問」の部分には、「答」の部分に関わらずにそれだけで興味深いことが書かれているので、解説を加えながら現代語訳を示そうと思う。

はじめの『業道経』にのたまわくというのは、『業道経』という特定の経典が存在するのではなく、業のことについて説かれた諸経の主旨から言えば、というような意味である。そうすると、「業道（行為の結果を導く通路、「業報」とほぼ同じ意味）は秤のようなもので重い方が先に引く」と説かれていると言えるだろう。まず、こう押さえるわけである。一方、「『観無量寿経』に」として、第一問答でも引用した「下々品」の十悪五逆の者が十声の念仏で往生するという教説が略して引用される。悪道に堕して多劫を経歴するほどの重大な行為をなした者が十声の念仏という軽い行為で往生するというのは、「（重い方が）先に引く」という業道の理に合わないのではないか。また、煩悩にまみれる有漏の行為によって人は欲界・色界・無色界の三界に繫縛されるというが、ただの十念の念仏で三界を超え出るとすれば、この「繫ぎとめられる」との義はどうなるのか。

これに対する「答」は、十念の念仏と五逆十悪等の行為の決定的な質の違いとして説明されるのだが、その前に考えておくべきことがある。というのは、ここで略して引用される『観経』について、『註論講苑』は「とき、その略しやうに妙なことがあるなり」（『講苑』三五八頁上段）と言う。一見すると、第一問答の「答」で略さずに引用したからここでは略しただけだとして済ませそうなのだが、そうではない。そこで、第六問答において引かれる『観経』で略されたところと付け加えたところがはっきりわかるように書き記してみる。冒頭の「あるいは衆生ありて」が単に「人ありて」とされるなどの意図的な略でないものについては無視して、意図的に略されたとみなされるところに傍線を付し、付け加えられたところは【 】で示す。

あるいは衆生ありて、不善業たる五逆・十悪を作り、もろもろの不善を具せん。かくのごとき愚人、悪業をもつてのゆゑに悪道に堕して、多劫を経歴して苦を受くること窮まりなかるべし。かくのごとき愚人、命終の時に臨みて、善知識、種々に安慰して、ために妙法を説き教へて念仏せしむるに遇はん。かの人、苦に逼められて念仏するに遑あらず。善友告げていはく、〈なんぢもし念ずることあたはずは無量寿仏と称すべし〉と。かくのごとく心を至して声をして絶えざらしめて、十念を具足して〈南無無量寿仏〉と称せん。仏の名を称するがゆゑに、念々のうちにおいて八十億劫の生死の罪を除き、命終の後に金蓮華のなほ日輪のごとくしてその人の前に住するを見、一念のあひだのごとくにすなはち極楽世界に往生を得ん。蓮華のなかにおいて十二大劫を満てて、蓮華まさに開けん。【すなはち大乗正定の聚に入りて、畢竟じて退せず。三塗のもろもろの苦と永く隔つ】

除かれているのは、三個所。第一は「善知識、種々に安慰して、ために妙法を説き教へて念仏せしむる」という、『観経』の顕意（文の表に顕れた意味）である観想念仏、第二は「八十億劫の生死の罪を除き」という自力念仏の相を顕すところ、第三は「蓮華のなかにおいて十二大劫を満てて、蓮華まさに開けん」という方便化土（または辺地懈慢界）への往生を説く部分である。そして第三の部分は「大乗正定の聚に入りて、畢竟じて退せず」という不退の義になっており、第一問答の際に言及した第十一願成就に関わることである。全体を通してみれば、『観経』下々品を引きながら『大経』第十八願の他力往生を説いた文を引用したのと同じことになる。このように引用すると、『観経』の顕義に隠された密意は（下々品に書かれている）声に出して「南無阿弥陀仏」と言うことに決定することが（『大経』第十八願に書かれている）仏の本願なのだということになる。香月院は「**これを以てみれば今家隠顕の釈は、源《みなもと》鸞師に柱礎すること〻云ふてもよきなり**」（『講苑』三五八頁下段）という。しかも、『論註』の顕義から言えば、この「大乗正定の聚に入りて、畢竟じて退せず」は彼の土のことであるが、「観仏本願力遇無空過者」の不虚作住持功徳で確認したように、この顕義の奥に現生正定聚の隠義は隠されている。すなわち、われら専修念仏のともがらは今極楽の人数であって、未来には必ず弥陀と変わらぬ神力を得て他方国土へ飛び出して有縁々々の衆生を済度するにいとまなき身になる。

多くの注釈書は、第六問答に至って曇鸞が誹謗正法の罪が最も重いという議論をやめてしまったことについて疑問を持つようであるが、気にすることはない。本来、曇鸞はのちのちに善導・法然につながるプラグマティックな資質を持っている。そうでなければ浄土教徒にならないはずだ。どんなことも、本願正定業、すなわち、称名念仏に決するということがなければ、あらゆる苦悩は実践的に解決しないのである。称名念仏に決するという金剛不壊の真信に到達した者は、辺地懈慢界への往生に陥ってしまう可能性にある同行たちの「先師口伝の真信に異なるを歎き」、吉水の門流を弾圧することによって逆謗闡提となっている朝家のため国民のために、その邪心を翻して念仏を喜ぶ者へと帰入することを祈って念仏するのである。『法事讃』を誦して逆謗闡提の後鳥羽院の回心の可能性を見捨てなかった安楽のひそみに倣い、われらもまた、権力者の横暴を諫め続けるであろう。われら極楽の人数にとっては、第一問答の時点から、自分が逆謗闡提などというような変な危惧は微塵もないのである。

第六問答の「答」は、これで随分取り組みやすくなったと思う。

答へていはく、なんぢ五逆・十悪の繫業等を重となし、下下品の人の十念をもつて軽となして、罪のために牽かれて先づ地獄に堕して三界に繫在すべしといはば、いままさに義をもつて校量すべし。軽重の義は心に在り、縁に在り、決定《けつじょう》に在りて、時節の久近・多少には在らず。いかんが「心に在る」。かの造罪の人はみづから虚《こ》妄顚倒《もうでんどう》の見に依止《えじ》して生ず。この十念は善知識の方便安慰によりて実相の法を聞きて生ず。一は実なり、一は虚なり。あにあひ比ぶることを得んや。たとへば千歳の闇室に、光もしばらく至らば、すなはち明朗なるがごとし。闇、あに室にあること千歳にして去らじといふことを得んや。これを心に在りと名づく。いかんが「縁に在る」。かの造罪の人はみづから妄想の心に依止し、煩悩虚妄の果報の衆生によりて生ず。この十念は無上の信心に依止して、阿弥陀如来の方便荘厳真実清浄無量の功徳の名号によりて生ず。たとへば人ありて毒の箭《や》を被りて、中《あた》るところ筋を截《き》り骨を破るに、滅除薬《めつじょやく》の鼓《つづみ》を聞けば、すなはち箭出で毒除こるがごとし。『首楞厳経』（意）にのたまはく、「たとへば薬あり、名づけて滅除といふ。もし闘戦の時用ゐてもつて鼓に塗るに、鼓の声を聞けば箭出で毒除こるがごとし。菩薩摩訶薩またかくのごとし。首楞厳三昧に住してその名を聞けば、三毒の箭自然に抜け出づ」と。あにかの箭深く毒はげしくして、鼓の音声を聞くとも、箭を抜き毒を去ることあたはずといふことを得べけんや。これを縁に在りと名づく。いかんが「決定に在る」。かの造罪の人は有後心・有間心に依止して生ず。この十念は無後心・無間心に依止して生ず。これを決定と名づく。三の義を校量するに十念は重し。重きもの先づ牽《ひ》きてよく三有《ぬ》を出づ。両経は一義なるのみ。（『七祖篇』九六～九八頁）

答えて言おう。あなたが、五逆十悪の行為の積み重ねが重く、下々品の者の十念の念仏は軽いとして、（五逆十悪の者は）まず地獄に堕ちて三界に繋がり続けると主張するのなら、まさに義を以て比較してみようではないか。

軽重の意味は「心」と「縁」と「決定」に存在するのであって、行為の期間の長短や多い少ないに左右されるのではない。

まず「心に在る」とはどういうことか。五逆等の罪を犯す人は虚妄顚倒の見解を保持して罪を生ずるのに対して、十念という行為は善知識の巧みな手立てによって実相真如の法を聞いて生じるものである。一方は実であり、他方は虚である。どうして比較校量などできようか。例えて言えば、千年もの間暗闇であった部屋でも光が瞬時に至ればすぐに明るくなるようなものである。千年の闇だからといってどうして消え去るのに千年かかるなどと言えようか。これを「(軽重の意義は)心に在る」というのである。

つぎに「縁に在る」というのはどういうことか。五逆等の罪を犯す者は自分の妄想(間違った思想)に依拠して、同じように煩悩虚妄の考えを持った衆生との関係によって罪を生じた。それに対して、十念の念仏は無上の信心に依拠して煩悩の衆生とはまったく異なる真実・清浄・無量の功徳を有する阿弥陀如来の名号を縁として起こった行為である。例えば、毒矢に射られて肉を切られ骨を砕かれても滅除薬の効能を持つ鼓の音を聞けば矢が排出され毒が除かれるようなものである。〔これは『首楞厳経』に書かれている「滅除という名を持つ薬があって開戦に際してその薬を鼓に塗りその音を聞かせれば矢が排出され毒が除かれるというが、それと同じで菩薩も首楞厳三昧に住してその名を聞けば貪瞋痴の三毒の矢が自然に抜け出る」と〕矢が深く入って毒が激しかったとしても、弥陀の名号に喩えるべき鼓の音を聞いてどうして三毒が消えないということがあろうか。これを「(軽重の意義は)縁に在る」というのである。

つぎに「決定に在る」というのはどういうことか。五逆等の罪を犯す者は「(この罪を犯したとしても)まだ後があるという心」や「(雑念が混じった)隙間のある心」に依拠して罪ある行為を生ずる。それに対して、十念の念仏は明日を待たない無後の心、すきのない専一の心に依拠して生ずる。これを「決定」というのである。この三つの意義から比較校量すれば十念の方が重いと言わねばならない。重いもの（十念の念仏）がまず引いて三界を超え出るということになり、『業道経』と『観経』の意は一致する。

以上のように、第六問答は「十念の念仏」すなわち如来がわれらに回向してくださった名号と、五逆などの現実的な悪業との根本的な質の違いを述べて終わる。いわば、世間的・道徳的、あるいは、法律上の罪と宗教的な罪との根本的な次元の相違を述べているように見える。

しかし、それでいいのだろうか。通常、世間的な罪に対しては処罰や非難によってその再発を防ぐことが想定されるが、十念の念仏にはそうした「防犯」の効果はあるのだろうか。あるいは、そもそも世間的な罪に対する「防犯」などという効果を考えること自体が宗教的ではないのだろうか。そして、宗教的な次元の罪と見える誹謗正法の罪はどうなったのだろうか。これらの問題を考えねばならないが、とにかくは残りふたつの問答を検討しよう。そのうえで、改めて第六問答の「在心」「在縁」「在決定」の意義を考えてみたい。あらかじめ言うと、あとのふたつと、「実相の法」を聞く「在心」とは次元が違うのだ。

六、第七問答――称名念仏は本願正定業である――

第七問答の文を示す。

問ひていはく、いくばくの時をか名づけて一念となす。答へていはく、百一の生滅を一刹那と名づく。六十の刹那を名づけて一念となす。このなかに念といふはこの時節を取らず。ただ阿弥陀仏を憶念するをいふ。もしは総相、もしは別相、所観の縁に随ひて、心に他想なくして十念相続するを名づけて十念となす。ただ名号を称するもまたかくのごとし。（『七祖篇』九八頁）

どれだけの時間を「一念」と言うのかという「問」に対して生滅百一回を「一刹那」と言い、六十刹那で「一念」というふうに考えられているという「答」がまず述べられている。ただし、この後、今話題にしている「十念の念仏」というのはそういう時間の単位としての「念」のことを言うのではないとして、阿弥陀仏の総体としての相《すがた》やそれぞれ別個の相、また、観察（毘婆舎那）の対象に即して意識を集中して続けること、すなわち、「憶念」のことを言うのだと説明されている。

このなかの「時節」の説明は、私にとっては結構興味のあるところなのだが、『論註』のさまざまな解釈者が注目しているのを知らない。『論註』自身が「念」というのは「時節」の問題ではないと言っているからだろう。しかし「時節」すなわち時間論というものは、どうでもいいとばかりは言えない。私が注目するのは、「時間」あるいは「継続・持続・過程」と「実在・存在」との関係を曇鸞がどう考えているかということである。これらは、この問答において「（念の）時節」と表現されており、それとは別のものとして「憶念」が考えられている。しかし、時節のことそれ自体もまたある意味では憶念の対象とは言えるだろう。時節の領域を憶念考察するのは純粋理性であるのに対して、阿弥陀仏を憶念するのは実践理性や判断力の課題であるという区別が、曇鸞においてはまったく意識されていない。これは、仏教思想全体の通弊だと思う。たとえば、第六問答の「在心」に登場する諸法実相を知る智とは、基本的に前者・純粋理性とその限界の問題であり、それを超えて善悪や罪の問題を課題にできるのは実践理性である。前者は時間をかけてしつこく取り組めばどこまでが知りえてどこから知りえないかは誰にもわかる領域である。しかし、「殺してはならぬ」というような五逆の罪に直結するような課題に直面した時、すなわち、権力者の弾圧によって同行が殺されたとか、徴兵されて殺し殺されることを強いられたなどの状況において、それらを根本的に止めるものとしては、純粋理性は役に立たないというか、働きようがないのである。

不殺生戒を成立させるには、無味乾燥の純粋理性ではなく清浄な「意欲」の成就としての方便法身弥陀如来が要請される。この時にこそ、権力者を逆謗闡提の者と非難する文脈で謗法の罪ということが登場する。前者、「(念の)時節」ということを論ずる領域に関しては罪とか罰ということは関係ない。この「関係ない」ということをはっきりさせておかないと、「(念の)時節」はただの無駄話・悪趣味になるだけである。

しかし、善知識の勧めを受ける「縁」を持たず、同行の安楽を殺した後鳥羽院はいつ死ぬのだろう。彼は、五逆罪を犯しているから十念相続ということがなければ地獄行きが決まっているが、彼を含めて諸有衆生が殺し殺されぬ世界に往くのはいつのことだろうという実践理性の領域の問いと「(念の)時節」の問題とは無縁ではない。「時間」とは世界に実在するものなのか、それとも主観の先験的《アプリオリ》な構成なのか。未来の時節に彼の土へ往き、未来の時節に此の土へ還って殺し殺されぬ世界の実現を約束された弥陀の回向を、現在に受け取るわれらと弥陀の「決定」。これらのことに前問の第六問答は接近していただけに、もどかしさも覚える。「在心」というささかゆゆしきものが、「在縁」「在決定」という実践的な問題と単に並列されて混入していたからである。

しかし、そのもどかしさは、つぎの一句「ただ名号を称するもまたかくのごとし」で、すっきり解消するはずだ。なぜなら、私たちは、「ただ名号を称する」ことこそが、それらすべてを解決する方途だと、しっかり聞いてきたからである。「他力真実のむねをあかせるもろもろの聖教は、本願を信じ、念仏をもうさば仏になる。そのほか、なにの学問かは往生の要なるべきや」(『歎異抄』。大谷派『聖典』六三一頁/二版七七三頁)。

七、八番問答結論――われらには、名号があれば十分、深刻ぶることはない――

最後の第八問答の文を示す。

問ひていはく、心もし他縁せば、これを摂して還らしめて念の多少を知りぬべし。ただ多少を知るともまた無間にはあらず。もし心を凝らし想を注げば、またなにによりてか念の多少を記することを得べき。答へていはく、『経』(観経)に「十念」とのたまへるは、業事《ごうじ》成弁《じょうべん》を明かすのみ。かならずしも頭数《ずしゅ》を知ることを須《もち》ゐず。「蟪蛄《けいこ》は春秋を識らず」といふがごとし。この虫あに朱陽の節を知らんや。知るものこれをいふのみ。十念業成とは、これまた神《じん》に通ずるものこれをいふのみ。ただ念を積み相続して他事を縁ぜざればすなはち罷《や》みぬ。またなんぞ念の頭数を知るを須《もち》ゐることを仮《か》らんや。もしかならずすべからく知るべくはまた方便あり。かならずすべからく口授すべし。これを筆点《ひってん》に題することを得ざれ。(『七祖篇』九八～九九頁)

「問」の意味は、「(十念とは憶念、つまり、意識集中のことだと言われるが、十という「数」が出てくるのだから)心が他のことに関わってしまえば、何回目の念仏だかわからなくなるので、また心を元に戻して数えなおすこともできる。もっとも、これでは数はわかるが隙間のない集中とは言えまい。反対に心を凝らして集中してしまえば(数はわからなくなるから)どうやって数を記録すればいいのか」という、きわめてわかりやすい(けれどもいささか不純な動機を持つ)問いである。

さて、その「答」であるが、結論は単純で「『観経』に説かれる十念というのは「業事成弁」ということを説明しているだけであり、数のことを言っているのではない」というものである。そのことを知らしめる喩えとして、この後に有名な「蟪蛄《けいこ》は春秋を識らず」という話が出てくる。これは、「夏（朱陽の節）に生まれて夏に死んでいくセミなどの虫（蟪蛄）は春も秋も知らないし、春秋を知らないということは春秋とは異なる夏というものも知らないことになる。春夏秋冬のすべてを知るものしか春とか夏ということは言えないのだ」ということである。「業事成弁」というのもこれと同じで、業事全体を設定した者のみが十念の業が成就したと言えるのである。われらとしては、ただ念仏を相続して余行を交えないということで話は終わりだ。数などどうでもいい。こういう説明である。そして、付け加えて、どうしても数の記録について気になるのなら、やり方はないでもないが、その方法を書き残したりすればそれも迷いの種になるから、口伝で伝えるのがいいだろう、と述べる。

これで問答はすべて終わりである。最後の「口伝」ということに関して、『註論講苑』は「数を知りたがることを誡めた言葉で、大切のことじゃによりて口授で伝へやうと宣ふのでは決してなきなり」（『講苑』三七〇頁上段）と、きちんと言っている。このあたりが、称名念仏が本願正定業であるということに何ら秘密めいたことはないという香月院の自信が現れているところだと思う。だとすれば、「業事成弁」はどうなのだろう。これには、秘密めいたものはないのだろうか。

「業事成弁」とは、「阿弥陀と衆生との間の事業が成就した」という意味である。簡略化して言えば、「阿弥陀が平和と平等の国土を建立してわが名を称えん者をすべて迎え取るという約束をした」という阿弥陀の事業（如来浄土の因果）と「その約束を信じて余行を交えずにただ念仏に徹して念仏申す」という衆生の事業（衆生往生の因果）が呼応して成立したということである。約束の中味は誰にでもわかり、誰にでもできる「阿弥陀さんの平和と平等のくにってていいですね、私もそのくにに賛成です。南無阿弥陀仏」と声に出して言うことである。どうして南無阿弥陀仏が選ばれて余行が廃されたのかということについては、この業事全体を企画したのは如来だから、その如来の意図（聖意）は名号しか知らないわれらには測りかねるが、試みに推し量れば、ふたつの理由から選ばれたのだとわかる。全体がわからないという、当たり前の限界など気にすることはない。法然上人に倣って、試みに推し量ればすぐわかる。

ひとつは称名念仏が余行より勝れていること、もうひとつは余行より易しいことである。法然は『選択集』第三・本願章で、称名念仏が本願正定業であることの理由を以下のように誰にもわかるように説明している。「聖意は測りかねる」ということを「蟪蛄《けいこ》は春秋を識らず」の喩えの中にあるかに見えるニュアンスで「仏智はわれら凡夫の及ぶものではない」と説明してもいいが、そんなわかりにくい説明はやめた方がいい。「蟪蛄の喩え」は、夏しか知らないセミは夏のことも本当は知らないという方向に導かれる。「業事成弁」にこの喩えを使うと業事の一部である名号しか知らない衆生は業事全体を知っている如来のようには名号も知っているとは言えないという、どうでもいい議論に誘導される。われらは名号については誰も同じように十分知っているのである。差別と殺戮の世界に呻吟する者にとって、平和と平等のくには説明抜きに往きたいところなのである。平和と平等のくにへの往き方が物騒で不公平なものであるはずがない。だから、私たちは、勝れて易しい念仏をする者を残らず迎え取るという物語に沿って生きようと決めたのだ。「南無阿弥陀仏と申して、疑なく往生するぞと思とりて申す外には、別の子さい候わず」(『一枚起請文』。大谷派『聖典』九六二頁/二版一一五三頁)。そう決めたのだ。この、われらと如来との信心決定に在る地点から言えば、決定しきれなくて疑いながらの念仏、つまり、自身住持の自力の念仏に陥っている者たちの信心の異なることを歎くし、われら正法の念仏者を弾圧して誹謗正法の者となっている権力者を諫め、ともに安楽国へ往生する者へと回心することを祈るだけである。「ただ念を積み相続して他事を縁ぜざればすなはち罷みぬ」である。

八番問答の結論が、「螻蛄の喩え」でもってなんとなく「仏智疑惑の罪」にあるかのように考えるのは間違いである。八番問答は「信巻」の最後に引用されている。当然、八番問答の引用は「螻蛄の喩え」で終わる。親鸞はそのあとに、善導『観経疏』と『法事讃』を引用して「謗法・闡提、回心すればみな往く」（大谷派『聖典』二七七頁／二版三一五頁）と言う。これで終わった方がいいのに、なお、「淄州」というよくわからない出典の文献を引用している。しかも、その後、他の巻のような自釈によるまとめもない。私は、このことを過剰に詮索する必要はないと思う。親鸞聖人でもうまく説明できないこともあるのだ、くらいの気持ちで読めばいい。古田武彦は、最後に『法事讃』が出てくるのは、安楽が後鳥羽院の面前で誦したという「逆謗闡提」の偈文との関係で考えるべきだと言っている。(5) 仏智疑惑はあまり関係がない。

いわゆる「仏智疑惑の罪」が述べられている『大経』の最終部については、弥勒菩薩の智慧といえども仏智に比べれば凡夫の迷いに等しいということにある。善導の「是報非化」の主旨はこのことである。これを法然に沿って言えば、「至誠心釈」の「内外相応」が至誠心ということになる。仏智についてなにがしかのことを知っていると思うことが罪なのではない。知っていることまで知らない闇に入れ、主体性を失うことが問題なのだ。われら凡夫は名号を称える者をすべて浄土に迎え取るという物語が実践上最も有効であることはよく知っている。まだ死んでいない身にとっては、つまり、現生を生きるわれらにとって、来世の極楽往生それ自体を確実に知るなどということはないが、それを今信じて生きることの有効性はよくわかっている。極楽は真に平和と平等が成立しているところである。それ自体は原理的に知り得ぬとしても、この世界に厳然と存在している差別と殺戮を批判的に見る視点が開かれれば、実践的には知り得たのである。

つまり、名号についても知らないことは知らないが知っていることも確実にあるのだ。そして、仏智（無分別知）とは、人間の普通の理性（純粋理性）には原理的に届かないものの喩えにすぎないと知れば、それで十分である。それ（仏智）を知らぬという当たり前のことについて気にすることはない。

註

（1）大谷派『聖典』四四頁／二版四七頁。なお、この部分については大谷派『真宗聖典』は書き下し文として親鸞独自のものを採用しているが、『大経』という経典そのものには親鸞が言おうとすることが書かれているのではないので、通常の読み方で引用しておいた。

（2）その著作において、『論註』をほとんど取り上げていないかに見える法然の『論註』観については、本書第3章「龍樹菩薩」参照。法然は『選択集』第一章で「道綽禅師、聖道・浄土の二門を立てて、聖道を捨ててまさしく浄土に帰する文」（『七祖篇』一一八二頁）という文脈で、『論註』の冒頭の『十住毘婆沙論』を引用している。この導きによって、私たちは『論註』を「曇鸞大師、（龍樹菩薩の）難行・易行の二行を立てて、難行を捨てて易行に帰する文」として読むことができるのである。

（3）「一闡提」は、サンスクリットのイッチャンティカ（icchantika）の音写。「闡提」と略称される。「名聞利養を欲求しつつある人」を原意とするが、「極欲」「信不具足」「断善根（善行を断じた者）」などと訳され、成仏の因を持たない者をいう。「謗法の者」と重なる意味もある。

（4）詳細は下巻「善巧摂化章」の検討の際に譲るが、ポイントは「自身住持の楽」と「如来本願力住持の楽」の対照にある。

（5）古田武彦『親鸞思想』明石書店、一九九六年。

第Ⅲ部　本編〈下〉

——長行の註

第18章

『論註』下巻に入るにあたって
——長行を十科に分ける

一、タイトルについて

さて、私たちの『浄土論』『浄土論註』学習もいよいよ下巻に入る。

下巻にもタイトルがついていて、『無量寿経優婆提舎願生偈註　巻下』とされる。これについても煩瑣な議論があるので、一応触れておこう。いわば、本章は『論註』下巻についての「文前玄義」に相当することになる。

下巻は、「解義分」つまり「天親自らが作った偈文についての天親自らの解釈を述べる散文」についての曇鸞の「註」である。つまり、上巻のように「願生偈」つまり「天親が作った偈文」についての「註」ではない。なのにタイトルは『無量寿経優婆提舎註』あるいは『無量寿経優婆提舎解義分註』ではなく『無量寿経優婆提舎願生偈註』となっている。願生偈についての註は上巻で終わっているじゃないかという議論である。これは、「経・論・律」の三蔵ということや、『論註』下巻が『論』の解義文である「論じて曰はく」から始まることなど、複雑に見えることが絡んでいるわけである。三蔵という時の「論」は「経についての解釈」という意味なので、この『浄土論』はどこからが「論蔵」なのかなどと迷ってしまうということだろう。このことを良忠が解釈しているそうで、[1]

香月院はそれを否定して「正解」を述べている。それは、まず『浄土論』という作品が無量寿経というある特定の経典についての「優婆提舎（翻訳すると「論」）」なのではなく、無量寿経経典群の偈文態の優婆提舎なので、『浄土論』の正式名を『無量寿経優婆提舎願生偈』というのであり、この正式名で偈文も長行も含むのだということである。そして、註はそれについての「註」なのだから、『論註』は上下巻を通じて偈文と長行との双方についての註となる。だから、下巻にも（もちろん上巻にも）「無量寿経優婆提舎願生偈註」とあるのだということである。

二、「論じて曰く」は『浄土論』本文の引用

『論註』下巻はつぎのように始まる。

　論じて曰はく。

　これはこれ解義分なり。この分のなかに、義に十重あり。一には願偈大意、二には起観生信、三には観行体相、四には浄入願心、五には善巧摂化、六には離菩提障、七には順菩提門、八には名義摂対、九には願事成就、十には利行満足なり。「論」とは議なり。いふこころは偈の所以を議するなり。「曰」《わつ》とは詞《ことば》なり。下の諸句を指す。これは偈を議釈する詞なり。ゆゑに「論じて曰《い》はく」といふ。

（『七祖篇』一〇〇頁）

『論註』は『観経疏』などと同じく注釈の相手の文言を一字一句引用[2]して注釈するスタイルになっている。この部分では、「論じて曰く」がその直接の引用で、以下の四行は曇鸞のそれについての註ということになる。この個所では、上巻のほとんどがそうであったように、まず『論』の原文を引用してそれから解釈（註）を述べるというかたちになっているが、このあとの「願偈大意」以下の十科では逆に「願偈大意とは」と先に曇鸞が述べてその

あとに『論』の長行の文「この願偈はなんの義をか明かす、云々」が引用されるスタイルになっている。これは、「願偈大意」とか「起観生信」という語句が論主・天親のネーミングではなく、曇鸞がつけた長行の「中見出し」的な性格を持つものだからである。『論註』は論の解義分を十科に分けて説明するスタイルをとるので、長行の解釈である下巻はこの順序になる。そうすると、下巻の始まりの「論じて曰はく」が、天親の『論』の文を引用したのではなく曇鸞の言葉のように見えてしまう。しかし、それは間違いで、「論じて曰はく」はあくまで天親の言葉の引用である。

ちなみに、「論曰（論じて曰はく）」とこのあとの「此是解義分（これはこれ解義分なり）」との間に「已下」という言葉が挿入されているものが、江戸期では一般的だったようだ。そうすると、曇鸞が「論曰」と牒《ちょう》しあげて「この「論曰」よりあとは解義分ということになる」と解説しているかたちがはっきりわかるかもしれない。香月院は「これ、何でもないことのようなれども末書に多く間違へてあり」（『講苑』三七七頁上段）と注意しているので確認しておこう。

要するに、「願偈大意」以下の十科（あるいは、十重）なるものは、曇鸞が天親の『論』を読むに際して独自に名づけたもので、そのことによって『論』の幽玄な真意が明らかになったとも言えるし、天親は単に迷信じみた阿弥陀神話にあふれるかに見える浄土教を、「止観（奢摩他・毘婆舎那）」の行を核とする仏教形而上学に還元しようとしただけであったのに、それを曇鸞が浄土教の独自性を残すべく複雑な読み方を指示したとも言えるかもしれない。別の言い方をすると、曇鸞が示した十科は天親の述作の意図を反映していないということもあり得るということである。そのことは実際に『論註』を読み進めることによって次第に明らかになると思われる。

上巻を読んだのでなんとなくわかったと思うが、止観を中核とする五念門の行の行為主体は、本来（出家の比丘・比丘尼ではあるにせよ）普通の人間である。ところが、親鸞の『入出二門偈』においては行為主体が法蔵菩薩＝阿弥陀如来に転換されてしまって、五念門の行は法蔵菩薩の兆歳永劫《ちょうざいようごう》の修行とされる。『論註』においてはそれが微妙である。五念門の行為主体は普通の人間（善男子・善女人）のようにも見えるし、法蔵の兆載永劫の行のようにも見える。そのように見えるのは、曇鸞が施した十科の読み方によるのかもしれないし、もともと天親の『論』がそのように幽玄なものだったからかもしれない。今私が言えることは、『入出二門偈』が出した大転換を最終的な解説として、『論』『論註』までをもその轍《わだち》で「読み切る」ようなことを軽々しくすべきではない、ということだけである。

三、十科の生起次第

曇鸞は『論註』の上巻で観察門が正宗分であるかに見える全二十四行の偈文を、序分に見える初めの二行を礼拝・讃嘆・作願の三念門にあて、最後の一行を回向門にあてて、全体を五念門に配当して解釈するという独特の読みをした。そして、下巻では天親が自ら施した偈文の解義を十科の構成を立てることによって解釈するということを行う。そのことによって、幽玄な『論』の全体が誰の目にも明らかになったとも言えるが、一方で、明らかになったのは本当に天親の真意なのかという疑問も生じる。というのは、「願生偈」だけを見て口業による讃嘆、つまり、称名念仏が勧められているとは思えないからである。下巻における解義分の十科の配分もまた『論』の解釈についての強い誘導となっている。そこで、まず、この十科の構成がどうなっているのかを一つひとつの科を読む前に知っておいた方がいいと思う。これを「十科の生起次第」と香月院は呼んでいる。香月院は、十科の生起次第に関しては先行の解釈書にきちんと述べたものがないので自分の解釈を述べるとして説明を開始している。(3) それによると十科は、次頁に掲載した【図5・長行十科の次第】のようになる。

しかし、顕義に隠れた他利利他の深義から言うと、五念門は法蔵菩薩の兆載永劫の修行ということになり、その場合は全体が如来浄土の因果を明かすものとなる。「衆生往生の因果」と「如来浄土の因果」の二重性を示すために【図5】ではフォントを変えて表現したが、いずれにしても「深義」なのだから、無理はある。「如来浄土の因果」、すなわち、「如来が衆生に先立って極楽浄土を建立した」ということがなければ浄土教は成り立たないが、それだけでは浄土教は仏教を逸脱してしまうだろう。だからといって、「衆生往生の因果」が衆生自身の自覚覚他に還元されてしまうならば、仏教は無力な観念論になるだけである。「深義」はこれを一気に解決する便法と言えるが、あまり深義化（神秘化）してはいけないと思う。つまり、「他利」と「利他」という本来は同じことの方向性の違い（香月院によると「左右あり」）だけを述べた語を、特別な人にしかわからない深い意味にしない方がいいということである。特別な人でないと遇えないと思われがちな阿弥陀さんという存在を、凡夫・尼入道に等しく出遇える存在に引き落とし、しかも、至高の平和と平等の希望としての地位を失わぬためには、この「二重性」しか道はない。(4) だから、「深義」と言えば「深義」だけど、「浅きは深き也」の法然上人の指南を見失わぬようにしようと思う。このことは、下巻の最後（それは『論註』全体の最後でもあるが）、それを読んで本書を終える時にまた考えよう。上巻最後の八番問答、下巻最後の他利利他の深義という重いテーマを、いずれも軽く読むという、香月院の態度を大事にしたいと思う。

【図5・長行十科の次第】

第一・願偈大意	惣（総論）		
第二・起観生信	別（各論）	衆生往生の因たる五念門を明かす **如来浄土の因たる法蔵の兆載永劫の五念門の行を明かす**	五念門の行を明かす
第三・観行体相			観察門の相を明かす 三種の荘厳は法蔵の願心におさまることを明かす
第四・浄入願心			
第五・善巧摂化			菩薩の利他の大悲心の相を明かす
第六・離菩薩障			
第七・順菩提門			
第八・名義摂対			
第九・願事成就			往生の事業成じ了ることを明かす
第十・利行満足		衆生往生の果を明かす **如来浄土の果を明かす**	

※「長行十科次第」は、全体としては、衆生往生の因果を明かすものとして書かれている。これが、「顕義」である。

※そして、顕義に隠れた他利利他の「深義」から言うと、五念門は法蔵菩薩の兆載永劫の修行ということになり、その場合は全体が如来浄土の因果を明かすものとなる。「衆生往生の因果」と「如来浄土の因果」の二重性を示すために、「深義」はフォントを変えて表現した。

四、浄土教とは何か・再論

下巻を読むにあたって、改めて浄土教とは何かということを考えておこうと思う。

そもそも仏教とは、「自己こそ自分の主《あるじ》」(「ダンマパダ」)ということを核とした自覚・覚他の教えであるから、超越的・超自然的な存在は必要ない。というよりは、おおよそ宗教なるものは「人の人に対する支配」、すなわち、現実の歴史の中の人間社会の権力構造を「神による保護」と言い換えることによって、権力を厳かに補完するものとして働くという傾向がある。仏教とは宗教からの解放なのであって、新たな厳かな支配の構築ではない。だから、仏教思想の中に、阿弥陀如来や彼土極楽、あるいは彼土地獄が登場したということは、「仏教がただの宗教に堕落した」(安田理深)という側面があることは否定できないと思われる。

では、阿弥陀如来とか極楽浄土とはいったい何なのか。その問いにストレートに答える前に、阿弥陀如来や極楽浄土を必要としない仏教について考えてみたいと思う。

阿弥陀如来が存在するにせよ、存在しないにせよ、仏教とは苦悩の解決法であることには違いがない。もちろん、一部の人にとっては経済的な資源でもあるが、それは単なる気休めも含む「苦悩の解決」の効能を商品化したものとしての経済資源であるから、仏教が苦悩の解決法であるということには変わりがない。そういう意味では、あらゆる宗教は苦悩の解決法と言える。機能主義的宗教学が言うところの宗教の補償機能(5)とはこのことである。もっとも、宗教は「超越的なものとの何らかのかかわり」を必要条件とするから、超越的なものを排除した苦悩の解決法は宗教とは言えないかもしれない。実際、四諦・八正道などの教えは宗教というよりは健全な生活・曇りのない認識といったものではなかろうかと思う。「曇りのない認識」の中身は、三法印とか十二支因縁であり、それが正しい瞑想（正思惟）によって得られるという具合である。釈尊が実際に生きていたころやその直後くらいにおいては、出家者のサンガでそれなりに機能していたのではないかと思われる。しかし、釈尊が亡くなってしまうと、諸行無常とか諸法無我の教えだからと、確かなものは何もなくなり僧伽にはニヒリズムの影が差してきたのではないだろうか。

そういうなかで登場してきたのが浄土教である。

浄土教においては、自覚・覚他の仏教から言えば逸脱とも言える超越的存在による「救済」の要素が前面に出てくる。超越的・超経験的な存在は「関わる」ことが本質的に不可能なものであるが、これとの何らかの関わりを前提してその救済にあずかるというのが「宗教」の常である。「何らかの関わり」としては特別の能力を具えた人や天皇教のように血縁（！）がある人を媒介にして関わるというスタイルが一般的であるから、その特別な人との関係の濃淡によって人による人の支配を正当化することに使われることが多い。そのことが「自己こそ自分の主」という本来の仏教とそぐわないことになる。

なぜこのような本来の仏教とは異質とも言えるものが登場したのかについてはいろいろ考えられるが、ひとつには釈尊の死ということがあったのではないかと思う。仏陀とは「苦悩の解決法（ダルマ）に目覚めた人」という意味であるが、人としての釈尊は死んでしまっても釈尊を目覚ましめたダルマは不滅であるとも考えられる。だから、教団内のインテリグループは、釈迦の肉身と釈迦を仏陀にさせたダルマとを一応別に考えて、ダルマを肉身と区別して「法身（dharma-kāya）」と呼ぶことにしたのだろう。そうすると、法身は見たり触ったりというような通常の経験ができるものではないが、法身を体現した肉身は少なくとも生きている間は見たり話したりできるから、これをダルマに応じて出現した身体と考えて、ただの肉身とは少し意味の違う「応身（nirmāna-kāya）」と呼ぶことにすると不滅の応身なるものも考えられるから、それが人びとの願いに酬いて出現した「報身（sambhoga-kāya）」・阿弥陀如来の想定だったと思われる。浄土経典が登場する背景はこういうことだったと思う。ただし、そうした「理論」とは別に、阿弥陀を漠然とした救済者だと考える大衆もあっただろうし、その方が大多数だったと思う。『浄土論』はそうした大衆に阿弥陀如来の「本来の意味」を教えるという動機を持って書かれたのかもしれない。でも、そういう「本来の意味」を聞いたところで、それが生きる力になるとは限らない。むしろ、必要なのは救済への漠然とした期待を、実際に普通の人間が互いに励まし合って平和と平等へ向かう希望に変えるような営みではないかと思う。

その営みこそが専修念仏だと私は確信している。この営みをゆるぎないものとして確立したのは、何度繰り返して感謝しても感謝し足りない「よき人」法然上人だと思う。法然上人の導きによって、龍樹・天親などの大乗甚深のインテリの方々の説明を気楽に学ぶという姿勢で『論』『論註』の学びを続けていこう。

註

（1）良忠は、鎮西派の第三祖・記《き》主《しゅ》良忠《りょうちゅう》、一一九九～一二八七のこと。『論註』注釈は『浄土論註記』五巻。

（2）伝統的な教学用語では、こうした引用を「(原文を)牒する」とか「牒しあげる」と言うようである。「徴」という文字を使って「徴標」と言うこともある。

（3）『講苑』三七七頁上段一行目から三八三頁上段二行目。

（4）『大無量寿経』は上巻が「如来浄土の因果」、下巻が「衆生往生の因果」となっていて、二重性はない。このことは、「行巻」に「述文賛」を引用して「憬興師の云わく、如来の広説に二あり。初めには広く如来浄土の因果、すなわち所行・所成を説きたまえるなり。後には広く衆生往生の因果、すなわち所摂・所益を顕したまえるなり」（大谷派『聖典』一八二頁／二版一九九頁）とあるように明らかだが、これだと衆生自身の自覚覚他、とりわけ、衆生（菩薩）自身が他の衆生を利他することはまったくないように見える。そうなると、天親が危惧した浄土教の非仏教化が生じることになる。これを避けるには、二重性（一文両義）の維持しかないように思われる。一文両義だからこそ「深義」と言うのだと思う。

（5）ラドクリフ・ブラウン（Radcliffe-Brown, 一八八一～一九五五）やマリノフスキー（Malinowski, 一八八四～一九四二）らの機能主義的宗教学では、宗教の社会的機能として共同体の一体感を強める「統合機能」と、共同体の中で生じた癒し難い苦悩を昇華する「補償機能」があげられる。

第19章

「願生偈」には何が書かれているのか
――願偈大意

一、十科を読み始める――十科をたてたのは天親ではなく曇鸞――

下巻を読むにあたって前章でも述べたことを再確認する。そもそも下巻の註の対象である長行《ちょうぎょう》は天親自身の偈文の解釈であるが、その解釈について天親自身が十科の章分けをしているのではなく、十科をたてたのは曇鸞だということに注意しておく必要がある。曇鸞は、天親の「願生偈」を「偈文全体を五念門に配当する」という強引な読み方をしたのだということについては、これまで何度も指摘してきた。十科は、天親自身の偈文解説である長行を、この強引な偈文解釈に合わせて解説しようという曇鸞の意図が働いて構成されたものとみるべきだろう。

私たちがこれから下巻を読む際には、曇鸞がたてた十科に沿って読むしかないわけだが、十科が天親自身の意図にそのまま合致しているわけではないことを意識しつつ読み進めていかねばならない。十科次第とはそういうものだと意識しつつ、前章に掲げた【図5・長行十科の次第】（三七八頁）を見返しながら考察を進めていこうと思う。

曇鸞は、十科を一つひとつ論ずる前に、長行の最初の言葉「論じて曰く」だけを牒し、「これはこれ解義分なり」と示して天親自身の解義分が始まると確認し、そのあとに「この分のなかに、義に十重あり。一には願偈大意、二には（中略）十には利行満足なり」と長行を十科に分けることを宣言する。ついで「「論」とは議なり。いふこころは偈の所以を議するなり。「曰《わつ》」とは詞《ことば》なり。下の諸句を指す。これは偈を議釈する詞なり。ゆゑに「論じて曰はく」といふ」（『七祖篇』一〇〇頁）として「論じて」と「曰く」の注釈を述べている。

だから、願偈大意以下の十科は、天親の言葉としては「この願偈は何の義をか明かす。かの安楽世界を観じて、阿弥陀如来を見たてまつり、かの国に生まれんと願ずることを示現するがゆえなり」（大谷派『聖典』一三八頁／二版一四八頁）から始まるわけだが、十科は天親自身の分類ではなく曇鸞の分類であるから、天親の言葉の前に「願偈大意とは」という曇鸞の註が入る。このことは、以下の九科も同様で、天親の言葉が牒される前に曇鸞の「起観生信とは」「観行体相とは」などという言葉が入る。

第一科の願偈大意では天親の「此願偈明何義　示現観彼安楽世界見阿弥陀如来願生彼国故（「この願偈は何の義をか明かす。かの安楽世界を観じて、阿弥陀如来を見たてまつり、かの国に生まれんと願ずることを示現するがゆえなり」〈大谷派『聖典』一三八頁／二版一四八頁〉）」を牒しただけで終わるが、「起観生信」以後は天親の言葉を牒した後でさらに曇鸞の註が加わることになる。また、ひとつの科の中で天親の言葉を何段かに分けて牒して註を加えることもある。これらに注意しながら読み進めていきたいと思う。

二、第一科・願偈大意章の難解さ――「願生偈」に何が書かれているのか――

第一科は「願偈大意とは」の後に天親の論文《ろんもん》だけをあげていて簡単なようなのだが、これが相当難しい。論文をもう一度確認すると、以下のとおりである。

此願偈明何義示現観彼安楽世界　見阿弥陀如来願生彼国故（この願偈は何の義をか明かす。かの安楽世界を観じて、阿弥陀如来を見たてまつり、かの国に生まれんと願ずることを示現するがゆえなり）

（大谷派『聖典』一三八頁／二版一四八頁）

なぜこれが難しいのかというと、「かの安楽世界を観ずる（こと）」、「阿弥陀如来を見たてまつる」こと、「かの国に生まれんと願ずること」の三件が願生偈の大意なのか、先の二件が大意でそれを「示現して」かの国に生まれようと思うのかだけでも決め難いからである。そのようなことがはっきりしないのは、「願生偈」全体に序分・正宗分・流通分の三分があるのかないのかという、香月院が文前五科の第一としてたてた問題と大いに関わりがある。

願偈大意のわかりにくさの解明には、つぎの起観生信と合わせてみる必要がある。つぎの「起観生信章」は『論註』によると「**起観生信とは、この分のなかにまた二重あり。一には五念力を示す。二には五念門を出す**」（『七祖篇』一〇〇〜一〇一頁）とあって、「起観生信」の論文がさらに二重、つまり、「五念力を示す」と「五念門を出す」に分けられるとされる。「起観生信」の論文は、「いかんが観じ、いかんが信心を生ずる」という問いがあって、一応その答えとして「もし善男子・善女人、五念門を修して行成就しぬれば、畢竟じて安楽国土に生じて、かの阿弥陀仏を見たてまつることを得」（『七祖篇』一〇一頁）と書かれている。つまり、願偈大意で「この偈はお浄土に往ってお浄土の様子を観察し阿弥陀仏を見たてまつるために作ったのだ」というようなことが書かれていて、つぎの起観生信では「ではどのように観察すればいいのか」と問い、「そのためには五念門を修めればいい」と書かれているように読める。文意自体はべつに難しいことはないじゃないかとも思えるのである。

しかし、よく見るといろいろ不思議なことがある。願生偈全体を見ると、初めの二行「世尊我一心　帰命尽十方　無礙光如来　願生安楽国　我依修多羅　真実功徳相　説願偈総持　与仏教相応」と最後の「我作論説偈　願見弥陀

仏　普共諸衆生　往生安楽国」は別として、中間の「観彼世界相　勝過三界道」からあとの二十一行は観察門に相当することばかりでその他の四門は出てこない。なのに、「どのように観察すればいいのか」という問いの答が「そのためには五念門を修めればいい」でいいのだろうかという疑問が生ずるのではないだろうか。つまり、五念門といえば、観察門の外に四門があるわけだから、それはどうなるのかということである。

それと第二科を曇鸞は「起観生信」と名づけて「いかんが信心を生ずる」という問いはたてているけれど、答えの方には五念門の行だけが出てきて信心は出てこない。(2) また、これは逆に言うと、願偈大意で天親自身の言葉で「大意は「示現観彼安楽世界見阿弥陀如来願生彼国」だ」と言うのであるから、起観生信で言う五念門の一部（観察門）しかないじゃないか、第一科と第二科はくいちがっているのかとの疑問も生ずる。

このような問題を説明するために、香月院は他流注解の吟味から始めている。というのは、親鸞による『論』『論註』理解の特質を先に出してしまうと複雑さが一気に出てくるからだと思われる。他流というのは、具体的には浄土宗鎮西派と西山派のことなのだが、それぞれが特質ある『論註』の注釈をしていて、その「苦労」を紹介することによって、親鸞による「今家」の釈の明快さを際立たせようということだ。ここで言う「他流」はいずれも法然門下であって称名念仏を本願正定業とするということでは一致するはずなのだが、『論』『論註』の文の表面からは観察門重視、あるいは、念仏で言うなら観想念仏重視と見えてしまうので、解釈に「苦労」が生じるわけである。そこで香月院に倣ってこの「苦労」を紹介することから願偈大意を読み進めようと思う。

三、鎮西派、諸行往生を認める立場
――「願生偈」は観察門行のテキストと割り切る――

まず、鎮西である。前にも紹介した鎮西第三祖記主良忠の『往生論註記』(3)というものがある。『浄土宗全書』に収録されているから、本気で調べればわかるが、ここは香月院の紹介の孫引きにしておく。(4)

良忠は願偈大意で問答を設けている。まず、「願生偈」は註に言うように五念門を明かしているが、そうだとすると天親菩薩は「偈文の大意は五念門だ」と言うべきなのに、実際には、大意は「観彼安楽世界見阿弥陀如来」だと述べている。そこで良忠は、「大意として観察門だけが書かれているのは何故か」と問いをたてる。その答えとして、「『論』は観察門を正定業とする立場だから他の四門は観察門に収めてしまうのだ」とする。そうすると、善導・法然の直系であるはずの良忠としては、さらにつぎの問いが生じることになる。つまり、「では『散善義』で五種の正行(5)の中で称名の一行を正定業とするのは何故か」という問いである。そしてその問いにつぎのように答える。「『般舟讃』(6)で「定善一門韋提希請、散善一行釈迦開」とあるように、釈迦は『観経』で韋提希の請求によって定善を説いたが、それでは末代の散動の機がもれるから散善下々品で称名念仏を説いたのである。韋提希の請求から見れば定善が主であるから、『浄土論』では観察門を正定業としているのだ。また、『観経』の釈迦自説のところでは称名念仏が主であるから善導は称名正定業と判定したのである。天親・善導いずれも『観経』を拠りどころとしているから相違はない」というわけである。

また、善導も「称名正定業」と言うが、観察を捨てる意図はない。その証拠はいわゆる一経二宗で「観仏三昧を以て宗とし又念仏三昧を以て宗とする」とあるではないか、というわけである。一経二宗は、親鸞の立場から言えば、顕の義、つまり定散要門の方では観仏三昧を宗とするが、穏の義、つまり弘願の方では念仏三昧を宗とするということになっている。(7)鎮西では両宗は牛の角のように主従なく対等に並んでいるわけである。

『観経』や『浄土論』を、真面目にというか、字義通り読めば、定善あるいは観想念仏が主であるように見える。

鎮西良忠は、善導大師・法然上人の「称名念仏正定業」の教えに忠実であろうとはしているものの、優等生ゆえの悲しさ、『観経』『論』の隠の義やひとひねりある深義が見えないわけである。それで、諸行（具体的には、観想念仏）も許容してしまう。

しかし、観想念仏のような神秘体験が本当に可能だと考えているのはある意味気楽な立場でもあるのだが、私は、この立場はもっと深刻な問題を抱えていると思う。というのは、定善とか観想念仏というもの、つまり、簡単に言えばいわゆる「見仏体験」は、たとえ本当にできたとしてもできる人は多数でないことは確かである。(8) そうなると、できたと思い込む人を、あるいは、社会的効果としては同じことだが、できたと偽る人を核とするカルトができることになる。したがって、この立場に対処するには、「私のような下根の者には見仏などできない」と謙遜する（ふりをしてやり過ごす）か、平等の願いを裏切るようなものはみんなの本当の願いではないと、きっぱり否定するかのどちらかである。

法然上人はこのどちらの態度も示してくださった。前者は「念仏を信ぜん人は、たとい一代の法を能く能く学すとも、一文不知の愚どんの身になして、尼入道の無ちのともがらに同して、ちしゃのふるまいをせずして、只一こうに念仏すべし」（『一枚起請文』。大谷派『聖典』九六二頁／二版一一五三頁）であり、後者は「もろこし、我がちょうに、もろもろの智者達のさたし申さるる観念の念にも非ず。又、学文をして念の心を悟りて申す念仏にも非ず。ただ、往生極楽のためには、南無阿弥陀仏と申して、疑なく往生するぞと思とりて申す外には、別の子さい候わず」（『一枚起請文』。大谷派『聖典』九六二頁／二版一一五三頁）あるいは「定散二善は本願に非ず」である。

以上で、鎮西の立場を紹介したが、『註論講苑』をよく読むと、今家(9)（つまり真宗）の学者の中にも西・鎮二派の解釈を踏襲する者が多かったようだ。数年前から、高木顕明や河野法雲に導かれて近代教学の天皇制追従を批判的に見るために江戸教学の研究を始めたが、香月院以外の学者においては、西・鎮二派との重大な違いが意識されていない者も多いということがわかって驚いている。願偈大意の解釈で良忠『記』をまる写しにしているのは、『浄土論註翼解』九巻を著した知空（一六三四～一七一八）である。知空は本願寺派の学林（大谷派の学寮に相当）の第二代能化職である。『翼解』は往還二回向に関しても「往還即入出」の間違いを犯しているものとして紹介されている。しかし、大谷派でも、相伝系の学者には、この『翼解』を重視する者が多いようだ。

四、西山派、通三業の念仏——正定業である念仏を曖昧化する——

では、西山派ではどうか。

これについては、堯恵[10]の『浄土論註私集鈔』が取り上げられる。西山派は観察門正定業ということはけっして言わず、念仏一類往生とする。念仏のほかには観察門でも礼拝門でも往生の正定業となることはないとする。だとすると、「ただ念仏」を主張する法然の伝統をきちんと継承して親鸞の立場と変わりがないようにも見える。しかし、西山派では「念仏」の意味に、単なる称名念仏とは違いがある。それは「通三業の念仏」と言って、極楽往生を願う心、すなわち、願生心が中心となってそれが念仏（憶念）だという立場である。「通三業」の「三業」というのは身・口・意の三業のことだが、身体に現れる礼拝、口（声）に現れる称名のすべてが、憶念（これを意業とする）から現れるので通三業の念仏というわけである。

この立場で五念門を解釈すると、作願門に異様な重きを置いてしまうことになる。つまり、願偈大意の「示現観彼安楽世界見阿弥陀如来」と「願生彼国」とを分けて、「願生彼国」とは「かの国に生ぜんと願ずる」ことだからこれが作願門であり、願生心であり、信心（安心）だということである。それで、西山義では五念門は五念仏門であるという義をたてる。そうすると、五念門の中には（作願門という）行ではないものができて、「五念門の行」という原則が崩れることになる。この立場は、信心（安心）と念仏（起行）が混然一体となっているので、念仏為本と差異化した信心為本をたててはしゃぐ学者[11]が安易に受け入れてしまいがちな解釈である。

この立場で「念仏衆生摂取不捨」を言えば、声に出す称名を選取したことにはならず、親鸞の信心為本が法然の念仏為本の革命性を帳消しにしてしまうことになる。それでは、法然の意図に背くことはもちろんのこと、親鸞の苦労の説明も台無しになる。そもそも、『観経』の「念仏衆生摂取不捨」は定善観を説いている釈迦の「横合いから弥陀が顔を出して」念仏衆生に光を当てるという印象的なシーンが要なのだが、この場面から顕密仏教を否定した先人のいさおしを無駄にしてはならないと思う。

五念門がすべて行であることは、「起観生信章」に天親が「云何観云何生信心若善男子善女人修五念門行成就畢竟得生安楽国土見彼阿弥陀仏（善男子・善女人、五念門を修して行成就しぬれば、畢竟じて安楽国土に生じて、かの阿弥陀仏を見たてまつることを得）」と述べていることで明らかであり、作願門についても『論』自体が「いかんが作願する。心につねに願を作し、一心にもつぱら畢竟じて安楽国土に往生せんと念ず。如実に奢摩他を修行せんと欲するがゆゑなり」（『七祖篇』一〇五頁）とあって、作願門とは奢摩他（止）を行ずることだとはっきり説いている。

観察などの定善について、法然は基本的には選捨の態度をとって明快なのだが、では、諸行往生を許容する立場（第十九願）や念仏だけを自分で執心する立場（第二十願）が何のために誓われているのかがわからなくなるし、『観経』や「願生偈」に定善と理解するしかないものが説かれている理由がわからなくなる。だから、法然はとりあえず定善を頭ごなしに否定せず、いわば「あいまい」に肯定している。これが、門弟たちに西・鎮の異解を生むことになったとも言えるだろう。親鸞が「化身土巻」で、このことを真仮を分かつという綿密な説明を施すことによって法然の真意を示してくれなければ、いつまでもこの混乱が続いていただろう。いや、浄土真宗の教学もちょっと油断すればすぐ西・鎮の誤解に陥るし、その例はかなり多いようである。近代になっても混乱を深めたくらいなのだから。

五、「願生偈」の一文両義――改めて考える、「偈文五念門配当」とは何か――

さて、では願偈大意をどう理解すれば首尾一貫するのだろうか。

そもそも西・鎮の誤解は「願生偈」全体が五念門を明かすもの、言い換えれば、願偈の大意は五念門なのだと前提したうえで議論していることから生じたものである。確かに、偈文全体を五念門を明かすものだとみることも可能だが、それは曇鸞によるかなり強引な説明があってのことだ。つまり、『論註』上巻で提示されている「偈文初めの一行の前半に「我一心」の自督の言葉があり、後半とつぎの第二行に礼拝・讃嘆・作願の三念門を配当し、中ほどの二十一行が全部観念門、最後の一行が回向門」という、「願生偈」の五念門配当の義である。

しかし、こうした説明を聞かずに漠然と偈文を読めば、偈文の初めの「世尊我一心　帰命尽十方　無礙光如来　願生安楽国　我依修多羅　真実功徳相　説願偈総持　与仏教相応」は、「先生、私は阿弥陀如来に帰依しその浄土に往生を願うというかたちをとって、先生の教えによって願偈を説き先生の教えに相応しようと思います」という意味で、まだ願偈の本編（正宗分）が説かれていない状態、すなわち序分とみるのが妥当だろう。また、最後の「我作論説偈　願見弥陀仏　普共諸衆生　往生安楽国」も、「さあ、私が作ったこの偈《うた》をみんなで歌って安楽国へ行こうぜ」というような宣伝（流通）の意義を持ち、どちらも偈《うた》のかたちになってはいるけれど偈《うた》の本編ではない。つまり、偈文に序・正・流の三分があることは明らかである。このことを香月院は、文前五科の第一で「本論三分の有無を弁ず」として一文両義なのだと説明しているわけである。

そのうえで、願偈大意の問答を見れば、これは両義のうちの序・正・流の三分があるという義によったのだと気づけば何も難しいことはないとわかる。三分ありの義から言えば、正宗分は「観彼世界相　勝過三界道」に始まる十七種の国土荘厳と、「無量大宝王　微妙浄華台」からの八種の仏荘厳および菩薩荘厳であるから、願偈大意の論文の「此願偈明何義」という問いに対して、「観彼安楽国」つまり十七種の国土荘厳と「見阿弥陀仏」つまり八種の仏荘厳および菩薩荘厳を示現した（明かした）(12)のだという答えとは割符を合わせた如くに対応していて西・鎮のような無理な会通(13)の必要はなくなるはずだ。

ただ、この説明でも、正宗分自体が「観彼安楽国」「見阿弥陀仏」というように観察門を表しているのではないかという疑問が残る。この疑問に対しては、文前五科の第二「五念門の正助を料簡す」の中で説明されている「一心安心上の観」と「起行観察門の観」との違いを理解する必要がある。これは、身業功徳のところと不虚作住持功徳のところでも説明されている。下巻では讃嘆門についての如実修行相応の説明に出てくる。結論だけを言うと、「観」は、三分ありの義の時は、善知識の教えを聞いて弥陀の誓願不思議に助けられるのだと信心決定して浄土を心に思い浮かべる観、五念門配当の義の時は、信後相続の起行の観、毘婆舎那の意味になる。

このような「両義」については、私は今のところ天親の仏教形而上学とそれをプラグマティックに浄土教へと転換する曇鸞との緊張関係で見ているが、香月院の説明は、天親の論自体に両義ありという立場だと思う。これは、親鸞もまたそうで、穏・顕の両義を見るということだろうと思う。

本章はここまでにする。つぎの起観生信は、「論に三分ありの義」と「論全体を五念門に配当する義」が複雑に絡まり合うが、ふたつの義があるということをしっかり心得ていれば、また、ふたつの義はうまく説明するために拵えたようなものではなく、浄土教という仏教にとっては必須のものなのだと心得ていれば、迷わず解釈できると思う。五念門を衆生（善男子・善女人）が修行するという義を捨てれば浄土教は自覚覚他の仏教ではなくなり、五念門の法蔵所修と如来回向の義を捨てて「菩薩心浄ければ国土浄し」の境地を目指すことになれば、仏教は虚しい観念論になるということである。

註

（1）ここでは、『浄土真宗聖典　七祖篇　註釈版』の「（この願偈はなんの義をか明かす。かの安楽世界を観じて阿弥陀如来を見たてまつることを示現す。かの国に生ぜんと願ずるがゆゑなり）」を使わずに、大谷派『真宗聖典』の書き下しを使う。そのわけは、願偈大意が「願生偈」の「大意」をひとくくりに示す（示現する）ものとみるからである。「願生彼国」も「願生偈」の大意に含まれていなければならないと考えるからである。次節で詳論する。

（2）五念門はあくまでも「行」であって「信」ではない。これもそれなりに難しいことである。

（3）鎮西派では、法然⇒弁長⇒良忠と三代伝次されたことになっている。

（4）『浄土宗大辞典』によると以下のとおり（https://jodoshuzensho.jp/daijiten/index.php/メインページ、二〇二四年一二月四日参照）。

『往生論註記』おうじょうろんちゅうき／往生論註記五巻。『無量寿経論註記』『論註記』ともいう。良忠撰。本書は曇鸞の『往生論註』に注釈を加えたもの。『往生論註』の注釈書としては最も成立が早い。また鎮西流における『往生論註』の注釈書の代表ともいえ、他宗の多くの学者からも援用されている。首題、撰号、釈文と順次に解説するなかで、釈文を明教相、述論大意、釈論文と細分して解釈する。道光『論註略鈔』によると弘長三年（一二六三）起稿、文永九年（一二七二）一二月添削をし、また同『料簡鈔』によるとその後再治調巻ののち、弘安九年（一二八六）に再度再治したことが知られる。写本が大正大学図書館に所蔵されるほか、版本に寛永四年（一六二七）版、正保三年（一六四六）版、慶安元年（一六四八）版、同二年版、同三年版、貞享三年（一六八六）版、正徳二年（一七一二）版の各版がある。

なお、『浄土宗大辞典』の年表によると、「一二五五年（建長七年）乙卯三月、良忠、下総国米倉郷において『往生論註』の講義を行う〈金沢文庫蔵無量寿経論註聞書〉」という項もある。『記』の十年ほど前である。

（5）『講苑』の三八七頁上段から三八八頁下段までの概要を示す。なお、次節で解説する西山義はこのあと三八八頁から三八九頁下までにあるが、いずれも文前五科の第二科「五念門の正助を料簡する」でも述べられている。『講苑』二一三頁下段～三〇頁下段。

（6）読誦・観察・礼拝・称名・讃嘆。『選択集』による整理。

（7）この部分については、『選択集』念仏付属章に出てくる善導散善義の引用「望仏本願意在衆生専称弥陀仏名」の「仏」を、釈迦とみなすか、弥陀とみなすかの違いなど、いろいろ派生する問題がある。

（8）比叡山の千日回峰行の研究をしている宗教学者に聞いたことがあるが、九百回を超えたころに、なんと峰に身の丈数メートルくらいの不動明王が必ず現れるそうである。というよりは、この不動明王が現れることがちゃんと行がなされていることの証明ともなるそうだ。私なら、「she loves you」が聞こえてくる方がいいけど。でも、今ならCDでもDVDでもあるじゃないか。つまり、夢とか幻想のなかでJohn, Paulと共演するのが見仏体験・観想念仏の喩えで、CDやDVDは観像念仏の喩えということになるだろう。どちらも引きこもり形の音楽鑑賞で、みんなと一緒に盛り上がる〈普共諸衆生往生安楽国〉には不向きである。

（9）河野法雲は慶応三年（一八六七）、美濃国羽栗郡円城寺村（現在の岐阜県羽島郡笠松町）の河野稱名寺に生まれる。真宗大学教授を経て、一九三四年（昭和九）に大谷大学学長に就任。一九三五年（昭和一〇）に論文「宗祖聖人の神祇観」を発表し神祇不拝を明確にしたが「教義上不穏当な箇所あり」とされ、一九三六年（昭和一一）に学長を更迭。後、宗門における職を一切辞し、自坊にもどり、宗門の戦争協力に従うことはなかった。一九四五年

（昭和二〇）に大谷大学名誉教授の称号を受けた。翌年、自坊にて示寂。
（10）堯恵善偉（一三二五～一三九五）。西山派深草義の僧。
（11）大谷派近代教学はほとんどこれである。『二門偈』の注釈書『流情記』を書いた智暹も「讃嘆門は他力の大行、作願門は他力の大信」と説明してしまっているそうである。『入出二門偈頌流情記』はインターネットの古本情報で宝暦一二年刊となっていた。宝暦一二年は一七六二年であるが、刊行年は著述年より後だと思われる。ちなみに、香月院は一七四九年生まれ一八一七年没である。廣瀬南雄『真宗学史稿』法藏館、九五頁。
（12）「示現」という言葉はなんとなく神秘性を帯びていて定善・観想念仏に適合しているように感じるので、そのように解釈する者も多いようだが、香月院は、これは単に問いの「何の義を明かす」に対応して「明かす」と同義にすぎないと説明している。こんなところにも当時の用例を辞書で説明するという彼の文献実証主義が貫かれている。
（13）香月院は丸く彫った枘《ほぞ》に四角の鑿《のみ》を合せるようなものという喩えを出している。「円枘方鑿の喩え」と言うそうである。こういうペダンチックなところが香月院らしい。

第20章　起観生信章とは何か

一、起観生信章という命名
――天親の長行のどこに「信を生ずる（生信）」について書かれているのか――

天親の『浄土論』の長行、つまり、解義分を曇鸞は『論註』で十章（十科）に分けているが、本章はその第二科「起観生信章」である。

はじめに、曇鸞によって「起観生信章」と名づけられ切り分けられた天親の長行の文を大谷派の『真宗聖典』の読み下しで掲げる。

いかんが観じ、いかんが信心を生ずる。もし善男子・善女人、五念門を修して行成就しぬれば、畢竟じて安楽国土に生まれて、かの阿弥陀仏を見たてまつることを得となり。なんらか五念門。一つには礼拝門、二つには讃嘆門、三つには作願門、四つには観察門、五つには回向門なり。いかなるか礼拝。身業をして、阿弥陀如来・応・正遍知を礼拝したまいき。かの国に生ぜん意をなさせんがゆえなり。いかなるか讃嘆する。口業をして讃嘆したまいき。かの如来の名を称し、かの如来の光明智相のごとく、かの名義のごとく、実のごとく修行し相応せんと欲うがゆえなり。いかなるか作願する。心に常に作願したまえりき。一心に専念して、畢竟じて安楽国土に往生して、実のごとく奢摩他を修行せんと欲うがゆえに。いかんが観察する。智恵をして観察したまえりき。正念に彼を観ずることは、実のごとく毘婆舎那を修行せんと欲うがゆえなり。かの観察に三種あり。なんらか三種、一つにはかの仏国土の荘厳功徳を観察す、二つには阿弥陀仏の荘厳功徳を観察す。三つにはかの諸菩薩の荘厳功徳を観察す。いかんが回向する。一切苦悩の衆生を捨てずして、心に常に作願す、回向を首として大悲心を成就することを得たまえるがゆえに。（大谷派『聖典』一三八～一三九頁／二版一四八～一四九頁）

この部分を本願寺派『七祖篇』はどのように読み下しているかについても確認しておく。なぜ、このような面倒なことをするのかというと、前章の「願偈大意」でも問題にしたように、曇鸞の『論註』は天親の「願生偈」を、序・正・流通の三分ありという義と五念門配当の義の、両義で読むという立場をとっている（正確には「曇鸞は両義ありという立場なのだ」と香月院が説明している）が、そうすると解釈において当該の部分は両義のどちらで読むべきかが問題となってくる。しかも、この「両義」は五念門の行者所修の義と法蔵所修の義の違いに関わり、他利利他の深義の解釈にも関わる。もちろん、「観」についての「一心安心上の観」「修慧の観」、二法身二身同異、往還入出同異などすべてに関わってくる。目立つところに下線を付してあるが、それがどのことに関わるかはかなり複雑である。

本願寺派『七祖篇』の読み下しは以下のとおりである。

いかんが観じ、いかんが信心を生ずる。もし善男子・善女人、五念門を修して行成就しぬれば、畢竟じて安楽国土に生じて、かの阿弥陀仏を見たてまつることを得。（中略）なんらか五念門。一には礼拝門、二には讃嘆門、三には作願門、四には観察門、五には回向門なり。（中略）いかんが礼拝する。身業をもつて阿弥陀如来・応・正遍知を礼拝したてまつる。（中略）かの国に生ずる意をなすがゆゑなり。（中略）いかんが讃嘆する。

口業をもつて讃嘆したてまつる。（中略）かの如来の名を称するに、かの如来の光明智相のごとく、かの名義のごとく、如実に修行して相応せんと欲するがゆゑなり。（中略）いかんが作願する。心につねに願を作し、一心にもつぱら畢竟じて安楽国土に往生せんと念ず。如実に奢摩他を修行せんと欲するがゆゑなり。（中略）いかんが観察する。智慧をもつて観察し、正念にかしこを観ず。如実に毘婆舎那を修行せんと欲するがゆゑなり。（中略）かの観察に三種あり。なんらか三種。一にはかの仏国土の荘厳功徳を観察す。二には阿弥陀仏の荘厳功徳を観察す。三にはかの諸菩薩の功徳荘厳を観察す。（中略）いかんが回向する。一切苦悩の衆生を捨てずして、心につねに願を作し、回向を首となす。大悲心を成就することを得んとするがゆゑなり。

（『七祖篇』一〇一～一〇七頁）

違いの説明に入る前に、曇鸞による「起観生信章」の組み立てについて確認しておく。起観生信章の註は「起観生信とは、この分のなかにまた二重あり。一には五念力を示す。二には五念門を出す」とあって、章をふたつに分けることをまず述べる。ひとつが「五念力を示す」、もうひとつが「五念門を出す」である。「五念力を示す」は「いかんが観じ、いかんが信心を生ずる」という問いと「もし善男子・善女人、五念門を修して行成就しぬれば、畢竟じて安楽国土に生じて、かの阿弥陀仏を見たてまつることを得」で、『論註』はこれについて解釈は述べない。つぎの「五念門を出す」はそのあとの全部であるが、こちらの方は、論文《ろんもん》を何段かに区切って詳細に註を施している。

二、いかんが信心を生ずる（云何生信心）という問いの答えはずっと後

そもそも本書のはじめに、体系的な書物を読み解くためには全体として何がどのように書かれているかがわからないと一つひとつの文が読めない、でも一つひとつの文を読まないで全体が先にわかるということはない、というアポリアについて述べた。『論註』の下巻はこのアポリアが一気に、怒濤のように押し寄せてくるのである。「いかんが観じ、いかんが信心を生ずる」というのは起観生信章の冒頭の問いである。意味は「どのように観じ、どのように信を生ずるのか」ということであるが、答えとしては「五念門を修める」とはあるが、五念門を修めると「安楽国に生まれて彼の阿弥陀仏を見ることができる」と書かれていて、そのあと、「五念門とは礼拝・讃嘆・作願・観察・回向ですよ、礼拝はこうこう……、讃嘆はこうこうやるんですよ……」と書かれているだけで、なんとなく「いかんが観じ」の答えらしきものはあっても、「いかんが信心を生ずる」の答えは見当たらない。

香月院は、この起観生信章の問いについて「**末註にもこゝを具《つぶさ》に釈して、問はかういふ問、答はかふいふ答と釈したはなし**(1)」としている。『註論講苑』ではこの問答が鮮やかに解釈されているが、香月院自身も「**私共も先年講説いたした時分には、『善男子善女人』等の論文は、初めの問を答へた文じゃと理屈をつけて弁じたことなれども、段々窺ふてみれば左様ではなし**」(『講苑』三九八頁上段)としており、鮮やかな解釈に至るには相当苦心したと思われる。

では、その「鮮やかな解釈」とはどういうものだろうか。それは起観生信章にある「善男子善女人」などの文は答えの文ではあるけれどもまだ答えが終わっていないのであって、完了するのはつぎの観行体相章と浄入願心章までいかないと答えは終わらないというものである。なぜそういうことになるかと言えば、「願生偈」に五念門配当の義と序・正・流通の三分ありの義の両義があるからだということである。つまり、願偈大意では三分ありの義で述べたから、ここから先は五念門配当の義で解釈するのだというわけである。天親自身は偈文を五念門に配当するということをその長行（解義分）で述べているわけではない。なので、そもそもこういうややこしいことになったのは、偈文の五念門配当などということを曇鸞が言いだしたからなのではないかと思うかもしれない。でも、そのように解釈しなければ、前章の願偈大意の問答も、本章の起観生信の問いと対応する答えがどうなっているのかなどのことがすっきりと解決しないことは確かである。つまり、天親がどう考えていたのかはよくわからないけれど、曇鸞の解釈によればその真意がわかるとも言える。「天親菩薩のみことをも　鸞師ときのべたまわずは　他力広大威徳の　心行いかでかさとらまし」（高僧和讃・曇鸞章第十一首。大谷派『聖典』四九二頁／二版五九三頁）というわけである。(2)

まず、「いかんが信心を生ずる」の答えはすぐにはわからないにせよ、「いかんが観じ」の答えが観行体相章にあるというのはそれなりにわかる。観行体相章とは十七種の国土の荘厳と八種の仏荘厳・四種の菩薩荘厳が観察の対象として説明されているからである。でも、これは偈文配当に関わる両義とは関係なく、曇鸞が天親の論文《ろんもん》を起観生信章と観行体相章とのふたつに分けたから生ずる疑問なのであって、曇鸞の章立てを無視して『論』だけを読んでいれば問いと答えは対応していないというよりは、問いの答えが単に長いというだけとも言える。ともあれ、『論註』は上巻で、この観行体相の章に示された浄土の荘厳の名称（荘厳〇〇功徳成就など）を使って偈文の解釈をしているが、これは、曇鸞が「いかんが観じ」の答えが観行体相章にあるとみなしているからなのだと香月院は説明している。

しかし、「いかんが信心を生ずる」の答えはどこまで読んでも出てこないようにも思える。これに対して、香月院が言うのは、問いの答えは、観行体相でもまだ終了せず、終了はそのまたつぎの浄入願心章だと言うのである。浄入願心章といえば、二法身や一法句が出てくるところである。この法性法身や一法句の議論は大変であるが、それはその時にまた考えよう。

ただ、浄入願心章までいくと「いかんが信心を生ず」の問いは答え了ると香月院が言っているということについては、あらかじめ知っておく必要があると思われる。浄入願心章で天親菩薩は「また向《さき》に観察荘厳仏土功徳成就と荘厳仏功徳成就と荘厳菩薩功徳成就を説きつ。この三種の成就は、願心をして荘厳せりと、知るべし」（大谷派『聖典』一四二頁／二版一四二頁）と言って、極楽国土の環境を偈文で説明したのはどのような世界、どのような人格を望むかという「願心」を、かたちとして表現する（荘厳する）ためだとしている。

この「願心」は、一応、法蔵菩薩の願心と考えられるから、浄入願心章とは、その前の観行体相章で扱った「観察」の対象たる国土や住人の様子は法蔵菩薩の願心が荘厳成就されたものだということを説明していることになる。つまり、法蔵菩薩は一切衆生を平等に救うために、そのような環境を用意して衆生を迎えようという本願を建立したのであると。そうすると、衆生は仏の本願力を思い浮かべることができる。これが「観仏本願力遇無空過者」という「観」なのだということになる。上巻の不虚作住持功徳のところを思い出してほしい。(3) つまり、「観」は、願力をこころにうかべみるともうす、またしるというこころなり。「遇」は、もうあうという。もうあうともうすは、本願力を信ずるなり」だから、浄入願心章が「いかんが信心を生ず」の答えになっているということである。そこから観行体相章に「いかんが観じ」の答えがあると言っても、起観生信の「観」は観察門の「観」ではなく、一心安心上の「観」だということになる。ややこしいと言えば、ややこしいのであるが、これより鮮やかな説明はないと思われる。ややこしく見えるのは、浄土教が単に超越者依存の救済教なのではなく、自覚覚他の仏教でもあるから生ずるのである。このややこしさを「なんだか奥深くてわかりにくいけれど、わからないところが尊い」とはせず、鮮やかに説明するところが香月院らしいと思う。

三、「いかんが観じ、いかんが信心を生ず」の答えの始まり
――五念力を示す・五念門を出す――

さて、「いかんが観じ、いかんが信心を生ず」の答えの始まりは、曇鸞が「五念力を示す」と科文した「(いかんが観じ、いかんが信心を生ずる。)もし善男子・善女人、五念門を修して行成就しぬれば、畢竟じて安楽国土に生じて、かの阿弥陀仏を見たてまつることを得」までである。「いかんが観じ……」を( )内に入れたのは「もし善男子・善女人、五念門を修して行成就しぬれば、畢竟じて安楽国土に生じて、かの阿弥陀仏を見たてまつることを得」がこの問いの答えの始まりにすぎず、答えがここで終わるわけではないことを意識するためである。先にも述べたようにこの部分について、『論註』は何も述べない。五念門を修めることは安楽国に生まれて阿弥陀仏を見ることにつながるとだけ、五念門の力能を述べたのだということだろう。

つぎの「五念門を出す」は「なんらか五念門。一には礼拝門、二には讃嘆門、三には作願門、四には観察門、五には回向門なり」から始まって、「いかなるか礼拝(いかんが礼拝する)」「いかなるか讃嘆する(いかんが讃嘆する)」……「いかんが回向する」という五念門の各項についての問答になる。『論註』は、まず「なんらか五念門。一には礼拝門、二には讃嘆門、三には作願門、四には観察門、五には回向門なり」については、「**門」とは入出の義なり。人、門を得ればすなはち入出無礙なるがごとし。前の四念はこれ安楽浄土に入る門なり。後の一念はこれ慈悲教化に出づる門なり**」(『七祖篇』一〇二頁)とだけ記す。つまり、「門」の意義である。

ここで「前の四念はこれ安楽浄土に入る門」とあって、「入」が浄土に入るという意味だと書かれていることから、後の回向門に登場する往還二回向との異同が問題になる。というのは、前の四門が「浄土に入る門」ならば後

の一門、つまり、回向門は「浄土から出る門」なのかということである。門に入出の義があるということ自体は当たり前のことであるが、『論』においてこれ（入出）が語られるのは解義分第十科の利行満足章である。そこでは、いま議論している因の五念門ではなく果の五門として入出が語られるのである。起観生信章では入出が語られていない。曇鸞は、「入出」が語られていないところで「入出」という言葉を使った註を付しているのである。これも問題になるが、このあとの回向門に付けられた「註」である往還二回向や、ずっと先の利行満足章につけられた「註」に登場する他利利他の深義などと一緒に検討することにして、今の段階ではつぎのように確認しておこうと思う。

すなわち、入出は必ずしも「浄土へ」の入出とは言えない。『論』においては入出いずれも浄土を起点としているとは書かれていないのである。『論註』では、浄土へ「入る」という術語は登場するが、「慈悲教化に出る」とはあっても「浄土から出る」という表現は見当たらない。しかし、『論註』独自の用語である「往還」は明瞭に浄土とこの娑婆世界との往還である。このこともまた読み進めるうちに次第に明らかになることである。

四、「五念門を出す」——五念門の行為主体——

さて、このあと『論』の起観生信章の後半「五念門を出す」と科文された部分は、「いかんが礼拝する」のように五念門の実行様態（五念門の行はどのような仕方で行ぜられるのか）を問題にする。礼拝は身業によって行う、讃嘆は口業によって行う、作願は意業によって行う、という具合に当たり前のことが書かれているわけであるが、『論註』はそれぞれにかなり詳細な（というよりは『論』の主旨から逸脱するような）解説を付けている。とりわけ、回向門の「いかんが回向する。一切苦悩の衆生を捨てずして、心につねに願を作し、回向を首となす。大悲心を成就することを得んとするがゆゑなり」に付けた解釈は不思議なことになっている。いわゆる往還二回向である。往還の主体が誰であれ、つまり、往還するのが衆生であれ、あるいは、奇妙なことではあるけれど阿弥陀如来（法蔵菩薩）であれ、「往」とは極楽浄土へ往生すること、「還」とは極楽国土から飛び出してこの娑婆世界に還ることであるのは確かである。[4] 往相について曇鸞は「おのが功徳をもつて一切衆生に回施して、ともにかの阿弥陀如来の安楽浄土に往生せんと作願するなり」（『七祖篇』一〇七頁）とし、還相は「かの土に生じをはりて、奢摩他・毘婆舎那を得、方便力成就すれば、生死の稠林《ちゅうりん》に回入して一切衆生を教化して、ともに仏道に向かふなり」（『七祖篇』一〇七頁）というふうに明了に「彼土」を起点として往還を語っているからである。そのうえで、五念門の前四門が「入」あとの一門、つまり、回向門が「出」とあるわけであるから、「入出＝往還」しかも「入＝往」「出＝還」と考えることが自然だろう。しかし、曇鸞の『論註』は前四門が「安楽浄土に入る門」と言っておきながら「出」の門である回向門に「「回向」に二種の相あり。一には往相、二には還相なり」（『七祖篇』一〇七頁）という註を付けているのである。これをいったいどう解釈すればいいのか。

　この難問に対して香月院は鮮やかかつ否定しようがない解釈をしている。そして彼は、その解釈は親鸞の解釈を忠実に解説したものだということを自信を持って宣言している。その解釈とは、往還二回向について往還の行為主体と回向の主体を明確に分けるというもので、「往相還相は衆生にばかりあり、回向は如来にばかりあり」（『講苑』四六三頁下段）というテーゼとして繰り返し述べられている。このテーゼが動かし難いことについては、本書のいたるところで述べているし、拙著『平和と平等の浄土論――真宗伝統教学再考――』（白澤社、二〇二〇年）に詳しく述べたのでそれを参照していただきたいと思う。もちろん、起観生信章の最後にある回向門の註を解釈する時にも詳しく解説したいと思う。ただ、この「鮮やかな解釈」に納得しない人は少なくないと思われる。どうしてそういうことになるのかを、現段階で可能な限り述べたいと思う。

私は香月院の解釈は「往還の行為主体と回向の主体を明確に分ける」ものだと思っている。つまり、回向の主体は如来であるが、往還の主体は衆生であるということである。しかし、回向門は五念門のひとつで、五念門の行為主体は「善男子・善女人」つまり煩悩成就の凡夫とは違うかもしれないが、阿弥陀如来ではない「衆生」だということもまたはっきりしている。起観生信章のはじめに「善男子・善女人、五念門を修して行成就しぬれば、畢竟じて安楽国土に生じて、かの阿弥陀仏を見たてまつることを得」と書かれているのだから、善男子・善女人は、回向門の行を成就してその果である園林遊戯地門を出て一切衆生を教化することになるというのが『論』の解義分の主旨である。(5) 五念門の第一の礼拝は阿弥陀如来を礼拝することだし、讃嘆は阿弥陀如来を讃嘆することである。阿弥陀如来が阿弥陀如来を礼拝し讃嘆するのはおかしいだろう。でも、香月院は回向については「如来にばかりあり」と言うのである。衆生が回向するのではないということだろう。では、あとの前四門はどうなるのだろう。

五、礼拝門の解釈――「なさせんがゆえなり」なのか「なすがゆゑなり」なのか――

「五念門を出す」と科文された部分は、このように、その行為主体について複雑な様相を呈している。その核心は回向の主体であるが、それ自体はこのような予告編で済ませておいて、とりあえず、本章は礼拝門から始めよう。

親鸞聖人は、『論註』に自ら訓点を施したものを残しておられる。これを通常「加点本」と呼んでいる。一般に、加点本『論註』は、親鸞による建長八年（一二五六）の加点であるとされているようであるが、いつ刊行されたのかについては私はきちんと調べていないのでよくわからない。ただ、この加点本に付された訓点には、自然な読みとは異なる独自の、いや、もっとはっきり言えば、原意と異なる無理な読み方になっている個所が何個所かあるということについては、古来多くの人が指摘しているところである。また、親鸞聖人は晩年に『入出二門偈』を制作して『論』及び『論註』を自由に引用して独自の議論も展開している。『入出二門偈』では、『論』『論註』の原文を引用する際に同様の独自の訓点を付すだけでなく、原文にないことも書き加えている。そのこと（『入出二門偈』の主旨に）も留意しつつ、礼拝門を読んでいこうと思う。

本章の冒頭に大谷派『真宗聖典』の書き下しと本願寺版聖典（『七祖篇』）の書き下しの両方を掲げておいた。大谷派『真宗聖典』の書き下し文の方針は「親鸞自身がその著作で引用したり、『論註』のようにほぼ全部に加点したものを残している時にはそれに従う」ということのようである。しかし、このようなことをすると、親鸞自身もある意味で無理を承知で施した訓点が親鸞が引用しなかった文の書き下しと整合しないことになったり、原文と一緒に読んでその無理を読者が実感する妨げになるとも考えられる。これに対して、本願寺版聖典の方針は「普通の読み方を示して、注釈として親鸞の読みを巻末に参考として載せる」というかたちになっている。この両者の方針の善し悪しは別として、とにかく、礼拝門における親鸞の独自の読みをまずは確認しておこうと思う。次頁の【図6】は、上段が本願寺版聖典の書き下し、つまり普通の読み、天親が述べたことである。下段が親鸞の独自の加点による読みを採用した大谷派のものである。本願寺版では、これを巻末に付録として「宗祖の訓点」として載せている。異同がわかりやすいように傍線を付した。左側はそれぞれの現代語訳である。

【図6・書き下し文の比較】

	本願寺版聖典の書き下し	大谷派『真宗聖典』の書き下し
原文	いかんが礼拝する。身業をもつて阿弥陀如来・応・正遍知を礼拝したてまつる。かの国に生ずる意をなすがゆゑなり。	いかなるか礼拝。身業をして、阿弥陀如来・応・正遍知を礼拝したまいき。かの国に生ぜん意をなさせんがゆえなり。
現代語訳	どのように礼拝すればいいのか。（五体投地などの）身体を使って阿弥陀如来・応・正遍知を礼拝するのである。阿弥陀如来の極楽土に往生したいという気持ちを示すためである。	礼拝とはどのようなことか。身体を使われて、阿弥陀如来・応・正遍知を礼拝なされたのである。（さまざまな巧みな手立てを講じて、もろもろの群生をして[6]）阿弥陀如来の極楽国土に往生したいという気持ちにさせたいと思われてのことである。

このあと、讃嘆・作願などの文についても異同があるが、とりわけ最後の回向門についての異同においては、通常の読みと加点本の読みとの間だけではなく、『教行信証』「信巻」に引用されているものとの違いもあるので、次章に譲ろうと思う。

親鸞の独自の読みによって何が変わったのかというと、五念門の行為主体が変わったのだという説明が従来なされてきた。私も、香月院も一応そう説明していると思われるし、それはそれでいいのであるが、変わり方が一様ではないのである。それをまず「礼拝」に関して精査してみようと思う。

本願寺版の「礼拝したてまつる」の「まつる」は謙譲語に属する敬語で、行為する主体が行為の対象より一段下であることを示す言葉である。原漢文にこの「まつる」のニュアンスがあるかどうかは微妙なところであるが、礼拝の行為主体は善男子・善女人、礼拝の対象は阿弥陀如来という至高の存在なのであるから、「まつる」という謙譲語を使っても原漢文の意図から外れた書き下しとは言えないだろうから、これを「通常の読み」として問題ないと思われる。

一方、大谷派『真宗聖典』の「礼拝したまいき」の「たまふ」は礼拝の行為をする主体に対する尊敬語で、筆記者（一応は、天親菩薩、ただし、引用者の親鸞と言う方が正確か）が自らが描写する礼拝の行為者を一段上に見て尊敬していることを表している。ちなみに、「き」は過去の助動詞で、「けり」のような伝聞過去「だったそうだ」ではなく、「だったのだ」という断定過去である。そして、礼拝の行為者は原文に「善男子・善女人」と明記されているから、書き手が、例えば、「自分は罪悪深重の凡夫だ」と自覚して善男子・善女人を尊敬していると理解することもできるが、その解釈は当たらないということになっている。その理由は、加点本や『教行信証』で独自の読みを出した親鸞自身が晩年の自作『入出二門偈』で、五念門の行為主体を法蔵菩薩だとする見解を示しているから[7]である。法蔵菩薩だということになると、至高の存在・阿弥陀如来の因位であるから、尊敬語「たまふ」があっても何の不思議もないということになる。これが、読み換えによって五念門の行為主体が衆生から法蔵菩薩（＝阿弥陀如来）に変換されたのだという説明が幅を利かす元になっている。

しかし、この解釈を採用すると、因位の自分・法蔵菩薩が果位の自分である阿弥陀如来を礼拝するという不思議なことになる。この「不思議」をどう説明するかであるが、おそらくはこれの決着も「回向は如来にばかりあり、往相還相は衆生にばかりあり」という回向と往還の主体をきっぱり分けるという解釈にあるのだと思われる。本章では、礼拝門に限定してこの「不思議」を考えておこうと思う。

親鸞の独自の読みは、五念門の修行主体を法蔵にしたということになると一般に解釈されているようであるが、礼拝門について書かれた『論』の文「為生彼国意（かの国に生ぜん意をなさせんがゆえなり）」の解釈が気になる。親鸞は、加点本でこの部分を「（さまざまな巧みな手立てを講じて、もろもろの群生をして）阿弥陀如来の極楽国土に往生したいという気持ちにさせたいと思われてのことである」という意味に解釈したが、この和文において往生の主語は明らかに「もろもろの群生」ということになる。それは、のちの『入出二門偈』においても明らかである。また、衆生を往生させたいと思う使役の主語は、これまた阿弥陀如来であると考えねばならない。そのことも、同じく『入出二門偈』で「阿弥陀如来・応・正遍知」を「（『論』では礼拝の目的語だったのを）善巧方便して、安楽国に生ぜん意をなさしめたまう」行為の主語にしてしまっていることからも明らかである。加点本であっても、『論』における礼拝の対象は「阿弥陀如来・応・正遍知」であるのに、『入出二門偈』では阿弥陀如来は善巧方便して衆生が私の国に往生したいという気持ちにさせる主語になってしまって、礼拝の対象ははっきりしないということになる。そして、礼拝の主語は『論』『論註』では善男子・善女人となるはずであるし、動詞を尊敬語にする加点本の操作を経ても礼拝の目的語が「阿弥陀如来・応・正遍知」である以上、同時に主語だというのは（自分が自分を礼拝することになって）おかしいけれど、明瞭に書かれていないので如来が主語なのだと言い張れないこともないということにはなる。しかし、『入出二門偈』では「阿弥陀如来・応・正遍知」がつぎの文の主語になっているので、尊敬語にした「礼拝する」という動詞の主語もまた「阿弥陀如来・応・正遍知」だと言い張ってもいいということになるかもしれない。

どう解釈すればいいのだろう。

私の解釈は今のところこうなる。すなわち、『入出二門偈』に出てくる善巧方便とは方便回向のことだから、親鸞は回向の主語が阿弥陀如来にしかならないということについては譲らないし、往生や還来穢土の主語が衆生でしかないということも譲らない。だから、五念門のなかの回向門の行為主体が如来であることもまた譲らないが、前四門については明白に「両義あり」ということになる、というものである。つまり、礼拝や讃嘆についてはあくまでも「衆生が如来を礼拝する」「衆生が阿弥陀さんに対して、それっていいですねと言う」が基本であり、五念門全体を法蔵所修と理解した場合、「法蔵が阿弥陀如来を礼拝する」の意味が生ずるが、それはほとんど無視する。しかし、回向については「如来が一切衆生に回向する」が基本で、「衆生が他の衆生に利他回向する」はほとんど現れないが確かにあるということである。

これを別の観点から言えば、自覚教が基本である仏教では、五念門行の行為主体は衆生自身であるということだが、それでは実際には有効に働かない仏教になってしまう。だから、回向だけは「本願力回向」すなわち、如来回向とすることによって、衆生が真に主体として生きる希望を見出せるということだろうと思う。『論註』は「他力」ということを強調しているという印象があるが、実際に「他力」という言葉が出てくるのは、全部で五回、それも文前玄義に一回だけで、あとの四回はすべて利行満足章の本願力回向に関するところである。何でもかんでも他力にするような「絶対他力」は『論』『論註』にも親鸞にもないのである。往相還相は衆生にばかりありという原則は動かない。

註

（1）『講苑』三九六頁下段。例えばとして、良忠の『記』を紹介しているが「善男子……」の文で観を起こすことも信を生ずることも答えているという無理やり感がある。香月院は曇鸞が「善男子……」の文を「五念力を示す」とするだけで、この文を以て「観と信を生ずることを示す」としていないのだから、良忠の解釈は採用できないと言っている。

（2）私は、天親は浄土教を仏教形而上学に還元しただけであって、「願生偈」それ自体には両義はないのではないかとまだ少し思っている。両義は、曇鸞が作って親鸞が継承したのではないかと。香月院はそうみなしていないし、親鸞も天親の論自体に両義ありとみなしているのだと思う。

（3）　第15章の三〇四～三〇八頁参照。

（4）　どんどんややこしくなるのであまり煩く注は付けたくないのであるが、この「確かである」にもおそらく異議はあると思われる。それは、往還とは人や（ひょっとすると法蔵菩薩）が往還するのではないと解説する人もいるからである。回向の体は名号であるというのがその根拠だと思われるが、これは、名号には往相と還相の働きがあるということだと主張しているのだとは思われる。詳しい説明は回向門の解釈の時に改めて行うが、名号の往還の働きは衆生に往相と還相の行為主体となるように仕向ける働きと解釈すべきである。香月院の説明に納得できない場合、こういう意見も出るだろうが、名号が往還するというわけにはいかない。そもそも観念的な仏教形而上学の建前から言えば、浄土が実在するとかそこへ往くとか還るということなどないのである。だけれども、浄土教とはこのような仏教形而上学が人びとの安慰や幸福に有効に働くために、如来が回向して衆生をしてこの娑婆から極楽浄土へ往かしめ、さらに穢土に還来せしめるというイメージを持ったのである。名号の往還などというような中途半端な仏教形而上学に戻ってはならない。戻るのなら、名号も捨てていろもかたちもない真如実相についてわけのわからない説明をする方がまだましではないだろうか。浄土教徒として信心決定したということは、衆生の（来世での）往還というような迷信じみた表現こそが、われら煩悩成就の凡夫に与えられたものだと決意して現世を生きるということである。

（5）　もっとも、途中から「善男子・善女人」ではなく「菩薩」となっているので、この「菩薩」は煩悩成就の凡夫ではないどころか、善男子・善女人でもなく法蔵菩薩のこと、つまり、阿弥陀如来のことだとも言えるわけで、『論註』がややこしいだけではなく、『論』も幽玄不可思議な様相を持っているとも言えるが……。

（6）　この挿入は『入出二門偈』の「いかんが礼拝する、身業に礼したまいき。阿弥陀仏正遍知、もろもろの群生を善巧方便して、安楽国に生ぜん意をなさしめたまうがゆえなり」（大谷派『聖典』四六二頁／二版五四六頁）を踏まえている。

（7）　つぎのように示されている。「菩薩は五種の門を入出して、自利利他の行、成就したまえり。不可思議兆載劫に、漸次に五種の門を成就したまえり。（中略）いかんが礼拝する、身業に礼したまいき。阿弥陀仏正遍知、もろもろの群生を善巧方便して、安楽国に生ぜん意をなさしめたまうがゆえなり」（大谷派『聖典』四六一～四六二頁／二版五四五～五四六頁）。「不可思議兆載劫」の修行というのは、『大経』の「勝報段」（大谷派『聖典』二八頁／二版二八頁）に登場する概念で、これを親鸞は五念門の修行としているわけである。ここでは、「阿弥陀仏正遍知」は礼拝の対象ではなく善巧方便をなす主体になっている。

第21章　その名にふさわしい讃嘆
──讃嘆門（その一）

一、五念門行は、誰がいつ行うのか

前章では、曇鸞が区分した解義分（長行）十科の第二「起観生信章」の第二重「五念門を出す」のうちの礼拝門についての『論註』を終えた。本章は、讃嘆門の註からだが、前章をざっとおさらいしておく。

「五念門を出す」のところでは、『論』が「なんらか五念門。一には礼拝門、二には讃嘆門、三には作願門、四には観察門、五には回向門なり」と列挙するところについて、『論註』で「門」についての解釈を述べる際に「入出」の義を述べるというフライングがあることを確認した。「入出」は『論』では最終・利行満足章になって初めて登場する概念だからである。『論註』のフライングは、回向門のところで往還二回向という曇鸞オリジナルの概念を出すためだと推測される。礼拝門の論文《ろんもん》は「云何礼拝身業礼拝阿弥陀如来応正遍知為生彼国意故」でそれに続く讃嘆門は「云何讃嘆口業讃嘆称彼如来名如彼如来光明智相如彼名義欲如実修行相応故」（『浄土真宗聖典　七祖篇　原典版』一一六頁）である。それぞれについての「註」は、それぞれ『論』を少し逸脱してはいるが、回向門における逸脱ほどではない。

それよりも、前章はこの曇鸞の逸脱よりももっと激しい親鸞の逸脱に注目した。すなわち、『親鸞加点本』『教行信証』『入出二門偈』などの一連の作品において独自の訓点を加えることによって五念門の行為主体を善男子・善女人へ、すなわち、衆生から法蔵（阿弥陀）へと転換してしまったことである。この転換について一貫した解釈をするには、香月院の「回向は如来にばかりあり、往相還相は衆生にばかりあり」[1]（『講苑』四六三頁下段）のテーゼを受け入れるしかないことについては、何度も確認していこうと思っている。

さて、この「五念門を出す」の各論文において、行為主体が衆生であれ法蔵であれ、礼拝とは身業である、讃嘆は口業であるというような当たり前のことが書かれているあとに、礼拝の場合には「為生彼国意（かの国に生ずる意をなすがゆゑ）」、讃嘆なら「称彼如来名如彼如来光明智相如彼名義欲如実修行相応故（かの如来の名を称するに、かの如来の光明智相のごとく、かの名義のごとく、如実に修行して相応せんと欲するがゆゑなり）」というような五念門修行の「理由」について述べた部分がついている。この理由の中にある「かの国に生ずる意をなす」主体や、「かの如来の名を称する」主体は、当然のこととして当該の行を行う主体と同一の善男子・善女人である。ところが、親鸞は上述の『親鸞加点本』『教行信証』『入出二門偈』などの一連の作品において、動詞の礼拝や讃嘆の語尾を敬語表現に変えることによって礼拝・讃嘆の行為主体（主語）の転換をしているから、理由に出てくる「かの国に生ずる意をなす」主体、「かの如来の名を称する」主体もまた同様に変換されるはずであるが、「かの国に生ずる」については、「かの国に生ぜん意をなさせんがゆえ」と使役にして、往生という行為の主体はあくまで善男子・善女人にとどめている。つまり、往生するのはあくまでも衆生であって、法蔵菩薩は、回向はもちろん、前四門の礼拝・讃嘆・作願・観察の主体に変換されても、往生の主体にだけはけっしてならない、というのが親鸞の五念門法蔵所修の主張であることがわかるのである。

だから、法蔵菩薩は還来穢土の主体にもけっしてならないはずであるが、このことについては議論が分かれるところだと思われる。五念門の行為主体が衆生から法蔵に変換されると、いろいろ奇妙なことが起こる。すなわち、礼拝門の修行において法蔵が自分自身の未来のすがたである阿弥陀如来を礼拝することになってしまうなどのことである。親鸞がその奇妙さを承知のうえで、あえてこうした主語の転換を行ったわけは、「回向は如来にばかりあり、往相還相は衆生にばかりあり」と香月院によってテーゼ化された専修念仏の神髄を、なんとか私たちに伝えようと思ったからである。(2)

『論』の「かの国に生ぜん意をなさせん」(もちろんテキストは『論』『論註』ともに「なさせん」ではなく「なす」であるが)に付けた曇鸞の註を付け加えておく。その部分はつぎのようになっている。

なんがゆゑぞこれをいふとなれば、菩薩の法は、つねに昼三時・夜三時をもつて十方一切諸仏を礼す。かならずしも願生の意あるにあらず。いまつねに願生の意をなすべきがゆゑに、阿弥陀如来を礼したてまつるなり。

(『七祖篇』一〇二頁)

つまり、菩薩というものは行儀として一日に六回諸仏を礼拝することになっているので、単に礼拝すると言ってもどの如来を礼拝するのかがはっきりしない。天親菩薩が言っているこの礼拝は阿弥陀如来の極楽浄土に生まれたいという「願生の意」を示すための礼拝なのだということを明確化するために、天親菩薩は「為生彼国意」と強調したのだという解釈である。阿弥陀如来を礼拝すれば、つねに阿弥陀の極楽に往生したいという意をなすことになるからだ、という説明である。

しかし、菩薩の行儀で(阿弥陀とは限らない)諸仏を礼拝するなどということをことさら持ち出さなければ、文脈上この礼拝が「為生彼国意(かの国に生ずる意をなす)」というのは当たり前のことではないだろうか。この註があったからといって邪魔になるわけでもないのだが、無くてもどうということはない。

ところが、香月院『註論講苑』（『講苑』四一五頁上段）を見ると、この個所にちょっと興味深い解説がなされているので紹介しておこうと思う。問題になるのは、「つねに願生の意をなす（常作願生意）」である。「つねに」と言われるとなかなか大変に感じる。このあとの作願門においても、「いかんが作願する。心につねに願を作し、一心にもつぱら畢竟じて安楽国土に往生せんと念ず（心常作願一心専念畢竟往生安楽国土）」とあって、礼拝であれ、讃嘆であれ、常に願生の思いを持ってなさねばならないということかと思ってしまうわけである。いわば、礼拝・讃嘆するごとに本気で浄土に生まれたいと思わなければならないのかと。あるいは、もっと端的に言うと、しょっちゅう「助け給え」と思っていなければならないのかということで、これを「常だのみ」の異義とも言うそうである。そうではなくて、「往生一定の思ひ」というのは、『歎異抄』の言葉を借りるならば「弥陀の誓願不思議に助けられまいらせて往生をばとぐるなりと信じて念仏申さんと」（大谷派『聖典』六二六頁／二版七六七頁）決意したことである。決意はひとたびで十分なので、あとは平生相続ということになる。だから、「**願生の行者には平生相続の行をなすときの心持に願生心の離れると云ふことはなし**」（『講苑』四一四頁下段）なのである。心配するな、そう決めたのだから、ということである。決めたのは確かに私ではあるが、こんなことが決められたのは不思議という他はない。誓願不思議に助けられた、如来に賜りたる信心としか説明しようがないということである。

この個所に限らず、われら凡夫にできそうもないことが登場した時は、できないことに深い反省をするふりをしたり、罪の意識を感じたりしてはいけない。阿弥陀さんの御約束は、誰でもできる簡単な声に出す念仏をする者を残らず極楽に迎え取るというものである。念仏さえしていれば、願生の気持ちは無理せずとも自然に備わっているのである。このあと、如実修行についての解釈でそれが一層はっきりすることになる。

二、讃嘆門以下における『親鸞加点本』と『入出二門偈』の訓点の相違

讃嘆門の論文は「云何讃嘆口業讃嘆（いかんが讃嘆する。口業をもって讃嘆したてまつる）」と「称彼如来名如彼如来光明智相如彼名義欲如実修行相応故（かの如来の名を称するに、かの如来の光明智相のごとく、かの名義のごとく、入出如実に修行して相応せんと欲するがゆゑなり）」のふたつである（書き下しは、大谷派『聖典』、すなわち、『親鸞加点本』や『入出二門偈』にまで配慮してしまってわかりにくくなっているものには依らず、普通の訓読にした）。『論』がここでふたつに分けているわけではないが、『論註』がふたつに区切って註を付けているのである。前半の註は「「讃」とは讃揚なり。「嘆」とは歌嘆なり。讃嘆は口にあらざれば宣べず。ゆゑに「口業」といふなり」だけであるが、後半には詳細な註がある。論文を「称彼如来名」「如彼如来光明智相」「如彼名義欲如実修行相応」の三段に区切って解釈し、それを一応終えてさらに、『論』には書かれていない「不如実修行」という概念を提出して重要なことを述べている。この「不如実修行」というところで、以前に先走って説明した実相身・為物身の二身についての議論が出てくる。香月院の『註論講苑』の文前五科の第五科が「二法身二身同異」であるから、『論註』読解の鍵のひとつがここに登場するわけである。

また、讃嘆門は、第二科の「五念門の正助を料簡する」のなかで、いかにも観察門中心に見える「願生偈」の五念門が、もし正助を論ずれば、声に出して「南無阿弥陀仏」ということを本願正定業とする観点から見て、やはり、讃嘆門が主となるという点でも重要な個所である。

さて、一つひとつの議論をする前に、前章の礼拝門のところでも検討した『親鸞加点本』と『入出二門偈』の訓

点の違いについてみておく。一目で比べられるように、本来の『論』の解義分、『親鸞加点本』『入出二門偈』の三者それぞれの訓点とそれによる意味の相違を示す【図7】を次頁に示す。もっとも、『入出二門偈』は引用というよりは親鸞自身の別個の「作品」であるが、単純に自分の思想を示すだけなら、引用の形式にする必要はない。『入出二門偈』は『論』と『論註』との微妙な相違を統一的に解釈するために作られたものというべきだろう。図表は、讃嘆門だけである。あとの四門も理論的には作れるが、今はやめておこうと思う。何故かというと、『親鸞加点本』と『入出二門偈』の訓点はどちらも親鸞の作品であるが、両者に相違がある。相違が生じているのは親鸞の思想の「発展」あるいは「推移」が関係していることは明らかである。推移の流れの最後は『入出二門偈』であるが、これだけで全体を統一的に説明することはできない。もっと言えば、『入出二門偈』もまたこの思考の推移の一過程にすぎないというべきであろう。統一的に理解するには、香月院のテーゼ「回向は如来にばかりあり、往相還相は衆生にばかりあり」から再構成するしかないと思われる。私は、このテーゼによって親鸞の意図をよりわかりやすく表現することができるのではないかと思っている。そのためには、『入出二門偈』の回向門の訓点をいくらか訂正し、礼拝門も少しだけ訂正したほうがいいとさえ思っている。しかし、『入出二門偈』における親鸞の讃嘆門の引用については、親鸞の意向が問題なく表現されているので何ら訂正する必要はないと思われる。なので、とりあえずは讃嘆門に関する三者の相違を図表にしてみた。二重線の右側が漢文の書き下しで、左側はその逐語訳である。

まず、『論』の原漢文を改めて掲げておく。

云何讃嘆口業讃嘆称彼如来名如彼如来光明智相如彼名義欲如実修行相応故

（『浄土真宗聖典　七祖篇　原典版』一一六頁）

もともと『論』に書かれているのは、「善男子・善女人が五念門のうちの讃嘆門の修行をするのは阿弥陀仏の名前を唱えてその名前に相応しいものに自らを高めていくためである」というようなことである。つまり、阿弥陀仏というような理想的な仏を目標として、自分もそれと同等なものになることをめざす修行ということだろう。

また、『入出二門偈』の（和製）漢文はつぎのごとくである。

云何讃嘆口業讃　随順名義称仏名　依如来光明智相
欲如実修相応故　則断無碍光如来　摂取選択本願故

（大谷派『聖典』四六二頁／二版五四六頁）

こちらの方は、「讃じたまいき」と読ませるわけであるから、書き下しと言っても元の漢文とは違う意図を持って書かれた日本文というべきである。だから、左側に示した「逐語訳」は、もっと日本語風に直したほうがいいかもしれない。すなわち、「云何讃嘆」も「讃嘆とはどういうことなのか」という逐語訳ではなく、「法蔵菩薩は過去にどのように讃嘆門の行を修められたのか」とすべきかもしれない。しかし、一応このようにしておいた。完全に意訳してしまうと、親鸞が和文で示すべきことを敢えて漢文で書いて二重の意味を持たせたことを損なってしまうからである。

【図7・讃嘆門に関する『論』・『親鸞加点本』・『入出二門偈』の相違】

	本来の『論』（『浄土論』）	『親鸞加点本』	『入出二門偈』の和製漢文
原文	いかんが讃嘆する。口業をもって讃嘆したてまつる。	いかなるか讃嘆する。口業をして讃嘆したまいき。	いかんが讃嘆する、口業をして讃じたまいき。
書き下し	かの如来の名を称するに、かの如来の光明智相のごとく、かの名義の	かの如来の名を称し、かの如来の光明智相のごとく、かの名義のごと	名義に随順して仏名を称せしむ。如来の光明智相に依って、実のごとく

	逐語訳
ごとく、如実に修行して相応せんと欲《ほっ》するがゆゑなり	讃嘆するとはどういうことなのか。声に出してほめたたえることである。 彼の如来の名を称えて、如来の智慧の相と御名の意義に相応しい修行とすることを欲するからである。
く、実のごとく修行し相応せんと欲《ほっ》するがゆえなり	讃嘆とはどういうことなのか。声に出してほめたたえなさったのである。 彼の如来の名を称えて、如来の智慧の相と御名の意義に相応しい修行とすることを欲するからである。
修し相応せしめんと欲《おぼ》すがゆえに。	讃嘆とはどういうことなのか。声に出してほめたたえなさったのである。 如来の御名とその意義に随順して称名念仏させるためであり、そのことで、如来の智慧によって真実の行を修めさせ、如来（の願い）に相応できるように欲《ほっ》されたからである。
すなわちこれ無碍光如来の、摂取・選択の本願なるがゆえに	（このような如来と衆生の相応が）無碍光如来の摂取・選択の本願なのだからである。

『入出二門偈』に書かれていること、すなわち親鸞聖人の主張と、『論』に書かれていること、すなわち天親菩薩の主張を比較してみよう。ふたつは明らかに異なっている。『論』では讃嘆するのも称名するのも、また、それによって阿弥陀如来という自利利他円満の理想の仏（の名前とその意義に）に相応しようと欲して修行に励むのも、すべて善男子・善女人である。しかし、『入出二門偈』では、阿弥陀如来が、讃嘆（の手本を示）して、（一切衆生に、あるいは、むしろ煩悩成就の凡夫に）自分（阿弥陀如来）と同様の、また、自分の名前に相応しい決意を持つことの表明となる称名念仏という、声に出して自分にも他人にも聞こえる行為をなさせようと欲する。けれども「南無

阿弥陀仏」と声に出して言う行為を、今ここで実際にするのは、阿弥陀如来自身ではなく、一切衆生・煩悩成就の凡夫、善男子・善女人たるあなたや私なのである。『論』においては、阿弥陀如来はいわば到達目標としてたてられたもので、善男子・善女人の修行が完成すると、善男子・善女人は自らが阿弥陀如来と一体化していることになるというようなものである。香月院が『選択集講義』で「実相の念仏」と説明しているのはこのことだと思われる。『選択集講義』の実相の念仏の説明にはこうある。「**この実相の念仏と云ふが大乗甚深の念仏なり。心の外の仏を念ずるではない。己が心の実相を念ずるので弥陀も薬師も大日も我法身と同体なりと観念するのが実相の念仏、『維摩経』等に説くが如し**(5)」。大乗甚深の瑜伽行唯識の論師・天親菩薩は、おそらく、基本的にはこの立場に立っていたはずである。

しかし『入出二門偈』の阿弥陀如来はこうした実相の念仏の対象ではなく、ある意味では「実体化された」とみなされるような「阿弥陀さん」、あるいは蓮如以降に私たちの先輩が伝えてきたような表現を用いれば「親さま」でしかない。そのことを最もはっきりと教えてくださったのは「よき人・法然上人」である。法然上人が、声に出す念仏という「いっち浅い」念仏こそが阿弥陀如来の選択本願正定業であることを、疑問の余地なく教えてくださった。だから『入出二門偈』にも「故即斯無碍光如来摂取選択本願(すなわちこれ無碍光如来の、摂取・選択の本願なるがゆえに)」と書き加えられているのである。法然上人の説かれる阿弥陀さんや極楽浄土は、確かにある意味では「実体化」されていると言われてもしょうがないものだが、そこに向かって決心して「念仏申さんと思ひたつこころのおこるとき」(『歎異抄』第一条)誰にでもできて誰にでも伝わるものになっている。そして実際に声に出して「阿弥陀さんの平和と平等っていいですね」と言えば、自ずから「武器を購入して若者を殺したり殺させたりする道具として使うのはイヤです」という意味になる。黙って「弥陀も薬師も大日も我法身と同体なりと観念する」ことを目指していてもたいていは何の変化もないし、「同体なり」と体感したと偽ってもサリンを撒かせることぐらいにしか使えない。実際に「それっていいですね」と声に出してみれば、それをさせたのは如来の本願だったとしか説明しようがない。つまり、阿弥陀さんの「讃嘆したまいき」が手本になっているのである。そのことを高木顕明は南無阿弥陀仏は「阿弥陀仏と云ふ過境の普善者が救ふから安心せよ護るから心配するなと呼んで呉れたる呼び声」（『余が社会主義』）だと言うわけである。「阿弥陀仏と云ふ過境の普善者」という言い方の拠りどころは私もよくわからないのであるが、大乗甚深の仏身論から見れば、かなり「実体化」されたイメージであるのは確かである。

では、『親鸞加点本』のほうはどうだろう。『親鸞加点本』では、讃嘆の主語は敬語の訓点によって法蔵菩薩（阿弥陀如来）に変換されているが、「称名する」「相応する」という動詞が使役動詞にされていないので、また、かといって敬語にされているわけでもないので、称名・相応の主体はあいまいになっている。もちろん、本来の『論』は当然のこと、『入出二門偈』でも主語が変換されているのは讃嘆だけで相応・称名は変換されないわけであるから、讃嘆門に関してこのあとの解釈には困らない。

三、その名にふさわしい称名

讃嘆門に関する論文は、「云何讃嘆口業讃嘆称彼如来名如彼如来光明智相如彼名義欲如実修行相応故」で、『論註』の区切りを意識しなければ、「いかんが讃嘆する。口業をもつて讃嘆し、かの如来の名を称したてまつる（あるいは、むしろ「口業をもつてかの如来の名を讃嘆し、称したてまつる」とすべきか）。かの如来の光明智相のごとく、かの名義のごとく、如実に修行して相応せんと欲《ほっ》するがゆゑなり」でいいと思われる。つまり、『論』本来の意味から言えば、「讃嘆とは声に出して南無阿弥陀仏ということだが、ただ唱えさえすればいいということではなく、阿弥陀仏の名とその意義に相応しいものになるために称えるのだ(6)」ということになるだろう。

しかし、『入出二門偈』で展開された親鸞聖人の主張はそうではない。「法蔵菩薩が兆載永劫の讃嘆門修行をなされたのは、われら凡夫に称えれば如来の名とその意義、つまり、光明智相のごとくになる不可思議の名号を回向する為だったのだ。だから、われらは弥陀の誓願不思議を信じて念仏申さば必然的に如実修行相応ということになるのだ」ということである。だから、『論』『論註』ともに存在しない文言である「すなわちこれ無碍光如来の、摂取・選択の本願なるがゆえに（故即斯無碍光如来摂取選択本願）」を親鸞は付け加えたのである。『論』『論註』をそのように理解しなければ、「如彼如来光明智相」や「如彼名義欲如実修行相応」の「如実」が奢摩他・毘婆舎那をわれら煩悩成就の凡夫・一文不知の尼入道が行じなければならないことになって、仏道が有効に働かなくなるからである。

このことを念頭に置けば、二法身二身同異などの残りの解釈についての方針は定まると思われる。「願生偈」のなかにはほとんど出てこない讃嘆門の行を、本願正定業としてしまう専修念仏者が『論』『論註』をどのように解釈するか、すなわち、ちゃんと読めば『論』『論註』もまた称名念仏を本願正定業としているのだという、強引と言えば強引とも言える解釈を通す方向が見えてきたので、本章はここまでにしておこう。

註

（1） このような往還二回向解釈は、『註論講苑』のいたるところにある。特に『講苑』の四五八頁下段～四六五頁上段を参照。

（2）「理由」の中の動詞が敬語にならずに使役になっていることについては、前章では礼拝門までだったので、「かの国に生ぜん意をなさせんがゆえ」だけについて論じておくが、讃嘆門以下でも敬語にならずに使役になっているところもある。これも『親鸞加点本』と『入出二門偈』で微妙に異なるので、詳しくは本章の讃嘆門の解釈のところで改めて示す。また、そもそもこのような複雑な解釈を必要とする根本原因は、「「願生偈」と長行」『論註』『教行信証』と『入出二門偈』という、主旨は似ているもののそれぞれ異なる思想を持った個人の著作である三通りの作品が、完全に一貫するはずはないということに根差している。その違いが最も明瞭になるのは、回向門に登場する（曇鸞の）往還二回向説なので、その時に改めて詳しく論じたいと思う。

（3）もう少し詳しく言うと、『親鸞加点本』は「曇鸞著、親鸞訳の翻訳書」であり、『入出二門偈』は「親鸞作の浄土思想家系譜論」ということになるだろう。

（4）大谷派『真宗聖典』の年表では、『入出二門偈』の成立が一二五六年（建長八）、『親鸞加点本』も同年としているが（大谷派『聖典』一一三八頁／二版一三九〇頁）、思想の展開・推移という観点から見れば『入出二門偈』が最終とみるべきである。

（5）本書第1章第五節「補遺① 四種念仏」参照。

（6）高木顕明の『余が社会主義』にある「南無阿弥陀仏を唱ふる人は極楽の人数なればなり」は「となえる」について「称」ではなく「唱」を使っている。このことが以前からいろいろ気になっている。親鸞が「唱」を使っている例は少ない（あるいは、無い）かもしれないが、『選択集』では「第三・本願章」に善導の「念声是一」を引用した直後に、懐感の『群疑論』を引用するかたちで「念は即ちこれ唱なり」という表現がある（『七祖篇』一二一三頁）。また、源信『横川法語』は「唱」を使っている。称名念仏の第一義は声に出して唱えることだから「唱」をもっと積極的に使用したほうがいいと思う。一応、声に出して言うことを強調するのを「唱」、意義にかなうという意味を含ませる点で「称」と使い分けた。「称」に名義にかなうという意味があるかないかは、それなりに気になるところである。また、「行巻」の『論註』引文に付けられた欄外注に「称字　処陵反　知二軽重一也

設文曰　銓也　是也　等也　俗作レ秤　云正斤両也　昌孕反　昌陵反」（大谷派『聖典』一〇三三頁／二版一八三頁）などとあって、「称」には「かなう」という意味があるのだという説が結構はびこっている。しかし、この欄外注は「称」が「秤《はかり》」の意味を持っていることを述べているだけで、「かなう」は関係ない。香月院は「称名と云ふは名号にかなふと云ふ義で信ずることなりと云ふものがあれども、あやまりなり」（『講苑』四一九頁上）と指摘している。専修念仏における信心とは、声に出す念仏こそがわれら煩悩成就の凡夫に回向された大行なのだと決定して、信じられたということである。

第22章

如実修行とは何か
――讃嘆門（その二）

一、「称彼如来名」――声に出すことの強調「如彼如来光明智相」――

讃嘆門に関する論文《ろんもん》は、「云何讃嘆口業讃嘆称彼如来名如彼如来光明智相如彼名義欲如実修行相応故」であるが、前章はこの論文を親鸞聖人がどのように読んだかということを検討した。つまり、讃嘆門という行の行為主体の変換についてである。曇鸞の『論註』についての検討はまだ済んでいない。本章は註を詳しく検討しよう。

初めの「云何讃嘆口業讃嘆」に付けられた註は、「「讃」とは讃揚なり。「嘆」とは歌嘆なり。讃嘆は口にあらざれば宣べず。ゆゑに「口業」といふなり」であるが、第一門の礼拝門には『論』で「身業をもつて阿弥陀如来・応・正遍知を礼拝したてまつる」（『七祖篇』一〇二～一〇三頁）とあるのに、『論註』はそのことについては何も述べず、阿弥陀如来・応・正遍知についての解説を加えるのみである。また、礼拝が身業で讃嘆が口業であるとの指摘があれば、作願や観察が意業であるとの指摘もあってよさそうなのに、『論』にもそれはない。だから、『論』『論註』いずれにおいても、五念門の中で讃嘆門について特別の扱いをしていると言えないこともないわけである。この問題は論文の区切りをどこにするかということとも関わるので、このあとすぐに解説する。こういうことに注目すると、法然上人による「(声に出す)称名念仏こそが本願正定業である」という主張も『論』『論註』の強引な読み換えではなく、その真意を明らかにしたにすぎないのだという解釈も成り立ちそうな気がする。実際、「如彼名義欲如実修行相応」に付けられた註に登場する「実相身・為物身を知る」ことや「このゆゑに論主(天親)、「我一心」と建言す」などは、この「真意」に基づかなくては読めないだろう。

さて、論文の「云何讃嘆口業讃嘆称彼如来名如彼如来光明智相如彼名義欲如実修行相応故」の『論』本来の意味は、「讃嘆とは(行者が)声に出して「南無阿弥陀仏」と言うことだが、ただ唱えさえすればいいということではなく(行者が)阿弥陀仏の名とその意義に相応しいものになるために称えるのだ」ということになるだろう。しかし、『入出二門偈』で展開された親鸞聖人の主張はそうではない。「法蔵菩薩が兆載永劫の讃嘆門修行をなされたのは、われら凡夫に、称えれば如来の名とその意義、つまり、光明智相のごとくになる不可思議の名号を回向するためだったのだ。だから、われらは弥陀の誓願不思議を信じて念仏申さば必然的に如実修行相応ということになるのだ」ということである。『入出二門偈』にはこれに続いて『論』『論註』ともに存在しない文言である「すなわちこれ無碍光如来の、摂取・選択の本願なるがゆえに(故即斯無碍光如来摂取選択本願)」を付け加えられている。『論』『論註』をそのように理解しなければ、「如彼如来光明智相」や「如彼名義欲如実修行相応」の「如実」が奢摩他・毘婆舎那をわれら煩悩成就の凡夫・一文不知の尼入道が行じなければならないことになって、仏道が有効に働かなくなるからである。

まず、論文の区切りについて検討する。前章の最後にも述べたが、『論註』は讃嘆門の解釈を「云何讃嘆口業讃嘆」と「称彼如来名如彼如来光明智相如彼名義欲如実修行相応故」に分けて解釈しているが、『論』自体は「口業讃嘆称彼如来名」と「如彼如来光明智相如彼名義欲如実修行相応故」のふたつに分けるほうが自然である。なぜなら、礼拝門においては、まず、礼拝とは「身業礼拝阿弥陀如来応正遍知」として礼拝の対象（目的語）として「阿弥陀如来応正遍知」をあげているからである。それに合わせるなら讃嘆の対象として「彼如来名」とした方がいいと思われる。しかし、『論註』は「云何讃歎口業讃歎」で切っているから、ここまでなら何を対象として讃嘆するのかがわからないことになる。『論註』を書いた曇鸞は『論』を、おそらくは菩提流支の翻訳として読んでいるので、ここで切った理由はよくわからない。もっとも、親鸞は『入出二門偈』の礼拝門のところでは礼拝の対象である「阿弥陀如来応正遍知」という目的語を『論註』も無視してつぎの文の主語にしてしまって、五念門の行為主体の変換を鮮やかにした。曇鸞の区切りは主体の変換までは示唆しないけれど、興味深い効果が表れることになる。それは、「云何讃嘆口業讃嘆」の註を「**「讃」とは讃揚なり。「嘆」とは歌嘆なり。讃嘆は口にあらざれば宣べず。ゆゑに「口業」といふなり**」と区切ることによって、讃嘆が称名念仏のこととは限らず、経の読誦や偈頌の声明もふくむ口業であるとしたうえで、そのあとの「称彼如来名」が浮き出て『論』の主張が「往生の行と云ふときには称名念仏（「称彼如来名」）を特別の一行とし給ふ」（『講苑』四一五頁下段）という意義をもたらすからである。『入出二門偈』の礼拝門における切り方は「強引」と言われてもしょうがないものであるが、曇鸞の『論註』の讃嘆門の区切りの場合は微妙で、これが天親菩薩の「真意」なのだとも言えなくはないと思う。まことに「天親菩薩のみことをも　鸞師ときのべたまわずは　他力広大威徳の　心行いかでかさとらまし」（大谷派『聖典』四九二頁／二版五九三頁）と言うべきなのかもしれない。

『論註』の「称彼如来名」についての解釈は、「**「かの如来の名を称す」とは、いはく、無礙光如来の名を称するなり**」（『七祖篇』一〇三頁）だけであるが、この区切りによって特別の意味をもたらすわけである。また区切りのことは別として、この一句そのものには特別の意味はないようにも見えるが、『註論講苑』は興味深い解説をしている。それは「如来名」と言えば直前の礼拝門で「阿弥陀如来応正遍知」としてあるのだから、「「かの如来の名を称す」とは、いはく、無礙光如来の名を称するなり」ではなくて「「かの如来の名を称す」とは、いはく、阿弥陀如来の名を称するなり」とするべきなのに「無碍光如来」としたのは偈文の「世尊我一心　帰命尽十方　無礙光如来　願生安楽国」の「無碍光如来」を取ったのだというのである。何故かというと、偈文のこの一行を親鸞が強調する「一心の安心」とみると同時に、その中の「尽十方無礙光如来」を五念門の讃嘆門に配するという複雑な解釈を曇鸞は行っているのであるが、それを香月院は「これ一心の安心がすぐに口へあらはれた称名、真実信心の称名なることをあらはす論註の御釈なり」（『講苑』四一七頁上段）と解説している。そして、「行巻」のはじめに「大行とは則ち無碍光如来の名を称するなり」とあげたのはこの『論註』の文によるのだとしている。それは確かにそのとおりで、もし大行を単に善導・法然に従って述べるのなら「「南無阿弥陀仏」と声に出す」とすればいいわけで、それを「無碍光如来の名」を持ってきたいわれは、親鸞が『論註』を意識していたからだと思われる。

二、「称彼如来名」――称名の第一義は声に出すこと――

そしてこのあと、香月院は『註論講苑』において多少『論註』からは逸脱するけれど重要な議論を展開している。それは「行巻」の『論註』「称彼如来名」の引用（大谷派『聖典』一六九頁／二版一八三頁）の「称」の字に付けられた上欄注のことである。そこには、「称字処陵反　知㆓軽重㆒也　説文曰　銓也　是也　等也　俗作㆑秤　云正斤両也　昌孕反　昌陵反」（大谷派『聖典』一〇三三頁／二版一八三頁）とある。これは「称」という字の『説文解字《せつもんかいじ》』という辞書を引用しての注である。『説文解字』というのは、単に「説文」ともいい、中国の最古の字書のことである。[1]もっとも、香月院によると親鸞が引用したのは『説文解字』そのものではなく、『広韻《こういん》』[2]という後代の総合辞書だそうである。『広韻』は文字の意味だけでなく、「韻」という言葉が示すように文字の発音についての辞書でもあった。発音の示し方は「反切」と呼ばれる方式で、発音が確定しているふたつの文字を組み合わせて示すものである。例えば、「称」の発音「sho-u」を示すには「処（sho）」と「陵（ryo-u）」を組み合わせるという方法である。だから「称字処陵反」までは「称」という文字の発音を示し、「知軽重也」「銓也」「是也」「等也」はそれぞれ「軽重を知ること」「測ってあきらかにすること」「賛成すること」「等しくすること」という「称」の字の意味を解説したものとわかる。そこで香月院が問題にしているのは、こうした上欄注があることで「称彼如来名」ひいては「称名念仏」を声に出して唱えることではないと言い出す者が現れることについての警戒である。これまでもたびたび繰り返してきたように、「称名念仏」が尊いのは、誰にでもできる易行で「普益万機」だからである。それを失ってはならないのである。

「称」の一般的意味としては「となえる」だけでなく「はかる」「ほめる」「かなう」などがあるわけだが、親鸞は『一念多念文意』で「「称」は、御なをとなうるとなり。また、称は、はかりというこころなり。はかりというは、もののほどをさだむることなり。名号を称すること、とこえ、ひとこえ、きくひと、うたがうこころ、一念もなければ、実報土へうまるともうすこころなり」（大谷派『聖典』五四五頁／二版六六八頁）として、まず第一に「称」が「となえる」ことだとしたうえで「はかる」を出している。そして「はかる」は「もののほどをさだむること」だと「決定」「決心」を強調しているのである。だから、この上欄注に「となえる」がないのは、『広韻』になかったからで、「となえる」はあまりに当然だから書いていないだけだということになる。また「ほめる」は「御名を称える」にはそれなりにふさわしいのであるが、「かなう」については香月院はつぎのように言っている。「とき、古来の一義に称名念仏の称の字はかなふと云ふ訓で、称名と云ふは名号にかなふと云ふ義で信ずることなりと云ふものがあれども、あやまりなり」(『講苑』四一九頁上段)。これは、おそらくつぎの「如彼如来光明智相」「如彼名義欲如実修行相応」にある「如」が「かなう」という意味に近いことを踏まえ、これと混同しないということだと思われる。つまり、「称」を「信ずること」としてしまうと、「称名念仏こそが弥陀の本願であると決定して信ぜられたこと」すなわち「「南無阿弥陀仏」と申すことこそが阿弥陀如来の名と義にかなった行なのである」という専修念仏の核心が揺らいでしまうからだと思う。ここは実に微妙なところなのであるが、専修念仏における信心とは「ただ念仏」を本願と信ずるのであって、阿弥陀如来の法性真如にかなうなどという神秘主義的な「念仏より外の往生みち」(『歎異抄』取意。大谷派『聖典』六二六頁/二版七六七頁)のことではないということである。このことは、つぎの「如彼如来光明智相」「如彼名義欲如実修行相応」においてさらに明らかになると思う。(3)

三、「如彼名義欲如実修行相応故」——われらの如実修行は、やはり称名——

さて、つぎの「如彼如来光明智相」についての釈は、「「かの如来の光明智相のごとく」とは、仏の光明はこれ智慧の相なり。この光明は十方世界を照らしたまふに障礙あることなし。よく十方衆生の無明の黒闇を除くこと、日・月・珠光のただ空穴のなかの闇をのみ破するがごときにはあらず」(『七祖篇』一〇三頁)である。自然の光が射せば空いた隙間にある闇が明るくなるのは当然だが、仏の光明は空いたところだけではなく一切の衆生の無明で詰まった黒闇を晴らすのだということである。そして「如」とは契当する、契うことなので、香月院は「(名号の義は衆生の無明の黒闇を破ってあやまたず報土へ往生せしめ給う光明智相であるから)若しまだ往生に疑ひがはれずたゞ称へる称名ならば、まことの称彼如来名ではないと云ふが、この句の意味なり。光明智相の如く往生一定のおもひになりて称名せよとなり」(『講苑』四二一頁上段)と解説している。これは「疑うな、無理やりでも信じろ」というようにも聞こえるが、そうではないだろう。差別と殺戮を作り出す根本原因である私たち衆生の一切の無明の黒闇を今ここではらすことは誰にもできないけれど、それと同様に差別と殺戮のない平和で平等な国を願って生きるという決意が生じてそれを表明する、すなわち、「本願を信じ念仏申さんと思い立つ」(『歎異抄』第一条)ということもまた間違いなく誰にでも起こることだからである。

論文「如彼名義欲如実修行相応故」についての『論註』の釈はかなり大変である。ここに為物身・実相身の二身も出てくる。この解釈を読み解く鍵は「不如実修行」という概念である。漠然と読んでいると五念門の中の観察門を中心に論じているのだと見えてしまう『論』『論註』が、もし五念門の正助を論ずればやはり讃嘆門として示される本願正定業の称名念仏になることを納得できるのは、この個所である。前章では、法然上人の専修念仏の立場から称名念仏が本願正定業であるからには如実修行とは「本願を信じ念仏申すこと」と決まっているというふうに説明したが、やや論点先取りの難があるかもしれない。

話を元に戻す。論文の「云何讃嘆口業讃嘆称彼如来名如彼如来光明智相如彼名義欲如実修行相応故」の『論』本来の意味は「讃嘆とは(行者が)声に出して「南無阿弥陀仏」と言うことだが、ただ唱えさえすればいいということではなく(行者が)阿弥陀仏の名とその意義に相応しいものになるために称えるのだ」ということになるだろう。『論註』はこの論文をふたつに分けて、まず「云何讃嘆口業讃嘆」までを解説する。そのあと後半を「称彼如来名」「如彼如来光明智相」「如彼名義欲如実修行相応故」の三つに分けて説明していく。三つ目の「如彼名義欲如実修行相応故」に登場する「如実修行」という言葉は、『論』にはこの個所を含めて三個所ある。この個所のすぐあとの作願門・観察門のところ（大谷派『聖典』一三八頁／二版一四八頁）にそれぞれ「如実修行」という言葉があり、『論註』が解説を加えている。また、観察体相章に入って菩薩の四種の荘厳功徳を述べたところ（大谷派『聖典』一四二頁／二版一五三頁）にも、第一、第四のそれぞれに「如実修行」という言葉があり、これにも『論註』が解説を加えている。ところが、この個所には『論註』の解釈はない。それは『論』自体がここでの「如実修行」とは「如彼名義」だと述べているからである。この「如彼名義」というのは「阿弥陀如来の「名」と「義」のごとく」ということであるが、香月院は「名」とは一句目の「称彼如来名」のこと、「義」とは二句目の「如彼如来光明智相」のことであるとしている。そして「初めの句に云ふ所の称被如来名は口業讃嘆門の行体じゃによりて名号を称へねばならず、されどもたゞ称へては如実の行ではない。名号の義の光明智相にかなふて名義の如く称へるが如実修行じゃと云ふことで如彼名義と云ふなり」（『講苑』四二一頁下段）というわけである。ここで香月院が強調しているのは、名義にかなうことの第一としての「名」それ自体が「名号を称える行体」だということである。つまり、『論註』は偈文の第一行の中の「尽十方無碍光如来」という名自体が讃嘆門の行を表すといういささか強引な解説をしているわけであるが、それがここで生きてくるわけである。一行に礼拝・讃嘆・作願の三門を込めるという無理に思える解釈は、やはり『論』の真意なのか。そして、「義」にかなうとは、私たち衆生の無明を破るのは私たち自身ではなく、如来の光明智相だということだと思う。『歎異抄』的な言い方をすれば、「念仏申さんと思い立つこゝろ」の起こる時、即座に如来が私たちを如来の摂取不捨の利益に委ねさせなさったのだということだろう。ここでいわば如来の光明智相に射抜かれて、決定して信ぜられたということになるのではないかと思われる。それは、無理やり信じ込むという疑いの裏返しとのきっぱりとした別れとも言えるだろう。こういう「如実修行」ならば、今ここで一文不知の尼入道もできるのである。作願門・観察門、つまり、奢摩他・毘婆舎那を実の如く行ずるというのとは少し違う。その違いは次章の作願門のところで明らかにする。

四、「如彼名義欲如実修行相応故」――不如実修行と二身及び三信――

三句目の後半「如実修行相応」に移る。これに加えられる「註」は「「かの名義のごとく、如実に修行して相応せんと欲す」とは、かの無礙光如来の名号は、よく衆生の一切の無明を破し、よく衆生の一切の志願を満てたまふ。しかるに……」（『七祖篇』一〇三頁）以下で、ここに「実相身・為物身を知ること」と「淳・決定・相続の三信」が出てくる。というよりは、正確にはこのふたつが成立しないこと、つまり「実相身・為物身を知らざること」「不淳・不決定・不相続の三不信」が登場すると言うべきかもしれない。それに対して肝心の「如実修行相応」の方は「これと相違せるを「如実に修行し相応す」と名づく」とあるだけで、これでは否定の否定は肯定だという論理ゲームに付き合わされているだけのようにも思われる。

この個所を読み解く鍵はいささか突如の感がある「このゆゑに論主「我一心」と建言す」という偈文の冒頭の登場である。曇鸞はいったい何が言いたいのか。もう一度初めの文を読もう。「「かの名義のごとく、如実に修行して相応せんと欲す」とは、かの無礙光如来の名号は、よく衆生の一切の無明を破し、よく衆生の一切の志願を満てたまふ」（『七祖篇』一〇三頁）。これはどういうことだろうか。「如来の名義に沿って修行をするとはどういうことかというと、名号が衆生の無明の闇を破り、名号が衆生の一切の願いを満たすということだ」と書かれているようでもある。「名号がですか？　では衆生は何をすればいいということなの？　何もしなくていいんですか？」と、疑問がわいてくる。それに対して曇鸞は、答て曰く「だから論主は建《はじ》めに「我一心」と言ったのだ」と、こういう展開になっている。

私は「我一心」の「我」と「設我得仏」の「我」と、さらには、「自己こそ自分の主」の「自己」がここに重なり合うのだと思う。ここに「実相身・為物身を知ること」と「淳・決定・相続の三信」という、如来の側にはあるらしいことが、「実相身・為物身を知らざること」「不淳・不決定・不相続の三不信」という、自分の側にはこればかりと見えたものが重なり合う根拠が示されたわけである。「南無阿弥陀仏」と声に出して言う。すると、必然的に他人にも聞こえる。自分にも聞こえる。これが自他を励ます。自分の三不信が嘘くさい内省などではなく公開される。『選択集』にある至誠心釈の「もしそれ（愚・悪・懈怠・虚仮の）内を翻じて外に播さば、また出要に足りぬべし」（『七祖篇』一二四八頁）、『一枚起請文』の「三心四修と申す事の候うは、皆、決定して南無阿弥陀仏にて往生するぞと思う内に籠り候う也」（大谷派『聖典』九六二頁／二版一一五三頁）と同じことが書かれているのだと思う。

では、煩悩成就の凡夫・一文不知の尼入道でも「実相身・為物身を知ること」ができるということなのだろうか。「実相身」といえば、諸法実相の実相のことらしいが、そんなものを凡夫が知り得るのか。このことについては、実相身・為物身と似た概念である法性法身・方便法身が出てくる浄入願心章で改めて考えてみたいと思う。これも、『一枚起請文』によれば「此外におくふかき事を存せば、二尊のあわれみにはずれ、本願にもれ候うべし」（大谷派『聖典』九六二頁／二版一一五三頁）とあるように、二法身のような「おくふかき事」と混同せず「念仏を信ぜん人は、たとい一代の法を能く能く学すとも、一文不知の愚どんの身になして、尼入道の無ちのともがらに同して、ちしゃのふるまいをせずして、只一こうに念仏すべし」（大谷派『聖典』九六二頁／二版一一五三頁）ということになると思う。

最後に問答がある。問いは「「名前が働く」と言われるが、名前は例えば月を指さす指みたいなものだろう、月が闇を照らすからといって指が闇を照らすなどと言えないだろう」ということである。身近なできごとを例にした面白い答えとなっている。そして、ここで名号を称えるとは呪文みたいものだと矮小化しないように注意を促している。とは言っても、誰でもこれを読めば「弾に当たらないおまじない」とか「イタイのイタイの飛んでけ」を思い出すだろう。われわれでもこういうことがあるのだから、「かくのごとき近事は世間にともに知れり。いはんや不可思議の境界なるものをや」（『七祖篇』一〇五頁）ということだろう。「念仏申さんと思い立つこゝろ」は、それが「地獄に落つべき業」なのか、「まことに浄土にうまるるたね」なのかが、わかってからでないと起こらないわけではないのである。「イタイのイタイの飛んでけ」でもそれなりに効くのだから、ましてや弥陀の誓願不思議のような不可思議の境界のことを気にしてもしょうがないということである。

註

（1）『説文解字』は、百科事典などによれば、「後漢の許慎〔三〇―一二四〕著。一五巻。小篆《しょうてん》文字九三五三字を五四〇部に分類、それぞれ字形と字義を訓釈する。文字構成の説明に、指事・象形・形声など〈六書《りくしょ》〉と呼ばれる原理を用い、中国文字学の基本的古典。清朝考証学に重視され、段玉裁の『説文解字注』、朱駿声の『説文通訓定声』などが出た」とされている。

（2）「広韻《こういん》」は、北宋の大中祥符元年（一〇〇八年）陳彭年《ちんほうねん》らが、先行する『切韻』『唐韻』を増訂して作った韻書。正式名称は『大宋重修広韻』だそうである。

（3）「如は契当の義で、かなふことなり」（『講苑』四二〇頁下段）。

第23章 如実に奢摩他・毘婆舎那を修行せんと欲す

——作願門・観察門読解——

一、如実に奢摩他を修行せん——悪がやむのは環境の功徳——

さて、起観生信章の後半「五念門を出す」（前半は「五念力を示す」だった）の礼拝讃嘆の二門が終わり、作願門・観察門に入る。

作願門に関する論文《ろんもん》は、「いかんが作願する。心につねに願を作し、一心にもつぱら畢竟じて安楽国土に往生せんと念ず。如実に奢摩他を修行せんと欲するがゆゑなり（云何作願心常作願一心専念畢竟往生安楽国土欲如実修行奢摩他）」（『七祖篇』一〇五頁）である。大谷派『真宗聖典』では、親鸞の五念門行為主体の変換を示した『親鸞加点本』『入出二門偈』の影響で「いかなるか作願する。心に常に作願したまえりき。一心に専念して、畢竟じて安楽国土に往生して、実のごとく奢摩他を修行せんと欲うがゆえに」（『浄土論』、大谷派『聖典』一三八頁／二版一四八頁）と訓読されているが、親鸞の意図に完全に従うならば、「安楽国土に往生して」の部分は「安楽国土に往生せしめて」でなければならないと思う。作願する主体を法蔵に変換したことを示す「作願したまえりき」の訓読を施しても、往生の主体までもが法蔵になるわけではないからである。法蔵・阿弥陀は自ら往生するのではなく、衆生を往生させるよう仕向ける（回向する）だけだからである。

ちなみに大谷派『真宗聖典』の『入出二門偈』では「いかんが作願する、心に常に願じたまいき。一心に専念して彼《かしこ》に生まれんと願ぜしむ。蓮華蔵世界に入ることを得。実のごとく奢摩他を修せしめんと欲すなり」（大谷派『聖典』四六二頁／二版五四六～五四七頁）となっている。だから、『浄土論』の訓読もこれに無理に合わせれば、「奢摩他を修行せんと欲う」も「奢摩他を修行せしめんと欲《おぼ》す」でなければならないことになる。ただし、そうすると、法蔵所修であるはずの五念門行のうちのひとつである作願門行が、極楽往生した後であるにせよ衆生所修であることになり、なんだかわけがわからなくなるだろう。

『入出二門偈』は親鸞独自の書物であるから、「回向は如来にばかりあり、往相還相は衆生にばかりあり」（香月院）は徹底されているが、五念門行のひとつである回向門行が「如来にばかりあり」だとしても、「作願は如来にばかり」とは言えないのである。だから、親鸞は『入出二門偈』では、往生について「（衆生をして）彼に生まれんと願ぜしむ」として往生する主体は衆生であるとしたいきさつ上、そのあとにつづく作願門行・奢摩他の主体もまた「奢摩他を修行せしめんと欲《おぼ》す」とばかりに、衆生にしてしまい、五念門行のひとつ、作願門行の行為主体を法蔵ではなく衆生にしてしまっている。つまり、そもそも、親鸞の五念門行法蔵所修という独自の説に無理があるのだ。無理を承知でこういう説を提出した親鸞の意図を、香月院を勉強しなくなった大谷派の学徒は完全に見失ったのだと思う。

作願門行以下の観察門行、回向門行については、このあと詳しく論ずるように、「一文両義」あるいは「因中説果従果示因（因中に果を説き果に従《よ》って因を示す）」の繊細な注釈が必要になる。それがなければ、『論』『論註』『教行信証』『入出二門偈』を一貫して読むことができない。繊細な注釈を一貫したものにする鍵は、やはり「回向は如来にばかりあり、往相還相は衆生にばかりあり」しかない。

香月院を忘却し、往還の主体である衆生を無力な救済の客体に貶めた、絶対他力というような反仏教的な思想を持ったことの罪は大きいと言えるのではないかと思われる。

では、論文の具体的な検討に入る。この論文についての「註」は、「奢摩他」が「止」と漢訳されることについての翻訳上の限界について述べている部分が半分くらいを占めている。これは翻訳というもの一般の限界の問題なので、ソシュールでも持ち出して説明すればいいのかもしれないが、やめておこう。中心は後半の「止」と翻訳されるところの「奢摩他」なる仏教の概念についての三義である。三義とは、

①一心にもっぱら阿弥陀如来を念じてかの土に生ぜんと願ずれば、この如来の名号およびかの国土の名号、よく一切の悪を止む。

②かの安楽土は三界の道に過ぎたり。もし人またかの国に生ずれば、自然に身口意の悪を止む。

③阿弥陀如来の正覚住持の力、自然に声聞・辟《びゃく》支《し》仏《ぶつ》を求むる心を止む。

（『七祖篇』一〇六頁）

であるが、「この三種の止は如来の如実の功徳より生ず」とされていることが重要である。それは②③を見るとよくわかる。特に②は極楽浄土という社会環境が荘厳清浄功徳成就にあるように欲界・色界・無色界の三界を超えているので、そこに生まれれば自然にその功徳を受けるということであるが、曽我量深の「功徳とは権利である」を想起すればよくわかる。(1)

女性参政権のある世界に生まれた男の子は、女性蔑視が自然になくなり、死刑制度のない世界に生まれれば、いかなる場合も人を殺してはならぬし、刑吏に殺させてもならぬという不殺生の倫理が自然と身に付くということである。

③は荘厳主功徳成就の「正覚阿弥陀法王善住持」のことで、極楽浄土は阿弥陀の自利利他円満の精神が行きわたっていてその環境に入れば、自身の安楽だけを求めるような「声聞・辟支仏を求むる心」が自然に止むということである。

ニュージーランドのラグビー少年は、自然にキウイハズバンド（家事や子育てをこなす夫）になるし、ノルウェーの少女[2]は友人を含む七十名以上の集会参加者を殺した青年に対して、「ひとりの人間がこれだけの憎悪をみせることができたのである。私たちがともにどれだけ大きな愛をみせることができるか、考えてみてください」とツイートし得たことをみても、環境が人を変えるということは確かにあると思う。

香月院の『註論講苑』はこれを「土徳」と説明している。浄土に土徳があるのと同様に、穢土には「土毒」とでも称すべきものがあるのではないだろうか。高木顕明の「外界の刺激が斯の如き故に主観上の機能も相互ニ野心で満ち々々て居るのであろ。実に濁世である。苦界である。闇夜である。悪魔の為めに人間の本性を殺戮せられて居るのである」（『余が社会主義』）を想う。

作願門の「止」の三義の①は、②③が極楽浄土という環境に生まれてから可能になる「止」であるのに対して、まだその環境に達していない衆生が「一心にもつぱら阿弥陀如来を念じてかの土に生ぜんと願ずれば、この如来の名号およびかの国土の名号、よく一切の悪を止む」というように「生ぜんと願」じているのは此土であるから、現生で働いている「止」とされているのが重要である。

「止」とは貪瞋痴の煩悩を静めて清らかな瞑想ができるようにすることだから、煩悩成就の凡夫・生死罪濁の群萌のなすところではない。極楽という環境に生まれて阿弥陀如来に住持されてようやく可能になるにすぎないのに、「かの土に生ぜんと願ずる」だけでできるのだろうか。また、逆に言うと、奢摩他やつぎの毘婆舎那という行が未来（死後）に想定されている彼の土という環境に往ってでないと成就しない行だとすると、そんなものに何の意味があるのだろう。

香月院は、②③での如実修行の意味を、讃嘆門のように今日の願生の行者が（つまり、現世のわれわれが）「南無阿弥陀仏」と声に出すことで名義に相応した如実修行になるというふうに解釈しない。作願門、すなわち、「奢摩他（止）」においては、彼の土に生じたからこそ得ることができた如来の（如実の）功徳によって得られたものと解釈している。これは、「因中説果従果示因（因中に果を説き果に従《よ》って因を示す）」説き方であると説明している。

香月院は、このあとの観察門や回向門でも同じように浄土往生した後に得る果を因行の解釈として示していく。讃嘆門は、要するにこの世で「南無阿弥陀仏」と声に出して言うことであるから、浄土往生する前の凡夫でも可能である。しかし、そのあとの作願門・観察門行ということになれば凡夫には不可能な奢摩他・毘婆舎那であるから、説明の際に成就できたらどういうことになるかという「果」を示しておかなければ、いわば行者の「意欲」が喚起できないからだということである。それは、ちょうど種苗を売る者が「これは梅の木の種、これは桃の木の種」というように、果を示してからでないと買う者を喚起できないのと同じだというわけである。

礼拝讃嘆の因行によって得る果の功徳は近門と大会衆門である。かたちだけでも礼をすれば相手と近づけるし、「あなたに賛成です」と言えば、仲間になれる（入大会衆）というようなことである。これは「現生正定聚」というように親鸞の解釈によれば現世で得ることができるが、作願門の果として示された宅門は「一心に専念し作願して、かの国に生まれて奢摩他寂静三昧の行を修するをもってのゆえに、蓮華蔵世界に入ることを得」（大谷派『聖典』一四四頁／二版一四八頁）であるから「正信偈」に「得至蓮華蔵世界即証真如法性身」とあるように、この世で実現すると解釈するのは親鸞でも無理である。

とはいうものの、『刪補鈔』(3)などのように無理に現世で成立すると解釈するものもあるようである。西山義と関係するらしい『刪補鈔』は、香月院によると「(作願門に出てくる如実とは)真如法性のことなりと解しては法性縁起如来蔵縁起に約してこの文を解し、弥陀の本願は殊に如来蔵から起こりたものだ法蔵菩薩といふは法身如来のことなるべし、衆生をして如来蔵にかなはしめんために大誓願を起こし給ふなどと弁じてあり。斯様なことは『論』竝に論註にすべてない事、かざもせぬ事なり」(『講苑』四五〇頁上段)というように厳しく批判している。

しかしここは、かなり難しいところで、親鸞の「得至蓮華蔵世界即証真如法性身」が、あくまで真如法性身は未来・当益・死後に想定される蓮華蔵世界に入ってから証されるものなのか、この世界で見出されるものなのか、ということになると思う。「正信偈」の天親章にあるこの一句の法性身は、おそらく浄入願心章の「法性法身」「無為法身」に関係しているはずである。香月院は、この『刪補鈔』式の如来蔵思想を「この様な軌轍を今家へもってくれば一益法門の邪計を起こす様になる。看者用捨を致すべきなり」(『講苑』四五〇頁下段)としている。しかし、この「邪計」は「法蔵菩薩は阿頼耶識」などというかたちでかなり根深いと思われるし、讃嘆門解釈で保留中の二法身二身同異の問題とも深く関わる。

現当二益と一益法門の問題についてどう考えればいいのかということについては、拙著『平和と平等の浄土論――真宗伝統教学再考――』(白澤社、二〇二〇年)に少しまとまったものがあるので、このあとの第三節に参考として示しておく。このことは次の観察門以下、とりわけ回向門に大いに関係するので、ひとまず作願門についてはこれで終わることにする。

二、如実に毘婆舎那を修行せん――極楽の環境が平等を証明する――

観察門の論文は「いかんが観察する。智慧をもつて観察し、正念にかしこを観ず。如実に毘婆舎那を修行せんと欲するがゆゑなり」(『七祖篇』一〇六頁)である。

この論文についての註は、作願門と同様に前半は「毘婆舎那」の漢訳としての「観察」を不十分とする議論である。後半は、「「毘婆舎那」を観といふはまた二の義あり」(『七祖篇』一〇六頁)として、それぞれに解釈を加える。二義とは次のとおり。

①ここにありて想をなしてかの三種の荘厳功徳を観ずれば、この功徳如実なるがゆゑに、修行するものもまた如実の功徳を得。

②かの浄土に生ずることを得れば、すなはち阿弥陀仏を見たてまつり、未証浄心の菩薩、畢竟じて平等法身を証することを得。浄心の菩薩と上地の菩薩と、畢竟じて同じく寂滅平等を得るなり。

前の作願門と同じく「このゆゑに「如実に毘婆奢那を修行せんと欲するがゆゑなり」といへり」というように如実修行の解説がある。①が現益で②が当益なのは、「ここにありて想をなし」と「かの浄土に生ずることを得れば」の対照に明らかである。だから、曇鸞は現当二益の立場に立っていたと解釈するほかはないと思う。そして親鸞はどうなのかということなのであるが、これについては、不虚作住持功徳のところで香月院が詳しく解説している「一心安心上の観」と「修恵の観」を思い出してほしい。「未証浄心の菩薩」は不虚作住持功徳のところに出てくる概念である。未証浄心の菩薩、すなわち、われら凡夫は極楽の平和と平等の環境においてそれを証明することになる。

三、現当二益――未来に還相利益他する希望が現在を生きる力となる――

以下は、拙著『平和と平等の浄土論』の一八四頁以下に掲載している現当二益についての考察の概要である。現益と当益が錯綜するように見えるけれど、整理しつつ解釈するという、香月院の解釈に私が依拠する所以として、ここに多少の変更を加えて掲載する。

「未証浄心の菩薩」に娑婆のわれら凡夫まで含まれるのだとしたら、仏の本願力を観じ、仏に遇する（もうあう）のはいつのことなのだろう。浄土教の建前から言えば、阿弥陀仏を見たてまつるのは死後に彼の土に往生してからのことである。だから、親鸞がこの不虚作住持功徳の偈文を解釈する時の「「観」は、願力をこころにうかべみるともうす、またしるというこころなり。「遇」は、もうあうという。もうあうともうすは、本願力を信ずるなり」[4]というのは、この建前を逸脱しているように見える。なぜなら、「願力をこころにうかべみる」ことや「本願力を信ずる」ことは明らかに現在のことだからだ。

そもそも、「正信偈」の天親章には「功徳大宝海に帰入すれば、必ず大会衆の数に入ることを獲。蓮華蔵世界に至ることを得れば、すなわち真如法性の身を証せしむ（帰入功徳大宝海　必獲入大会衆数　得至蓮華蔵世界　即証真如法性身）」（大谷派『聖典』二〇六頁／二版二三〇頁）とある。「大会衆の数に入る」というのは正定聚の数に入ると同じ意味だから、親鸞は、この不虚作住持功徳の偈文を現生正定聚の根拠としているとも言えるのである。伝統的には、「大会衆の数に入る」ことについては「獲」、「真如法性の身を証」するのは「得」というふうに、「うる」ということをあらわす文字を使い分けていることから、前者を現益、後者を当益と解釈することになっている。つまり、親鸞は、不虚作住持功徳の偈文を現益として解釈することと当益として解釈することの両義で解釈しているのだ、と説明するわけである。

現当二益というのは、法然の『選択集』によれば、「そのなかに念仏はこれすなはち勝行なり。ゆゑに分陀利を引きて、もつてその喩譬となす。意知るべし。しかのみならず念仏行者をば、観音・勢至、影と形とのごとくしばらくも捨離せず。余行はしからず。また念仏者は、命を捨てをはりて後決定して極楽世界に往生す。余行は不定なり。おほよそ五種の嘉誉を流し、二尊（観音・勢至）の影護を蒙る、これはこれ現益なり。また浄土に往生して、乃至、仏になる、これはこれ当益なり」（第十一讃嘆念仏章[5]。『七祖篇』一二六一頁）とあって、当益ははっきりと死後のことだとされている。

私は、長い間、死後に救われるなどというのは何の意味もないことだと思っていたので、この個所は法然の不徹底を示していて親鸞がこれを超えたのだと、漠然と思っていた。しかし、死んだあとは意味ないとして現在重視の立場に立つ近代真宗教学が、阿弥陀とアマテラスの同一視をも超えて、阿弥陀と天皇の同一視というひどい逸脱をしてしまったことを目にして、考えを変えざるを得なくなった。それについて、まず、往還の主体と回向の主体を衆生と如来にきっぱり分ける香月院の伝統教学の確かさを確認することができた。ついで、「仏身論」の重大さが見えてきた。われら凡夫が「真如法性の身を証」することを現益としてはいけないのだ、ということがだんだんわかってきたのである。私たちは、親鸞自身の著述に触れて、現生正定聚に惹きつけられるあまり、往生や成仏まで現生にあるかのような雰囲気を読み取ってしまいがちである。どうも、それはまずい。死んでからこの世に戻ってくるような表現は迷信じみていてできれば避けたくなるが、捨ててはならぬものではないかと思うようになった。「弥陀と変わらぬ通力を得」（『余が社会主義』）るのは今ではなくて未来であり、それは「必獲《ひつぎゃく》」と表現される希望である。希望が現益なのである。現益は大乗正定聚の数に入るまでで、他方国土へ飛び出すのはあくまで「希望」にとどめなければならない。そういう意味では、「往生」もまた現生と考えるべきではない。往生を終点と考えるのではなく、例えば「解放され続けること」というようなプロセスと考えるのも大切だとは思うが、往生はイメージとしてはその後に想定される「還来生死輪転家」の前段階である。還るために往くのであって、往くプロセスだけで満足してはならないのである。仏教は、他者とともに迷いながらもあきらめずに平等と平和を建設するためにあるのであって、自分一人がこの世で完全なる立脚地に到達したなどと思うためにあるのではない。そんな境地に達したなどと思ってはいけないし、目指すべきでもない。到達したと思うのは、それこそ「沈空」である。目指すのは還相なのであって、自分の安心ではない。曇鸞は未証浄心の菩薩という概念を説明するあたって「作心」の有無をあげている。すなわち、「「未証浄心の菩薩」とは、初地以上七地以還のもろもろの菩薩なり。この菩薩またよく身を現じて、もしは百、もしは千、もしは万、もしは億、もしは百千万億の無仏の国土に仏事を施作すれども、かならず作心を須ゐて三昧に入る。すなはちよく作心せざるにはあらず。作心をもつてのゆゑに名づけて未得浄心となす」（『七祖篇』一三二頁）と説明している。つまり、浄心に到らない菩薩、あるいは、われら煩悩成就の凡夫は、平和と平等を目指す生き方をしようとして、各地に赴いていろんな実践を試みるが、なお「平和を目指す」とか「平等を求める」というある種の「欲望」にとらわれている。浄心を証した菩薩は、そのような欲望からも解放されて自在に利他することができるということである。

しかし、ここで注意しなければならないのは、そのような浄心を証した菩薩とは、あくまでも未来に約束されているのであって、今ここで成立しているのではないということである。この世で完全な立脚地が得られたので、もはや特に平和も平等も求めなくてもよい。戦争の中に平和を見出し、差別即平等の達観を得た。そんな心境になれば、殺し殺させる天壌無窮の神勅・八紘一宇の詔勅も肯定してしまうことになる。真宗近代教学は、現益と当益をきっぱり分けず、方便法身という手掛かりしかないはずの凡夫が、現生でまるで法性法身と一体化したかのような気分に浸ってしまったのではなかろうか。仏法は殺生を否定するために働かねばならないのであって、「こゝに到れば鉄砲を肩に戦争に出かけるもよい(6)」という心境を肯定するものであってはならないのである。

私は、高木顕明の、自身が還相の主体たることを強調する『余が社会主義』の非戦論のルーツを探求して江戸伝統教学に巡り会った。そして、香月院らの現当二益を墨守する頑固さは捨ててはならぬと思うようになった。正定聚の数に入るというのは、自利利他円満の菩薩の仲間入りをさせてもらったというだけで、まだ本当の主体、つまり、先頭に立って利他の主体になるということではない。これで十分と思ってはならないのである。われらは必ず未来に弥陀と同等の「自己こそ自分の主である」存在になる。「先頭に立つ」ということにこだわる必要はないけれど、けっして、仲間に入れてもらったとか、私はよき人についていくだけだというような方便法身（平和と平等が有効に働くために仮設された存在）からの回向、すなわち、本願力回向・他力回向とは似て非なる他人に寄り掛かる「他力」の、見え透いた謙遜に隠れてはならない。回向、すなわち如来からの励ましだって、本質的には、私たち相互の励ましである。沈空から脱することについて曇鸞は、「その時に、もし十方諸仏の神力の加勧を得ずは、すなはち滅度して二乗と異なることなからん」（『七祖篇』一三三頁）と、十方諸仏の神力をあげるが、それは平和と平等を願う民衆の促しである。今、現に人を励ませる者になっているとうぬぼれてはならないが、未来には必ずそうなれるという希望が現在を生きる励ましになるのである。見え透いた謙遜も、うぬぼれも、同様に未来を信じない一益法門というべきであろう。
香月院は、親鸞が「観」を「思い浮かべる」と解釈したことも「遇」を「信じる」と解釈したことも、法然によるのだと解説している。前者は、『一枚起請文』の「南無阿弥陀仏と申して、疑なく往生するぞと思とりて」であり、後者「遇」は法然の「遇と云ふとも若し信ぜずば遇はざるがごとし」[7]に拠るそうだ。思い浮かべられ、信じられる阿弥陀仏とその国土は、平和と平等の願いに酬報された方便法身であり、真実報土である。それは、真実そのものや平和そのものという意味の「法性法身」や「無為涅槃界」なのではない。「なのではない」というのは、繰り返し言ってきたように、プラグマティックに「なのではない」というにすぎない。形而上学的厳密さ、あるいは、しつこさから言えば、「法性法身」や「無為涅槃界」とつながらない方便法身は「法身」とも言えないわけだから、思い浮かべられ、信じられる阿弥陀仏といえども、法性法身「なのではない」と言うわけにはいかない。ただ、法性法身は煩悩成就の凡夫には手掛かりはなく、凡夫が信じ思い浮かべられるのは、凡夫のために特別な願いを超発した「別願酬報の方便法身」なのである。浄土教における仏身論は、この「別願酬報の方便法身」が基礎とならねばならないのである。別願酬報の方便法身のうえに、たとえ一文不知の凡夫・尼入道たりとも実相身・為物身を知るとはそういう意味である。法性法身だとか、近代教学的な用語で言えば、絶対他力だとか、絶対無限などというものは、私たちの平和と平等にたいていは役に立たず、時には、戦争と差別の厳かな肯定になるばかりである。

註

（1） この表現は、一九四八年夏安居の講録『大無量寿経聴書』（『曽我量深選集』七巻、弥生書房）、一九五一年喜寿記念講演の講録『象徴世界観』（『曽我量深選集』一一巻、弥生書房）などにある。拙著「人権についての真宗数学

――曽我量深「功徳は権利である」をめぐって――」(『同朋佛教』第四六・四七合併号、二〇一一年)を参照。

(2) 二〇一一年七月二二日にノルウェーの首都オスロ近郊のウトヤ島で、多文化共生社会に寛容な政策で知られる与党・労働党の青年部の集会が開かれていた。そこを襲い七十名以上の集会参加者を殺すというとんでもない事件があった。その容疑者に対して、あらゆる罪に対して死刑を禁止しているノルウェーの司法は、犯人に最高刑の懲役二一年を課した。この時、犯人を死刑にせよとか死刑制度を復活すべきであるという声はほとんど上がらなかった。それどころか、犯行現場で花束を手向けていた被害者の母親たちは、そこへ同じように花束を持って上陸した犯人の母親を取り囲んで、詰問するどころか反対に「あなたが一番つらかったわね」と言って抱きしめたそうである。また、集会に参加予定していたが事件発生時にはたまたま自宅にいた十五歳の少女は、ツイッターでこう呟いたそうである。「ひとりの人間がこれだけの憎悪を見せることができたのです。私たちがともにどれだけ大きな愛を見せることができるか、考えてみてください」。このひと言は国内外のメディアでも大きく報道され、当時のノルウェーの首相もスピーチで引用して、「これはノルウェー国民の総意だ」と言った。ノルウェーが死刑を完全に廃止したのは一九七九年である。事件の三十年以上前である。少女は死刑のない国に生まれ育ったのである。もちろんノルウェーは極楽浄土ではないが、死刑のない社会環境の中では、たとえ殺人者であっても、人を殺してはならぬという気持ちが自然に備わるのだと言えないだろうか。如来浄土の因果を聞き衆生往生の因果に確信を持つことによって「戦争は極楽の分人のなすことではない」と言いきった高木顕明と、よく似ているように思う。

(3) 『刪補鈔』とは、『論註刪補鈔』一二巻のこと。著者とされるのは浄音。

(4) 本書第7章「「観」とは何か」参照。

(5) 讃嘆念仏章は『観経』の終盤で、釈迦が念仏者を分陀利華と喩える個所と、それについての善導の『疏』を引文にして、法然の解釈が述べられる章。念仏が易しい行であり、それゆえ勝れた行であることを明らかにした第二章、第三章を敷衍して、念仏者を「分陀利華」「妙好人」と讃嘆する所以が述べられているところである。

(6) 清澤満之「宗教的信念の必須条件」(岩波版『全集』第六巻、二〇〇三年)取意。

(7) 『講苑』三二二頁上段。法然の言葉を集めた『和語灯録』巻四、十二箇条問答第二十一の「太胡の太郎實秀か妻室のもとへつかはす御返事」（『浄土宗全書』第九巻、五四〇頁）にある。

第24章

如来の回向と衆生の往還
——回向門読解

一、回向門についての註

さて、いよいよ「往還二回向」の登場である。往還二回向は、起観生信章の後半「五念門を出す」の最後の回向門の註として登場する。まずは、回向門の『論』本文とその『論註』の原文を掲げる。

【論】いかんが回向する。一切苦悩の衆生を捨てずして、心につねに願を作し、回向を首となす。大悲心を成就することを得んとするがゆゑなり。(1)

（『七祖篇』一〇七頁）

【論註】「回向」に二種の相あり。一には往相、二には還相なり。「往相」とは、おのが功徳をもつて一切衆生に回施して、ともにかの阿弥陀如来の安楽浄土に往生せんと作願するなり。「還相」とは、かの土に生じをはりて、奢摩他・毘婆舎那を得、方便力成就すれば、生死の稠林に回入して一切衆生を教化して、ともに仏道に向かふなり。もしは往、もしは還、みな衆生を抜きて生死海を渡せんがためなり。このゆゑに「回向を首となす。大悲心を成就することを得んとするがゆゑなり」といへり。

（『七祖篇』一〇七～一〇八頁）

五念門行の行為主体の変換という親鸞独自の思想は、『論註』の末尾に現れるいわゆる「他利利他の深義」を直

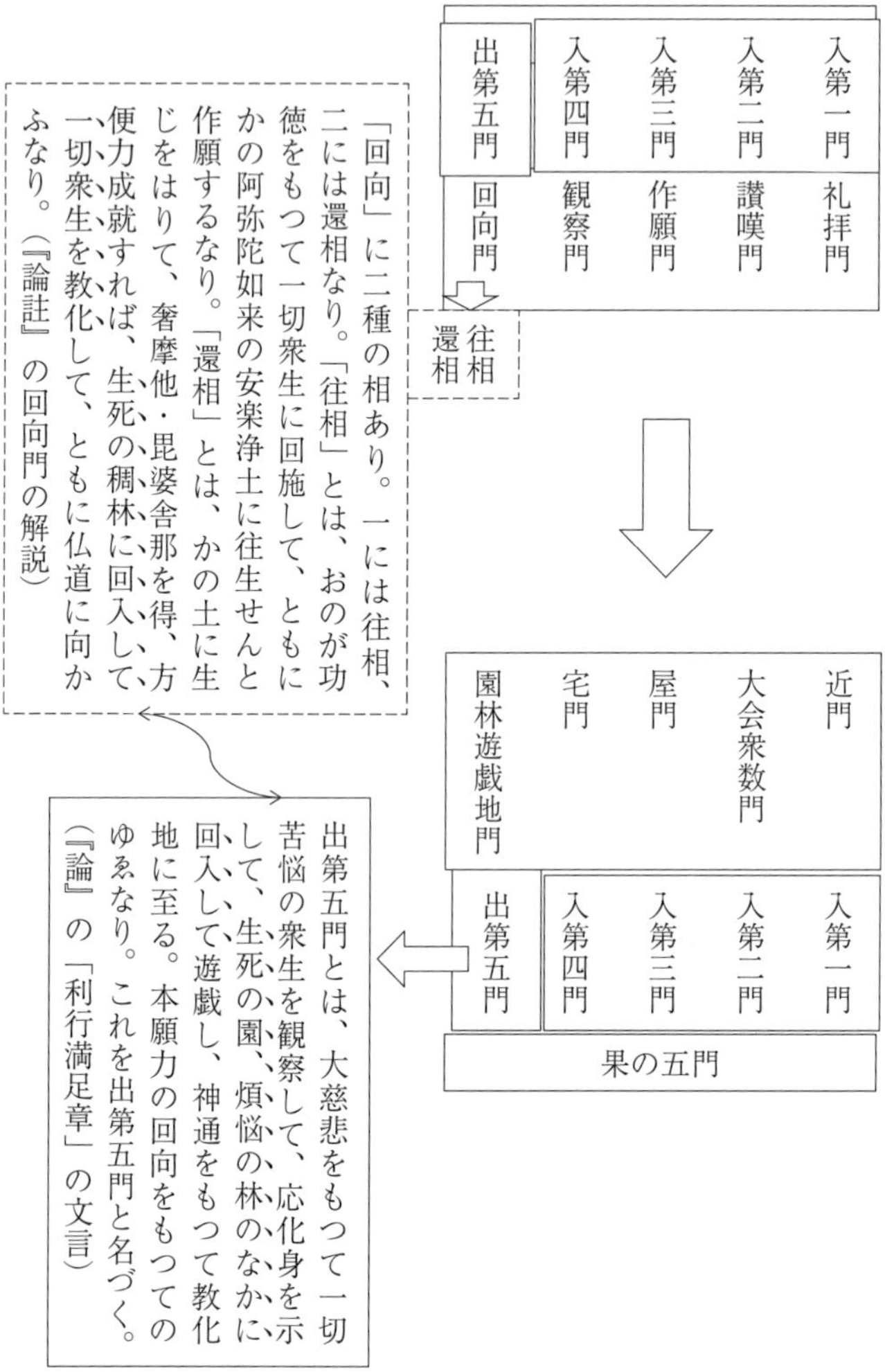

【図８・第一図】『浄土論』『浄土論註』及び『教行信証』と『入出二門偈』における五念門・五果門、往還二回向の関係。また、それと入の前四門と出の第五門との関係。(『註論講苑』の説明を筆者が図示したもの)

接の根拠としているが、もうひとつの根拠と言えるのがこの「往還二回向」であると思う。回向という五念門行の中のひとつの「行」の中に往相と還相というふたつの方向が違う行動形態を組み入れるということは、結局は、往還と回向の行為主体を分けるという親鸞の解釈を待つよりほかはないものだったかもしれない。これが、香月院によって文前五科の第四としてあげられているのである。

【図8・第一図】による説明を見ればわかるように、『論註』の中の還相についての文章「生死の稠林に回入して一切衆生を教化して、ともに仏道に向かふなり」というのは、果の五門についての『論』の解説「大慈悲をもって一切苦悩の衆生を観察して、応化身を示して、生死の園・煩悩の林の中に回入して、神通に遊戯し教化地に至る」（大谷派『聖典』一四四～一四五頁／二版一五四～一五五頁）をフライングして持ってきている。香月院は、これを前章の作願門でも登場した曇鸞の「因中説果従果示因（因中に果を説き果に従《よ》って因を示す）」の説き方であると説明している。浄土往生したあとに得る果を因行の解釈をする時に示しておかなければ、いわば行者の「意欲」が喚起できないからだということである。種苗を売る者が、これはどんな果実を実らせる種なのかを示しておかねば買い手を喚起できないという香月院の喩えは、実にわかりやすいと思う。未来には「他方国土へ飛び出して有縁々々の衆生を済度するに間隙のない身となる」（『余が社会主義』）と約束されているので、現生であきらめることなく非開戦論者たることができるというわけである。これは現生で戦争があっても平和であっても変わらぬ信心を得たなどということとは、根本的に違うと思う。

ともあれ、これまで幾度も述べてきたことであるが、改めて往還と入出の同異という枠組みで整理しておこう。

①「入出」は『論』の解義分の終盤、曇鸞が「利行満足章」と名づけたところ、すなわち、五念門の「因」に対

して述べられる「果」の五門のところに登場する概念で、「入」は「入空《にっくう》」すなわち、空のさとりに達する智慧のことで菩薩の自利を意味するのに対し、「出」は「出仮《しゅっけ》」すなわちいろもかたちもない空の真理をかたちとして説く慈悲のことで菩薩の利他を意味する。したがって、「入出」は『論』において必ずしも浄土を起点として言われるわけではない。また、「入出」は五門について述べられているので、「入の前四門」とされるのは、近門・大会衆門・屋門・宅門のこと。「出第五門」とは園林遊戯地門のことになるが、五果門は五念門と一つひとつ対応するので、礼拝・讃嘆・作願・観察が同様に「入四門」、回向門が「出第五門」となる。

②「往還」は『論註』が『論』の長行のはじめのところ、曇鸞が「起観生信章」と名づけた部分の後半「五念門を出す」の中の最後の第五門・回向門につけた註釈に登場する概念で、これは明瞭に浄土を起点とする往還である。しかし、往も還も出第五門の註釈に登場するのであるから、往＝入にならないことはもちろん、還＝出もあり得ないことになる。「往還」という概念は『論註』独自のもので『論』には登場しないのである。

③とはいうものの、「往」すなわち浄土へ往くことが「入」や「自利」の意味をはらみ、「還」すなわち浄土からこの世界に還ることが「出」や「利他」の意味をはらむのは当然であり、これを統一的に理解することは難しいけれどきわめて大切なことになる。

④この統一的理解が「往相還相は衆生にばかりあり、回向は如来にばかりあり」という香月院が見出したテーゼである。このテーゼは、『論』はもちろん『論註』においても五念門の行の行為主体は善男子・善女人、すなわち、衆生であることは明らかなのに、親鸞がそれを法蔵＝阿弥陀に変換してしまったことを説明するためにたてられているものである。親鸞がこうした変換を白日の下に明らかにしたのは『入出二門偈』なので、『入出二門偈』を見ながらこの変換を考える必要がある。この統一的理解によって、現実世界に存在する「われら末代無知の男女たら

んともがら」、すなわち、自利利他円満であろうと思うが自損害他してしまう本性を具えた悪人が、自利の意味をはらむ往相と利他の意味をはらむ還相の行為主体となって生きる希望が見出されるし、その希望の源泉が弥陀の回向であることを観ずる（思い浮かべる＝信じる＝これで行くと決心する）時、自然に（＝必然的に）自利利他円満、すなわち、平和と平等の希望を捨てないでいられるのである。

⑤もし、この香月院による統一的理解を否定するとしたら、往還も入出もすべて阿弥陀如来の行為とみなし、衆生は一切何もしないと解釈するか、すべてを衆生の行為とみなし、阿弥陀如来や極楽世界は能力の劣る衆生に示された仮のものと考えるかのどちらかなのだが、明白にそのような説明をする者は、真宗学者のなかには管見の限り一人も存在しない。前者の立場を取れば「浄土教は自覚覚他の仏教ではない」ということになるし、後者は「浄土門確立」の否定となるからである。

以上であるが、⑤について補足説明を加えておく。

香月院のテーゼは親鸞の説を矛盾なく説明するためにたてられたものだが、そうは言ってもそもそも親鸞の説自体がある種の矛盾をはらんでいるので、受け入れるのはそれなりに困難である。しかし、香月院を否定するか、あるいは、「気に入らない」という程度でもそうだが、そうしてしまうと香月院を受け入れる以上に面倒なことになる。香月院を受け入れる時の躓きは現当二益の墨守、未来往生の受け入れを迫られているように感ずることだろう。これはしょうがない。「俺は最終解脱した」と思い込むとか、そのふりをしてサリンを撒かせることを厭わないならともかく、今現在に自利利他円満を実現していることなどないのだから、自利利他円満は希望でよいのである。希望というからには実現は未来に違いないが、希望を持って生活しているのは今此処のことである。これも何度か述べてきたことだが、香月院は往相の完成も還相の開始も未来（死後）であることを強調しているというよりは、現生に自利利他円満を実現していると思い込むこと、あるいは、実現しているふりをして権威を振るうことを誡めているのである。「因中説果従果示因（因中に果を説き果に従《よ》って因を示す）」の説き方は肯定しても、仏教形而上学の理である「因果同時」を実践のレベルで説くことはしないのである。

ところが、香月院を受け入れないで上の二様の立場をとると、もっと面倒なことになる。二様の立場は論理的には相互排他的であるが、実際には両者の折衷の如き、あるいは、香月院のテーゼをも折衷するような混乱しか生み出さない。こうした混乱は見ようによっては「多様な解釈を許す自由な学風」と言えないこともないが、むしろ、暁烏敏に典型的に現れるような「状況によってさまざまに態度を変える無責任な学風」と言う方が当たっていると思う。

本来、相互排他的である二様の態度についてそれぞれ考えてみると、前者「弥陀の往還」の立場に立てば、衆生はただ救済の客体となるだけで「自己こそ自分の主である」を最も大切にする仏教とそぐわない。これを無理に仏教と合わせようとすると、後者のように弥陀や極楽はなくてもいいものになるか、弥陀が私となって往生し、私が阿弥陀となって衆生を救うといった神秘主義を招く。曽我量深の言葉として知られる「如来我となりて我を救い給う」（『曽我量深選集』第二巻、四〇八頁）というものだろうが、これは、如来は私になるのだから「阿弥陀仏は釈迦にもなり、提婆にもなり、阿闍世にもなり、韋提希にもなり、鈴木（大拙）さんにもなり、暁烏にもなられるのである。（中略）こうした私の信念が天照大神様は弥陀様の化身だと言わしめたのである」（暁烏敏『暁烏敏全集』一九巻、涼風学舎、一九七七年、二四三～二四四頁）ということにつながるだろうと思う。阿弥陀如来と極楽国土というものをたてている以上こうした議論は避け得ないかもしれないが、阿弥陀があっても「往還は衆生にばかり、回向は如来にばかり」というふうにきっぱり分けることによる害の少ない議論はすでに確立している。以前信國淳先生から聞いた「諸君の中から「われこそは法蔵菩薩である」というものが出てきてもよいはずだ」というものなら何とかなるとは思うが、これだとて「私は如来回向を受けて人びとに平和と平等を伝達しうるものだ」と表現したほうがいいだろう。

香月院を受け入れないもうひとつの立場は、後者の回向も往還もすべて自分で行うという立場だが、これはそもそも浄土教とは言えない。この立場では、浄土とか阿弥陀如来といってもそれは（目指されるべき）自己の心の状態を象徴的に表したにすぎないことになる。極楽は無為涅槃界だという表現もあるから、往還が成就するのは死んでからだというような実体化を伴うイメージを嫌うのも一理はあるのだが、無為涅槃は煩悩成就のわれらには手掛かりもない。実践理性や判断力と区別された純粋理性には届かぬものである。つまり、説明のために考えておくことが何かの折に役立つことがないわけでもないが、実践的な意味においては基本的に単なる悪趣味でしかない。極楽世界は無為涅槃界だとか、それを法性法身だとか真如実相などと言い換えたり、あげくは、どんな言葉でも言い表せないので「清浄句」だとか「一法句」などというだけでは何も伝わらないのであって、「極楽世界には命の差別を前提としなければ動かぬ原発も、民意を無視して作られる軍事基地もない」というように、実践的にわかる象徴でないといけないのである。わかりやすくしすぎて「酒はうまいし、ねえちゃんはきれいだ」とか「女も障害者もいない」などと言って、現実社会の不公平な仕組みを問わないものだと困るが、無為涅槃界とか「虚無の身・無極の体」では何のことだかわからない。

このように、往還二回向を考えると必然的に、阿弥陀如来論すなわち仏身論に関係してくる。それが具体的に問題になるのは、観察門（観察体相章）の中で、概念的に問題になるのは浄入願心章である。そこに二法身が登場するがもう少し先の話になる。

二、本章のまとめ

私は、これまでずっと「批判原理としての浄土」ということをとなえてきた。「批判原理としての浄土」は、一方で「実体としての浄土」と対立し、もう一方で「批判原理としての如来」と対立する。そのことによって、差別と殺戮にあふれているこの現実と批判的に対峙し、平和と平等の希望を持って生きられるのだと考えてきたからである。香月院を受け入れることによって、私は前者の対立軸を放棄したことになるのだろうか。高木顕明の還相回向論のルーツを求めて香月院に辿りついた感激の中でも、このことがずっと気になっていた。

現時点で整理できていることをここで改めて報告したい。

対立軸の後者は、完全なる個としての如来に対して不完全な個としての凡夫を対比させるのではなく、平和と平等な極楽世界と差別と殺戮の穢土を対比するということである。つまり、批判が単なる個人の内面についての反省になるのではなく、平和と平等に反する社会のシステムに対する批判であることを要としている。だが、凡夫すなわち普通の個人が形成する世界、すなわち穢土において、個人と社会はきちんと区別されているのは当然のことであるが、浄土においてもそうなのであろうか。浄土、すなわち、「真実報土」などと言われるものは、涅槃界であり、滅度であり、無為であり、安楽であり、常楽であり、実相であり、法身であり、法性であり、真如であり、一如であり、仏性であり、仏性すなわち如来なりなのである。これは、『唯信鈔文意』の口吻をまねてみたにすぎないが、どこからどこまでが「個」であり、どこからが「社会」であるのか区別がつかない。実体化されない浄土を表現すればこういうことになるのはわかるが、これで批判原理たり得るのだろうか。

一方、批判軸の前者は、この、他国を侵略し、義のためと嘯いて貪欲を満たす戦争を行う皇国を永遠の（天壌無窮の）実体とするイデオロギーを撃つために、非時間的・非実体的な批判原理としての浄土を持ってきたのである。この浄土には世襲の君主や投機を事とする企業もないと言うために、また、天壌無窮の神勅や八紘一宇の詔勅のような神話がないと言うために、私は、実体ではない浄土と言ったのである。それが間違っていたとは思わないが、実体ではないということにこだわりすぎると、「個」なのか「社会」なのかわけのわからぬ「真実報土」や「法性法身」が登場する。浄土が実体であるのかどうかと問われれば、実体でないに決まっているが、そんなことを言えばこの世界も実体ではない。それが仏教形而上学の常識である。また、未来（死後）往生ということも迷信と言えば迷信であり、そこから「死ねば極楽ヤッツケロ」の説教を生み出す危険もないではないが、これを仏教形而上学の常識で批判してもしょうがない。死んでから行くのか、現在西方十万億土にあるのか、そんなことは誰にもわからぬが、とにかく極楽国土においては「ヤッツケロの戦争」に動員されることは聞かれたことがないのである。すなわち、仏教形而上学の常識は、この世界で苦しむ衆生には無縁の理であるにすぎない。有効に働くためには、実体化と蔑まれても凡夫にわかるイメージが必要なのではないか。イメージは具体的でなければならぬ。具体的であれば、必然的に不十分であるが、それ自体は気にすることはない。何度も改変すればよいのである。皮膚の色の違いを口実にする不公平な社会制度がないことをイメージするのに「悉皆金色」を持ち出したり、肉体的差異に付け込んでなされる女性に対する再生産労働の搾取がないことをイメージするために「女人及根欠二乗種不生」「変成男子」などのそれ自体が女性のアイデンティティーを損なうイメージを持ち出した過去はきちんと清算し、謝罪することが必要だ。変成男子とは、男も女も「虚無の身・無極の体」を受けるという意味だというような解説でごまかす必要はない。「虚無の身・無極の体」として説明したかったこと自体、すなわち、平和と平等の希望を何度も繰り返し改変させ前進させるべきである。説明を誠実に行うには、ある種の実体化は避けられないのである。「入空出仮」は実体化なしで説明できるが、これは有効に働かないのである。穢土と浄土の往還は迷信じみた実体化のようでもあるが、有効に働くのである。批判原理としての浄土は確かに実体ではないが、空理でもないのである。

三、入出と往還の関係の図示

【図8・第一図】（本書四五二頁）はまず、天親の『論』で入出と所修の因果を示す。ただし、破線枠にした部分は『論註』。

礼拝門の修行によって近門という功徳の果が、讃嘆門の行を修することによって大会衆の数に加えられるという功徳を得るという関係。「入」は「入空」の智慧で「自利」を示し、「出」は「出仮」の慈悲で「利他」を示す。『論註』では、因の第五門である回向門の解説として『論』の果の五門の第五「園林遊戯地門」の文言が登場する（因中説果・従果示因）。

【図9・第二図】（四六一頁）は『論註』によって「往還」を中心に示す。

曇鸞は、五果門の第五（園林遊戯地門）への修行である「回向門」の解説として、「入＝自利」の雰囲気を持つ「往相」と「出＝利他」の雰囲気を持つ「還相」との二種の回向があるとした。そこで、親鸞は、曇鸞の真意は

「他利利他の深義」によって、五念門の修行、とりわけ、回向門の修行主体は「法蔵菩薩＝阿弥陀如来」だとして、弥陀の本願力回向の説をたてた。そうすると、『論註』の往還二回向と元の『浄土論』の五念門・五果門との関係はつぎの図のようになり、親鸞の現生正定聚の考え方を合わせ示すと大会衆数とは正定聚と同じ意味だから、大会衆数門までが「現益」、屋門から園林遊戯地門までが「当益」ということになる。また、還相は当然「当益」であり、園林遊戯地門が果として実現しているのは未来、すなわち、死後のこととなるが、往還が弥陀如来から回向されるのは現生のことで（行者所修ではない法蔵所修の）回向門から衆生に回向されるのである。つまり、「入出＝自利利他」と「往還二回向」は総体としては一致するが、寛狭が異なる。『論』『論註』では入出が寛く往還が狭いのに対して、それを親鸞の言う「深義」による往還を中心に見ると、逆に往還が寛く入出が狭い。

<table>
<tr><td colspan="3">往相</td><td>還相</td></tr>
<tr><td>礼拝門
讃嘆門
作願門
観察門
回向門</td><td colspan="2">近門
大会衆数門
屋門
宅門</td><td>園林遊戯地門</td></tr>
<tr><td colspan="2">現益</td><td colspan="2">当益</td></tr>
</table>

【図９・第二図】往還と入出の関係

以上、ふたつの図で「往相還相」と「入出」の関係が示されるのだが、「入出」は『論』の文言で、行為主体は「善男子・善女人」であるに対して、「往還」は『論註』の文言で、行為主体は衆生である。そのため、どうしても図表で完全に表しきることはできない。だからと言って、「そこには言葉にならない深い意味があるのだ」というように神秘化してはいけない。

【図８・第一図】は、基本が「入出」なので、衆生としては、現生において礼拝門と讃嘆門が修することはできるし、極楽往生したあとは、残り三門も即時に修される。そして、それを【図９・第二図】の「往還」を基本とした見方に移すと、五念門・五果門ともに基本は法蔵所修ということになる。だから、衆生としては、五念門全部と五果門の二番目までが、如来の御約束として今獲得できることになる。ただし、約束が今獲得されるのであって、実質としてその約束が全部果たされるのは未来のことである。

註

（1）『七祖篇』の訓読による。ちなみに大谷派『真宗聖典』の『浄土論』においては、「いかんが回向する。一切苦悩の衆生を捨てずして、心に常に作願す、回向を首として大悲心を成就することを得たまえるがゆえに」（一三八頁／二版一四九頁）となっている。『入出二門偈』や『教行信証』なら親鸞の著作だから、親鸞が付けた訓点も作品の一部であるが、経や論釈にはこうした訓点を施すべきではないと思う。

第25章

観察体相章とは何か（その一）

一、観察体相（観行体相）章の位置づけ——なぜ観察門だけに詳説があるのか——

さて、曇鸞が「起観生信章」と名づけた部分、すなわち、五念門行の略説部分[1]についての「註」が終了して、つぎは「観察体相章」が始まる。しかし、前にも述べたように『論』の長行を十科（十章）に分けたのは曇鸞であって、天親自身ではない。なので、十の区切りを無視して長行だけを読んでいくと、これより以前は「五念門行の略説（つまり、五念門というのは礼拝・讃嘆・作願・観察・回向ですよ、そして礼拝とは身業ですよ、讃嘆は口業です云々、と続いて、それぞれ何のためにその行をするのかということが簡単に述べられる）」だったことがわかり、これより後はその詳説となりそうなことが見えてくる。確かにそうなのだけれども、その「詳説」が観察門についてだけで、礼拝・讃嘆・作願についての詳説はないし、回向門についての詳説もない。これをどう考えればいいのか。

第一の解釈は、偈文二十四行を五念門に配当したというのは、曇鸞の強引な解釈であって、その配当によって観察門とされた中間の二十一行が、前二行の序分と最後の一行の流通分に対する「正宗分」であり、ここから正宗分、すなわち、天親が主題的に述べようとしていることが始まるのは当たり前で、五念門の略説と詳説と見るのは、強引な配分のせいにすぎないとする解釈である。つまり、偈文にはそもそも礼拝・讃嘆・作願などのことは述べられていないのであって、それはただこの長行に入ってから概説しただけで、『論』のテーマである浄土の依正《えしょう》を観察することが本格的に述べられるということにすぎないと見るという解釈である。

しかし、その見方だけでいくと、今度は五念門の説明のところで観察門について「かの観察に三種あり。なんらか三種。一にはかの仏国土の荘厳功徳を観察す。二には阿弥陀仏の荘厳功徳を観察す。三にはかの諸菩薩の荘厳功徳を観察す」としており、このあとの長行はこの三種の荘厳功徳を詳しく説明しているわけだから、少なくとも観察門については、略説と詳説の関係になっていることも確かなので、それもちぐはぐとなる。だから、香月院は、これが「偈文に三分ありという義」と「偈文を五念門に配当する義」の両義がある証拠なのだと説明している。そうかもしれない。その方がしっくりくるように思える。

これらの問題を考えるには、往生極楽の方法としてそもそも何故称名念仏が選択されるのかという根本問題を意識する必要があると思われる。この問題の意義をもう一度繰り返しておこう。

称名念仏が本願正定業であるとされるのは、『選択集』第三・本願章によれば「聖意測りがたし」であるけれど「二の義をもつてこれを解せば、一には勝劣の義、二には難易の義なり。初めの勝劣とは、念仏はこれ勝、余行はこれ劣なり」（『七祖篇』一二〇七頁）ということになる。このうち称名念仏が勝れている理由は「四智・三身・十力・四無畏等の一切の内証の功徳、相好・光明・説法・利生等の一切の外用の功徳、みなことごとく阿弥陀仏の名号のなかに摂在せり」（『七祖篇』一二〇七頁）だからだとされている。すなわち、思っているだけではない声に出す念仏は自分と他人に聞こえて互いに励まし合う、いわゆる「自信教人信」の力があるからだとされている。だったら、思っているだけ（と見える）観察門の行など本願正定業ではないものを、何故くどくど長々と解説するのかという疑問が生ずる。これについては、同じく『選択集』第十二・念仏付属章に「定散を説くことは、念仏の余善に超過したることを顕さんがためなり。もし定散なくは、なんぞ念仏のことに秀でたることを顕さんや」（『七祖篇』一二七一頁）とあって、観察行などをくどくど説くのは、そういう（つまらない、できもしない）ものを出さないと念仏が特に秀でていることが見えないからだ、というわけである。こういう法然上人のすごい指摘を念頭に置いて、観察体相を読んでいくことにする。

二、観察体相章の構成——構成は天親本人によって述べられる——

観察体相章はある意味では「正宗分」であるから長い。『論註』に入る前に、『論』の長行自体がどのようになっているかを概観しておこう（六四三頁【図11・『浄土論』偈文と長行の関係図】参照）。

先にも述べたように、長行では、五念門の説明のところで観察門について「かの観察に三種あり。なんらか三種。一にはかの仏国土の荘厳功徳を観察す。二には阿弥陀仏の荘厳功徳を観察す。三にはかの諸菩薩の荘厳功徳を観察す」としているが、それを受けて前の礼拝・讃嘆・作願についての詳説なしに「いかんがかの仏国土の荘厳功徳を観察する。かの仏国土の荘厳功徳は不可思議力を成就せるがゆゑなり。かの摩尼如意宝の性のごときに相似相対の法なるがゆゑなり（『七祖篇』一〇八頁の訓読）」と始める。

「摩尼如意宝」というのは珠玉の中の最高のもののことで、ドラゴンボールのようなものと理解したらいい。『論註』の説明によると、この玉でさまざまな願いが叶うが、仏国土の不可思議力に比べれば、それでも「相似相対」にすぎず、まったく及ばない仏の不可思議力の喩えにすぎないと説明されている。つぎに「かの仏国土の荘厳功徳成就を観察すとは十七種あり。知るべし」(『七祖篇』一一〇頁)として十七種の荘厳の名称を列挙する。それから、一つひとつの功徳荘厳が偈文のどの句に相当するかを「荘厳○○功徳成就とは、偈に△△と言えるがゆえに」という具合に示していく。十七の当てはめが終わると「略してかの阿弥陀仏国土の十七種の荘厳成就を説く。如来の自身利益大功徳力成就と、利益他功徳成就とを示現せんがゆゑなり」(『七祖篇』一二二頁)、かの無量寿仏国土の荘厳は第一義諦妙境界相なり。十六句および一句次第して説けり、知るべし」(『七祖篇』一二三頁)と説いて、十七種の国土荘厳の意義を述べ締めくくる。ついで、「いかんが仏の荘厳功徳成就を観ずる」(『七祖篇』一二七頁)と問いをたて国土荘厳と同じように八種の仏荘厳の名称を列挙して、これも国土荘厳と同じように偈文の当てはめを行う。終わるとこれまた国土荘厳の時と同じように「略して八句を説きて、如来の自利利他の功徳荘厳、次第に成就したまへることを示現す、知るべし」(『七祖篇』一三五頁)として八種の仏荘厳の(名称は出さずに)意義を述べて締めくくる。二十九種荘厳の偈文一句一句についての解説は基本的になされておらず、単に「荘厳○○功徳成就とは、偈に△△と言えるがゆえに」のように偈文を二回読むことになるだけのスタイルになっているが、国土荘厳の中の十六番目の大義門功徳成就と仏荘厳の最後の不虚作功徳成就だけは天親自身が解説を加えている。そして、残りの四種の菩薩の荘厳功徳成就については「荘厳○○功徳成就とは、偈に△△と言えるがゆえに」という荘厳の名称を付けるスタイルをとらず、直接に偈文の意味を説明するスタイルになっている。ここまでを曇鸞は「観察体相章」としたわけである。

三、浄土はどのようなところであるか、どのようなところでないか、ということ

さて、観察門の二十九種の荘厳、『大経』の四十八願、『観経』に説かれる定善観などによって、私たちは極楽浄土についての一定のイメージを持つことができる。しかし、四十八願の第一「無三悪趣の願」のように、浄土がどんなところでないかしか示されず、積極的にどんなところであるかが示されないものもある。「願生偈」の中でも「不虚作住持功徳」はそうした「どんなところでないか」を示す荘厳だろうと思う。

天親自身が解説を加えているもうひとつの荘厳「大義門功徳」はどうだろうか。これは、『論註』上巻の読解でも示したが、平等な世界をイメージするものとして障害者・健常者の差異や男女の自然的・肉体的差異のない世界と、譏り嫌う言葉と意識がないことをあげている。つまり、大義門功徳においては、浄土が「どのようなところでないか」を差別のないところとして示すだけでなく、「どのようなところであるか」を女性や障害者を排除した世界として示しているのである。曇鸞は上巻の註において「仏本なんがゆゑぞこの願を興したまへる。ある国土を見そなはすに、仏如来・賢聖等の衆ましますといへども、国、濁せるによるがゆゑに、一を分ちて三と説く。あるいは眉を拓くをもつて誚《あざけ》りを致し、あるいは指語によりて譏りを招く。このゆゑに願じてのたまはく、「わが国土をしてみなこれ大乗一味、平等一味ならしめん。根敗の種子畢竟じて生ぜじ、女人・残欠の名字また断たん」と。このゆゑに「大乗善根界　等無譏嫌名　女人及根欠　二乗種不生」といへり」（『七祖篇』七三～七四頁）と説明している。天親・曇鸞ともに差別ということを社会のシステム・制度ととらえる視点に乏しく、したがって、平等の世界をただ差別意識（譏嫌の名）が欠如した世界としか考えていない。

また、肉体的な差異を口実として合理化される社会的差別（不公平な社会システム制度）と肉体的な差異を混同してしまって、差別のない世界のイメージとして差異のない世界を示している。ここに示された「差異のない世界」「個性的な特徴のない世界」というイメージは、差別の本質である社会の不公平なシステムを批判的にとらえ、それを解体することにあまり役に立たないし、被差別者のアイデンティティー（自身の個性的な特徴を肯定的に認識すること）を損なうメッセージを発しているとさえ思われる。大義門功徳成就が示すイメージは『大経』四十八願の第三「悉皆金色の願」及び第四「無有好醜の願」とほぼ同様のものであって、浄土に往けば男も女も「虚無の身・無極の体」を受けるということを象徴的に示すものだろうが、金色であれ無有好醜であれ、そうした無相ではないので、これ（大義門功徳）を、単に「命終之後」に女身（女像）とならないとだけあって、男身に変身することを明示しているわけでもない三十五願がしばしば「変成男子の願」ととらえられる如く、「変成男子」や「障害者が健常者に回復する功徳」とみなしても大きな間違いとは言えないだろう。このことは、上巻の読解で説明したとおりである。性差別の解決が変成男子でないことと同様に、障害者差別の解決は障害の「治療」とはまったく関係がない。障害者に対する社会的に（つまり、人為的に）不公平な扱い、不公平なシステムが差別の原因だから、それを改善することが大事なのである。

実は、ある学習会で「女人五障・変成男子」の差別性を説明する機会を得た。この時、実に興味深い体験をした。観察門が、法然上人の言うように「廃さんがために説く」のだということを改めて実感することになった。詳しいいきさつを知りたい方は、真宗大谷派大聖寺教区差別問題研修会実行委員会編『浄土を願う』（二〇二〇年八月）を参照していただきたい。

四、観察体相章を「廃さんがために説く」と理解する解釈の可能性

親鸞が「雑行を棄てて本願に帰す」（大谷派『聖典』三九九頁／二版四七四頁）とした「雑行」とは、此の土で行う

作願門行・観察門行、すなわち、奢摩他・毘婆舎那（止・観）のことである。もちろん、われら凡夫も極楽往生すれば、如来回向によって得た功徳（権利）で奢摩他・毘婆舎那を成就することになるのだが、此の土においては、それは「できもしない、つまらぬ行」すなわち「雑行」という他はない。私は、法然が「廃せんがために説く[2]」とした定散二善を「できもしない、つまらぬ行」と表現したが、「できもしない」はある種の謙遜を含んでいるからいいとしても、「つまらぬ」は少々まずいと思われるかもしれない。これは「称名念仏が最勝行たることを信じた」立場から言えば不思議ではないのだが、とは言っても「廃さんがために」説かれた説示の内容を見なければわからないとも言える。

では、観察体相章には何が書かれているのか。観察体相章の具体相は基本的に「願生偈」の「正宗分」すなわち中間二十一行であり、すでに『論註』上巻で検討されたので再論しないが、要するに浄土の環境的側面と浄土の主とその眷属の身体が説かれているわけである。すなわち、「浄土論」と「仏身論」である。そして、浄土論・仏身論の意味、伝統的な用語を用いると「浄土の依正」の観察の意味は、つぎの「浄入願心章」と「善巧摂化章」によって説明されている。浄土の依正が正しく観察されれば、自利利他円満な覚者となり他者を利益する者に成れると説明されているわけである。つまり、通常理解されているところの仏道なるものの核心である。今、私は「正しく観察されれば」と言ったが、その中に法性方便の二法身などが登場する。これがなぜ「廃されるために」説かれていると、法然上人は仰るのか。そして、なぜ、親鸞聖人はこれを「雑なつまらぬ行」として「棄てる」と言われるのか。廃されたあとに「帰す」とされるのは、「南無阿弥陀仏」と声に出して言うだけの誰でもできる、やさしい低級（そうな）行を信じて実行する者を残らず往生せしめると誓う阿弥陀の本願である。

浄入願心章のテーマは、「浄土の荘厳は」とは願心がどのようなものであるかを表現したものなのだということである。法性法身はいろもかたちもないから表現し得ないもののはずだ。表現し得ないものは、表現するべきでもないのだろう。法性法身などというものは、「わからなくていい」とは言わないが、わかったつもりになってはいけない。これらのことは次章に譲ろう。先に保留しておいた讃嘆門に登場する実相・為物の二身と、「荘厳身業功徳成就」と絡めて考えていくことにする。

註

(1) これが「略説」なのか、五念門行自体についての解説はこれで終了なのかは、このあとの解説に示すように一概に決められないが、とりあえず「略説」としておく。

(2) 法然の言葉。「故に今、定散は廃せむがために説き、念仏三昧は立せむがために説く」(『七祖篇』一二七一頁)。

第26章

極楽の荘厳が意味すること
――観察体相章（その二）国土の体相

一、観察体相（観行体相）章の曇鸞による構成説明

本章は、曇鸞が「観察体相章」と名づけた（天親菩薩の）『論』の長行部分を、曇鸞はどのように説明しているのかを具体的に確認する。いわば、曇鸞による『論』の科文である。前章は、曇鸞の説明がどのようなものであるかについてはあまり立ち入らず、『論』におけるこの部分が、五念門に配当する時の「観察門」の詳説という意味を持つと同時に、偈文の「正宗分」に当たることに絞って説明したので、説明が多少重複することになる。

曇鸞は、観察体相章の「註」として、まずつぎのように述べる。

観察体相とは、この分のなかに二の体あり。一には器体、二には衆生体なり。器の分のなかにまた三重あり。一には国土の体相。二には自利利他を示現す。三には第一義諦に入るなり。（『七祖篇』一〇八頁）

つまり、『論』の「観察体相章」すなわち『論』の「いかんがかの仏国土の荘厳功徳を観察する……」（大谷派『聖典』一三九頁三行目／二版一四九頁六行目）から「……偈に「何等世界無　仏法功徳宝　我願皆往生　示仏法如仏」と言えるがゆえに」（大谷派『聖典』一四二頁九行目／二版一五三頁二行目）までを、「器体」と「衆生体」のふた

つに大別し、前者の「器体」がさらに、①「国土の体相」、②「自利利他を示現す」、③「第一義諦に入る」に三分割されるというのである。そして、このあと、「国土の体相とは……」として「いかんがかの仏国土の荘厳功徳を観察する。かの仏国土の荘厳功徳は不可思議力を成就せるがゆえに」以下を引用して、さらに「自利利他を示現すとは……」「第一義諦に入るとは……」という具合に、逐語引用スタイルの註が展開していく。ちなみに、「衆生体」は「**衆生体とは、この分のなかに二重あり。一には観仏、二には観菩薩なり**」（『七祖篇』一二六頁）とされて、④「観仏」と⑤「観菩薩」に細分されることになる。これらを以下の図で示す。

【図10・観察体相章の見取り図】

㈠器体（器世間）	①国土体相（大谷派『聖典』一三九頁三行目～／二版一四九頁六行目～） (1)不可思議力成就 (2)十七種の国土荘厳の名称列挙 (3)十七種各論
	②自利利他を示現す（大谷派『聖典』一四〇頁一四行目／二版一五一頁四行目） 「略して彼の阿弥陀仏国土の……」
	③第一義諦に入る（大谷派『聖典』一四〇頁一五行目／二版一五一頁五行目） 「彼の無量寿仏国土の……」
㈡衆生体（衆生世間）	④観仏（大谷派『聖典』一四一頁一行目／二版一五一頁七行目） (1)仏荘厳が八種あることを示す（この観の義はすでに前の偈に彰せり」の「註」重要） (2)八種の仏荘厳の名称列挙 (3)八種各論 (4)総結
	⑤観菩薩（大谷派『聖典』一四一頁一五行目／二版一五二頁六行目） いかんが菩薩の荘厳功徳成就を観察する。菩薩の荘厳功徳成就を観察すとは、かの菩薩を観ずるに四種の正修行功徳成就あり。知るべし。……」

二、観察体相章の内容（その一）　不可思議力成就――環境の功徳――

図の㈠の①の⑴の論文《ろんもん》「いかんがかの仏国土の荘厳功徳を観察する。かの仏国土の荘厳功徳は不可思議力を成就せるがゆゑなり。かの摩尼如意宝の性のごときに相似相対の法なるがゆゑなり」（『七祖篇』一〇八頁）については前章に簡単に触れたように、『論』に出てくる「摩尼如意宝（珠）[1]」というドラゴンボールのようなものを喩えに曇鸞が註を展開している。一応、『論註』の全文を掲げる。

「不可思議力」とは、総じてかの仏国土の十七種の荘厳功徳力の、思議することを得べからざるを指すなり。諸経に統べてのたまはく、五種の不可思議あり。一には衆生多少不可思議、二には業力不可思議、三には竜力不可思議、四には禅定力不可思議、五には仏法力不可思議なり。このなかの仏土不可思議に二種の力あり。一には業力、いはく、法蔵菩薩の出世の善根、大願業力の所成なり。二には正覚の阿弥陀法王善住持力の所摂なり。この不可思議は下の十七種のごとし。一々の相みな不可思議なり。文に至りてまさに釈すべし。「かの摩尼如意宝の性のごときに相似相対」といふは、かの摩尼如意宝の性を借りて、安楽仏土の不可思議の性を示すなり。諸仏入涅槃の時、方便力をもつて砕身の舎利を留めてもつて衆生を福す。衆生の福尽きぬれば、この舎利変じて摩尼如意宝珠となる。この珠は多く大海のなかにあり。大竜王、もつて首の飾りとなせり。もし転輪聖王世に出づるときは、慈悲方便をもつてよくこの珠を得て、閻浮提において大饒益をなす。もし衣服・飲食・灯明・楽具、意の所欲に随ひて種々の物を須《もち》ゐる時に、王すなはち潔斎して、珠を長竿の頭に置きて願を発していはく、「もしわれ実にこれ転輪王ならば、願はくは宝珠、かくのごとき物を雨《あめふ》らして、もしは一里に遍し、もしは十里、もしは百里に、わが心願に随へ」と。その時にすなはち、虚空のなかにおいて種々の物を雨らして、みな所須に称ひて天下の一切の人の願を満足せしむ。この宝性の力をもつてのゆゑなり。かの安楽仏土もまたかくのごとし。安楽の性、種々に成就せるをもつてのゆゑなり。「相似相対」とは、かの宝珠の力、衣食を求むるには、よく衣食等の物を雨らして求むるものの意に称《かな》ふ。これ求めざるにはあらず。かの仏土はすなはちしからず。性満足し成就せるがゆゑに、乏少するところなし。かの性を片取して喩へとなす。ゆゑに相似相対といへり。またかの宝は、ただよく衆生に衣食等の願を与ふるも、衆生に無上道の願を与ふることあたはず。またかの宝は、ただよく衆生に一身の願を与ふるも、衆生に無量身の願を与ふることあたはず。かくのごとき等の無量の差別あるがゆゑに相似といへり。（『七祖篇』一〇八～一一〇頁）

要点は以下のとおり。

まず、『論』の言う「彼の仏国土を荘厳する不可思議力」なるものを「仏法力不可思議」、または、「仏土不可思議」であると押さえ、それが因位の法蔵の願力によって成就され、果位の弥陀如来の住持力で往生した者に施される功徳だとされる。そして、それが「摩尼如意宝」と似ているが違うのだと説明する。

香月院によると違いは三つある。

第一は、摩尼如意宝珠は「衣食を求むるには、よく衣食等の物を雨らして求むるものの意に称ふ」けれども「求めないものに対しては与えない（非是不求）」のに対して、彼の仏土は「求むる求むぬにはよらぬ。往生さへすれば一切の願楽悉く満足せしめ給ふと云ふなり[2]」で、彼の仏国土においては、個人的な願いがかなうというよりは普遍的な願いがかなうということだと思われる。

第二は、「かの宝は、ただよく衆生に衣食等の願を与ふるも、衆生に無上道の願を与ふることあたはず」だが、彼の国土の不可思議は往生する者に無上道の願を与えるという違いがある。

第三は、「かの宝は、ただよく衆生に一身の願を与ふるも、衆生に無量身の願を与ふることあたはず」であって、香月院は「（摩尼如意宝珠では）衣服を得やうが飲食を得やうが、その求めた人の我身の一身の願を満足するなり。安楽仏土へ往生すれば我身の事ばかりではない。奢摩他毘婆舎那巧方便力を成就して、一切衆生をおもひのまゝに済度して浄土へ往生せしむる。これ他の一切衆生の無量身の願までを与へるの誓ひありとなり」（『講苑』四七六頁上段）と説明している。

香月院は、われら煩悩成就の凡夫が還相の菩薩となることを確信しているのである。

三、観察体相章の内容（その二）　十七種の国土荘厳の名称列挙、十七種各論

つぎの㈠の①の⑵は単なる十七種の国土荘厳の名称列挙なので、『論註』も解説なしであり、香月院もそのままである。

㈠の①の⑶は十七種の国土荘厳の一つひとつについて偈文をあげたうえで「これいかんが不思議なる」と徴起し、上巻で行ったような偈文そのものの解釈ではなく、その意義を解釈する。だから、時には偈文に出てこないことも述べられるが、それを無理に偈文に合わせて解説しようとするのはよろしくないと香月院は言う。そして最後に「なんぞ思議すべきや（何可思議）」または「いづくんぞ思議すべきや」（「焉可思議」または「安可思議」）と締めくくる。この「これいかんが不思議なる」と徴起されるのは、『論』に「いかんがかの仏国土の荘厳功徳を観察する。かの仏国土の荘厳功徳は、不可思議力を成就せるがゆゑなり」と書かれているからである。『論』のうえでは、極

楽浄土の様態を「観察」するところの第四・観察門行とは、不可思議力を観ずる毘婆舎那ということである。煩悩成就の凡夫が娑婆で行ずることはできない。しかし、その凡夫が往生すれば、浄土の環境がそれを可能にする。

四、観察体相章の内容（その三）　十七種各論

とは言っても、当然上巻での偈文の解釈と重なるところもあるので、以下、下巻特有のところのいくつかについて読解を加えようと思う。具体的には、第一の「荘厳清浄功徳成就」、第三の「荘厳性功徳成就」（迦羅求羅虫の喩え）、第七の「荘厳触功徳成就」、第八「荘厳三種功徳成就」（水、地、虚空）、第十一「荘厳妙声功徳成就」（国土の名字、仏事をなす）、第十二「荘厳主功徳成就」、第十三「荘厳眷属功徳成就」、第十六「荘厳大義門功徳成就」の八個の荘厳を取り上げる。

第一「荘厳清浄功徳成就」について、『論』は名称をあげるだけで何の説明もないし、「註」も「これいかんが不思議なる。凡夫人ありて煩悩成就するもまたかの浄土に生ずることを得れば、三界の繋業、畢竟じて牽かず。すなはちこれ煩悩を断ぜずして涅槃分を得。いづくんぞ思議すべきや」（『七祖篇』一一一頁）と短い。「不断煩悩得涅槃分」という言葉があり、「正信偈」の「能発一念喜愛心不断煩悩得涅槃」と絡んで「涅槃分」なのか単に「涅槃」なのかという「分」の有無、その意味について古来さまざまな議論がある。香月院の解釈は、「分」とあっても基本的には安楽浄土の平等門から言えば、みな平等法身の涅槃のさとりを得るということであり、主伴差別の意味から言えば、たとい観音勢至でも仏果は証らないということになるそうだ。問題は安楽浄土の「土徳」、すなわち、社会環境がもたらす「権利」として平等だということがポイントということだろう。

第三「荘厳性功徳成就」に登場する「迦羅求羅」という風《かぜ》をわが身体にして大きくなったり小さくなったりする奇妙な虫の喩えも、おそらくは、この「土徳」を示しているのではなかろうか。「風の、身にあらずして身なるがごとし」とはなかなか面白い。第七「荘厳触功徳成就」に出てくる「愛作菩薩」のエピソード(3)も面白い。こういうところはそのまま楽しめばよいと思う。第八も涼しい水の喩えでわかりやすい。「調和冷煖にして自然に意に随ひて、神《じん》を開き体を悦ばしむ。心垢を蕩除し、清明澄潔にして浄きこと形なきがごとし」（『七祖篇』一一五頁）と、体に心地よく精神を活発にするから極楽だというのは基本ではないか。水や影や声が仏事をなすというわけである。

第十一「荘厳妙声功徳成就」の「国土の名字、仏事をなす」というのもいい。名前を出すだけで周りが元気になることは娑婆でも確かにある。ところで、この「註」の中に登場する「もし人、ただかの国土の清浄安楽なるを聞きて、剋念《こくねん》して生ぜんと願ずれば、また往生を得て、すなはち正定聚に入る」（『七祖篇』一一九頁）という文で、「正定聚に入る」すなわち「極楽の人数に入る」という概念が登場する。ここで「正定聚に入る」のはいつなのかということが問題になる。『論註』では「往生を得て、すなはち正定聚に入る」だから、正定聚の数に入るのは往生の後ということになるが、親鸞は『一念多念文意』でこの文を引用して、「この文のこころは、もし、ひと、ひとえにかのくにの清浄安楽なるをききて、剋念してうまれんとねがうひとと、またすでに往生をえたるひとも、すなわち正定聚にいるなり。これはこれ、かのくにの名字をきくに、さだめて仏事をなす。いずくんぞ思議すべきやと、のたまえるなり」（大谷派『聖典』五三七頁／二版六五七頁）と解釈している。「剋念してうまれんとねがうひと」と「すでに往生をえたるひと」というように「ひと」を二回使用しているわけである。これは無理な解釈と言えば言えないこともないが、香月院は、ここで「剋《(克)》念」の語に注目し、『論語』や『書経』の註釈まで持ち出して、「剋《(克)》念」が「己を克するもまた礼となす」という意味で「浄土を願生するもただ楽のために願ふではない」（『講苑』五

○九頁上段）という意味だとしている。おそらく、正定聚となって必至滅度を得るのは、己を捨てて衆生済度に向かうためだと言いたいのではないかと思う。極楽へ往って昼寝をしようとするのは「克念」ではなく、現生においてはまだ往生していないけれども衆生済度にいとまなき身を目指すとすれば、それは正定聚と言えるということではなかろうか。親鸞が『論』『論註』の文意をまげて現生正定聚を主張するように見えるのはそういうことだ、と香月院は言いたいのではなかろうか。が、もう少し考える必要がある。

第十二「荘厳主功徳成就」、第十三「荘厳眷属功徳成就」は国土の体相と言ってもそこに暮らす人のことで、環境の中にある個々人のことである。仏教の用語を使うと「依報」ではなく「正報」である。環境（器世間）と個（衆生世間）は別のものではないにせよ、別に考えた方がいい場合がある。このあと、第二「衆生体」というのがあって、そこに仏荘厳と菩薩荘厳が説かれるわけだから、いささかわかりにくいことになると思う。

ともあれ、第十二「荘厳主功徳成就」に登場する「正覚阿弥陀　法王善住持」をして、曇鸞が「「住」は不異不滅に名づく。「持」は不散不失に名づく」（『七祖篇』一一九頁）という釈を述べ、「もし人、一たび安楽浄土に生ずれば、後の時に、意《こころ》に三界に生じて衆生を教化せんと願じて、浄土の命を捨てて、願に随ひて生ずることを得て、三界雑生の火のなかに生ずといへども、無上菩提の種子は畢竟じて朽ちず」（『七祖篇』一一九～一二〇頁）としたことは、きわめて重要だと思う。果位の弥陀の善住持によって、衆生が娑婆世界の雑生の火の中に他の衆生を教化せんと還って来ることができるのである。「回向は如来ばかりにあり、往還は衆生ばかりにあり」というわけである。香月院は、ここで「正覚阿弥陀」とあることについて、因位の願力と果位の弥陀の神力の合体と説明している。

第十三「荘厳眷属功徳成就」は、「同一に念仏して別の道なきがゆゑなり。遠く通ずるにそれ四海のうちみな兄弟たり（同一念仏無別道故遠通夫四海之内皆為兄弟也）」（『七祖篇』一二〇頁）とあって、これもきわめて重要である。

ただ、これは上巻の解釈の時にもやったことと重なるので、簡単に触れておこうと思う。この文は親鸞『教行信証』では、「行巻」と「真仏土巻」の両方に引用されている。「行巻」においては、この「同一念仏」が誰でもできる平等な行として選択本願正定業であるという文脈で引用されている。つまり、諸行往生を棄て捨てる立場である。一方、「真仏土巻」では、この一文が真実報土難思議往生の根拠となり、諸行は、つぎの「化身土巻」が開かれて方便として説かれる。この方便、誘因というのは、法然によれば「廃せんがために説く」として明快なのだが、それを忘れずに読めば、親鸞の説明も詳しすぎていささかわかりにくいが便利なのである。「真仏土巻」に引用されているからといって、同一念仏が真実報土に往生した果として説かれているのではない。初めに「如来浄華衆 正覚華化生」の偈文が引用され、同一化生の相が示されたうえで、その同一がどういう理由で生じたかという「因」を示すために「同一念仏無別道故」が引用されるのである。つまり、娑婆で唱えた称名念仏と、「申さんと思ひ立つこゝろ」の信が衆生往生の因なのである。これが同一なのだ。

そして、どうしても問題になるのは、第十六「荘厳大義門功徳成就」の「大乗善根界等無譏嫌名女人及根欠二乗種不生」である。

この偈文の根拠となる願は、第三「悉皆金色の願」、第四「無有好醜の願」のセットと、第三十五「変成男子の願」、第四十一「諸根具足の願」などであるが、これらが根本的に浄土真宗の趣旨に沿っていないと言い切らねばならない時が来ているのだと思う。極楽浄土をありありと観察（毘婆舎那）することは、娑婆ではできないことであり、それら有相・無相の修恵の観は娑婆においては「雑行」、すなわち、「雑で、できもしないつまらぬ行」として棄てられねばならぬ。娑婆においては、単に目には見えぬが（つまり「どんなところか」はよくわからぬが）、とにかく「差別と戦争のない国」へ本願力回向によって往生すると思い浮かべる「一心安心上の観」があるだけである。

これがどういう意味であるかについて、第三十八「衣服随念の願」というのがあるのでそれで説明してみたい。

「たとい我、仏を得んに、国の中の人天、衣服を得んと欲わば、念に随いてすなわち至らん。仏の所讃の応法の妙服のごとく、自然に身にあらん。もし裁縫《さいふ》・擣染《とうぜん》・浣濯《かんだく》することあらば、正覚を取らじ」（大谷派『聖典』二二頁／二版二三頁）というのだが、極楽浄土に炊事・洗濯等の再生産労働がないのは多分そうだろうけれど、娑婆でこの願の意味を考える時は、「裁縫・擣染・浣濯する」労働が社会的に公平に分担されているかどうかを問い直す批判原理として読まねばならないのである。「大乗善根の界」はあくまでも再生産労働の搾取を基礎とする性差別を批判するものとして描かれていなければならない。それを「女がいない」だの「根欠がいない」だの、労働の搾取をなくすことには何の関係もないイメージで描いてはならぬ。このようなイメージは、搾取をなくすことについて単に「何の関係もない」だけではなく、差別・搾取の原因があたかも「女であること」「根欠であること」であるというあやまった理解を広めて差別・偏見を拡大するだけである。こんなイメージでは、批判原理として読むことさえできない。「裁縫・擣染・浣濯する」ことに関しては、それが公平に分担されているかどうかが娑婆の問題なのである。この娑婆では、男も女も、根欠も諸根具足も、「裁縫・擣染・浣濯する」再生産労働をともに担い、ともに励まし合い、ともに生きていくように制度をドシドシ変えていくことしかないし、それができるはずである。そのためには、どうしてそうなっていないかを誰にでもわかるように考えることが大切なのである。障害者が不利益を被るのは、断じてその身に障害があるからではない。社会がそれら器官の特徴を口実に不当な扱いを強いているからである。「障」や「害」をもたらしているのは社会の制度である。その制度を糾すこと、それが「批判」である。それが機の深信である。女身厭悪とは正反対なのだ。

「女人がいないというのは、女も男もいないということで、「虚無の身・無極の体」という真如・真理の世界を示す喩えなのだ」というような、誰にもわからないつまらぬ説明で不公平にあえぐ者を黙らせるようなことがあってはならぬのである。そういうことを言うなら、なぜ、極楽浄土に「男はいない」と言わずに、「女がいない」と言うのか、それを説明してからでなければならぬ。

ともあれ、「飢に叫ぶ人もあり貧の為めに操を賣る女もあり雨に打る丶小児もある」（高木顕明『余が社会主義』）という現実を前にして、飢える者や女がいない世界をイメージしてどうなる。考えるべきは、「飢餓」と「貧困」と「操を売ること（性暴力）」が生じた原因を取り除くことである。おそらく、それは生産労働と再生産労働の搾取を当然とする社会のシステムによって生じたのであろうから、それをともに学び、「制度をドシ々々改良して社会の組織を根本的に一変せねば成らんと考へ」（『余が社会主義』）ようではないか。

また、この際ついでに言うと、第四十三「生尊貴家の願」というのがある。「たとい我、仏を得んに、他方国土のもろもろの菩薩衆、我が名字を聞きて、寿終わりての後、尊貴の家に生まれん。もし爾らずんば、正覚を取らじ」（大谷派『聖典』二三頁／二版二五頁）というものである。問題は、ある家系に生まれることが尊貴・卑賤を生み出す制度にあるのだ。来世には生まれもって特権が具わった家系に生まれるなどということを願いとしたのでは、この願が、貧富の差が世代を超えて継続するシステム、すなわち、身分制それ自体の批判原理となっているとは言い難い。

さらに、もうひとつ問題にしなければならないことがある。それは「大乗善根の界」にないものとしてあげられている「譏嫌の名」、すなわち、侮辱や蔑視などのいわゆる「差別意識」のことである。曇鸞は言う。「人の諂曲《てんごく》なると、あるいはまた儜弱《にょうにゃく》なるを、譏りて女人といふがごとし」（『七祖篇』七六頁）。つまり、男に対して、「お前は女のような、こびへつらい嘘を言う（諂曲なる）奴だ」「お前は女のような意志の弱い（儜弱なる）情けない奴だ」

と譏ることのない世界が、大乗善根の界であると。女は、諂曲なるもの、儜弱なるものの喩えとして登場しているだけで、そのように言われて反論する場（そんな場面があるかどうかは別だが）にも登場しない。これは、女性に対して「お前は女の腐ったような奴だ」と言っているわけでないことを考えればわかる。曇鸞は、男ともあろうものが「まるで女の腐ったような奴だ」というようなひどい悪口を言われない世界として、極楽浄土を説明しているにすぎない。悪口なるものは言われた当人にはひどい侮辱と感じられることもあろうが、時には適切な批判であることもある。ただ、批判であるにせよ、単なる侮辱であるにせよ、そのために喩えにされた女性のことなど考えていないのである。

このような表現を含む『論』『論註』さらには『大経』『観経』を、「経典における様々な表現は、根源的には人間救済のために解かれたものであり、「如是我聞」からはじまる一言一句すべてが仏言（金口の説）であると受けとめています(4)」として、削除や「拝読」停止の要求に応えなかったり、差別表現であると明確に認めなかったりすることは、もはや許されないのではなかろうか。障害の有無や男女の肉体の差異は、差別（不公平な制度）の原因ではない。そのような制度を正当化する単なる口実にすぎない。

また、「女のような」が侮辱・蔑視として使用可能なのは、女性の身に「諂曲」「儜弱」が具わっているからではない。女性の社会的地位が高ければ、「諂曲」は謙譲とみなされ、「儜弱」は優しさや寛容とみなされることもあるだろう。さらに、たとえ文字通りの「諂曲」「儜弱」なる女性がいたとしても、それは男にもたくさんいるし（だからこそ、男に対して「お前は女のようだ」という侮辱があるのだけれど）、そのことを不公平な制度を本質とする「差別問題」の中心課題にすべきではないのである。侮辱や蔑視を差別の中心ととらえると、「私は差別（侮辱）されたことはない。差別（侮辱）されるのは女にも問題があるのだ」などという頓珍漢なことを言う「立派な」女性が登場して、不公平な制度を温存するのに一役買ってしまう。また、病者や障害者に嫌悪を抱かず、憐れみや、時には尊敬の念を抱く境地になることを、差別の克服と取り違えてしまうことさえある。ハンセン病問題で話題になる「慰安教化」が、隔離を前提とする病者に対する不公平な取り扱いを改善するのではなく、むしろ支えてしまったことをよく考えなければならない。極楽浄土に「差別がないこと」とは、「機嫌の名がないこと」ではないし、「(女人根欠のような)機嫌の体がないこと」でもないのである。したがって、「変成男子」を差別・不公平の解決策として示すのは、差別抑圧の助長でしかないと自覚すべきである。経典や論の「観察体相」の全体が「根源的には人間救済のために解かれた」と本当に信じているなら、それに反する部分を削除したり、拝読を中止することをためらうことなく、本気で考えることを始めるべきだ。

できもしない「此土入聖得果」を捨てて「於安養浄刹入聖証果」に帰す浄土真宗は、「安養浄刹」についてどんなところであるかをわかったように説明しない立場でもある。われら煩悩成就の凡夫には、そこは此土にあふれる性差別・障害者差別がない世界だとしかわからない。だとすれば、そこへ往くことが決まったわれら極楽の人数は、生きている間は、此土にある差別についてそれが無くなるように誠実に考えねばならぬだけである。

「観察体相」に説かれているさまざまな難しい議論をとりあえず選捨して、「もしそれ造像起塔をもつて本願となさば、貧窮困乏の類はさだめて往生の望みを絶たん」(『選択集』。『七祖篇』一二〇九頁)として、まずこの世の経済的不平等を問題にされた法然上人に立ち返り、改めて親鸞聖人や香月院の説明を聞こうではないか。説明を聞くにあたっては、「君こそ君の主なんだよ」と教えてくださった釈尊はもちろん、法然上人・親鸞聖人とも対等に、普く諸々の人たちとともに平和と平等の世界(戦争と差別のない世界)を目指して互いに励まし合い、批判研鑽し合おうではないか。これら先師の言説を無謬の「金口の説」としてたてまつるのは、むしろ先師の教えをないがしろにすることであろう。先師から、経典から、教えていただいたことによって、先師や経典を批判できないということは、何も教えていただかなかったことと同じである。

註

（1）ここに「珠」を加えたのは『論』ではなく『論註』。だから、「ドラゴンボールのような」としたのは、あくまでも『論註』による。

（2）この「これ求めざるにはあらず（非是不求）」を、香月院は「求めない者に対しては与えない」という意味だと解説している。求める者の「意」に沿うのは求める者の煩悩にかなうだけだということを考えれば、この香月院の解釈は妥当ではないかと思う。『講苑』四七五頁上段を参照。

（3）香月院によると、この「愛作菩薩（愛敬菩薩という翻訳もあるそう）」というのは、『大宝積経』の第一〇六巻に出てくるそうで、イケメンの菩薩が舎衛城で乞食の行に出た時に、ある長者の娘に惚れられた。長者の娘は「淫欲のために焼かれて」死後三十三天に生じた。それが縁で長者の親夫婦や眷属五百人も仏の所説を聞いて菩提心を発したという。安楽浄土の柔軟な宝に触れて楽を生じても却って仏道を増進するが、それと似ているということで曇鸞がこの喩えを出したのだという。香月院は良忠『記』や『翼解』などもこれを知らずにわけのわからぬことを言っていると批判しているが、こういうところが香月院の鼻につくところかもしれない。

（4）真宗大谷派の「人権週間ギャラリー展」（二〇一八年一二月）における「経典の中で語られた差別」のパネルから、性差別に関するものが排除されたことに対する「公開質問状」への真宗大谷派宗務総長名の回答（二〇一九年四月二六日付）。「回答」はこのあと、「教団としての見解をまとめるべく検討を続けていく」としている。この「検討を続けていく」を何もしないことの言い訳として当面を繕うだけだと批判する向きもあるが、私は、この「検討」に積極的に参加していくべきだと思う。『観経』『論』『論註』の全体が人間解放のために説かれているのだと本当に信じているなら、展示を差し止めた側もそれを批判する側も、この「検討」に期待するしかない。

第27章

天親と曇鸞の浄土観
——観察体相章（その三）　自利利他を示現す

一、極楽の本質をめぐる天親と曇鸞の微妙な違い

最初に、「自利利他を示現す」について、第26章の【図10・観察体相章の見取り図】の㈠の②を参照（本書四七二頁）。

曇鸞が「自利利他を示現す」と科文した論文は、「略してかの阿弥陀仏国土の十七種荘厳功徳成就を説く。如来の自身利益大功徳力成就と、利益他功徳成就とを示現せんがゆゑなり」（『七祖篇』一二二頁）と述べられている部分である。また、そのつぎの「入第一義諦（第一義諦に入る）」と科文した部分は、「かの無量寿仏国土の荘厳は第一義諦妙境界相なり。十六句および一句次第して説けり、知るべし」（『七祖篇』一二三頁）と述べられている部分である。この部分が『論』全体の中でどういう位置づけになるかを改めて確認しておく。ここは極楽という特別の環境の「本質」について述べたところであるが、その本質をめぐって、天親・曇鸞の間に（少なくとも表面的には）微妙なずれがあることを読み取ろうと思う。

『論』は偈文とその解説（解義）たる長行からなる構成をとっている。偈文のおおよその意味は、つぎのとおり

である。
初めに「お釈迦さま、私は一心に阿弥陀さんに帰依して、阿弥陀さんの国に往きたいと思います。そのためにお釈迦さまが教えてくださった「経（修多羅）」をもとに偈を制作します」と宣言し、その「阿弥陀さんの国」の社会的・自然的環境とそこの住民の様子について実際に述べる。そして最後に、「今述べた偈をみんなと一緒に歌ってそこへ往こうと思います」と締めくくる。偈の本編（いわゆる「正宗分」）は「阿弥陀さんの国」の社会的・自然的環境と、そこの住民について述べる部分である。つぎに、その解説たる「長行」と呼ばれる散文が始まる。長行では、偈文の初めの二行は単なる序であるから、特に解説は述べられず、はじめに「五念門」と呼ばれる仏道の修行法が述べられている。また、偈文の本編が「仏国土の様子（阿弥陀さんの国の環境）」と「仏のすがた」と「菩薩のすがた」との三部門に分けられることを説明して、そしていよいよ偈文の本編である「阿弥陀さんの国」の社会的・自然的環境とそこの住民について述べた個所のそれぞれについての解説が始まるわけである。本章で検討するところの、曇鸞が「自利利他を示現す」及び「入第一義諦（第一義諦に入る）」と科文した部分は、この解説の前半、すなわち、「仏国土（阿弥陀さんの国の環境）十七種の様子」を解説した部分の締めくくりの部分である。その「略してかの阿弥陀仏国土の……」に曇鸞が付けた「註」は以下のとおりである。

「略」といふは、かの浄土の功徳は無量にして、ただ十七種のみにあらざることを彰すなり。それ須弥の芥子に入り、毛孔《もうく》の大海を納む。あに山海の神《じん》ならんや。毛芥《もうけ》の力ならんや。能神のひとの神なるのみ。このゆゑに十七種は利他といふといへども、自利の義炳然《へいねん》たり、知るべし。（『七祖篇』一二二頁）

ここまでが「自利利他を示現す」、すなわち「略してかの阿弥陀仏国土の十七種荘厳功徳成就を説く。如来の自身利益大功徳力成就と、利益他功徳成就とを示現せんがゆゑなり」の部分に付けられた「註」である。「第一義諦に入る（入第一義諦）」の個所に付けられた「註」はかなり長いので、後で改めて検討する。

さて、この部分で注目されるのは「略」という語に重要な意義を持たせていることである。それは、浄土の様子を簡単に述べたということではなく、芥子粒の中に須弥山を収めるとか、毛穴に大海を納めるなどという『維摩経』に出てくる喩えを用いて、浄土の様子を具《つぶさ》に語ることはできないのでそれをまとめた、ということなのだというわけである。まとめたのは、芥子粒や毛穴の「能力（capacity）」ではなく、まとめて見せた如来（『維摩経』で言えば維摩居士）の能力だということである。極楽浄土はそこへ衆生を迎えるということで利他のために構成されているのだが、それを構成したのは如来だから、如来の自利の義はその前提として当然ある。つまり「能神のひとの神なるのみ」とされているということである。もっとも、これを「自利」「利他」という言葉で表現するのはややわかりにくいのだが、香月院はこの部分を、それ以前の伝統に従って「自受用」「他受用」と表現している。

二、「第一義諦に入る」【見取り図】㈠の③――無生の生とは何か――

つぎの「入第一義諦（第一義諦に入る）」と科文された部分の論文は、「かの無量寿仏国土の荘厳は第一義諦妙境界相なり。十六句および一句次第して説けり、知るべし」（『七祖篇』一一三頁）と短いが、それに付けた「註」はかなり長い。いくつかに区切って検討する。まず初めの部分。

「第一義諦」とは仏（阿弥陀仏）の因縁法なり。この「諦」はこれ境の義なり。このゆゑに荘厳等の十六句を称して「妙境界相」となす。この義、入一法句の文に至りてまさにさらに解釈すべし。「および一句次第」とは、いはく、器浄等を観ずるなり。総別の十七句は観行の次第なり。（『七祖篇』一一三頁）

まずはここまでを検当する。

第一義諦というのは、いわゆる「真俗二諦」と言う時の「真諦」のことである。そこで、まず、真俗二諦の説明であるが、この言葉は近代日本のいわゆる「戦時教学」において宗教的・超越的倫理と世俗的倫理という意味に使用されたことで非常に有名になった。その場合の意味は、「今生に於いてはいよいよ御国の為には身命を惜しまず報国尽忠の誠を抽《ぬき》んで（国家の恩に報いて忠義を尽くすことにおいてめざましいこと）、未来にとりてはおのれがはからいを捨て、ひとえに弥陀他力の本願にすがり奉り、生きては皇国の良民と言われ、死しては安養浄土の華のうてなに往生を遂げるよう……」[1]というようなかたちで使用されるもので、前者「生きては皇国の良民と言われ」が「俗諦」、後者「死しては安養浄土の華のうてなに往生を遂げる」が「真諦」ということになっていた。これを「二諦相依」とも言い、宗門が近代天皇制を支える教学的根拠となっていた。この使用法に近いとされてきたのは、親鸞『教行信証』「化身土本巻」の最後に最澄制作とされている『末法灯明記』からの引用の「それ一如に範衛してもって化を流す者は法王、四海に光宅してもって風を垂るる者は仁王なり。しかればすなわち仁王・法王、たがいに顕れて物を開し、真諦・俗諦、たがいに因って教を弘む」（大谷派『聖典』三六〇頁／二版四二三頁）である。これにしても、天皇制を支えるものというのは少し無理があるが、もともとの真俗二諦とは、こういうこととはほとんど無関係である。本来の真俗二諦とは、言葉で表すことができない真理・真如それ自体を「真諦」、それを仮に言葉やかたちを具えた相《すがた》として示したのが「俗諦」ということである。以前に、往還と対照して説明した「入空出仮」という概念を用いれば、「入空」が真諦、「出仮」が俗諦ということになる。

したがって、『論』の「無量寿仏国土の荘厳は第一義諦妙境界相なり」とは、「阿弥陀仏が建立した極楽浄土の荘厳は（本来、いろやかたちで表現できない）真理それ自体を妙なる相《すがた》として示したものだ」という意味になる。これを曇鸞は、「「第一義諦」とは仏（阿弥陀仏）の因縁法なり。この「諦」はこれ境の義なり。このゆゑに荘厳等の十六句を称して「妙境界相」となす」と註釈したわけである。しかし、この部分はかなりわかりにくい。香月院は「**これ合点の参らぬ御釈也。「第一義諦とは真如実相なり」とかあれば聞こえるけれども、因縁法なりとありては合点ゆかず**」（『講苑』五三八頁下段）としている。なぜなら、「因縁法」というのは因縁所生の法ということで、色心の諸法は因縁より生ずるものであるから、因縁法は「第一義諦・世俗諦」の対概念においては「生じたもの」すなわち「有」に属する世俗諦のことであり、第一義諦（空）のことではないからである。この問題について香月院は、曇鸞が三論宗の学者であることを強調して、三論宗の実義は「**世俗諦の有を其の儘において有宛然として空なるが第一義諦、又第一義諦の空をそのままにおきながら空宛然として有なるが世俗諦と云ふが二諦相即の実義なり**」（『講苑』五三九頁下段）と、「ならず者の論理」（アリストテレス）とも言うべき仏教形而上学を展開している。この個所で香月院は、若い時に三論学者の「根本の常明和尚」という人の講釈でこういうことを習ったと紹介している。これでもなおわかりにくいのだが、これがつぎの「この「諦」はこれ境の義なり。このゆゑに荘厳等の十六句を称して「妙境界相」となす」の説明の伏線になっている。十七種の国土荘厳について『論』は、「十六句および一句次第して説けり」と言う。十七種を普通に十七種まで読み進めれば、最後の「一切所求満足功徳」は、これまで述べた十六種をまとめて「一切」として語っているとみなせるから、「十六句および一句」とは「清浄功徳」から「大義門功徳」までの十六句及び「一切所求満足」の一句ということになりそうだが、曇鸞は最初の「荘厳清浄功徳」が総相で、あとの量功徳からの十六句がそれを個別に示す「別相」とみなしている。したがって、「十六句」とは第二の「量功徳」から第十七の「一切所求満足功徳」までで、一句とは第一の「清浄功徳」ということになる。最初の一句が総相だというのは、最初の一句は「清浄」ということを語っており、「清浄」とは涅槃の別名でもあり真如のことでもあるから、第一句は第一義諦を語っていると考えるからである。だとすると、「入第一義諦」の「入」とは、この総相である第一句第一義諦にさまざまな違いのある十六句の荘厳が入った（収まった）ということだとするわけである。だから本来、いろもかたちもない第一義諦を、「妙」という形容があるにせよ境界相だと言うのだと。それでわざわざ「諦とは境の意味だ」と付け加えられているというわけである。

つぎの「「および一句次第」とは、いはく、器浄等を観ずるなり。総別の十七句は観行の次第なり」もわかりにくい。これは『論』の「十六句および一句次第して説けり」についての解釈なのだが、それを「十六句」と「および一句次第」とを分けて説明しようとしているのである。このあとに、十七句（十七種の国土荘厳）が総別に分かれるという説明があって、初めの荘厳清浄功徳が総相であると示されるので、十六句というのは「量功徳」から最後の「一切所求満足功徳」までということになる。すると、『論』の「十六句および一句次第して説けり」との表現と矛盾するように見えるのだが、初めの「清浄功徳」を第一義諦を表す総相として、そこに十六句の別相が広略相入するという説明になっているわけである。つまり、「および一句次第」というのは、第一の総相たる「清浄功徳」の一句に別相の残り十六句が入り込んだことを示し、それで十七種の次第だという説明なのだと思われる。

これでようやく、わかりにくい曇鸞の「入第一義諦章」のはじめの釈文が説明できたというわけである。いずれにしても「この義、入一法句の文に至りてまさにさらに解釈すべし」とあるから、つぎの「浄入願心章」でまたこのいささか鬱陶しい議論に付き合わねばならないことになる。聖教の難しい説明を「鬱陶しい」などというのは穏やかではないが、香月院も『論註』の「「第一義諦」とは仏の因縁法なり」の部分に「仏の」という言葉がつけられていることに着目し、こうした真俗二諦の奥義は仏にしかわからないもの、凡夫にはわからないものと、さりげなく解説している。凡夫にわかるのは、凡夫を救ってくださる為物身の実体的なイメージで十分なのだ。「入第一義諦」についての「註」を続ける。

いかんが次を起す。建章に「帰命無礙光如来願生安楽国」といへり。このなかに疑あり。疑ひていはく、「生」は有の本、衆累の元たり。生を棄てて生を願ず、生なんぞ尽くべきと。この疑を釈せんがために、このゆゑにかの浄土の荘厳功徳成就を観ず。かの浄土はこれ阿弥陀如来の清浄本願の無生の生なり。三有虚妄《ぬこもう》の生のごときにはあらざることを明かすなり。

（『七祖篇』一一三頁）

建章の文、すなわち、「願生偈」の建《はじめ》に「願生」という言葉が出てくる。「生」は、「空無」すなわち涅槃を目指す仏道から言えば「棄てるべきもの」である。それを棄てて悟りを目指すのに、往生というまた別の「生」を願うなどと言ったら生は尽きないではないか、という問いに対する応答である。応答は「その疑いを解釈するために浄土の荘厳が説かれているのだ。浄土は涅槃・法性を実現した、あるいは、涅槃・法性それ自体である阿弥陀の本願によって建立された世界であり、そこへ往って生まれると言っても、往くこと其《そ》の儘が、往かないこと生ずること其の儘が生じないことである、つまり、「無生の生」だというわけである。

観察体相章の始まりは荘厳清浄功徳「観彼世界相　勝過三界道」であり、これは偈文の本編（正宗分）の始まりでもある。しかも、同時に偈文全体の五念門配当の義から言えば、「観察門行」の始まりであるから「観行体相章」とも言うのである。五念門配当の義だけから言うと、ここで「いかんが次を起す。建章に「帰命無礙光如来願生安楽国」といへり」と言うように、「礼拝・讃嘆・作願の前三門が込められている（つまり、観察門の中には入らない）」「いかんが次を起す」として「帰命尽十方無碍光如来……」の第一行が出てくるのはおかしいことになる。とはいえ、「願生安楽国」を単に五念門上の作願門とだけ理解したのでは、この「十六句および一句次第して説けり」で複雑な説明をして極楽浄土がいろもかたちもない涅槃界であるままに、いろもかたちも無数にある妙境界相であるとしたことが生きてこない。その複雑さ自体は後の浄入願心章で「一法句」をめぐって法性・方便の二法身として説明するのだが、そうしたいろもかたちもないと同時に無数のいろとかたちにあふれた世界に願生するということ、すなわち、いろもかたちもないところへ生まれるのは「無生の生（生まれるのではない生まれる）」なのだというややこしい説明も必要になってくるわけである。そういう意味で、ここに建章の一句が登場するのである。そこでならば「このなかに疑あり。疑ひていはく、「生」は有の本、衆累の元たり。生を棄てて生を願ず、生なんぞ尽くべき」という問い（疑問）が建てられるからである。その答えが「無生の生」であるというのは、「極楽は涅槃界であると同時に妙境界でもあるから、無生であると同時に生の世界なのだ」ということである。これは、近代教学者がよく使う言葉、「substance」の翻訳語としての「実体」という言葉を使って言えば、「浄土とは実体ではない世界だ」ということである。それを実体として見るのは、欲界・色界・無色界という三有に虚妄分別して生きる凡夫だということだと説明してもよいだろう。この「無生の生」という概念は、『論註』上巻において、まさにここで「建章の文」と呼ばれている「世尊我一心帰命尽十方無碍光如来願生安楽国」の一行を、五念門の前三念門が込められているものとして「願生安楽国」を作願門とするとした解説のところで、すでに登場している。それを再びこの「観行体相章」で登場させたのである。このややこしい説明は、さらに以下のように続く。

なにをもつてこれをいふとならば、それ法性は清浄にして畢竟無生なり。生といふはこれ得生のひとの情なるのみ。生まことに無生なれば、生なんぞ尽くるところあらん（生何所尽）。かの生（夫生）を尽さば、上は無為能為の身を失し、下は三空不空の痼《やまい》　廃なり。病なり　に䤄《え》　酔なり　ひなん。根敗永く亡じて、号《さけ》び三千を振はす。無反無復ここにおいて恥を招く。かの生の理を体する（体夫生理）、これを浄土といふ。

（『七祖篇』一二三～一二四頁。（　）は筆者による）

「無生の生」の「無生」ということが言える根拠は、法性が完全に清浄であるからで、その完全に清浄なる法性に順じて建立されたのが阿弥陀如来の極楽浄土である。だから、「生」と言っても究極的には「無生」なのだ。それを「生」と言うのは娑婆世界で彼の土に生じたいと思う者の気持ち（情）を言ったまでだ、と。つまり、極楽浄土に関わる「生」は本当は「無生」なのだから、それを滅尽する必要などないのだ。(2)したがって、そういう無生の生まで滅尽の対象としてしまえば、極楽往生して得られる無為にして能為の自在の利他を失い、娑婆に於いては三空不空の病に酔うようなことになる。この「三空不空の病」というのも相当わかりにくいが、おそらくつぎのようなことだと思う。まず「三空」というのは「空・無相・無願」のことで三解脱門のことだが、これを修得すれば涅槃に到ることになる。しかし、それは空であるがままに有であるというような大涅槃ではなく、空＝無の一方に偏したものであるから本当の空ではないということで「不空」と続ける。だから、滅することにこだわるような涅槃は利他の開けがない自分中心のさとりであって、自利利他円満に向かう大涅槃から遠ざかる菩薩の病のようなものだ。「無生の生」までを滅尽の対象としてしまえばこの病に陥り、無上涅槃に到る根も腐りはてて三千世界を振わすような声で泣き号《さけ》ぶしかない。実の生だと思って極楽往生したい（平和と平等の世界が本当にあると思ってそこへ往きたい）という凡夫なら、それが縁で自利利他円満の大乗菩薩道に反《かえ》り復することもあろうが、一切の生の滅尽にこだわるようなことをすれば無反無復の恥をさらすことになってしまう。たぶん、こういう意味だと思う。香月院によれば、この「無反無復の恥」というのは『維摩経』の第六・弟子品にある諸弟子が維摩にからかわれる喩えに根拠を持つそうである。

これに対して、「生」ということの本当の意味、すなわち、「無生の生」が体認されるところこそが極楽浄土なのだというわけで、「体夫生理謂之浄土（夫《か》の生の理を体する、之を浄土と謂う）」ということになる。

そこで、つぎに「浄土の宅はいはゆる十七句これなり」（『七祖篇』一一二四頁）とする十七種国土荘厳の総別の次第が説明されるわけである。ここの説明は、そもそも十七句を一句と十六句と分けるのか、「論」のままに十六句と一句とみるのかという疑問についてはすでに述べた。そのことを別とすれば、あとはわかりにくいこともないので、省略する。この十七句次第の説明はつぎの言葉で締めくくられる。

また次に、この十七句はただ疑を釈するにあらず。この十七種の荘厳成就を観ずれば、よく真実の浄信を生じて、必定してかの安楽仏土に生ずることを得。（『七祖篇』一一二五頁）

ここに言う「疑」とは「「生」は有の本、衆累の元たり。生を棄てて生を願ず、生なんぞ尽くべき」というものである。この「疑」に対して「無生の生」で答えたわけである。それで「疑」は晴れたのだから、十七句の次第に関してまた別義があるとして「この十七種の荘厳成就を観ずれば、よく真実の浄信を生じて、必定してかの安楽仏土に生ずることを得」とされるのは何なのか。これもまた難問である。この難問は、つぎのいわゆる「氷上燃火の喩え」とも関連する。

問題は、「この十七種の荘厳成就を観ずれば」の「観」が何を意味するかである。もし、これが定善修恵の観であったら、凡夫が信を生ずるには十七種の荘厳を観察してからでないと信が生じないということになって、凡夫往生の道は閉ざされることになる。そんなことがあろうはずはないということで、香月院は「成就」という言葉に着目せよと言う。(3) この成就は、法蔵兆載永劫の修行によって一切衆生のために成就された畢竟清浄の極楽浄土の荘厳のことである。それを聞いてそこに往生するぞと思い取りて決定する信心を、如来より賜る真実浄心と言うのである。これだからこそ、「必定してかの安楽仏土に生ずることを得」るのである。たしかに、『論註』は一応「修恵の観」を顕してはいるが、別義に聞思の観を蔵しているのである。だから、「別義」と言ったのである。これは、無生の生で答えられた「疑」のように、小乗の聖者が発するような小難しい形而上学とは関係がない。そもそも凡夫は「「生」は有の本、衆累の元たり。生を棄てて生を願ず、生なんぞ尽くべき」などという高級な疑問は持たないのである。下々品のわれら凡夫はこの娑婆で、すなわち、「飢に叫ぶ人もあり貧の為めに操を賣る女もあり雨に打る丶小児もある」世界で、「釈尊等の人師の教示ニ依て理想世界を欲望し、救世主たる弥陀の呼び聲を聞き付て深く我が識心感じられた」(『余が社会主義』)だけのことである。それだけのことで「其の時大安心が得られ大慶喜心」が起きて精神は頗る活発に成るのである」。「無生の生」とかいう形而上学的納得を得るのではない。この形而上学は、アリストテレスに言わせればどうせ「ならず者の論理」、香月院に言わせれば「若いころに習い覚えた空即有の論理と気がつけばわけもなく解することができる」程度のものであり、こんなものを学習しても信は生じない。なお、このことについては、すでに上巻で偈文の第一行目に礼拝・讃嘆・作願の前三念門が込められているという個所の作願門のところのふたつの問答で八不中道のこととして簡単に論じているので、それを参照してもらえばよい(4)。

三、氷上燃火の喩え——不平等な制度と不平等な心——

こういう「無生の生」のような否定かつ肯定の超越論理は、仏だけが知り得ることで凡夫には無縁のものである。この問題がつぎに展開する。いわゆる「氷上燃火の喩え」である。

問ひていはく、上に、生は無生なりと知るといふは、まさにこれ上品生のものなるべし。もし下下品の人の、十念に乗じて往生するは、あに実の生を取るにあらずや。ただ実の生を取らば、すなはち二執に堕しなん。一には、おそらくは往生を得ざらん。二には、おそらくはさらに生ずとも惑ひを生ぜん。答ふ。たとへば浄摩尼珠を、これを濁水に置けば、水すなはち清浄なるがごとし。もし人、無量生死の罪濁にありといへども、かの阿弥陀如来の至極無生清浄の宝珠の名号を聞きて、これを濁心に投ぐれば、念々のうちに罪滅して心浄まり、すなはち往生を得。またこれ摩尼珠を玄黄の幣《きぬ》をもつて裹《つつ》みて、これを水に投ぐれば、水すなはち玄黄にしてもつぱら物の色のごとくなり。かの清浄仏土に阿弥陀如来無上の宝珠まします。無量の荘厳功徳成就の帛《きぬ》をもつて裹《つつ》みて、これを往生するところのひとの心水に投ぐれば、あに生見を転じて無生の智となすことあたはざらんや。また氷の上に火を燃《た》くに、火猛ければすなはち氷解く。氷解くればすなはち火滅するがごとし。かの下品の人、法性無生を知らずといへども、ただ仏名を称する力をもつて往生の意をなして、かの土に生ぜんと願ずるに、かの土はこれ無生の界なれば、見生の火、自然に滅するなり。（『七祖篇』一二五～一二六頁）

確かにそのとおりである。『観経』下々品に説かれた極重悪人の十声の念仏は、とても「生は無生なりと知る」などというものではない。「無生の生」などというものは、本当は「上品生のもの」でもわかったつもりになるか、わかったふりをするしかないものである。これに対する答えは、「かの清浄仏土に阿弥陀如来無上の宝珠まします。無量の荘厳功徳成就の帛《きぬ》をもつて裹《つつ》みて、これを往生するところのひとの心水に投ぐれば、あに生見を転じて無生の智となすことあたはざらんや」である。阿弥陀如来の清浄な世界に入れば、そこに往生した凡夫も実の生死という迷いが覚め、自利利他円満な無生の智を獲得するのだということである。この智が獲得されれば「弥陀と違はん通力を得て、佛心者大慈悲是なりと云ふ心に成って、他方国土へ飛び出して　有縁々々の人々を済度するに間隙のない身」（『余が社会主義』）になれるのである。実際になるのは未来（当益）であるが、その希望が現生にあることを「現生正定聚」という。それが現生の利益の中核なのである。「かの下品の人、法性無生を知らずといへども、ただ仏名を称する力をもつて往生の意をなして、かの土に生ぜんと願ずるに、かの土はこれ無生の界なれば、見生の火、自然に滅するなり」。「阿弥陀さんの差別と殺戮のないくにっていいですね、私もそのくにに往くことを願いますす」と、今、声に出せば必然的にそうなる。その熱意が強ければ必ず煩悩の氷も解ける。

「氷上燃火の喩え」の意味は、おおよそこういうことであると思う。浄土という平和と平等の環境に入れば、平和と平等が実現するのであるということであろう。もっと言えば、平和と平等とはそういう環境のことなのであって、平和な気持ちとか差別心をなくした状態などではないということだと思う。ただ、前章の「大義門功徳成就」の「女人及根欠二乗種不生」の批判でも述べたように、「経・論・註」すべてが、差別を社会環境の問題としてとらえる視点に欠け、諸根の具・不具といった肉体的・自然的差異や譏嫌の名などどいう意識の視点からしか考えられていないことを見ると、この「氷上燃火の喩え」でもなお不足が残ると言わねばならないと思う。「浄摩尼珠（平和と平等と人権尊重の法制度）」がある環境が大切なのであって、それを一つひとつ「往生するところのひとの心」に投げ入れなくてもよい。不公平な制度が存在すれば自然にそのような差別心が生じ、公平な制度があれば自然に平等の心が生ずるのである。

四、補遺　ハンセン病家族訴訟の熊本地裁判決（二〇一九年六月二八日）に思う

二〇一九年六月二八日に熊本地裁でハンセン病家族訴訟の判決が出た。裁判所は、強制隔離を前提とした政策・制度が病歴者やその家族に対して「大多数の国民らによる偏見・差別を受ける社会構造をつくり、差別被害を発生させ、家族関係の形成を阻害した」（「判決文」）と認定した。差別偏見は心の中にあるのではなく、むしろ社会構

造にあるのだという最近の研究にも通じた認定である。また、「以前から因習などによる差別はあったが、隔離政策により偏見・差別が維持、強化された」（「判決文」）と指摘し、隔離政策が、（以前からあった）差別による被害から病歴者を保護するものだったという詭弁を打ち砕いたことも意義深い。ハンセン病という病が家族の分裂という悲劇を生み出したのだから、病の撲滅が必要だと考えるのは大きな間違いである。撲滅すべきは病歴者やその家族を不公平な位置に置く体制・制度である。病の撲滅、すなわち治療法の改善は、それなりに大切なことだが、差別の解消とは無縁のことである。女であること、諸根不具であることが譏嫌の意識を生み出したのだから、女性や根欠の者を極楽浄土に生じせしめないことでそうした意識を根絶すべきだというのもずれている。女であることや根欠であることを口実にしてその人に選挙権を与えなくていいという制度が無くなれば、その人を譏ったり嫌ったりする者は当選しない。普通選挙という制度の中に入れれば、「男女や貧者富者は本来平等であり、人は互いに対等である」という意識が自然と生まれる。極楽という平和と平等な環境に入れれば、そこに往って生まれた個々の人間の資質とは無関係に平和と平等が達成されるのだ。それが浄土というものだ。それがわかったら、極楽浄土とは娑婆の制度をドシドシ変更するモデルとして想定されたものだとわかるだろう。浄摩尼珠とはそのような制度変革のモデルでなければならない。

「経・論・註」が成立した時代においては、平等とか差別が心にあるのではなく、環境・制度にあるのだという認識が乏しかった。だから、「女人及び根欠二乗種不生」などという、今日の認識から見れば明らかに差別を助長するような表現がなされてきたのである。これを「取り消せ」という声が起きた時によく聞くのが「千年以上前の表現を今日の価値観によって断罪するのはいかがなものか」という言い訳である。言い訳をする人が「今日の価値観」に自分は反対だと正々堂々と表明するならともかく、そうでないならこの言説は経典削除を拒む根拠にはならない。千年以上前のあやまりを今日糾す責任を果たしてこそ、浄摩尼珠の喩えを聞いた感動に応える道であるはずだ。「経・論・註」が述べたかったことを本当に尊重するなら、述べるべきでなかったことについての謝罪の責を今果たすべきである。もちろんその謝罪はかたちだけのものであってはならない。何が間違いであったかを明確にしたうえでなされねばならないことは言うまでもない。しかし、明確にならないうちは謝罪を延期していいということではない。いつの間にか沙汰止みになるのを待つということであってはならない。

註

（1）大谷派法主の征清従軍死亡者遺族に対する「御親教」一八九五年一一月。

（2）この個所は相当意味が取りにくいところである。「生何所尽」を「生なんぞ尽くるところあらん」と読んだのでは何のことだかわからないと思う。むしろ「生なんぞ尽くすところあらん」と読むべきである。つまり、極楽浄土における「生」とは「無生」なのだから、あえて尽くす必要はないということである。「所尽」でないというのは、滅尽の対象ではないという意味だろうと思う。

（3）『註論講苑』五五二頁下段。「此の荘厳成就の成就の言眼を付くべし。衆生の為の本願によりて成就した果上の荘厳功徳なり。又此の上の示現自利利他の章を経て見れば此の成就と云ふは阿弥陀如来の自利利他の功徳成就のことなり」。

（4）本書第5章一〇三頁参照。

第28章

仏を見るとはどういうことか
――観察体相章（その四）　衆生世間

一、衆生世間――仏を仏でない者が説明すること――

最初に衆生世間（衆生体）について『論註』本文を示す。【図10・観察体相章の見取り図】の(二)の(1)・(2)を参照（本書四七二頁）。

衆生体とは、この分のなかに二重あり。一には観仏、二には観菩薩なり。

観仏とは、

いかんが仏の荘厳功徳成就を観ずる。仏の荘厳功徳成就を観ずとは、八種あり、知るべし。

この観の義はすでに前の偈に彰せり。

なんらか八種。一には荘厳座功徳成就、二には荘厳身業功徳成就、三には荘厳口業功徳成就、四には荘厳心業功徳成就、五には荘厳衆功徳成就、六には荘厳上首功徳成就、七には荘厳主功徳成就、八には荘厳不虚作住持功徳成就なり。

（『七祖篇』一二六～一二七頁）

少しわかりにくいかもしれないが、「いかんが仏の荘厳功徳成就を観ずる。仏の荘厳功徳成就を観ずとは、八種あり、知るべし」と、「なんらか八種。一には荘厳座功徳成就、二には荘厳身業功徳成就、三には荘厳口業功徳成就、四には荘厳心業功徳成就、五には荘厳衆功徳成就、六には荘厳上首功徳成就、七には荘厳主功徳成就、八には荘厳不虚作住持功徳成就なり」の部分が論文《ろんもん》の引用で、前の「衆生体とは、この分のなかに二重あり。一には観仏、二には観菩薩なり」「観仏とは」「この観の義はすでに前の偈に彰せり」（『七祖篇』一二六～一二七頁）が曇鸞の註である。『論註』においては、『論』のこの部分についての科文的な「この分のなかに二重あり」などの見出しをつけるだけで、しかも、「この観の義はすでに前の偈に彰せり」、つまり「すでに上巻で偈文についての解釈はしているので詳しい解釈は省略」とあるだけで何の意味もないと見落としてしまいそうな個所である。しかし、もしそれだけのことだったら、これ以前の国土十七種の荘厳を観ずるという個所や、このあとの菩薩四種の荘厳を観ずるというところでも、上巻で偈文解釈はやったわけだから、そこでも同様に「この観の義はすでに前の偈に彰せり」とあってもいいはずなのに、そこにはそういう記載はなく、なぜこの個所にだけにこの記載があるのだろうという疑問が生ずる。

香月院は、ここに実は重要な意味があるのだと解説している。それは何かというと、「観仏」すなわち「阿弥陀如来を見たてまつること（「願偈大意」の言葉）」とは、普通の理性・普通の論理に頼らざるを得ないわれら普通の人間（煩悩成就の凡夫）にとって、いったい何なのかということである。そこで、『論註』上巻において「阿弥陀如来を見たてまつること」に関わる解釈を思い出してみよう。それは「荘厳身業功徳成就」と名づけられた「相好光一尋　色像超群生」についての解釈である。この中で曇鸞は、「『観無量寿経』にのたまはく、「諸仏如来はこれ法界身なり。一切衆生の心想のうちに入る。このゆゑに、なんぢら心に仏を想ふ時、この心すなはちこれ三十二相・八十随形好なり。この心作仏す。この心これ仏なり。諸仏正遍知海は心想より生ず」と。この義いかん」という問いをたてている。香月院はこの問いについて、「この問答突起するに似たり」（『講苑』三〇三頁下段）と表現している。その問答が、『観経疏』に登場する第八「像観」の「是心作仏是心是仏」解説で、善導がこれを「唯識法身の観となし、あるいは自性清浄仏性の観となすは、その意はなはだ錯《あやま》れり。絶えて少分もあひ似たることなし」（『七祖篇』四三二頁）と強い言葉で戒めていることときわめてよく似ているからである。

『註』はこの前の「入第一義諦」と、このあとの浄入願心章での「入一法句」という、普通の理性・普通の論理に頼らざるを得ないわれら普通の人間には何のことだかわからない議論が登場する。わかりにくいのは大元《おおもと》の『論』が、そのような抽象概念で自らの偈文を解釈しようとしているからである。『観経疏』によって「絶えて少分もあひ似たることなし」と戒められている「自性清浄仏性の観」というのは、「心の外の仏を念ずるではない。己が心の実相を念ずるので弥陀も薬師も大日も我法身と同体なりと観念する(1)」ということで「大乗甚深の念仏なり」とされる実相の念仏のことである。「弥陀も薬師も大日も我法身と同体なりと観念する」というのは、観察行、すなわち、毘婆舎那の成就としては当然のこととされていることであるが、普通の理性・普通の論理に頼らざるを得ないわれら普通の人間（煩悩成就の凡夫）にとっては、実のところ、できもしないつまらぬ行でしかない。それを目指したり、できたつもりになったり、また、できたと偽ったりしても、人びとの間に無用で有害な格差をつくるだけで、それによって得られるはずの平和と平等の実現と、実現の希望を損なうものでしかなくなってしまう。なので、善導はそれを「雑行」と言い放ち、法然はそれを「捨てんがために説かれたもの」と押さえたのである。香月院の『註論講苑』は上巻で、この問題を「修恵の観」と「聞思の観」または「一心安心上の観」との違いとして詳しく説明していた。すなわち、前者は、われら凡夫にとっては極楽往生した後でその土徳によって自然・必然に得られる功徳であり、後者は「「観」は、願力をこころにうかべみるともうす、またしるということころなり」（『一念多念文意』。大谷派『聖典』五四三頁／二版六六六頁）のことであり、信心決定したことを指す。繰り返すが、この「後で得られる」というのは、死んでからでないと得られないと解しても間違いではないが、大切なのは「今得た気分になる」ことが誡められているということである。

　こうしたことを念頭に置きつつ、つぎに進もう。

二、八種の仏荘厳各論――『観無量寿経』に書かれていないこと――

　では、仏荘厳の各論に入る。まず、「座功徳」及び「身業功徳」「口業功徳」「心業功徳」の三種の部分。この三種は「身・口・意」の三業に対応しているのだが、初めの身業と口業の部分までをあげる。心業功徳には、身口意三業をまとめて解釈することと、意業（心業）功徳の偈文にある「無分別」に関する詳しい解釈があるので後回しにする。

> なんとなれば荘厳座功徳成就とは、偈に「無量大宝王　微妙浄華台」といへるがゆゑなり。
> もし座を観ぜんと欲せば、まさに『観無量寿経』によるべし。
> なんとなれば荘厳身業功徳成就とは、偈に「相好光一尋　色像超群生」といへるがゆゑなり。
> もし仏身を観ぜんと欲せば、まさに『観無量寿経』によるべし。
> なんとなれば荘厳口業功徳成就とは、偈に「如来微妙声　梵響聞十方」といへるがゆゑなり。
> なんとなれば荘厳心業功徳成就とは、偈に「同地水火風　虚空無分別」といへるがゆゑなり。「無分別」とは分別の心なきがゆゑなり。
> （『七祖篇』一二七～一二八頁）

まず、「なんとなれば荘厳○○功徳成就とは、偈に△△といへるがゆゑなり」が論文の引用で、「もし○○を観ぜんと欲せば……」が註である。三番目の口業功徳は註すらない。ただし、これは四番目の「心業功徳」の註で身・口・意の三業がまとめて註せられてあるからである。

このあと、第五・第六・第七の「大衆功徳」「上首功徳」「主功徳」にも註はない。註がないのは、上巻に詳しい註があるからそれに譲ったということである。第四「心業功徳」の後に註があるが、第二・三・四が、それぞれ身・口・意の三業についてなのでまとめて註をつけたという意味と、上述したように偈文の「無分別」についての解釈があるので、ここでは後回しにする。

ところで、第一・座功徳と第二・身業功徳には「『観無量寿経』によるべし」という註がある。このことについて、香月院はつぎのような問答を設けて注意を促している。問答を要約して紹介しよう(『講苑』五六二頁下段)。

【問】鎮西義では『論』『論註』は、五念門の中の観察門を正定業とすると解釈している。つまり、『論』『論註』は観経定善観を説く論書であると解釈している。いま、この「座功徳」と「身業功徳」について「『観無量寿経』によるべし」とあるからには、鎮西義がやはり正しいのではないか。

【答】『観経』には第七・華座観、第八・像観のように、この『論』の「座功徳」と「身業功徳」の観察行に一致する行法が説かれているから「『観無量寿経』によるべし」という註があるのは確かである。ただし、その前に「もし座を観ぜんと欲せば」と「若欲」という言葉が置いてある。これは、善導・法然のように三昧発得の可能な人が「もしそれをやろうとすれば」それをやってもいいということで、『観経』にあることを示しただけである。しかし、その他の「心業功徳」などのことは『観経』に書かれていない、もし、『論』『論註』が定善観を正定業とするという立場だったら、この書かれていないことをこそ詳しく解説しなければならないはずだ。それが書かれていないのは、そもそも、『論註』が定善の行法としての「観」ではなく、「聞思の観」「一心安心上の観」を中心としていることの証拠なのである。

香月院はこう解説している。このようにして何度も繰り返し「南無阿弥陀仏」と声に出して言う称名念仏以外は、われらにとって雑行・雑業なのだということを確認することだ。

三、八種の仏荘厳各論——身体と言葉と心の苦しみとは何か——

つぎに第四「心業功徳」についての註を検討する。この註は心業功徳についてだけの註ではなく、身・口・意の三業をまとめて解説するものである。また、それだけでなく、論文にある「「無分別」とは分別の心なきがゆゑなり」という一句についての解釈が出てくる。偈文の天親自身による解説である長行で、「荘厳〇〇功徳成就とは、偈に△△といへるがゆゑなり」以外の言葉が書かれているのは、「大義門功徳」「不虚作住持功徳」とこの「心業功徳」の三つだけだからである。『論註』はまず、論文そのままを徴する。繰り返しになるが、それをあげるとつぎのとおりである。

なんとなれば荘厳心業功徳成就とは、偈に「同地水火風　虚空無分別」といへるがゆゑなり。「無分別」とは分別の心なきがゆゑなり。（『七祖篇』一二八頁）

つぎに、これについての註を検討する。はじめに、身・口・意の三業に共通する解釈があり、その後、身・口・意それぞれについての解釈がある。そして「無分別」についての問答が三つあるが、それは後回しにする。はじめに、身業功徳に関する註をあげる。

凡夫の衆生は身口意の三業に罪を造るをもつて、三界に輪転して窮まり已《や》むことあることなからん。このゆゑに諸仏・菩薩は、身口意の三業を荘厳して、もつて衆生の虚誑《こおう》の三業を治するなり。いかんがもつて治す。衆生は身見をもつてのゆゑに三塗の身《しん》・卑賤の身・醜陋《しゅうる》の身・八難の身・流転の身を受く。かくのごとき等の衆生、阿弥陀如来の相好光明の身を見たてまつれば、上のごとき種々の身業の繋縛《けばく》、みな解脱を得て、如来の家に入りて畢竟じて平等の身業を得。

（『七祖篇』一二八頁）

ついで口業功徳についての註もあげる。

衆生は驕慢《きょうまん》をもつてのゆゑに、正法を誹謗《ひぼう》し、賢聖を毀呰《きし》し、尊長 尊は君・父・師なり。長は有徳の人および兄党《きょうとう》なり を捐痺《えんぴ》す。かくのごとき人、抜舌《ばつぜつ》の苦・瘖瘂《おんあ》の苦・言教不行の苦・無名聞の苦を受くべし。かくのごとき等の種種の諸苦の衆生、阿弥陀如来の至徳の名号、説法の音声を聞けば、上のごとき種々の口業の繋縛、みな解脱を得て、如来の家に入りて畢竟じて平等の口業を得。

（『七祖篇』一二八頁）

最後に心業功徳についての註をあげる。

衆生は邪見をもつてのゆゑに、心に分別を生ず。もしは有、もしは無、もしは非、もしは是、もしは好、もしは醜、もしは善、もしは悪、もしは彼、もしは此、かくのごとき等の種々の分別あり。分別をもつてのゆゑに長く三有に淪《しず》みて、種々の分別の苦・取捨の苦を受けて、長く大夜《だいや》に寝《い》ねて、出づる期あることなし。この衆生、もしは阿弥陀如来の平等の光照に遇ひ、もしは阿弥陀如来の平等の意業を聞けば、これらの衆生、上のごとき種々の意業の繋縛、みな解脱を得て、如来の家に入りて畢竟じて平等の意業を得るなり。

（『七祖篇』一二八～一二九頁）

上巻の身業功徳に関する註においては、『観経』の「是心作仏是心是仏」に関わる善導を先取りするかのような問答が出てきて、われら煩悩成就の凡夫に元気を与えてくれた曇鸞は、下巻では「大義門功徳」に登場する「根欠不生」と同様のあやまりを犯している。

とりあえず、ざっと解釈しよう。「凡夫の衆生は身口意の三業に罪を造るをもつて、三界に輪転して窮まり已《や》むことあることなからん。このゆゑに諸仏・菩薩は、身口意の三業を荘厳して、もつて衆生の虚誑の三業を治するなり」というのは、凡夫は身体と発言と意識の行為によって罪をつくり、欲界・色界・無色界において輪廻の果報を繰り返すので、これを救うために、諸仏は衆生の身・口・意の三業を清浄なものに荘厳してこれを治すということである。「治す」というのは、まさに病を治すということと同じ意味である。これを身・口・意それぞれについて解説する。

はじめは身体の業についてである。「身業」とは身体的な行為による結果を意味するから、身体的な悪行によって起きる苦果が述べられる。これらの苦果は浄土往生して阿弥陀如来の相好光明の身を見れば治ると述べられている。このあとの口業・心業によって起こる苦果も、同様に浄土という環境に入れば解決すると述べられている。

私は、苦悩の解決を浄土という平和と平等の社会環境に求めたことが浄土教の神髄であり、仏教を有効に働かせるようにする大転換だったと思っている。すなわち、身体に及んだ苦果であれ、口舌に及んだ苦果であれ、また精神における病であれ、それら身・口・意の行為によって起きたかのように見える苦果には、ふた通りの別の苦しみがあることを見逃してはならない。つまり、病そのものによる苦しみと、それとは別の、病者に対する社会的な取り扱いによって生ずる「病そのものとは別の、もう一つの苦しみ」である。この「病そのものとは別の、もう一つの苦しみ」というのは、真宗大谷派が一九九六年に出した「ハンセン病に関わる真宗大谷派の謝罪声明」(『真宗』第一一〇六号、一九九六年五月号、真宗大谷派宗務所)に登場する言葉であるが、この苦しみを除去するものこそが批判原理としての浄土の働きなのである。「阿弥陀如来の相好光明の身を見たてまつ」ること、「阿弥陀如来の至徳の名号、説法の音声を聞」くこと、「もしは阿弥陀如来の平等の光照に遇ひ、もしは阿弥陀如来の平等の意業を聞」くことによって解決の道が見えてくる苦しみとは、この「病そのものとは別の、もう一つの苦しみ」なのである。この苦しみが解決すれば、病そのものによって生じたかに見える苦しみの質は大きく転換する。老病死の苦しみは社会がどんなに豊かになっても誰もまぬがれることはできないなどと、とぼけた説教をする宗教者は、今日でもあとを絶たない。しかし、老苦は社会保障の有無多寡によってまったく異なるし、病苦もまた貧富の差で異なることは誰にでもわかる。死もまた、「ひとり」の事実であると同時に、お互いの共感と思いやりの中で静かに進んでいくべきことである。だから、社会的な温かいつながりの中で進行する死と、殺し殺されることを強いられて死ぬ兵士の死とを同列に論ずることなど、けっしてできないのである。

「阿弥陀如来の至徳の名号、説法の音声を聞」くこととは、だから、平和と平等の社会に向かって努力することでなければならないのである。

ところが、ここで曇鸞があげている苦果は、身業においては「三塗の身・卑賤の身・醜陋の身・八難の身・流転の身」、口業においては「抜舌の苦・瘖瘂《おんあ》の苦」である。「三塗の身」とは地獄・餓鬼・畜生の三悪道の身体という意味、「卑賤の身」とは貧窮下賤の身、「醜陋の身」とは醜い汚い（穢れた）体という意味である。また、「抜舌の苦」とはこの世で嘘をついた罪で地獄で鬼に舌を抜かれる罪のことである。

地獄でどうなるかということについてはまだいいとして、「卑賤の身・醜陋の身」また口業の罪の果報である「瘖瘂（発声・言語障害者）」というのは、この世でのことである。これは、地獄からようやく出たのちに再び人間界に生まれてもなお残っている果ということで、「余殃《よおう》（あまったわざわい）」と言うらしい。「卑賤の身」が余殃ということだと、貧しいのは前世の報いだということになる。貧しいのは、当人の前世の報い（余殃）なのではない。不当な搾取システムが世代を超えて継続しているからである。消費税廃止や相続税の見直しや所得税の累進制など改善法はいろいろある。

　また、身体的欠陥にもそれなりにさまざまな原因はあるだろうが、これも当然のこととして、前世の報いなどではけっしてない。これ（肉体的欠陥・肉体的特徴）が苦しみの原因であるかに見えてしまうのは、そうした欠陥・特徴を口実とした差別抑圧のシステムが過去から継続した結果である。病や身体的欠陥・特徴は「病そのものとは別の、もう一つの苦しみ」の原因ではない。したがって、この「もう一つの苦しみ」を解決することと病そのものや身体的欠陥を治療することは無関係である。しかも、この「もう一つの苦しみ」が病そのものによる苦しみを増加させるように働くのであるから、病や身体的欠陥を個人の前世の罪の果報とする教説は明瞭な間違いである。病そのものはどちらかといえば偶然に、つまり、確率的な問題として生ずるものなのであって、そうした病が生じた場合には、いわゆる健常者や医療関係者を中心として社会全体が適切な対応をすればいいのである。だから、病者を責めてはならないことはもちろん、病歴者を罪の譬喩に使ってもならない。

　つらいことに、香月院『註論講苑』では『法華経』譬喩品からこれと似た教説を引用[2]し詳しく解説している。嗚呼……。博学は差別表現においても才能発揮か。香月院は『観経』『観経疏』の「是栴陀羅」の解説でも、丁寧にひどいのである。ただこのひどさは、けっして、経典には何の問題もないがそれを解釈した人間に問題があるというようなことではない。元の経典が根本的に間違っているのである。国土荘厳の最後に登場する大義門功徳にある「女人及び根欠二乗種不生」のあやまりは、『論』自体にある社会的差別と自然的（肉体的）差異の混同、及び、社会的な不公平を本質とする差別を優劣の差別意識と混同したことの、ふたつによって引き起こされている。『論註』

はこれに加えて譬喩表現による罵倒と差別を混同することによって、さらに混乱を深めている。譬喩表現の問題については『観経』『観経疏』の「是栴陀羅」問題と同質である。

四、無分別知は苦悩の解決となるか

さて、本章に出てくる「無分別智」はこれらの混乱を解決しているだろうか、それとも、さらに間違いを重ねているのだろうか。

心業功徳についての『論註』の後半にある三つの問答を検討しよう。問答の前提となっているのは、偈文にある「地水火風虚空に同じて分別無し」について曇鸞が「「無分別」とは分別の心なきがゆゑなり」として、衆生の苦しみ・繋縛の原因が、有無・是非・好醜・善悪・彼此などの分別心にあると説明しているところにある。かつて「なぜ女性住職を認めないというような差別があるのか」と問うた女性に対して、「住職が上、坊守が下というあなたの意識があなたを苦しめているのだ」と応じた男性僧侶の話を聞いて腰を抜かしそうになったが、何のことはない、この僧侶は『論註』のこのような精神をしっかり学習していたのである。では、問答を検討する。

問ひていはく、心はこれ覚知の相なり。いかんが地・水・火・風に同じく分別なきことを得べきや。答へていはく、心は知の相なりといへども、実相に入ればすなはち無知なり。たとへば蛇の性は曲れりといへども、竹の筒に入ればすなはち直きがごとし。また人の身の、もしは針の刺し、もしは蜂の螫《さ》すにはすなはち覚知あり。もしは石の蛭《ひる》の噉《は》み、もしは甘刀《かんとう》の割くにすなはち覚知なきがごとし。かくのごとき等の有知・無知は因縁にあり。もし因縁にあればすなはち知にあらず、無知にあらず。

問ひていはく、心、実相に入れば無知ならしむべし。いかんが一切種智あることを得るや。答へていはく、凡心は有知なれば、すなはち知らざるところあり。聖心は無知なるがゆゑに知らざるところなし。無知にして知る知なればすなはち無知なり。

問ひていはく、すでに無知なるがゆゑに知らざるところなしといふ。もし知らざるところなければ、あにこれ種々の法を知るにあらずや。すでに種々の法を知れば、またいかんが分別するところなしといふや。答へていはく、諸法の種々の相はみな幻化《げんけ》のごとし。しかるに幻化の象・馬《め》、長き頸・鼻・手・足の異なることなきにあらざれども、智者これを観て、あにさだめて象・馬、これを分別することありといはんや。

（『七祖篇』一二九〜一三〇頁）

第一の問いは「心というのはそもそも分別とか判断のことだ。地・水・火・風のようにそもそも心とか分別とではないものと同列に論じられるか」というきわめて常識的な問いである。答えは「心は知の相なりといへども、実相に入ればすなはち無知なり」とある。何のことだかわかるだろうか。これは「実相に入る」ということが鍵で、「実相」とは諸法実相、すなわち、いろもかたちもない真如、真理そのもののことである。「入る」というのは「入涅槃」などのフレーズで使う「証《さと》る」こと。証りということも心（認識）の一種だけれども、いろもかたちもないものを認識するのだから分別ではないということである。この答えに出てくる、本来曲がっている蛇をまっすぐな筒に入れる喩えや、針や蜂が刺せば痛いと感じるが、蛭が吸いついたり切れ味がいい刀で切られたら認知できないなどの喩えは、そもそも何を言っているのか。なんとなくわからないこともないが、結論は「かくのごとき等の有知・無知は因縁にあり。もし因縁にあればすなはち知にあらず、無知にあらず」である。普通の認識は分別だが、実相の認識は無分別だというわけである。認識の原因や条件によって「知」でもなく「無知」でもないのだと。第二の問いもこの「実相を証る」「実相に入る」に関してのもので、凡夫の心と聖者の心で答える。第三の問いに対する応答では「諸法の種々の相《そう》はみな幻化のごとし」という奥の手を出し、煙に巻く。

この「無知の知」という議論は、上巻に登場した「無生の生」とよく似ている。その際にも「凡夫の見るところのごとき実の生死は、この所見の事、畢竟じて所有なきこと、亀毛のごとく、虚空のごとし」(『七祖篇』五四頁)のように「諸法の種々の相はみな幻化のごとし」と似た表現があり、「因縁の義のゆゑに仮に生と名づく。凡夫の、実の衆生、実の生死ありと謂ふがごときにはあらず」(『七祖篇』五五頁)とあって、「浄土の仮名人・穢土の仮名人」という、ちょっとかっこいいけれど何を言っているのかよくわからない表現があった。香月院は『論註講苑』における解説で、この「無生の生」を「三論八不の法門で書いた一問答じゃとさへ気がつけば、問も答もなんの事もなく解せる処なり」(『講苑』一四九頁上段)と軽くいなすと同時に、「穢土の仮名人浄土の仮名人の文ばかりが蓮の実のとびでたやうに、今家の平生業成の安心を述べ給ふべき筈はないけれども、漢和の聖教の御指南でもあらば、それに随ふて窺ふまいものでもなけれども、御聖教の御指南もない所を我身の字ちからを以て妄解をなし異安心を申立てる、それこそ相伝もなき僻法門なりと知るべし」と、現生での「証った気分」を厳しく戒めている。「浄土の仮名人」だけならともかく「穢土の仮名人」などと言ってしまえば、「雨に打たるる小児も、貧のために操を売ることを強いられる娘も気にせずともいい」という話につながりかねない。

極楽に往くのは死んでからのことであって、そこにこそ意義がある。つまり、差別と抑圧暴力のこの世に生きていることの意味は何か？　そこで死んでいくことにどんな意味があるのか？　さらに死後に望みを託すとは何か？　こうしたことが極楽往生の、すなわち浄土教の極楽往生の真の意義である。そのためには、極楽や阿弥陀如来はなくてはならないものなのだ。極楽の真の意味は、「他方国土へ飛び出して有縁々々の衆生を済度するにいとまなき身となる」ことに尽きる。それが有難いとわかるのは、高木顕明が語った「或一派の人物の名誉とか爵位とか勲賞とかの為に一般の平民が犠牲となる国ニ棲息して居る我々であるもの。或は投機事業を事とする少数の人物の利害の為めに一般の平民が苦しめられねばならん社会であるもの。富豪の為めには貧者は獣類視せられて居るではないか。飢に叫ぶ人もあり貧の為めに操を売る女もあり雨に打る、小児もある。富者や官吏は此を翫弄物視し是を迫害し此を苦役して自ら快として居るではないか」（『余が社会主義』一〇五頁）というような自己と自己が暮らすこの世についての批判的な自覚が生じた時である。その時、極楽を往還するとか極楽があるとか、極楽に生まれることが意味を持つのである。意味を持った時に、それが個人の意識の中で幻像であるか実に在るものか、あるいは、因縁生かなどはどうでもいい。「住職が上、坊守が下というあなたの意識があなたを苦しめているのだ」と説教する僧侶は、雨に打たるる小児や貧のために操を売ることを強いられる娘にも、「あなたを苦しめているのは雨天と晴天を比べて有無・是非・好醜・善悪・彼此などの分別する心だ」とか、「清濁も貧富も分別意識だ」などと言うのだろうか。香月院の解説は、身・口・意の三業に繋縛される衆生も「みな解脱を得て、如来の家に入りて畢竟じて平等の意業を得るなり」というところに強調点がある。浄土という社会環境に入れば解決にむかうのである。わが心のうちにある分別心という悪業が消えてなくなることによって、この世で解決した気分になるのではない。すなわち、「阿弥陀如来の相好光明の身を見たてまつれば（身業功徳）」「阿弥陀如来の至徳の名号、説法の音声を聞けば（口業功徳）」「もしは阿弥陀如来の平等の光照に遇ひ、もしは阿弥陀如来の平等の意業を聞けば（心業功徳）」解決するのである。「如来の家に入る」のはいつかというと、住民登録の完了は現生であり、そこを根拠地として実際に「他方国土へ飛び出して有縁々の衆生を済度する」のは未来世ではあるが、そういう生き方に決するのはこの世のことである。

そして、このことが重要なのであるが、阿弥陀如来の「相好光明の身を見ること」「至徳の名号、説法の音声を聞くこと」「平等の光照に遇うこと」「平等の意業を聞くこと」のいずれも、奢摩他・毘婆舎那まがいの神秘的直観や深い思索などではない。『論註』上巻の讃嘆門の解釈に出てきた『阿弥陀経』の「なんがゆゑぞ阿弥陀と号する。かの仏の光明無量にして、十方国を照らしたまふに障礙するところなし。このゆゑに阿弥陀と号す。またかの仏の寿命およびその人民も、無量無辺阿僧祇なり。ゆゑに阿弥陀と名づく」（『七祖篇』五三頁）に由来する阿弥陀如来の光明に照らされるということも、自らの深い思索によって生まれるのではなく、苦難の社会の声を聞くことを通して得られるのだということである。「飢えに叫ぶ人・貧の為めに操を売る女・雨に打るる小児の声」として、弥陀の光明が届くのである。浄土教的世界観においては、徳も礙もともに心に属するのではなく環境に属するのである。浄土の功徳、すなわち、「土徳」に触れたのは、この差別と殺戮の娑婆世界の障礙、言ってみれば「土徳」ならぬ「土毒」による民衆の苦しみに触れたからである。人の世の苦しみに共感できたからこそ、彼の世界の平和と平等に対して「それっていいですね」と声を発することができたのである。

このあと、仏八種の功徳は、第五「大衆功徳」、第六「上首功徳」、第七「主功徳」と続くが、『論註』は何も述べない。すべて、上巻で解説したということだろう。よって、次章は、八種の仏荘厳の締めくくり「不虚作住持功徳」となる。阿弥陀如来の「相好光明の身を見ること」「至徳の名号、説法の音声を聞くこと」「平等の光照に遇うこと」「平等の意業を聞くこと」が現生と未来とに跨っていることの真の意味、それは、今証《さと》った気分になることではない。

註

（1）これまで何度か紹介した香月院『選択集講義一』（五十二丁右・左、京都書林法藏館西村七兵衛蔵版）に登場する四種念仏の解説。

（2）『講苑』五六六頁上段。『法華経』においては謗法の罪の果として未来世における「三塗の身」が説かれ、このあともう一度人間界に生まれて「卑賤の身・醜陋の身」となるというふうに詳しい。香月院はこれを丁寧に説明するのである。ちなみに『法華経』はつぎのとおり。「若し人と為ることを得ては　聾盲・瘂にして貧窮諸衰　以て自ら荘厳し水腫乾・疥癩癰疽、是の如き等の病以て衣服と為ん。身常に臭きに処して垢穢不浄に深く我見に著して瞋恚を増益し淫欲熾盛にして禽獣を択ばじ斯の経を謗ずるが故に罪を獲ること是の如し。舎利弗に告ぐ　斯の経を謗せん者、若し其の罪を説かんに劫を窮むとも尽きじ。是の因縁を以て我故に汝に語る。無智の人の中にして　此の経を説くことなかれ（若得為人　聾盲・瘂　貧窮諸衰　以自荘厳　水腫乾・疥癩癰疽　如是等病　以為衣服　身常臭処　垢穢不浄　深著我見　増益瞋恚　淫欲熾盛　不択禽獣　謗斯経故　罪獲如是　告舎利弗　謗斯経者　若説其罪　窮劫不尽　以是因縁　我故語汝　無智人中　莫説此経）」。

第29章

極楽の人数《にんじゅ》であるとはどういうことか
――観察体相章（その五）　不虚作住持から菩薩四種の功徳

一、不虚作住持功徳――「不虚作」の義――

最初に、不虚作住持功徳について【図10・観察体相章の見取り図】㈡の④の⑶を参照（本書四七二頁）。不虚作住持功徳の「註」は、そもそも『論』の長行、すなわち天親自身の偈文解釈が存在するので、その分長くなっている。天親自身の偈文解釈があるのは、大義門功徳と心業功徳の「無分別」に関するものと、この不虚作住持功徳だけである（ただし、四種の菩薩荘厳については、「○○功徳」という名称がなく、解釈のみになっている）。『論註』はこの部分の長行を二段に分けて解釈している。第一段は長行で天親菩薩が偈文を自ら引用している部分、二段目はその解釈として「未証浄心の菩薩」ということが述べられている部分についての註である。『論註』第一段の本文は以下のとおりである。

なんとなれば荘厳不虚作住持功徳成就とは、偈に「観仏本願力　遇無空過者　能令速満足　功徳大宝海」といへるがゆゑなり。（『七祖篇』一三〇頁）

「不虚作住持功徳成就」とは、けだしこれ阿弥陀如来の本願力なり。いままさに略して虚作の相の住持することあたはざるを示して、もつてかの不虚作住持の義を顕すべし。人、餐《さん》を輟《とど》めて士を養ふに、あるいは釁《きん》（または舋《きん》）、舟のなかに起り、金を積みて庫に盈《み》てれども、餓死を免れざることあり。かくのごとき事、目に触るるにみなこれなり。得れども得るとなすにあらず、あれどもあるを守るにあらず。みな虚妄の業の作《さ》なるによりて住持することあたはず。いふところの「不虚作住持」とは、本《もと》法蔵菩薩の四十八願と、今日の阿弥陀如来の自在神力とによるなり。願もつて力を成ず、力もつて願に就く。願徒然《とねん》ならず、力虚設《こせつ》ならず。力・願あひ符《かな》ひて畢竟じて差《たが》はざるがゆゑに「成就」といふ。

（『七祖篇』一三一頁。（　）は筆者）

最初の二行は『論』の偈文を徴した部分をそのまま載せているだけである。『論註』それ自体の解釈は、偈文そのものの解釈は上巻で済ませているので、「虚作・不虚作」とは何なのかという問題に集中している。まず「「不虚作住持功徳成就」とは、けだしこれ阿弥陀如来の本願力なり」とある。つまり、凡夫の所作が「虚作」であるのに対して、仏の所作は「不虚作」としてその功徳を発揮・回向し得るということだが、それが可能なのは本願力の故だということである。そこで、はじめに凡夫の所作が「虚作」であることの譬えが出てくる。香月院によると、前者「人、餐《さん》を輟《とど》めて士を養ふに、あるいは釁《きん》、舟のなかに起り」の方は『呉越春秋』及び『呂氏春秋』、後者「金を積みて庫に盈《み》てれども餓死を免れざる」の方は『前漢書』にある故事だそうで、いずれも相当すさまじい話である。後者の故事は、鄧通という者が、漢の文帝に可愛がられ、大金を貯めるほどの幸せの境涯にあずかったが、逆にこの幸せを受けたことが仇となって、次の景帝の時にはこの大金は没収され、遂に餓死してしまったという逸話である。前者の故事も少し紹介しておこう。呉王僚を暗殺して呉王に即位した公子光（王となって闔廬《こうりょ》と名乗る）は、衛の国に亡命していた暗殺された僚の息子・慶忌を恐れていた。そこで慶忌を暗殺するため刺客として要離という男を送る。要離は暗殺を成功させるために、自分の腕を切り落とし自分の妻子を殺すことを闔廬に依頼する。自分が闔廬に強い恨みを抱いているということを慶忌に信じ込ませるためである。要離を信じた慶忌は「餐を輟めて士を養ふ」とあるように自分の食事を止めても士としての要離を養うほどの厚遇をするが、要離の「一緒に呉王（闔廬）を殺しに行こう」という誘いに乗って同じ船に乗船した際に、すきを見て殺害されてしまう。「釁《きん》、舟のなかに起り」とはこのことである。この話は、『呉越春秋』及び『呂氏春秋』にあるのみで、司馬遷『史記』の刺客列伝には登場しないので、史実が疑われているらしい。本当かどうかは別として、これは「凡夫の所作の虚偽性」というよりは、複雑な支配抑圧の構造の「実に濁世である。苦界である。闇夜である。悪魔の為めに人間の本性を殺戮せられて居る」（『余が社会主義』一〇五頁）中での出来事として理解すべきであり、仏の所作が不虚作であるというのは、浄土の環境が「濁世・苦界・闇夜」でないということだと理解すべきであろう。だから、「彼の阿弥陀仏を見たてまつる」ということは、支配抑圧の仕掛けを見抜く手がかりをこの世で見つけたということでなければならないだろう。曇鸞がこのようなかなりすさまじい例をあげて、こんなことが起こるのは凡夫の行為が「みな虚妄の業の作なるによりて」だとしているのは、個人の内面だけに諸悪の源泉を見るかたちでいささか平板な印象を与えるが、「かくのごとき事、目に触るるにみなこれなり」という一句が「濁世・苦界・闇夜」を想起せしめているのかもしれない。つまり、「金を積みて庫に盈《み》てれども餓死を免れざる」の方に近いことなら、選挙区の後援会に花見を優遇したり、教育勅語を強制する小学校をつくることで優遇されたように見えて、結局は単に利用されただけで果ては切り捨てられる例などさほどすさまじくないことも、本質は「かくのごとき事、目に触るるにみなこれなり」なのだと曇鸞は示したのではなかろうか。

このように「凡夫の所作が自利利他円満を望みながら、自害害彼になってしまう」のに対して、仏の所作が不虚作であることを『論註』は「いふところの「不虚作住持」とは、本法蔵菩薩の四十八願と、今日の阿弥陀如来の自在神力とによるなり。願もつて力を成ず、力もつて願に就く。願徒然ならず、力虚設ならず。力・願あひ符《かな》ひて畢竟じて差《たが》はざるがゆゑに「成就」といふ」と述べている。つまり、偈文の「観仏本願力（仏の本願力を観たてまつる）」の「本願力」を「本願」と「力」に分けて説明しているのである。「願」は「本《もと》の法蔵菩薩の四十八願」であり、「力」は「今日の阿弥陀如来の自在神力」であるというわけである。偈文には「仏の本願力」と書いてあるわけだから、これをあえて因位の法蔵菩薩と果上の阿弥陀如来の威神力に分けて解釈するのは珍しい解釈だと香月院は述べている。香月院は、こうした解釈の拠りどころは著者（天親）と訳者（菩提流支）ともに一致する『十地経論』であるというように博学ぶりを披露するのだが、この解釈によって何が示されるかというと、なんと「現当二益」だというのである。数年前の私であれば、こんな持って回った解釈をしてまで往生成仏は死後のことだと言うのは教学の封建性とみなしただろうと思うが、今はそうでもないと思うようになった。

それは何故かというと、「仏の本願力を観たてまつる」の「観」に二義がなければならないという香月院の指摘に納得できたからである。「香月院の指摘」と言ったが、より踏み込んで言えば、親鸞や法然の浄土教理解とは何であったのかを、香月院の指摘を受けて納得できたということである。「観」の二義とは、毘婆舎那のもともとの意味である「修恵の観」と、親鸞がこの不虚作住持功徳の偈文に見出した「一心安心上の観」の二義である。前者は天親菩薩が浄土教を本来の仏道から逸脱させないために説いた五念門行の一門であり、後者の「観」は、「願力をこころにうかべみる」（『一念多念文意』。大谷派『聖典』五四三頁／二版六六六頁）ことであり、「弥陀の誓願不思議にたすけられまいらせて、往生をばとぐるなりと信じて念仏もうさんとおもいたつこころ」（『歎異抄』。大谷派『聖典』六二六頁／二版七六七頁）や、「往生極楽のためには、南無阿弥陀仏と申して、疑なく往生するぞと思とりて申す」（『一枚起請文』。大谷派『聖典』九六二頁／二版一一五三頁）という時の「ぞ」と力強く言い切る安心決定の観である。この「一心安心上の観」は明瞭に現生のことであり、死後のことではない。だから「仏の本願力を観たてまつる」の「観」には、現生で成立するこの「観」の義がなければならない、と。

ここまでは近代教学者にも何の不満もない解釈であろう。しかし、それだけでいいのか。「観」の本義は「修恵の観」・毘婆舎那である。法然上人の場合は、「疑なく往生するぞ」の「ぞ」だけで十分で、そのほかの「もろこし、我がちょうに、もろもろの智者達のさたし申さるる観念の念」（大谷派『聖典』九六二頁／二版一一五三頁）、つまり毘婆舎那や「又、学文をして念の心を悟りて申す念仏」（大谷派『聖典』九六二頁／二版一一五三頁）すなわちそれ以上の大乗甚深の実相念仏は本願に非ずとして明瞭に否定されている。しかし、この『論』の観察体相章や『観経』定善観の「修恵の観」・毘婆舎那はいったい何のために説かれているのかということになる。この疑問に曇鸞を通して答えたのが親鸞であり、「他力と言うは、如来の本願力なり」（大谷派『聖典』一九三頁／二版二一三頁）として示された「本願力回向」という概念である。法然上人においても、もちろん、こうした「修恵の観」的な諸行は「廃さんがために説く」と説明されているが、いささかぶっきらぼうと言うべきかもしれない。詳しくは最後の「利行満足章」に登場する「他利利他の深義」において再び論じなければならないが、今この段階で言うと、「他力」の定義を読みあやまってはいけないということであろう。すなわち、曇鸞の「他力」というのは、この文脈で語られた、あるいは、この文脈でのみ語られるのであって、念仏申すことを決意して、いそぎ仏となったのちには「他方国土へ飛び出して有縁々々の衆生を済度するに間隙《いとま》のない身となる」（『余が社会主義』）。われら煩悩成就の凡夫の主体性を否定する意味にはけっしてならない。そのためには、「観」が単に現益としてのみ成立するのではなく、われらもまた弥陀と変わらぬ通力を得ることが当益として、すなわち、希望として成立していなければならないのである。「希望として成立する」とは自然必然にそうなるということである。それを自然法爾（自ずからしからしむ）と言うのである。極楽往生する「ぞ」と思いとるということはそういう意味なのであって、今、往生したような気持になって救われた気分になることではない。

香月院は「願もつて力を成ず、力もつて願に就く」という曇鸞の言葉をつぎのように解説する。

（不虚作住持の偈文を）下巻の論註では観察門を明かす偈文とし給ふ故、観仏本願力と云ふも浄土の不虚作住持の荘厳を観察すること。そこで本願力と云ふが此の荘厳の拠の事になる也。弥陀の浄土の不虚作住持は何によりて成就したぞといへば、法蔵菩薩の本願と果上の自在の神力と相よりて成就したと云ふことで本願力との給ふ論文になる故、今其の義を釈して「所言不虚作住持者依本法蔵菩薩四十八願今日阿弥陀如来自在神力（いふところの「不虚作住持」とは、本法蔵菩薩の四十八願と、今日の阿弥陀如来の自在神力とによるなり）」と云ふ也（『講苑』五七八頁上段。（　）は筆者）

下巻では、「「観」は、願力をこころにうかべみる」という一心安心上の観は、背景に退いて、法蔵菩薩の兆歳永劫の修行としての観察門行とそれに基づくわれら衆生が極楽往生して已後《いご》に当益として得る不虚作住持ということになる。

二、仏を仏として見るとはどういうことか——「未証浄心の菩薩」が仏を見る——

「註」の第二段は、『論』の長行の「すなはちかの仏を見たてまつれば、未証浄心の菩薩、畢竟じて平等法身を証することを得て、浄心の菩薩と上地のもろもろの菩薩と畢竟じて同じく寂滅平等を得るがゆゑなり」（『七祖篇』一三一頁）についての解釈である。

解釈は、はじめに「平等法身」「寂滅平等」「未証浄心の菩薩」の三つの概念について説明し、その後「未証浄心の菩薩」についてのふたつの問答をたてている。議論の鍵となるのは「七地沈空の難」と言われるものであるが、次々と解釈が展開していくので順を追って説明しようと思う。なお、この個所については、『論註』上巻の不虚作住持功徳の偈文の解釈の際に、少しフライングして扱ったのでそれも参照していただきたい（本書第15章参照）。まずは、「平等法身」「寂滅平等」のふたつの概念についての文をあげる。

「平等法身」とは、八地以上の法性生身の菩薩なり。「寂滅平等」とは、すなはちこの法身の菩薩の所証の寂滅平等の法なり。この寂滅平等の法を得るをもつてのゆゑに名づけて平等法身となす。平等法身の菩薩の所得なるをもつてのゆゑに名づけて寂滅平等の法となすなり。この菩薩、報生三昧を得て、三昧の神力をもつて、よく一処にして一念一時に十方世界に遍して、種々に一切諸仏および諸仏の大会衆海を供養し、よく無量世界の仏法僧なき処において、種々に示現し、種々に一切衆生を教化し度脱して、つねに仏事をなせども、初めより往来の想、供養の想、度脱の想なし。このゆゑに、この身を名づけて平等法身となし、この法を名づけて寂滅平等の法となすなり。

（『七祖篇』一三一～一三二頁）

菩薩が仏教の究極の真理である「寂滅平等」を証《さと》ると、証った（能証の）菩薩の方も証られた（所証の）寂滅平等と同一化して「平等法身」を得る。このことは、認識または存在について説明すれば必ずこのようなことになるというだけの話で、どうということもない。ただ、証られるところのもの、認識されるところのものが真ではなくて（つまり、異なっていて）偽であるということと、一致・同一化して真であるということが、どこで明瞭に区別できるのかということになると、「どうということもない」というわけにもいかないのである。偽であるということになるとその認識は「迷い」ということになる。こういう議論から私たちはいったい何を読み取ればよいのだろうか。この議論が、戦争を止め原発を止め人権侵害を止めることに役に立つのだろうか。

その手掛かりになるかもしれないのが、平等法身を八地以上の菩薩とする説明に登場する「法性生身」という概念である。真実のさとりの対象であり、同時に真理それ自体（すなわち、法性）であるものは「涅槃」とかそれを翻訳した「寂滅平等」と呼ばれるが、証った人に同一化しているという観点からは「法性身」「法身（dharma-kāya）」など「身体」の範疇でも呼ばれる。法性や涅槃は当然のこととして不生不滅であるから、法身は生死する身体ではない。なのに、ここで「法性生身」という言葉が使われているのはなぜか。香月院によると、この用語は『智度論』に根拠を持っているそうだ。菩薩には二種あって、ひとつは「生死肉身の菩薩」、もうひとつは「三界を出でて不生不死の法性生身の菩薩」であり、前者がわれら凡夫と同じ分段の肉身のこと、後者が三界のあらゆる煩悩を断じ終わりて得た不生不死の変易身のことで、八地の菩薩が得る法性身だという。不生不死なのに「生身」というのは、この八地の菩薩は無生法忍を得て煩悩は既に尽くされたが、なおその習気《じっけ》が残っていてその習気を縁として自在に化生するからだとされているそうだ。**「習気がなければ仏も同じことぢゃによりて法性生身も受けられぬ」**（『講苑』五八一頁下段）と説明されている。生身を得ていなければ、他方仏国へであれ、無仏の国へであれ、種々の身で現れることができないということだろうか。「この菩薩、報生三昧を得て、三昧の神力をもつて、よく一処にして一念一時に十方世界に遍して、種々に一切諸仏および諸仏の大会衆海を供養し、よく無量世界の仏法僧なき処において、種々に示現し、種々に一切衆生を教化し度脱して、つねに仏事をなせども、初めより往来の想、供養の想、度脱の想なし」というのがそれだろう。「報生三昧」の「三昧」とは「定」のことで、それが神通力の根拠となるから、たぶんこの辺りを高木顕明は、彼の土に生じ已《お》わりて「弥陀と違はん通力を得て、仏心者大慈悲是なりと云ふ心に成つて、他方国土へ飛び出して　有縁々々の人々を済度するに間隙のない身となる」（『余が社会主義』）と読んだのだろう。「報生三昧」についても香月院の説明は詳しく、八地の菩薩の所得の三昧を「如幻三昧」と「報生三昧」のふたつに分けて説明している。「如幻三昧」とは幻師が自ら動かずにさまざまなものを現ずるように、「よく一処にして一念一時に十方世界に遍し」「無量世界の仏法僧なき処において、種々に一切衆生を教化し度脱して、つねに仏事をな」すことができる三昧、「報生三昧」とは「仏事をなせども、初めより往来の想、供養の想、度脱の想なし」という任運無功用に心を用いず衆生済度を行う三昧だと言う。これを「生に報いる三昧」と言うのは、八地の菩薩になれば果報としてこの三昧が得られるからだと言う。三昧には修行によって得られる「加行得《けぎょう》」と、その菩薩として生まれれば果として得られる「果報得」の二種類があり、この「任運無功用に心を用いず衆生済度を行う三昧」は「果報得」なので「報生三昧」と言うのだそうだ。「如幻三昧」と「報生三昧」によって行う「よく一処にして一念一時に十方世界に遍して、種々に一切諸仏および諸仏の大会衆海を供養し、よく無量世界の仏法僧なき処において、種々に示現し、種々に一切衆生を教化し度脱して、つねに仏事をなす」のは、このあとの菩薩四種の荘厳功徳の先取りになっている。つまり、仏荘厳の第八不虚作住持功徳は、菩薩四種荘厳の総論、菩薩四種荘厳は不虚作住持功徳の各論になっているのである。

以上、香月院の博学によってこまごまと説明してきたが、これら『十地経論』や『智度論』による話は基本的に趣味の領域にとどめておけばよいと思う。「南無阿弥陀仏」と声に出して言う、「阿弥陀さんの平和と平等っていいですね」、と言いまわる実践性とはほとんど無縁である。もちろん、これら論書・諸経典が、仏道の実践理性の課題としての目標である平和と平等を、純理論的説明よって基礎づけようとしたことのすべてを無意味だと言うつもりはないが、純粋理論的な問題は、どこかで矛盾を飛び越えるしかないものだということを忘れてはいけない。飛び越えればどうしても空論になる。そんな空論にかまけて「飢に叫ぶ人もあり貧の為めに操を売る女もあり雨に打る、小児もある」(『余が社会主義』)ことを「仏事をなせども、初めより往来の想、供養の想、度脱の想なし」などと斜に構えてはならない。そんなことをすれば、このあと問題になる「七地沈空」と何ら変わりはなかろう。また、ここで「(この菩薩が)種々に示現し、種々に一切衆生を教化し」とされていることにも注意が必要だ。『論註』のこうした記述を根拠に親鸞は『教行信証』「証巻」で「しかれば弥陀如来は如より来生して、報・応・化種種の身を示し現わしたまうなり」(大谷派『聖典』二八〇頁/二版三二〇頁)と言い、おそらくはこれを根拠として「阿弥陀如来はアマテラスにも天皇にもなる」と言い出す者が出てくるからである。香月院がこの「証巻」の個所を「化け物屋敷」(『文類聚鈔講義』。本書第7章「三、「観」とは何か」の一四五頁参照)と言っていることも何度か紹介した。

つぎに「未証浄心の菩薩」についての解釈をあげる。

「未証浄心の菩薩」とは、初地以上七地以還のもろもろの菩薩なり。この菩薩またよく身を現じて、もしは百、もしは千、もしは万、もしは億、もしは百千万億の無仏の国土に仏事を施作すれども、かならず作心を須《もち》ゐて三昧に入る。すなはちよく作心せざるにはあらず。作心をもつてのゆゑに名づけて未得浄心となす。この菩薩、願じて安楽浄土に生ずれば、すなはち阿弥陀仏を見たてまつる。阿弥陀仏を見たてまつる時、上地のもろもろの菩薩と畢竟じて身等しく法等し。龍樹菩薩、婆藪槃頭菩薩(天親)の輩、かしこに生ぜんと願ずるは、まさにこれがためなるべきのみ。 (『七祖篇』一三二頁)

この個所をどう読むかは注意を要する。そもそも論文《ろんもん》には「かの仏を見たてまつれば、未証浄心の菩薩畢竟じて平等法身を証することを得」とあるのだが、このことを曇鸞は「七地沈空の難の突破」だと受け止めたのである。「七地沈空」とは、このあとの問答に出てくる「菩薩、七地のうちにおいて大寂滅を得れば、上に諸仏の求むべきを見ず、下に衆生の度すべきを見ず。仏道を捨てて実際を証せんと欲す」(『七祖篇』一三三頁)ということで、既に証り（大寂滅）を得たので、もう自利利他円満を目指して未来の希望に生きることもないという状態のことであろう。七地において得た（つもりになった）大寂滅と八地以上の菩薩が得る本当の寂滅平等の違いは何だろうか。この「得たつもりになった」こととか「得たふりをして他者を欺く」ということと、本当の寂滅平等との違いをそれ自体として述べることができるのは、ただ仏のみである。つまり、違いは誰にもわからない。ただ、この状態に陥れば「飢に叫ぶ人もあり貧の為めに操を売る女もあり雨に打る丶小児」も見えなくなることは確かだろう。なぜこのようなことになるかについて、曇鸞の説明の要は「作心」ということだと思われる。「作心」、つまり「はからい」である。これを「自力」と言ってもいいのだが、そこに大きな誤解が生ずる恐れがある。というのは、作心を用いることになってしまう「未証浄心の菩薩」は「よく身を現じて、もしは百、もしは千、もしは万、もしは億、もしは百千万億の無仏の国土に仏事を施作」しようと努める菩薩なのである。つまり、平和と平等を熱心に、あるいは、せつなく求めている者たちなのである。ただ、その求め方に問題があるだけだ。「百千万億の無仏の国土に仏事を施作しようとする菩薩」のことを『智度論』は「漸々転進の菩薩」[1]と言い、このあとに「この菩薩、願じて安楽浄土に生ずれば」とあるように漸々転進の菩薩の難行道を棄てて「ただ、往生極楽のためには、南無阿弥陀仏と申して、疑なく往生するぞと思とりて申す」（『一枚起請文』。大谷派『聖典』九六二頁／二版一一五三頁）易行道に転ずれば、平和と平等は未来への確信となる。だから、「作心」、すなわち、「はからい」も平板に否定されて、本居宣長ふうの「「さかしらなはからひ」を超えること」（『古事記伝』等）などと同一視してはならないのである。「南無阿弥陀仏と申して、疑なく往生するぞ」と決意して、つまり、「面々の御はからい」すなわち「主体的決断」をなさねばならない。われら凡夫にとっては、浄心を証することは当益（未来・死後の益）で十分、いや、当益でなければ、現生正定聚の現益、すなわち、平和と平等の希望に生きることまでも損なうのである。絶対他力だとか、自然法爾だとか、「「さかしらなはからひ」を超えること」に今生で満足してしまえば、それは七地沈空と変わりがないということだろう。

つづいて、問答の第一を検当する。

問ひていはく、『十地経』を案ずるに、菩薩の進趣階級、やうやく無量の功勲ありて多くの劫数を経、しかして後にすなはちこれを得。いかんが阿弥陀仏を見たてまつる時、畢竟じて上地のもろもろの菩薩と身等しく法等しきや。答へていはく、「畢竟」とはいまだ即等といふにはあらず。畢竟じてこの等しきことを失はざるがゆゑに「等」といふのみ。

（『七祖篇』一三二頁）

この問答は、「漸々転進の菩薩」こそが本来の仏道のすがたであるのに、それを無視して阿弥陀仏を見るからといって頓に上地のもろもろの菩薩と「身・法」が等しいというのはおかしいではないかという問いと、その答えが説かれている。答えとして、ふたつのことが示されている。まず、応答の表面的な意味としては、「畢竟」等しいというのは直ちに等しいということではなく、等しい意味があるのだということである。これは、直ちに等しいということが実現したと言ってしまえば、未来への希望も失せて七地沈空と変わらぬことが起こるのをとどめる意義があるだろう。そして、「畢竟」には、それとは別にもうひとつ隠れた意義もある。八地より上には「九地」と、ほとんど仏の位に等しい「十地」とがあるが、十地となると、香月院の説明にある「習気がなければ仏も同じことぢゃによりて法性生身も受けられぬ（ほとんど仏と同じことになって生身も受けられぬ）」から他方国土へ飛び出すのにふさわしくない。だから、「畢竟」と言うにとどめたのだ。第一の問答はそういうことだと理解しておけばよいと思う。そして、最後の問答にうつろう。

問ひていはく、もし即等にあらずは、またなんぞ菩薩といふことを待たん。ただ初地に登れば、もつてやうやく増進して、自然にまさに仏と等しかるべし。なんぞ上地の菩薩と等しといふことを仮《か》らん。答へていはく、菩薩、七地のうちにおいて大寂滅を得れば、上に諸仏の求むべきを見ず、下に衆生の度すべきを見ず。仏道を捨てて実際を証せんと欲す。その時に、もし十方諸仏の神力の加勧《かかん》を得ずは、すなはち滅度して二乗と異なることなからん。菩薩もし安楽に往生して阿弥陀仏を見たてまつれば、すなはちこの難なし。このゆゑにすべからく「畢竟じて平等なり」といふべし。また次に『無量寿経』（上）のなかに、阿弥陀如来の本願（第二十二願）にのたまはく、「たとひわれ仏を得んに、他方仏土のもろもろの菩薩衆、わが国に来生せば、究竟してかならず一生補処に至らん。その本願の自在に化せんとするところありて、衆生のためのゆゑに、弘誓の鎧を被《き》て徳本を積累し、一切を度脱し、諸仏の国に遊びて菩薩の行を修し、十方の諸仏如来を供養し、恒沙無量の衆生を開化して、無上正真の道に立せしめんをば除く。常倫諸地の行を超出し、現前に普賢の徳を修習せん。もししからずは、正覚を取らじ」と。この経を案じてかの国の菩薩を推するに、あるいは一地より一地に至らざるべし。十地の階次といふは、これ釈迦如来の、閻浮提における一の応化道なるのみ。他方の浄土はなんぞかならずしもかくのごとくならん。五種の不思議のなかに仏法もつとも不可思議なり。もし菩薩かならず一地より一地に至りて超越の理なしといはば、いまだあへて詳らかならず。たとへば樹あり、名づけて好堅《こうけん》といふ。この樹、地に生ずるに百囲すなはち具せり。一日に長ずること高さ百丈なるがごとし。日々にかくのごとし。百歳の高さを計るに、あに修松《しゅうしょう》に類せんや。松の生長するを見るに、日に寸を過ぎず。かの好堅を聞きて、なんぞよく即日を疑はざらん。人ありて、釈迦如来の羅漢を一聴に証し、無生を終朝に制するを聞きて、これ接誘《しょうゆう》の言なり、称実の説にあらずといひて、この論事を聞きてまたまさに信ぜざるべし。それ非常の言は常人の耳に入らず。これをしからずと謂ふは、またそれ宜《むべ》なり。

（『七祖篇』一三三〜一三五頁）

「即等しい」ではなく「畢竟」などと言うのは、「七地沈空」を説明したいがためであったということであろう。この問答で七地沈空の突破を第二十二願をあげて説明していることがきわめて重要である。それは、難の突破を単純に難を超えて仏に成ってしまうとは考えないことが重要だからである。「習気がなければ仏も同じことぢゃによりて法性生身も受けられぬ」ことが意味を持ってくるのである。自分が成仏することを後回しにしても、普賢の徳を修めて他方国土へ飛び出して有縁々々の衆生を済度するには、煩悩の習気を残す八地以下の菩薩、あるいは、一生補処の（もうほとんど仏に等しい）菩薩でありながら、仏に成らずに衆生済度に飛び出す菩薩こそがふさわしいのである。一生補処の菩薩になるのは誰なのかということについて、香月院はつぎのように力強く説明している（『講苑』五九二頁下段〜五九三頁下段）。

願文は御引文のことなる故略して弁ずるなり。

「他方仏土諸菩薩衆」と云ふは、凡夫人天でも大乗法を学ぶときは皆菩薩と名くる、今「他方仏土の諸の菩薩」と云ふは今家の意では第十八願の十方衆生なり。第十八願では衆多の生死を受くる流転の凡夫を本願の正所被とすることを顕して衆生とのたまひたれども、此の二十二の願では其の十方衆生が弥陀の本願を信じて大乗の菩薩になりて往生する所の利益ぢゃによりて名をかへて他方仏土諸菩薩衆と云ふ。「究竟必至一生補処」。此の願文、諸師の意他流の意では浄土へ始めて往生した所では一生補処の菩薩ではなけれども究竟した処では必らず一生補処の位に至ること〻見る処也。今家の意は不爾（しからず）。他方世界の衆生が弥陀の浄土へ往生すれば必ず一生補処に至ると云ふこと。「究竟」と云ふは『起信論筆削記』巻二に「究竟決定無上義也」とあり。今一生補処は菩薩の極位で此の上のない因位の頂上ぢゃによりて究竟の言を置いて究竟して一生補処に至ると云ふなり。「除其本願」此の本願は浄土の菩薩の衆生済度の本願なり。とき、諸師の意ならびに他流の意では、此処の解し方が浄土へ往生した者は皆一生補処の位に至る筈なれども、衆生済度の本願のある菩薩は補処の位に至らずに生死海に入って衆生を済度し給ふ、それを除いて其の外は皆一生補処に至ること〻解する処なり。今家の意は大違ひ也。浄土へ往生した者は一人も残らず皆悉く一生補処に至る、夫れゆへ皆仏の跡継ぎをして成仏する筈なれども、浄土の菩薩の自分の願ひで還相回向を以て衆生を済度し給ふ故、仏に成らずに補処の菩薩でありながら普賢大悲の行を修し給ふ、それは除くと云ふことで除其本願自在所化等と誓い給ふ也。よりてこ〻を『和讃』へ当て〻云ふ時は、是より上は「安楽無量の大菩薩　一生補処にいたるなり」の二句の意也。此の除其本願と云ふから下は「普賢の徳に帰してこそ　穢国にかならず化するなれ」（浄土和讃）の二句の意也。よりて我祖は此の二十二の本願を一生補処の願とも名け〔づ欠〕還相回向の願とも名け〔づ欠〕て、一願に二つの願事がありて、一には浄土へ往生するものは悉く一生補処の位に至らしめようの願ひ、二には思ひの儘に還相回向の普賢の行を修せしめようとある願也。即ち是れから下が其の還相回向の願の相《すがた》也。除其本願の文を加様見るは他流の意では文を狂へて義を取る様に思ふまいものでもなけれども、加様に見るが異訳の『荘厳経』に符合する。まことに他人未談我祖独抜の判也。又鸞師も別に願文を釈してない故知らぬ事なれども、巻末の御引用が此の本願を園林遊戯地門へ当て〻あるからは此の本願を還相回向の願と見給ふこと明か也。

荘厳不虚作住持功徳とは、われら凡夫が本願力回向を受けて往還の主体となることを明らかにしているということなのだ。いま、「ただ、往生極楽のためには、南無阿弥陀仏と申して、疑なく往生するぞと思とりて申す」（『一枚起請文』。大谷派『聖典』九六二頁／二版一一五三頁）ということがあれば、必然的に自然に法の爾らしむることによって、われらは「いそぎ仏になりて、大慈大悲心をもって、おもうがごとく衆生を利益する」（『歎異抄』第四条。大谷派『聖典』六二八頁／二版七六九頁）ことになるのである。最後の、好堅樹とかいう一日に百丈も成長する樹の喩えは、それ自体が面白すぎて喩えの役割（喩えられているものの意味をわかりやすくする）をやや逸脱していると思う。これは「頓」の喩え、つまり「いそぎ仏に成りて」の喩えなのだが、「頓」と「漸」の対立だけを指したものではなく、還相回向の利他の課題を言うためであることを忘れてはならない。浄土門であれ聖道門であれ、あるいは、易行であれ難行であれ、仏道という以上は必ず平和と平等が課題となっている。だから、浄土教徒もけっして「さかしらなはからひ」を超え」て如来の絶対的救済にすがるだけの無力な客体ではない。主体としてなんとかしようと「漸々転進」に努めるのだが、それがみな目に触れるところのことすべて虚作の行いにしかならないことに気づくと同時に、だからこそ、「ただ、往生極楽のためには、南無阿弥陀仏と申して、疑なく往生するぞと思とりて申す」道が無碍の一道として開けてきたのである。われら煩悩成就の凡夫、敗壊の菩薩は、間違いなく往還の主体である。われら煩悩成就の凡夫は、第十八願では「十方衆生」と呼ばれていたが、第二十二の還相回向の願では阿弥陀如来の極楽浄土へ来生した「他方仏土の諸の菩薩」と呼ばれる。どうして来生できたかというと、「南無阿弥陀仏」と声に出して言ったからである。「南無阿弥陀仏を唱える人は極楽の人数《にんじゅ》なればなり」、極楽の人数《にんじゅ》になるということは、「十方諸仏の神力の加勧」を得て沈空することなく、「戦争は極楽の分人のなすことではない」として濁世闇夜において極楽浄土の平和と平等を伝道する大任務を果たすのである。

この、煩悩成就の凡夫・敗壊の菩薩・一生補処の菩薩・還相の菩薩の関係の基礎は、『論註』の冒頭に龍樹の『十住毘婆沙論』が引用されて菩薩に二種類の道があることが示されている。その意味については、本書の第3章「『論註』は『浄土論』をどう読もうとしたか」を参照していただきたい。

三、仏八種荘厳総結

以上で八種の仏荘厳の各論を終え、その総結が述べられる。本書四七二頁の【図10・観察体相章の見取り図】の㈡の④の⑷に相当する。この部分の論文は、

略して八句を説きて、如来の自利利他の功徳荘厳、次第に成就したまへることを示現す、知るべし。

(『七祖篇』一三五頁)

である。それについての「註」は、

これはいかんが次第する。前の十七句は、これ荘厳国土功徳成就なり。すでに国土の相を知りぬ。国土の主を知るべし。このゆゑに次に仏の荘厳功徳を観ず。かの仏いかんが荘厳し、いづれの処においてか坐したまふ。このゆゑに先づ座を観ず。すでに座を知りをはりぬ。よろしく座の主を知るべし。このゆゑに次に仏の荘厳身業を観ず。すでに身業を知りぬ。いかなる声名《しょうみょう》かましますと知るべき。このゆゑに次に仏の荘厳口業を観ず。すでに名聞を知りぬ。よろしく得名の所以を知るべし。このゆゑに次に荘厳心業を観ず。すでに三業具足して人天の大師たるべきことを知りぬ。化を受くるに堪へたるひとはこれたれぞ。このゆゑに次に大衆の功徳を観ず。すでに大衆に無量の功徳あることを知りぬ。よろしく上首はたれぞと知るべし。このゆゑに次に上首を観ず。上首はこれ仏(阿弥陀仏)なり。すでに上首を知りぬ。長幼に同ずることを恐る。このゆゑに次に主を観ず。すでにこの主を知りぬ。主にいかなる増上かまします。このゆゑに次に荘厳不虚作住持を観ず。八句の次第成じをはりぬ。

(『七祖篇』一三五～一三六頁)

となっている。この部分は、【図10・観察体相章の見取り図】の㈠の②と③にあった十七種の国土荘厳のまとめとほぼ同じ意味を持っているので、そこで行った検討にゆだねることにする。国土や仏自体の荘厳は仏にとって自利であるのは当然であるが、それらはすべて衆生を利他教化するために荘厳されたわけだから、「如来の自利利他の功徳荘厳」というわけである。

四、菩薩四種の荘厳

長かった観察体相章の最後、四種の菩薩荘厳に入る。【図10・観察体相章の見取り図】の㈡の⑤である。菩薩荘厳の特徴は、四種の荘厳の偈文それぞれについて「〇〇功徳」というように名称がないということである。そこで、名称がないこと自体の意味を述べる「註」がある。菩薩四種の荘厳については、曇鸞は「菩薩を観ずとは」と徴起して『論』長行の文「いかんが菩薩の荘厳功徳成就を観察する。菩薩の荘厳功徳成就を観ずるに四種の正修行功徳成就あり、知るべし」(『七祖篇』一三六頁)をあげて、以下のように解釈する。

真如はこれ諸法の正体なり。如を体して行ずれば、すなはちこれ不行なり。不行にして行ずるを如実修行と名づく。体はただ一如なれども、義をもつて分ちて四となす。このゆゑに四の行、一の正をもつてこれを統《す》ぶ。(『七祖篇』一三六頁)

「真如」などという言葉が出てくると、張り切る向きもあるが、仏教独特の言い回しとして軽く考えた方がいいだろう。これは、論文に四種の菩薩荘厳を解説する中で、「無有分別心」だとか「如実修行」などという、それなりに説明はできるが実際には誰にもわからぬ、奥深い意味を有するらしい言葉が出てくるからである。「真如」ということになると、「無上涅槃」だとか「諸法無我」などということになり、不生不滅・不常不断・不一不異・不来不去のことである。これが出てくると、「行じて行ぜす」「不行にして行ずる」ということで、それが「如実修行」だということになる。だから、「体はただ一如なれども、義をもつて分ちて」いくつも出てくることになるが、この浄土の菩薩の如実修行においては、四つ出てくるわけである。なので、『論』（天親）は、四つそれぞれに「〇〇功徳」というような名称は付けずに「かの菩薩を観ずるに四種の正修行功徳成就あり、知るべし」と述べて四つ全部を「正修行」と呼んで「正」の字で統一するのだ、と。

こうして、つぎに、『論』長行の四種の菩薩荘厳の解説をあげてそれぞれに簡単な「註」を付ける。これまで見てきたように、『論』は二十九種の荘厳を述べる偈文について「大義門功徳」「不虚作功徳」「心業功徳」を除いて基本的に「〇〇功徳」というように名づけるだけで解説を加えないが、菩薩四種の荘厳だけは名前を付けずに『論』としては長い解説が加わっている。解説が加わるのは、重要だからということでいいのだが、さらに注意してみると、偈文に「無分別」だとか「真如」などの仏教哲理が含まれる時に解説が加わっているように見える。ところが、それについての曇鸞の「註」はそれほど長くはない。特に、この菩薩四種の荘厳については、曇鸞は既に仏の不虚作住持の功徳のところでそれを解説してしまっているので「註」は短くなっている。香月院の『註論講苑』では、さらに簡潔になっているように思う。ただ、香月院は、この仏の不虚作住持功徳を開けば菩薩の四種の荘厳功徳になり、菩薩の四種の荘厳功徳を合すれば仏の不虚作住持功徳になるということそれ自体については、重要であるとして強調している。これは、国土荘厳の一部としてあった眷属功徳の「如来浄華衆　正覚華化生」に説かれる「同一に念仏して別の道なきがゆえに。遠く通ずるに、それ四海の内みな兄弟とするたり」（大谷派『聖典』二八二頁／二版三二二頁）であって、われら凡夫は極楽に往生すれば、一人残らず「弥陀と違はん通力を得て、仏心者大慈悲是なりと云ふ心に成つて、他方国土へ飛び出して　有縁々の人々を済度するに間隙のない身となる」（『余が社会主義』）ことを強調されているのである。仏教哲理の方は、八不中道を暗記しておけば、「何の苦もなく解せられる也」でさらりと済ませるのである。

そこで、われわれも最後の、他方国土へ飛び出すなかでも、とりわけ無仏の世に出現する菩薩の功徳の個所を読んで締めくくることにする。まず、『論』長行の解説にはつぎのようにある。

四にはかれ十方一切世界の三宝なき処において、仏法僧宝の功徳の大海を住持し荘厳して、あまねく示して如実の修行を解らしむ。偈に「何等世界無　仏法功徳宝　我願皆往生　示仏法如仏」といへるがゆゑなり。（『七祖篇』一三八頁）

それについての「註」は、短いが重要なことが述べられている。

上の三句は遍至《へんし》といふといへども、みなこれ有仏の国土なり。もしこの句なくは、すなはちこれ法身、法ならざるところあらん。上善、善ならざるところあらん。観行の体相竟《おわ》りぬ。（『七祖篇』一三八頁）

上の三種は仏のいる世界に飛び出す話だが、この最後の一句は「仏のいない世界」すなわち、われら煩悩成就の凡夫しかいない、差別と殺戮にあふれたこの娑婆世界のようなところへ飛び出す話である。このことが成立しなければ、真理そのものの体現である「法身」だとか「上善」だとか言ってみても空しいことにしかならないではないか。これを述べてこそ、長々と続いた観行体相は締めくくられるというものである。いや、これが述べられなければ、この差別と殺戮に呻吟するわれら凡夫には、極楽往生したあとでないとわからぬ観行では用がない。このあと「註」はわざわざ「以下はこれ解義のなかの第四重を名づけて浄入願心となす」（『七祖篇』一三八頁）と断ってから、「浄入願心とは」と切り出す。「第四重」というのは、（天親ではなく）曇鸞が章分けした解義分十章のうちの第四章・観行体相章のことであるが、ほかの章の切れ目にはこんな断りはない。なぜここにだけ断りがあるかについて、いろいろ議論する輩もあるが、香月院は「これは別に深い訳のある事ではなし。これは上来釈する所の観行体相の章は「論」並びに「註」とも文が長し、下巻一巻の半分餘が観行体相の章になりてあり、そこで餘に文が長き故に場所を取り違へぬ様にと思召して此の言葉がある也。他に思召しは無き也」（『講苑』六一一頁下段）と断言する。これは何でもないことのようだが、『観経』や『論』を定善観・観想念仏を説くものと誤解してはいけないという大切な指摘である。観行体相の章は、「弥陀と違はん通力を得て、仏心者大慈悲是なりと云ふ心に成つて、他方国土へ飛び出して　有縁々々の人々を済度するに間隙のない身となる」（『余が社会主義』）ことに尽きる、これがあれば十分なのである。長々と述べられているのは、「他方国土へ飛び出す」ことがいかに勝れた功徳であって、他とは比べ物にならないことを明らかにするために、劣ったものの代表として説明されているのである。どのように劣っているかを一言で言えば、これらの観察体相は、ここ無仏の国ではできる者はほとんどいない（実際は誰もできない）ので、できるふりをする者、目指すふりをする者が有象無象のごとく現れて、人びとの間に無用で害をなす格差を生むだけのつまらないものなのである。だから、法然上人は仰ったのである、「定散は廃さんがために説く」[2]と。

註

（1）この「漸々転進の菩薩」という概念については、第3章「『論註』は『浄土論』をどう読もうとしたか」を参照。

（2）「ゆゑにいま定散は廃せんがために説き、念仏三昧は立せんがために説く」（『選択集』。『七祖篇』一二七一頁）。

第30章
願いをかたちで表す
——願心荘厳

一、浄入願心章の位置づけ——「いかんが信心を生ずる」という問いの答え——

長かった観察体相章がようやく終わって、本章から浄入願心章に入る。長行の章分けは、あくまでも曇鸞が勝手に行ったものであって、天親がこのように分けたものでないことは、これまでたびたび注意してきたところである。長行（解義分）の始まりは、「論じていわく、この願偈は何の義をか明かす。かの安楽世界を観じて、阿弥陀如来を見たてまつり、かの国に生まれんと願ずることを示現するがゆえなり」（大谷派『聖典』一三八頁／二版一四八頁）となっており、つぎに「いかんが観じ、いかんが信心を生ずる」（大谷派『聖典』一三八頁／二版一四八頁）と自問し、五念門についてざっと語る。天親は自分が偈文を制作した所以は、安楽世界を観じて阿弥陀如来を見るためだとしている。というよりは、自分が阿弥陀如来の安楽世界と阿弥陀如来そのものを観察するために、諸々の衆生のためにテキストを作ったのだと言った方がよいかもしれない。ただ、願偈の始まりは「世尊我一心帰命尽十方無礙光如来願生安楽国」であるから、もちろん、偈文は自分を励ます決意（「我一心」とは、天親菩薩の自督の詞なり）を述べたものであることは当然である。自問の「いかんが観じ、いかんが信心を生ずる」の前半「いかんが観じ」については、そもそも偈文制作の所以が極楽世界と阿弥陀如来を観察する、すなわち、仏道修行の王道たる毘婆舎那を行ずるためだとしているのだから、当然の問いであるが、後半の「いかんが信心を生ずる」はどのような意味で問われているのか必ずしも明確ではない。実際、この問い（いかんが観ずる）の答えとして観察の内容が観察体相章で述べられているようにも思えるが、それすら、そもそもこの問いが発せられた起観生信章の中で答えられているのではない。起観生信章には、問いだけがあって、答えは見当たらないと言ってしまわねばならない。しかも、「いかんが信心を生ずる」に対する答えは、この問いが置かれる起観生信章だけでなく、その後の長い観察体相章にも見当たらないのである。起観生信章には、五念門がざっと語られているだけだから、その中のどれかを「いかんが信じ」の答えとみなすのは無理があるし（実際、この「無理」をあれこれ工夫する解釈は無数にある）、観察体相章となると、そこに「いかんが信じ」の答えがあるとはいかに無理しても説明できないように思える。ところが、つぎの浄入願心章に至って「願心荘厳」が説かれることによって、観察体相章と浄入願心章のふたつが相まって「いかんが信じ」の答えが見えてくるのだという。

　そこで、「願心荘厳」とは何かということについて、具体的な検討に入ればよいのだが、その前に、長行《ちょうぎょう》の章分け全体について、簡単に説明しておこうと思う。香月院の『註論講苑』では、この十科の次第について、下巻が始まるとすぐに曇鸞が長行の章分けを述べたところで解説しているのだが、私は、あえて、観察体相章という、長いけれどももうひとつ意味がつかめない章を終えたところで、十科の全体の構造を説明しようと思う。「十科」、あるいは、「十重」「十章」とは、長行に関してそれを註釈する曇鸞が見出した十の意義のことである。それは、曇鸞自身「論じて曰はく。これはこれ解義分なり。この分のなかに、義に十重あり」（『七祖篇』一〇〇頁）と言うように、解義分に十の「義」があるとしていることからもわかる。香月院によると、論だけを読んでいると、どこからどこまでが浄入願心章なのかは一向にわからないが、それを曇鸞が「義」を以て十に分けたのだということである。私は、これまでの説明で、この「曇鸞が分けた」ということを強調して「勝手に分けた」という言い方を何度もしてきたが、分けられてみると、もともとの『論』がそのような構造を持っていたのだと見えてくることも多い。そうだとすると、天親が制作した偈文には普通に見ていたのではわからない隠れた「構造」があるということになり、香月院はそのように説明している。

　さて、第一の「願偈大意」に続いて第二「起観生信」があり、この中の「いかんが観じ」「いかんが信を生ずる」という問いによってこの部分を「起観生信」と名づけているが、この章の中では「生信」の答えが見つからないということだった。それで、その疑問を抱きつつ第三「観行体相」を検討していくと、偈文に「序・正・流」の三分があるという義と、偈文を五念門に配当するという義の、両義があることが背景になっていることがわかってくる。すなわち、十七種の国土荘厳の次第について解釈するところ（『七祖篇』一一〇頁）に、初めにこれら十七種が五念門中の観察門の次第として示されているだけでなく、「また次に、この十七句はただ疑を釈するにあらず。この十七種の荘厳成就を観ずれば、よく真実の浄信を生じて、必定してかの安楽仏土に生ずることを得」（『七祖篇』一二五頁）として、まさにこの「いかんが信を生ず」の問いが答えられていることからもわかる。そして、このことは「此の十七種の荘厳成就を観ずれば」の「観」に二義あることとも密接に関わっている。この「観」はあくまでも「一心安心上の観」でなければならない。すなわち、如来の本願がわれら煩悩成就の凡夫のために「成就」したことを信じ、念仏申して往生するぞと決意したことである。そして、この「いかんが観じ」と「いかんが信を生ずる」が観行体相章で二重に答えられていることがはっきりするのが、極楽国土が願心の荘厳であった、如来の本願「成就」であったと信じられたことだと説明されている浄入願心章なのである。こういうことがおよそ見えてこないと「十科の次第」は手が付けられない。香月院の『註論講苑』ではこのことについて、「とき、この十科の生起次第を弁ずること甚だ難ひことなり。元来「本論」も論註も文義幽玄なるがゆへに生起次第が甚だ窺ひ難きなり。今乍恐、これより下の「本論」、論註の文の起盡を窺ふて、この十科の生起次第を弁ずる」（『講苑』三九七頁上段）と断ったうえでつぎのように説明している。まず、第一願偈大意章は総論。二から最後の利行満足章までの九章が各論となる。この九つの章はさらにふたつに大別される。ひとつは、第二起観生信章から第九願事成就章までの「衆生往生の因」たる五念門行の概論（これが第一起観生信章）と、各論としての「観察門」（これが、観行体相と浄入願心の二章）と同じく各論としての「回向門」（善巧摂化から名義摂対までの四つの章）であり、もうひとつは、「衆生往生の果」として利行満足章である。したがって、長行全体は、「衆生往生の因果」を述べ尽くしていることになるというわけである。

なお、十科の全体については、すでに第18章「『論註』下巻に入るにあたって」で概略を述べ、【図5・長行十科の次第】（三七八頁）として掲載したので参照していただきたい。

ところが、これを最後の利行満足章に出てくる親鸞が命名した「（他利利他の）深義」から見ると、五念門行が法蔵菩薩の兆載永劫の修行ということになり、菩薩（善男子・善女人）の自利利他が法蔵菩薩の自利利他と重なり、きわめてややこしいことになる。つまり、その「深義」から言うと、起観生信から利行満足までの全体は、衆生往生の因果を顕すだけでなく、如来浄土の因果の密意をも隠然と彰《あらわ》すことになる。そこで重要になるのが、浄入願心章である。普通に読めば、観行体相は極楽に往生した衆生が自ら行う観察の内容であるし、往生していないということを意識すれば、浄土の果の相（浄土が成立した状態の相《すがた》）を説くことによって因中の果をあらかじめ説明したこと（これを「因中説果」という）として読める。これでも相当ややこしいが、ここに、娑婆の衆生でないことはもちろん、浄土に往生した菩薩でもない（そもそも浄土を建立した）法蔵菩薩⇒阿弥陀如来が出てくるのであるから。そこで、観察体相章の中に登場する浄土が（法蔵）菩薩の願心を荘厳したもの、つまり四十八願をかたちとして象徴的に表現したものだという説明が、生きてくるのである。生きてくるというより、これによって、この娑婆で善知識から（あるいは、お釈迦さんから、つまり、経典や論を読むかたちで）説明してもらった極楽浄土を思い浮かべることとか、実際に彼の土へ至って奢摩他・毘婆舎那を行じ観察するにことにおいて、思い浮かべる、あるいは、毘婆舎那へと進む「観」の対象であるところの「極楽」なるものは阿弥陀如来の建立になるものだということが、「なんとなく」わかるのである。これが毘婆舎那のような「もろこし、我がちょうに、もろもろの智者達のさたし申さるる観念」（法然『一枚起請文』。大谷派『聖典』九六二頁／二版一一五三頁）ではないところの「一心安心上の観」である。

一方、五念門行を法蔵の兆載永劫の修行とみなした場合の「観」とはいったい何を観察することなのだろう。そして、法蔵はいったい何を礼拝し何を讃嘆するのだろう。これはわからない。わかったように説明するのはやめた方がいい。ただ、この法蔵の兆載永劫の修行の五念門の中でひとつだけなんとなくわかるのは、回向門である。回向門とは利他であり、利他される（あるいは他利を受ける）のはわれら煩悩成就の凡夫であるからだ。浄土教とはそもそもそういう話なのだ。ここだけはわかると（「ただ念仏して弥陀にたすけられまいらすべし」〈『歎異抄』〉と）信心決定した者から言うと、阿弥陀さんの「回向」を受けて自分が往生し、未来には還相の菩薩となることは当たり前のこととなる。つまり、決まり文句で言えば、「回向は如来にばかりあり、往相還相は衆生にばかりあり」、なのである。というよりは、これしかわれらにはわかりようがないのである。このあと、天親菩薩と曇鸞大師はわかっていらっしゃるんでしょうが、私たちにはわからぬ真理それ自体である「法性法身」が出てくるが、そこは気楽に読み進んでいいのである。わが身可愛いだけの凡夫としては、差別されたくない・殺されたくないだけだけれど、差別と殺戮のない世界・環境に往ければ、この娑婆世界に生まれたはじめから誰に言われずとも当たり前に欲しかった「差別されない・殺されない自分」だけでなく、自分の希望としては（本音を言えば）、なくてもいいかなと思っていたところの、だけど在ったら本当に本当にうれしいところの、「誰も差別しない、誰も殺さない自分」にもなれるんだと信じて、「それっていいですね、南無阿弥陀仏」と、自分にも他人にも聞こえるように言おうではないか。

そんなことでは心細いという心配性な人には、つぎに、それを論理的に証明する「方便法性の二法身」の説明が出てくるのである。読んでみよう。

二、願心荘厳――極楽浄土は如来の願心をかたちで表したもの――

浄入願心章の「註」はつぎのように始まる。

観行の体相竟《おわ》りぬ。以下はこれ解義のなかの第四重を名づけて浄入願心となす。（『七祖篇』一三八頁）

これで第三章観経体相章は終わり、ここからは第四章浄入願心章である、というだけのことである。これについては、前章で、観察門を雑行として読むということで説明したとおりである。香月院は、観察体相章が長すぎるから書いてあるだけで別に深い意味はないと言う。

つづいて、「**浄入願心とは**」として論文を五段に分けて引用し、それぞれに「註」を述べている。あらかじめ、論文を示す。

①また向《さき》に荘厳仏土功徳成就と荘厳仏功徳成就と荘厳菩薩功徳成就とを観察することを説けり。この三種の成就は、願心をもつて荘厳せり、知るべし。（『七祖篇』一三九頁）

②略して一法句に入ることを説くがゆゑなり。（『七祖篇』一三九頁）

③一法句といふはいはく、清浄句なり。清浄句といふはいはく、真実智慧無為法身なるがゆゑなり。（『七祖篇』一四〇頁）

④この清浄に二種あり、知るべし。（『七祖篇』一四一頁）

⑤なんらか二種。一には器世間清浄、二には衆生世間清浄なり。器世間清浄とは、向《さき》に説くがごとき十七種の荘厳仏土功徳成就なり。これを器世間清浄と名づく。衆生世間清浄とは、向に説くがごとき八種の荘厳仏功徳成就と四種の荘厳菩薩功徳成就となり。これを衆生世間清浄と名づく。かくのごとく一法句に二種の清浄を摂す、知るべし。（『七祖篇』一四一頁）

の五段である。

では、順に考察しよう。まず、①に対する「註」を検当する。

「知るべし」とは、この三種の荘厳成就は、本四十八願等の清浄願心の荘厳したまへるところなるによりて、因浄なるがゆゑに果浄なり。無因と他因の有にはあらざるを知るべしとなり。（『七祖篇』一三九頁）

これだけなのだけれども、偈文に説かれた国土・仏・菩薩の三種、あわせて二十九種の荘厳が「四十八願等の清浄願心の荘厳したまへるところ」とされるのだから、極楽浄土とは、われら凡夫が思い描く惰眠をむさぼるにふさわしい「ええ気持ちの場所」でないのはもちろん、善男子・善女人が求める「修行に相応しい閑寂《しずか》な環境」でさえない、「因」も清浄で「果」も清浄な世界を示すものだというわけである。この言い方で、「願心」がわれら凡夫の願いや、普通に菩薩と言えるような特別の人の願いでもない「阿弥陀如来の願心」なのだということを言うわけである。あるいは、この「願心」は阿弥陀の願心なのだと曇鸞は解釈するのだと言ってもいい。

三、「因浄故果浄」——極楽は因も果も清浄な世界——

そこでちょっと難しい表現がされている。「因浄故果浄、非無因他因有」である。[1] これを本願寺派『七祖篇』は「無因と他因の有にはあらざるを知るべしとなり」（一三九頁）と読んでいる。一方で、親鸞が「証巻」で引用した際のこの個所に付けた訓点によって、「因無くして他の因の有するには非ず」あるいは「因なくして他の因のあるにはあらず」（大谷派『聖典』二九〇頁／二版三三一頁）としているものもある。本願寺派『七祖篇』は親鸞独自のある種意図的な読みは廃して普通の漢文としての読みを優先させるという方針なので、まず、これによってだいたいの意味を記せば、「極楽国土の荘厳は「無因」すなわち原因無しで突如生じたものではないし、「他因」すなわち果につながらない別の他のものから生じたものでもない」ということである。親鸞の「因なくして他の因のあるにはあらず」という読みも、この意味と大きく異なることはないと思われる。香月院の『註論講苑』によると、この個所は「邪因邪果」「無因有果」「有因無果」「無因無果」の四つの外道の因果論を簡《えら》ぶものだという。要は、仏教における「因果論」が説かれているのである。

この説明はかなり厄介なのであるが、何のためにこうした議論をしなければならぬかということから説明すると、かえって理解しやすいと思われる。二〇一一年の東京電力福島第一原子力発電所の事故の後、甲状腺癌が多発していることはよく知られている。ところが、このことに関して、政府や東電、あるいは、その御用学者・御用医師などによって、セシウムなどの放射線と癌の「因果関係」は科学的に説明されていないなどという話が聞かれる。これは、正確に言うと、「科学」という普通の人間の経験に頼る論理によれば、原発事故によって癌が増えたのだとかなり確からしく推論できるが、そもそも「因果」ということを説明しきる形而上学的な論理から言えば、いかなる因果も本質的に説明できないということである。つまり、御用学者たちは、科学者が当然とるべきところの経験知に基づく推論を放棄して、因果を完全に説明しきろうなどという本来誰にもできないことを掲げて、東電・政府の免罪を図ろうとしているにすぎないのである。そもそも「因果」とは、ある印象と別の印象の組み合わせを繰り返し知覚することで「推論」されるにすぎない。どういうことかわかるだろうか。このことを最初に説明したのは、デイヴィッド・ヒューム（一七一一～一七七六）である。『人間本性論』（*Treatise of Human Nature* 一七三九～一七四〇年刊行）からつぎの言葉を引用しておく。

> 原初的印象もしくは感覚の印象とは、なんらの先行する知覚もなしに、身体の組織から、動物精気から、あるいは外的器官に物が当たって心に起こるようなものである。二次的印象もしくは反省の印象とは、これら原初的印象のうちのいくつかのものから、直接にか、あるいはその観念の介在によってか生じるようなものである。このうち、第一の種類のものは、知られない原因から直接に心に起こる。しかし、第二の種類の印象はたいていは観念に起因する。
>
> （『人性論〈1〉――第1篇知性に就いて〈上〉――』岩波文庫）

ここに言う「知られない原因」というのは、そもそもの第一原因は意識に直接与えられるものではないので本質的に認識できないということである。別の言い方をすれば、「真の原因」は存在しない。にもかかわらず原因があると考えてしまい、「邪因邪果」の外道のように、外から因果律を賦課する絶対者があるのだというように、あるいは、「無因有果」「他因生果」の外道のように因果の否定としての「偶然」の想定で、お茶を濁してしまうのはなぜだろうか？　この問いについてヒュームは次のように答える。すなわち、それは私たちが、ある印象と別の印象の組み合わせを繰り返し知覚することで、因果関係を認識する「習慣 custom」を身に付けているからだ、と。因果の想定とはこの「習慣」にすぎない。このことは、「因果」だけではなく「空間」や「時間」ということでも同様のことが成立し、それら自体を説明しきることはけっしてできないのである。なので、そもそも因が先で果が後であるにもかかわらず、「因浄故果浄」などと言い出すと、その場合は「因果同時」などという矛盾した表現をとるしかなくなるのである。ここから、カントのいわゆる「コペルニクス的転換」の哲学が生まれるのであるが、それはしばらく措く。何が言いたいのかというと、「因浄故果浄」というような「完全に必然的な因果関係」なるものはもちろんのこと、「これは因なくして果が生じたのではないか」とか「他の原因によってこの果が生じたのではないか、その場合は、因果関係は証明できないとするしかないのではなかろうか（だから東電や政府に責任があると科学的に証明できない）」などに関する決定的な答えはない、あるいは、もっと正確に言えば、人間は因果というものそれ自体を知ったり表現することはできないということである。この事態を人間は認識・表現できないが仏には表現・荘厳できると言い張っても同じことだが、その場合の表現は「一法句」とか「清浄句」とか「真実智慧無為法身」のような表現でない表現、すなわち、いろやかたちがあってこそ荘厳と言えるのに、それらがない荘厳というような矛盾的表現を弄することしかできないのである。

しかしながら、この世（甲状腺癌に苦しむ小児のいる世界）では、その原因はかなり正確に推論できるし、その推論をもとに、あせらずあきらめず、ひとつずつできることをしていかねばならない。だから、「甲状腺癌と原発事故の因果関係は証明できない」などと言う似非学者には、「そもそも因果関係そのものを証明することができない」のは、ヒューム以来誰にもわかることであり、因果関係の証明など云々せずに、原発をやめる道筋にこつこつと取り組むしかないのだと言うほかはないだろう。そして、それこそが、形而上学的悪趣味を倒し真に科学的な態度の基礎を作ったヒュームに倣った科学者のするべきことだ、と。ヒュームが行ったことは、本当は誰にもわからぬ神学的詭弁を打ち破ったとして評価されることが多いが、「一法句」とか「清浄句」とか「真実智慧無為法身」のような仏教形而上学が悪趣味に堕すことの批判としても参照すべきかもしれない。

つぎに、②の「略して一法句に入ることを説くがゆゑなり」についての「註」は以下のとおり。

上の国土の荘厳十七句と、如来の荘厳八句と、菩薩の荘厳四句とを広《こう》となす。一法句に入るを略となす。なんがゆゑぞ広略相入を示現するとなれば、諸仏・菩薩に二種の法身まします。一には法性法身、二には方便法身なり。法性法身によりて方便法身を生ず。方便法身によりて法性法身を出す。この二の法身は異にして分つべからず。一にして同ずべからず。このゆゑに広略相入して、統《す》ぶるに法の名をもつてす。菩薩もし広略相入を知らざれば、すなはち自利利他することあたはざればなり。

（『七祖篇』一三九頁）

いよいよ、方便・法性の二種の法身のお出ましである。「法性法身」というのが、今説明した「真の原因」みたいなものであり、「方便法身」がそれによって生じたものと考えてよい。もっと難しく説明してもいいけれど、どうせ「此の二の法身は異にして分つべからず。一にして同ずべからず」などという、当たり前と言えば当たり前でもあり、何のことだかわからぬと言えばまさに何のことだかわからぬ説明が出てくるのである。真理それ自体すなわち「法性法身」などと言っても、実践的には何も言っていないのに等しい。ただ、「方便法身」とは、いわば「いろやかたちという認識の手立て（方便）がある真理それ自体」のことなので、そこに「為物身」という意味を込め、それがわれらを往還せしめるという意味を意識すれば、実践的にはそれで十分である。為物身、すなわち、われらを往還せしめる者としての阿弥陀如来を見出せば、それによって、われらは「いそぎ仏に成りて思うがごとく有縁の衆生を利益すること」（『余が社会主義』）が可能となり、それこそがわれらの真の望みであると気づくのである。これが、阿弥陀如来はわれらが物の為にある為物身であると知れ、それが真実身（実相身）ということだったのかと納得はできるのである。ただし、これは、そのような人生を送るぞと信心決定した者がそう納得したということであって、法性そのものを証《さと》ったなどということではまったくない。そんなことは、ヒュームに言われなくても誰もできないことはたいていみんな知っている。そのような人生を送るぞと決意した者にとっては、決意の対象である阿弥陀如来とその国土は実践的な問題として真理それ自体の表現でなければならぬということにすぎない。阿弥陀如来の国土は二十九種の荘厳として広く説かれるが、それは真理それ自体（略して「一法句」）の表現なのだから、広略相入していなければならないが、相入することそれ自体を、すなわち純粋な論理として、真理それ自体を認識したのではない。『論』で天親が議論しているのは、実相の念仏、すなわち、大乗甚深の念仏であって、『一枚起請文』に「学文をして念の心を悟りて申す念仏にも非ず」（大谷派『聖典』九六二頁／二版一一五三頁）と明快に否定されている議論である。なぜ、否定されるものをくどくどと諸経論に説いてあるのか。それは「廃せんがため」、すなわち、本願他力回向を信じて棄てるために説かれているのである。だから、『論註』は二法身を説明せざるを得ない浄入願心章に入る前の起観生信章の讃嘆門のところで、実相・為物の二身を「南無阿弥陀仏と申して、疑なく往生するぞと思とりて申す」（法然『一枚起請文』）ことに収斂する如実修行として説いたのである。

つづいて、③「一法句といふはいはく、清浄句なり。清浄句といふはいはく、真実智慧無為法身なるがゆゑなり」についての「註」に入る。それなりに長いので、まず前半を検当する。

この三句は展転《てんでん》して相入す。なんの義によりてか、これを名づけて法となす。清浄をもつてのゆゑなり。なんの義によりてか、名づけて清浄となす。真実智慧無為法身なるをもつてのゆゑなり。「真実智慧」とは、実相

の智慧なり。実相は無相なるがゆゑに、真智は無知なり。「無為法身」とは法性身なり。法性は寂滅なるがゆゑに、法身は無相なり。無相のゆゑによく相ならざるはなし。このゆゑに相好荘厳はすなはち法身なり。無知のゆゑによく知らざるはなし。このゆゑに一切種智はすなはち真実の智慧なり。
（『七祖篇』一四〇頁）

「一法句」「清浄句」「真実智慧無為法身」の三句が同語反復であることが説明されているわけだが、説明と言えば説明だけれども、説明の放棄と言えないこともないような気がする。後半も、Aでも非Aでもないという、鈴木大拙命名の「即非の論理」（『金剛般若経』等による）の連発である。

真実をもつて智慧に目《なづ》くることは、智慧は作《さ》にあらず、非作にあらざることを明かすなり。無為をもつて法身を標《あらわ》すことは、法身は色にあらず、非色にあらざることを明かすなり。非を非するは、あに非を非するのよく是ならんや。けだし非を無《な》みする、これを是《ぜ》といふ。みづから是にして待《たい》することなきも、また是にあらず。是にあらず、非にあらず、百非の喩へざるところなり。このゆゑに清浄句といふ。「清浄句」とは、真実智慧無為法身をいふなり。
（『七祖篇』一四〇頁）

「非を非するは、あに非を非するのよく是ならんや」という、言葉としてはかっこいいけれど意味不明な言葉にとらわれないで次に進みましょう。④「この清浄に二種あり、知るべし」についての「註」については次のとおりである。

上の転入句のなか、一法に通じて清浄に入り、清浄に通じて法身に入る。いままさに清浄を別ちて二種を出さんとするがゆえに、ことさらに、「知るべし」といふ。
（『七祖篇』一四一頁）

ここはちょっとわかりにくいかもしれない。わかりにくいのは「清浄」に「入る」とか「法身」に「入る」とかの「入る」のせいであるが、この「入」は「入空出仮」の「入」である。「一法」「清浄」「法身」は、それぞれすべてが「真理それ自体」の別名であり、「真理それ自体」とは「般若空」のことである。これを証《さと》ることを「入空」と言う。そして、これを表現することを「出仮」と言うのである。なので、方便法身（姿かたちがある、荘厳としてある法身）は、法性法身を出したものと表現されるし、真理それ自体を証ることを「一法」「清浄」「法身」に入る、「一法句」に入るなどと表現するのである。真理それ自体を自覚すること、自ら真理を受用することを「自受用」「自利」と言い、それを表現して他者に受用させることを「他受用」「利他」と言う。そして二十九種の荘厳が「広」とされ「入一法句を略と為す」なのだから、「菩薩もし広略相入を知らざれば、すなはち自利利他することあたはざればなり」ということになるわけである。極楽浄土は、「清浄」な環境であり、そこに暮らす衆生も「清浄」であるという二種の清浄へと荘厳されている。つまり、「清浄を別ちて二種を出んとする」なのである。普通のレベルの知識なら「自分がわかってないなら他人にわからせることはできない」と言うにすぎないが、その「わかる」「証る」の対象が言葉もかたちも尽きた「一法句」なのだから、こういう仰々しい説明になるのかもしれない。「真理それ自体」なるものは、甲状腺癌に苦しむ小児を救うとか、甲状腺癌の増加をもたらす原発を造らせないことに直結していないならば、実践的には意味はない。なので、ここで述べられている超抽象的な議論を弄する者に対しては、その人がどういう行動をしているかで判断するしかないのだろう。すなわち、その議論によって、小児を救おうとしているのか、小児にその苦しみをもたらせた政府や東電の株主の責任を不明確にしようとしているのか、どちらなのだ、ということであろう。つまりそれは、二種の「清浄」が出《いだ》されている極楽には、原発も軍隊も、独裁者もいないのだということでなければならぬ。

　では、最後の⑤「なんらか二種。一には器世間清浄、二には衆生世間清浄なり。器世間清浄とは、向《さき》に説くがごとき十七種の荘厳仏土功徳成就なり。これを器世間清浄と名づく。衆生世間清浄とは、向に説くがごとき八種の荘厳仏功徳成就と四種の荘厳菩薩功徳成就となり。これを衆生世間清浄と名づく。かくのごとく一法句に二種の清浄を摂す、知るべし」についての「註」について検討する。二種の清浄それ自体についての「註」と問答のふたつの部分からなるが、まず、前半の二種それ自体の説明の部分から見ていこう。

それ衆生を別報の体となし、国土を共報《ぐうほう》の用《ゆう》となす。体・用一にあらず。ゆゑに「知るべし」といふ。しかるに諸法は心をもつて成ず。余の境界なし。衆生および器《き》、また異なることを得ず、一なることを得ず。一ならざればすなはち義をもつて分つ。異ならざれば同じく「清浄」なり。「器」とは用なり。いはく、かの浄土は、これかの清浄の衆生の受用するところなるがゆゑに名づけて器となす。浄食《じょうじき》に不浄の器を用ゐれば、器不浄なるをもつてのゆゑに食また不浄なり。不浄の食に浄器を用ゐれば、食不浄なるがゆゑに器また不浄なるがごとし。かならず二ともに潔《きよ》くしてすなはち浄と称することを得。ここをもつて一の清浄の名にかならず二種を摂するなり。

（『七祖篇』一四一～一四二頁）

環境と個人との関係が論じられているのだが、とりあえずは、両者は切り離せないということでいいだろう。しかし、下巻の身業・口業・心業功徳成就にあった「卑賤の身・醜陋の身」などのところで批判的に解説したように、環境の重大性に気づいたからこそ成立した浄土教にとっては、差別や殺戮を個人の資質に還元して説明するようなことはあってはならない。そこに暮らす個人が差別的であるから、差別社会ができたのではない。ハンセン病問題において終生・強制・絶対隔離の予防法体制という「不浄の器」が、人びとをして互いに排除する気持ちを起こさせたのであって、その逆ではないのである。

そして、最後の「問答」に入る。

問ひていはく、衆生清浄といふは、すなはちこれ仏〔阿弥陀仏〕と〔浄土の〕と菩薩となり。かのもろもろの人天も、この清浄の数に入ることを得やいなや。答へていはく、清浄と名づくることを得れども、実の清浄にあらず。たとへば出家の聖人は、煩悩の賊を殺すをもつてのゆゑに名づけて比丘となし、凡夫の出家のものの、持戒・破戒もみな比丘と名づくるがごとし。また灌頂《かんじょう》王子の初生の時に、三十二相を具してすなはち七宝の属するところとなる。いまだ転輪王の事をなすことあたはずといへども、また転輪王と名づくるがごとし。それかならず転輪王となるべきをもつてのゆゑなり。かのもろもろの人天も、またかくのごとし。みな大乗正定の聚に入りて、畢竟じてまさに清浄法身を得べし。まさに得べきをもつてのゆゑに清浄と名づくることを得るなり。

（『七祖篇』一四二頁）

浄入願心章において、この問答こそが真に重要なのではないかと思われる。法蔵菩薩の願心荘厳として成立している極楽浄土において、それを建立した法蔵＝阿弥陀や観音・勢至のような菩薩方において、「因浄故果浄」というのはわかるにしても、そこへ往生した人天においてもこの「清浄」ということが言えるのか、という問題である。つまり、われら凡夫に完全な解決とその解決を他方国土へもたらすようなことが可能なのかという問いである。その問いに答て曰く「皆大乗正定の聚に入りて、畢竟じて当に清浄法身を得べし。当に得べきを以ての故に清浄と名づくることを得たり」と。曇鸞の説明では、「大乗正定の聚に入る」のは往生の前なのか後なのか判然とはしないのである。しかし、「南無阿弥陀仏を唱ふる」ということは、平等な世界へ往くための平等な行為であるから、真の平等と真の平和、難しく言えば「真理そのもの」「一法句」「清浄句」「真実智慧無為法身」の表現行為として自らに受用され、自分にも他人にも聞こえることとして他者にも受用される。これを「菩薩もし広略相入を知らざれば、すなはち自利利他することあたはざればなり」（『七祖篇』一三九頁）というのであろう。すなわち、浄土の清浄なる衆生と変わらぬ歩みが、この世界で念仏申すということから始まっているのである。「しかれば、念仏もう

すのみぞ、すえとおりたる大慈悲心にてそうろうべき」（『歎異抄』第四条。大谷派『聖典』六二八頁／二版七六九頁）

と言えることになるのである。

註

（1）以下の説明は、すでに本書第8章第五節で補遺としてこの個所を先取りして述べたが、ここで改めて掲載することにした。

第31章　浄土の大菩提心とは何か
——善巧摂化章読解

一、第五善巧摂化章から第八名義摂対章までの意義
——五念門法蔵所修は親鸞独自の説——

本章では香月院の解釈による長行《ちょうぎょう》十科の次第のうちの、善巧摂化・離菩提障・順菩提門・名義摂対が検討対象である。三七八頁の【図5・長行十科の次第】を参照してほしい。この四章は「菩薩の利他大悲心（回向門）」を表すと同時に、「娑婆の衆生の願作仏心・度衆生心」でもあることに注意してほしい。四つの章に述べられていることは「摂化」すなわち「利他」とか「教化」に関わることである。起観生信章において、五念門行（礼拝・讃嘆・作願・観察・回向）の概略を説明したうえで、観行体相章と浄入願心章で「別して観察門」を説明したということだが、それに続く四つの章は、偈文を五念門に配当する義から言えば「回向門」を説明するということである。

そこで、回向門行の行為主体は誰なのかということについて理解するのに困難が生ずる。香月院はこの困難を説明するにあたって、彼の先輩である理綱院慧琳（一七一五～一七八九）の『浄土論註顕深義記』[1]の説を紹介したうえでそれを「潤色」して整理している。[2]理綱院は回向門の利他教化の主体について、「娑婆（この現実世界）の衆生」「浄土往生した八地以上の菩薩」「弥陀因位の法蔵菩薩」の三義が存在するとしているが、香月院は、三義が並

列しているのではなく、最後の「法蔵の兆載永劫の修行」というのは、あくまでも親鸞独自の解釈であって、『論註』の解釈についてはやたらに同等に持ち出すべきではなく、今家としては、その義と「娑婆の衆生の願作仏心」「浄土の菩薩の利他大悲心」という『論』『論註』に本来備わっている二義とのふたつに大別したうえで、前ふたつは『論』『論註』内の二義として細分すべきだとしている。つまり、五念門（特に回向門）の行為主体は、①【『論』『論註』内の「娑婆（この現実世界）の衆生の所修という義」及び「浄土往生した八地以上の菩薩の所修という義」】、②【親鸞独抜の「弥陀因位の法蔵菩薩の所修という義」】という分類である。

これが何を意味するかということを説明しようと思う。

自覚道たる仏道修行は、基本的に此土でやることになっている。たとえ今現在に存在しているのだとしても、どうやってたどり着けるのかわからない西方十万億土とか、死後にあるような彼土で行うというような夢物語はしないことになっている。だから、そういう夢物語であふれる初期浄土教を本来的な仏道に立て直すために五念門行を説いた天親菩薩は、当然その行為主体を「この現実世界の衆生」と考えていたはずである。

しかし、曇鸞は浄土教こそが仏道を実際に意味あるものとし得るのだという信念から、あえてそうした「夢物語」を前提とした仏教を再構築しようとしたのである。だから、天親にとっては、此土入聖得果の立場から五念門行のすべては、娑婆の衆生が漸々転進に修して菩薩十地の階位を少しずつ登っていくものとなっているのだが、曇鸞においては、これが阿弥陀如来が煩悩成就の凡夫のために建立し用意してくださった彼土（浄土）に衆生が往生して頓に自然に身に付けるものとなる。だが、この凡夫が彼土に往く前の娑婆にいる時に何をしているのかが判然としないのである。凡夫は当然、漸々転進の難行を修しているわけではないのだが、何もしないというわけでもない。

そのことについて、大胆な解釈をしたのが親鸞である。親鸞の解釈にはふたつのポイントがある。第一点は、讃嘆門の因行において得られる果であるところの「大会衆門」、すなわち「正定聚の数に入ること」が現生で得られるということ。第二点は、五念門行を娑婆の衆生の所修でないことはもちろん、浄土の菩薩衆でもない法蔵菩薩の兆載永劫の修行とみなすということである。前者が「現生正定聚」、後者が「他利利他の深義」とされるものである。前者によって、理綱院が問題にした、善巧摂化から名義摂対に至る四章で説かれる回向門の行為主体が「この現実世界の衆生」なのか「浄土往生した八地以上の菩薩」なのかという課題に対して、娑婆の衆生に可能なのは讃嘆門までだから、回向門はもともと娑婆の衆生だったとしてもその衆生が浄土に往生して八地以上の菩薩となって修すると答えられたと言えるだろう。しかし、後者の「他利利他の深義」を持ち出すとそれらは一気に崩れる。いや、崩れるというよりは、収拾不可能な混乱に陥ると言ってもよいかもしれない。

そこで、香月院は、理綱院が並列にしていた三義の中の「他利利他の深義」の方はひとまず後回しにして、初めのふたつをそもそも『論』『論註』に具《そな》わっている二義として解釈しようとしたのである。そのために、普通の理性のレベルを超えているとされる「修慧の観（毘婆舎那）」のほかに、娑婆の煩悩成就の凡夫においても生ずる「本願を信じ念仏申す」という決意の中に、「一心安心上の観」というものを第四観察門の「観」の第二義として見出し、そこに法味を受用する果の意義を観ようとする説を打ち立てた。これによって、本来浄土の菩薩にしかできない利他教化の意味を、現生の利益のひとつにあげられる「常行大悲の益」として、称名念仏の中に反映させるわけである。常行大悲とは、いわゆる「自信教人信」として現れる娑婆の衆生の願作仏心・度衆生心のことである。これは「娑婆の衆生が彼土へ往く途中に他の衆生に対して振りかえりつつ行う自信教人信」と表現される。

では、この「娑婆の衆生の願作仏心・度衆生心」がそのまま浄土の菩薩の回向門とその果の園林遊戯地門なのかということにはならない。そこで登場するのが、五念門・五果門において言われるところの「入・出」とは別の概念である「（衆生の）往還」である。どのように別なのか。それが五念門法蔵所修という「深義」による別なのである。法蔵所修の回向門から回施される本願他力によって、衆生が往還することで如来の自利利他（入出）が成就するのである。これを香月院は「回向は如来にばかりあり、往還は衆生にばかりあり」とテーゼ化した。これによって、「深義」が出たことによる論理の崩壊・混乱は回避されたのである。もちろん、「回向は如来にばかりあり」はわかるが、回向門は五念門のひとつであるのだから、他の四門、例えば讃嘆もまた「如来にばかりあり」なのだろうかという疑問あるいは矛盾は残る。その混乱については「観」に二義ありで乗り切るしかない。ただし、そこまで香月院は言い切っていないが、「礼拝・讃嘆・作願・観察に二義あり」まではいいのだが、利他回向は二義ではなく、如来または浄土の菩薩が行う場合は「利他」、娑婆の衆生が行う、あるいは行うことになる場合は「済度」「教人信」と名を変えるということになると思う。

この複雑な議論において、「利他」だけを如来の専権事項として扱えば、衆生が行う現実的な他者に対する慈悲は、「すえとおる」ことのない、首尾一貫しないものとならざるを得ないから、衆生が他の衆生を利他するということはないとの誤解が生じてしまう。そうなってしまえば、浄土教は単なる救済教に堕し、仏道であることを保てなくなるだろう。そこで、衆生が他の衆生を利他することについては、「利他」という言葉を避けて「（衆生）済度」「（自信）教人信」と表現しておくことにしているのだと思う。つまり、娑婆の衆生が行う利他的な行為については、そう表現して区別することにしたのである。衆生にとっては、「すえとおる」、すなわち「因浄故果浄」などというものは、論理の世界だけのことであって実践的な意味はないのだから、「利他」は如来の専権としておいてはいいのである。ただし、衆生は、如来の本願力回向を信ずることに決定できれば、この世で行うわれわれの活動は

「すえとおらない」などという当たり前のことは気にせず、しなければならぬこと・できることをあせらずあきらめずやっていけるのである。善巧摂化からの四章にはそういうことが書かれているはずである。

二、善巧摂化章の検討——一切衆生の苦を抜く——

善巧摂化章の論文《ろんもん》を「註」は四段に分けて解釈するので、それを丸数字で示してまず論文全体を掲げる。

①かくのごとく菩薩は、奢摩他と毘婆舎那を広略に修行して柔軟心を成就す。
②如実に広略の諸法を知る。
③かくのごとくして巧方便回向を成就す。
④何者か菩薩の巧方便回向。菩薩の巧方便回向とは、いはく、説ける礼拝等の五種の修行をもつて、集むるところの一切の功徳善根は、自身住持の楽を求めず、一切衆生の苦を抜かんと欲するがゆゑに、一切衆生を摂取して、ともに同じくかの安楽仏国に生ぜんと作願するなり。これを菩薩の巧方便回向成就と名づく。

（『七祖篇』一四三～一四四頁）

では、それについての「註」を検討する。はじめに章分けをした曇鸞がここから「第四善巧摂化章」だということで「善巧摂化とは」と小見出しに相当する言葉を置いているが、これはここまでの解釈スタイルと同様である。

①についての「註」は「「柔軟心」とは、いはく、広略の止観、あひ順じ修行して不二の心を成ずるなり。たとへば水をもつて影を取るに、清と静とあひ資けて成就するがごとし」（『七祖篇』一四三頁）だけ、つまり「柔軟心」についての解釈だけである。香月院は「二十九種荘厳の広を知るは毘婆舎那の観、一法句の略を知るは奢摩他の

止」（『講苑』六四一頁上段）と説明している。この時、止観不二というちょうどよいバランスがとられていることが大切で、「止」が勝つと沈んで眠気が起こり、「観」が勝つと「悍挙《かんこ》のてまりこゝろ（たけだけしく跳ね回る精神状態）」が起こるので、止と観とが合体して「不二」となることが大切だとされている。それを「柔軟心」と言うのであって、ただ単に「柔らかな心」という意味ではないと説明する。水に影が映るためには、水が静止していることと水が澄んでいることのふたつがなければならぬというわけである。

つづいて②の「如実に広略の諸法を知る」についての「註」は、「**「如実に知る」とは、実相のごとくに知るなり。広のなかの二十九句、略のなかの一句、実相にあらざるはなし**」（『七祖篇』一四三頁）である。「一法句」という「（表現を超えた）真理それ自体」を知るというのが実相を知るというのはわかるが、「（表現された以上、限定されてしまった）二十九種の荘厳」もまた実相だというのはいささかわかりにくい。なので、香月院は、つぎの③「かくのごとくして巧方便回向を成就す」に付けられた「註」と合わせて、これはすべて「浄土の菩薩に約して」解釈しなければならぬのであって、これを「娑婆の願生行者に約しては文を消釈すること能はず」（『講苑』六四二頁上段）と注意している。つまり、「今生に、いかに、いとおし不便とおもうとも、存知のごとくたすけがたければ、この慈悲始終なし」（『歎異抄』第四条。大谷派『聖典』六二八頁／二版七六九頁）なのである。「他方国土へ飛び出して有縁々々の衆生を済度するに間隙なき身となる」（『余が社会主義』）のはあくまでも現実に生きるわれわれにとっては未来（来世）の希望なのであり、それが今成就していると考えてはならないのである。もちろん、だから今生で「いとおし不便と思う」のをやめておけというのではない。今生においては、「南無阿弥陀仏、阿弥陀のくにの平和と平等っていいですね」と声に出すことによって、自信教人信の常行大悲の利益をいただくことになるのである。だから、「念仏もうすのみぞ、すえとおりたる大慈悲心にてそうろうべき」（『歎異抄』第四条。大谷派『聖典』六二八頁／二版七六九頁）ということになるのである。ただ、そのことを「今現に還相回向が成就している」と表現しないことだけが論理としては大切なのである。つまり、師教の恩知の如く卓越した師の行為であっても還相が現在のことだと言ってしまえば、われら煩悩成就の凡夫が互いに励まし合って平和と平等に向かう希望が、ただの妄想となってしまうということだ。それを香月院は、巧方便回向成就を「娑婆の願生行者に約しては文を消釈すること能はず」（『講苑』六四二頁上段）と注意しているのだと思う。

つぎの③「かくのごとくして巧方便回向を成就す」の部分の「註」は以下のとおりである。

「かくのごとく」とは、前後の広略みな実相なるがごとくとなり。実相を知るをもつてのゆゑに、すなはち三界の衆生の虚妄の相を知るなり。衆生の虚妄なるを知れば、すなはち真実の慈悲を生ずるなり。真実の法身を知れば、すなはち真実の帰依を起すなり。慈悲と帰依と、巧方便とは下にあり。
（『七祖篇』一四三頁）

ここに具体的に「広略」を実相の如く知ると出てくるのである。真理そのもの「法性法身・一法句・清浄句」を知るから真実の帰依ができるし、真実の帰依だから智慧と慈悲が生ずるのである。ただし、注意すべきは真実の法身を知るというのはあくまでも往生した浄土の菩薩において言えることであって、娑婆の願生行者のことではない。ここを取り違えると「たゞ『論』並びに『論註』の意に違するのみに非ず、聖浄二門の綱格を取り違へておる也。他力の行者は現生に於いて三世の業障一時に罪消へるの、功徳は身にみてりの、転悪成善の益を得るのと云ふことはあれども、実相の理を知るの法性の理に契うのと云ふことは一向無き事なりと知るべし」（『講苑』六四三頁上段）と香月院は注意を促している。「法性・一法句」というのは現実的な実践と範疇を異にするのだということを銘記すべきなのである。

この取り違えがなぜに生ずるかというと、ここに出てくる「実相」という言葉を讃嘆門の「註」に出てくる「実相身」と取り違えるからである。実相身というのは、あくまでも方便法身のうえに、実相身・為物身と分かれて〈一文不知の尼入道〉においても直ちに知れるものであって、法性法身ではないのである。そのことは、文前五科の第五でも説明されている。だから、つぎの「慈悲と帰依と、巧方便とは下にあり」にある「下」とは、④に付けた娑婆の願生行者に約した「註」のことではない。つぎの「離菩提障章」に出てくる智慧門・慈悲門・方便門のことである。すなわち、「慈悲」とあるのが慈悲門、「帰依」とあるのが智慧門、「巧方便」とあるのが方便門である。

三、願作仏心は度衆生心――救いを求める心が他者をも救う――

では、最後の④に入る。④は論文自体がある程度長いので、まずおおよその意味を理解しておこう。論文はつぎのとおりである。

何者か菩薩の巧方便回向。菩薩の巧方便回向とは、いはく、説ける礼拝等の五種の修行をもつて、集むるところの一切の功徳善根は、自身住持の楽を求めず、一切衆生の苦を抜かんと欲するがゆゑに、一切衆生を摂取して、ともに同じくかの安楽仏国に生ぜんと作願するなり。これを菩薩の巧方便回向成就と名づく。

（『七祖篇』一四三～一四四頁）

『論』においては、回向門行を修するのは娑婆の願生行者なのか浄土に往生した菩薩なのかが、「幽玄として」わからない。というよりは、天親はおそらく西方の浄土なんてものは考えていないのである。彼にとっては、空の真理を証《さと》り（これを「入空」という）それを表現する（こちらは「出仮」という）ということで十分なのであって、浄土と言っても阿弥陀如来と言っても、それらは空の真理そのものを象徴的に示したものにすぎない。だから、死後や西方十万億土にあるとされる極楽浄土に「往く」というような、空の真理に反する実体的なことは言わないのである。だから、彼にとっては回向門行の修習主体が娑婆の願生行者なのか、浄土に往生した菩薩なのか、というような問いは出てこないのである。ところが曇鸞はそれをきちんと分けて議論している。曇鸞が分けて議論するので、もともとの「幽玄な」論文にも二義がはらまれていたと解釈せざるを得ないと言った方がよいかもしれない。

何のことかというと、ここに書かれている「五念門によって得た功徳善根は自分の楽のためではなくて一切衆生の苦悩を除去するためなのだ」ということを、わが身可愛いだけのわれら煩悩成就の凡夫に引き当てて考えた場合、とてもできそうにないと思えるからなのである。それを「心配するな、できるのだ」と説明するかたちで弥陀の本願力回向を登場させるのである。これが出てくれれば、われらは「本願を信じ念仏申さば仏に成る」ということになる。そして、その念仏は「もろこし、我がちょうに、もろもろの智者達のさたし申さるる観念の念にも非ず。又、学文をして念の心を悟りて申す念仏にも非ず。ただ、往生極楽のためには、南無阿弥陀仏と申して、疑なく往生するぞと思とりて申す外には、別の子さい候わず」（法然『一枚起請文』。大谷派『聖典』九六二頁／二版一一五三頁）という念仏であって、それさえあれば「三心四修と申す事の候うは、皆、決定して南無阿弥陀仏にて往生するぞと思う内に籠り候う」（大谷派『聖典』九六二頁／二版一一五三頁）なのである。この念仏にはそもそも、「自身住持の楽を求めず、一切衆生の苦を抜かんと欲するがゆゑに、一切衆生を摂取して、ともに同じくかの安楽仏国に生ぜしめる」ことが「籠り候う」なのである。すなわち、「念仏もうすのみぞ、すえとおりたる大慈悲心」ということになっているのである。だから、これを「巧方便回向成就と名づく」のは当たり前ということになる。つまり、わが身可愛いだけのこの私に、一切衆生の平和と平等をねがう念仏を回向してくださるとは、なんと勝れた巧みな手立て（善巧方便）だろう、というわけである。

私たちは、法然上人・親鸞聖人から教えていただいたこの結論から『論』『論註』を読めばよいということだろうと思う。ただ、「この結論」なるものが『論』『論註』の文面にそのまま顕れているのではないから、きわめて読みにくいことは確かである。そういう場合は、香月院の丁寧な導きに依るに限る。香月院の説明をきちんと理解したうえでそれ以上の説明をすることができるなら、それに依ってもいいが、私の見るところ、彼が「先輩」とたてる理綱院ですら十分に説明できていない。まして、この百年余りの近代教学などにたよっていたのでは読めるはずがないのである。

では、実際に善巧摂化章の第四段の「註」を掲げる。

王舎城所説の『無量寿経』(下)を案ずるに、三輩生のなかに、行に優劣ありといへども、みな無上菩提の心を発さざるはなし。この無上菩提心とは、すなはちこれ願作仏心なり。願作仏心とは、すなはちこれ度衆生心なり。度衆生心とは、すなはち衆生を摂取して有仏の国土に生ぜしむる心なり。このゆゑにかの安楽浄土に生ぜんと願ずるものは、かならず無上菩提心を発すなり。もし人、無上菩提心を発さずして、ただかの国土の楽を受くること間《ひま》なきを聞きて、楽のためのゆゑに生ずることを願ずるは、またまさに往生を得ざるべし。このゆゑに、「自身住持の楽を求めず、一切衆生の苦を抜かんと欲するがゆゑに」といへり。「住持の楽」とは、いはく、かの安楽浄土は阿弥陀如来の本願力のために住持せられて、楽を受くること間なし。おほよそ「回向」の名義を釈せば、いはく、おのが集むるところの一切の功徳をもつて一切衆生に施与《せよ》して、ともに仏道に向かふなり。「巧方便」とは、いはく、菩薩願ずらく、おのが智慧の火をもつて一切衆生の煩悩の草木を焼かんに、もし一衆生として成仏せざることあらば、われ作仏せじと。しかるに、かの衆生いまだことごとく成仏せざるに、菩薩すでにみづから成仏す。たとへば火㮇《かてん》をして一切の草木を摘みて焼きて尽さしめんと欲するに、草木いまだ尽きざるに、火栝すでに尽くるがごとし。その身を後にして、しかも身先だつをもつてのゆゑに巧方便と名づく。このなかに「方便」といふは、いはく、一切衆生を摂取して、ともに同じくかの安楽仏国に生ぜんと作願す。かの仏国はすなはちこれ畢竟成仏の道路、無上の方便なり。（『七祖篇』一四四～一四五頁）

「巧方便回向」ということを解説するにあたって曇鸞が持ち出したのは、『大無量寿経』の下巻、すなわち、『論註』上巻の「如来浄土の因果」に対して「衆生往生の因果」を述べた個所にある「三輩段」（大谷派『聖典』四四頁／二版四七頁）である。これで話は一気に「娑婆の願生行者」のことになる。上巻の八番問答で『観経』の下々品が持ち出されたことを思い出せば、娑婆の煩悩成就の凡夫が持ち出されたとみなしてもよい。

しかし、われら凡夫においては、論文に出てくる「（自分のことはさし措いても他者を救済する）巧方便回向」などということは、とてもできそうには思えない。自分はわが身のいのちが愛しいだけで、自分だけは殺されたくないと思っているにすぎない。だから、差別と殺戮のない極楽へ行きたいと言っても、それは「ただかの国土の楽を受くること間《ひま》なきを聞きて、楽のためのゆゑに生ずることを願ずる」だけのことである。そんな者は「またまさに往生を得ざるべし」と書いてある。なるほど。「往生を得ざるべし」だから、初めに「かの安楽浄土に生ぜんと願ずるものは、かならず無上菩提心を発すなり」と書いてあるのか。「菩提心」というのは、熱心に仏道を求める気持ちのことだから、一応「願作仏心」、つまり目覚めた者になりたいという気持ちのことであり、そして「度衆生心」、つまり一切の衆生に安楽を与えるような人間になりたいという気持ちのことなのか。「私にはこれは無理だな」と思われる。そもそも「菩提心」は、法然上人が捨てさるべきと仰った「余行」「雑行」の代表ではないか。そのことが原因で『摧邪輪』で明恵・高弁上人から「菩提心を否定するなど、お前は仏の怨敵だ」と批判されたくらいである。明恵の法然に対する批判は「お前（法然）は、大乗仏教を軽しめ菩提心を否定している。これひとえに、お前には、苦しみから解放されたいという思いがあるだけで、仏法を愛しそのために命をささげるという気概がないのだ[3]」というものである。まさに、「自分だけは殺されたくないというわが身可愛いだけの人間は、極楽浄土に往く資格がないのだ」と言われているのではなかろうか。

　ここで私が明恵を持ち出したことには意味がある。明恵は、法然が『選択集』第四「三輩章」などで菩提心を「余行」と規定し、これを「廃せんがために説き」（『七祖篇』一二七一頁）としたことについて激しく批判したのだが、このことは、『興福寺奏状』に代表されるような専修念仏に対する政治的な批判とは一線を画するところの、思想そのものについての批判と言わねばならない。法然が菩提心を否定したのは、あくまでも往生の行として否定したにすぎない。しかもその否定は、こともあろうに、『論註』で曇鸞が菩提心の根拠としてあげた『大経』三輩段なのである。どう読めばいいのだろう。

　親鸞の『教行信証』がこの「思想批判」に対する応答という側面を持っていることは、しばしば言及されることである。親鸞が法然を継承して菩提心を否定をしている証拠は、『正像末和讃』十五の「自力聖道の菩提心　こころもことばもおよばれず　常没流転の凡愚は　いかでか発起せしむべき」（大谷派『聖典』五〇一～五〇二頁／二版六一一頁）である。親鸞は、流転の凡夫には菩提心は発することができないのだと言う。ここで「自力聖道の菩提心」とあるのは、法然が否定した菩提心であるが、では、菩提心そのものはどうなったのか。菩提心がないということは仏道がないというに等しいではないか。そこで親鸞は「浄土の大菩提心」（大谷派『聖典』五〇二頁／二版六一二頁）なるものを宣揚して明恵の批判に的確に応答したと、真宗教学の内輪では言われることが多いのである。だが、これは法然の明快さを失い、批判をかわしたと評価されても仕方がないとも思われる。というのは、この「浄土の大菩提心」を発する主体は誰なのかが明瞭ではないからである。この問題が、初めに紹介した理綱院による回向門の利他教化の主体についての「この現実世界の衆生」「浄土往生した八地以上の菩薩」「弥陀因位の法蔵菩薩」の三義ということなのである。きちんと整理しないと混乱に混乱を重ねることになる。

香月院はつぎのように説明している。

まず、三輩段を持ち出して「無上大菩提心」を勧めたのは、われら凡夫には「自身住持の楽を求めず、一切衆生の苦を抜かんと欲するがゆゑに」というような(聖道自力の)菩提心はとても持てないから、本願を信じ念仏申すというだけで易しく起こす「無上大菩提心」を勧めたのだということだ、と。そして、その「無上大菩提心」とは「すなはちこれ願作仏心なり。願作仏心とは、すなはちこれ度衆生心なり」(『七祖篇』一四四頁)とされている。香月院は、この「無上大菩提心(浄土の大菩提心)」を正確に理解するためには、順序に気をつけて読まねばならないのだという。それはつぎのように説明されている。

はじめに確認しておくこととして、「菩提心」というものの通仏教的定義は「上求菩提下化衆生」だから、菩提心の中味が「願作仏心」と「度衆生心」であるのは何の問題もないということである。だが、浄土門ではない仏教一般では「四弘誓願」であらわされるように、「度衆生心(衆生無辺誓願度)」が先で「願作仏心(煩悩無数誓願断、法文無尽誓願学)」が後である。度衆生心を欠いた願作仏心はただ自身の欲望の未来への延長にすぎないからである。ところが、これに対して、浄土門では「願作仏心」が先になり、願作仏心の中に自然に度衆生心がこもるのだと香月院は言う。だから、「このゆゑにかの安楽浄土に生ぜんと願ずるものは、かならず無上菩提心を発すなり」という曇鸞の解釈は、

まことに妙な御釈也。善巧摂化の論文のあたり前ならば安楽浄土へ生ぜんと願ずる者は必ず度衆生心を起こす

べしとの給ふべきを「無上菩提心を起すべし」との給ふ。今日の凡夫が願作仏心に離れて度衆生心は起されはせぬ故たゞ無上菩提心を起すべし、一心に弥陀に帰して自分仏に成りたいと願へば自ら度衆生心は具はる程にと勧め給也。

（『講苑』六四七頁上段）

ということだと。つまり、「無上大菩提心」とは、われらにとっては本願力回向によって「自分仏に成りたいと願」う心にすぎないが、そこに自然に度衆生心がこもっているのだ、というわけである。

そして、「註」のつぎの文「もし人、無上菩提心を発さずして、ただかの国土の楽を受くること間なきを聞きて、楽のためのゆゑに生ずることを願ずるは、またまさに往生を得ざるべし」というのは、「無上菩提心」なるものが願力不思議の信心のことである以上、それを起こさない者は往生を遂げられぬということだと。したがって、「このゆゑに、「自身住持の楽を求めず、一切衆生の苦を抜かんと欲するがゆゑに」といへり」という曇鸞の解説は、『論』の表面上から見える「自分はどんな苦しみを受けようとも衆生の苦しみを抜こう」というような、今日の凡夫にはとてもかなわぬことではなく、他力の度衆生心だから一切の衆生の苦を抜こうとすることに自然になっていくのだということだ、というわけである。

そうすると「自身住持の楽を求めず」の意味も「自分を差し置いても」ということとは異なることになる。そこで「註」は、「住持の楽」とは「かの安楽浄土は阿弥陀如来の本願力のために住持せられて、楽を受くること間なし」という意味なのだと言う。つまり、安楽浄土は、自身で住持する楽などという、いつ何時《なんどき》苦に転化するかもしれないちっぽけな楽など求める必要のない、本願他力によって住持せられた環境なのである。その環境が一切衆生の苦を抜き去ることになるのだということである。

すなわち、本願他力の度衆生心とは、われらの「南無阿弥陀仏と申して、疑なく往生するぞと思とる」信心決定のことであり、仏に成りたいという願作仏心である。それがあれば、「三心四修と申す事の候うは、皆、決定して南無阿弥陀仏にて往生するぞと思う内に籠り候う」（『一枚起請文』）とあるように、自ずから度衆生心は具わるから、というお勧めなのだというわけである。

香月院曰く。「**是でなければ煩悩成就の我等が為の『浄土論』にはならぬなり**」（『講苑』六四八頁上段）。

なぜ、そうなるのか。それが菩薩の「巧方便回向」だからである。この時は、「菩薩」は浄土に往生した上地の菩薩でもあるが、それよりはむしろ「正覚の阿弥陀法王、善く住持したまえり。如来浄華の衆は、正覚の花より化生す」（大谷派『聖典』一三六頁／二版一四六頁）とあるように、阿弥陀如来の「正覚の花」より生じた菩薩、あるいは、弥陀と同体の「浄華の衆」と言う方がいいだろう。「苦」を抜き「楽」を住持してそれを施す主体がこのように如来だということになれば、これにつづく「おほよそ「回向」の名義を釈せば……」の回向の主体も娑婆の衆生ではないことになるだろう。ただし、回向を受ける客体である「衆生」は娑婆にいる時は、それを受けて浄土に向かわしめられる（往かしめられる）し、往生した後には、ただちに、往生した浄土から言えば「他方」である娑婆世界に還ってくることになる。わかりやすく言えば「弥陀と変わらぬ通力を得て他方国土へ飛び出す」衆生と言ってもいい。ただ、ここでそうした往生し已《おわ》って他方へ飛び出す衆生を弥陀と「同体」と言うと、混乱は起こるだろうとは思う。弥陀は回向するばかりで飛び出さない（往還しない）という原則を忘れてはならないのである。

『論註』を読むということは、この混乱に耐えることでもあるのだが、そのためには指針が必要である。指針は、ふたつある。ひとつは、法然上人の指南に単純に従い、ただ念仏することにおいて三心・四修が自然にこもるという義を忘れないこと。もうひとつは、親鸞聖人の複雑で重層的な指南を「回向は如来にばかりあり、往還は衆生にばかりあり」との香月院の整理に従って読むということである。

四、火㮇の喩え——身を後にしてしかも身先立つ——

最後の「火㮇《かてん》の喩え」を簡単に説明しておく。これは、善巧摂化ということ自体をまとめて説明することになっている。「おのが智慧の火をもつて一切衆生の煩悩の草木を焼かんに、もし一衆生として成仏せざることあらば、われ作仏せじと。しかるに、かの衆生いまだことごとく成仏せざるに、菩薩すでにみづから成仏す。たとへば火㮇《かてん》(木製の火箸)をして一切の草木を摘みて焼きて尽さしめんと欲するに、草木いまだ尽きざるに、火㮇すでに尽くるがごとし。その身を後にして、しかも身先だつをもつてのゆゑに巧方便と名づく」というのであるから、草木に喩えられた他の衆生の煩悩を、火と喩えられた智慧で焼却するのだが、火を点ずれば自《みずか》らが先に燃えつくしても他の衆生の煩悩が焼き消され続けるということだろう。これは、菩薩の「わが身を差し置いても」の喩えとして読んでもいいし、「智慧の火をもつて一切衆生の煩悩の草木を焼く」というのだから、文字通り「四弘誓願」の「衆生無辺誓願度・煩悩無数誓願断」のことと読んでもいいだろう。次に続く「このなかに「方便」といふは、いはく、一切衆生を摂取して、ともに同じくかの安楽仏国に生ぜんと作願す。かの仏国はすなはちこれ畢竟成仏の道路、無上の方便なり」は、『論』の「一切衆生を摂取して、ともに同じくかの安楽仏国に生ぜんと作願する」(『七祖篇』一四三〜一四四頁)をそのまま引用して、こういうことが可能なのは「かの仏国」すなわち極楽浄土の環境が人びとに必ず自立・平等と平和をもたらす方便(手立て)になるということである。「ともに同じくかの安楽仏国に生ぜん」という精神がそのような環境を求め、そうした環境が「共に」ということを成立させるのである。

「その身を後にして、しかも身先だつ」というのは、なんとなくヒロイックな香りがして魅力があるが、浄土教の要は、一切の衆生と「共に」平和と平等の環境を求めることによる解決である。素敵な譬喩でもあるが、気楽に読む方がいい。

五、浄土の大菩提心とは何か――如来の促しによる社会改革の希望――

香月院の鮮やかな解説によって、「もし人、無上菩提心を発さずして、ただかの国土の楽を受くること間なきを聞きて、楽のためのゆゑに生ずることを願ずるは、またまさに往生を得ざるべし」とする曇鸞の解釈は、われらわが身可愛いだけの凡夫が、自分の救いを差し置いて他の衆生を済度する気持ちにならなければならぬというような意味でないことはよくわかった。

このことを明らかにするために、さらに考察を深めておきたい。

「無上菩提心」を発するのは、まず、法蔵菩薩＝阿弥陀如来であり、如来はこれによって極楽浄土という平和と平等の世界を建立し、一切の衆生を迎え取る準備を完了したのである。あとは、一切衆生がこの平和と平等の世界に属したいという願往生心、願作仏心を起こせばいいのだが、そのためには、手掛かりとなる自分の名前（名号）を、一切衆生のうちの誰一人も漏らさずその個々人の現生に回施しなければならぬ。そのために、法蔵菩薩＝阿弥陀如来は、兆載永劫の修行を以て回向門行を成就したのである。一切衆生は、この本願力回向を受けて、現生において「阿弥陀さんの平和と平等のくにっていいですね、私もそのくにに賛成です。南無阿弥陀仏」と声に出して言う。これが、衆生の願作仏心なのである。その声は、声を発した当人にも有縁々の衆生にも、まるで、如来の本願力を伝道するかのように響き渡る。すなわち、如来の無上菩提の一心に呼応して、われらもまたその無上菩提心を伝達するのである。そういう意味では、われらもまた浄土の大菩提心を発する人たちのメンバーとなったのである。これを、「現生正定聚」という。

高木顕明は、この意義を「此の闇黒の世界に立ちて救ひの光明と平和と幸福を傳道するは我々の大任務を果すのである。諸君よ願くは我等と共に此の南無阿弥陀仏を唱へ給ひ」(『余が社会主義』第五章・実務行為)と、力強く述べている。ここで高木顕明が「此の闇黒の世界に立ちて」と言っていることに注意しなければならない。それは、南無阿弥陀仏を唱える者が、自分が現在生きている場所を差別と殺戮にあふれている娑婆世界だと確認した言葉である。娑婆世界が闇黒であるから「実に濁世である。苦界である。闇夜である。悪魔の為めに人間の本性を殺戮せられて居る」(『余が社会主義』第四章・思想の回転)のである。つまり、この現実社会が、富者・権力者に抑圧される者に対して「義のための戦争」と称して殺し殺させることを強いる不公平な社会であることを確認したのである。すなわち、われらわが身可愛いだけの煩悩成就の凡夫が具えていたはずの、他者とともに幸福を得たいという人間の「度衆生心」は、この濁世のために殺戮されているのだということの確認である。自分の本性は、けっして他人はどうなってもいい自分さえ助かればいいというような情けないものでないことがわかったのである。何故か。それは、如来回向によって自身往還して有縁々々の衆生を済度するにいとまのない身となることを決意し、そう確信したからである。

如来がわれらのために準備してくださった極楽浄土は平和と平等の世界である。われらは、その社会環境に属することによって本性を取り戻し、他者に幸福と安慰をもたらす者となる希望を与えられた。つまり、われらは「現生正定聚」の数に入った、すなわち、極楽の人数《にんじゅ》・極楽の分人《ぶんにん》となったのである。極楽の分人たる者は、今生きているこの世界の差別と殺戮に賛成するわけにはいかぬではないか。そして、われらが、どんな時にも、どんな場所でも、「阿弥陀さんの平和と平等のくにっていいですね、私もそのくにに賛成です。南無阿弥陀仏」と声に出して言いまわることによって、自然・必然に「他国を侵略したり、女性・障害者を差別するこの国に反対です」という意を含むだろう。それが、この差別と殺戮の社会の制度を、平和と平等の社会制度へとドシドシ変革する希望を与えるのである。浄土という平和と平等のために変革された社会環境が、われらに本性（仏性）を回復させたように、この世の苦しみもまた、社会制度の変革によって解消されていくのだという希望を与えるのである。つまり、われらもまた無上菩提心の一翼を担うことになるのである。

親鸞はこのことを『正像末和讃』で「浄土の大菩提心」という言葉で説明した。(4)「信巻」の「横の大菩提心なり」（大谷派『聖典』二三七頁／二版二六九頁）もこれと同意義である。いずれも、「自力聖道の菩提心」との対比で提出され、『論註』の「自身住持の楽」「（如来住持の）無上菩提心」の対比に対応している。ただ、これを十全に理解するには、「自力聖道の菩提心」を単に凡愚が発起することが難しいものとするのではなく、人びとに無用で有害な格差をもたらすものとして捨て去るべきものとする視点が必要である。(5)

親鸞において、この「捨て去る」が明瞭でないことについては、明瞭である法然の視点を加味して読まなければならない。そうでないと、衆生は、「浄土の大菩提心」を受け取るだけの存在となり、自らもその大菩提心の伝道者としての任務を果たすという積極性が失われてしまう。如来回向を受けて自ら往還する積極性こそが、易行道・浄土門を真の仏道たらしめているのである。親鸞教学の要である往還二回向論は、「回向は如来ばかりにあり、往相・還相は衆生ばかりにあり」という香月院のテーゼをもとに理解しなければ、その意義は失われてしまう。香月院の導きによって、親鸞もまた、如来の浄土の大菩提心が、衆生の願作仏心を促し、それが衆生自身の度衆生心として働くことだと主張しているのだとわかるのである。(6)人が無上菩提心を発すというのは、こういう意味でなければならない。

すなわち、私たちは、曇鸞、法然、親鸞、香月院、そして高木顕明の示すところに導かれて、「自身住持の楽」「自力聖道の菩提心」とは、「自己の内面を取り繕う工夫に終始して結局は差別と殺戮の社会を容認すること」であり、「如来住持の大安楽」「浄土の大菩提心」とは、「如来の促しによって生じたわれらの社会改革の希望の心」だと了解できるのである。

六、法然と明恵の菩提心をめぐる論争とは何か

『論註』善巧摂化章についての解釈は以上のとおりであるが、背景として説明に持ち出した法然と明恵の間の「菩提心」をめぐる論争とは何であったのかということを、もう少し考えておこう。

菩提心というものの通仏教的な定義は「上求菩提下化衆生」であり、これを「願作仏心度衆生心」と言い換えてもいい。だから、これを仏道の要とするのは当然であって、度衆生心を欠いているかに見える法然の主張を厳しく批判している明恵は、当然のことを言っているとも思える。法然の主張は、親鸞がそれなりにフォローしなければ、「厭苦欣楽の心に催されて愛仏楽法の志なき」(『摧邪輪』)ものと批判されて当然である。法然は、称名念仏という本人に何の努力の必要もない安易な方法を仏の本願だと嘯いて、仏道の要である「菩提心(上求菩提下化衆生)」を雑行と言い、これが釈迦によって説かれるのはそれを「廃するため」だとまで言い放っているのである。

法然は、何故こんなひどいことを言ったのか。『選択集』「第三本願章」で展開される彼自身の説明によると、その理由はふたつであるという。ひとつは、「念仏は易きがゆゑに一切に通ず」(『選択集』。『七祖篇』一二〇九頁)で

ある。これはよくわかる説明で、確かに称名念仏はたやすく誰でもできる。これについては、明恵もおそらくは反対しないだろうと思われるが、「そういう安易な方法で自身の楽だけを求めるから、釈迦の教えに反すると言っているのだ」と付け加えるのも忘れないだろうとは思う。「下化衆生（度衆生心）」の方はどうなったのだと。

法然はこのことについても説明している。それは、「称名念仏は、内証の功徳と説法・利生等の一切の外用の功徳がすべてこもっているが、菩提心などの余行は「一隅を守る」すなわち部分的な功徳しかない」（取意）という説明である。あまりにさらりとした説明なので、明恵ならずとも気づきにくいのだが、法然は、はっきりと、称名念仏には「説法・利生等の一切の外用の功徳」すなわち「下化衆生（度衆生心）」がこもっていると言っているのである。それに対して菩提心などの余行には一部の功徳しかないと言うのだから、おそらくは、明恵が求めているような菩提心には「下化衆生（度衆生心）」がこもっていないと言っているのだと思われる。

これは確かにそのとおりで、声に出して南無阿弥陀仏を唱えるということは、それが自分にも他人にも聞こえるということだ。一方、いわゆる菩提心の方は、専ら奢摩他・毘婆舎那を行じてその完成を目指すしかないので、それに励んでいる明恵のような人がいても、われら凡人には一向に伝わらず、「説法・利生等の一切の外用の功徳」は無いに等しい。そして、明恵のような人というのは、実は、菩提心の行に励んでいるふりをするしかない人ということになるのではなかろうか。明恵は、それこそ命がけで「愛仏楽法（熱心に仏道を求める）」の人だったのだろうが、実践的な意味としては熱心に求めているふりをすることにしかならないのである。[7] この娑婆には、どのような人であっても、還相の菩薩のように自身の楽を差し置いて他を利するような者はいないのである。だから、実践的な意味としては、熱心に求めているふりをするどころか、それで人を欺こうとしていても変わりはないのである。だから、法然は、そういう通常は「仏道の要」「高級な行」とされるものを、雑行・余行と呼び、それを重々しく説教するような聖道門の者たちを群賊悪獣と批判したのである。

法然に群賊悪獣とののしられた側、すなわち、聖道門の側に身を置いていると自覚している明恵は、法然に対して「大菩提心を撥す」という行為と「聖道門を群賊悪獣に喩えた」ことの二点に絞って厳しく批判したのである。法然が撥した菩提心を「聖道の菩提心」としたうえで、『論註』の善巧摂化章に出てくる大菩提心を「浄土の大菩提心」と説明したのが親鸞だが、親鸞の説明は、この切れば血が出るような明恵・法然の二人の論争を、いささかあいまいに収めてしまったという気がしないでもない。

私は、明恵のことを「命がけで熱心に仏道を求める人」と説明したが、この「命がけ」はさほど現実的ではない。明恵は、殺すことはもちろん殺させることも厭ってはいただろうが、殺し殺されることを強いられるような立場を自覚するような人ではなかった。しかし、法然は、実際に「命がけ」を強いられる武士だったし、彼の父親・漆間時国が戦死するに際して与えた遺言の伝承から見ても、それを自覚していたと思われる。明恵の出自もまた武士だったと伝えられている。高倉上皇の武者所に伺候した平重国と紀伊国の有力者であった湯浅宗重四女の子として、紀伊国有田郡石垣庄吉原村（現：和歌山県有田川町歓喜寺中越）で、承安三年（一一七三）一月八日に生まれたと伝えられている。しかし、その伝記や弟子たちの言説、例えば、『栂尾明恵上人伝記』に武士としての自覚が現れることはない。これは、法然自身やその弟子である安楽・住蓮、あるいは熊谷直実らが、殺生の罪を犯さざるを得ない武士としての意識が濃厚であるのとは対照的だと思われる。

法然は、明恵から見れば、釈迦の教説を自分勝手に捻じ曲げている人に見えるだろうが、私はそう思わない。法然は、釈迦という人師が信じたこと・望んだこと、すなわち、殺し合わない・差別し合わないことを、釈迦と同じように信じ・望んだがゆえに、そのままでは釈迦が望んだことが実践的に機能しないような教説は、「廃さんがために説いたものだ」と喝破したのである。すなわち、法然は、人師（釈迦）を尊重するがゆえに、師に教えられたことによって、師の言葉を批判的に継承したのである。一方、釈迦を最大限に尊重しているかに見える明恵は、ただ、釈迦を「崇拝」していたにすぎない。しかし、わが師を批判的に継承することなく単に奉るだけであれば、後継者に対しても「自分を崇拝せよ」というメッセージを与えるだけなのではなかろうか。

註

（1）『真宗大系』第六・七巻。
（2）『論註講苑』六三七頁下段から六四〇頁下段まで。
（3）この個所は拙著『ただ念仏して』（白澤社、二〇〇九年）一〇四頁に載せたもので、『摧邪輪』の「剰え汝は諸の大乗宗を軽んじ、大菩提心を撥す。是れ偏に厭苦欣楽の心に催されて愛仏楽法の志なきに依るなり。華厳経に云うがごとし、設い出離を求むるも、心下劣にして最上の仏の智慧を捨つと云々。我等に此の過あり、仏法これ主なし、恥かしきかな、悲しきかな。いかんせん、いかんせん。今恨むらくは汝は出離を求むる心ありと雖も、未だ仏智を楽うの思いあらざることを」（『鎌倉旧仏教』岩波書店、「日本思想大系」一五、一九七一年、三四四頁上段）を取意したもの。拙著を参照されたい。
（4）『正像末和讃』第十九首「浄土の大菩提心は　願作仏心をすすめしむ　すなわち願作仏心を　度衆生心となづけたり」（大谷派『聖典』五〇二頁／二版六一二頁）。
（5）『正像末和讃』第十五首「自力聖道の菩提心　こころもことばもおよばれず　常没流転の凡愚は　いかでか発起せしむべき」（大谷派『聖典』五〇一～五〇二頁／二版六一一頁）。
（6）これを示唆するものとして、同じく『正像末和讃』に「如来の回向に帰入して　願作仏心をうるひとは　自力の回向をすてはてて　利益有情はきわもなし」（大谷派『聖典』五〇二頁／二版六一二頁）がある。願作仏心を獲得した衆生は、有縁の衆生を思うがごとく利益することになるのである。

（7）還相の菩薩は、この現実の世界に暮らす誰にとっても未来（来世）の存在であって、たとえ自分を教化した師匠であっても、その者が自分と同じ時間を暮らしているのであれば還相の菩薩とは言えないし、言ってはいけないのである。「師教の恩知」なるものに還相の意味を見出すとかいう寺川俊昭（及び寺川の理解による曽我量深）の説は、「混乱」というほかはない。師教の恩知なるものに還相の意味を見出したい気持ちはわからないではないが、それでは、専修念仏者が血の出る思いで結実させた往還二回向の論理「回向は如来ばかりにあり、往相還相は衆生ばかりにあり」を台無しにしてしまう。だから、法然を勢至菩薩の化身だとか親鸞を阿弥陀如来の顕現だとか言うのは、彼らを還相の菩薩だと言っているのではないのだから一応は許せるが、気をつけた方がいい。

第32章

願いを妨げるものとその克服
――離菩提障から願事成就まで

一、「離菩提障」と「順菩提門」の意義――利他の心を妨げるものとその克服――

前章につづいて長行《ちょうぎょう》十科の第六と第七の検討に入る。このふたつは、「離菩提障」が「菩薩道の妨げとなるものから離れる」、第七「順菩提門」が「菩薩道に順ずる」だから、その名が示すとおりセットとなっている。テーマは、前の「善行摂化」にあった「自身住持の楽を求めず、一切衆生の苦を抜かんと欲する」(『七祖篇』一四四頁)という、自分はさし措いても衆生の利他を目指す精神である。「自身の住持」と「如来の住持」が対照されるという、ある意味では驚きの解釈が登場したが、それを踏まえれば、さほど難しいことはない。【図5・長行十科の次第】(三七八頁)を適宜参照いただきたい。

このふたつの章では、前章の第三段の「註」であらかじめ示していたことが展開されることになっている。第四段にあった「火《か》楾《てん》の喩え」の前である。「実相を知るをもつてのゆゑに、すなはち三界の衆生の虚妄の相を知るなり。衆生の虚妄なるを知れば、すなはち真実の慈悲を生ずるなり。真実の法身を知れば、すなはち真実の帰依を起すなり」(『七祖篇』一四三頁)とあって、「慈悲と帰依と、巧方便とは下にあり」としてあった「下にあり」がこのふたつの章で展開されるということである。離菩提障についての「註」は三段に分けられているが、その分け方に従って、論文《ろんもん》を先に示す。丸囲み数字は三段の「註」に合わせている。⓪と㊦の部分、すなわち、初めと終わりの部分についての「註」はない。

⓪菩薩かくのごとくよく回向を知りて成就すれば、三種の菩提門相違の法を遠離す。なんらか三種。

①一には智慧門によりて自楽を求めず。我心の自身に貪着《とんじゃく》することを遠離《おんり》するがゆゑなり。

②二には慈悲門によりて一切衆生の苦を抜く。衆生を安んずることなき心を遠離するがゆゑなり。

③三には方便門によりて一切衆生を憐愍《れんみん》する心なり。自身を供養し恭敬する心を遠離するがゆゑなり。

㊦これを三種の菩提門相違の法を遠離すと名づく。 （『七祖篇』一四五～一四六頁）

このように、前章「善巧摂化」にあった「慈悲と帰依と巧方便」の三つが、「帰依」⇒「智慧門」、「慈悲」⇒「慈悲門」、「巧方便」⇒「方便門」というように展開され、それが自分のことを差し置いて利他に努めねばならない菩薩道を妨げる三種の障害を離れる鍵だとしているわけである。⓪と㊦の部分についての「註」はなく、三段も単に「智慧」「慈悲」「方便」それぞれの語句の意味を解説しているだけなので、そのまま掲載しておく。

①進むを知りて退くを守るを「智」といふ。空・無我を知るを「慧」といふ。智によるがゆゑに自楽を求めず。慧によるがゆゑに、我心の自身に貪着することを遠離す。 （『七祖篇』一四五頁）

②苦を抜くを「慈」といふ。楽を与ふるを「悲」といふ。慈によるがゆゑに一切衆生の苦を抜く。悲によるがゆゑに衆生を安んずることなき心を遠離す。 （『七祖篇』一四六頁）

③正直を「方」といふ。外己《げこ》を「便」といふ。正直によるがゆゑに一切衆生を憐愍する心を生ず。外己によるがゆゑに自身を供養し恭敬する心を遠離す。 （『七祖篇』一四五～一四六頁）

以上であるが、『註論講苑』も「方便」についての「正直を「方」といふ。外己を「便」といふ」（『講苑』六五三頁上段）が有名な解釈で、いろんな論書に引用されていることを紹介するくらいで簡単に済ませている。なお、『論註』は十科の次第として述べた「離菩提障」という言葉を用いずに、「障菩提門とは」と徴起して解釈を開始している。これはこの章がつぎの「順菩提門」と一対であることをわかりやすくするためであるが、ならば最初からこの章を「障菩提門」と名づけておいてもよさそうなのにと思える。順じていなければ離れているし、離れていなければ順じているのだから、これが対となるのは当然のことである。

ということで、「離菩提」と対である「順菩提」の章の論文をあげる。対であるから、『論』も『論註』も、「離菩提障（離菩提門）」の章と同じ構成になっている。

では、順菩提門の論文を検当する。

⓪菩薩はかくのごとき三種の菩提門相違の法を遠離して、三種の菩提門に随順する法の満足を得るがゆゑなり。

なんらか三種。

①一には無《む》染《ぜん》清浄《しょうじょう》心《しん》なり。自身のために諸楽を求めざるをもつてのゆゑなり。

②二には安清浄心なり。一切衆生の苦を抜くをもつてのゆゑなり。

③三には楽清浄心なり。一切衆生をして大菩提を得しむるをもつてのゆゑなり。衆生を摂取してかの国土に生ぜしむるをもつてのゆゑなり。

㊦これを三種の菩提門に随順する法の満足と名づく、知るべし。　（『七祖篇』一四六～一四七頁）

ついで同様に『論註』の文。⓪と㊦についての「註」はない。

①菩提はこれ無染清浄の処なり。もし身のために楽を求むれば、すなはち菩提に違《い》せり。このゆゑに「無染清浄

心」は、これ菩提門に順ずるなり。
②菩提はこれ一切衆生を安穏にする清浄処なり。もし心《しん》をなして、一切衆生を抜きて生死の苦を離れしめざれば、すなはち菩提に違せり。このゆゑに「一切衆生の苦を抜く」は、これ菩提門に順ずるなり。
③菩提はこれ畢竟常楽の処なり。もし一切衆生をして畢竟常楽を得しめざれば、すなはち菩提に違せり。この畢竟常楽はなにによりてか得る。大乗門による。大乗門といふは、いはく、かの安楽仏国土これなり。このゆゑにまた「衆生を摂取してかの国土に生ぜしむるをもつてのゆゑなり」といへり。

（『七祖篇』一四六〜一四七頁）

菩提の精神に順ずるということを総論的に述べれば「清浄心」ということになるが、それを「無染」「安」「楽」の三種に分けている。三種は、それぞれ、「智慧」「慈悲」「方便」に対応していることは簡単にわかるので、特に説明は必要ないだろう。

ただし、この障菩提門・順菩提門の二章、及び、それに先立つ善巧摂化章に書かれていることは、そのままでは（つまり天親の論文のままでは）われら煩悩成就の凡夫が数々の不正が渦巻くこの世で行うこととしては非現実的なことである。自分のことを差し置いて一切衆生を済度するなどということなどできようがない。これをどう読むかであるが、その鍵は「浄土の菩薩に約して読む」「娑婆の衆生に約して読む」ことの使い分けを意識することである。われら凡夫はこの娑婆においては、善巧摂化・離菩提障・順菩提などという立派なことはできようがないが、「南無阿弥陀仏と申して、疑なく往生するぞと思とりて申す」（『一枚起請文』。大谷派『聖典』九六二頁／二版一一五三頁）ことによって、未来に浄土の菩薩となれることが決まっている。なので、今は、往生したい（「それっていいですね」と言う）だけだが、そのうちに自然・必然に善巧摂化・離菩提障・順菩提などが籠っているのである。なので、この三章は、今は「籠っている」（法然『一枚起請文』）だけでわれらにはわからぬ成就（果）の相《すがた》によって、その因である「往生したい、仏に成りたい」の「願作仏心」を示すという説相になっているのである。われらは、数々の不正が渦巻き、もうこんなところは嫌だと言ったに過ぎない(1)ような「南無阿弥陀仏」だけで、自身が不正から免れるだけでなく、不正を正して有縁々々の衆生を不正から救い出す者にさえなれるのである。この三章には、そういうことが書かれている。そして、つづく第八・名義摂対と第九・願事成就の二章では、なぜそんな不思議なことが可能なのかということについて「名」と「義」の「摂対」という観点から説明されることになる。ここでの「名」は直ちに阿弥陀如来回向の「名号」ではないが、当然それは背後にある。その場合は、親鸞独自の「法蔵の兆載永劫の修行に約して読む」ということとも重なるだろう。重なるけれども、区別して読むということが大切である。安易に重ねただけでは、自らの往還の意欲（往生するぞと思い取る）をも失い、如来往還の神秘主義に陥るからである。如来や法蔵を師教の恩を説明するつもりで登場させたつもりでも、ファシズムに流されるからである。

二、「名義摂対」——智慧と慈悲と方便——

第八・名義摂対の論文を「註」の区分に合わせて三段にして示す。

①向《さき》に説く智慧と慈悲と方便との三種の門は、般若を摂取し、般若は方便を摂取す、知るべし。

②向に我心を遠離して自身に貪着せざると、衆生を安んずることなき心を遠離すると、自身を供養し恭敬する心を遠離するとを説けり。この三種の法は菩提を障《さ》ふる心を遠離す、知るべし。

③向に無染清浄心、安清浄心、楽清浄心を説けり。この三種の心は、一処に略して妙楽勝真心を成就す、知るべ

（『七祖篇』一四七～一四九頁）

し。

「註」に入る前にこの論文のあらましの意味を知っておこう。香月院は「この一章、文がむづかしき也」（『講苑』六五六頁下段）とわざわざ断っている。まず、章のタイトル「名義摂対」の意味だが、「名」は「能詮」、すなわち、「詮議するもの」「説明のための概念」であり、「義」は「所詮」「詮議されるもの」「説明されるところの意味、意義」のことである。讃嘆門のところに出てきた「名義に相応する」や善巧摂化章に登場した「回向の名義を釈す」も同様の意味である。ただし、登場の場面での「名」とそれが詮議するところの「義」はそれぞれ異なるのは当然のことである。第六・離菩提障と第七・順菩提門で問題にされる名義とは、まず離菩提障における「智慧門・慈悲門・方便門」の三門と、それを可能にする「遠離我心・遠離無安楽衆生心・遠離自供養心」の三遠離心、つぎに順菩提門における「無染清浄心・安清浄心・楽清浄心」の三清浄心である。この三門、三遠離心、三清浄心の三類九つの項目についてそれぞれ名とそれが表す義があるということである。また、「摂対」の「摂」とは「摂取」、「対」とは「相対」という意味であり、あわせて「それぞれに合わせて全体をまとめる」という意味になるだろう。だから、「名義摂対」とは、このように第六・離菩提障と第七・順菩提門のふたつの章を改めてまとめたことになる。

このような数を数えて行う「くどい」と言えば「くどい」説明、繰り返しの多い説明をするのは、仏語が暗唱して伝えられたということと関係が深いと思われ、文字に記すようになっても仏教的説明法の常となっている。たとえば、三段目の「三清浄心」のところでは、「この三種の心は、一処に略して妙楽勝真心を成就す」（『七祖篇』一四九頁）という表現があり、三清浄心はひとつにまとめれば（略すれば）ひとつの「妙楽勝真心」になるという説明において、三清浄心と妙楽勝真心を合わせて「四心」と言われたりすると、慣れない者は多少面食らうのではないだろうか。(2)

つぎに、それぞれの「註」を掲げる。

①「般若」といふは、如に達する慧の名なり。「方便」といふは、権《ごん》に通ずる智の称なり。如に達すればすなはち心行寂滅なり。権に通ずればすなはちつぶさに衆機を省みる。機を省みる智、つぶさに応じてしかも無知なり。寂滅の慧、また無知にしてつぶさに省みる。しかればすなはち智慧と方便とあひ縁じて動じ、あひ縁じて静なり。動の静を失せざることは智慧の功なり。静の動を廃せざることは方便の力なり。このゆゑに智慧と慈悲と方便とは般若を摂取し、般若は方便を摂取す。「知るべし」といふは、いはく、智慧と方便とはこれ菩薩の父母なり。もし智慧と方便とによらずは、菩薩の法、すなはち成就せずと知るべしとなり。なにをもつてのゆゑに。もし智慧なくして衆生のためにする時は、すなはち顚倒に堕す。もし方便なくして法性を観ずる時は、すなはち実際を証す。このゆゑに「知るべし」といふ。（『七祖篇』一四七～一四八頁）

第一段は、「智慧門・慈悲門・方便門」の三門の要、智慧についてサンスクリットに戻って「般若」という専門語を使用して説明している。般若の智慧は「真如（空）」に達するものだが、「空」は涅槃寂静であって「無」であり「静」だが、これをさまざまな衆生に受用せしめるため権に姿を現し、「有」と「動」を示すというわけである。香月院によると、ここで「智慧」と「般若」と訳し分けてあるのは、三門の「智慧門」という時の「智慧」は真如実相を知るという意味の智慧ではなく、空無我の理を知って自楽を求めないという意味の智慧、また「慈悲門」は衆生の苦を抜き楽を与えるという意味であり、この智慧と慈悲を合したのが「方便門」ということになるから、離菩提障に述べられている智慧とは「方便智」だということになり、真如実相を知るという意味の「般若」を根底に含んでいるということで「三種の門は、般若を摂取し、般若は方便を摂取す」ることになるのだと細かく説明している。このこと自体は仏教のお決まりの説明であるから、肩の力を抜いて説明を聞いておけばよい。このようなこ

「般若・無分別智」をわれら凡夫に獲得せよと迫っているのではない。人びとの不満・不信を解消して真に納得せしめる智慧と方便とはこういうものであると、天親菩薩たちは理詰めで考えたのだと思う。ただ、そのような人がこの不正がはびこる娑婆にいたとしても、われらにはその人の「説明」はほとんど無縁のものである。それでも、こうしたことが浄土に往生した八地以上の菩薩には可能だとされ、未来のことだとしてもわれらもそれを獲得できるのだと現に今予約されていれば、改めて「それっていいですね」と言いたくなるし、遠慮せずに言えばいいのである。

つづいて、第二段の「註」の検当をする。

②諸法におのおの障礙の相あり。風はよく静を障《さ》へ、土はよく水を障へ、湿はよく火を障ふるがごとし。五悪・十悪は人天を障ふ。四顚倒は声聞の果を障ふ。このなかの三種の不遠離は、菩提を障ふる心なり。「知るべし」といふは、もし障ふることなきことを得んと欲せば、まさにこの三種の障礙を遠離すべしとなり。

（『七祖篇』一四八〜一四九頁）

障礙、すなわち、妨げになるものを、静寂を破る風や火を消す湿気に喩え、それが人間の平和と安慰の場合、妨げるものは殺生・偸盗などの五悪・十悪だと述べ、上求菩提下化衆生を成就するはずの菩薩を妨げるのは三種の不遠離だと確認する。だから、菩薩たらんとする者は、我心を遠離するなどの三種を遠離することになっている。もちろん、差別と殺戮にみちた娑婆世界では自分を大切にすることさえできないのだから、我心を遠離するなどということは非現実的である。それが、われら凡夫も極楽往生すれば「希望」としてできるようになるのである。

最後に、第三段の「註」を検当する。

③楽に三種あり。一には外楽、いはく五識所生の楽なり。二には内楽、いはく初禅・二禅・三禅の意識所生の楽

なり。三には法楽楽《ほうがくらく》、いはく智慧所生の楽なり。この智慧所生の楽は、仏（阿弥陀仏）の功徳を愛するより起れり。これ我心を遠離すると、無安衆生心を遠離すると、自供養心を遠離するとなり。この三種の心、清浄にして増進するを、略して妙楽勝真心となす。「妙」の言は、それ好なり。この楽は仏を縁じて生ずるをもつてのゆゑなり。「勝」の言は、三界のなかの楽に勝出せり。「真」の言は、虚偽ならず顚倒せず。

（『七祖篇』一四九頁）

第三段の論文は「向《さき》に無染清浄心、安清浄心、楽清浄心を説けり。この三種の心は、一処に略して妙楽勝真心を成就す、知るべし」である。自身に貪着しない「無染清浄心」、衆生の苦を抜く「安清浄心」、楽を与える「楽清浄心」の三つを一括していえば、「妙楽勝真心」だということである。『論註』はこの「妙楽勝真心」の「妙」「勝」「真」について、それぞれ「好」「三界の楽に勝出」「不虚偽不顚倒」と説明している。「楽」についての説明は、その前にある「楽に三種あり」のところで説明されている。三種の楽、すなわち、「外楽」「内楽」「法楽楽」とは、「楽」というものの一般的な説明で、浄土の菩薩が享受する「楽」とは三番目の「法楽楽」である。「外楽」とは、目や耳や舌で享受する五感の快楽で「欲界」の楽、「内楽」は五感を必要としない意識や思想的な快楽で「色界」「無色界」の楽である。ちなみに、初禅・二禅・三禅というのは、色界の禅定のことで、それを修するとそれぞれの「天」に生まれる。こういうことが『智度論』に詳しく説かれているそうで、無色界にもいろいろあるのだが、『論註』上巻の清浄功徳に登場した「非想非非想所」などもそのひとつである。そして、最後の「法楽楽」が仏法の「楽」である。この「法楽楽」は「ほうがくらく」と読む。「法楽《ほうがく》」すなわち「仏法の音楽」を楽しむ(3)ということである。こうした人間の肉体的・精神的営みのすべてを体系的に説明するのは、それなりに面白いことなのであるが、あまり深入りする必要はないだろう。『論註』も「法楽楽」が「欲界・色界・無色界」の三界を超えるとい

うことだけを言って詳しい説明はしていない。(4)

三、「願事成就」――平和と平等の希望に生きる――

第九・願事成就は、先の善巧摂化章からの四つの章で五念門の最後にある回向門について述べ終わったのだから、衆生往生の因行が成就したという意味である。ただし、この四つの章においては、衆生が浄土に往生して已後に還相の菩薩となった果の相《すがた》によって修するかたちで説かれている。すなわち、もっぱら「従果示因」の説き方、あるいは、浄土の菩薩に約して説かれていたということである。われら凡夫が未来に浄土に往生してから、直ちに修する五念門の中の回向門の行ということである。だから、これで衆生往生の因行が成就したと言っても、娑婆の願生の衆生において現在成就しているというわけではない。しかし、この願事成就というのは娑婆の願生の行者の往生の行業が成就するということであるから、娑婆の願生の行者に約して説かれねば意味がない。因行の行為主体が、浄土の菩薩と娑婆の願生の行者とに重なるのは、善巧摂化章から名義摂対章までの四つの章で終わりで、願事成就においては、往生してしまった浄土の菩薩に約して語ることはできない。それをどう語るかというと、その鍵は「無染清浄心、安清浄心、楽清浄心の三種の心と、その三つを一括する妙楽勝真心の四心」であるが、これが他力回向のわれらの信心に他ならないとする解釈が裏にこもっているから可能なのである。つまり、この前の四つの章では、行為主体として娑婆の願生の行者と浄土の菩薩とが重なっていたのだが、願事成就の章では、娑婆の願生の行者と他力回向の主体である如来の因位時の法蔵菩薩の二義が必要になるわけである。ただし、この五念門行法蔵所修の義はつぎの利行満足章までいかないと明瞭にならないから、その時に改めて検討する。今、言っておくべきことは、この五念門行の行為主体の問題については、「重なる」ということが重要であるということだ。法蔵所修の義は親鸞の独自解釈だが、親鸞がこの一義だけが真意だとして述べようとしているわけではないことを銘記すべきなのである。それだけを述べたいのなら、なにも『論』『論註』を引用する必要はないのである。「それだけ」だと、親鸞の思想は「絶対他力」の思想ということになって、ファシズムの温床となるしかないだろう。

では、願事成就章の論文をあげる。これも、「註」は二段に分けて説明しているので、論文もそれに合わせて示す。

①かくのごとく菩薩は智慧心・方便心・無障心・勝真心をもつて、よく清浄の仏国土に生ず、知るべし。

②これを菩薩摩訶《まか》薩《さつ》、五種の法門に随順し、所作意に随ひて自在に成就すと名づく。向の所説のごとき身業・口業・意業・智業・方便智業は、法門に随順するがゆゑなり。[5]

（『七祖篇』一四九～一五〇頁）

①についての「註」はつぎのとおりである。

「知るべし」といふは、いはく、この四種の清浄功徳をもつて、よくかの清浄仏国土に生ずることを得。これ他縁をもつて生ずるにはあらずと知るべしとなり。

（『七祖篇』一四九～一五〇頁）

「勝真心」という三種の清浄心のまとめが加わって四種になるということ以外は、説明不要だろうと思われるが、「他縁をもつて生ずるにはあらずと知るべし」について香月院が注意していることを記す。これは、浄入願心章にある「無因と他因とに非ず」と似ているが、それとは違う。浄入願心章は観察門の対象としての清浄国土が「因浄故果浄」であることを述べている。しかしここは、そこへ往生するための五念門行が礼拝でも讃嘆でもその対象が弥陀であり、他縁、例えば、弥陀如来以外の名号を称えることでは極楽に生ずることはないことを説明しているということである。このことについては、『選択集』が「五種の正行に翻対してもつて五種の雑行を明かす」（『七祖篇』一一九四頁）として「称名雑行」という概念を提出して「弥陀の名号を称するを除きてのほかの自余の一切の仏・菩薩等およびもろもろの世天等の名号を称するをことごとく称名雑行と名づく」（『七祖篇』一一九五頁）としていることを想起すればよくわかる。この「翻対せる雑行」という法然独自の概念から「南無釈迦牟尼仏」と称することが雑行ということになり、それが「釈尊を軽んずる失」として『興福寺奏状』によって糾弾されたことも併せ考えていく必要がある。このことは、つぎの「随順の法門」ということにも関係する。

そして、ここからが重要なのだが、この「随順の法門」の視点からもう一度論文を見直すと、「菩薩は智慧心・方便心・無障心・勝真心をもつて、よく清浄の仏国土に生ず」と言われる「菩薩」とは誰なのかということが問題となってくる。そもそも「清浄の仏国土」とは、阿弥陀如来の建立によるものである。そのために阿弥陀は因位の法蔵菩薩時代に兆載永劫の修行に励んだのである。そして、それが成就したからこそ「清浄の仏国土」があるのである。だとすれば、そこに生ずることを得る菩薩は法蔵菩薩であるはずがない。かといって、往生し終わった浄土の菩薩のことが語られているというわけにもいかぬ。それでは、この章が娑婆の願生の行者の往生の願事が成就することが語られているのだという曇鸞の章の命名意図と反するからである。そこで、親鸞独自の解釈を前面に出した『入出二門偈』の指南が重要になる。『入出二門偈』は香月院が力説する「回向は如来ばかりにあり、往還は衆生ばかりにあり」で書かれているので、その意図に照らして「菩薩は智慧心・方便心・無障心・勝真心をもつて、よく清浄の仏国土に生ず」の部分を読み直すと、「菩薩は智慧心・方便心・無障心・勝真心をもつて、よく清浄の仏国土に生ぜしめ給う」と訓点を付け替えねばならないだろう（『講苑』六七二頁下段）。

この方法のみが、われらが平和と平等を求めるという「真実自分自身がしたいこと、しなければならぬこと」を、「できること」にし、「他人とくらべず、あせらず、あきらめず、していこう」（竹中智秀の言葉）という希望にせしめるのである。平和と平等を求めると言っても、それぞれが、自分の財力や能力や経験などを基礎にして求めたのでは、そのこと自体が不平等を生むのである。だから、正行とは「一心専念弥陀名号」という財力や能力や経験などを問題にしない、誰でもできる平等の行でなければならないのである。

では、②についての「註」に入ろう。

> **「意に随ひて自在に」とは、この五種の功徳力をもつて、よく清浄仏土に生ずれば出没自在なるをいふなり。「身業」とは礼拝なり。「口業」とは讃嘆なり。「意業」とは作願なり。「智業」とは観察なり。「方便智業」とは回向なり。この五種の業和合すれば、すなはちこれ往生浄土の法門に随順[6]して自在の業成就するをいふなり。**
>
> （『七祖篇』一五〇頁）

重複するが、この「註」が付された論文は、西本願寺の『浄土真宗聖典　七祖篇　註釈版』によると「これを菩薩摩訶薩、五種の法門に随順し、所作意に随ひて自在に成就すと名づく。向の所説のごとき身業・口業・意業・智業・方便智業は、法門に随順するがゆゑなり」[7]であるが、香月院の指摘に従えば「これを菩薩摩訶薩、五種の法門に随順し、所作意に随ひて自在に成就すと名づく。向の所説のごとき身業・口業・意業・智業・方便智業は、随順の法門なるがゆゑなり」と読まねばならない。前半の「これを菩薩摩訶薩、五種の法門に随順し、所作意に随ひて自在に成就すと名づく」という部分は、どう読んでも「（五種の）法門」とは五念門行のことだとしか理解できない。だとすると、後半を「身業・口業・意業・智業・方便智業は、法門に随順するがゆゑなり」と読むと、この「法門」とは何を指すのか理解できないことになる。つまり、「身業・口業・意業・智業・方便智業（という五種の法門）」が「また何か別の法門」に随順すると読んでしまっているからである。なので、ここはおとなしく香月院に従って「五念門行という法門は随順の法門なのだから」と読むしかない。香月院の口吻を借りると「これいやとは言えぬ事也」ということになろう。この論文についての（当然の）読解を前提にすると、「では五念門という法門は何に随順しているということなのだろう」という疑問が生じる。その疑問に答えているのが、『論註』の「この五種の業和合すれば、すなはちこれ往生浄土に随順する法門にして自在の業成就する」という解釈である。五種の業、すなわち、五念門行が和合すれば、正しく往生浄土という目的にかなった（随順した）法門となるから、論文に書かれた「意に随ひて自在」という「自在」の業が成就するのだという解説である。

『論註』は、『論』が五種の法門としてあげる「身業・口業・意業・智業・方便智業」がそれぞれ五念門に相当するという解説になっている。確かに、礼拝が身業で、讃嘆が口業だということまではよくわかるから、はじめの身業と口業が娑婆の願生の行者の行為ということは問題ないように見えるが、あとの三門は凡夫の修するところではない。それが誰にでも当然のこととしてできるならば、この世はとっくに自利利他円満の平和と平等の世界になっている。その議論がいよいよ終盤に差し掛かっている。しかし、「意に随ひて自在に」とは、いったい誰の「意」のことか、「出没自在」になるのは誰のことか、「成就する」といっても、誰において、いつ成就するということなのか。確かに「清浄仏土に生ずれば」と書かれているし、そのことが「五種の功徳力をもつて」成立するのだとも書かれているが、功徳力はどこから出てくるのか、清浄仏土に生ずるのは誰なのか。

浄土教とは、平和と平等を、未来（死後？）の極楽や阿弥陀如来というファンタジーを登場させて「希望」として描くものである。こんなお伽話を「非神話化」などと称してやめてしまう道も確かにあるし、近代はその方が一般的である。しかし、そうした非神話化の道を行くなら、平和と平等は希望というよりは、永遠に成就しないものとして、目指されることになるだろう。それでもいいと言えばいいのだが、その道は、結局は虚しいニヒリズムでしかないだろう。いや、個人的なニヒリズムというだけなら、やるせないにせよ、まだ許せる。おそらくは、この

（難行道・聖道門と呼ばれる）道については、それを目指すふりをするか、自分が個人的に到達したつもりになるか、あるいは、「わが師」が到達したのだとして師を聖人・上人とたてまつって広告塔として利用するか、さらには、到達したと偽ることにしかならず、そのことによってファシズムが導かれるしかないだろう。もっとも、極楽（清浄仏土）なるものが登場したとしても、それは同じことだと言う人もいるかもしれない。しかし、私はそう思わない。何故か。香月院の解説によって、それを説明しようと思う。

そのためには「「智業」とは観察なり。「方便智業」とは回向なり」の部分が重要である。善巧摂化章以後の四章で智慧門・慈悲門・方便門から説き始めて、四種の清浄心が述べられ、般若智と方便智ということが説明された。ここでの方便智とは利他回向の別名であり、般若智とは真如実相を知る智慧であるから、まさに毘婆舎那を行じて浄土を観察することになるのだが、これは娑婆の煩悩成就の凡夫にできようがない。ところが、これを娑婆の願生の行者に約すれば、『一念多念証文』の不虚作住持功徳の解釈にある「「観」は、願力をこころにうかべみるともうす、またしるということこころなり。「遇」は、もうあうという。もうあうともうすは、本願力を信ずるなり」（大谷派『聖典』五四三～五四四頁／二版六六六頁）と照らし合わせて「信心決定」のことになるのである。すなわち、われら凡夫にとっては、本願を信じることが、「観」であり「智慧」であることになる。本願を信じるとはどういうことかというと、簡単に言えば、念仏申す者を必ず往生せしめるという如来の誓願不思議を信ずるということである。ここで「誓願」に「不思議」という語を付したのは『歎異抄』の言い回しを意識してのことである。この「不思議」は、けっして「思議してはならぬ」とか「無分別智の境地に成れ」という意味ではない。わが身可愛いだけを本質とするこの世の誰にとっても、名号を称えるだけで極楽浄土に迎え取るという誓願は「不思議」としか言いようがないからである。しかし、誰にとっても「不思議」ということは、わかる者もわからぬ者もあるということとは根本的に違う。この「不思議」の内容は「名号を称える」ということだが、こちらの方は、わかるかどうかはともかく誰でも易しくできる。だとすれば、「誰にもわからぬ」は実践的には平等の原則が働いているということに他ならない。「われらほとんどの者はわからぬが、わかる者もいる」は不平等であるのに対して、「誰にもわからぬ」は実践的に平等であるということだからだ。

このことをもう一度、『論註』の原文に沿って確認しよう。

「意に随ひて自在に」とは、この五種の功徳力をもつて、よく清浄仏土に生ずれば出没自在なるをいふなり。

（『七祖篇』一五〇頁）

論文が述べている「自在に」とは「出没自在」ということである。これは菩薩四種の荘厳功徳に「本処を動ぜずしてあまねく十方に至りて種々に応化して、如実に修行してつねに仏事をなさん」とあり、「本処を動ぜず」「十方に至る」ことが[8]、「清浄仏土に生ずれば」可能だというのだ。だから、これはそのままだ娑婆に居る願生の行者のことではない。願生の行者にとっては、その前にある「五種の功徳力をもつて」の中の中核である奢摩他・毘婆舎那が如実に修行されているわけではない。娑婆の願生の行者にとっては、五念門行を自分の財力や能力や経験などを基礎にして行う道（難行道）を選捨して「本願を信じ念仏申す」という一心安心上の観を選び取り「往生するぞと思い取る」ことが、唯一の手掛かりである。この「手掛かり」はどこから来たのか。『入出二門偈』の指南をもってすれば、当然、法蔵菩薩の兆載永劫の修行によって既に得られた五種の功徳力から来たのである。だから、この功徳力とは、如来から言えば利他回向のことであるし、われら煩悩成就の凡夫・娑婆の願生の行者から言えば、清浄の仏国土に生ずる予約が完了したことになる。予約が実行されて、われら自身がそこに往生して速やかに奢摩他・毘婆舎那を得て「出没自在」となるのは、誰にとっても未来のこととはなるが、あるいは、これを「誰にとっても死後のことになるが」と表現してもいいが、予約自体は、誰にとっても、現在のことである。予約には、自分の財力や能力や経験などは一切必要がない。そんなものを基礎にすれば、そもそも予約の対象である平和と平等のくにには往けない。不平等な予約手続きが平等のくにへの予約であるはずがないからである。予約の実行が未来（死後）であることには何の心配もない。生きているうちに実行されていなければならぬとか、生きているうちに「完全なる立脚地」がなければならぬとか、駄々をこねれば、それを目指すふりをするか、自分が個人的に到達したつもりになるか、あるいは、「わが師」が到達したのだとして師を聖人・上人と奉って広告塔として利用するか、さらには、到達したと偽ることにしかならず、ファシズムを招来することになるだろうし、実際それをわれらは目にしているのだから、その方がよほど心配なのだ。予約は誰にとっても今であり、実行は誰にとっても死後だということだから、われらは、未来の平和と平等の希望を、今此処で平和的に平等に共有することができるのである。

「身業」とは礼拝なり。「口業」とは讃嘆なり。「意業」とは作願なり。「智業」とは観察なり。「方便智業」とは回向なり。この五種の業和合すれば、すなはちこれ往生浄土の法門に随順して自在の業成就するをいふなり。

（『七祖篇』一五〇頁）

「観」すなわち「信心の智慧」を起点として「信」と五種に分かれるが、結局は称弥陀名号に帰着する「行」が和合する、つまり、「本願を信じて念仏申す」ことにおいて、自在に出没することが可能になる業事が成就する。言い換えれば、娑婆の願生の行者が（未来に）往還することが可能になる願事が成就するのである。願事が成就したのであって、往生して自在に出没することが成就したのではない。そのことについては、最終章「利行満足章」で語られることになる。

註

（1）この「こんなところは嫌だと言ったに過ぎないような「南無阿弥陀仏」」こそが、前章の善巧摂化章の読解で紹介した明恵の「厭苦欣楽の心に催されて愛仏楽法の志なし」と批判されたことに当たる。『観経』の韋提希による「唯、願わくは世尊、我がために広く憂悩なき処を説きたまえ。我当に往生すべし」（大谷派『聖典』九二頁／二版一〇一頁）もこれと同様の批判を被ってもしかたがないだろう。しかし、この「願作仏心」「願往生心」は「度衆生心」の意味を持つ。何故か。それが称名念仏という自分にも人にも聞こえる方法によって願われるからである。では、阿闍世の回心はどうか。阿闍世もまた、自分が梅陀羅のような扱いをされるのが嫌で仏道に入ったにすぎない。梅陀羅に対する差別意識を「是梅陀羅」とののしった雨行大臣と共有していたからである。しかし、この阿闍世の「願往生心」はその後どうなったか『観経』には書かれていない。親鸞が「信巻」で取り上げる『涅槃経』でも「度衆生心」に展開したことが必ずしもはっきりしない。親鸞の『涅槃経』を通した説明でも「無根の信」という説明にならない説明しかない。すなわち、「願作仏心」を声に出して言うことによって自信教人信とする展開が、はっきりしないのである。何故か。『涅槃経』にも、阿闍世の回心のきっかけの役目で、『観経』で単に「喩え」として登場させられた梅陀羅の解放が説かれていないからである。梅陀羅の解放こそが「度衆生心」の具体的内容であるにもかかわらず。

このことについては、いずれ詳しく説明したいと思っている。

（2）このことは、「四苦八苦」や「四修」の数え方でも同じで、九番目の「苦」、四番目の「修」が総論となっているのだから、「七苦」とか「三修」と言ってもらった方がわかりやすいと思う。

（3）香月院はこの「法楽楽」について、『維摩経』菩薩品の持世菩薩と天女の天の音楽での誘惑の話が拠りどころとなっているのだと説明している。『講苑』六六六頁上段。

（4）例えば、色界の四禅については、初めの三禅だけをあげ、無色界については対象となる天もあげていない。

（5）『註論講苑』によると、この「随順法門故」は「随順の法門なるがゆえに」と読まねばならないとある。確かに「法門」とは「五種の法門」すなわち「五念門行」のことだから、「身業・口業・意業・智業・方便智業は随順の行だからだ」ということかもしれない。註(6)の「随順往生浄土法門」も同様である。

(6) この部分「随順往生浄土法門」について『註論講苑』は、「往生浄土の法門に随順して」ではなく、「往生浄土に随順する法門にして」と読まねばならないとしている。それは、この「註」がつけられた論文に「随順法門故」とあって、これを「法門に随順するがゆゑなり」と読むわけにはいかないからとしている。前註(5)参照。

(7) 大谷派『真宗聖典』(一四四頁/二版一五五頁)には「向の所説のごとき身業・口業・意業・智業・方便智業は、随順の法門なるがゆえに」とある。

(8) 本書第16章参照。

第33章

自利と利他が満足に調和する
――利行満足（その一）

一、解義分十科（長行十科）の構造

いよいよ『論註』の最終章「利行満足章」に入る。「利行満足章」は『論註』全体の最後であるだけでなく、解義分である下巻の最終章でもある。

そこで、改めて【図5・長行十科の次第】（三七八頁）を参照していただきたい。「利行満足章」には、親鸞が「深義」と名づけた「他利利他」の義」が登場する。それをこの図表に書き込むことは無理があるのだが、一応、活字のフォントを変えて示してある。また、善巧摂化章から名義摂対章までの四つの章の下段に「菩薩の利他の大悲心の相を明かす」とあるが、そうなると、最後の「願事成就章」の下段には、「（娑婆の願生の行者の）往生の事業成じ了ることを明かす」とする方がより正確なのだが、これらは皆、『論』『論註』と親鸞の『教行信証』『入出二門偈』全体の複雑な関係によるものだから、前章までの検討に譲って、すべて省略してある。

二、利行満足章の論文――天親は因の五念門と果の五門を説く――

利行満足章は、論文《ろんもん》自体がそれなりに長いので、曇鸞は十段に分けて註を付け、最後の十段目に問答を立てているが、そこにいわゆる「他利利他の深義」が登場する。『論』はこの十段を述べたあと結句「無量寿修多羅優婆提舎願生偈、略して義を解しをはりぬ」（『七祖篇』一五七頁）と締めくくるが、これも利行満足章に加えると、それにまた「註」が付くから、十一段になる。まずは、論文を十段に分けて示す。

①また五種の門ありて、漸次に五種の功徳を成就す、知るべし。何者か五門。一には近門、二には大会衆門、三には宅門、四には屋門、五には園林遊戯地門なり。

②この五種の門は、初めの四種の門は入の功徳を成就し、第五門は出の功徳を成就す。

③入第一門とは、阿弥陀仏を礼拝し、かの国に生ぜんとなすをもつてのゆゑに、安楽世界に生ずることを得。これを入第一門と名づく。

④入第二門とは、阿弥陀仏を讃嘆し、名義に随順して如来の名を称し、如来の光明智相によりて修行するをもつてのゆゑに、大会衆の数に入ることを得。これを入第二門と名づく。

⑤入第三門とは、一心専念にかの国に生ぜんと作願し、奢摩他寂静三昧の行を修するをもつてのゆゑに、蓮華蔵世界に入ることを得。これを入第三門と名づく。

⑥入第四門とは、専念にかの妙荘厳を観察し、毘婆舎那を修するをもつてのゆゑに、かの処に到りて種々の法味楽を受用することを得。これを入第四門と名づく。

⑦出第五門とは、大慈悲をもつて一切苦悩の衆生を観察して、応化身を示して、生死の園、煩悩の林のなかに回入して遊戯し、神通もつて教化地に至る。本願力の回向をもつてのゆゑなり。これを出第五門と名づく。
⑧菩薩は入の四種の門をもつて自利の行成就す、知るべし。
⑨菩薩は出の第五門の回向をもつて利益他の行成就す、知るべし。
⑩菩薩はかくのごとく五念門の行を修して自利利他す。速やかに阿耨多羅三藐三菩提を成就することを得るがゆゑなり。

(『七祖篇』一五〇～一五四頁)

「註」に入る前に、この論文のおおよその意味を知っておこう。

①はこれまで説いてきた五念門に対応して、五つの功徳が成就された門があるということ。ここで使われている「また」は「復」という字で「全然別のものがある」ということではなく「重なってある」ということである。功徳を積んで果が得られるのだから、五念門と五果門は「因」と「果」の関係になる。ところが、直前の願事成就章でも、「成就」という言葉が使われているので混乱が生ずる可能性がある。願事成就章で言われる「成就」とは、五念門行が因行として成就したということであり、利行満足章の成就とは意味が違う。香月院はこれを「春に種を蒔いて秋に果実が実った」ということに喩えて説明している。すなわち、因行として成就したというのは、種蒔きの仕事が終了したという意味であり、果として成就したというのは、秋に果実が実ったということだと。このふたつの「成就」を混同しないために、曇鸞はこの章においては『論』の「成就」という言葉を避けて「満足」という言葉を章のタイトルとして使ったのだ、と。ここまではわかりやすいのだが、ここで大きな疑問に撞着する。それは、五念門の功徳の因行を積むのは誰であり、五果の門を得るのは誰なのか、ということである。このことは、『論』『論註』を読む当初からの疑問であるが、ここでもその問題が生ずる。すなわち、願事成就章まででも、五念

門行を行ずる主体が「娑婆の願生の行者」「（その行者が浄土に往生したところで得る）浄土の菩薩」及び「（親鸞独抜の解釈による）法蔵の兆載永劫の修行」の三義を考えねばならなかったように、この章では特にそれが問題となるのである。『論』においては五念門の行為主体は「（娑婆の）善男子・善女人」であるから「復有（重なってある）」とされる五種の果を受用するのも善男子・善女人ということになるが、『論註』に顕わされている「娑婆の願生の行者」「（その行者が浄土に往生したところで得る）浄土の菩薩」の二義では、この「復有」は微妙になる。そして、親鸞独抜の「法蔵の兆載永劫の修行」と解した場合は、因行を法蔵が修し、果の徳を念仏衆生が受用するという関係になると言えるだろう。こうなると、「復有（重なってある）」とは言い難いのではなかろうか。

しかし、この疑問は後回しにして、行為主体が当然のこととして「（娑婆の）善男子・善女人」として語られる論文の筋道を追うと、②は、この「果の五門」が入の前四門と出の第五門に分けられること、③④⑤⑥⑦は、五果門のそれぞれが五念門に対応していること、⑧は、初めの「入」の四門が「自利の行」を成就すること、⑨は、第五門が「利他の行」を成就することを述べる。そして、最後の⑩で、菩薩が「阿耨多羅三藐三菩提を成就することを得る」、すなわち、仏に成ると述べられる。これが『論』の顕義である。

そこで上述の「疑問」である。結論から言えば、その答えは「回向は如来ばかりにあり、往相還相は衆生ばかりにあり」しかありえない。そもそも『論註』上巻は、常に「仏本なんがゆゑぞこの荘厳を起したまへる」というように、「阿弥陀如来はどんな理由があってわれらのためにこのような極楽を形成してくださったのだろう」という問いから極楽についての考察を始めている。このことを香月院は「『論註』上巻は因位の本願に約して釈したまへり」（『講苑』）と言っているのである。しかし、『論（願生偈）』は必ずしもそう考えているのだとは言い切れない。というのは、「願生偈」はそれだけを（つまり『論註』に影響されずに）素直に読むと「お釈迦さま、私は、お釈迦様の真如実相の教えによって、本質的には私の心の内にある、あるいは、心の内に形成すべき真理を、国土やそこに住む住民の様子として象徴的に述べようと思います」ということなのであって、自分とはまったく別の阿弥陀如来という他者に極楽を見せていただくとは考えていないとも言えるのである。だから、五念門行を行ずる主体は、『論』においては、この世のわれらの延長上にある「善男子・善女人」ということになる。一方、『論註』は、五念門行の行為主体を「娑婆の願生の行者」と「それが往生してからの浄土の菩薩」の二義で語っているようだが、五念門行を最初に（つまり、われらのためにあらかじめ）行じたのは法蔵菩薩であることもにおわせていると言わねばならない。でなければ「仏本なんがゆゑぞこの荘厳を起したまへる」というようなことは言えないからである。また、そうでなければ浄土の荘厳が「（如来の）願心荘厳」だなどと言えないからである。だとすれば、五念門行という因行の成果を、自分は何もせずに「それっていいですね」と言うだけで獲得するのは、われら煩悩成就の凡夫だということになる。そのことがはっきり示されるのが最後の「他利利他の深義」ということになるだろう。というか、『論』はもちろん『論註』もまたそこまでは言っていないが、親鸞の洞察によって『論』『論註』の隠された「深い義」が顕われたと言ってもよい。

　そして、そのことに伴ってもうひとつ注意しておくことがある。それは五念門と五果門の対応が「一応の配属」であるということである。これは五念門行を総体として行じ終わって総体として五果門を得るのか、それとも礼拝門を行じたことによって近門が得られ、讃嘆門を行じたことによって大会衆門の果を得るというように五種の果門が順次得られるのか、どちらなのかということである。五念門行が法蔵所修であるという義をとれば、当然前者の解釈になるが、娑婆の願生の行者が五念門を修するという義をとればどうなるかということも考えておく必要がある。というのは、しばしば親鸞解釈において生ずる誤解として、親鸞は五念門法蔵所修の深義を明らかにして「絶対他力」を説いたのだということから、娑婆の煩悩成就の凡夫はただ救済を待つだけの無力な客体だと考えてしまうことがある。そうではないのだ。われら凡夫には「本願を信じ念仏申さば仏に成る」という、この『論』『論註』の文脈で言えば「一心安心上の観」があり、その場合には、「南無阿弥陀仏と申して疑なく往生するぞと思とりて申す」(『一枚起請文』)ことが主体的行為となるのである。この立場においては、如来の「名字をとなえんものを、むかえとらんという御約束」(『歎異抄』第十二条)に応じて凡夫衆生が往還することが、『論』における善男子・善女人が五念門・五果門の入出・自利利他を行ずるということと同等の意味を持つのである。文前五科で学んだ「入出と往還の異同」で「入即往、出即還ではないが、入出と往還は総体として同じことになる」というのはこのことである。『論』はもちろん『論註』においても、顕義としては五念門の行為主体はわれら衆生として説かれている。親鸞がこの義を捨ててしまっているのであれば、何も『論』『論註』を引用して語る必要はないのである。親鸞は原文を引用したうえで、訓点を工夫してひとつの文に原文にはない二重三重の意味を持たせるという独特の思想表現法を採用している。しかし、独自の読み(訓点の付け替え)が入ることによって読者の私たちもさまざまな考察が必要になり大変ではある。例えば、『教行信証』「証巻」に『論註』が長々と引用されているが、大谷派『真宗聖典』では親鸞独自の訓点を優先させているので、この二重三重性が読み取りにくいことにもなっている。

この①の部分の論文「**また五種の門ありて、漸次に五種の功徳を成就す、知るべし**」は通常の漢文の読み(つまり、天親自身の立場)を優先する本願寺派の『浄土真宗聖典　七祖篇　註釈版』の『論註』のテキストを用いたが、大谷派『聖典』の『教行信証』「証巻」の記載は親鸞独特の「また五種の門ありて、漸次に五種の功徳を成就したまえりと、知るべしと」いう書き下しだけになっている(大谷派『聖典』二九六頁/二版三四〇頁)。しかし、これはある程度やむを得ない。同様に、②の部分でも「成就す」は大谷派『真宗聖典』では「成就したまえり」となっている。さらに、③から⑦の五門の対応を述べる部分も、敬語と使役の助詞を訓点に加えることによって複雑になっているが、詳しくは後述する。

さて、そのうえでもうひとつの最も重大な難問がある。それはわれら煩悩成就の凡夫が五種の果を得る〈時〉の問題である。これが明らかにならねば、平和と平等がどのように目指され、どのように実現するかという、〈実践〉の領域が明らかにならない。『論』の主旨から言えば、五念門の因行を修し五種の果門を実現するのはいずれも善男子・善女人であって、善男子・善女人はこの娑婆世界において浄心を修し、己が心の内に、弥陀とそれと不二なる浄仏国土を生じせしめることになる。いわゆる「唯心の弥陀・己心の浄土」である。この場合は、自身の心を離れて別に超越的他者としての阿弥陀如来や西方十万億土の彼方に極楽があるのではなく、『維摩経』に説くがごとく「菩薩心浄故国土浄」を証《さと》るということになり、そもそも往生したり還来穢国したりすること自体、考えられていない。往還を想起させるような表現はあるが、それはあくまでも「入出」すなわち「入空出仮」を象徴的に表したにすぎない。だから、善男子・善女人が五念門を修し五種の果を得る〈時〉は（われら凡夫にはあずかり知らぬことではいえ）いつなのか幽玄としてわからない。一方、『論註』においては、上巻の「回向門」を説く偈文「普共諸衆生往生安楽国」の「諸衆生」とは、われら煩悩成就の凡夫のことであることが八番問答を通して明らかにされている。だとすれば、凡夫が五種の果を得る〈時〉は往生してからなのか、それ以前なのかは当然問題になる。にもかかわらず、これがまたわかりにくいのである。ところが、これを親鸞独抜の他利利他の「深義」（だけ）をもってすれば、〈時〉は明瞭にわかる。すなわち、「現生正定聚の益」という言葉が『教行信証』「信巻」（大谷派『聖典』二四一頁／二版二七三頁）に明瞭に記されているからである。この言葉からわかることは、親鸞においては、第一「大会衆門」まではわれら凡夫は現生で得る（獲る）ということなのである。このふたつまでが現生のことであるということは、当然その後の「宅門」以下は浄土に往生してからということになる。「宅門」すなわち作願門の果について、論文は「入第三門とは、一心専念にかの国に生ぜんと作願し、奢摩他寂静三昧の行を修するをもってのゆゑに、蓮華蔵世界に入ることを得。これを入第三門と名づく(2)」と述べている。「蓮華蔵世界」というのは、『華厳経』『梵網経』などに説かれる、泥中に染まらずそこから華を咲かす蓮に喩えて仏の悟りの世界を示すものである。天親（世親）は、阿弥陀如来と極楽世界を、毘盧遮那仏の悟りの世界として使用される「蓮華蔵世界」という言葉で示したのである。これを、香月院が「実相の念仏」の説明として「大乗甚深の念仏なり。心の外の仏を念ずるではない。己が心の実相を念ずるので弥陀も薬師も大日も我法身と同体なりと観念するのが実相の念仏、『維摩経』等に説くが如し」（香月院深励『選択集講義二』五十二丁）としていることと併せ考えれば、天親が基本的には、私が言うところの「仏教形而上学者」であることがよくわかる。この中に出てくる「大日如来」は「摩訶毘盧遮那如来」とも言い、すべての仏の本体とされることもある。また、『華厳経』では盧遮那仏と釈迦仏とは同体とされ、蓮華蔵世界の因位は釈迦の菩薩行に求められる。盧舎那仏と毘盧遮那仏の違いはたぶん音訳の違いだろうと思うが、摩訶毘盧遮那の接頭語「摩訶」は「大」を意味するサンスクリットの音訳らしい。しかし実践的にはほとんど意味はない。専修念仏はこれらを雑行として切って捨てることから始まるのである。

　さて、少し横道にそれてしまったが、作願門行の果門である宅門において「（極楽浄土のことと考えていい）蓮華蔵世界」に入るということは、天親においては菩薩の階次を上り詰めた善男子・善女人が空の真理を証った（「入《にっ》空《くう》」した）ことだが、親鸞独抜の解釈である法蔵所修の五念門行という観点から見れば、「南無阿弥陀仏（それっていいですね）」と言うだけでその果を得るわれら煩悩成就の凡夫が、まさにこの宅門において「彼土入空証果」するということを意味する。これを逆から言えば、その前の二門（礼拝・讃嘆）の果である大会衆門までが現生で得られるということになるのである。これを「現生正定聚の益」と言う。そこで「正信偈」天親章に「功徳大宝海に帰入すれば、必ず大会衆の数に入ることを獲。蓮華蔵世界に至ることを得れば、すなわち真如法性の身を証せしむ」（大谷派『聖典』二〇六頁／二版二三〇頁）と述べられているのである。「帰入」とは「本願を信じ念仏申す」ことに他ならない。だから、それさえわかれば、そのことの説明のために「蓮華蔵世界」とかいう誰にもわからぬ悟りの世界そのものの説明は、あって悪いとか邪魔になるというほどのことはないにしても、必要はない。少なくとも蓮華蔵世界の説明から「帰入」の決意が生ずることはない。

話を本筋に戻そう。われら煩悩成就の凡夫が五種の果を得る〈時〉の問題である。法蔵菩薩が五念門行を修して阿弥陀如来と成るには兆載永劫を要したが、如来と成ってからは「今に十劫を経たまへり」なので、われらは「漸次に五種の功徳を成就する」必要はなく、速やかにすべての果を得る。ただし、われら煩悩成就の凡夫は娑婆にいる時は、「弥陀も薬師も大日も我法身と同体なりと観念する」ようなことは雑行であると切り捨て、「本願を信じ念仏申す」ことに徹しているので、蓮華蔵世界に入るのは「称えん者を迎えとらんという御約束」が実効する未来世である。この約束は念仏申す誰にとっても「今」のことであり、実効して園林遊戯地門から「他方国土へ飛び出して有縁々々の衆生を済度するに間隙《いとま》なき身となる」のは、誰にとっても未来のことである。それが誰にとっても未来のことなのだから、今のこの現実が平和で安全な世界であるとか、だからそのために協力しろ、などと言う群賊悪獣ファシストにはけっして騙されることなく、義のために戦争するとか他国を侵略することには反対だと言い続けることができるのである。

三、利行満足章の「註」前半——曇鸞は入出に往還を重ねる——

では、『論註』に移ろう。「註」は上巻で偈文の解釈をしたのに比べると短く簡潔であるが、最後の問答にある「他利利他の深義」が手強い。この「深義」をどう解釈するかということは、親鸞が引用のレベルを超えた偈文のかたちで述べた『入出二門偈』の天親章や「証巻」「行巻」に引用された『論註』の独自の訓点によく表れている。だから、以下の解釈においては、親鸞が『論』と『論註』をどのように読もうとしたかを検討することを重視しようと思う。なので、前節での論文の概略と重複することもあるが、親鸞が『論』そのものをどのように読んだかということも考慮して『論註』を読んでいこうと思う。まずは、①の論文に付けられた「註」から始める。

この五種は、入出の次第の相を示現す。入相のなかに、初めに浄土に至るは、これ近の相なり。いはく、大乗正定聚に入りて、阿耨多羅三藐三菩提に近づくなり。浄土に入りをはれば、すなはち如来（阿弥陀仏）の大会衆の数に入るなり。衆の数に入りをはれば、まさに修行安心の宅に至るべし。宅に入りをはれば、まさに修行所居の屋宇《おくう》に至るべし。修行成就しをはれば、まさに教化地に至るべし。教化地はすなはちこれ菩薩の自娯楽の地なり。このゆゑに出門を園林遊戯地門と称す。（『七祖篇』一五〇～一五一頁）

この「註」が付けられた論文は「また五種の門ありて、漸次に五種の功徳を成就す、知るべし。何者か五門。一には近門、二には大会衆門、三には宅門、四には屋門、五には園林遊戯地門なり」であるが、親鸞の読みでは漸次に五種の功徳を成就するのは法蔵だから「成就す」は「成就したまえり」となる。『論』の表面的な意味から言えば、「宅」だとか「屋宇」などという建造物の構造や庭園を意味する言葉が用いられていても、基本は「唯心の弥陀己心の浄土」であって、それらはまさに抽象的な概念の手掛かりにすぎないが、『論註』になると「修行安心の宅」「修行所居の屋宇」というように具体性が増す。また、『論』は、五種の功徳、すなわち、五念門という因行を「漸次に」成就した結果として、五種の果の門「近門・大会衆門・宅門・屋門・園林遊戯地門」があると言うだけで、「入出」についてはまだ述べていないが、『論註』は先取りして「入出」でこれを説明している。なぜ、このようなことになっているのか。それは、「漸次」というのは「順次に少しずつ」というような意味であるが、この言葉は章の最後の論文「菩薩はかくのごとく五念門の行を修して自利利他す。速やかに阿耨多羅三藐三菩提を成就することを得るがゆゑなり（菩薩如是修五門行自利利他速得成就阿耨多羅三藐三菩提）」の「速得」と矛盾するようにも思えるからである。「漸次」「速得」の両者の関係はどうなるかが大いに問題となる。これを統一的に解釈しようとすれば、五念門行を兆載永劫に漸次に修した法蔵菩薩が如来となって衆生にそれを回施することにより、因行を娑婆で修することの適わぬ衆生は浄土に往生したところで速やかに五門の果を得るということになる。その場合も鍵は香月院考案のテーゼ「回向は如来ばかりにあり、往相還相は衆生ばかりにあり」になる。このテーゼを採用する以外に『論』と『論註』と『教行信証』及び『入出二門偈』との三者を一貫して読み解くことができないからである。

　ただし、このテーゼは香月院が考案したものであって、親鸞自身がこれを完全に遵守しているかどうかは決め難い。このことは、これまで何度も述べてきたことで繰り返しになるが、再度、再々度、確認しておく。香月院によって「如来ばかりにある」とされる「回向」は五念門の最後のひとつであるから、初めの四種「礼拝」「讃嘆」等もまた「如来ばかりにあり」ということになりそうだが、そう言えるかどうかは微妙なのであり、「証巻」の訓点では時に逸脱する。例えば、入第一門についての論文の「註」の「礼仏願生仏国是初功徳相」は、親鸞の訓点

「仏を礼して仏国に生まれんと願ずるは、これ初めの功徳の相なりと」（大谷派『聖典』二九七頁／二版三四一頁）でも、「仏を礼する」の主語は明らかに衆生であって「如来ばかり」ではなさそうなのである。また「仏国に生まれんと願ずる」は、テーゼを遵守すれば「生まれしめんと願じたまいき」でなければならぬだろうが、そうはなっていない。ただし、『入出二門偈』においては、親鸞は「いかんが礼拝する、身業に礼したまいき。阿弥陀仏正遍知、もろもろの群生を善巧方便して、安楽国に生ぜん意をなさしめたまうがゆえなり。すなわちこれを第一門に入ると名づく、またこれを名づけて近門に入るとす」と原文をある程度無視して自由に語っているので、テーゼは遵守されている。このことをどう考えるかであるが、親鸞は『入出二門偈』では自分の思想を自由に述べているが、「証巻」の引用では原文の引用に拘束されているのでやむを得ないと解説する者が、おそらく多いだろうと思う。「おそらく」というのは、管見の及ぶところ、このようなことに注目している評者が見受けられないからである。五念門法蔵所修の義を遵守すれば「願生」は「生まれんと願ずる」ではなく「（衆生をしてわが国に）生まれしめんと（如来は）願じたまいき」にならねばならないし、そう思えばそのくらいの書き込みはできる。親鸞がそこまでやらなかったことを冷静に考えれば、親鸞にも己の思想になお不徹底な点があったのだとみなすことを憚ってはならぬと思う。往還するのは「衆生ばかり」でなければならぬはずなのに、弥陀が往還すると受け取られても仕方のない表現を親鸞自身がすることがある。「証巻」冒頭の「しかれば弥陀如来は如より来生して、報・応・化種種の身を示し現わしたまうなり」などがそうである。香月院は『略文類講義』において、この個所について「こゝは化け物屋敷なり」と言ったことは何度か紹介した。実際ここから弥陀如来と天皇やアマテラスの同等性を導き出した者たちがいる。この者たちと、「化け物屋敷」と苦言を呈した香月院の、どちらが真に親鸞を信頼したことになるのか。香月院の導き無しで『論』『論註』・『教行信証』および『入出二門偈』の三者を一貫して読み解くことは不可能なのではなかろうか。私はこの意味はきわめて重要だと思っている。

ついで、②と③の「註」について考えてみよう。

②の論文は「この五種の門は、初めの四種の門は入の功徳を成就し、第五門は出の功徳を成就す」であるが、「証巻」の訓点では「この五種の門は、初めの四種の門は入の功徳を成就したまえり。第五門は出の功徳を成就したまえり」（大谷派『聖典』二九六～二九七頁／二版三四〇頁）となっている。親鸞は、入出の功徳を成就するのは法蔵菩薩だとみなすからである。「入空出仮」などという、この世界で誰もできないことを話題にする時は、釈迦や天親のようにはるか以前に死んでしまった人においても、やめておいたほうがいい。「過境の普善者阿弥陀如来」に限っておかねばならない。われら煩悩成就の凡夫は、この過境の普善者の「み名を称えん者を迎え取る」という御約束を信じて往還することに徹しなければならぬ。誰でも簡単に実践できる「往還」と、真理それ自体とその表現についての形而上学にすぎない「入出」との相違はきわめて重要なのである。③は近門が礼拝門に対応していて、それが「入第一門」だということを述べる論文「入第一門というは、阿弥陀仏を礼拝し、かの国に生ぜんとなすをもってのゆゑに、安楽世界に生ずることを得（「阿弥陀仏を礼拝して、かの国に生ぜしめんがためにするをもってのゆえに、安楽世界に生まるることを得しむ――」「証巻」の訓点。大谷派『聖典』二九七頁／二版三四一頁）。これを入第一門と名づく」について「仏を礼して仏国に生ぜんと願ず。これ初めの功徳の相なり（「仏を礼して仏国に生まれんと願ずるは、これ初めの功徳の相なり――」「証巻」の訓点。大谷派『聖典』二九七頁／二版三四一頁）」と註せられているのだが、以下④⑤⑥も、「如来の名義によりて讃嘆す。これ第二の功徳相なり」「寂静止を修せんがためのゆゑに、一心にかの国に生ぜんと願ず。これ第三の功徳相なり」「……第四の功徳相なり」「……第五の功徳相と名づく」というように註せられている。これに対して論文では、「この五種の門は、初めの四種の門は入の功徳を成就し、第五

門は出の功徳を成就す」という前四門が「入」で後一門が「出」だと述べることに対しては、特に「註」は加えず**「この入出の功徳は、何者かこれや」**とだけ示し、続けて**「釈していはく」**という言葉を足している。この「釈していはく」というのはちょっとややこしいが、「天親菩薩が入出の意義を解釈して一門ずつ説明なさってらっしゃる」と曇鸞が「註」を加えたということである。五果門について「功徳相」という言葉を用いているのは、因となる「功徳」を積んだらどのような果としての「相《すがた》」が現れるかということで、果門を「功徳の相」と説明したということである。ここから五果門を「五功徳門」と呼びならわすようになったのかもしれないが、「功徳」は「因」なのだから五果門を「五功徳相門」と言うならまだしも、「五功徳門」はよろしくないように思われる。[3]

⑤の「註」は**「寂静止を修せんがためのゆゑに、一心にかの国に生ぜんと願ず。これ第三の功徳相なり」**で「寂静」と「止」と重ねて奢摩他を説明しているが、論文にある「蓮華蔵世界」ということについての言及はない。しかし、親鸞はこの「蓮華蔵世界」に着目している。そのことについては、前節の「われら煩悩成就の凡夫が五種の果を得る〈時〉の問題」としてすでに説明した。

⑥の論文「入第四門とは、専念にかの妙荘厳を観察し、毘婆舎那を修するをもってのゆゑに、かの処に到りて種々の法味楽を受用することを得《う》(「かの妙荘厳を専念し観察して、毘婆舎那を修せしむるをもってのゆえに、かの所に到ることを得て、種種の法味の楽を受用せしむ——」「証巻」の訓点。大谷派『聖典』二九七頁/二版三四一〜三四二頁)。これを入第四門と名づく」である。これについての「註」は**「「種々の法味楽」とは、毘婆舎那のなかに、観仏国土清浄味・摂受衆生大乗味・畢竟住持不虚作味・類事起行願取仏土味あり。かくのごとき等の無量の荘厳仏道の味《み》あるがゆゑに「種々」といふ。これ第四の門の功徳相なり」**(『七祖篇』一五二頁)である。ここでの「論文」や「註」に付けられた親鸞の訓点について、「行為の主体は誰か」ということと、その行為がなされる「時」及び、そ

の行為の成果が得られる「時」についての理解をきちんとしておかないと、「深遠」とか「われらの窺い知れない宗祖聖人の宗教体験」とか「次元が異なる信仰言語」等々、言っている本人にも実は何のことだかわからない、ただの混乱に陥りかねない。

まず、論文の顕意と親鸞の訓点の相違について確認しておく。論文のおおよその意味は、「(善男子・善女人は)荘厳なくしてしかも荘厳というような「妙荘厳」を観察する(すなわち、観なくしてしかも観というような「毘婆舎那」を修得する)ことができれば、彼の高次の菩薩の「処」に到達できるから、真理そのもののさまざまな表現を享受できる」ということである。親鸞の訓点では、五念門行の法蔵所修と五果門の衆生受用という独抜の解釈を前提とする読みと、そこまではいかなくとも、曇鸞の『論註』にも顕われている①娑婆の願生の行者の所修と、②(その娑婆の行者が)浄土に往生したところで得る果としての法味楽として読むことと、③そもそも漢文で引用されているのだから、論文の原意との三重の意味として読めるようになっている。何度も繰り返したので煩わしいかもしれないが、一応整理して述べる。まず、『論』本来の義では、五念門因行の行為主体も五種の果を受用するのも善男子・善女人であり、その成立の時は他人には窺い知れない己心《こしん》の内にある。それが『論註』になると、五念門の行為主体は、一応、「娑婆の願生の行者」及びそれが浄土に往生して菩薩として「修行所居の屋宇」において「観仏国土清浄味・摂受衆生大乗味・畢竟住持不虚作味・類事起行願取仏土味」を味わうということになる。行がなされる〈時〉は、娑婆にいる時というわけでもなさそうだが、よくわからない。ただ、その成果が得られる時、すなわち、種々の法味を味わう〈時〉は「修行所居の屋宇」に迎えてもらった後らしいことは読み取れる。そして、親鸞独抜の義では、この「修行所居の屋宇」を準備くださったのは、われら凡夫ではなく如来であることを確認して、五念門の行為主体は衆生ではなく法蔵であり、なされる〈時〉は兆載永劫である。他方、五種の果を受けるのは阿弥陀如来ではなくわれら煩悩成就の凡夫である。受け取る〈時〉は、近門果と大会衆門果は現生、蓮華蔵世界に入る以後は未来生ということになる。この未来の場で法味を味わう、すなわち、そこで弥陀と違わない通力を得ることになる。もちろん、未来生のことはわれら煩悩成就の凡夫にわかるわけもないが、御名を称えん者を迎え取るという御約束を信じて念仏申すことにおいて、今、極楽の人数として「戦争は極楽の分人のなすことではない」(『余が社会主義』)という実践に生きられるということだけは確実にある。これを「一心安心上の観」というのである。これを「観仏本願力遇無空過者」と言い、これを「畢竟住持不虚作味」を今味わうと言ってもいいのである。ここから、『論』『論註』の顕文を打ち返せば、法蔵の兆載永劫の修行も、弥陀の五劫思惟の願も、ひとえにわれら煩悩成就の衆生往生のためなりけりと知られるのである。

⑦の論文とその「註」に移ろう。ここまでが「証巻」に「已上抄出」として引用され、⑧以下はこの⑦の「註」の「「本願力」といふは、大菩薩、法身のなかにおいて……」以下を重ねて「行巻」の他力釈に引用されている。この引用の仕方はかなり複雑で読み取りにくいのであるが、しっかりと整理しなければ、『論』『論註』と『教行信証』及び『入出二門偈』を一貫して読み解くことができないので、もうひと頑張りしよう。

「行巻」の他力釈は、親鸞の自釈としてある「他力」という言葉の定義、すなわち、「他力と言うは、如来の本願力なり(言他力者如来本願力也)」につづけて、「『論』に曰く……」として『論』ではなく、『論註』の「「本願力」といふは、大菩薩、法身のなかにおいて……」を引用するというかたちになっている。これがどういうことなのかはややこしいのではあるが、きわめて重要である。⑦の論文は「出第五門とは、大慈悲をもつて一切苦悩の衆生を観察して、応化身を示して、生死の園、煩悩の林のなかに回入して遊戯し、神通もつて教化地に至る。本願力の回向をもつてのゆゑなり(以本願力回向故)。これを出第五門と名づく」である。「証巻」に引用された親鸞の訓点もこれと基本的には変わらない。「大慈悲をもつて一切苦悩の衆生を観察して、応化身を示して、生死の園、煩悩の林のなかに回入して遊戯し、神通もつて教化地に至る」のは、弥陀と変わらぬ通力を得た浄土の菩薩であるからだ。この「浄土の菩薩」はもともとわれら煩悩成就の凡夫であった者が、浄土に往生したところで菩薩と名を変えたのである。この菩薩（かつては現生正定聚にすぎなかった「極楽の人数」が当益を得た）は、こののち直ちに他方国土へ飛び出して有縁々々の衆生を済度に出かける。すなわち、『論註』は菩薩四種の荘厳に顕れる「不動応化功徳」などを前提していると言ってもよいし、第二十二の還相回向の願を前提しているとも言える。その場合は、「以本願力回向故」の「本願」とは、二十二願の「除其本願」のこと、すなわち、還相の菩薩のそれぞれの願いを意味するが、親鸞はこれを弥陀の本願力と理解するので、訓点は『論註』本来の漢文と変わらないが、『論註』の意図とは大いに異なり、如来の回向によって浄土の菩薩衆が教化地に至ることになる。本願を阿弥陀如来の本願力と解釈しても、「大慈悲をもつて一切苦悩の衆生を観察して、応化身を示して、生死の園、煩悩の林のなかに回入して遊戯し、神通もつて教化地に至る」主体が、弥陀と変わらぬ通力を持っているが、弥陀とは一応別体のわれら衆生であることには変わりがないからである。だから、親鸞の理解をより鮮明にするには、これを「本願力を以て廻向したまえるが故に(4)」と読む方がいいと思われる。その方が「回向は如来ばかりにあり、往還は衆生ばかりなり」のテーゼが徹底して、応化身・種々の身を示すのも如来そのものではなくなるから、「天皇即阿弥陀如来」のファシズム教学の危険性は少し緩和されると思う。香月院が「化け物屋敷」と苦言を呈した「証巻」の「しかれば弥陀如来は如より来生して、報・応・化種種の身を示し現わしたまうなり」という自釈は、『論』『論註』のこの部分に論拠を持つと思われる。浄土教が危険な宗教となり得るポイントはここにあるだけに、さらに踏み込んだ読解（批判的解釈）を要すると思う。どういうことかというと、もし、この「本願力」を菩薩四種の荘厳に登場する大菩薩とは別体の阿弥陀如来の本願だと解釈しても、「大慈悲をもつて一切苦悩の衆生を観察して、応化身を示して、生死の園、煩悩の林のなかに回入して遊戯し、神通もつて教化地に至る」大菩薩とは、彼らをして他方国土へ飛び出そうと仕向けたもともとの阿弥陀の願いを縁として（増上縁として）応化身を示したのだということになるからだ。これこそが、この後に出てくる他利利他の深義にある「覈《まこと》にその本を求むれば、阿弥陀如来を増上縁とするなり」を以て親鸞が言いたかったことなのである。そして、この議論を一貫させようとしたら、弥陀自身は、みだりに応化身・種々の身を示現すべきではない。これを、弥陀の側からではなく、われら衆生の側からより正確に言うならば、この差別と殺戮の娑婆において、自分や自分の師や、まして「天皇」「アマテラス」などという「迷界の有情（くだらないもの）」（河野法雲「宗祖聖人の神祇観」）を弥陀の化現とみなしてはいけないということである。「此土入聖得果」を雑行として棄てて「於安養浄土入聖得果」する専修念仏者が、思うがごとく有縁の衆生を利益するのは誰にとっても未来生でなければならないからである。そうでなければ、浄土教は容易にファシズムに流れるだろう。『論』の原義においては彼の土も阿弥陀如来も真如実相、すなわち、法身を証《さと》った菩薩の心の内にあるだけだから、園林遊戯地門を出ると言っても、菩薩が入空出仮することを象徴的に表現しているにすぎないので、弥陀自身が門を出ることとみなしてもいいかもしれないが、「於安養浄土入聖証果」を綱格とする『論註』以後の浄土教にとっては、ここを混同してはならないはずである。『註論講苑』において香月院はこの個所に特別の批判をしていないが、「証巻」冒頭の親鸞の自釈を「化け物屋敷」としたくらいの強い注意喚起が必要だったのではないかと私は思う。

ともあれ、この論文に付けられた「註」を記す。

「応化身を示して」とは、『法華経』の普門示現の類のごとし。「遊戯」に二の義あり。一には自在の義なり。

菩薩、衆生を度することは、たとへば獅子の鹿を搏《う》つがごとく、なすところ難《かた》からざること遊戯するがごとし。二には度無所度の義なり。菩薩、衆生を観ずるに畢竟じて所有なし。無量の衆生を度すといへども、実に一衆生として滅度を得るものなし。衆生を度するを示すこと遊戯するがごとし。「本願力」といふは、大菩薩、法身のなかにおいて、つねに三昧にましまして、種々の身、種々の神通、種々の説法を現ずることを示す。みな本願力をもつて起《おこ》せり（皆以本願力起）。たとへば阿修羅の琴の鼓するものなしといへども、音曲自然なるがごとし。これを教化地の第五の功徳相と名づく。

（『七祖篇』一五三頁。（　）は筆者）

『論註』は「示応化身」「遊戯」「本願力」について解釈を述べるが、それ自体は難解ではない。「普門示現」というのは、『法華経』の「観音普門品」に説かれていることで、観音が衆生済度する時に済度される機に応じて仏身菩薩身だけでなくバラモンや女身など三十三の身でもって行うということである。こういうことを言うから、天皇を阿弥陀の化身だなどという輩が出てくるのである。「遊戯」の二義は、ライオンが鹿を捕まえる時に何の苦労もなく遊んでいるように「自在」に捕まえることと、無数の人びとを済度するにもかかわらず、誰もいかにも滅度を得るというようなことがなく遊んでいるようなもの、という義である。衆生済度が真に実践されるということは、差別と殺戮のこの娑婆世界で反差別と反戦を実践するということであるが、私たちの実践は、わが身可愛いだけの凡夫としては自分や自分の身内さえ差別されなければいいというだけのものでしかありえない。また、日ごろ目にする権力者たちも、身内を優遇しているだけのことなのに「すべての国民の皆様のために努力する」などと平気で嘘をつく。動機が穢れているのだから、結果が浄いはずはない。だから、真の平和と平等は因も果も清浄な「度していながら特別に贔屓して度される者がない「度無所度」ということでなければならぬということである。こういう理屈は肩の力を抜いて気楽に聞いておけばいい。間違っても眉間にしわを寄せてこういう境地を目指してはならない。園林遊戯地門の論文は、かたちを変えて「起観生信章」の回向門で還相回向として使われていたのである。還相するのは弥陀ではなく（未来のことではあるが）われら煩悩成就の凡夫である。そういう約束を信じているわれらは、今ここで「度無所度」の境地を得ているなどと思い上がらないのである。思い上がらないけれど、この差別と殺戮のただなかにあって、平和と平等の希望に生きることができるのである。どうしてそういうことが言えるか。根拠が、わが身可愛いだけの自分にあるのではなく、「覈《まこと》にその本を求むれば、阿弥陀如来を増上縁とするなり」だからなのである。「（自分由来の）本願力を以て起こせり」（『論註』漢文の通常の読み）なのではなく、「（如来の）本願力より起こるを以てなり」（「行巻」「証巻」引文の親鸞の訓点）[5]なのである。「以本願力起」を「力」の字の後に「ヨリ」と仮名をつけて、その後の動詞「起」の目的語に変えるのは文法的には反則である。この反則を犯した場合に、演奏者がいないのに自動的に音を出す阿修羅の琴が、このことの適切な喩えであるかどうかは微妙である。演奏者は、回向という仕掛けをこの自動演奏琴に仕掛けた阿弥陀如来なのではないだろうか。いや、仕掛けたのは如来だとしても、演奏するのは往還する衆生と言うべきか。

註

（1）この「果の五門」あるいは「五果門」のことを「五功徳門」と言うのが一般的である。「五功徳門」が近門・屋門などを指していることは明らかなので、通称となったこの「五功徳門」という言い方をしてもいいとは思うが、「功徳」とは因または因行のことだから、あまりよくないネーミングだとは思う。ちなみに『註論講苑』には五功徳門という用語は見当たらず、もっぱら「果の五門」が使われている。

（2）この訓読は通常の漢文の読みであるが、「証巻」に引用された親鸞の訓読では「入第三門とは、一心に専念し作願して、彼に生じて奢摩他寂静三昧の行を修するをもってのゆえに、蓮華蔵世界に入ることを得しむ。これを入第三門と名づく」（大谷派『聖典』二九七頁／二版三四一頁）となる。詳しくは後述する。

（3）このことについては、開轍院随慧『浄土論註略記』に、「有人果五門名功徳五門者不是」（『往生論註講纂』第十二冊二四丁）とある。すなわち、開轍院は、「果の五門のことを功徳の五門と言う者があるがこれは正しくない」と言っているのである。

（4）この訓読はウェブ上に公開されている「西覚寺光輪会」のホームページ www.biwa.ne.jp/~takahara/index.html 内の「書架」にあったものを拝借した。管理者の高原師にお尋ねしたところ、「『相伝義書』の東本願寺刊「相伝義書」第一七巻二八四頁二行目、方丈堂出版の販売「相伝叢書」第一五巻二九六頁六行目にあります。参考になればよろしいのですが。／西覚寺　高原弘志」というご返事をいただいた。

（5）註（4）にも述べたが、親鸞の意図をより明確にするなら「本願力を以て起こしたまえり」と読む方がいい。『入出二門偈』『論註加点本』の成立は、一二五六年（建長八）親鸞八十四歳のことである。五念門法蔵所修というアクロバット的議論に多少の集中力を欠いたのかもしれない。

第34最終章

弥陀と変わらぬ力で他者を利益する希望

――利行満足（その二）及び結句

一、利行満足章の「註」後半

本章は論文⑧「菩薩は入の四種の門をもつて自利の行成就す、知るべし」と、⑨「菩薩は出の第五門の回向をもつて利益他の行成就す、知るべし」に入る。このふたつはセットになっているので、「註」も、まずセットとして見てみよう。

「成就」とは、いはく、自利満足なり。「知るべし」といふは、いはく、自利によるがゆゑにすなはちよく利他す。これ自利することあたはずしてよく利他するにあらずと知るべしとなり。（『七祖篇』一五三頁）

「成就」とは、いはく、回向の因をもつて教化地の果を証《しょう》す。もしは因、もしは果、一事として利他することあたはざることあることなし。「知るべし」といふは、いはく、利他によるがゆゑにすなはちよく自利す。これ利他することあたはずしてよく自利するにはあらずと知るべしとなり。（『七祖篇』一五四頁）

このように、いずれも「成就」と「応知《しるべし》」について註されている。「応知」の方は同一だが、「成就」については自利の成就に関しては「自利満足」とだけ述べ、利益他の成就では、回向門と教化地の果が因と果の関係になることを示している。五種の果門における第五門は「園林遊戯地門」と名づけられているが、その「遊戯地」が「菩薩が衆生を教化する場」ということになる。今ここにいるわれらにとっては未来（死後という言い方をことさらに避ける必要はないが、個人においては誰にとっても「死後」だが、一切衆生にとっては確実な「未来」である）のことであり、娑婆にいるわれら凡夫には想像もつかぬが、因の五念門は法蔵によって兆載永劫に修められているのである。因行にはわが身可愛いだけを本質とする凡夫の濁りはまったく含まれていない。だから、死後かもしれないが、他方国土へ飛び出して他者を思うがごとく利益するわれら還相の菩薩の利他行もまったく清浄である。因も果も利他をまっとうできないことはあり得ない。私は、それでいいのだと思う。確実な未来と言っても、今ここでそれを「感得」していることとは少し違う。「法蔵菩薩、われとなりて」とか、「われこそは法蔵菩薩である」と言いたくなる気持ちもわからぬではないが、そこはぐっと飲みこんでおいた方がいい。でないと、その「感得」が、「天皇は阿弥陀の化現」というようなファシズムが登場してきても、それを批判する根拠を失わせる。また、「法蔵われと成りて」のつぎは必然的に「われは阿弥陀と成りて」とせねばならぬだろうが、それは言えまい。私がいくつか聞いたのは、すべて「……と成りて、われを救う」でしかなかった。「われを救う」の方はどうでもいいのだ。どうでもいいと言って悪ければ、われを救うのは、この世界が平和と平等に向かうということ以外にはあり得ないのである。つまり「利他することとあたはずしてよく自利するにはあらず」としか言いようがないのである。だから、この「ぐっと飲みこんで」ということが、彼土入聖証果の浄土教の綱格《こうかく》であり、仏教プラグマティズムなのである。この解釈によってのみ、天親が夢想したにすぎない自利利他円満が実現可能な道になったのである。だから、今ここで「念仏もうすのみぞ、すえとおりたる大慈悲心にてそうろうべき」（『歎異抄』第四条。大谷派『聖典』六二八頁／二版七六九頁）と、地を踏むほど確実に言えるのである。

香月院を中心とする真宗伝統教学を、自身の死後の救済に満足している消極的な教学だとみなすのはとんでもない間違いである。（自己の）救済なるものを自己の死後（未来）だと考えていないわけではないが、そんなことはどうでもいいのである。この教学は、すべての衆生の解放を確実に可能にする積極性にあふれる教学なのである。もちろん、解放それ自体が今実現しているわけではないが、視線は解放（利他）の未来に向いている。この「視線」によって、この世での「自分は救われた」という何の役にも立たぬ気分に誘惑されることが無くなったということなのである。

肩の力を抜いて思ってみれば、どんな人でも誰かの役に立っているとわかればそれだけで元気になる。どんな人も生きているだけで、いや、たとえ死んだとしても、誰かを元気づけている。必ず、誰かを利他している。もちろん、徹底的に自己を省察すれば、そんな気分は無数の不純な動機によって汚された名聞利養でしかないことはすぐわかる。でも、それでいいのだ。誰にとっても、今は不純でも、念仏申す決意ができたという奇跡は、その元を探れば（觔求其本）因も果も清浄な本願力回向に由来するという他はないのである。安心して、真実、自分自身のしたいこと、しなければならぬこと、できることを、他人と比べず、あせらず、あきらめずしていこうではないか。「自利することあたはずしてよく利他するにあらず、利他することあたはずしてよく自利するにはあらず」なのである。

二、速得成就阿耨多羅三藐三菩提——速やかに得られる最高のさとり——

利行満足章の⑩の論文は、五念門を「漸次」に修するに対して、阿耨多羅三藐三菩提の成就、すなわち、成仏が速やかに得られると書かれている。論文はつぎのとおりである。

菩薩はかくのごとく五念門の行を修して自利利他す。速やかに阿耨多羅三藐三菩提を成就することを得るがゆゑなり。

（『七祖篇』一五四頁）

その「註」は以下のとおりで、「仏」「成仏」などの言葉の定義を示しているものにもなっている。

仏の所得の法を名づけて阿耨多羅三藐三菩提となす。この菩提を得るをもつてのゆゑに名づけて仏となす。いま「速やかに阿耨多羅三藐三菩提を得」といふは、これ早く作仏することを得るなり。「阿」は無に名づく、「耨多羅」は上に名づく、「三藐」は正に名づく、「三」は遍に名づく、「菩提」は道に名づく。統べてこれを訳して、名づけて「無上正遍道」となす。「無上」とは、いふこころは、この道は、理を窮め性を尽してさらに過ぎたるひとなし。なにをもつてかこれをいふとなれば、「正」をもつてのゆゑなり。「正」とは聖智なり。法相のごとくして知るがゆゑに称して正智となす。法性無相のゆゑに聖智は無知なり。「遍」に二種あり。一には聖心あまねく一切の法を知ろしめす。二には法身あまねく法界に満つ。もしは身、もしは心、遍せざるはなし。「道」とは無碍道なり。『経』（華厳経・意）にのたまはく、「十方の無碍人、一道より生死を出づ」と。「一道」とは一無碍道なり。「無碍」とは、いはく、生死すなはちこれ涅槃と知るなり。かくのごとき等の入不二の法門は、無碍の相なり。

（『七祖篇』一五四～一五五頁）

「仏の所得の法を名づけて阿耨多羅三藐三菩提となす。この菩提を得るをもつてのゆゑに名づけて仏となす」というのは、いわば「仏」すなわち「仏陀」「覚者」という言葉の定義でもある。すなわち、「仏陀（Buddha）」とは、自動詞としては「芽を出す」「目覚める」という意味を持ち、他動詞としては「……を認識する」「……を証る」という意味の「buddhu」の過去分詞から派生した名詞で「覚者・目覚めた人」がその直訳と言える。他動詞としての目覚めた人が目覚めた対象とは、『論註』に「仏の所得の法」とあるように単に「達磨・ダルマ（dharma）」（漢訳は「法」）とも呼ばれるが、「真如（tatahta）」「阿耨多羅三藐三菩提（anuttra-samyaku-sambohdi）」などとも呼ばれる。「tathata」は英語にすれば「suchness」、「……のようであること」という意味である。「anuttra-samyaku-sam-bohdi」は、『論註』の解説のとおりで、「法」や「如」が無上の智慧だという意味を込めている。「成就」はもちろん「成し遂げる」という意味であるから、「成就阿耨多羅三藐三菩提」は「真理の目覚めを成し遂げる」でいいのだが、真理に目覚めた人を「仏陀」「覚者」というわけだから、「成就阿耨多羅三藐三菩提」全体を「成仏（仏に成る）」「作仏（仏に作《な》る）」と翻訳してもいいことになる。だからこれを「速やかに阿耨多羅三藐三菩提を成就する」と読むか、「成就阿耨多羅三藐三菩提を速やかに得る」と読むかは、どちらでもいいのだが、その前の「速（速やかに）」が、真理に目覚めることが速やかなのか、目覚めた者になることが速やかなのかは、微妙だということになる。「註」の「「速やかに阿耨多羅三藐三菩提を得」といふは、これ早く作仏することを得るなり」は、どちらかといえば後者を示唆しているだろう。つまり、弥陀仏が法蔵菩薩から仏に成ることについては「漸次」であったが、その阿弥陀仏の回向によって煩悩成就の凡夫が往生して「成仏」「作仏」するのは速やかだということである。こういう、ある意味では「わけのわからぬこと」が生じてくるのは、「成就阿耨多羅三藐三菩提」がもはやどうしようもなく抽象的なことになっているからである。この個所の最後に出てくる「生死即是涅槃」とか「不二法門」などというものは、これらの概念が頻繁に登場する『維摩経』では最終的に維摩居士の「一黙」で示唆されるものでしかないからである。つまり、これらの概念には、この章のテーマである「利他行」の実践的な意義はほとんどない。「利他行」がテーマになっていたことを忘れてしまうほどである。しかし、それはつぎの問答で鮮やかによみがえる。

三、他利利他の深義とは何か

最後の「問答」を検討しよう。問答は、利行満足章最後の⑩の部分についての問答なのであるが、「答」としていわゆる「他利利他の深義」が登場するので、曇鸞がそもそも『論』全体をどう読んだかが明らかになるという意味を持っている。さらには、この「他利と利他と、談ずるに左右あり。もし仏よりしていはば、よろしく利他といふべし。衆生よりしていはば、よろしく他利といふべし。いままさに仏力を談ぜんとす。このゆゑに「利他」をもつてこれをいふ。まさにこの意を知るべし」という個所を親鸞が「深義」と名づけたことで、親鸞が『論』と『論註』をどう読んだかも全面的に検討しなければならない。多くの解説者が躓くところなのでしつこいめに説明しようと思う。まずは、問いと最初の答え（「深義」ではない部分）までの文をあげる。

問ひていはく、なんの因縁ありてか「速やかに阿耨多羅三藐三菩提を成就することを得」といへる。答へていはく、『論』（浄土論）に「五門の行を修して、自利利他成就するをもつてのゆゑなり」といへり。

（『七祖篇』一五五頁）

『論』に〇〇といえり」として「五門の行を修して、自利利他成就するをもつてのゆゑなり」が引用されている形になっているが、実際の『論』は「五念門の行を修して自利利他す」とあるだけで、「成就」という言葉はないが、意味は大きく変わることはなく、五念門行を修するのは善男子・善女人である。香月院はこれを「今は初めに『論』の題文で答へ給ふなり」（『講苑』七〇二頁上段）と解説している。私も、それでいいと思うが、「成就」を加えたことで、法蔵の漸次の修行とは別の、衆生の速得作仏が含意されていると読めないだろうか、とも思う。

では、「（顕意ではなく）深義で答へ給ふ」（『講苑』七〇二頁上段）のつぎの段を検討しよう。「覈《まこと》に其の本を求むる（覈求其本）」ことによって本願力回向が示される前半と、それを具体的に第十八・第十一・第二十二の三願によって証明する後半とを分けて検討しよう。まずは前半を検討する。

しかるに覈《まこと》に其の本を求むるに、阿弥陀如来を増上縁となす。他利と利他と、談ずるに左右あり。もし仏よりしていはば、よろしく利他といふべし。衆生よりしていはば、よろしく他利といふべし。いままさに仏力を談ぜんとす。このゆゑに「利他」をもつてこれをいふ。まさにこの意《こころ》を知るべし。おほよそこれかの浄土に生ずると、およびかの菩薩・人・天の所起の諸行とは（凡是生彼浄土及彼菩薩人天所起諸行）、みな阿弥陀如来の本願力によるがゆゑなり。

（『七祖篇』一五五頁。（　）は筆者）

この「他利と利他と、談ずるに左右あり。もし仏よりしていはば、よろしく利他といふべし。衆生よりしていはば、よろしく他利といふべし」が深義の核心であるが、まずは落ち着いて文字通りの意味を確認しよう。つぎのようになると思う。【　】は、私による補いであるが、自分が想定した「深義」から無理に補ったのではなく、『論註』の原文をそのまま忠実に読めば、こう補うしかないと思う。ただし、この補いは、ここまで『論註』を読み進めてきた者にとっての補いなのであって、それが直ちに『論』の妥当な解釈としての補いとまでは言えないことには注意を払いつつ読んでほしい。

しかるに【此土から彼の土に至った善男子・善女人は因行としての五念門と果の五門を修したのであるが、その修した行の】根本を探れば、阿弥陀如来による強力な条件づけ（増上縁）がある。「他利」という言葉を使うのと「利他」という言葉を使うのは、左右、つまり、方向に違いがある。【つまりは方向が違うだけで意味は同じである。

だから】仏の側から言えば「利他」ということになるが、衆生の側から言えば「他利」ということになる。今は、仏力のことを語るのだから「利他」の方を用いるのである。【このように、同じ意味ではあるが、「他利」が使われていないことの】意味をよく理解すべきである。【というのは、私（曇鸞）が、この『論』を解釈するに際してこれまで当然の前提として極楽国土を形成した（荘厳した）のはわれら衆生ではなく、阿弥陀如来なのだし、われら衆生をそこに生じせしめるのも如来（の本願）なのだと説明してきたように】おおよそ此土から彼の浄土に生じた者、それから【生じたあとに】菩薩となった人間や天たちの起こす行というものはすべて阿弥陀如来の本願力によるから、【他の論書では天親菩薩は同義である利他と他利のふたつの言葉を適宜どちらも使用しているにもかかわらず、この論では利他という語しか使わないのはこういうわけだから】そう言うのである。

解釈上で難しいところは二点ある。ひとつは「他利と利他と、談ずるに左右あり（他利之与利他談有左右）」、もうひとつは「おほよそこれかの浄土に生ずると、およびかの菩薩・人・天の所起の諸行とは（凡是生彼浄土及彼菩薩人天所起諸行）」である。いずれも素直に読めば何でもないことなのだが、古来すっきりと解釈した者がいないという難読個所なのである。

前の方が「他利利他の深義」というもので、親鸞が「深義」などと名づけたせいでかえって素直に読めなくなったのかもしれない。また、曇鸞自身も「まさにこの意を知るべし（当知此意也）」と言っているので、深い意味がありそうなのである。たしかに「深義」と言えないこともないのだが、無理に奇妙な解釈をすべきではない。

一方、後者の解釈が困難になるのは、「彼菩薩人天」とは誰のことであり、どういう段階にあるのかということに迷うからである。結論をあらかじめ述べておけば、これら「菩薩となってしまった人天」とは、如来の本願力回向によって浄土に向かう「生彼浄土」の者たちとは段階が違って、もはや阿弥陀如来から利他される状態にあるのではなく、阿弥陀如来と変わらぬ通力を以て他の衆生を済度するために他方国土へ飛び出して暇のない身になっている者たちだということである。つまり、「他利利他の（深）義」が、如来の他力や本願力を掲げて「回向は如来にばかりあり」を説明しているのと対応して、「かの浄土に生ずると、およびかの菩薩・人・天の所起の諸行」が、衆生が極楽国土へ往きそこから他方国土へ飛び出して「諸行を起こす（起諸行）」者たちのことを述べているのだ。つまり「往相還相は衆生にばかりあり」を説明しているのだとわかれば、難点は解消するのである。

ともあれ、まずは「他利利他の義」から検討しよう。はじめに確認しておかねばならないのは、「談ずるに左右あり（談有左右）」の「左右」の意味である。「左右」とはあくまでも方向のことであって、まったく違うものを説明する時に「左右」という言葉を用いることはない。左右の違いとは、「同じものだが向きが違うだけ」ということである。つまり、このこと自体はまったくもって「深義」などではなく当たり前のことである。これを親鸞が「深義」などというから「左右」という言葉がまったく異なることを指すものだと一人合点をして、他利と利他の違いを躍起になって説明しだすのである。香月院はこのことについてつぎのように説明している。

今家の我祖鸞師を讃嘆して「ねんごろに他利利他の深義を弘宣したまえり（慇懃弘宣他利利他深義）」との給ふは一文一句に就ての給ふことではなし。総じて此の巻末の御釈の『浄土論』一部の大義に就て『論』の深義を発揮し給ふを讃嘆し給ふ也。

（『講苑』七〇三頁上段）

宗祖親鸞聖人が、曇鸞大師を讃嘆して「ねんごろに他利利他の深義を弘宣したまえり」（「証巻」末尾の自釈。大谷派『聖典』二九八頁／二版三四三頁）と仰るのは、一文一句について仰るのではない。この『論註』巻末の曇鸞大師の解釈が、天親菩薩が造られた『浄土論』全体の大義の深い意義を、人びとによくわかるように示されたことを讃嘆なされて仰ったのである。

つまり、如来の本願力回向によって衆生が往還するという親鸞独抜の深義は何もここだけに登場するのではなく、『浄土論』全体について曇鸞が示していることを、この個所から親鸞が見出したのだというわけである。『論註』は上巻から『論』が五念門の行者の心中に映ずるかのように説明する浄土の荘厳を、当然の如く「仏、本、この〇〇功徳荘厳を起こし給える所以は」、また「この故に菩薩〇〇功徳の願を起こし給えり」などと、荘厳の設定者は法蔵菩薩＝阿弥陀如来だと決めて解説しているのである。衆生はそこへ迎え取られ（そこから再び穢国に還る）とされているにすぎない。「是心是仏是心作仏」などという表現があるので、迷う者もいるかもしれないが、衆生は、けっして阿弥陀仏とその国土の設定者ではないのである。設定には『大経』によると兆載永劫の修行が必要だったわけだから、この巻末に至って初めて「いままさに仏力を談ぜんとす」としたわけではない。とは言うものの、ここで改めて当然として説明してきたことの根拠を示すために、問答を設けたのである。答には、『大経』に登場する第十八・十一・二十二の三願を根拠としていることも、そうしてみれば当然の展開であろう。この個所が『論註』全般を通してずっと前提されてきた「深義」の締めくくりだから、私たちもしっかり読み解こうと思う。そういう意味では「いままさに仏力を談ぜんとす」でないわけでもない。

香月院は、「左右」が単なる方向の違いを示すにすぎないというあまりにも当たり前すぎることについても、親切に説明している。そのうえで、いよいよ「他利」と「利他」という言葉の違いとは何かという問題の本質に迫っている。『註論講苑』の講義がなされたのは、文化四年（一八〇七）、文化五年（一八〇八）の両夏安居のことであるから、「文前玄義」が講義されてから、この個所に至るまでにほぼ一年の年月が経過しているのである。「他利利他の深義」は「文前玄義」でも当然ざっと触れられているが、その段階では『論註』全体を詳しく読み進めていないのだから、講義を聞く側としてはどうしても雲をつかむようなことにならざるを得なかったのである。しかし、ここまで読み進めてみれば、何が問題なのかはかなりはっきりしてきたのである。

四、「他利」と「利他」は同義であり、その方向が違うだけである

はじめに確認しておくべきことは、「他利」と「利他」は方向が違うだけで同じ意味だということである。ここに迷うとすべてが大混乱に陥る。他利と利他がほとんどの文献で入れ替え可能な同義の言葉であることについて、香月院はつぎのように例をあげて説明している。

天親の論書で『勝思惟経論』という、『浄土論』と同時期に菩提留支（?～五二七）という同翻訳者によって訳出されたテキストがある。香月院は、このテキストを用いて、この中で他利と利他が交換可能な言葉として使用されていることを確認する。同著者・同翻訳者の同時期のテキストで、一方（『勝思惟経論』）では「他利」と「利他」が同義、他方（『論註』）では全然別の意味ということはあり得ない。「**然れば他利と利他とは一体の異名で菩薩の衆生済度のことを他利と云ふ也。阿弥陀如来と衆生に限りて他利利他と云ふことがあるではないこと此の『勝思惟経論』にて知るべし**[1]」（『講苑』七〇四頁上段）とある。つまり、『浄土論』においては「他利」も「利他」も、阿弥陀如来が衆生を利他することを意味するが、『勝思惟経論』ではどちらも、菩薩が（つまり、「如来が」ではなく、ある意味衆生の延長線上にある存在が）他の衆生を利他することを意味している。だから、「証巻」冒頭の親鸞自身の言葉「利他円満の妙位」（大谷派『聖典』二八〇頁／二版三一九頁）や同じく「証巻」還相回向の個所に述べられた「利他教化地の益」（大谷派『聖典』二八四頁／二版三二四頁）において、利他の妙位に達するのも、他の衆生を利他

教化する地位に就く利益を得るのも、衆生自身であると考えて何の不自然もない。『論』『論註』の文脈を離れても、いかなる場合も、利他の主語は如来でなければならぬと親鸞が考えているわけではないことを示唆しているのである。この香月院の厳密な文献実証は、よほどのことがない限り齟齬が生じるとは思えない。(2)

ただし、この実証によってわかることは、曇鸞が「他利」と「利他」の同義を自覚していないことはあり得ないということにとどまり、親鸞もまたそう考えていたかどうかは一応不明と言えなくもない。親鸞はこれを「深義」と称しているわけだから、「他利」と「利他」は、こと親鸞自身の思想においては全然別の意味だと言い張ることもできないわけではない。実際、親鸞の解釈としてこの「深義」を解説する諸註釈で、「他利とは自力のこと、利他とは他力のこと」とか、「他利とは、法身如来の自利が余って他の衆生を利益すること」などというような勝手な議論がまかり通っている。(3) これらの珍説は親鸞の「深義」という呼称に惑わされたせいだとも言えるが、親鸞が本当にそのような珍説を抱いていたということを親鸞が書き残したものから実証できれば別だが、そうでなければ議論の対象にするべきではない思う。いや、もし実証できた場合には、そういう珍説を述べたかもしれない親鸞をこそ問うべきであろう。

もちろん、そんな心配はないのである。曇鸞はもちろん、親鸞も、「他利と利他は同じ意味だが、この『論』(「願生偈」)においては、衆生の往還を促す増上縁としての本願力回向を強調したいので、同じ意味だけれど利他の方が使われているから解釈上注意してほしい【まさにこの意を知るべし】」と言っているにすぎない。

五、五念門を法蔵菩薩の兆載永劫の修行としたのは親鸞独抜の解釈である

さて、私は、いま、曇鸞はそこまで言っていないにせよ、「仏力」とは如来の本願力回向であると、親鸞が述べた「特別の義」を先取りして説明してしまった。『論』はもちろん『論註』でも、「回向」は五念門のなかの出の第五門のことである。五念門行を修するのは善男子・善女人なのであって、そこに突然「法蔵＝阿弥陀」が能修の人として出てくるのはおかしいではないかという疑問が生ずるのは当然のことである。曇鸞が言っているのは、あくまでも衆生（善男子・善女人）が修する五念門行の根本を探れば（覈求其本）、阿弥陀如来の本願が強く関わっている（増上縁となっている）、ということにすぎない。五念門行自体を衆生に代わって「法蔵＝阿弥陀」が行じているとは言っていないのである。五念門行法蔵所修というのは、あくまでも親鸞独抜の説なのである。つまり、そんなことは『論』にはもちろん『論註』にも書かれていないのである。

では、なぜ親鸞はこのようなことを言い出したのだろうか。

それについては、善行摂化章を解釈する際にもおおよそのことは述べたが、今改めて「他利利他の深義」「現生正定聚」というふたつの親鸞独抜の義の関係から説明しようと思う。

単に「衆生（善男子・善女人）が修する五念門行の根本を探れば（覈求其本）、阿弥陀如来による強力な条件づけ（増上縁）がある」というだけでは、それが衆生によって修され、その果を得るのは、往生した後でしかないということになるだろう。つまり、修されるのも極楽浄土という特別の環境の中でないと修されないだろうし、ましてその果を得るのが現生であるはずがないからである。しかし、そうなると、衆生は現生においては救済の客体でし

かない。かといって、すべてを衆生自身が現生でやるという『論』の顕文の立場を押し通せば、五念門行は単なる観念論（己心の弥陀・唯心の浄土）にしかならない。これを突破するのが、親鸞のもうひとつの独抜の義「現生正定聚」なのである。現生正定聚において、衆生は五念門のすべての果、とりわけ、園林遊戯地門を得るわけではないが、その約束は、因も果も清浄な如来の本願力回向によって得ることができるのである。われら凡夫は、差別と殺戮の世が嫌で安楽を得たいだけで「如来が管理する（住持する）差別も殺戮のないくにっていいですね」と声に出して言うにすぎないが、声に出して言う者を必ずそのくにに迎え取るという御約束がある。約束は如来によって住持されているのである。自身住持の楽などという安いものではない。自分の確信などというあてにならぬものではないのだ。つまり、如来の本願力によって、衆生は現生において「（未来に往還するという）確約」を得るのである。だから、もし、五念門の法蔵所修という『論』にも『論註』にもない説を立てないとすれば、現生正定聚ということも言えない。だから、他の四門（入の四門）はともかくも、回向門だけは「如来にばかりあり」が貫かれていなければならないのである。

一方、現生に如来自身が出てくるようなことがあれば、天皇が如来の応現だと主張する者たちをとどめる根拠を失う。だから、如来が往還するなどというばかばかしいことを言わないことも大切なのである。すなわち、「往相還相は衆生にばかりあり」が貫かれていなければならぬのである。だが、回向は、この世の中では（現生においては）如来のみが行う。来世においては、弥陀と違わん通力を得たわれらも利他を行うことになるのだろうが、その場合は、今現に働いている弥陀の回向と混同しないように、還相とか、もっと一般化した言葉の「衆生済度」を使う。われらは、現生において、「本願を信じて念仏申す」だけだが、その申す声が自分にも他の人びとにも聞こえるから、自然に「自信教人信」ということがおこる。この自信教人信は、「信巻」にある現生十種の益の中では

「常行大悲の益」と呼ばれている。香月院はこれを「往相の途中で振り向きながら行う利他」と説明している。ことさら振り向かないでも、教人信になることはある。すなわち、いわゆる背中で教えることも多いのだから。これは、香月院の長い教師生活から出た実感かもしれない。ただし、自分は自信教人信しているかもしれないが、けっして、還相の菩薩ではない。ということは、法然上人であろうが、親鸞聖人であろうが、その人と「現生」をともにした人にとっては、彼ら「人師」もけっして還相の菩薩ではないのである。だから、親鸞がいささか興奮して「源空勢至と示現し　あるいは弥陀と顕現す　上皇群臣尊敬し　京夷庶民欽仰す」（「高僧和讃」。大谷派『聖典』四九八～四九九頁／二版六〇四頁）などと口走ったことについて、香月院は「あれは「示現」とか「顕現」というのであって還相とは違う」とやんわりたしなめている。(5) また、時には、こういう解釈の元になったと思われる『教行信証』「証巻」の「従如来生」について「化け物屋敷」との厳しい指摘をすることさえある。

これが「現生正定聚」ということである。

しかし、「往相還相は衆生にばかりあり」はともかく、如来が五念門のひとつである回向門を行ずるなどということは、『論』にも『論註』にもない。これを何とかせねばならないということで親鸞が私たちに提示したのが、『入出二門偈』の「菩薩は五種の門を入出して、自利利他の行、成就したまえり。不可思議兆載劫に、漸次に五種の門を成就したまえり」（大谷派『聖典』四六一頁／二版五四五頁）なのである。この一節は、利行満足章の論文「また五種の門ありて、漸次に五種の功徳を成就す、知るべし。何者か五門。一には近門、二には大会衆門、三には宅門、四には屋門、五には園林遊戯地門なり」（『七祖篇』一五〇頁）と、「菩薩は入の四種の門をもつて自利の行成就す、知るべし」「菩薩は出の第五門の回向をもつて利益他の行成就す、知るべし」（『七祖篇』一五三頁）に由来する。これを「由来する」としか言えないのは、『論』の引用とは言えないからである。しかも傍線を施した「不可思議兆載劫に」に至っては「由来する」とさえ言えない。それ以外の部分は『論』の「取意」と言えなくもないが、この「不可思議兆載劫に」は親鸞が勝手に付け加えただけである。では、この「不可思議兆載劫に」という一句はどこに由来するのか。

それは、『大無量寿経』上巻に、法蔵菩薩が四十八の浄土建立の願を述べたあと、この願いごとを成就するために兆載永劫の修行をしたと述べられていることにある（大谷派『聖典』二七頁／二版二八頁）。この物語を『論』『論註』に持ち込むことによって、その意味を転換してしまったのである。これによって、善巧摂化章以降の回向門の行為主体が、娑婆の衆生の延長線上にある現生此土の善男子・善女人という『論』の顕文の義と、娑婆の衆生が来世に彼の土・浄土に往生したところで菩薩となって修するという『論註』の第二義のほかに、この第一・第二の義とは明確に次元の異なるところの、菩薩と言っても諸衆生とはまったく異なる「過境の普善者」阿弥陀の因位としての法蔵菩薩の所修という義が加わることになるのである(6)。こうなると、四十八願は、法蔵の五念門修行の前段階ということになってしまう。

そのように『論』『論註』を読むことにすると、深義の結語である「このゆゑに「利他」をもつてこれをいふ。まさにこの意を知るべし」の直後におかれた「おほよそこれかの浄土に生ずると、およびかの菩薩・人・天の所起の諸行とは（凡是生彼浄土及彼菩薩人天所起諸行）、みな阿弥陀如来の本願力によるがゆゑなり」という文言の中の「如来の本願力」という言葉が俄然輝いてくる。親鸞が「他力と言うは、如来の本願力なり」（大谷派『聖典』一九三頁／二版二一三頁）と、自ら「他力」の定義をしたのは、この論理展開によるのである。

曇鸞は、「みな阿弥陀如来の本願力によるがゆゑなり」と述べて、

なにをもつてこれをいふとなれば、もし仏力にあらずは、四十八願すなはちこれ徒設《とせつ》ならん。いま的《あき》らかに三

願を取りて、もつて義の意《こころ》を証せん。　（『七祖篇』一五五頁）

という「三願的証」と呼ばれる論証を行うのであるが、この流れは、五念門法蔵所修という親鸞の言う「深義」で読んだ方がスムーズになる。

四十八の願の大半は衆生を浄土に往生させることのためにたてられているが、何のために往生させるのかと言えば、「そこで速やかに阿耨多羅三藐三菩提を得て直ちに他方国土へ飛び出させて有縁々の衆生を済度せしめる」ためであることもちゃんと願われている。衆生を浄土に往生させるための願の中核は第十八願、往生した者が確実に成仏することを明確に説くのが第十一願、そして、その者たちが他方国土へ飛び出して他の衆生を済度するように仕向けるのが第二十二願である。『大無量寿経』にはこうした法蔵菩薩の四十八願が紹介されたのち、「兆載永劫の修行」でそれを成就したのであると書かれている。親鸞は、経典に書かれているこういう物語を、『論』『論註』の記述に照らすと、衆生が往生してそこから他方国土へ飛び出すことが『論註』にある往相還相に相当するものとみなし、そのように仕向ける「法蔵＝阿弥陀」の促しを如来による「回向」と解釈したのである。

ただ、衆生の往還については『論註』だけの概念なので直ちに混乱が生ずるわけではないが、「回向」は『論』において明確に衆生の延長上にある、あるいは、少なくとも「法蔵＝阿弥陀」とは明確に異なる衆生の中の良質な一群（善男子・善女人）がなす五つの行為のひとつとして示されている。これをどう理解すればいいのだろうか。(7) また、衆生の往相還相も、『論』には登場しないにせよ、『論』に説かれる回向の註として登場するのである。しかも、『論』には往還とよく似た「入出」という概念もある。この関係はどうなるのか。

これら複雑に見える問題は、結局のところ、「回向は如来にばかりあり、往相還相は衆生にばかりあり」というテーゼを肝に銘じて整理するしかない。このテーゼは、親鸞が『論』『論註』を解読する際に、『論』『論註』に直接には書かれていない「(五念門法蔵所修という）深義」を加えたせいで、のちのものが親鸞を通して『論』『論註』を読むためにたてざるを得なかったテーゼである。親鸞自身がこのテーゼを述べているわけではない。「深義」を無視すればこのテーゼも必要ないのだが、「深義」を入れた方が、曇鸞の「なにをもつてこれをいふとなれば、もし仏力にあらずは、四十八願すなはちこれ徒設ならん」という言葉が一層よくわかるのである。四十八願と兆載永劫の修行という物語なしに、真実報土だとか法性法身などという形而上学だけで浄土や阿弥陀如来を語ることはできないのだから。

『論註』においてはこれまで、極楽国土という「場」について「仏、本、この○○功徳荘厳を起こし給える所以は」、また「この故に菩薩○○功徳の願を起こし給えり」などと説明してきた。だとすれば、この「場」で五念門を修する、あるいは、少なくともその果を受用することになる「おほよそこれかの浄土に生ずると、およびかの菩薩・人・天」たちがやることなすことすべては「阿弥陀如来の本願力によるがゆゑなり」ということになるしかない。だから、意味は同じで方向が違うだけの「他利」と「利他」のふたつの言葉のうち、仏力を際立たせるために、「利他」の方が使われているのである。このことをよく肝に銘じてほしい。なぜ曇鸞はそう言うのか。『大無量寿経』に説かれる四十八願があるから、「それがまさにわかるものを三つ取り出して説明しよう」、と。『論註』の最後の問答はこのように展開する。

六、三願的証

『論註』最後の問答の「問い」を再確認する。

問ひていはく、なんの因縁ありてか「速やかに阿耨多羅三藐三菩提を成就することを得」といへる。

（『七祖篇』一五五頁）

どういう条件があれば、仏道の最高のさとり、すなわち、阿耨多羅三藐三菩提という自利利他円満のさとりと実践が速やかに成就するのか。こういう問いである。『浄土論註』一部は、冒頭に『十住毘婆沙論』を引き合いに出して「菩薩、阿毘跋致を求むるに、二種の道あり。一には難行道、二には易行道なり」（『七祖篇』四七頁）と始めたのであるが、この「阿毘跋致」（不退・初歓喜地）から出発して、終わりに「速やかに阿耨多羅三藐三菩提という最高の段階に達する」所以が示されるわけである。どうしてそんな最高のさとりが、易行道・浄土門・敗懐《はいえ》の菩薩・煩悩成就の凡夫に速やかに得られるのか。

この問いについて曇鸞は「他利利他の（深）義」で答えた。つまり、如来の「利他」、本願力回向というものがあるからだ、と答えたのである。なぜ、仏力を強調したのか。

なにをもつてこれをいふとなれば、もし仏力にあらずは、四十八願すなはちこれ徒設ならん。いま的《あき》らかに三願を取りて、もつて義の意《こころ》を証せん。

（『七祖篇』一五五頁）

なぜそんなことを言うのかというと、仏力が根本でないとしたら、われら一切衆生のためにたてられた四十八願は無用なことになってしまうではないか。こうして、第十八・第十一・第二十二の三つの願が、仏力（本願力または他力）が「増上縁」すなわち「果を引き起こす強いはたらき、強力で不可欠の条件」であることの証拠として提示される。

以下の解釈はそんなに難しくはない。香月院の『註論講苑』も簡略に解読を済ませている。

願（第十八願）にのたまはく、「たとひわれ仏を得んに、十方の衆生、心を至《いた》して信楽してわが国に生ぜんと欲して、すなはち十念に至るまでせん。もし生ずることを得ずは、正覚を取らじ。ただ五逆と誹謗正法とを除く」と。仏願力によるがゆゑに十念の念仏をもつてすなはち往生を得。往生を得るがゆゑに、すなはち三界輪転の事を勉《まぬか》る。輪転なきがゆゑに、ゆゑに速やかなることを得る一の証《しょう》なり。

（『七祖篇』一五六頁）

称名念仏する者を必ず迎え取るという約束があるからだ。これがわれらが速やかに阿耨多羅三藐三菩提を得ることができる第一の証拠である。曇鸞は「乃至十念」を「十念の念仏」と解釈している。すでに上巻の八番問答で、『観経』下々品が引かれているから、このことは、のちに道綽や善導が、第十八願の十念を十悪五逆の凡夫の「称名念仏」すなわち「南無阿弥陀仏と声に出して言うこと」だと明示したのを、曇鸞が先取りしたかのように書かれているということである。また、のちに親鸞は、第十八願と重ねて、称名ということがはっきり書かれている第十七願を真実の願としてあげることで、「聞こえてくる念仏」の側面を明らかにした。このことも『論註』の精神の継承と展開として大切なことである。

願（第十一願）にのたまはく、「たとひわれ仏を得んに、国のうちの人天、正定聚に住してかならず滅度に至らずは、正覚を取らじ」と。仏願力によるがゆゑに正定聚に住す。正定聚に住するがゆゑに、かならず滅度に至りて、もろもろの回伏《えぶく》の難なし。ゆゑに速やかなることを得る二の証《しょう》なり。

（『七祖篇』一五六頁）

極楽の人数は必ず「滅度」に至るという約束があるからだ。これが第二の証拠である。曇鸞の引文は「住正定聚」と「正」の一字が加わっているが、写本の違いによるのか、特別な意図があるのか、よくわからない。

願（第二十二願）にのたまはく、「たとひわれ仏を得んに、他方仏土のもろもろの菩薩衆、わが国に来生せば、究竟してかならず一生補処に至らん。その本願の自在に化するところありて、衆生のためのゆゑに、弘誓の鎧を被て徳本を積累し、一切を度脱し、諸仏の国に遊びて菩薩の行を修し、十方の諸仏如来を供養し、恒沙無量の衆生を開化して、無上正真の道を立せしめんをば除く。常倫諸地の行を超出し、現前に普賢の徳を修習せん。もししからずは、正覚を取らじ」と。仏願力によるがゆゑに、常倫諸地の行を超出し、現前に普賢の徳を修習せん。常倫諸地の行を超出するをもつてのゆゑに、ゆゑに速やかなることを得る三の証なり。

（『七祖篇』一五六～一五七頁）

第二十二の願は、『論註』上巻の不虚作住持功徳のところでも引用されていた。この願は、「一生補処」と「還相回向」のふたつの願事があり、それが連動していることについてはその時にすでに考察した。曇鸞の解説は、願文の「常倫諸地の行を超出し、現前に普賢の徳を修習せん」をそのまま繰り返している。

これをもつて推するに、他力を増上縁となす。しからざることを得んや。

（『七祖篇』一五七頁）

この三つの願から推察するに、速やかに阿耨多羅三藐三菩提を成就することを可能にするのは、仏の強力な条件づけがあるからだ。そうでないことがあり得ようか。この三つの願を例に出して明らかになったように、われら煩悩成就の凡夫が如来の本願力回向によって浄土に往生してそこに留まることなく、ただちにそこから他方国土へ飛び出して、恒沙無量の衆生を開化する、すなわち、有縁々々の衆生を済度して間隙《いとま》なき身になるのはまちがいないことなのである。

そして、最後に重ねてダメを押している。

まさにまた例を引きて、自力・他力の相《そう》を示すべし。人の三塗を畏《おそ》るるがゆゑに禁戒を受持す。禁戒を受持するがゆゑによく禅定を修す。禅定をもつてのゆゑに神通を修習す。神通をもつてのゆゑによく四天下に遊ぶがごとし。かくのごとき等を名づけて自力となす。また劣夫の驢《ろ》に跨《また》がりて上らざれども、転輪王の行に従ひぬれば、すなはち虚空に乗じて四天下に遊ぶに、障礙するところなきがごとし。かくのごとき等を名づけて他力と

なす。愚かなるかな、後の学者、他力の乗ずべきことを聞きて、まさに信心を生ずべし。みづから局分《きょくぶん》することなかれ。

（『七祖篇』一五七頁）

「戒」「定」「慧」という次第で仏道を成就していくことが建前であるのは、自覚教である仏教としては当然のことである。（しかしながら）これは「自力」と名づけるべきものである。これに対して、「他力」の喩えが出されるのだが、いささかわかりにくい。「劣夫の驢に跨りて上らざれども（劣夫跨驢不上）」とはどういう意味だろう。「驢」はロバのことで、「劣夫」は、馬に乗るような上士と比較して身分の低い者のことを指すのかもしれない。そういう「劣夫」でもロバなら跨ることもあるということなら、つぎの「不上」がまたわからない。「跨驢不上（ロバに跨って上らない）」とは、まとめて「ロバにさえ乗れない」という意味だろうか。どちらにせよ、そういう「劣夫」が転輪聖王の一行に便乗すればどこにでも行ける、という喩えだろうとは思う。だいたい喩えというものは、わかりにくい概念をわかりやすく説明するために使うものであるのに、これでは「誰でもわかることを誰にもわからぬようにする」という、古今東西を問わぬ「学者」の通弊ではないか。こういう奇妙な喩えがあるから、後学は迷うのである。この個所は「行巻」に引用されている[8]のだが、それは「他力と言うは、如来の本願力なり」（大谷派『聖典』一九三頁／二版二一三頁）という、親鸞自身による「他力」という言葉の定義から始まる一連の引用の最後である。定義は明瞭で迷いを生じない。如来の本願力回向を転輪聖王の行軍などに喩えてはならないのではなかろうか。転輪聖王を出してもいいが、その時でも、地上での至高の存在・転輪聖王でも本願力とは比較にならないというような喩えとして出すべきではないか。

さらに最後の言葉「愚かなるかな、後の学者（愚哉後之学者）」の「愚」について「遇」という字が使われている写本があるそうだ。「遇」ならば「後の学者は幸遇だ、他力に乗ずることを聞いて信心を生ずることができるではないか」という意味になるだろう。もっとも「愚」でも「愚かなことではないか。後の学者は他力に乗ずることを聞いて信心を生ずべきである。（それなのに）自らを限ってしまうとは」、という意味になり、大きな違いにならないと言えないことはない。坂東本も含めて『教行信証』は「愚」であるが、香月院によると「此の論註の我祖の御点本には遇の字なり。然れば何れの本によりても妨げはないと云ふ思召と相見える也」（『講苑』七一六頁下段）とある。この「御点本」が現在「加点本」と呼びならわしているものかどうかは不明である。

七、結　語

> 無量寿修多羅優婆提舎願生偈、略して義を解しをはりぬ。
> 経の始めに「如是」と称するは、信を能入となすことを彰す。末に「奉行」といふは、服膺《ぶくよう》の事《じ》已《おわ》ることを表す。『論』（浄土論）の初めに「帰礼」するは、宗旨に由あることを明かす。終りに「義《ぎ》竟《きょう》」といふは、所詮の理畢ることを示す。述・作の人殊なれども、ここにおいて例を成《じょう》ず。（『七祖篇』一五七～一五八頁）

天親が「義を解しをはりぬ」と述べていることについて、『論註』は、多くの経典が「如是」と始めて「奉行」と締めくくることと対照させて、この『論』が偈文と長行全体を通して「帰命（礼拝）」と始めて「義竟」と終わるのだと解説している。そしてこの解説によって、『論』だけでなく『論註』もまた閉じられるのである。

註

（1）香月院は、「他利」と「利他」が同義であることについて、このほか訳者は異なるが同じく天親の著作である

『宝髻経優婆提舎』、『地持経』（『瑜伽論』の異訳）、さらには曇鸞が確実に見たものとしての『十住毘婆沙論』『成実論』などをあげて、詳細に文献実証をしている。

（2）この問題に関しては、拙論「批判原理としての浄土」（二〇一四年の日本佛教学会の発表に基づく論文。『日本佛教學會年報』第八一号、二〇一七年所収）に付した補論「『教行信証・証巻』の「利他」という語の龍谷版親鸞著作集（CWS）の英訳について」参照。CWSは「利他円満の妙位」を英訳するにあたって「阿弥陀の利他によってもたらされる円満の妙位」と翻訳している。つまり、妙位を得るのは衆生だが、利他するのはあくまで弥陀であるという解釈になっているのである。親鸞がこの「利他」に「利他したまへる」などの訓点をつけているならこの訳も可能だが、この訳は無理であろう。「他利利他の深義」を解し損ねた例と言うべきだろう。

（3）詳細を解説しようかとも考えたが、『講苑』七〇五頁下段～七〇八頁下段に古来の間違った解釈についての厳密な検討があり、そのあとに香月院自身の説が七一一頁上段まで述べられているので、それを参照していただきたい。ここに述べられた香月院の解釈の不備を指摘するような研究が今後現れたら、その時に対応しようと思う。「不備」はあり得ないのだが、そもそも親鸞自身の「深義」に無理があることをきちんと認めれば気楽に議論できると思う。親鸞の「無理」とは、五念門の法蔵所修を貫徹すれば前四門も法蔵所修となり、法蔵が阿弥陀を礼拝するとか、法蔵が阿弥陀を讃嘆することにならざるを得ないということである。この「無理」を親鸞がなぜ犯したのかが重要なのであり、「無理ではない真理だ」と言い張るのは、贔屓の引き倒しになる。香月院の議論は、時には、親鸞に苦言を呈するほどに、その真意をよく理解したものであると私は評価している。彼は、真に、法然・親鸞を信頼していると思う。

（4）この「御約束」という表現は、『歎異抄』第十一条の「この名字をとなえんものを、むかえとらんと、御約束あることなれば」（大谷派『聖典』六三〇頁／二版七七二頁）に依拠している。

（5）ここで述べられている「示現」「顕現」「来現」と「還相」との違いについては、『講苑』三六頁下段～三七頁上段参照。

（6）回向門を修することの三義については、善巧摂化章で解説したので参照してほしい。特に、彼の先輩である理綱院慧琳（一七一五〜一七八九）の『浄土論註顕深義記』が行った三義並列の批判に注意してほしい。

（7）このことについては、詳しくは第2章と第3章を再読していただきたいが、「往相還相」は、起観生信章の後半「五念門を出す」の最後の回向門の註として登場する。そして、曇鸞はそこで還相の定義に『論』の利行満足章の「園林遊戯地門」の文言を先取りして使っている。

（8）大谷派『聖典』一九六頁／二版二一七頁。

【図11・『浄土論』偈文と長行の関係図】

偈文	長行
	無量寿修多羅章句我以偈誦総説竟 論曰（**願偈大意**）此願偈明何義示現観彼安楽世界見阿弥陀仏願生彼国故 （**起観生信**）云何観云何生信心　若善男子善女人修五念門行成就畢竟得生安楽国土見彼阿弥陀仏　何等五念門　一者礼拝門二者讃歎門三者作願門四者観察門五者廻向門 云何礼拝身業礼拝阿弥陀如来応正遍知為生彼国意故　云何讃歎口業讃歎称彼如来名如彼如来光明智相如彼名義欲如実修行相応故　云何作願心常作願一心専念畢竟往生安楽国土欲如実修行奢摩他故　云何観察智恵観察正念観彼欲如実修行毘婆舎那故 彼観察有三種　何等三種　一者観察彼仏国土荘厳功徳　二者観察阿弥陀仏荘厳功徳　三者観察彼諸菩薩功徳荘厳　云何廻向　不捨一切苦悩衆生心常作願廻向為首得成就大悲心故
世尊我一心　帰命　尽十方無礙光如来　願生安楽国	（**自督**）（**礼拝**）（**讃嘆**）（**作願**）
我依修多羅　真実功徳相　説願偈総持　与仏教相応	（**成上起下**）
観彼世界相　勝過三界道	（**観行体相**）云何観察彼仏国土荘厳功徳彼仏国土荘厳功徳者成就不可思議力故　如彼摩尼如意宝性相似相対法故　観察彼仏国土荘厳功徳成就者有十七種 応知何等十七　一者……、二者……、 （**十七種国土荘厳**） 荘厳清浄功徳成就者、偈言「観彼世界相勝過三界道」故

究竟如虚空　広大無辺際
正道大慈悲　出世善根生　浄光明満足　如鏡日月輪
備諸珍宝性　具足妙荘厳　無垢光炎熾　明浄曜世間
宝性功徳草　柔軟左右旋　触者生勝楽　過迦栴隣陀
宝華千万種　弥覆池流泉　微風動華葉　交錯光乱転
宮殿諸楼閣　観十方無礙　雑樹異光色　宝蘭遍囲遶
無量宝交絡　羅網遍虚空　種種鈴発響　宣吐妙法音
雨華衣荘厳　無量香普薫　仏恵明浄日　除世痴闇冥
梵声悟深遠　微妙聞十方　正覚阿弥陀　法王善住持
如来浄華衆　正覚華化生　愛楽仏法味　禅三昧為食
永離身心悩　受楽常無間
大乗善根界　等無譏嫌名　女人及根欠　二乗種不生

衆生所願楽　一切能満足　故我願生彼　阿弥陀仏国

荘厳無量功徳成就者、偈言「究竟如虚空広大無辺際」故
（以下、中略）

荘厳大義門功徳成就者、偈言「大乗善根界等無譏嫌名女人及根欠二乗種不生」故。浄土果報離二種譏嫌過応知一者体二者名体有三種一者二乗人二者女人三者諸根不具人無此三過故名離体譏嫌名亦有三種非但無三体乃至不聞二乗女人諸根不具三種名故名離名譏嫌等者平等一相故

荘厳一切所求満足功徳成就者、偈言「衆生所願楽一切能満足」故略説彼阿弥陀仏国土十七種荘厳成就示現如来自身利益大功徳力成就利益他功徳成就故彼無量寿仏国土荘厳第一義諦妙境界相十六句及一句次第説応知

（仏八種荘厳）云何観仏荘厳功徳成就、観仏荘厳功徳成就者有八種。相応知。何等八種一者荘厳座功徳成就、二者…、

無量大宝王　微妙浄華台 相好光一尋　色像超群生 如来微妙声　梵響聞十方 同地水火風　虚空無分別 天人不動衆　清浄智海生 如須弥山王　勝妙無過者 天人丈夫衆　恭敬遶瞻仰	何者荘厳座功徳成就、偈言「無量大宝王微妙浄華台」故 （以下中略）
観仏本願力　遇無空過者　能令速満足　功徳大宝海	何者荘厳不虚作住持功徳成就、偈言「観仏本願力遇無空過者能令速満足功徳大宝海」故。即見彼仏未証浄心菩薩畢竟得証平等法身与浄心菩薩与上地諸菩薩畢竟同得寂滅平等故。 略説八句示現如来自利利他功徳荘厳次第成就応知。
安楽国清浄　常転無垢輪　化仏菩薩日　如須弥住持 無垢荘厳光　一念及一時　普照諸仏会　利益諸群生 雨天楽華衣　妙香等供養　讃諸仏功徳　無有分別心 何等世界無　仏法功徳宝　我願皆往生　示仏法如仏	**（菩薩四種荘厳）** 云何観察菩薩荘厳功徳成就。観察菩薩荘厳功徳成就者観彼菩薩有四種正修行功徳成就、応知。何者為四。 一者於一仏土身不動揺而遍十方種種応化如実修行常作仏事。偈言「安楽国清浄常転無垢輪化仏菩薩日如須弥住持」故。 二者彼応化身一切時不前不後一心一念放大光明悉能遍至十方世界教化衆生種種方便修行所作滅除一切衆生苦故偈言「無垢荘厳光一念及一時普照諸仏会利益諸群生」故 三者…（以下略） 四者彼於十方一切世界無三宝処住持荘厳仏法僧宝功徳大海遍示令解如実修行偈言「何等世界無仏法功徳宝我願皆往生示仏法如仏」故
我作論説偈　願見弥陀仏　普共諸衆生　往生安楽国	**（総結）** **（回向）**

浄入願心　又向説観察荘厳仏土功徳成就荘厳仏功徳成就荘厳菩薩功徳成就此三種成就願心荘厳応知略説入一法句故一法句者謂清浄句清浄句者謂真実智慧無為法身故此清浄有二種応知何等二種一者器世間清浄二者衆生世間清浄器世間清浄者如向説十七種荘厳仏土功徳成就是名器世間清浄衆生世間清浄者如向説八種荘厳仏功徳成就四種荘厳菩薩功徳成就是名衆生世間清浄如是一法句摂二種清浄義応知

善巧摂化　如是菩薩奢摩他毘婆舎那広略修行成就柔軟心如実知広略諸法如是成就巧方便廻向。何者菩薩巧方便廻向菩薩巧方便廻向者謂説礼拝等五種修行所集一切功徳善根不求自身住持之楽欲抜一切衆生苦故作願摂取一切衆生共同生彼安楽仏国是名菩薩巧方便廻向成就

離菩提障　菩薩如是善知廻向成就即能遠離三種菩提門相違法何等三種一者依智恵門不求自楽遠離我心貪着自身故二者依慈悲門抜一切衆生苦遠離無安衆生心故三者依方便門憐愍一切衆生心遠離供養恭敬自身心故是名遠離三種菩提門相違法

順菩提門　菩薩遠離如是三種菩提門相違法得三種随順菩提門法満足故何等三種一者無染清浄心以不為自身求諸楽故二者安清浄心以抜一切衆生苦故三者楽清浄心以令一切衆生得大菩提故以摂取衆生生彼国土故是名三種随順菩提門法満足応知

名義相対　向説智恵慈悲方便三種門摂取般若般若摂取方便応知向説遠離我心不貪着自身遠離無安衆生心遠離供養恭敬自身心此三種法遠離障菩提心応知向説無染清浄心安清浄心楽清浄心此三種心略一処成

就妙楽勝真心応知

願事成就　如是菩薩智恵心方便心無障心勝真心能生清浄仏国土応知是名菩薩摩訶薩随順五種法門所作随意自在成就如向所説身業口業意業智業方便智業随順法門故

利行満足　復有五種門漸次成就五種功徳応知何者五門一者近門二者大会衆門三者宅門四者屋門五者園林遊戯地門此五種門初四種門成就入功徳第五門成就出功徳入第一門者以礼拝阿弥陀仏為生彼国故得生安楽世界是名入第一門入第二門者以讃歎阿弥陀仏随順名義称如来名依如来光明智相修行故得入大会衆数是名入第二門入第三門者以一心専念作願生彼修奢摩他寂静三昧行故得入蓮華蔵世界是名入第三門入第四門者以専念観察彼妙荘厳修毘婆舎那故得到彼所受用種種法味楽是名入第四門出第五門者以大慈悲観察一切苦悩衆生示応化身廻入生死園煩悩林中遊戯神通至教化地以本願力廻向故是名出第五門菩薩入四種門自利行成就応知菩薩出第五門廻向利益他行成就応知菩薩如是修五門行自利利他速得成就阿耨多羅三藐三菩提故五功徳門

無量寿修多羅優婆提舎願生偈略解義竟

参考文献

仏教聖教関係

『浄土真宗聖典　七祖篇　註釈版』本願寺出版社
『真宗聖典』初版・第二版、東本願寺出版部
『真宗聖教全書　一　三経七祖部』大八木興文堂、一九七四年
『続真宗大系』第二巻・第三巻、真宗典籍刊行会、一九三六・一九三七年
法然『選択本願念仏集』大橋俊雄校注、岩波文庫、一九九七年
香月院深励『浄土論註講義』法藏館、二〇一二年、第二版第一刷
香月院深励『選択集講義』全五巻、小栗栖香頂校閲、京都書林、法藏館西村七兵衛蔵版、一八八五年
香月院深励『浄土文類聚鈔講義』宮地義天校閲、京都書林、護法館西村九郎右衛門、一八八七年
『聖書』日本聖書協会、三省堂、一九七〇年

暁烏敏『暁烏敏全集』全二〇巻、涼風学舎、一九七五年
アリストテレス『形而上学』上下、出隆訳、岩波書店。上下、一九七〇年、第一二刷
ウィリアム・ジェイムス『プラグマティズム』原著一九〇七年、桝田啓三郎訳、岩波文庫、一九五七年
ウィリアム・ジェイムス『宗教的経験の諸相』原著一九〇一〜一九〇二年、桝田啓三郎訳、岩波文庫、一九六九年

柄谷行人『世界史の構造』岩波文庫、岩波書店、二〇一五年
カント『純粋理性批判』上中下、岩波文庫、Immanuel Kant（原名）、篠田英雄訳、岩波書店、一九六一年
ジョン・ロック『統治論』第二編第五章27節、宮川透訳、中央公論社、世界の名著32、一九八〇年
鈴木大拙「霊性的日本の建設」『鈴木大拙全集』第九巻、岩波書店、一九六八年
鈴木大拙『日本的霊性』岩波文庫、一九七二年
曽我量深『曽我量深論集』第二巻、丁子屋書店、一九四七年
武内紹晃「龍樹」『浄土仏教の思想』三、講談社、一九九三年
デイヴィド　ヒューム『人性論〈1〉——第1篇　知性に就いて〈上〉——』岩波文庫、一九四八年、大槻春彦訳
中村元『ブッダの真理のことば・感興のことば』岩波文庫、岩波書店、一九七八年
ニコロ・マキャベリ『君主論』原著一五一三年執筆、一五三二年公刊。河島英昭訳、岩波書店、一九九八年
袴谷憲昭『批判仏教』大蔵出版、一九九〇年
廣瀬南雄『真宗学史稿』法藏館、一九八〇年
藤田宏達『原始浄土思想の研究』岩波書店、一九七〇年
古田武彦『親鸞思想——その史料批判——』明石書店、一九九六年
戸次公正『意味不明でありがたいのか——お経は日本語で——』祥伝社新書、二〇一〇年
松岡由香子『仏教になぜ浄土教が生まれたか』ノンブル社「東西霊性文庫五」、二〇一三年
菱木政晴『極楽の人数——高木顕明『余が社会主義』を読む——』白澤社、二〇一二年
菱木政晴『平和と平等の浄土論——真宗伝統教学再考——』白澤社、二〇二〇年

あとがき

拙著『極楽の人数』（白澤社、二〇一二年一月）は、「高木顕明『余が社会主義』を読む」というサブタイトルがついている。真宗大谷派の僧侶・高木顕明は、明治天皇の暗殺を企てたという思想弾圧事件、いわゆる「大逆事件」に連座し、一九一一年、死刑判決を受けたあと、天皇の「恩赦」によって無期刑に減刑されたが、一九一四年六月二四日に秋田監獄で死亡した。事件の尋問調書が残されており、その中の証拠物写に顕明が記したという「余が社会主義」という四千字程の論文がある。冒頭に「明治三十七年□□□□此の草稿を成就せり」と記されているから、書かれたのは日露戦争の開戦の年、一九〇四年ということになる。執筆時を記録したと思われるこの冒頭の一文を含めて、家宅捜索による押収物から書写されたものが残るのみで、自筆のものは発見されていないし、事件前後にどこかに発表されたものでもない。しかし、これを読むと真宗、すなわち専修念仏の思想の核心がみごとにとらえられている。その『余が社会主義』の中に、「弥陀と違わん通力を得て他方国土へ飛び出して有縁々々の衆生を済度するにいとまのない身となる故に極楽と云ふ」という印象深い言葉がある。これが、弥陀の本願力回向によって衆生が自らこの娑婆世界に還相することを意味するのは明らかである。そのことを簡略に説明するために、『極楽の人数』に「補論　『余が社会主義』と『教行信証』」という一章を設けた。この中で私は、「浄土教においては、自利は自らの浄土往生、利他は自らが浄土から苦悩の現実社会に還帰して、人びとを救う（済度する）ことになる。

前者を「往相」、後者を「還相」と称する。浄土は、この世で人間が指導したりされたりして作るのではなく、理念的存在の阿弥陀如来があらかじめ建立して、やってくる衆生を迎えると考えるのだが、浄土が浄土として、建立されたということは、当然、浄土の住人、すなわち、極楽の人数が存在していなければならない。すなわち、浄土は住人が存在してはじめて成就するのである。このことは忘れてはならない」と記した（『極楽の人数』一二三頁）。

この書を真宗学を専門とする友人に見てもらったら、自利＝往相、利他＝還相というのはあやまりだという指摘を受けた。確かに、『浄土論』には、五念門を自利の前四門と利他の第五門と説き、その利他の第五門の中に往相と還相があると曇鸞が説明しているのだから、指摘はもっともではある。しかし、『論』には、入＝自利、出＝利他ということははっきり書かれており、入と往相はほぼ同じ意味だし、出と還相も同じ意味と理解できるのだから、いったいどうなっているのだろうと思った。そこで、その友人に、「自利利他・入出・往還」を一括して説明した解説書とか論文はないかと尋ねてみた。すると、そんなものは無いという。だったら君が書いてくれ、とそんなやり取りをしたのを覚えている。

あれから、十年近い歳月が流れ、私はようやく「自利利他・入出・往還」を一括して説明できるようになったと思う。その詳細は、本書全部ということになるが、エッセンスが集約されているのは、やはり、第34最終章の「他利利他の深義」ということになるだろう。「他利利他の深義」によって、五念門の中の「出」とされている回向門と往還との関係は説明できる。ただ、五念門の中の「入」とされている前四門と（衆生の）往還との関係は、この「深義」だけでは説明できないのだが、それは「入出」が『論』では「入空出仮」のことであり浄土を起点とした入出とは限らないことを理解しておけば、説明ができる。香月院深励の『註論講苑』でこのこと（「入出」は「入空出仮」であること）を、文前玄義の「入出往還同異」のところと、起観生信章の回向門釈のところで詳細に論じている。「入空」の「空」を真実報土の喩えと理解すれば「往相」と「入」がほぼ同じ意味になり、「出仮」と還相がほぼ同じ意味になるが、完全に同じ意味にはなり得ないということである。こういうある種の矛盾が生ずるのは、親鸞の「五念門法蔵所修」という独抜の義がそもそも無理を承知でとなえられたものだからである。私の説明は、ほぼ香月院深励の『註論講苑』を踏襲したにすぎないが、それにしても、という感慨に襲われてしまう。十年前に「自利利他・入出・往還」を一括して説明するものはないかと問うた時に、友人は「無い」と答えたのである。この人だけに聞いたのではない。いろいろな人に聞いた。どの人も、自身が一括して一貫した説明をしていないようだし、一貫した説明を成し遂げているものとして『註論講苑』をあげる人はいなかった。多くの人はこの書を読んでもいなかった。この「多くの人」は、一応自他ともに真宗学の専門家を任じている人たちなのだ。どうしてこのような論理的で実証的で人を励ます論書が忘れ去られたのだろう。どうしてこんなに人間の主体性を重んじる教学が「封建教学」などと蔑まれたのだろう。本当に不思議でしょうがない。この思想によらなければ、親鸞思想は、たちまちに絶対他力のファシズムに転落してしまうのだ。

明治の時代、ファシズムに向かう社会の中で、高木顕明は極楽の分人として非戦・平等をとなえた。そして今、私たちは、如来回向の本願力によって往還の主体であることができる。それは、結局のところ、私たち自身が自利利他円満の主体となることを約束されているからである。だから、安心して、真実、自分自身のしたいこと、しなければならぬこと、できることを、他人と比べず、あせらず、あきらめずしていこうではないか。

本書の発行にあたって、本当にたくさんの方々のご協力をいただいた。真宗大谷派名古屋別院の一室を会場に淳徳寺住職・伊藤聡さんを中心に集った友人たち、大阪の速成寺を会場に青柳林住職と坊守の泰子さんを中心に集った友人たち、この二か所での共同学習がこの本の基礎となっている。

また、二〇一七年五月に「香月院深励講師二百回御遠忌法要」が越前・永臨寺で勤められた際に、住職の香月《かづき》周明師をはじめとする関係者の皆さまのお世話になった。この場をお借りしてあらためて感謝を申し上げたい。法要では、歴史学の立場から忘れられかけた思想家・香月院深励とその周辺の活動を分析されている若い研究者の存在を知ることができ、大きな励みとなった。

数年前、大病を経験したのだが、その中で山内小夜子さんには校正作業等の協力をいただいた。出版に際して、法藏館の満田みすずさんに大変お世話になった。あわせて感謝を申し上げたい。

二〇二五年二月一二日

菱木政晴

菱木政晴（ひしき　まさはる）

1950年、金沢市生まれ。宗教学者、真宗大谷派僧侶、元同朋大学特任教授。長年にわたり真宗大谷派の戦争責任を追及すると同時に、政教分離訴訟などの平和と人権の市民運動にも関わる。著書に『浄土真宗の戦争責任』（岩波ブックレット）、『解放の宗教へ』（緑風出版）、『非戦と仏教――「批判原理としての浄土」からの問い』『市民的自由の危機と宗教――改憲・靖国神社・政教分離』『ただ念仏して――親鸞・法然からの励まし』『極楽の人数――高木顕明『余が社会主義』を読む』『平和と平等の浄土論――真宗伝統教学再考』（以上、白澤社）など。共著に『殉教と殉国と信仰と――死者をたたえるのは誰のためか』（白澤社）。翻訳書に『ホワイトヘッド著作集第12巻　観念の冒険』（共訳、松籟社）など。

全編解説　浄土論註
――社会環境による苦悩解決への道

二〇二五年三月三〇日　初版第一刷発行

著　者　菱木政晴
発行者　西村明高
発行所　株式会社　法藏館
京都市下京区正面通烏丸東入
郵便番号　六〇〇-八一五三
電話　〇七五-三四三-〇〇三〇（編集）
〇七五-三四三-五六五六（営業）

装幀　野田和浩
印刷・製本　亜細亜印刷株式会社

ISBN 978-4-8318-8800-6　C3015